Manual de Direito de Autor e Direitos Conexos

Manual de Direito de Autor e Direitos Conexos

2023 • 5ª Edição Reformulada, Actualizada e Ampliada

Alberto de Sá e Mello
Doutor em Direito

ALMEDINA

MANUAL DE DIREITO DE AUTOR
E DIREITOS CONEXOS

AUTOR
Alberto de Sá e Mello

EDITOR
EDIÇÕES ALMEDINA, S.A.
Avenida Emídio Navarro, 81, 3D
3000-151 Coimbra
Tel.: 239 851 904 · Fax: 239 851 901
www.almedina.net · editora@almedina.net

DESIGN DE CAPA
EDIÇÕES ALMEDINA, S.A.

PRÉ-IMPRESSÃO
EDIÇÕES ALMEDINA, S.A.

IMPRESSÃO E ACABAMENTO
Europress - Indústria Gráfica

Setembro, 2023

ISBN
978-989-40-1439-3

DEPÓSITO LEGAL
519779/23

ALMEDINA | GRUPOALMEDINA

Surge et ambula!
Mateus, 9:6

À Memória de meus Pais
Aos meus Filhos

PREFÁCIO À 5ª EDIÇÃO

O Direito de Autor, com tantos cultores agora, também em Portugal, é um dos ramos do Direito Civil. Partilha com as Obrigações, os Reais, a Família e as Sucessões todas as regras gerais e acrescenta-lhes as que são especialmente exigidas pelo particular objecto do direito de autor, a obra intelectual, literária ou artística.

O Direito de Autor regula as situações jurídicas que nascem de uma nobre actividade humana: a criação de obra intelectual. Desta, emergem talvez os únicos marcos perenes da existência do Homem: os bens imateriais que resultam do seu esforço e engenho e que só outros espíritos inteligentes conseguem apreender. Nada, para além disto, subsiste de verdadeiramente pessoal e próprio de cada um.

Chamar Direito *de Autor* ao ramo do Direito que tem por objecto as obras intelectuais é uma petição de princípio, é todo um sistema e uma opção ideológica que se descrevem.

Não se designa o Direito das Obrigações como Direito dos Credores ou dos Devedores, ou o Direito das Coisas (Direitos Reais) como Direito dos Proprietários ou dos Usufrutuários, ou o Direito da Família como Direito dos Maridos e o Direito das Sucessões como Direito dos Herdeiros.

Designar este como Direito *de Autor* é uma opção por um sistema: o sistema europeu continental que centra o Direito de autor no criador intelectual da obra. É já admitir que não há obras intelectuais sem autor e, mais significativo, que o criador intelectual é invariavelmente o titular originário do direito de autor e que, em princípio, este é uma pessoa humana e não, por exemplo, uma empresa ou uma máquina. Como veremos, todas estas asserções requerem teste à sua validade. Os sistemas anglo-saxónicos (ou de *copyright*) não só admitem a criação empresarial de obras intelectuais, como consagram a regra da (co) titularidade originária de pessoas singulares e colectivas em certos casos (como as obras cinematográficas, de co-titularidade originária do realizador e do produtor). Para sermos rigorosos, o Direito de Autor deveria designar-se Direito das Obras Intelectuais.

Por outro lado, está aberta a discussão sobre a paternidade e titularidade dos produtos criativos, artísticos e literários, de inteligência artificial. Dedicamos a esta matéria um capítulo desta obra.

A obra intelectual, literária ou artística, protegida pelo direito de autor, é um bem imaterial, uma coisa incorpórea: a obra literária não é, evidentemente, o livro em que está publicada, é o que lá está escrito; a obra de pintura não é o quadro pendurado na parede, é o que lá está pintado; a obra audiovisual/cinematográfica não é o filme, a película, o DVD, o videojogo que se adquire, é o que lá está filmado, uma obra do realizador e dos autores do programa de computador utilizado na animação, dos autores do argumento, dos diálogos, e do autor da música criada para o efeito, se for o caso; a obra de escultura não é a estátua na praça, é o que nela está esculpido. O livro pode ser meu, o DVD pode ser teu, a estátua pode pertencer à municipalidade: todos estes são proprietários dos suportes materiais, tangíveis, físicos, mas não detêm qualquer parcela do direito de autor, salvo se os criadores das obras, os titulares desses direitos, os atribuírem.

O Manual que agora se publica resulta de mais de trinta anos dedicados ao estudo do Direito de Autor. Beneficia, por isso, também e como não podia deixar de ser, do que escrevemos e publicámos neste ínterim.

A nova edição justifica-se pela necessidade de actualizar matérias em função de importantes alterações legislativas surgidas em 2017, em 2019 e, agora, em 2023, pela conveniência em reformular profundamente e desenvolver conteúdos que constam já das anteriores quatro edições do nosso Manual

Tornou-se também exigível adaptar as matérias ao conteúdo da lei (Decreto-lei nº 47/2023, de 19 de Junho) que transpôs para o direito português a Directiva relativa aos direitos de autor e direitos conexos no Mercado Único Digital (Directiva 2019/790). A este propósito, avaliamos os resultados destas orientações Unionistas no ordenamento jurídico português.

No Título dedicado aos direitos conexos dos artistas, dos produtores de fono/videogramas e dos organismos de radiodifusão, acrescentamos as nossas considerações sobre outros questionáveis direitos conexos: o direito ao espectáculo, os direitos do produtor audiovisual e os direitos dos editores, em especial dos editores de publicações de imprensa. Todos mereceram tratamento aprofundado.

Analisamos, também, o novo regime de responsabilização dos prestadores de serviços de partilha de conteúdos em linha pelo carregamento em rede não autorizado de obras e outros conteúdos protegidos pelos usuários desses serviços.

Como nas edições anteriores, não nos limitamos à descrição dos vários institutos de Direito de Autor. É assim que dedicamos parte significativa do texto ao labor doutrinário sobre os vários temas tratados, hoje já muito fecundo em Portugal e no estrangeiro, também actualizando referências doutrinárias e jurisprudenciais. Acrescentamos sempre aquela que nos parece, modestamente, ser a visão preferível sobre cada problema.

Tentamos que a bibliografia citada e os textos legais de base, referidos e comentados, sejam tão actuais quanto possível. Com pedido de desculpa por qualquer falha, não tomamos responsabilidade por qualquer desactualização pontual.

Esperamos que os leitores aproveitem com este texto.

Lisboa, Julho de 2023

albsamello@netcabo.pt

PREFÁCIO À 4ª EDIÇÃO

O Direito de Autor, com tantos cultores agora, também em Portugal, é um dos ramos do Direito Civil. Partilha com as Obrigações, os Reais, a Família e as Sucessões todas as regras gerais e acrescenta-lhes as que são especialmente exigidas pelo particular objecto do direito de autor, a obra intelectual.

O Direito de Autor regula as situações jurídicas que nascem de uma nobre actividade humana: a criação de obra intelectual. Desta, emergem talvez os únicos marcos perenes da existência do Homem: os bens imateriais que resultam do seu esforço e engenho e que só outros espíritos inteligentes conseguem apreender. Nada, para além disto, subsiste de verdadeiramente pessoal e próprio de cada um.

Chamar Direito *de Autor* ao ramo do Direito que tem por objecto as obras intelectuais é uma petição de princípio, é todo um sistema e uma opção ideológica que se descrevem.

Não se designa o Direito das Obrigações como Direito dos Credores ou dos Devedores, ou o Direito das Coisas (Direitos Reais) como Direito dos Proprietários ou dos Usufrutuários, ou o Direito da Família como Direito dos Maridos e o Direito das Sucessões como Direito dos Herdeiros.

Designar este como Direito *de Autor* é uma opção por um sistema: o sistema europeu continental que centra o Direito de autor no criador intelectual da obra. É já admitir que não há obras intelectuais sem autor e, mais significativo, que o criador intelectual é invariavelmente o titular originário do direito de autor e que, em princípio, este é uma pessoa humana e não, por exemplo, uma empresa ou uma máquina. Como veremos, todas estas asserções requerem teste à sua validade. Os sistemas anglo-saxónicos (ou de *copyright*) não só admitem a criação empresarial de obras intelectuais, como consagram a regra da (co) titularidade originária de pessoas singulares e colectivas em certos casos (como as obras cinematográficas, de co-titularidade originária do realizador e do produtor). Para sermos rigorosos, o Direito de Autor deveria designar-se Direito das Obras Intelectuais.

A obra intelectual, literária ou artística, protegida pelo direito de autor, é um bem imaterial, uma coisa incorpórea: a obra literária não é, evidentemente, o livro em que está publicada, é o que lá está escrito; a obra de pintura não é o quadro pendurado na parede, é o que lá está pintado; a obra audiovisual/

/cinematográfica não é o filme, a película, o DVD, o videojogo que se adquire, é o que lá está filmado, uma obra do realizador e dos autores do programa de computador utilizado na animação, dos autores do argumento, dos diálogos, e do autor da música criada para o efeito, se for o caso; a obra de escultura não é a estátua na praça, é o que nela está esculpido.

O livro pode ser meu, o DVD pode ser teu, a estátua pode pertencer à municipalidade: todos estes são proprietários dos suportes materiais, tangíveis, físicos, mas não detêm qualquer parcela do direito de autor, salvo se os criadores das obras, os titulares desses direitos, os atribuírem.

O Manual que agora se publica resulta de mais de trinta anos dedicados ao estudo do Direito de Autor. Beneficia, por isso, também e como não podia deixar de ser, do que escrevemos e publicámos neste ínterim.

A nova edição justifica-se pela necessidade de actualizar matérias em função de importantes alterações legislativas surgidas em 2017 e em 2019, pela conveniência em reformular profundamente e desenvolver conteúdos que constam já das 1ª, 2ª e 3ª edições do nosso Manual

Tornou-se também exigível adaptar as matérias ao conteúdo da nova Directiva relativa aos direitos de autor e direitos conexos no Mercado Único Digital (Directiva 2019/790, ainda não transposta para o direito português). A este propósito, avaliamos as possíveis implicações destas orientações Unionistas no ordenamento jurídico português.

No Título dedicado aos direitos conexos dos artistas, dos produtores de fono/videogramas e dos organismos de radiodifusão, acrescentamos as nossas considerações sobre outros questionáveis direitos conexos: o direito ao espectáculo, os direitos do produtor audiovisual e os direitos dos editores. Todos mereceram tratamento aprofundado.

Como nas edições anteriores, não nos limitamos à descrição dos vários institutos de Direito de Autor. É assim que dedicamos parte significativa do texto ao labor doutrinário sobre os vários temas tratados, hoje já muito fecundo em Portugal e no estrangeiro, também actualizando referências doutrinárias e jurisprudenciais. Acrescentamos sempre aquela que nos parece, modestamente, ser a visão preferível sobre cada problema.

Tentamos que a bibliografia citada e os textos legais de base, referidos e comentados, sejam tão actuais quanto possível. Com pedido de desculpa por qualquer falha, não tomamos responsabilidade por qualquer desactualização pontual.

Esperamos que os leitores aproveitem com este texto.

Lisboa, Setembro de 2020

PREFÁCIO À 3ª EDIÇÃO

O Direito de Autor, com tantos cultores agora, também em Portugal, é um dos ramos do Direito Civil. Partilha com as Obrigações, os Reais, a Família e as Sucessões todas as regras gerais e acrescenta-lhes as que são especialmente exigidas pelo particular objecto do direito de autor, a obra intelectual.

O Direito de Autor regula as situações jurídicas que nascem de uma nobre actividade humana: a criação de obra intelectual. Desta, emergem talvez os únicos marcos perenes da existência do Homem: os bens imateriais que resultam do seu esforço e engenho e que só outros espíritos inteligentes conseguem apreender. Nada, para além disto, subsiste de verdadeiramente pessoal e próprio de cada um.

O Manual que agora se publica resulta de mais de trinta anos dedicados ao estudo do Direito de Autor. Beneficia, por isso, também e como não podia deixar de ser, do que escrevemos e publicámos neste ínterim.

A nova edição justifica-se pela necessidade de actualizar matérias em função de importantes alterações legislativas surgidas em 2017, pela conveniência em reformular profundamente e desenvolver conteúdos que constam já das 1ª e 2ª edições do nosso Manual e pelo manifesto interesse de aditar uma nova Parte ao Manual dedicada especialmente à colocação à disposição do público, na Internet, de obras e outros bens/conteúdos jusautorais protegidos. Este novo Título do Manual tornou-se também exigível pela recente aprovação da Directiva relativa aos direitos de autor no Mercado Único Digital.

Também o Título dedicado aos direitos conexos dos artistas, dos produtores de fono/videogramas e dos organismos de radiodifusão foi profundamente reformulado e ampliado. Nele, acrescentamos as nossas considerações sobre outros questionáveis direitos conexos: o direito ao espectáculo (recentemente acolhido na Directiva relativa aos direitos de autor no Mercado Único Digital), os direitos do produtor audiovisual e os direitos dos editores. Todos mereceram profunda reformulação, actualização e ampliação.

Como nas edições nateriores, não nos limitamos à descrição dos vários institutos de Direito de Autor. É assim que dedicamos parte significativa do texto ao labor doutrinário sobre os vários temas tratados, hoje já muito fecundo em

Portugal e no estrangeiro, também actualizando referências doutrinárias e jurisprudenciais. Acrescentamos sempre aquela que nos parece, modestamente, ser a visão preferível sobre cada problema.

Tentamos que a bibliografia citada e os textos legais de base, referidos e comentados, sejam tão actuais quanto possível. Com pedido de desculpa por qualquer falha, não tomamos responsabilidade por qualquer desactualização pontual.

Esperamos que os leitores aproveitem com este texto.

Lisboa, Fevereiro de 2019

PREFÁCIO À 2ª EDIÇÃO

O Direito de Autor, com tantos cultores agora, também em Portugal, é um dos ramos do Direito Civil. Partilha com as Obrigações, os Reais, a Família e as Sucessões todas as regras gerais e acrescenta-lhes as que são especialmente exigidas pelo particular objecto do direito de autor, a obra intelectual.

O Direito de Autor regula as situações jurídicas que nascem de uma nobre actividade humana: a criação de obra intelectual. Desta, emergem talvez os únicos marcos perenes da existência do Homem: os bens imateriais que resultam do seu esforço e engenho e que só outros espíritos inteligentes conseguem apreender. Nada, para além disto, subsiste de verdadeiramente pessoal e próprio de cada um.

O Manual que agora se publica resulta de quase trinta anos dedicados ao estudo do Direito de Autor. Beneficia, por isso, também e como não podia deixar de ser, do que escrevemos e publicámos neste ínterim. O Capítulo dedicado às faculdades pessoais de autor, por exemplo, adapta e reproduz parte do artigo (sob o título "Faculdades pessoais de autor – uma perspectiva lusófona") publicado no Brasil.

A nova edição justifica-se pela necessidade de actualizar matérias em função de importantes alterações legislativas surgidas em 2015, pela conveniência em reformular e desenvolver conteúdos que constam já da 1ª edição do nosso Manual e pelo manifesto interesse de aditar uma nova Parte ao Manual dedicada aos direitos conexos dos artistas, dos produtores de fono/videogramas e dos organismos de radiodifusão; acrescentamos as nossas considerações sobre outros questionáveis direitos conexos: o direito ao espectáculo, os direitos do produtor audiovisual e os direitos dos editores. Esta matéria só não foi incluída na 1ª edição por manifesta economia de meios e tempo, tendo sido prometida aos leitores para uma 2ª edição.

Quanto aos novos conteúdos, também a 1ª edição os anunciava:

a) gestão colectiva de direitos de autor e direitos conexos, que respeita ao regime das entidades de gestão colectiva e ao exercício desta gestão – o regime aplicável sofreu alterações importantes em 2015 e tem sido objecto de amplo debate doutrinário;

b) registo de obras literárias e artísticas, que é matéria também omissa na 1ª edição – e prometida para a 2ª –, já que estava em curso uma revisão de regime que acabou por se concretizar em 2014.

Quanto a reformulação e desenvolvimento de matérias, há várias que mereceram entretanto a nossa reflexão e reescrita:

a) liberdades fundamentais constitucionais e direitos de autor;
b) recepção de programas radiodifundidos em lugares públicos, matéria que tem suscitado grande controvérsia e divisões na jurisprudência nacional e Unionista;
c) regime da cópia privada, que sofreu alterações em 2015 e 2017;
d) regime das obras órfãs, que sofreu alterações em 2015;
e) eficácia das licenças de utilização de obras, como a de edição, que é matéria sobre a qual investigámos e escrevemos entretanto;
f) regime do plágio e "autoplágio", matéria que tem merecido tratamento autónomo por vários Autores;
g) regime do direito de sequência (valor cobrado sobre o preço de venda de obras de arte originais), que nos mereceu novas reflexões;
h) regime das obras criadas por encomenda ou no âmbito de contrato de trabalho, que é matéria que temos desenvolvido em estudos autónomos, publicados em Portugal e no estrangeiro, que agora se verte no Manual em aprofundamento do que lá está;
i) regime dos direitos pessoais ("morais") de autor nas obras criadas por trabalhadores ou por encomenda, que é matéria que também temos aprofundado e sobre a qual publicámos em Portugal e no estrangeiro, que agora se inclui no Manual em aprofundamento do que já consta.

Não nos limitamos à descrição dos vários institutos de Direito de Autor. É assim que dedicamos parte significativa do texto ao labor doutrinário sobre os vários temas tratados, hoje já muito fecundo em Portugal e no estrangeiro. Acrescentamos sempre aquela que nos parece, modestamente, ser a visão preferível sobre cada problema.

Tentamos que a bibliografia citada e os textos legais de base, referidos e comentados, sejam tão actuais quanto possível. Com pedido de desculpa por qualquer falha, não tomamos responsabilidade por qualquer desactualização pontual.

Esperamos que os leitores aproveitem com este texto.

Lisboa, Julho de 2016

ÍNDICE GERAL

ABREVIATURAS DE USO FREQUENTE

AIDA – *Annali italiani del diritto d'autore, della cultura e dello spettacolo*
art. – *artigo* de diploma legal
art. .../... – refere o *número* (subdivisão em parágrafos) *de artigo* de diploma legal
art. .../... –) – refere *alínea* em que se subdivide artigo ou número de artigo de diploma legal (ex.: art. 2º/1-c) = *alínea c) do número 1 do artigo 2º do Código do Direito de Autor e dos Direitos Conexos de Portugal*)
BGB – *Código Civil* da Alemanha (*"Bürgerliches Gesetzbuch"*), na versão promulgada em 2-1-2002, sucessivamente alterada até à Lei de 1-10- 2013
BMJ – *Boletim do Ministério da Justiça*, de Portugal
CB – *Convenção de Berna "para a protecção das obras literárias e artísticas"*, de 9-9-1886. O Acto de Paris desta Convenção foi aprovado, para adesão, em Portugal, pelo Decreto-lei nº 73/78, de 26-7
C.Civil – *Código Civil* de Portugal, aprovado pelo Decreto-lei nº 47344, de 25-11-1966, com alterações sucessivas até à Lei 3/2023, de 16-1
C.Civ.esp. – *Código Civil de Espanha* (*"Codigo Civil"*), de 24-7-1889, sucessivamente alterado até 6-9-2022
C.Civ.fran. – *Código Civil* de França (*"Code Civil"*), sucessivamente alterado até 31-12-2022
C.Civ.ital. – *Código Civil* de Itália (*"Codice Civile"*), aprovado por "Regio decreto, de 16-3-1942, n. 262, sucessivamente alterado até Dezembro de 2022

CDADC – *Código do Direito de Autor e dos Direitos Conexos* de Portugal, aprovado pelo Decreto-lei nº 63/85, de 14 de Março, sucessivamente alterado até ao Decreto-lei nº 47/2023, de 19-6

cit./citt. – refere obra/s citada/s com descrição bibliográfica completa no final deste escrito, em "*Bibliografia*"

Col.Jur. – *Colectânea de Jurisprudência*, publicação periódica editada por Associação de Solidariedade Social "Casa do Juiz", Coimbra (ISSN 0870-7979; depósito legal nº 246/82)

CPI fran. – lei de autor[1] de França ("*Code de la Propriété Intellectuelle*"), sucessivamente alterado até 30-6-2022

CPIndustr. – *Código da Propriedade Industrial* de Portugal, aprovado pelo Decreto-Lei nº 110/2018, de 10 de Dezembro, sucessivamente alterado até ao Decreto-lei nº 9/2021, de 29-1

C.Publ. – *Código da Publicidade* de Portugal, aprovado pelo Decreto-lei nº 330/90, de 23-10; sucessivamente alterado até à Lei nº 30/2019, de 23-4

CRoma – *Convenção internacional "para a protecção dos artistas intérpretes ou executantes, dos produtores de fonogramas e dos organismos de radiodifusão"*, assinada em Roma, em 26-10-1961. Esta Convenção foi aprovada, para adesão, em Portugal, pela Resolução da Assembleia da República nº 61/99 (aprovada em 16-4-1999) e ratificada por Decreto do Presidente da República nº 168/99, 22-7

CRP – *Constituição da República Portuguesa*, aprovada em 2-4-1976, revista até à Lei constitucional nº 1/2001, de 12-12

CRPredial – *Código do Registo Predial de Portugal*, aprovado pelo Decreto-lei nº 224/84, de 6-7, sucessivamente alterado até à Lei nº 89/2017, de 21-8

[1] Usamos a expressão "lei de autor", salvo outra mais específica que ao caso caiba, referida ao conjunto de disposições legais que constituem, em cada Estado, o núcleo da regulação do Direito de Autor (assim, por exemplo, em Portugal, a principal "lei de autor" é hoje o CDADC, sem prejuízo de menção a legislação complementar pertinente que será devidamente assinalada caso a caso quando não integre aquela). Naturalmente, o presente índice de "Abreviaturas de uso corrente" permitirá que se substitua, sempre que possível e quando desejada a particularização, a expressão "lei de autor" pelas iniciais originais do instrumento normativo correspondente.

CT – *Código do Trabalho de Portugal*, aprovado pela Lei nº 7/2009, de 12-2, sucessivamente alterado até à Lei nº 13/2023, de 3-4

CUniv. – *Convenção Universal "sobre Direito de Autor"*, assinada em Genebra, em 6-9-1952. Em Portugal, a revisão de 1971 foi aprovada por Decreto (do Governo) nº 140-A/79, de 26-12

DBD – *Directiva*, do Parlamento Europeu e do Conselho (União Europeia), *"relativa a protecção jurídica das bases de dados"*, nº 96/9/CE, de 11 de Março de 1996, publicada no JOCE L 77, de 27-3-96. A DBD foi transposta para o ordenamento jurídico português pelo Decreto- lei nº 122/2000, de 4-7

Dig.Mil.Copyr.Act – "*Digital Millennium Copyright Act*" dos Estados Unidos da América, H.R.2281, de 27-1-1998, que "*altera a US Copyr.Law* (ver US Copyr.Law) *e põe em execução o WIPO/WCT e o WIPO/WPPT* (ver OMPI/TDA e OMPI/TIEF)

DPC – *Directiva*, do Conselho (Comunidade Económica Europeia), *"relativa à protecção jurídica dos programas de computador"*, nº 2009/24/CE, do Parlamento Europeu e do Conselho, de 24-3-2009. A DPC foi transposta para a ordem jurídica portuguesa pelo Decreto-lei nº 252/94, de 20-10

Directiva 92/100/CEE – *Directiva*, do Conselho (Comunidade Económica Europeia), *"relativa ao direito de aluguer, ao direito de comodato e a certos direitos conexos aos direitos de autor"*, nº 92/100/CEE, de 19-11-1992, publicada no JOCE L 346, de 27-11-1992. A Directiva 92/100/CEE foi transposta para a ordem jurídica portuguesa pelo *Decreto-lei nº 332/97, de 27-11*, e foi substituída pela Directiva 2006/115/CE, do Parlamento Europeu e do Conselho, de 12-12-2006 (foi publicada a Lei nº 16/2008, de 1-4, em transposição desta última Directiva em Portugal)

Directiva 93/83/CEE – *Directiva*, do Conselho (Comunidade Económica Europeia), *"relativa à coordenação de determinadas disposições em matéria de direito de autor e direitos conexos aplicáveis à radiodifusão por satélite e à retransmissão por cabo"*, nº 93/83/CEE, de 27-9-1993, publicada no

JOCE L 248, de 6-10-1993. A Directiva 93/83/CEE foi transposta para a ordem jurídica portuguesa pelo Decreto-lei nº 333/97, de 27-11

Directiva 93/98/CEE – *Directiva*, do Conselho (Comunidade Económica Europeia), "*relativa à harmonização do prazo de protecção dos direitos de autor e de certos direitos conexos*", nº 93/98/ /CEE, de 29-10-1993, publicada no JOCE L 290, de 24-11-1993. A Directiva 93/98/CEE foi transposta para a ordem jurídica portuguesa pelo Decreto-lei nº 334/97, de 27-11

Directiva 2012/28/UE – *Directiva* do Parlamento Europeu e do Conselho, de 25-10-2012, relativa a determinadas utilizações permitidas de obras órfãs. A Directiva foi transposta em Portugal pela Lei nº 32/2015, de 24-4 (que altera o CDADC)

DMUD – *Directiva*, do Parlamento Europeu e do Conselho, nº 2019/790, de 17-4-2019, "*relativa aos direitos de autor e direitos conexos no mercado único digital*". A Directiva 2019/790 (DMUD) foi transposta para a ordem jurídica portuguesa pelo Decreto-lei nº 47/2023, de 19-6

Dir.Soc.Inf. – *Directiva*, do Parlamento Europeu e do Conselho (União Europeia), nº 2001/29/CE, de 22-5-2001, "*relativa à harmonização de certos aspectos do direito de autor e dos direitos conexos na sociedade da informação*", publicada no JOCE L 167, de 22-6-2001. A Dir.Soc.Inf. foi transposta para a ordem jurídica portuguesa pela Lei nº 50/2004, de 24-8

Directiva 2014/26/UE – *Directiva*, do Parlamento Europeu e do Conselho, de 26-2-2014, "*relativa à gestão colectiva dos direitos de autor e direitos conexos e à concessão de licenças multiterritoriais de direitos sobre obras musicais para utilização em linha no mercado interno*". A Directiva 2014/26/UE foi transposta em Portugal pela Lei nº 26/2015, de 14-4, republicada pelo Decreto-lei nº 100/2017, de 23-8

DR – *Diário da República* de Portugal

egc – entidade de gestão colectiva (de direitos de autor e direitos conexos)

egi – entidade de gestão independente (de direitos de autor e direitos conexos)

IIC – Studies (Studies in Industrial Property and Copyright Law)

JOUE – *Jornal Oficial da União Europeia*

LAA – lei de autor de Angola – Lei n.15/14, de 31-7-2014

LAB – lei de autor do Brasil (Lei nº 9.610, de 19-2-1998, com a última alteração pela Lei nº 12.853, de 2013 e Decreto nº 9.574, de 22-11-2018)

LACV – lei de autor de Cabo-Verde – Decreto-Legislativo nº 1/2009, de 27-4, sucessivamente alterada até ao Decreto-legislativo nº 2/2017, de 16-11

L.aut.ital. – lei de autor de Itália ("*Legge sulla protezione del diritto d'autore e di altri diritti connessi al suo esercizio*"), n. 633., de 22 de Abril de 1941, sucessivamente alterada até ao Decreto legislativo n. 181, de 8-11-2021

L.aut.marroq. – Lei de autor de Marrocos, Loi nº 2-00, de 15-2- 2000, versão consolidada em 9-6-2014

LAM – lei de autor moçambicana – Lei nº 9/2022, de 29-6

LAMac – lei de autor de Macau – aprovada pelo Decreto-lei nº 43/99/M, de 16-8, sucessivamente alterada até à Lei 5/2012, de 4-10

LATL – lei de autor de Timor-Leste – aprovada pela Lei nº 14/2022, de 21-12

LBD – *Lei das Bases de dados*, de Portugal, aprovada pelo Decreto-lei nº 122/2000, de 4-7, em transposição da DBD

LCP – *Lei da Cópia Privada*, aprovada pela Lei nº 62/98, de 1-9, alterada sucessivamente até ao Decreto-lei nº 100/2017, de 23 de Agosto

LGC – *Lei da gestão colectiva de direitos de autor e direitos conexos* – Lei nº 26/2015, de 14-4, sucessivamente alterada até ao Decreto-lei nº 47/2023, de 19-6

LPI esp. (lei de autor de España) – Ley de Propiedad *Intelectual* – BOE nº 97, de 22-4-1996), segundo texto refundido pelo R.D.Leg. 1/1996, de 12-4-1996, alterada sucessivamente até 8-7-2020

LPC – *Lei de Protecção jurídica dos Programas de computador*, de Portugal, aprovada pelo Decreto-lei nº 252/94, de 20-10 (rectificada pela Declaração de Rectificação nº 2-A/95, de 31-1)

Music Online Competition Act – "*Music Online Competition Act*", de 2-8-2001, dos Estados Unidos da América, que regula a utilização de obras telecomunicadas via Internet, que também altera a US.Copyr.Law

Ob. cit./ob. e loc. citt. – obra citada/obra e local citados

OMPI/WIPO – *Organização Mundial da Propriedade Intelectual* (da ONU), concluída em Estocolmo, em 14-7-1967. A Convenção internacional que institui a OMPI/WIPO foi aprovada, para ratificação, em Portugal, pelo Decreto do Governo nº 9/75, de 14-1

OMPI/TDA – *Tratado*, da Organização Mundial da Propriedade Intelectual (OMPI/WIPO), *"sobre Direito de Autor"*, adoptado em Genebra em Dezembro de 1996 (por vezes também referenciado na versão inglesa como WCT)

OMPI/TIEF – *Tratado*, da OMPI/WIPO, *"sobre Interpretações ou Execuções e Fonogramas"*, adoptado em Genebra em Dezembro de 1996 (por vezes também referenciado na versão inglesa como WPPT)

p./pp. – página/páginas

pág./pags. – página/páginas

pág. ... ss. – página ... e seguintes

pág. ... (...) – *página* ... e (*número de margem* ...); sendo este último usado, sobretudo nas obras de autores alemães citados, para identificar parágrafos dos escritos e que é colocado, como o nome indica, à margem de certos parágrafos do corpo da página, no que constitui uma precisão útil para a localização do trecho referenciado

ROA – *Revista da Ordem dos Advogados*

RDI – *Revista de Direito Intelectual*

RIDA – *"Revue Internationale du Droit d'Auteur"*

RROLA – *Regulamento do Registo de Obras Literárias e Artísticas*, aprovado pelo Decreto-lei nº 143/2014, de 26-9

sec. – refere *disposição* (*"section"*) de diploma legal – normalmente de Estados anglo-norte-americanos – assim designada no texto de lei original

t. – *tomo* (de obra literária citada)

TRIPS/ADPIC – *Acordo*, anexo ao Tratado da Organização Mundial de Comércio, de 1994, *sobre "aspectos relacionados com a propriedade intelectual nas relações comerciais"*. Em Portugal, este Acordo foi aprovado para ratificação pela Resolução da Assembleia da República nº 75-B/94, de 27-12 (Anexo 1C)

TFUE – *Tratado sobre o Funcionamento da União Europeia*, tal como resulta da alteração introduzida pelo Tratado de Lisboa, de 13-12-2007

UK CDPA – lei de autor do Reino Unido da Grã-Bretanha e Irlanda do Norte (“*UK Copyright, Designs and Patents Act*”), com última alteração em 1-2-2021

UrhG alemã – (por vezes, também assinalada UrhG) – lei de autor federal da Alemanha (“*Gesetz über Urheberrecht und verwandte Schutzrechte – Urheberrechtsgesetz*”, sucessivamente alterada até 23-6-2021

US Copyr.Law – lei de autor dos Estados Unidos da América (“*United States Code, Title 17 – Copyrights*”), sucessivamente alterada até Act, Pub. L. No. 117-201, 136 Stat. 2222, de 17-10-2022

VerlG alemã – lei alemã que regula a edição (“*Gesetz über das Verlagsrecht*”), de 19-6-1901, em versão actualizada até Lei de 9-9-1995, *in* BGBl. I S. 1273

WCT – “*WIPO Copyright Treaty*” (o mesmo que OMPI/TDA)

WPPT – “*WIPO Performances and Phonograms Treaty*” (o mesmo que OMPI/TIEF)

Título I
O Direito de Autor nos Textos Constitucionais e Legislativos Anteriores aos Vigentes

1. Introdução
Sem a pretensão de proceder aqui a uma retrospectiva histórica completa sobre a evolução do Direito de Autor em Portugal, iniciamos a análise da evolução do Direito de Autor nos textos constitucionais portugueses pela Constituição de 23 de Setembro de 1822, sem prejuízo de anteriores textos – muito raros e normalmente sem a natureza de lei, mas meramente administrativa – que se lhe refiram[2].

Não procuraremos ser absolutamente exaustivos. Não se trata aqui de elaborar a História do Direito de Autor em Portugal[3]. Reservamo-nos, assim, o comentário dos textos que entendemos mais significativos da época em que foram elaborados, ou de uma determinada concepção do Direito de Autor.

2. Os Textos Constitucionais portugueses anteriores a 1976 – a liberdade de criação e expressão literária e artística

2.1. Constituição de 1822
Embora a doutrina seja praticamente unânime em considerar que a primeira consagração constitucional expressa da liberdade de criação intelectual e

[2] Encontramos mencionado, por exemplo, por L. F. Rebello, "Visita Guiada ao Mundo do Direito de Autor", cit., pp. 8 e 9: um privilégio régio de exclusivo de exploração comercial, concedido em 1502 a um editor, pela tradução do "Livro de Marco Polo"; em 1537, regista-se um privilégio, "para imprimir e vender obras", concedido a um escritor.

[3] Merecem realce duas interessantes exposições, em síntese sobre a evolução da consagração legal do Direito de Autor em Portugal. Contêm-se estas no "Tratado da Propriedade Literária e Artística", pelo Visconde de Carnaxide, cit., pp. 15 a 30 e 37 a 83 e na "Visita ao Mundo do Direito de Autor", por L. F. Rebello, cit., pp. 8 a 12.

expressão literária e artística se contém na Carta Constitucional de 1826, encontramos já no texto constitucional de 1822 um seu primeiro enunciado.

É assim que, logo nos seus arts. 7º e 8º, integrados no Capítulo Único do Título I ("Direitos e Deveres Individuais dos Portugueses"), deparamos com referência à "liberdade de comunicação dos pensamentos" e à "liberdade de imprensa".

Se é certo que nenhum dos preceitos previa a consagração pela lei ordinária de quaisquer direitos privativos, assemelháveis ao direito de autor – que, de resto, só veio a merecer acolhimento em 1851[4] –, é também certo que este "direito individual", na concepção liberal dos direitos fundamentais que enformava a Constituição de 1822, representa já o embrião dessa consagração legislativa.

O art. 7º prevê o "exercício abusivo" do referido direito à livre comunicação do pensamento "[...] nos casos e pela forma que a lei determinar". É concebível que a regulação legal ordinária da responsabilidade pelo abuso da liberdade de pensamento (e de expressão – "faculdade de, sem censura prévia, manifestar suas opiniões em qualquer matéria") e da liberdade de imprensa trouxesse consigo algo de semelhante a um direito privativo de divulgação (cfr., *infra*, nº 42.), cujo exercício abusivo se penalizaria; é, contudo, mais seguro que a mesma reflectisse apenas a tutela de interesse público, sem necessariamente assegurar qualquer contrapartida que se assemelhe a um exclusivo do autor.

No entanto, se recordarmos que a concepção dominante na época sobre a natureza do direito de autor o configurava como uma propriedade especial[5], já poderemos encontrar no art. 6º desta Constituição a sua consagração geral, incluindo o direito de "dispor à sua vontade de todos os seus bens, segundo as leis".

É, então, possível concluir que, sem que se registe a menção expressa ao que se chamaria "propriedade intelectual", encontramos já na Constituição de 1822 como que o prenúncio do reconhecimento de um direito privativo de autor, decorrente da tutela da "propriedade [neste caso das obras intelectuais], como um direito sagrado e inviolável [...] de dispor à sua vontade de todos os seus bens".

2.2. Carta Constitucional de 1826 e Constituição de 1838

Se os preceitos atrás citados da Constituição de 1822 apenas revelam a consagração de uma liberdade pública de expressão do pensamento e dos seus

[4] Pelo decreto ditatorial de 8 de Julho de 1851, inspirado no projecto de A. Garrett, a que referiremos adiante.

[5] Ver os textos de Almeida Garrett, que, embora registados quase duas décadas após, reflectem este entendimento dominante na época (cfr. nº 104.1.1).

limites, sem implicarem directamente o imperativo da tutela legal de interesses privativos dos criadores, encontramos já nos textos constitucionais em epígrafe a consagração paralela dos dois direitos fundamentais.

É assim que, na Carta Constitucional de 1826, se encontra, no § 3º do art. 145º, preceito equivalente ao dos arts. 7º e 8º citados da Constituição de 1822 (liberdade de comunicação oral ou escrita do pensamento e de sua publicação pela Imprensa), a par do que se contém no § 24º do mesmo artigo, que, esse sim, verdadeiramente consagrava a "propriedade pelos inventores das suas descobertas ou produções", estabelecendo expressamente que, pela lei, lhes será atribuído um "privilégio exclusivo temporário". Este preceito, em sede de "Garantias dos Direitos Civis e Políticos dos Cidadãos Portugueses" – Título VIII –, afirmava a "inviolabilidade dos Direitos Civis e Políticos".

Estamos, pois, perante o verdadeiro advento do reconhecimento expresso do direito de autor, dito uma propriedade especial do autor sobre a sua produção (intelectual), a que a lei ordinária deveria cuidar de dar o conteúdo correspondente a um privilégio exclusivo e temporário de uso, fruição e disposição da obra.

De igual modo, a Constituição de 1838, contendo no seu art. 13º disposição de teor análogo à do art. 145º § 3º da Carta Constitucional e dos arts. 7º e 8º da Constituição de 1822, traçava os contornos do que à lei cabe definir como direito privativo dos autores relativo às suas obras.

Por razões que se prendem provavelmente com o acolhimento das teses de Almeida Garrett em detrimento das de A. Herculano, nos debates entre estes travados sobre a natureza e duração do direito de autor (*infra*, nº 101.1.1.)[6], o art. 23º desta Constituição, que garantia genericamente a propriedade, suprimia a referência a um "privilégio exclusivo temporário dos inventores". O preceito consagrava antes, no seu § 4º, a "garantia aos escritores da propriedade de seus escritos, pelo tempo e forma que a lei determinar".

2.3. Constituição de 1911

Ao contrário do verificado nos textos anteriormente citados, não consagrava a primeira Constituição republicana, de forma explícita, o imperativo de protecção legal dos direitos dos criadores intelectuais.

Assim, não é evidente ter o legislador constituinte de 1911 pretendido fazer caber a tutela do direito de autor quer entre as formas de trabalho, indústria ou comércio cujo exercício garantia (art. 3º/26), quer nos exclusivos de exploração, susceptíveis de serem concedidos por lei. Por outro lado, predominando

[6] De que se pode encontrar transcrição nas cartas que trocaram sobre o assunto, *in* "Obras de Garrett", cit., e nos "Opúsculos" de A. Herculano, cit..

ainda a concepção segundo a qual o direito de autor tem a natureza e conteúdo próprios da propriedade, sempre se poderia defender que nesta sede se acolheria a sua tutela constitucional (art. 3º/25).

Em qualquer dos casos, cumpre registar o retrocesso na consagração constitucional explícita do Direito de Autor.

2.4. Constituição de 1933

A Constituição de 1933 também não consagrava expressamente qualquer imperativo de regulação legal do direito de autor.

Limitava-se, como as anteriores, a consagrar, entre os "direitos e garantias individuais dos cidadãos": a "liberdade de expressão do pensamento sob qualquer forma" (art. 8º/4º) e "o direito de propriedade e a sua transmissão em vida ou por morte" nos termos da lei civil (art. 8º/15º) (até 1966, no âmbito do Decreto nº 13725, de 1927, imperava ainda o conceito de propriedade intelectual, como se verá – *infra*, nº 4.).

Previa, no entanto (art. 8º §2º), a regulação por lei especial da liberdade de expressão do pensamento, a qual deveria compreender meios para "impedir preventiva ou repressivamente a perversão da opinião pública [...] e contribuir para salvaguardar a integridade moral dos cidadãos". A parte final deste preceito (direito de resposta, em caso de injúria em publicação periódica) indicia, porém, prever esta norma, basicamente, a regulação especial da liberdade de imprensa.

De inovador, mas de acordo com o modelo económico e social que preconiza, registe-se a consagração no seu Título IX ("Da Educação, Ensino e Cultura Nacional") de uma norma que inclui, entre os deveres do Estado, o de "fomentar e proteger as artes e ciências, no seu desenvolvimento, ensino e propaganda, com subordinação ao respeito da Constituição, hierarquia e acção coordenadora do Estado". Nem reflexamente se pode vislumbrar aqui a tutela de interesses privativos dos autores.

2.5. Observações finais

Ao contrário do que se assinala a propósito da Constituição de 1976, que no seu art. 42º prevê explicitamente a consagração legal de direitos privativos dos autores, nenhum dos textos constitucionais citados (e apenas alguns o fazem de forma explícita e específica) faz mais do que prever a regulação pela lei ordinária do direito dos criadores intelectuais, entendido como propriedade sobre as suas obras.

Além deste direito, apenas se regista em todos eles a garantia da liberdade de expressão do pensamento – para a qual, em certos casos, se prevêem limitações decorrentes do respeito pelo "interesse público" –, o que não é mais do que estatuir a liberdade de criação intelectual, insuficiente, por si só, para impor a obrigação de pela lei se tutelarem interesses privativos dos autores, relativos às obras que criam.

De qualquer modo, como ficou dito logo em comentário à Constituição de 1822, se os preceitos constitucionais citados não enunciam de forma tão precisa como o faz a Constituição de 1976 os direitos privativos cuja tutela cabe na garantia da liberdade de expressão do pensamento, eles não só não a excluem como a indiciam.

Com efeito, desde 1851, assistiu-se a uma sucessão de textos legislativos ordinários que especialmente regularam o Direito de Autor.

A doutrina que os inspira não é tão substancialmente diferente que leve a pensar que vogou o legislador ao sabor das diversas ordens constitucionais em que se enquadrou. Faz isto reflectir sobre se o essencial da garantia constitucional do direito de autor não se encontrará, afinal, naquilo que todos os textos estudados consagram de comum: a liberdade de expressão do pensamento e, segundo uma certa concepção do Direito de Autor, o direito à propriedade privada.

Passemos, então, em revista o que julgamos de mais significativo nessas leis.

3. Código Civil de 1867

Revogando o decreto ditatorial de 8 de Julho de 1851, inspirado por A. Garrett, o chamado Código de Seabra dedicava todo um Capítulo (Capítulo II do Título V – arts. 570º a 612º) à regulação do que epigrafava como "Trabalho literário e artístico".

3.1. Estrutura e natureza do direito de autor

O Código Civil de 1867 inspirava-se, à primeira vista, numa concepção monista do direito de autor[7], sujeitando-o a um regime unitário e concebendo-o, portanto, como um direito único, em que não se distinguem poderes de diferente natureza.

Com efeito, o art. 590º deste Código estatuía que "a propriedade literária é considerada e regida como qualquer outra propriedade móvel", comportando o seu regime modificações resultantes da sua natureza especial. O autor de escrito publicado gozaria, assim, durante toda a vida, "da propriedade e do direito exclusivo de reproduzir a sua obra" (art. 579º, proémio).

[7] Cfr., *infra*, nº 104.

3.2. Conteúdo e características do(s) direito(s) de autor

Referido como contendo os poderes inerentes à propriedade (da obra), bem como o direito exclusivo de a reproduzir e negociar, no qual se contém o direito de tradução (cfr. arts. 576º e 577º, proémio), dos quais o registo constitui presunção *juris tantum* (art. 606º), o regime jurídico do direito de autor revela-se, no Código Civil de 1867, unitário quanto à:

- *Titularidade do direito* (de propriedade sobre a obra e de utilização económica) – cabe: originariamente ao autor (art. 574º); aos co-autores conjuntamente, nas obras em colaboração (art. 581º, proémio); ou àquele em nome de quem a obra foi empreendida, redigida e publicada, nas obras colectivas (como se deduz do § único do mesmo art. 581º). No caso de edição da obra póstuma ou inédita de que não se conheça o autor, os direitos de autor cabem ao editor (art. 585º e 586º). É também apropriável por utilidade pública, pelo Estado, a obra que o autor ou seus herdeiros se recusem a reimprimir (art. 587º).
- *Transmissibilidade* inter vivos *do direito* – o direito de autor é transmitido para o utilizador da obra, com o conjunto de poderes que o integram, em caso de transferência da sua propriedade e nos termos do contrato que a transfira (arts. 582º e 602º).
- *Sucessibilidade* mortis causa *do direito* – o direito de autor (propriedade da obra) continua, após a morte do autor e por mais 50 anos, na titularidade dos seus herdeiros, cessionários ou representantes, ou do Estado ou de quaisquer estabelecimentos públicos que fizerem publicar por sua conta alguma obra (art. 579º e 580º). Os direitos derivados da transferência de propriedade para os editores ou outros cessionários do direito de utilização da obra são igualmente objecto de sucessão, por morte destes e até se completarem 50 anos após a morte do autor (art. 582º e seu § único).
- *Duração* – por toda a vida do autor e cinquenta anos após a sua morte, nos termos e com as derrogações referidas.

3.3. Os direitos pessoais

O art. 588º do Código atribuía expressamente ao autor de obra inédita ou publicada, bem como aos seus herdeiros, "o poder de se oporem, durante as respectivas vidas, a toda a alteração ou modificação desta ou à alteração ou omissão do respectivo título e de exigir a menção e identificação da sua autoria" (direitos pessoais à integridade da obra, à menção do nome e de reivindicar a paternidade da obra).

A violação destes direitos fazia incorrer o *infra*ctor em responsabilidade civil e criminal (arts. 608º e 612º).

4. Decreto nº 13725, de 3-6-1927

O normativo deste Decreto veio substituir o articulado citado do Código Civil de 1867[8].

4.1. Estrutura e natureza do direito de autor

O art. 36º do Decreto nº 13725 reproduzia o teor do art. 590º do C. Civil de 1867, considerando e regendo a propriedade literária ou artística "como qualquer outra propriedade mobiliária com as modificações da presente lei".

Retomava-se, assim, a aparência, que já assinalámos no regime do C. Civil de 1867, do carácter unitário do direito de autor, reforçada pelo facto de Cunha Gonçalves, no seu "Tratado de Direito Civil"[9] e ao arrepio de algumas tendências já registadas na época, afirmar que: "Sendo o autor um criador, é claro que lhe pertence a propriedade da sua obra, inexactamente designada por direito moral, e como iniludível consequência jurídica, o direito de a explorar".

4.2. Conteúdo e características do direito de autor

O art. 15º deste texto legal declarava que o autor goza de direitos exclusivos "de reproduzir ou editar e negociar ou vender a sua obra, que fica sendo sua propriedade", sendo também "titular dos direitos de tradução, [...] e dos direitos de defesa da sua personalidade intelectual e da integridade da sua obra". Também o art. 6º estatuía que "a obra manuscrita ou inédita não pode, em nenhum caso, ser publicada sem consentimento seu [do autor], durante a sua vida, mesmo que não esteja em seu poder". Finalmente, o art. 34º estabelecia que "o autor de uma obra impressa por sua conta ou contrato de edição pode, a todo o tempo, suspender a sua publicação, retirar da circulação os exemplares não vendidos ou destruir a edição antes de posta à venda", mediante indemnização ao titular do direito de utilização.

Verificam-se, assim, consagrados como integrantes do conteúdo do direito de autor:

- *direitos patrimoniais* – de reprodução, edição ou venda da obra;
- *direitos de índole (aparentemente) pessoal* – direito de defesa da personalidade intelectual (direito de reivindicar a paternidade, de protecção do nome literário e de exigir a menção do nome na obra – cfr. arts. 14º e 47º); direito de defesa da integridade da obra (cfr. art. 47º); direito de divulgação (pressuposto do exercício dos direitos patrimoniais relativos à publicação da obra); e direito de retirada.

[8] Em comentário a este texto legal, vejam-se, nomeadamente: "Tratado de Direito Civil" – IV, cit., de CUNHA GONÇALVES, pp. 29 e ss.; "Ensaio sobre o Direito de Autor", cit., de ALMEIDA SANTOS; "Código de Trabalho Intelectual, anotado", cit., por MÁRIO ALVES PEREIRA.

[9] Ob. cit., p. 29.

Negando, porém, numa primeira apreciação, a conexão intima e indissolúvel destes últimos direitos à pessoa do autor, o próprio art. 15º, no seu §1º, consagrava que "estes direitos" (entre os quais se incluem o de paternidade e de defesa da integridade da obra, como vimos) "se transmitem perpetuamente aos herdeiros e podem ser transmitidos a terceiros (...), como qualquer outro direito patrimonial".

Esta disposição é enganosa, como bem salienta ALMEIDA SANTOS[10], já que, logo no art. 47º, proémio, veda ao editor (cessionário de direitos patrimoniais de utilização) a modificação da obra, do seu título, ou a omissão ou substituição do nome do autor. De igual modo, o art. 132º §4º estabelecia expressamente que "o autor conserva, mesmo quando haja cedido no todo ou em parte os seus direitos [patrimoniais], o direito de se opor [...] a todas as modificações da obra, feitas sem o seu consentimento". Finalmente, o art. 97º excluía "todos os direitos inerentes à qualidade de autor ou puramente pessoais deste, ou exceptuados por lei", do núcleo que se transmite pela transferência da propriedade da obra. Quanto aos direitos de divulgação ou retirada, o seu próprio conteúdo evidencia a sua natureza pessoal e inalienabilidade.

No que respeita à sucessão *mortis causa* nos direitos pessoais do autor, também a aparência ilude parcialmente.

Se é um facto que o art. 15º citado estabelece a transmissão perpétua aos herdeiros do direito de defesa da integridade da obra e da paternidade intelectual do autor, já o §1º do art. 47º veda aos herdeiros o direito de modificar a obra, que alguns consideram compreendido no direito de defesa da integridade.

Por outro lado, quanto ao que designamos direito de divulgação, verifica-se que, se bem que podendo ser exercido pelos herdeiros do autor, falecido este, o mesmo se encontra limitado no seu exercício pela proibição de divulgação imposta pelo autor, caso em que qualquer interessado se lhe pode opor (cfr. art. 6º §1º).

Revela-se deste modo, no Decreto nº 13725, a consagração de um conjunto de prerrogativas pessoais do autor, com características diferenciadas do remanescente dos seus poderes relativos à obra.

5. O Código do Direito de Autor de 1966

Aprovado pelo Decreto-Lei nº 46980, de 27 de Abril de 1966, e revogando o Decreto de 13725, de 1927, merece especial saliência neste Código o facto de ser enformado por uma concepção do direito de autor que afasta já a ideia de *propriedade* intelectual, patente em todos os textos até agora analisados. É o que se revela no art. 7º deste Código, em que "o direito de autor sobre a obra

10 "Ensaio sobre o direito de autor", cit., pp. 108 e ss..

intelectual como coisa incorpórea" se diz independente do direito de propriedade sobre o seu suporte material[11].

5.1. Estrutura do direito de autor

Com efeito, logo no art. 5º/1 do Código de 1966 se descrevia o conteúdo deste direito como abrangendo "direitos de carácter patrimonial e direitos de carácter pessoal, chamados direitos morais". E, de seguida, no nº 2 do mesmo preceito se marcava a primeira diferença de regime: enquanto os direitos patrimoniais são transmissíveis "por todos os modos admitidos em direito", os de carácter pessoal só o serão "nos termos da presente lei". Também o nº 2 do art. 7º negava ao fabricante ou adquirente do suporte material da obra "qualquer dos poderes compreendidos no direito de autor".

5.2. Conteúdo e características dos direitos pessoais

O Código do Direito de Autor de 1966 dedicava toda a Secção VI do seu Capítulo II ("Do direito de autor") à regulação do que designava como "direitos morais".

Entre estes se referiam expressamente o direito de reivindicar a paternidade da obra e de assegurar a integridade desta. Não obstante a parcial derrogação do segundo destes direitos, decorrente do art. 56º, a lei declarava-os inalienáveis e imprescritíveis, cabendo o seu exercício, por morte do autor, aos seus herdeiros e representantes e, caída a obra no domínio público, ao Estado.

Esparsos pelo Código, encontramos consagrados outros direitos pessoais de autor. Assim: no art. 58º, o direito de retirada da obra divulgada, prevalecendo sobre todos os direitos de carácter patrimonial adquiridos por terceiros utilizadores; o direito de divulgação; o direito de modificação da obra no todo ou em parte, que o art. 39º, primeira parte, dá como exemplo de direito "com carácter puramente pessoal"; e o direito à protecção do nome literário (arts. 20º e ss.), que é reflexo da tutela geral do direito de personalidade ao nome.

6. Decreto-Lei nº 63/85, de 14 de Março

A adesão de Portugal aos Actos de Paris, de 24-7-1971, de revisão da Convenção de Berna (CB) e da Convenção Universal (CU)[12], foi antecedida da elaboração e submissão à Câmara Corporativa, em 1973, de um projecto de revisão do Código do Direito de Autor de 1966[13].

[11] Veja-se a respeito deste Código, nomeadamente, o "Código do Direito de Autor, anotado", cit., por Mário Moreira da Silva.

[12] Consumadas, respectivamente, pelo Decreto nº 73/78, de 26-7 e pelo Decreto 140-A/79, de 26-12.

[13] O projecto de decreto-Lei (nº 14/X), relativo ao Código de Direito de Autor, consta publicado nas "Actas da Câmara Corporativa" 143, de 24-2-1973.

Com base nestes textos e na sequência da ruptura da ordem constitucional decorrente dos acontecimentos de 25 de Abril de 1974 e das alterações legislativas que decorreram da aprovação de uma nova Constituição da República em 1976, foi publicado o referido Decreto-Lei nº 63/85, que instituiu um novo Código do Direito de Autor, revogando o de 1966.

Este Decreto-Lei, como é sabido, veio a ser alterado por ratificação pela Lei nº 45/85, de 17-9, correspondendo o CDADC vigente ao novo texto publicado em anexo a essa Lei com as alterações que esta e múltiplos diplomas legais até aos nossos dias lhe introduziram[14].

[14] Como referências gerais para os textos citados, vejam-se: o "Guia da Convenção de Berna", cit., o "Código do Direito de Autor, anotado", cit., de L. F. Rebello e as Actas das Sessões da Assembleia da República (debate da Lei nº 45/85), publicadas nos 86 e 87 do Diário da Assembleia, I série, de 29-5-85 (pp. 3227 a 3446) e de 31-5-85 (pp. 3263 a 3291).

Título II
A Situação Jurídica de Direito de Autor

Capítulo I
Constituição do direito de autor

7. Liberdade constitucional de criação cultural e direito de autor

Pode criticar-se a formulação Constitucional, que no art. 42º/2 CRP faz incluir a protecção dos direitos de autor na tutela constitucional dos direitos à invenção e à produção e divulgação de obra científica, literária ou artística. Esta afigura-se ser uma confusão entre liberdade fundamental (de todos os cidadãos à expressão do seu pensamento) e *direitos privativos* apenas dos que efectivamente criem obras literárias ou artísticas, os únicos a quem tal exclusivo jusautoral é outorgado.

Jorge Miranda parece formular a questão em termos diferentes. Considera mesmo que os direitos autorais ali consagrados "podem ser englobados no catálogo dos direitos fundamentais ou, pelo menos, no das garantias constitucionais, [já que], previstos na Constituição, não podem ser eliminados ou desvitalizados pelo legislador ordinário", devendo o Estado protegê-los.[15] E conclui (*ibidem*): "o dever de protecção por parte do Estado é, como a doutrina vem reconhecendo, um elemento caracterizador de regime jurídico irredutível".

Desta ideia e da de sujeição dos direitos de autor (morais e patrimoniais) a todo o regime (substantivo, orgânico e atinente aos limites materiais de revisão constitucional) dos direitos, liberdades e garantias, o mesmo Autor extrai a não-contradição entre a ligação destes aos direitos, liberdades e garantias, "visto que a regulamentação [...] se mostra conveniente, ou, até, imprescindível, para se preencher o conteúdo dos direitos, para se traçarem fronteiras entre diversas situações, para se propiciarem certeza e segurança jurídica".[16]

[15] Jorge Miranda, "Direitos fundamentais culturais e direitos de autor – breve nota", cit., nº 9-II, p. 317.

[16] Jorge Miranda, "Direitos fundamentais culturais e direitos de autor – breve nota", cit., nº 11.

Consideramos que a tutela constitucional da liberdade de investigação, produção e divulgação de obras literárias ou artísticas se encontra no plano das liberdades constitucionais, de que a tutela jusautoral é mero reflexo. Entendemos também que a tutela pelo direito de autor respeita não a esse plano, o das liberdades fundamentais gerais, mas que é privativa das situações jurídicas nascidas de cada criação concreta exteriorizada segundo expressão formal criativa de obras intelectuais, às quais está reservada.

7.1. O direito de autor e as liberdades fundamentais de criação e de acesso à cultura

I. Como vimos, o art. 42º da Constituição da República Portuguesa, sob a epígrafe "Liberdade de criação cultural", estabelece a liberdade de criação intelectual literária, artística e científica: refere que esta liberdade "compreende o direito à invenção, produção e divulgação da obra científica, literária ou artística, incluindo a protecção legal dos direitos de autor".

É patente do texto citado a mais alta relevância das liberdades culturais, a que se liga, indissociável, a liberdade de criação literária e artística. Mas decorrerá desta, necessariamente, a consagração de um exclusivo jusautoral, de um direito privativo dos autores sobre as suas obras intelectuais literárias e artísticas?

II. É perfeitamente concebível um sistema em que, estando assegurada – e até incentivada como missão do Estado – a criação intelectual, não se constituam quaisquer direitos privativos individuais dos criadores sobre as suas criações, sobre as suas obras. Aos autores e inventores[17], seriam dadas todas as condições para a criação, incluindo um estipêndio, um salário ou pagamento de um preço sobre cada objecto criativo revelado, mas não se lhes reconheceria qualquer direito exclusivo de exploração económica livre das suas obras ou invenções, nem sequer se lhes confiaria a defesa de direitos pessoais ("morais") de autor, como o de defesa da integridade e, quiçá, nem mesmo o de reivindicação da paternidade das obras e inventos que criassem. À colectividade, ao Estado, pertenceria em exclusivo a propriedade dos bens culturais, um qualquer ministério ou secretaria de estado faria a gestão e defesa desses bens.

Numa perspectiva menos radical, pode sustentar-se que, não obstante o reconhecimento da paternidade e da titularidade de direitos de exploração económica das obras e inventos aos seus autores, sobrestá ao exclusivo destes

[17] Muito embora tratemos aqui de direitos de autor, relativos a obras literárias e artísticas, parte das considerações que fazemos são extensivamente aplicáveis aos direitos industriais dos inventores e demais criadores de bens imateriais industriais, como marcas, desenhos e modelos, logótipos, *etc.*

a liberdade (necessidade?) de acesso aos bens considerados de relevância cultural pela colectividade. Diz-se, até, que uma protecção exacerbada do direito de autor prejudica o acesso às fontes, essencial à criação: "De facto, toda a criação se faz tendo como base as criações precedentes. Por isso, é possível aos conhecedores identificar pela análise de qualquer texto a época de que provêm: cada obra é também um produto da sua época. Tem pois de haver real possibilidade de acesso e utilização ao fundo cultural existente, sem o que a Cultura estiola"[18].

Será que a tutela do exclusivo jusautoral na titularidade dos autores e da liberdade colectiva de acesso aos bens culturais representa valores que se opõem? Uma maior protecção do exclusivo privativo dos autores e criadores obsta até ao desenvolvimento cultural da sociedade? Vejamos em perspectiva histórica.

7.1.1. O exclusivo jusautoral como garantia da remuneração dos autores

I. Nem sempre os autores beneficiaram de um exclusivo de exploração económica das suas obras, mas isto não implica que, em épocas anteriores ao reconhecimento dos direitos *individuais* dos autores, a Cultura estivesse disseminada pela colectividade.

Na Antiguidade Clássica, a criação era um privilégio de uns poucos entregues a actividades não servis; o acesso à cultura era um privilégio das classes elevadas e dos literatos. Na Idade Média, não obstante o surgimento das universidades, a Cultura era preservada em mosteiros e conventos e era acessível apenas a classes alfabetizadas e instruídas, não à generalidade da população. Não se demonstra, pois, que uma protecção menor ou nula das individualidades criativas fosse acompanhada de maior disseminação cultural. O acesso generalizado à Cultura tem outra condição prévia, um outro cadinho para fermentar: a alfabetização e a educação do gosto da população.

Na Idade Contemporânea, surgiram os primeiros vestígios de uma tutela jusautoral. Inicialmente concebido como um privilégio dos editores, o direito de autor como o conhecemos hoje tem o seu advento no séc. XVIII, com o surgimento das concepções individualistas. Tratava-se de uma propriedade, uma propriedade (intelectual) especial, como hoje a designa ainda o Código Civil português vigente. Como toda a propriedade, era (e é) oponível *erga omnes*, como propriedade especial era (e é) um direito temporário "que cessa onde o direito da colectividade começa", como expunha o nosso Almeida Garrett.

[18] José de Oliveira Ascensão, Direito de Autor e Liberdade de Criação, *in* NOMOS – Revista do Programa de Pós-graduação em Direito da UFC, Volume 34.1 – jan./jun. 2014, p. 302, disponível em http://www.periodicos.ufc.br/nomos/issue/view/162/58, acedido em 15/02/2022.

II. O objectivo da consagração de um direito privativo dos autores não foi (não é) apenas dotá-los de independência económica. Esta nunca foi plenamente atingida por uma actividade, a criação literária e artística, sempre mal remunerada. O objectivo da consagração de direitos privativos dos autores e inventores foi sempre, antes de mais, reconhecer-lhes o domínio, a soberania sobre o destino do que criassem.

Em primeiro lugar, deixando-os decidir soberanamente sobre se, quando e como divulgam as suas obras. Em segundo lugar, garantindo-lhes o reconhecimento da autoria do que criem e o direito a serem mencionados como autores ou inventores. Em terceiro lugar, o direito de defenderem a integridade formal das suas obras. Por último, o direito de se arrependerem da divulgação e de retirarem as obras de circulação para as modificarem ou guardarem de novo sem edição. Só em consequência deste domínio pessoal (dito "moral") se consagram direitos económicos dos autores, direitos exclusivos e privativos de exploração económica das obras e inventos.

É claro que a consagração de um exclusivo patrimonial garante aos titulares um retorno financeiro mínimo do seu esforço intelectual. É também sabido que tal nunca lhes proporcionou riqueza e abundância, salvo nos casos excepcionais dos chamados *bestsellers*. Isto decorre de várias circunstâncias, a mais propalada das quais é o fraco poder negocial da maioria dos criadores e, principalmente, da generalidade dos que, inéditos, não foram ainda abençoados pelo favor do público. Mas há outras razões.

A criação intelectual sempre dependeu de apoios materiais de origem à primeira vista estranha ao mundo dito cultural. Com excepção de certas obras literárias e artísticas exemplarmente criadas na solidão das caves e sótãos dos romances, o que de mais expressivo tem o acervo cultural da Humanidade nasceu do engenho humano enquadrado ou incentivado por mecenas, fundações culturais ou empresas. E isto não é, ao contrário do que alguns tentam fazer crer, característica típica única do capitalismo. Não havia capitalismo quando os arquitectos egípcios foram contratados e pagos para conceber e executar as pirâmides, não foram capitalistas, na acepção marxista do termo, os que encomendaram a Miguel Ângelo as pinturas e esculturas que nos encantam.

É também verdade que grande parte das criações intelectuais com relevância cultural foi criada sob contrato ou num enquadramento empresarial. Os autores são previamente remunerados para criar, criam por encomenda no âmbito de um contrato de prestação de serviços ou recebem regularmente um salário como pagamento fixo, certo, regular e periódico por tudo o que criem. A existência de direitos privativos dos autores diminui as garantias da sua remuneração? Pelo contrário, reforça-as, como veremos.

No caso dos que criem obras intelectuais no âmbito de contrato de trabalho, a lei (art. 14º/4 do Código do Direito de Autor e Direitos Conexos de Portugal – CDADC) prevê que tenham direito a uma remuneração adicional, extraordinária, se a obra ou obras criadas "excederem claramente o desempenho, ainda que zeloso, da função ou tarefa" confiadas ou se das mesmas "vierem a fazer-se utilizações ou a retirar-se vantagens não incluídas nem previstas na fixação da remuneração ajustada". A lei de autor constitui, neste caso, um factor corrector de insuficiências remuneratórias que a aplicação pura e simples das leis do mercado e do direito laboral determinaria.

III. Mesmo nos casos em que o autor transmite o seu direito ou concede a exploração das suas obras mediante uma licença, a outorga de um direito de autor aos criadores permite corrigir insuficiências ou injustiças remuneratórias.

No caso das obras de arte, o direito de sequência garante uma participação nas mais-valias obtidas com as sucessivas transmissões do suporte material destas (cfr. art. 54º CDADC). Em caso de "lesão enorme", se se verificar "uma manifesta desproporção entre os proventos do transmitente e os lucros auferidos pelo beneficiário dos actos de transmissão ou oneração do direito de exploração", pode aquele reclamar deste uma compensação suplementar que incidirá sobre o resultado da exploração. Mais uma vez, vêm as regras de direito de autor mitigar os efeitos da desigualdade negocial a que uma contratação desprovida desta rede de segurança exporia os criadores.

Entretanto, a lei de 2023 em transposição de Directiva europeia (DMUD) veio consagrar o direito a uma remuneração adequada e proporcionada, corrigível se desajustada.

Portanto, afirmar que não são as regras de outorga de direitos de autor que garantem aos seus titulares o mínimo de independência económica é olhar apenas para o copo meio vazio, ignorando a outra metade, a que assegura aos autores mínimos retributivos para a exploração dos resultados da sua actividade criativa.

IV. Outra objecção que, por vezes, se coloca às verdadeiras vantagens da consagração de direitos de autor como contributo para a independência económica dos autores é a empresarialidade, a necessidade de mediação empresarial para a exploração das criações do espírito: só as empresas de distribuição e comercialização de obras lucrariam.

Em resposta a esta objecção, deve notar-se, antes de mais, que certas obras são verdadeiramente *obras de empresa*. Quem criou o programa de computador Office da Microsoft? O génio informático X? X + Y? Uma equipa coordenada por um director técnico, acompanhado por um director de marketing que aconselha e promove alterações no programa original para o tornar mais apelativo e funcional? O director-geral que decide a versão final a comercializar? O administrador executivo que decide o momento oportuno para a comercialização? Todos eles? A verdade é que tal programa informático é uma obra colectiva, uma obra que contou com o contributo de muitos, mas cuja autoria só pode imputar-se ao colectivo, personificado por uma empresa.

Dizer-se que a mediação empresarial é indispensável para a divulgação das obras é verdade, mas é dizer pouco. Dizer que as empresas são as mediadoras entre os autores e o público usuário das suas obras é ficar aquém da realidade. Muitas obras carecem do enquadramento empresarial para se revelarem, para ganharem a sua forma final. Ora, se as obras carecem de um quadro empresarial para se formarem e exteriorizarem, é porque são *obras de empresa*.

Não significa isto reconhecer às empresas o estatuto de criadores intelectuais de obras. As empresas limitam-se a enquadrar a criação de obras por uma pluralidade de pessoas físicas que, não sendo imputável a nenhuma destas, individual ou conjuntamente, tem de ser atribuída *colectivamente* à empresa. É, pois, justo que o direito de autor sobre o todo que é a obra colectiva pertença originariamente a uma empresa, como a lei portuguesa (art. 19º CDADC) e a lei brasileira (arts. 11§único e 17§2º LDA brasileira) reconhecem. A lei brasileira refere ao "organizador da obra colectiva" para atribuir a titularidade do direito de autor nestas; julgamos defensável que se sustente que o organizador pode ser uma empresa, na titularidade de uma pessoa colectiva que nada cria espiritualmente.

Restam os casos em que os criadores carecem da assistência de empresas produtoras e distribuidoras para divulgar as suas obras. Mesmo aqui há que fazer a distinção.

No caso de obras com grande componente tecnológica, industrial, é evidente que a intervenção empresarial é decisiva para a própria realização da obra. Pense-se nas obras audiovisuais, entre as quais se contam as obras cinematográficas. O produtor cinematográfico é definido, por lei, como "o empresário do filme" (art. 126º/1 CDADC). Ora, uma obra cinematográfica não produzida não existe como obra protegida, é um mero conceito, uma ideia do realizador/director. A intervenção do produtor não se limita a proporcionar as condições materiais, humanas e financeiras para criar; sem ela, a obra cinematográfica não é mais do que um guião, uma banda sonora e uma ideia do seu autor (o realizador).[19] Justifica-se, nestes casos, que tal investimento e participação empresariais sejam remunerados. Já os verdadeiros autores receberão

[19] Não é por acaso que a lei inglesa considera produtor e realizador como co-autores da obra fílmica.

maior ou menor quota-parte dos rendimentos da exploração da obra em função do seu êxito comercial: funciona o mercado, salvo se for uma obra custeada por financiamento do Estado. Se isto deve ou não ser assim, é outra discussão, mas não se demonstra, no actual quadro económico, que o reconhecimento de direitos de autor não contribua para favorecer os autores.

Aliás, é precisamente nesta sede que se verifica uma intromissão do direito de autor que ficciona a realidade para a moldar ao interesse dos autores. Quem é, verdadeiramente, o autor da obra cinematográfica: o produtor que a financia e lhe dá condições materiais de existência, o realizador/director, o autor do argumento (a história do filme) ou o conjunto de geometria variável que as leis de autor europeias continentais (por todas, cfr. art. 22º CDADC) ou lusófonas (por todas, cfr. art. 16 LDA brasileira) estabelecem como tal, que incluem os autores das bandas sonoras e, em alguns casos, os guionistas? Haverá melhor prova de que o direito de autor molda a realidade aos interesses dos autores do que este exemplo em que a outorga do estatuto de autor tem como único fito atribuir a (con)titularidade de direitos de autor, logo direitos de remuneração, a um conjunto mais ou menos alargado de intervenientes na criação audiovisual?

Há, ainda, os casos em que a criação prescinde, ou quase prescinde, da intervenção empresarial para a formalização da obra: pensamos no caso das obras literárias e musicais, ainda assim com componente empresarial na edição; nestas, a parte de leão dos rendimentos pertence às empresas produtoras e distribuidoras. Apesar de a componente produção e distribuição requererem grande investimento empresarial, só os autores de renome conseguem uma participação significativa nos rendimentos da exploração das obras literárias e musicais. Não se demonstra, ainda assim, que o reconhecimento de direitos de autor, exclusivos de exploração económica que os autores concedem caso a caso aos empresários editores e distribuidores, não sirva precisamente para assegurar um princípio de remuneração necessária dos autores pelo seu trabalho criativo, já que a estes faltam meios capazes para a edição e distribuição das suas próprias obras.

Pode, pois, formular-se a nossa conclusão: sem assegurar o enriquecimento dos autores – pelo menos daqueles que ainda não alcançaram a notoriedade e a fama que proporcionam amplos proventos –, o reconhecimento de direitos exclusivos de exploração económica das suas obras permite aos autores auferir um rendimento que é tendencialmente proporcional aos resultados de tal exploração; quando assim não é, nomeadamente porque o autor é um assalariado ou transferiu os seus direitos para o empresário, é o Direito de autor que contém os mecanismos que permitem ajudar a corrigir as desproporções entre os rendimentos dos autores e os lucros de quem explora as obras. Por outro lado, são os direitos pessoais (ditos "morais") dos autores que lhes garantem que a exploração económica das suas obras obedece a padrões éticos, que é reconhecida a autoria dos criadores e assegurada a defesa por estes da integridade formal e estrutural das suas obras.

7.1.2. Gestão colectiva de direitos de autor e de direitos conexos – uma solução adequada na perspectiva de uma distribuição equitativa dos rendimentos de exploração das obras intelectuais

I. É sabido que é muito difícil aos autores garantir pelos seus próprios meios uma exploração económica das suas obras que rentabilize o esforço despendido e o tempo gasto com a criação das mesmas. Em todo o caso, a avaliação, para ser rigorosa, deve ser feita separadamente para cada tipo de obras.

No contrato de edição literária, os termos da exploração editorial dos escritos são fixados individualmente. É certo que o poder negocial individual dos escritores varia muito em função da sua notoriedade, os desconhecidos dificilmente conseguem impor taxas percentuais elevadas sobre as vendas dos seus livros. Isto é assim sobretudo no caso da edição em papel de obras literárias, em que a distribuição é a chave do sucesso comercial. Já a edição electrónica e as novas tecnologias de difusão planetária das obras escritas abrem portas a possibilidades também novas de exploração económica destas: os autores literários dominam melhor a utilização das suas obras desde que a difusão *on-line* das mesmas possa ser individualmente controlada e cobrada de acordo com as utilizações realmente feitas.

As obras audiovisuais têm uma componente técnica e tecnológica muito grande; poucas prescindem do recurso a computadorização complexa, cada vez mais sofisticada. Considerando que a maior parte destes programas de computador, que gozam de protecção jusautoral autónoma análoga à das obras literárias, são obras colectivas, fruto de acção empresarial concertada, é bom de ver que essas entidades empresariais asseguram, por elas mesmas, uma exploração económica que acautela a posição dos titulares de direitos e os seus rendimentos.

Já as obras de arquitectura são normalmente criadas no âmbito de contratos de encomenda (empreitada) ou por arquitectos assalariados das empresas de construção civil e obras públicas. Não requerem intervenção de terceiros para a sua remuneração.

Sobra o caso relevantíssimo das obras musicais. Estas, sobretudo no caso das músicas populares de grande difusão, são utilizadas em larga escala e difundidas incontáveis vezes em lapsos de tempo muito curtos na rádio e televisão e na Internet; o controlo rigoroso dessas utilizações, a sua contagem, é impraticável. Nestes casos, é indispensável o licenciamento colectivo, efectuado profissionalmente por entidades de gestão colectiva que os autores e os intérpretes mandatam para licenciar as utilizações em massa das suas obras musicais. Será que esta gestão colectiva de direitos de autor e direitos conexos merece reparo, não salvaguarda devidamente os interesses patrimoniais dos criadores?

O modelo de gestão colectiva de direitos de autor e direitos conexos vigente em Portugal não é o de gestão fiduciária, em que os autores *cedem* os seus direitos às entidades de gestão colectiva (*egc*) que passam a ser titulares dos mesmos. Entre nós, as *egc* são simples *mandatárias* dos autores e artistas e limitam-se a licenciar os utilizadores interessados para cada utilização ou conjunto de utilizações das obras em causa. Uma alegada falta de transparência dos critérios de distribuição dos rendimentos das utilizações licenciadas pelos titulares de direitos tende a ser mitigado pela regulação saída da Directiva europeia (Directiva 2014/24/UE) que obriga a que os critérios de distribuição de réditos sejam aprovados em assembleia dos associados ou cooperadores e conhecidos de todos.

Não vemos que uma gestão centralizada e profissional dos direitos de autor possa deixar de favorecer os associados das *egc* que não conseguem controlar as utilizações das suas obras pelos seus próprios meios.

II. Subsistem ainda os problemas que a cópia privada suscita, o uso privado de obras multiplicado por um número indeterminado de usuários: todos os que acedem a uma simples fotocopiadora ou, numa escala muito maior, à Internet onde as obras são carregadas e descarregadas individualmente sem qualquer tipo de controlo.

Encontrou-se um método de mitigar o prejuízo que esta utilização incontrolada provoca, a tributação da cópia privada mediante a aplicação de uma taxa sobre os dispositivos e equipamentos que permitem a cópia individual, desde uma fotocopiadora a um CD virgem ou uma *pen*; a AGECOP – Associação para a Gestão da Cópia Privada congrega *egc* de autores e editores e distribui os montantes recolhidos. É um expediente pouco criterioso porque cego, tributa os grandes utilizadores pela mesma medida que os que recorrem a esses dispositivos ou equipamentos para procederem à gravação de trabalhos próprios ou de materiais não protegidos. Não vemos, contudo, de que outro processo poderia deitar-se mão, na impossibilidade prática de tributar cada acto individual de cópia privada.

Concluímos que os direitos de autor e os métodos existentes para a sua gestão são um modo de dar aos criadores de obras intelectuais e aos artistas intérpretes ou executantes se não a compensação plena pelo seu esforço intelectual e tempo investidos, pelo menos a certeza de que a autoria e integridade formal e estrutural das suas obras não são desprezadas, e que a exploração económica de obras e interpretações não lhes passa totalmente ao lado.

7.1.3. Os direitos de autor e a liberdade de criação intelectual representam valores que se contrariam?

I. Vimos que a consagração de direitos de autor protege os titulares. Será inimiga da difusão de Cultura?

Sustenta-se que quanto mais se reforça o direito de autor mais se limita a liberdade de acesso aos bens culturais, que a pesquisa e a investigação são elementos essenciais da criação, que a restrição de acesso às fontes que a reserva jusautoral representa limita, por sua vez, a criação de novas obras, que, como os únicos bens culturais livremente disponíveis são os que se encontram no domínio público, o acesso a bens culturais se limita às obras "mais antigas". Parece-nos sofístico.

A tutela dos direitos de autor – não a medimos em anos de protecção, pois os direitos exclusivos devem poder ser transmitidos *mortis causa*, como é a propriedade – garante a estes condições de titularidade que lhes permitem ambicionar preservar como próprias e formalmente íntegras as obras de sua autoria pela outorga de direitos pessoais intransmissíveis; proporciona-lhes também um benefício patrimonial pela participação nos resultados da exploração económica das suas criações. Considerar que a "parte de leão" desses proventos cabe às empresas, a quem os direitos patrimoniais são cedidos ou aos licenciados a quem são concedidas autorizações de utilização, como argumento para negar as virtualidades do regime é não atender a que as empresas concessionárias de licenças realizam um investimento considerável na divulgação e distribuição das obras; isto, quando tais obras não são mesmo de criação empresarial (as obras colectivas). Problema diferente é o de definir a fronteira entre tal exclusivo e os direitos de acesso aos bens culturais.

II. Quer os direitos de autor quer o direito de acesso aos bens culturais merecem consagração constitucional. Não pode falar-se da sobreposição de uns aos outros. Convencemo-nos mesmo de que a garantia do exclusivo jusautoral dá um incentivo suplementar à criação das obras que dão corpo ao acervo cultural. Um autor protegido é um autor justiçado e incentivado. Mas todos os direitos conhecem limites, todos os exclusivos conhecem excepções.

Os limites aos direitos subjectivos não são uma realidade estranha a estes. É no desenho do conteúdo dos direitos subjectivos que se delineiam os seus limites. Os direitos de autor não escapam a esta regra: o art. 75º do CDADC português e o art. 46 da LDA brasileira estabelecem as linhas de demarcação do conteúdo dos direitos de autor. Não se trata de excepções, são o *limes*, a fronteira onde terminam em nome de outros interesses, de outros direitos, nomeadamente os da Cultura.

Não é inconveniente os limites aos direitos de autor serem objecto de enumeração taxativa, até porque se recorre a conceitos relativamente indeterminados para os definir: admite-se a citação e reprodução de trechos ou fragmentos de obras alheias "em apoio das próprias doutrinas ou com fins de crítica, discussão ou ensino, e na medida justificada pelo objetivo a atingir" (art. 75º/2-h) CDADC); consente-se a "reprodução, no todo ou em parte, de uma obra [...] realizada por uma biblioteca pública, um arquivo público [...] ou uma instituição científica ou de ensino [...] que se limitem às necessidades das actividades próprias dessas instituições" (art. 75º/2-e) CDADC); deixa-se livre a utilização de "termos isolados ou de excertos muito curtos" de publicações de imprensa que são objecto de um novo direito *sui generis* na Directiva 2019/790 (art. 15º/1§4º).

Ao consagrar conceitos vagos ou indeterminados, deixa-se ao bom senso jurídico – o que é sempre recomendável – o desenho do limite ao direito para cada caso. E não é inapropriado que os limites sejam taxativos, um direito absoluto exige contornos claros não apenas para garantir o âmbito do exclusivo, mas até para não se espraiar para além das fronteiras do admissível.

E os limites ao direito de autor conheceram recentemente se não um alargamento, pelo menos uma clarificação do campo de aplicação.

III. A Directiva da União Europeia 2019/790 e a lei portuguesa de 2023 que a transpõe enunciam com nova clareza e amplitude limites para a conservação de obras por bibliotecas, museus e arquivos acessíveis ao público, definidos como "instituições do património cultural": limites para fins de ensino e investigação científica, limites para a utilização de obras fora do circuito comercial por instituições do património cultural, limites para prospecção de textos e dados. Em suma, se alguma tendência se verifica é a da expansão dos limites da liberdade de acesso a bens culturais protegidos por direito de autor com circunscrição do âmbito material deste.

As liberdades de expressão, de religião, de culto ditam limites, alguns deles entre elas: quem não está familiarizado com os tristemente célebres acontecimentos relacionados com os crimes contra os jornalistas do periódico francês "Charlie Hebdo" precisamente por os terroristas considerarem que a liberdade de expressão, na sua manifestação liberdade de imprensa, tinha sido indevidamente usada contra uma manifestação religiosa?

Mas nada disto bule com o direito de autor: o exclusivo jusautoral, o direito exclusivo dos autores de explorar economicamente as obras por si criadas não exclui a manifestação das liberdades culturais (de expressão e de imprensa, de religião e de culto). É apenas necessário que as manifestações dessas liberdades não atropelem o núcleo irredutível que o direito de autor preserva: o da reivindicação de autoria e de salvaguarda da integridade formal das obras, e o da garantia de um retorno patrimonial mínimo ao espaço intelectual da criação.

7.1.4. A Internet, o direito de autor e o acesso aos bens culturais

I. A Internet abriu portas à divulgação planetária de conteúdos imateriais, entre os quais conteúdos imateriais protegidos, como as obras literárias e artísticas e as prestações artísticas.

Pelas razões acima expostas ligadas à necessidade de protecção do exclusivo jusautoral em prol não só dos titulares de direitos, mas também da Cultura, consideramos que o acesso aos bens jusautorais ainda não caídos no domínio público não deve ser irrestritamente livre. O direito de autor é um exclusivo de exploração económica de bens imateriais justificado também por razões culturais, não egoístas. Nada explicaria que esta reserva decaísse em nome da liberdade de circulação planetária dos bens culturais. A União Europeia é sensível a este entendimento.

Em 2019, foi instituída a Directiva 2019/790, relativa aos direitos de autor e direitos conexos no mercado único digital (DMUD), que inclui um preceito que limita a circulação incontrolada na Internet de conteúdos imateriais protegidos que tenham sido carregados (*uploaded*) por usuários individuais. Na realidade, o carregamento individual de obras ou prestações artísticas gravadas na *net* é incontrolável, não pode – ou julga não poder-se – filtrar actos individuais e privados. Encontrou-se outro remédio: responsabilizar os prestadores de serviços de partilha de conteúdos protegidos em linha pela permissão da circulação desses conteúdos na rede (art. 17º DMUD, de teor transposto em Portugal, em 2023, pelos arts. 175º-A a 175º-I CDADC); estes devem obter uma autorização/licença dos titulares de direitos, por exemplo através da celebração de acordos de concessão de licenças, para que possam colocar à disposição do público obras ou outro material protegido. Quando não seja possível obter tal autorização, os prestadores de serviços de partilha de conteúdos em linha devem provar que envidaram esforços para a obter e trataram de indisponibilizar tais conteúdos e de impedir o seu futuro carregamento.

Dir-se-ia que deparamos com mais uma limitação à liberdade de acesso aos bens culturais, com mais uma restrição à ampla difusão dos mesmos. Não é assim.

A própria DMUD traça a fronteira: os limites aos direitos de autor já existentes, entre os quais os antes referidos para fins de educação, investigação científica ou preservação do património cultural, são escrupulosamente respeitados. A Directiva salvaguarda, como livre, o carregamento de obras ou outros conteúdos imateriais protegidos carregados por usuários que não violem os direitos de autor e os direitos conexos "nomeadamente nos casos em que essas obras ou outro material protegido estejam *abrangidos por uma excepção ou limitação*", ou para citação, crítica, análise, caricatura, paródia ou *pastiche*. Está assegurada a utilização livre de obras quando justificada por valores, nomeadamente os de índole cultural, conflituantes com o exclusivo jusautoral. Com a alteração de 2023 ao CDADC (novo art. 75º/2-x)), fica assente que é livre a reprodução e a colocação à disposição do público na Internet de obras para efeito de caricatura, paródia ou *pastiche*.

II. Um outro aspecto que deve considerar-se é que nem todos os conteúdos protegidos por direito de autor são bens culturais, pelo menos na acepção tradicional e corrente do conceito.

O direito de autor estendeu até hoje a sua protecção a conteúdos imateriais não culturais: se é verdade que nem todas as obras literárias são obras da literatura, é sobretudo patente que se protegem hoje por direito de autor bens imateriais que não implicam altos níveis de criatividade, como é o caso das obras base de dados: nestas, é a criatividade da mera organização e estrutura da base que é critério para a tutela jusautoral (há algo mais pobre sob o ponto de vista da Cultura?). Apesar de poderem conter dados relevantes para a pesquisa necessária à investigação científica, a tutela das bases de dados justifica-se, sobretudo, pela remuneração do investimento feito na sua produção que explica a consagração do direito *sui generis* do produtor da base. Será que se justifica, afinal, a crítica: a supostamente exacerbada protecção dada pelo direito de autor remunera, sobretudo, o investimento empresarial inerente à produção dos bens protegidos?

Consideramos que a DMUD dá resposta adequada a esta objecção: consagra uma excepção ao direito de autor para a prospecção de textos e dados de obras ou outro material protegido a que tenham acesso legal *para efeitos de investigação científica*. A alteração de 2023 ao CDADC consagra, como livre, a reprodução (cópia) de obras ou outro material protegido realizada por organismos de investigação ou instituições responsáveis pelo património cultural[20], desde que: a) para a realização de prospecção de textos ou dados[21], para fins de investigação científica (novo art. 75º/2-v) CDADC); ou b) para a obtenção de cópias de obras e outro material protegido que integrem, com carácter permanente,

[20] Consideram-se "instituições responsáveis pelo património cultural" as bibliotecas ou museus acessíveis ao público (já não apenas os de titularidade pública, como estava até hoje absurdamente consagrado na lei portuguesa), os arquivos, os estabelecimentos de ensino, os organismos de investigação e de radiodifusão do sector público, as videotecas, as cinematecas e as audiotecas. São "organismos de investigação", por exemplo, uma universidade, incluindo as suas bibliotecas, um instituto de investigação, um hospital que se dedique à investigação, *etc.* (novo nº 6-a) do art. 75º CDADC).

[21] Chama-se "prospecção de textos ou dados" qualquer técnica de análise automática destinada à análise de textos e dados em formato digital (novo nº 6-b) do art. 75º CDADC).

as suas colecções[22], exclusivamente para garantia da sua conservação e na medida em que tal seja necessário para esse fim (novo art. 75º/2-y) CDADC).

Concluímos que os termos da regulação jusautoral actual salvaguardam razoavelmente o equilíbrio entre a protecção dos autores criadores intelectuais e dos artistas e a liberdade de acesso aos bens culturais.

III. Sustenta-se, também, que se deveria permitir que a obra nova aproveitasse livremente de obras preexistentes para se formar e expressar. Chamar-se-ia "transformação criativa" a este aproveitamento de obra preexistente como ponto de partida da nova criação[23]. Faz-se o paralelo com o que sucede no Direito ("de Propriedade") Industrial; neste caso, a lei (art. 108º/1-b) do Código da Propriedade Industrial) consagra licenças obrigatórias quando houver dependência de patentes. Ora, o que está aqui em causa é a indispensabilidade da invenção patenteada primeiro para a exploração da segunda invenção: algo como ser indispensável recorrer à patente da roda para patentear um carrinho de mão. Não vemos como estabelecer o paralelo com o processo criativo das obras literárias e artísticas: a invenção patenteada primígena tem funcionalidade essencial à utilidade prática da invenção subsequente.

A concessão de licenças obrigatórias para a exploração de invenções dependentes tem em conta a *finalidade industrial* destas. As obras literárias e artísticas não servem, por definição, qualquer fim prático industrial. Em que consistiria a indispensabilidade da obra prévia para a criação da obra posterior? Se se trata de procurar naquela inspiração intelectual para criar esta, deve sublinhar-se que as ideias e os conceitos não merecem já protecção por direito de autor, reservada que esta está à expressão formal concreta daqueles. Se o que está em causa é poder citar a obra primígena, deve ter-se presente que a citação é livre, dentro dos limites que a colocam paredes meias com o plágio[24]. Não há paralelo possível.

7.1.5. Conciliação da liberdade de expressão (de ideias) e da protecção do direito de autor sobre obras (a forma concreta de expressão dessas ideias)

Como conciliar as restrições resultantes da reserva jusautoral e as liberdades de expressão, de religião e de culto? Pensamos que a questão se resolve tendo

[22] Considera-se que a obra é "parte integrante e permanente da colecção" quando as cópias da mesma sejam propriedade ou estejam definitivamente na posse dessa entidade (excluem-se as obras emprestadas em prazo limitado).

[23] Oliveira Ascensão, última ob. cit., 4.2.

[24] Cfr. o nosso "Plágio e Direito de Autor", cit, *passim*.

em conta que o direito de autor não protege ideias, tutela formas concretas de expressão dessas ideias. Por muito original que uma ideia seja, se não for expressa por qualquer modo que permita conhecê-la exteriormente, essa ideia não é protegida por direito de autor e pode expressar-se de todas as maneiras que cada criador encontre individualmente para a formalizar.

O direito de autor protege cada forma particular que o espírito humano encontre para se expressar. O que é protegido é o *modo de expressão concreto*, a estrutura formal dada em cada caso a ideias que podem continuar a circular e a expressar-se de todas as outras formas que o génio humano encontre para expressá-las.

É verdade que uma ideia não pode ser transmitida a menos que se expresse. Mas, ainda que seja expressa um milhão de vezes, uma ideia encontra sempre, em cada espírito literário ou artístico, uma nova forma, um novo objecto de direito de autor. E é este objecto concreto, a obra intelectual, que a lei protege como privativo (próprio) do seu autor.

A expressão de ideias encontrará sempre maneiras de se concretizar livremente em obras individualmente protegidas. A protecção jusautoral da obra é, afinal, a protecção das ideias que se concretizem criativamente segundo novas formas. A tutela pelo direito de autor é a protecção de uma ideia concretizada.

As ideias, que são a matéria-prima da Cultura, que são aquilo que a liberdade de expressão veicula, podem circular irrestritamente até se fixarem nas infinitas formas de expressão que o génio dos autores encontra para exprimi-las. E é só cada uma destas formas de expressão concretas que o direito de autor faz exclusiva e privativa do seu criador, não as ideias que as induzem que continuam livres de se expressar, de circular e de se fixar em todas as novas formas que inspirem.

7.2. A criação de obra intelectual como acção

I. A obra intelectual nasce com a sua criação. Definimos criação como o acto de exteriorização formal de uma obra intelectual[25/26].

Se é a expressão formal criativa que distingue a obra, seguir-se-á que a constituição das situações jurídicas relevantes para o Direito de Autor depende

[25] Assim, nomeadamente, ALOIS TROLLER, "Immaterialgüterrecht", cit., § 41, IV-1, p. 715: "[...] a criação é acto jurídico [...] e não negócio jurídico." Ou um "Realakt", como o refere HAIMO SCHACK, "Urheber- und Urhebervertragsrecht", cit., § 9-III.1 (221), p. 109: "A criação da obra é acto material. Não pressupõe nenhuma vontade do criador dirigida à constituição do direito de autor".

[26] Sobre a caracterização do acto criador como facto jurídico, pode confrontar-se o que deixamos exposto de seguida em caracterização da noção. Cfr. também I. GALVÃO TELLES, "Manual dos Contratos em Geral", 4ª ed. cit., nº 2.

sempre da separação da obra do seu autor/criador, segundo forma que a faça inteligível por outrem como objecto autónomo do sujeito que a cria. Chamemos exteriorização (segundo expressão formal criativa) a este (f)acto[27]: a separação objectiva da obra do seu autor-criador.

A "exteriorização", assim entendida, significa criação – um acto criador que revela uma obra intelectual –, na acepção mais simples e porventura mais acertada do termo. É um (f)acto material que a lei reveste de força jurígena, mediante a tutela de situações jurídicas que decorrem da exteriorização da obra em forma perceptível por outros seres inteligentes, dotados de espiritualidade (logo humanos)[28]. Dependente, como dissemos, do reconhecimento

[27] A propósito da caracterização do acto criador, confrontamos, por todos, Inocêncio Galvão Telles, "Manual dos Contratos em Geral", 4ª ed. cit., nº 2-b), pp. 12/13 (com intercalados nossos), em qualificação dos (f)actos jurígenos: "A tendência natural seria para supor que os factos se estremam dos actos por uma razão de ordem psicológica e estritamente psicológica. Os factos produzir-se-iam sem intervenção da vontade do homem, os actos com essa intervenção e em consequência dela. Os factos seriam involuntários, os actos voluntários. [...] Esse critério, que só teria a vantagem da simplicidade, não satisfaria as exigências da Ciência do Direito, [...]." E continua em importante delimitação do conceito: "Todos os factos não voluntários, puros factos naturais, como um tufão, um abalo sísmico, uma erupção vulcânica, todos são indiscutivelmente factos jurídicos, no sentido restrito da expressão, desde que produtores de efeitos jurídicos; mas em tal conceito devem ingressar também certos factos voluntários. Quais? Aqueles que o Direito torna jurídicos sem atenção pela vontade que os impele, como se não existira, e cuja eficácia determina sem entrar em linha de conta com essa vontade." (*ibidem*, nº 2-d), p. 13). Conclui, no que a este particular respeita: "O critério de distinção está, pois, na maneira como o ordenamento jurídico encara e aprecia os factos. Se olha a conduta humana em si, como conduta, e ao atribuir-lhe efeitos jurídicos toma em consideração a vontade que [...] a acompanha e impulsiona, desenha-se deste modo a noção de acto jurídico. Pelo contrário, o conceito que adquire consistência e se afirma é o de facto sempre que para o Direito apenas conta o fenómeno natural, relegada para a sombra e desprezada uma vontade que com ele eventualmente concorra; [...]" – última ob. cit., nº 2-e), pp. 13/14, intercalado nosso.

[28] Ou, na síntese feliz de Ulrich Loewenheim, in "Urheberrecht – Kommentar", coordenado por Gerhard Schricker, 2ª ed. cit., em anotação III, p. 219 (5) ao § 7 UrhG alemã, sobre o que designa "Der Schöpfungsakt": "O direito de autor constitui-se com o acto de criação, portanto no momento em que a obra adopta a sua forma/se formaliza. O acto de criação determina a aquisição originária do direito. O acto de criação não é negócio jurídico, mas acto material ["Realakt", na expressão original]. Não é necessária vontade do autor dirigida à aquisição do direito nem pode uma vontade contrária impedir a constituição do direito de autor. Não podem ser aplicadas as disposições de direito civil sobre declaração de vontade [negocial]. Isto significa que não é relevante a capacidade negocial do autor; também os incapazes de contratar podem adquirir direitos de autor. Tão-pouco existe no acto de criação a possibilidade de representação. É criador aquele que realiza a criação pessoal espiritual pessoalmente." Logo se verá em que medida e com que sentido consideramos, sem prejuízo destas proposições, que o acto criador pode ser, em circunstâncias dadas, além de acto material jurígeno, uma acção.

da criatividade da sua expressão formal, é a intelecção da criatividade dessa expressão formal da obra intelectual que justifica a tutela de situações pertinentes ao Direito de Autor.

A obra intelectual, literária ou artística, é protegida porque a inteligência a percebe como criativa; e a lei protege a criatividade manifestada segundo expressão formal objectiva.

Em termos mais simples, o Direito de autor tutela os produtos criativos, literários ou artísticos, que a acção humana formalize. Têm forma criativa os objectos imateriais resultantes da acção humana, a que a inteligência reconheça tal criatividade. A obra intelectual é criativa na medida em que seja reconhecida criatividade à sua expressão formal. É irrelevante que o autor pretenda dar ou recusar criatividade à obra: o direito de autor constitui-se pelo simples facto da exteriorização da obra a que se reconheça expressão formal criativa. A situação jurídica de direito de autor a que referimos é aquela que nasce com a exteriorização, segundo expressão formal criativa, de uma obra intelectual.

A situação jusautoral nasce – sempre e só – da criação exteriorizada de uma obra pela qual se constitui um direito relativo quer à conservação (de índole pessoal) quer ao aproveitamento (patrimonial) exclusivo desse bem imaterial. O direito de autor compreende um conjunto complexo de faculdades pessoais, de defesa da genuinidade e integridade da obra intelectual, e de faculdades patrimoniais para a exploração económica da mesma.

II. É, pois, certo que a constituição da situação jurídica de direito de autor pela exteriorização da obra não depende da vontade do seu autor-criador, pelo que o efeito jurídico desta acção é independente da vontade do sujeito[29]; e, neste sentido, é mero facto jurídico. O que aqui significamos é que a protecção jusautoral não depende de uma valoração prévia ou posterior do agente ou de terceiros em relação ao objecto a que dá expressão formal. A tutela também não requer a "intenção de criar": é indiferente o componente volitivo no acto criador, desde que dele resulte um objecto que se reconheça com a dita expressão formal criativa[30].

[29] A ideia aqui expressa – "não intencionalidade" – não deve confundir-se com a de destinação, a que alude Oliveira Ascensão, "Direito Civil – Direito de Autor e Direitos Conexos", cit., nº 57, pp. 93-95, que refere a "destinação utilitária" como um requisito especial de (apenas) certas obras (como as "de artes aplicadas" – ex art. 2º/1-i), CDADC –, as "fotografias" – ex art. 164º/1 CDADC –, os "lemas e divisas" – ex art. 2º/1-m) CDADC –, os "títulos com autonomia da obra que encabecem" – ex art. 4º/1 CDADC).

[30] Sobre o modo de aferir essa criatividade no caso concreto, pode cfr., *infra* 29.1.3.

A obra intelectual, objecto da situação jurídica de direito de autor, é protegida a partir do momento em que se exteriorize (se manifeste como bem autónomo da personalidade do criador), desde que revele (nela seja percebida por outros) criatividade.

III. Já temos dúvidas, por se aproximar da acção reflexa (ou "humana-simplesmente-mecânica"), se uma atitude inconsciente ou completamente involuntária poderá resultar em objecto relevante para o direito de autor (uma lata de tinta que se entorna involuntariamente sobre uma tela, configurando uma composição plástica apreciável; ou um conjunto de pneus que se amontoam ao acaso num armazém, a que é atribuída uma expressão artística subliminar por um crítico especialmente clarividente). Nestes casos, consideramos que a falta de intencionalidade da acção, o carácter completamente involuntário do processo que leva ao resultado pretensamente criativo, retira ao produto a característica de obra intelectual.

Nestes últimos casos, que nada dizem sobre o "mérito" ou "banalidade" dos objectos a que já referimos, desconsiderando-os, parece que o critério orientador deverá ser: por incipiente que seja a manifestação da personalidade do agente, não pode escamotear-se que a obra intelectual é – e é sempre – feito intelectual, por isso humana.[31/32]

IV. Contudo, a acção criadora é, além de desencadeada pela vontade do agente criador, frequentemente orientada para a realização de fins (juridicamente relevantes) queridos pelo autor, quais sejam a constituição do direito de autor na esfera jurídica de pessoa determinada (por exemplo, um empregador ou outro comitente) e a conformação, também nestes casos, dos limites das utilizações consentidas, e, em consequência, do próprio conteúdo desse direito. Neste sentido, consideramo-la mais do que mero acto jurídico[33].

[31] Como expõe H. SCHACK, "Urheber- und Urhebervertragsrecht", cit., § 9-I.1-a), p. 83 (156): "Apenas quando a vontade humana governa/dirige o processo concreto de criação pode surgir uma obra artística."

[32] Esta asserção não impede que se reconheça criatividade aos produtos de sistemas de inteligência artificial, nos termos que expomos *infra*, em 10.1.2.

[33] Neste sentido, a criação, exteriorizada segundo expressão formal criativa, de uma obra intelectual é mais do que simples acto jurídico *stricto sensu*. Segundo definição de CASTRO MENDES, "Introdução ao Estudo do Direito", cit., nº 85: "Acto jurídico é a manifestação de vontade que, como tal, produz efeitos jurídicos. Não é rigorosamente o mesmo que facto jurídico voluntário. Pode haver actos humanos cujos efeitos jurídicos se produzam com completa independência da vontade – nessa altura, estamos perante um facto jurídico *stricto sensu*."

É nesta contraposição conceptual, entre acto jurídico (o acto criador) e acção (o acto que opera a atribuição do direito ou de faculdades de utilização neste compreendidas a pessoa designada pelo autor), que fazemos repousar o axioma: o acto que consiste na criação exteriorizada em obra intelectual com expressão formal criativa pode ser também acção[34].

[34] Em apoio da caracterização do acto criador de obra intelectual como acto jurídico – na linha do sustentado também, nomeadamente por Rabindranath Capelo de Sousa, "O Direito Geral da Personalidade", cit., pp. 431/432 –, pode confrontar-se Acórdão da Relação de Lisboa, de 26-3-1998, in Col.Jur., t. II (1998), pp. 100 ss. (*maxime* p. 104), que tem como Relator Pessoa dos Santos: "[...], relativamente à operação jurídica constituída com a criação da obra (que não é mais do que um simples acto jurídico), e nesta objectivada, apenas poderá ser qualificado como terceiro [para efeito de registo], a pessoa que, não sendo autor, utilize ou explore a obra musical, mas de modo directo."

Capítulo II
Autoria e titularidade originária do direito de autor

8. Autoria da obra intelectual

I. O direito de autor pertence, pelo menos originariamente, ao autor da obra intelectual. Autor é o criador "intelectual" da obra.[35] E esta afigura-se ser norma universal sob a Convenção de Berna (CB).[36]

[35] O Direito germânico exponencia mesmo tal regra até lhe conferir honras de "princípio fundador" do Direito de Autor. H. Schack designa-o "Schöpferprinzip" [traduzimo-lo, ao pé da letra, por "princípio do criador" ou "da criação"] que: "fixado no § 7 UrhG [UrhG alemã], é uma afirmação central do Direito de autor alemão: "autor é o criador da obra". O direito de autor constitui-se com o acto de criação na pessoa natural que criou a obra. Só ela merece o reconhecimento e remuneração pela sua prestação criativa. O "Schöpferprinzip" é aplicado, hoje em dia, de forma rigorosa: autor só pode ser uma pessoa natural, nunca uma pessoa jurídica, e muito menos um animal ou uma máquina." (H. Schack, "Urheber- und Urhebervertragsrecht", cit., § 10-I, 1, p. 130 (267), intercalado nosso. Neste sentido, também Alois Troller, "Immaterialgüterrecht", cit., § 41, IV-1, p. 715). Ou, segundo U. Loewenheim, sobre o que identifica como "Urheberschaftsprinzip": "O § 7 [ainda UrhG alemã] deixa claro que autor é aquele que realizou a criação pessoal espiritual; na sua pessoa constituem-se os direitos que o Direito de autor atribui ao autor. Tal corresponde ao princípio do Direito de Autor fundado no Direito natural, segundo o qual são atribuídos ao autor de uma obra, devido ao acto de criação, os seus direitos como propriedade espiritual dada pela natureza." (Ulrich Loewenheim, em anotação I-1, p. 218, ao § 7, in "Urheberrecht – Kommentar", cit., coordenado por Gerhard Scricker, intercalados nossos). E, do mesmo Autor: "No sentido do § 7, criador é quem realiza a criação espiritual pessoal, segundo o § 2(2) [também da UrhG alemã]. Para tal só podem ser consideradas pessoas naturais. Através do acto de criação, o espírito individual do criador manifesta-se na obra. Portanto, criação pressupõe espírito individual que apenas o ser humano possui." (Ainda Loewenheim, em anotação II-2, p. 218, ao § 7, in "Urheberrecht – Kommentar", cit., coordenado por Gerhard Scricker, p. 218).

[36] Assim, o "Código do Direito de Autor e dos Direitos Conexos" (CDA) português que, no seu art. 11º estabelece que "o direito de autor pertence ao criador intelectual da obra, ..." – em expressão bem assinalada como menos feliz já por Oliveira Ascensão, "Direito Civil – Direito de

II. Dir-se-ia que obra intelectual é todo o objecto referenciado como tal pela lei de autor. Na sua singeleza e formalismo, esta afirmação é, porém, vaga e errónea.

Revela uma má técnica, porque a enumeração de espécies de obras protegidas, a que a lei procede (cfr. art. 2º/1 CDADC), seria dispensável desde que se consagrassem os pressupostos de tutela das mesmas: que sejam "do domínio literário ou artístico", que revistam expressão formal criativa. Engana, também, sobre o universo em vista, na medida em que, como todos os enunciados legais não taxativos de espécies de um género, fica sujeito a constantes aditamentos de objectos que revelem outras formas de expressão formal criativa (como se vê no caso dos programas de computador e das bases de dados, posteriormente acolhidos sob a mesma tutela). Traduz, também, normalmente, uma deficiente expressão – na origem de tantos equívocos –, pois contém uma miscelânea nada elucidativa de bens imateriais (as verdadeiras obras intelectuais) e de possíveis suportes destas (assim, por exemplo: "livros, folhetos", na letra do art. 2º/1-a) CDADC, quando se pretende referir as obras escritas nestes fixadas).

III. Não se pode também dizer que é obra intelectual toda a objectivação de uma ideia segundo expressão formal criativa. Tal pode induzir na convicção, errónea, de que a originalidade de uma qualquer acção – trate-se de um especialmente virtuoso desempenho futebolístico, tauromáquico, circense ou de um simples trejeito idiossincrásico – revela sempre obras intelectuais[37].

Autor e Direitos Conexos", cit., *maxime* nº 65, pág. 107 –, pois deveria antes estatuir, em nome da simplicidade e do rigor: "...é atribuído ao criador da obra". Assim também, designadamente: o § 7 da UrhG alemã: "autor é o criador da obra"; o art. 5º/1 da LPI esp., que estatui que "se considera autor a pessoa natural que cria alguma/uma dada obra literária, artística ou científica"; em expressão igualmente naturalista/personalista (como a da disposição legal alemã assinalada), o art. 6 da lei de autor suíça estabelece que "se entende por autor a pessoa física que criou a obra"; por seu lado, o art. 6 da L.aut.ital., em fórmula que reproduz o estatuído no art. 2576 do C.Civ. ital., consagra que "o título originário de aquisição do direito de autor é constituído pela [a partir da] criação da obra, [...]"; o art. L.113-1 do CPI fran. que estabelece – na expressão legal mais próxima que encontramos das anteriormente enunciadas, se bem que em sentido e com finalidade não exactamente coincidentes (como veremos) – que "a qualidade de autor pertence, [...], àquele ou àqueles sob o nome de quem a obra é divulgada"; com formulação original, o art. 4/1 da lei de autor holandesa que "presume autor, [...], a pessoa como tal indicada na obra ou, na ausência de indicação, a pessoa que, quando a obra é publicada, é dada a conhecer como tal pelo que a publica"; a sec. 9(1) do UK CDPA que designa "autor [de uma obra] a pessoa que a cria"; ou a sec. 201(a) da US Copyr.Law – na redacção aditada em 1990 – que consagra que "o autor ou os autores da obra são originariamente investidos na titularidade "ownership" do copyright numa obra protegida".

[37] De algumas dessas "actuações espectaculares" diz-se impropriamente que se trata de "interpretações artísticas".

Obviamente, nem todo o acto que revele uma qualquer faceta da personalidade do seu agente (mesmo uma faceta "original e nova" – e como não sê-lo, quando se trata de acções humanas?) – é susceptível de gerar uma situação jurídica relevante para o Direito de Autor. Para que se revele um objecto de direito de autor – uma obra intelectual – é necessário que se exteriorize algo, independente do seu criador, com uma expressão formal a que se reconheça criatividade. E, no entanto, o mais frequente erro subjacente a algumas concepções sobre o que seja uma situação jusautoral reside em procurar no objecto visado um enigmático "reflexo da personalidade" do criador da obra intelectual.[38]

É na obra intelectual, não no comportamento do autor, que devem buscar-se os requisitos da tutela jusautoral. E esta só distingue aqueles objectos em

Ora, expressões como "interpretação" ou "execução", no sentido que interessa ao Direito de Autor e Direitos Conexos, pressupõem a existência de obra que se interpreta ou executa, ainda que o objecto dessas actuações se revele (exteriorize, formalize) no próprio acto da interpretação/ /execução.

Nada obsta, obviamente, a que a uma dada actuação – "de improviso" – constitua ela mesma o próprio acto de revelação/exteriorização/formalização de uma obra sob o direito de autor: trate-se de uma lição ou uma conferência proferidas sem exteriorização/formalização prévia da obra que revelam; seja a interpretação *ad hoc* de uma peça musical; ou aquela que a lei de autor portuguesa designa "obra de arte aleatória", "em que a contribuição criativa do ou dos intérpretes se ache originariamente prevista" (art. 16º/2 CDADC). Todas estas actuações são relevantes para o Direito de Autor.

Para que a interpretação ou execução sejam "artísticas" no sentido que interessa ao Direito Intelectual, para que constituam situações jusautorais, devem revelar objectos que sejam obras literárias ou artísticas (cfr. as noções constantes em, nomeadamente, art. 3-a) CRoma, art. 2-a) OMPI/TIEF e art. 176º/2 CDADC).

Em desenvolvimento de todos estes temas, cfr., *infra*, nºs 107.2 e 110.2.

[38] Aliás, que proveito colhe a imputação de autoria à "personalidade" de Autores, como Fernando Pessoa, de quem, a propósito dos múltiplos heterónimos a que recorreu, dizem António José Saraiva/Óscar Lopes, "História da Literatura Portuguesa", 17ª ed., Porto, 1996, p. 997: "Podemos talvez compreendê-los supondo que cada heterónimo corresponde ao ciclo de uma atitude de aparência implausível, mas experimentada até às últimas consequências – como se fosse um repto a dada convicção ou opinião aceite, cada heterónimo parece apostado em invalidar uma tese consagrada – e acaba por também se invalidar (em teoria) como antítese. E concluem, *ibidem*, p. 999: "Pessoa apreende, assim, todo um conjunto de vivências, intuições, em pleno conflito. [...] Quase não há recanto na sua personalidade que não tenha noutro recanto uma antítese justa, mas também precária." – intercalado nosso.

Ora, se tal é magistralmente afirmado como análise literária da escrita de Pessoa, como (e para quê) entregar a Ciência do Direito a um exercício sem qualquer significado jurídico, qual fora o de descortinar em cada obra intelectual uma "personalidade criativa" (ou "recanto" desta) que fundamentaria a imputação da respectiva autoria?

que a inteligência reconhece – ainda que despojada de qualquer mérito ou valia estética – uma expressão formal criativa.[39]

A autoria é, por conseguinte, a condição do que cria obras intelectuais.

9. Autoria e paternidade da obra

I. Dir-se-á que a imputação de autoria esclarece quanto à paternidade da obra.

Não há obras sem autor.[40] Mas, em certos casos, tal paternidade resulta pura e simplesmente indeterminada ou indeterminável, como acontece quanto a tantos contributos criativos individuais em obras complexas (colectivas ou em colaboração), que permanecem indistinguíveis, indiscrimináveis no conjunto.[41]

[39] Com razão, André Lucas, "Droit d'auteur et numérique", cit., nº 67, pp. 33 ss., afirma que: "Nos países de direito de autor continental, a originalidade define-se como a marca da personalidade do autor. [...] a manifestação de personalidade pode, no limite, entender-se como uma simples marca da individualidade, ou seja, da paternidade. A obra original poderia então definir-se também como obra não copiada." Depois de refutar este como o entendimento "tradicional", o mesmo Autor, *ibidem*, acrescenta: "A obra original é aquela na qual um homem ou uma mulher pôde exprimir a sua sensibilidade ou, pelo menos, a sua fantasia. Entendida assim, a exigência não é nem mais (nem menos) forte que nos sistemas de copyright, é sobretudo de uma outra natureza." Esta, que Lucas caracteriza como "concepção subjectiva 'à la française' [sic]", não resiste – como o próprio reconhece – à extensão do direito de autor a novas realidades da era digital que tutela (como os programas de computador e as bases de dados), para as quais é necessária a "objectivação" da noção de originalidade: "Dir-se-á assim que programa de computador original é aquele que não é copiado e que revele um mínimo de actividade criativa (ou seja, exactamente o que ensina a tradição dos países de copyright)." – A. Lucas, ob. cit., nº 79.

[40] Está hoje em evidência uma realidade que ganhou acuidade com a digitalização em larga escala de acervos de bibliotecas e museus acessíveis ao público, bem como de arquivos de instituições responsáveis pelo património cinematográfico ou sonoro e das organizações de radiodifusão de serviço público. Estão em causa as chamadas "obras órfãs", que são aquelas – juntamente com os fonogramas – em que nenhum dos titulares dos direitos sobre as mesmas está identificado ou em que, apesar de um ou mais titulares estarem identificados, nenhum deles foi localizado após ter sido realizada e registada uma pesquisa diligente desses titulares (art. 2º/1 da Directiva 2012/28//UE, do Parlamento Europeu e do Conselho, de 25-10-2012; esta Directiva está transposta em Portugal pela Lei nº 32/2015, de 24-4, que alterou o CDADC conforme arts. 26º-A e 26º-B).
Obviamente, as obras órfãs não são obras sem autor, mas apenas aquelas em que não é possível apurar-se quem este seja. É problema que releva tão-só da liberdade de utilização (reprodução e colocação à disposição do público) destas obras, que é matéria que tratamos com autonomia (*infra*, nº 63.5).

[41] Como no caso das obras – colectivas – criadas por uma pluralidade de sujeitos no seio de uma organização/empresa. Nestas, como adiante explicaremos, enquanto a titularidade originária do direito de autor na obra colectiva como um todo – e a própria autoria – é da empresa, a titularidade do direito de autor nos contributos criativos individuais é dos respectivos autores; necessário é, todavia, que tais contributos individuais sejam discrimináveis e a sua paternidade identificável, sob pena de nada haver a proteger.
Tratamos este tema *infra*, nºs 19 a 21.

Noutros casos, é o próprio autor que voluntariamente esconde a paternidade da obra, como nas obras anónimas ou sob pseudónimo (cfr. art. 30º CDADC), em que o autor renuncia voluntariamente à faculdade de ser mencionado como tal.[42] Assim, também, nada se revela sobre a verdadeira paternidade nas obras criadas em execução de contrato, em que o autor, além da atribuição do direito (ou de faculdades neste compreendidas) àquele para quem ou por conta de quem cria a obra, renuncia ao exercício da faculdade pessoal de exigir a menção da designação que identifica a autoria – por todos, cfr. art. 14º/3 CDADC.

Em todos estes casos, a paternidade da obra ou é indeterminável, ou está voluntariamente dissimulada sob anonimato ou pseudónimo, ou está voluntariamente ocultada no âmbito do contrato que a encomendou e que, como no caso dos "ghost writers", atribui ao comitente poderes de utilização da obra desde o momento da sua criação (cfr., *infra*, nº 74.3).

II. A autoria deveria revelar a pessoa do criador da obra intelectual. Não é necessariamente assim. A lei de autor portuguesa tanto refere ao autor como criador da obra, como ao autor como titular do direito com o mesmo nome, seja este ou não o criador da obra intelectual.

9.1. A presunção de autoria

Apesar de equívoca, a norma do art. 27º/1 CDADC dá uma boa medida da pouca valia da imputação de autoria. Estabelece-se ali que "autor é o criador intelectual da obra, [...] salvo disposição em contrário". Ou bem que dispõe o óbvio – que a paternidade da obra é do autor e que este é o criador da obra, caso em que se dispensaria a estatuição, desde que se reconhecesse que a autoria é facto material e não uma inferência jurídica. Ou, provavelmente com mais acerto, deve entender-se que esta disposição é apenas pertinente à *titularidade* do direito de autor, caso em que mais não faz do que repetir tanto a regra como a excepção já consagradas no art. 11º CDADC.[43]

[42] Voltamos a este ponto, quando tratamos os direitos pessoais de autor (*infra*, Capítulo I do Título III).

[43] Assim, em interpretação deste preceito da lei de autor portuguesa, pode confrontar-se nomeadamente o exposto por José de Oliveira Ascensão, "Direito Civil – Direito de Autor e Direitos Conexos", cit., nº 65-I, p. 107: "Aqueles artigos da lei portuguesa [arts. 11º e 27º CDADC], um a propósito do direito de autor, o outro a propósito do autor e do nome literário e artístico, estão duplicados. Ambos contemplam a atribuição originária de direitos sobre uma obra." Também José Alberto Vieira, "Obras geradas por computador e direito de autor", cit., nº 8.2., pp. 134 ss.: "Quem interpretar correctamente este preceito [o contido no citado art. 27º/1 CDADC], porém, constatará que a ressalva inicial é relativa não à autoria, mas à atribuição originária do direito de autor, [...]".

Em qualquer dos casos, as normas dos arts. 11º e 27º/1 CDADC revelam que autoria (titularidade do direito) e criação da obra podem não coincidir no mesmo sujeito, o que é estatuir outra evidência, considerando que o direito patrimonial de autor é transmissível e o direito pessoal de autor não é. Isto, a menos que se pretenda estabelecer que é a própria titularidade originária do direito que pode pertencer a um não criador, o que veremos não ser verdade[44/45].

Que consagram, então, os arts. 11º e 27º/1 CDADC? Que, **em princípio, a qualidade de autor coincide com a de criador da obra intelectual: autor é o criador da obra.**

9.2. Princípio de coincidência entre autoria e paternidade da obra

I. Por vezes, a autoria nada revela sobre o processo criativo autêntico, já que (como veremos ocorrer, por exemplo, nas obras audiovisuais) a lei ficciona a (co)autoria: presume então a criação dessas obras por sujeitos colaboradores, que são agrupados em conjuntos de geometria variável um pouco ao sabor da inspiração de cada ordenamento jurídico.[46] Nestes casos, como se verá, o único fito desta ficção de co-autoria é atribuir aos designados "co-autores" a contitularidade originária do direito de autor nessas obras, que logo depois a lei presume ser cedida ao produtor pelo contrato de produção audiovisual (cfr., *infra*, nº 87.3).

Em outros casos ainda, a autoria pode reconhecer-se como muito simplesmente desligada da "criação intelectual" (por pessoa física). É o que acontece no caso das obras colectivas, fruto do reconhecimento (*ex lege*) da titularidade originária a uma pessoa meramente jurídica, que obviamente nada "cria" no sentido naturalista do termo (as obras colectivas são consideradas no seu todo como bem jusautoral autónomo dos contributos criativos individuais que a integrem).

[44] Tratamos a questão da possibilidade da atribuição, por via convencional, da titularidade originária do direito de autor a um não criador *infra*, nº 71.

[45] Vejam-se, por exemplo, disposições como as dos arts. 14º/3 e 27º/2 CDADC, em que se presume a titularidade a partir da menção da designação que surge aquando da utilização da obra. Ora, uma autoria que se determina pela designação que presuntivamente a identifica quando a obra é utilizada favorece a certeza jurídica quanto à titularidade das faculdades de utilização, mas não serve a verdade da imputação da criação a pessoa física determinada.

[46] Esta é uma regra quase constante nos ordenamentos de raiz latina – que analisamos com pormenor – *infra*, nºs 88 a 96 –, de que consideramos expoente maior a norma do art. L 113-7, §3, do CPI fran: "Quando a obra audiovisual resulte de uma obra ou de um argumento preexistentes ainda protegidos, os autores das obras originárias são assimilados aos autores da obra nova". Ou seja, sujeitos que nem sequer são contemporâneos dos autores das obras audiovisuais são consideradas (assimilados a) seus co-autores.

O autor-criador da obra intelectual pode também renunciar à menção da designação que identifica a autoria pelo mesmo acto mediante o qual contrata a criação para outrem (art. 14º/3 segundo regime escrutinado adiante – cfr. nº 74.3.). Nestes casos, pode surgir como autor da obra quem contrata a sua criação (quem a encomenda), não quem verdadeiramente a cria.

II. A ideia de autoria reflecte a imputação de uma obra intelectual ao acto criador de uma ou mais pessoas. Contudo, a imputação de autoria não é naturalista, não revela necessariamente uma paternidade espiritual (logo humana) da obra intelectual, antes serve a investidura de um ou mais sujeitos jurídicos na titularidade originária do direito de autor. *Autoria* e *criação* da obra intelectual são realidades só em princípio coincidentes, e aquela serve sobretudo a determinação do(s) titular(es) originário(s) do direito de autor.

Será, então, que pode conceber-se autoria não associada a uma pessoa (nem mesmo a uma pessoa jurídica)? Uma autoria sem autor humano?

10. A pretensa autoria despersonalizada – as impropriamente ditas "obras não intelectuais" ("criadas por computador")

I. Nos termos da sec. 178 UK CDPA, são "obras geradas por computador as que são produzidas em circunstâncias tais que não existe autor humano.".

A mesma lei de autor do Reino Unido estatui que, "nas obras literárias, dramáticas, musicais ou artísticas que sejam geradas por computador, considera-se autor aquele sob cuja direcção hajam sido tomadas as providências necessárias à criação" – cfr. sec. 9(3) UK CDPA. O UK CDPA segue aqui técnica idêntica à que empregava para definir a "autoria" de obras, como as cinematográficas, que antes imputava "to the person by whom the arrangements necessary for the making of the [film] are undertaken" – cfr. sec. 9(2)(a) UK CDPA – *i.e.*, tão-só o seu produtor, e que hoje (*post* transposição da Directiva 93/98/CEE, art. 2º/1) estabelece em "co-autoria do produtor e do realizador principal"[47].

[47] Consideramos muito significativos, neste particular, o comentário e o exemplo fornecidos por W. R. Cornish, "Intellectual Property...", cit., nº 10-22 e correspondente nota (11), p. 392 e nº 13-47, p. 522. No primeiro dos trechos citados, precisamente em comentário às secs. 9(3) e 178 UK CDPA, afirma: "CDPA 1988, ss. 9(3), 178 [secs. 9(3) e 178 UK CDPA] [obras] "geradas por computador". Esta concepção é de difícil aplicação. Quando o subscritor de um serviço como o "Lexis" obtém o resultado impresso de uma pesquisa, tal é "gerado por computador", e nesse caso por quem?". E, no segundo excerto assinalado em citação, exemplifica: "Ofuscado por ideias que faziam o design assistido por computador e a manufactura assistida por computador (CAD/CAM) parecer iluminar o caminho em direcção a produtos computacionais informativos e industriais "inteligentes" [de origem computacional "inteligente"], o Parlamento sentiu que era necessária uma intervenção prudencial. Quando pode afirmar-se que não existe factor humano, mas em que uma empresa de software é encarregada ["commissioned", no original] por um cliente

Chamar-lhes-íamos "obras não intelectuais", se não sustentássemos que o carácter "intelectual" na individualização dos objectos jusautorais deve buscar-se na sua apreensão inteligente pelos que deparam com a obra. Vejamos se esta previsão britânica corresponde ou antecipa uma nova concepção de autoria.

II. As dificuldades são evidentes na procura de demonstração de um resultado-criativo-sem-criador, como nas mencionadas obras "geradas por computador"[48]. O caminho seguido tem sido o da despersonalização da autoria, muito embora continue a reclamar-se que "a obra protegida pelo direito de autor é sempre o resultado de uma actividade humana de criação"; ou que "a criação protegida pelo direito de autor é a criação proveniente do intelecto humano, da actividade emotiva, psicológica e espiritual do homem."[49] Contudo, são precisamente estes "axiomas" que contribuem muito pouco para a explicação da realidade.

Negar a manifestação de qualquer "espiritualidade criadora" no código de um programa informático – ou nas traduções automatizadas ("elaboradas" por programas de computador) ou nos sistemas peritos –, mais não é do que apontar o óbvio: reconhece-se nestes uma individualidade expressiva em "linguagem"/forma expressiva não literária ou artística, que estes claramente não revelam. Indicia, porém, que a doutrina se vai conformando a conceitos em que substitui a ideia de obra intelectual pela revelação de supostas criações não intelectuais, porém igualmente merecedoras da tutela sob o direito de autor. Insinua-se, assim, em substituição do conceito de expressão criativa das obras, em que criatividade é ainda sinónimo de resultado da espiritualidade humana, algo como uma "individualidade expressiva" revelada no objecto criado que já não reflecte – se é que alguma vez revelou – qualquer "espírito criador".

de fornecer o programa, é razoável que o cliente deduza que [aquela] detém o "copyright" no resultado exteriorizado ["that it holds the copyright in the output", na expressão original]".
Bem se entende, no confronto dos trechos citados, quer o desconforto na imputação de verdadeira autoria não humana nestes casos, quer o facto de as referidas "computer-generated works" não serem afinal mais do que assimiladas a obras para efeito de atribuição do "copyright".

[48] Salientamos, a este propósito, o importante estudo que lhe dedica J. A. Vieira, "Obras geradas por computador ...", cit., *passim*.

[49] Ainda José Alberto Vieira, "Obras geradas por computador ...", cit., 8.1., p. 133.
O mesmo Autor interpola, porém, *ibidem*: "Não partilhamos [...] a ideia de que só o homem possa produzir expressões criativas.". Junta-lhe outra afirmação: "Criação intelectual para a lei portuguesa [arts. 1º/1 e 2º/1 CDADC, que evoca] não significa outra coisa senão que a obra protegida pelo direito de autor é a exteriorização numa expressão literária e artística de uma actividade humana criativa. E esta regra exclui, por conseguinte, que as obras que não sejam o resultado de um domínio humano da expressão criativa possam aspirar a ser protegidas por um direito de autor. Sem obra, não há protecção." – ob. cit., 8.1., p. 134.

Certo é, porém, que a própria ideia de "obras (literárias ou artísticas) não intelectuais" só pode impor-se como mais do que pura contradição nos próprios termos se concebermos como pressuposto de tutela jusautoral não a imputação à autoria-criação espiritual, mas, desligada desta, uma individualidade de expressão formal criativa dos novos bens imateriais, a que agora se pretende ligar a atribuição de direitos de autor, de direitos conexos e de certos direitos *sui generis* na vizinhança instrumental daqueles[50]. Ou seja, desliga-se a tutela da imputação espiritual da autoria, liga-se a mesma apenas à expressão criativa do objecto-obra.

No entanto e face aos exemplos indicados, não é a criatividade da expressão formal que deve recusar-se liminarmente como pressuposto de tutela sob direito de autor, é a necessidade da imputação naturalista de autoria (do objecto-obra ao agente-autor) que aqui deveria interpelar-nos.

III. Afirmar que, "de acordo com o critério normativo do direito português, as obras geradas por computador não têm autor"[51], conduz à conclusão: "[...] as obras geradas por computador não são objecto de protecção pelo direito de autor"[52]. Isto é acertado no essencial, mas parece-nos merecer fundamentação precisa.

Assim, as afirmações verdadeiras pertinentes deveriam ser outras:

- não há obras sem autor;
- não há "criação intelectual" não humana;
- logo, não há obras *intelectuais* geradas (criadas) por computador ("produzidas em circunstâncias tais que não existe autor humano" – *ex* secs. 9(3) e 178 UK CDPA).

[50] A propósito das designadas "obras criadas por computador", Oliveira Ascensão, "Direitos do utilizador de Bens Informáticos", cit., nº 2, p. 24, afirma peremptório que: "Nenhuma protecção é admissível. [...]. Não cai nomeadamente no Direito de Autor, não obstante a evolução paradoxal a que se assiste, e que preenche cada vez mais o paradigma do "direito de autor sem autor". Só a criação intelectual (humana) é tutelada, e só ela justifica a amplíssima tutela outorgada, [...]". Para depois concluir (*ibidem*): "Perante a obra criada por computador, o problema reduz-se a traçar a fronteira entre a obra criada pelo homem, embora este utilize o computador como um instrumento, ou até como um assistente, e aquela que só ao computador possa ser atribuída. A intervenção humana, para ser criadora, não se pode limitar à criação do programa; nem sequer à escolha do tipo de obra. Tem de recair sobre a essência desta, no que individualmente a especifica. Portanto, a linha distintiva traça-se entre a criação humana individualizadora e a mera intervenção num processo alheio. Esta, em termos de direito de autor, é irrelevante." Cremos que o Autor não considera o que temos por essencial na definição da criatividade de uma obra (por todos, cfr. *infra*, nº 10.1.2.

[51] Como postula J. A. Vieira, "Obras geradas por computador ...", cit., 8.2., p. 137.

[52] José Alberto Vieira, última ob. cit., 8.3., p. 137.

E concluímos: as obras "geradas por computador" são, ou não são, objecto de direito de autor consoante nelas seja, ou não, inteligível uma expressão formal criativa, com superação da imputação da respectiva autoria.

IV. É verdade que "não há obra sem autor", mas se a obra nasce – o que é um dado objectivamente avaliável pela intelecção de um objecto em que se reconhece expressão formal criativa e que é exterior ao agente criador –, então a imputação de autoria não serve a revelação de um "espírito criador", uma "paternidade espiritual". A imputação da obra a um "autor" é uma inferência jurídica – não naturalista –, a partir da qual se estabelece a titularidade originária do conjunto de faculdades designadas por "direito de autor".

Deve, então, registar-se, em ruptura com os critérios tradicionais de tutela jusautoral:

a) adicionaram-se outras formas de expressão formal, em "linguagem" virtualmente incompreensível pelos sentidos (como a dos programas de computador), às que (como a literária e a artística, incluindo a audiovisual) se fizeram objecto do direito de autor tradicional;
b) na composição de objectos jusautorais, como as bases de dados, em que o valor económico dos respectivos conteúdos imateriais suplanta a consideração da criatividade da sua expressão formal, está depreciada a criatividade da expressão formal como critério determinante da tutela jusautoral, em obséquio ao reconhecimento da necessidade de remuneração do investimento e organização empresariais, que valorizam o engenho, o labor, a técnica e o capital, e menos, ou nada, a criatividade;
c) por fim e porventura mais significativo, indicia-se a progressiva superação da imputação naturalista da autoria (autoria-criação intelectual/ /humana) em prol da ficção legal de uma autoria que serve tão-só a investidura na titularidade originária do direito de autor.

Surgem, assim, objectos em que a tutela sob o direito de autor tem em consideração interesses que são cada vez menos os do criador humano individualmente considerado e, muito provavelmente, mais os que favorecem a remuneração de investimentos de empresas que enquadram a criação.

10.1. Obras produzidas por sistemas de inteligência artificial (IA)

10.1.1. As movimentações internacionais em prol de uma regulação das produções da inteligência artificial – as questões a colocar

I. A Organização Mundial da Propriedade Intelectual (OMPI) elaborou um "Projecto de documento temático sobre as políticas de propriedade industrial e a inteligência artificial", de 13-12-2019. Neste, formula três questões que nos parece serem as decisivas:

1) Se deve outorgar-se direito de autor ("copyright") às obras literárias e artísticas que sejam geradas de forma autónoma por inteligência artificial ou se deve requerer-se um criador humano.
2) No caso de se concluir dever outorgar-se o direito de autor a obras geradas por inteligência artificial, a quem deve outorgar-se o direito? Deve reconhecer-se personalidade jurídica aos sistemas de IA que criem obras de forma autónoma, a fim de outorgar o direito de autor a pessoas jurídicas que possam geri-lo?
3) No caso de se concluir dever conceder tutela jurídica às situações nascidas da produção de obras literárias e artísticas de forma autónoma por sistemas de IA, deveria prever-se um direito *sui generis* com vigência limitada ou que tais obras não são mais do que interpretações como as dos artistas?

II. Numa Comunicação da Comissão Europeia ao Parlamento Europeu, ao Conselho Europeu, ao Comité Económico e Social e ao Comité das Regiões da União Europeia ("Inteligência artificial para a Europa"[53]), é definido: "O conceito de inteligência artificial (IA) aplica-se a sistemas que apresentam um comportamento inteligente, analisando o seu ambiente e tomando medidas – com um determinado nível de autonomia – para atingir objectivos específicos". Podem ser confinados ao *software* (assistentes de voz, motores de busca, sistemas de reconhecimento facial), ou podem ser integrados em dispositivos físicos (robôs avançados, automóveis autónomos, veículos aéreos não tripulados).

A partir desta Comunicação, um "Grupo de peritos de alto nível sobre a inteligência artificial"[54] propôs esta outra definição: "Os sistemas de inteligência artificial são sistemas de *software* (eventualmente também de *hardware*) concebidos por seres humanos (eventualmente com assistência de sistemas de IA), que, tendo recebido um objectivo complexo, actuam na dimensão física ou digital percepcionando o seu ambiente mediante a aquisição de dados, interpretando os dados estruturados ou não estruturados recolhidos, raciocinando sobre o conhecimento ou processando as informações resultantes desses dados e decidindo as melhores acções a adoptar para atingir o objectivo estabelecido. Os sistemas de IA podem utilizar regras simbólicas ou aprender um modelo

[53] Bruxelas, 25-4-2018 [COM (2018) 237 final].

[54] Trata-se de um "Grupo de Peritos de Alto Nível", criado pela Comissão Europeia em Junho de 2018, que, em 10 de Abril de 2019, viu publicado um Documento contendo uma "definição de IA: Principais capacidades e Disciplinas científicas".

digital, bem como adaptar o seu comportamento mediante uma análise do modo como o ambiente foi afectado pelas acções anteriores."

10.1.2. Produtos de sistemas de IA como obras literárias ou artísticas susceptíveis de protecção por direito de autor. A não personalização dos sistemas de IA

I. O direito de autor protege criações que sejam *originais* e que se exteriorizem segundo *expressão formal criativa*, independentemente da sua fixação em suporte material. Não há consenso internacional sobre o que seja "originalidade" de uma obra literária ou artística.

No Reino Unido, a originalidade requerida para a protecção jusautoral está ligada ao "sweat of the brow principle" (princípio do suor da fronte, numa tradução literal). A tutela pelo "copyright" depende de a obra haver sido criada em resultado do "author's own skill, labour, judgement and effort" (o engenho, destreza, trabalho, discernimento, esforço): o "copyright" britânico protege o esforço criativo, o valor económico do trabalho do autor, embora a doutrina britânica não ignore ou despreze o conceito de criatividade.

Nos EUA, na sequência do conhecido caso "Feist Publications, Inc. *vs* Rural Telephone Service Company, Inc.", de 1991[55], estabeleceu-se ser requerido um mínimo de criatividade para que a obra seja protegida: a sec. 102(a) do US Copyright Act é expressa na tutela apenas de "trabalhos originais fixados em suporte de qualquer tipo".

O Tribunal de Justiça da União Europeia (TJUE), a partir do caso Infopaq", de 16-7-2009 (Proc. C-5/08)[56] exige qua a obra seja fruto da "criação inte-

[55] Feist Publications, Inc., v. Rural Telephone Service Co., 499 U.S. 340 (1991), foi uma decisão do Supremo Tribunal dos EUA, estabelecendo que as meras informações sem um mínimo de criatividade não podem ser protegidas por direitos autorais. No caso recorrido, a Feist havia copiado informações das listas telefónicas do Rural para incluir em suas próprias. O Rural Telephone Service recusou licenciar as informações e processou por violação de direitos autorais. O Tribunal decidiu que as informações contidas na lista telefónica da Rural não eram passíveis de direitos autorais e, portanto, não havia infracção.

[56] Acórdão do Tribunal de Justiça da União Europeia (Quarta Secção), de 16 de Julho de 2009, Infopaq International A/S contra Danske Dagblades Forening. Decidiu, em síntese: 1) Um acto que tem lugar durante um processo de captura de dados, que consiste em armazenar um excerto de uma obra protegida de onze palavras e em imprimir este excerto, é susceptível de ser abrangido pelo conceito de reprodução parcial na acepção do artigo 2º da Directiva 2001/29/CE do Parlamento Europeu e do Conselho, de 22 de Maio de 2001, relativa à harmonização de certos aspectos do direito de autor e dos direitos conexos na sociedade da informação, se os elementos assim reproduzidos forem a expressão da criação intelectual do seu próprio autor. 2) O acto de impressão de um excerto composto por onze palavras, que tem lugar durante um processo de captura de dados como o que está em causa no processo principal, não preenche o requisito rela-

lectual própria do autor" ("author's own intelectual creation"). E o TJUE acrescenta (no exemplar caso "Cofemel – Sociedade de Vestuário, SA *vs* G-Star Raw CV", de 2019 (Proc. C-683/17)[57] que, "para que um objecto possa considerar-se original, é ao mesmo tempo necessário e suficiente que reflicta a personalidade do seu autor, exprimindo decisões livres e criativas do mesmo".

Na realidade, existem, a final, duas concepções de originalidade de uma obra intelectual: a concepção subjectiva, segundo a qual a obra é um reflexo da personalidade do autor; e a concepção objectiva, nos termos da qual a obra deve ser nova, não assemelhável a nada preexistente. Embora a concepção do TJUE, que transparece das decisões citadas e de outras semelhantes, indique que este Tribunal perfilha a concepção subjectiva de originalidade (a obra é original quando é reflexo da personalidade do seu autor), é patente que liga este conceito ao de manifestação (no resultado-obra) de decisões livres e criativas do seu autor[58].

II. A IA clássica assenta nos chamados *sistemas peritos*. Estes produzem resultados a partir de uma base de conhecimentos, em que se contém toda a informação disponível sobre a área do conhecimento em questão, de uma base de factos com dados com a situação concreta que vai ser considerada e de um motor de inferências que é um programa de computador que confronta informações da base de conhecimentos com os dados da base de factos a fim de chegar a um resultado final. É sabido que o âmbito da criação destes sistemas é limitado (o sistema de IA actua apenas no âmbito que lhe é deixado pelo algoritmo[59]), mas neste âmbito tem uma certa margem de liberdade decisória.

tivo ao carácter transitório previsto no artigo 5º, nº 1, da Directiva 2001/29 e, portanto, não pode ser realizado sem o consentimento dos titulares dos direitos de autor em causa.

[57] O TJUE decide, em Acórdão de 12-9-2019, com os seguintes fundamentos, entre outros: «[...] decorre de jurisprudência constante do Tribunal de Justiça que, para que um objeto possa ser considerado original, é simultaneamente necessário e suficiente que reflita a personalidade do seu autor, manifestando as escolhas livres e criativas deste último»; «[...] a circunstância de um modelo gerar um efeito estético não permite, por si só, determinar se esse modelo constitui uma criação intelectual que reflete a liberdade de escolha e a personalidade do seu autor»; «[...] a proteção garantida pelo direito de autor é conferida a estas obras do mesmo modo que a qualquer obra literária e artística, portanto, na condição de serem originais, no sentido de serem o resultado da criação intelectual do próprio autor, ou se é possível condicionar esta proteção à existência de um grau particular de valor estético ou artístico.»

[58] José Alberto Vieira, "Inteligência artificial e Direito de Autor", cit. p. 135, também parece abonar no sentido da "exclusão da protecção dos produtos decorrentes da inteligência artificial por Direito de Autor", no quadro normativo actual, quer português quer da União Europeia quer norte-americano.

[59] Um programa de computador é essencialmente um algoritmo que diz ao computador os passos específicos e em que ordem eles devem ser executados. Em matemática e ciência da computação,

Na actualidade, os sistemas peritos têm sido substituídos por outros, chamados *sistemas neuronais*, que já não se limitam a combinar o maior número de dados especializados sobre uma dada matéria, utilizam os instrumentos das redes neuronais e da aprendizagem-máquina ou profunda (o "machine" ou "deep learning"). Funcionam da seguinte maneira: são fornecidos às redes neuronais dados de entrada ("inputs") que são as obras de arte preexistentes com as quais se alimenta o sistema para treiná-lo (o conjunto destes "inputs" tanto pode ser todas as obras de Bach como as de dezenas de milhar de autores muito variados); acrescenta-se àquela base de dados um *algoritmo de aprendizagem* automático que pode consistir num programa de computador *standard*, num código personalizado ou na combinação de ambos; resulta da combinação dos dados de entrada com que se alimenta o sistema ("inputs") e do algoritmo de aprendizagem um *algoritmo treinado*, que tanto pode incluir fragmentos reconhecíveis dos dados de entrada como pode ser mais abstracto – o algoritmo treinado recebe instruções para produzir obras novas; finalmente, geram-se os "outputs" ou *dados de saída* que são obras produzidas pelo algoritmo treinado, constituindo produção artística da rede neuronal[60].

III. É nossa opinião que a criatividade que a lei, a doutrina e a jurisprudência estabelecem como condição da protecção pela chamada propriedade intelectual não impõe que a obra seja um reflexo da personalidade do autor (queira isto dizer o que for). Todas as actividades, todos os gestos e acções humanos, por muito mecânicos e repetitivos que sejam, são idiossincráticos, reflectem necessariamente a personalidade "daquela" pessoa. O que se exige a uma obra literária ou artística para que seja protegida por direitos intelectuais (direitos de autor, direitos industriais) é que inove, isto é, que não constitua repetição de criação alheia, que revele (exteriorize) algo cuja expressão formal não preexista ao acto da sua revelação / exteriorização. Este "algo" imaterial, incorpóreo, consubstanciado numa expressão formal nova tanto pode resultar do espírito humano como de um sistema de IA neuronal que não se limite a combinar dados, mas que evolua para resultados não previsíveis pelo programador, não pré-programados por quem o faz actuar.

Ainda que se exija um nível mínimo de "altura criativa" (o Getaltungshöhe da doutrina alemã e norte-americana) a uma obra para a protecção pelo direito de autor – e não esqueçamos que a lei portuguesa desvaloriza o mérito como critério de tutela (art. 2º/1 CDADC) –, a aplicação do chamado Teste de

um algoritmo é uma sequência finita de acções executáveis que visam obter uma solução para um determinado tipo de problema.

[60] Exemplo e descrição extraídos de Lacruz Mantecón, Miguel L., "Inteligencia Artificial y Derecho de Autor", cit.

Turing dissipa dúvidas. Neste teste, um interrogador formula perguntas a duas pessoas, homem e mulher e tem de averiguar a partir das respostas quais as do homem e quais as da mulher. De seguida, substitui uma das pessoas por um computador: o jogo passa a consistir em averiguar qual dos interrogados é humano e qual é máquina; se não conseguimos destrinçar a origem das respostas, é difícil negar que a máquina "pensa". Se as criações de uma máquina podem atingir o "nível de criatividade" das criações humanas, então não podemos negar que um sistema de IA pode produzir obras literárias e artísticas.

Pessoalmente, sustentamos que a criatividade da expressão literária ou artística está menos no que a obra reflecte do espírito do autor e mais na percepção que cria no espírito dos observadores, daqueles cuja inteligência a apreende. Esta noção de individualidade expressiva objectiva a obra, reconduzindo-a ao que ela, verdadeiramente, é: um objecto imaterial independente da entidade que a cria. Sendo assim, não é tão importante saber "quem" cria, é preferível saber o que a obra "é", o que a individualiza como expressão formal única e irrepetível – e, se isto tanto pode encontrar-se numa criação do espírito humano como no produto de uma acção de um programa de computador, então reconheça-se criatividade ao que não é *directamente* atribuível a uma pessoa natural.

10.1.3. A autoria das obras produzidas por sistemas de IA

I. A lei de autor britânica (sec. 178 UK CDPA) define a "obra gerada por computador" como aquela que é "gerada por um computador em circunstâncias tais que não existe um autor humano da obra". Dado que consideramos que as obras produzidas por sistemas de IA podem revestir um "nível de criatividade", uma expressão formal criativa de molde a justificar a protecção como obras literárias, artísticas, musicais ou audiovisuais, somos forçados a buscar a sua origem material: quem é o seu autor?

II. Considerar que a obra produzida pelo sistema de IA é fruto do *programa de computador* seria admitir que a máquina cria autonomamente sem nenhum tipo de intervenção humana, a partir do nada. Ora, os sistemas de IA não são completamente autónomos, pelo menos no actual estádio de desenvolvimento da ciência e da técnica, carecem, para dizer o menos, do impulso humano para iniciarem o processo criativo, para dar ao sistema de IA o quadro criativo em que opera, para impulsionar a criação. Mesmo que admitamos que é a inteligência artificial que toma as "decisões livres e criativas" que consubstanciam o processo criativo que dá origem à obra[61], não pode afirmar-se que cria com

[61] Neste sentido a decisão do TJUE, de 1-12-2011, "Eva-Maria Painee *vs* Satndard Verlags GmbH et alia", que acrescenta – quanto a nós, mal pelas razões que antes expomos – que "uma criação intelectual atribui-se ao seu autor quando reflecte a sua personalidade".

autonomia. Descartamos, pois, a hipótese de a obra produzida pelo sistema de IA ser criada autonomamente pelo próprio programa de computador que o opera.

Em qualquer caso, ainda que se admitisse que os sistemas de IA são autores-de-facto de certas obras, já que produzem resultados dotados de individualidade expressiva criativa não imputável aos autores do programa de computador com que operam, não seria viável imputar-lhes autoria sem lhes reconhecer personalidade jurídica que, hoje, manifestamente lhes é negada.

III. A hipótese de imputar a autoria das obras produzidas a partir de sistemas de IA ao *autor do programa de computador* não depara com a impossibilidade jurídica da solução que atribui a autoria da obra ao próprio programa, mas contraria a realidade de facto. A verdade é que, tanto quanto nos é dado conhecer e os exemplos ilustram, há obras a que se reconhece o nível de criatividade necessário à protecção jusautoral que não estão previstas pelo autor do(s) programa(s) de computador que opera(m) o sistema de IA que as desenvolve e gera. Tanto quanto nos é descrito e já referimos, existem técnicas, referidas como de "machine learning", em que ao sistema, em vez de fornecer regras de actuação, são dados exemplos de comportamentos de entrada e saída, esperando-se que possa generalizar a partir desses exemplos e comportar-se adequadamente em situações não programadas. As redes neuronais são exemplo destas técnicas.

É, pois, fácil perceber que existem, hoje, sistemas de IA em relação aos quais não pode dizer-se que os resultados das suas acções estão todos rigorosamente programadas pelo autor do programa de computador que os opera. Como o Grupo de Peritos, constituído no seio da UE, assevera, "os sistemas de IA são sistemas de *software* (e também de *hardware*) desenhados por humanos que, em função de um objectivo complexo, actuam na dimensão física ou digital apreendendo o seu enquadramento mediante a aquisição de dados, interpretando os dados recolhidos, processando ["raciocinando"? sobre] os conhecimentos ou informação derivada destes dados e decidindo as melhores medidas a adoptar para alcançar o objectivo fixado". Ora, é patente que, pelo menos em alguns casos, o algoritmo de aprendizagem e o algoritmo treinado desenvolvem acções não inteiramente previstas pelos programadores. Não é, pois, rigoroso dizer que os sistemas de IA produzem apenas os resultados (alguns dos quais criativos, como estabelecemos) que os programadores prevêem ao programá-los: os resultados criativos são gerados a partir do "input" dado ao algoritmo treinado, mas também podem ser criados a partir de pontos de partida aleatórios – o algoritmo treinado vai melhorando o seu desempenho baseado tanto na análise de grandes quantidades de dados e no reconhecimento de correlações preexistentes como na melhoria gradual de rendimento resultante do processamento repetido desses dados.

IV. Posto que não pode, com rigor, imputar-se a autoria das obras geradas por sistemas de IA sem reconhecimento de um autor humano nem à máquina nem inteiramente ao autor do programa de computador, cumpre examinar a hipótese que melhor rentabilizaria o investimento em sistemas de IA: a de considerar autor das obras reveladas o *usuário* do sistema, aquele que o opera.

Na verdade, reconhecer ao usuário, ao que opera o sistema, a autoria das obras geradas aumentaria em muito a atractividade destes, pois faria de cada utente um autor potencial e um potencial comprador do sistema de IA. Será esta a solução para que aponta a lei britânica, ao imputar a autoria ao que faz os "arrangements" necessários para criação da obra? Não é claro.

Apesar de alguma doutrina entender que a citada disposição refere ao operador do sistema, à pessoa que dirige o funcionamento da máquina, não é para nós óbvio que tal pessoa faça mais do que o sistema permite, do que está programado para fazer e – concedamos – aprender a fazer. O usuário mais não faz do que explorar as virtualidades que o sistema põe à sua disposição e lhe permite. Por outro lado, é certo que o sistema não opera por iniciativa própria, não escolhe o tema, o assunto do trabalho criativo que eventualmente empreenda. Não nos convencemos, contudo, de que, dado o grau de autonomia criativa que os sistemas de IA manifestamente atingem hoje, se possa imputar apenas ao usuário a criação dos resultados criativos da operação, como acontece nos outros casos em que as máquinas são meros instrumentos de trabalho.

Será, então, que os produtos criativos dos sistemas de IA, nos quais não seja possível reconhecer um autor humano, não são imputáveis a... *ninguém*?

V. A solução de não imputar seja a que entidade for a autoria das obras resultantes de processos empreendidos por sistemas de IA tem virtualidades que não se resumem a figurar uma fuga ao problema. Na verdade, tal opção liberta tais obras para a utilização livre característica das criações não protegidas. Se esta perspectiva parece aliciante para os utilizadores de obras produzidas por sistemas de IA, convém não perder de vista que, ao mesmo tempo, desincentiva a criação, posto que não remunera o investimento em investigação e na produção de tais sistemas que o avanço desta tecnologia representa; não nos iludamos: uma menor protecção traz consigo um desincentivo ao investimento requerido. Mas corresponderá à verdade dos factos?

Na realidade, dada a despersonalização dos sistemas de IA, ou sequer dos programas de computador que lhes dão alma, as hipóteses restantes, já examinadas, implicam que se reconheça a colaboração humana na produção dos resultados criativos da operação de tais sistemas. Ora, isto aponta já o caminho da atribuição da titularidade de exclusivos de exploração das obras geradas. Na verdade, vimos já que nem todas as obras produzidas por sistemas de IA têm uma intervenção humana identificável como sua criadora. Nos casos previstos pelas disposições citadas da lei britânica, em que não se identifique qualquer intervenção humana na origem das obras geradas por sistemas de IA, não há outro remédio senão reconhecer que o estádio actual de conceptualização dos direitos intelectuais não admite a imputação de autoria a máquinas.

Vai-se tão longe – e nós subscrevemo-lo – quanto permitir a imputação de autoria de obras literárias ou artísticas a pessoas meramente jurídicas, a pessoas colectivas. As empresas podem ser não apenas titulares originárias, mas verdadeiras autoras das obras colectivas – mas mesmo as pessoas colectivas têm um substrato humano.

10.1.4. A tutela das obras produzidas por sistemas de IA com assistência humana

I. Como vimos, o TJUE considera ser reflexo suficiente da personalidade do autor no produto final o facto de este ter tomado um conjunto de decisões livres e criativas durante o processo que conduz ao resultado sob apreciação. Parece, pois, não existir obstáculo à protecção jusautoral dos produtos de sistemas de IA ou, pelo menos, daqueles em que seja verificável uma contribuição criativa humana. Mas como protegê-los? Devem, sequer, ser objecto de exclusivo aquelas obras geradas por computador, em que, parafraseando a disposição da lei britânica aplicável, "não existe um autor humano"?

II. A opção, mais radical, por negar a outorga de qualquer exclusivo aos produtos de sistemas de IA na produção dos quais não possa detectar-se qualquer intervenção humana afigura-se injusta e depara com várias objecções.

Mesmo as obras já caídas no domínio público ou que, por serem muito antigas, nunca colheram qualquer tipo de protecção jusautoral podem gerar um exclusivo de exploração económica, desde que, sendo inéditas, sejam publicadas ou divulgadas licitamente – granjeiam neste caso uma protecção "equivalente à resultante dos direitos patrimoniais de autor" para o que as publique ou divulgue (afinal, para o que invista na sua edição) (art. 39º CDADC). Ora, numa lógica semelhante, não se vê que seja justo privar o que investe não apenas na produção do sistema de IA como na sua operação de uma remuneração pelo uso e fruição de objectos imateriais que o sistema gere a que se reconheça criatividade. Assim, deverá outorgar-se um direito análogo ao actual direito *sui generis* nas bases de dados (criativas e não criativas) ao produtor dos sistema, ao que o faz acontecer.

O problema que esta solução apresenta é que, por si só, despreza o papel do autor do programa de computador e do usuário do sistema, quando a contribuição deste último não seja meramente funcional, resumindo-se a operar e iniciar o processo criativo, "ligando a máquina".

10.1.5. A personalização dos sistemas informáticos como condição para investidura em direitos intelectuais. Outras opções de qualificação

I. A solução extrema oposta à de considerar que os produtos criativos de sistemas de IA deveriam estar no domínio público seria a de reconhecer personalidade jurídica a esses sistemas ou, mais simplesmente, ao programa de computador que os opera. Os resultados da operação do sistema poderiam, assim, ser imputados a uma pessoa, se bem que uma pessoa meramente jurídica, evidentemente, que seria a sua autora. O recurso usado seria o mesmo que se adopta no caso das obras colectivas: dada a inverdade de imputar a autoria destas a pessoas físicas individuais, reconhece-se a autoria de empresas, na titularidade de pessoas singulares ou colectivas.

Aplicada aos sistemas de IA, esta solução defronta, contudo, objecções. Em todos os casos em que a contribuição do usuário não fosse meramente funcional, limitando-se a "ligar a máquina", a pôr o sistema em funcionamento, estaria a desprezar-se um contributo essencial à produção do resultado final do processo.

Por outro lado, como o sistema de IA não surge do nada, sempre faltaria reconhecer o papel do autor do programa de computador que, mesmo que ultrapassado pela máquina que havia dotado de "vida própria", sempre poderia reclamar a paternidade do processo. Em todo o caso deve ter-se presente que, a reconhecer-se a autoria ou co-autoria do autor do programa de computador que opera o sistema nas obras dele resultantes, estaria a outorgar-se-lhe uma dupla protecção, como autor do programa de computador e como autor das obras que este autonomamente gerasse, o que não parece adequado.

II. De qualquer modo, consideramos que a imputação da obra ao sistema de IA, como entidade criadora autónoma e independente, exigiria que se reunissem várias condições:

a) ser o sistema de IA autogenerativo de objectos imateriais nos quais fosse reconhecida uma individualidade expressiva – algo que se identificasse como único e apenas imputável àquela unidade criativa, não atribuível ao programador, autor do algoritmo;
b) ser a intervenção humana no processo criativo limitada à activação ("setting in motion") do sistema do IA e ao fornecimento das coordenadas básicas sobre o objecto imaterial a criar – salientando-se que

mesmo esta singela contribuição humana não seria completamente desdenhável como co-autoria;

c) ser o sistema de IA dotado de personalidade juridica – a titularidade do direito seria atribuída à pessoa jurídica que produzisse o sistema, através de um mecanismo semelhante ao das obras criadas sob comissão ou por encargo de outrem; tratar-se-ia de um direito conexo (ou *sui generis*, o que não quer dizer nada, mas permite fugir à qualificação) que remuneraria o investimento na produção do sistema.

III. Considerar a obra resultante do sistema de IA uma obra colectiva seria a solução mais próxima da regra britânica, com o direito atribuído à entidade física ou meramente jurídica que criasse as condições logísticas, financeiras, humanas, empresariais em suma, para que o sistema de IA funcione. Esta é uma solução que nos parece não corresponder à verdade dos factos, pois desdenha o papel do usuário do sistema, que o opera, faz funcionar, dá instruções e define os parâmetros de cada resultado criativo.

IV. Entender as obras resultantes dos sistemas de IA como obras em colaboração entre o autor do programa de computador com o algoritmo do sistema de IA e o usuário do sistema é uma não solução, pois ignora a falta de concertação criativa, a não contemporaneidade das acções criativas que é essencial à caracterização de uma obra como obra em colaboração, como veremos (cfr., *infra*, nº 14).

10.1.6. Um direito conexo do produtor do sistema de IA e um direito de autor do usuário

A solução que preferimos parece-nos reunir a virtude de corresponder à verdade dos factos e de não forçar o reconhecimento de personalidade jurídica a uma entidade não humana que, por muito autogenerativa que já seja hoje, não dispensa ainda totalmente dois tipos de intervenção humana: a dos seres humanos que, ainda que enquadrados empresarialmente, estão na origem dos sistemas de IA, produzindo-os e dotando-os de programas de computador hábeis (e inteligentes?); e a dos outros homens e mulheres que operam o sistema, o usam, lhe dão os parâmetros, o cenário em que o sistema deve criar e o argumento da criação.

Esta solução consiste em **reconhecer à entidade que produz o sistema de IA um direito conexo que remunera o investimento e a prestação empresarial na origem desta realidade e ao usuário um direito de autor sobre a obra derivada que é criada a partir do programa de computador que opera o sistema.** A consagração deste direito de autor reconhece a contribuição humana do usuário do sistema, não despreza o papel do autor do(s) programa(s) de computador usado(s) para que o sistema actue e trata os resultados criativos saídos do sistema de IA como aquilo que, essencialmente, são: fruto da acção de um programa de computador que ultrapassa (ou pode ultrapassar) o que o seu programador previu e de um usuário do sistema que, ao definir o tema, argumento e parâmetros para a criação, contribui para desenhar o resultado final.

11. A noção de autoria em confronto sob o instituto do "copyright" ("authorial works" e "entrepreneurial works")

I. É comum fazer radicar nos ordenamentos jurídicos anglo/norte-americanos a separação entre a titularidade originária do direito ("copyright") e a autoria. Merecem, pois, particular atenção as normas que, nas leis de autor do RU e EUA, estabelecem a ligação entre "authorship" e "ownership of the copyright". Examinemo-las.

II. A US Copyr.Law estabelece que o "copyright" pertence originariamente ao autor. Já a designação do titular das faculdades jusautorais difere quando se refere: ao titular dos direitos patrimoniais ("the *owner of the copyright* [...] has the exclusive rights to do and authorize" (sec. 106 US Copyr.Law); ou ao titular das faculdades pessoais ("the *author of a work* [...] shall have the right to: [...]" (sec. 106A).

III. No UK CDPA, "'author' de uma obra é a pessoa que a cria" e "o 'author' de uma obra é a o primeiro titular de qualquer "copyright" nesta ["relativo a esta" – "...in it", no original]" – secs. 9(1) e 11(1), respectivamente. O UK CDPA trata depois dos "entrepreneurial copyrights" (sec. 9(2)(a)): "Considera-se 'author': de uma gravação sonora [primeira fixação de fonograma] ou de um filme[62] a pessoa que tenha promovido as diligências necessárias à feitura da gravação ou do filme."[63/64] Não passa em claro que o "author" que assim se

[62] Como analisamos exaustivamente a propósito dos contratos de produção audiovisual, deve ser cuidadosa a interpretação da expressão inglesa "film", aqui assim traduzida (por enquanto) sem maior preocupação de rigor no confronto entre terminologia e conceito. Nos termos expressos da sec. 5(1) UK CDPA, "'film' significa a gravação em qualquer *medium* a partir da qual pode ser produzida uma imagem em movimento." Parece referir-se indistintamente o suporte material, o que nele se fixa/grava e o acto de fixar.

[63] A expressão original da lei de autor britânica – sec. 9(2) UK CDPA – que, aqui, traduzimos ("[...], the person by whom the arrangements necessary for the making of the recording or film are undertaken.") evidencia bem a incerteza, veremos que não apenas terminológica, na caracterização destas "entrepreneurial works". Sem prejuízo do que adiante expomos sobre a natureza desta actividade a propósito do contrato de criação/produção cinematográfica-audiovisual,

descreve é não um criador de obra, mas inequivocamente um empreendedor de tipo empresarial.

Os "entrepreneurial copyrights" não são direitos de conteúdo e característica idênticos aos do direito de autor (mesmo na concepção britânica do "copyright"). O ordenamento jurídico do Reino Unido marca a distinção:

- quer as "authorial works" quer as "entrepreneurial works" resultam de "skill, labour and judgement";
- contudo, nas "authorial works", o "copyright" é outorgado na medida em que reflictam uma expressão formal criativa; nas "entrepreneurial works", o direito é reconhecido, desconsiderando a expressão formal, desde que revelem resultar de um investimento significativo na produção dos suportes que fixem texto escrito, sons ou imagens (criativos ou não);
- o "entrepreneurial copyright" constitui-se como um exclusivo quanto à reprodução dos exemplares em que se promova a fixação de texto escrito, sons ou imagens, o que o aproxima da característica dos direitos (conexos) do produtor de fono/videogramas (cfr., *infra*, nº 112).

IV. É certo que o ordenamento jusautoral do Reino Unido veio, após 1-7-1994[65], consagrar uma peculiar co-autoria realizador principal/produtor audiovisual nas obras cinematográficas[66]. Esta construção não constitui ficção

sempre realçamos o seu carácter "híbrido" (entre a autoria, no sentido romano-germânico e a produção de objectos-suporte de bens jusautorais).

[64] Como explicam Bently/Sherman: "Ao contrário do que ocorre com as obras literárias, dramáticas, musicais e artísticas, não é requerido [para a protecção sob o "(entrepreneurial) copyright"] que os "films, sound recordings, broadcasts, cable programmes [ou] published editions sejam originais, sendo suficiente que não se limitem a reproduzir outros objectos de idêntica natureza" (Lionel Bently/Brad Sherman, "Intellectual Property Law", cit., pp. 111/112, com intercalados nossos).

Ou, como expõe Cornish: "o "autor-criador" [para efeito de atribuição do "entrepreneurial opyright"] não será a pessoa de cujo engenho, critério ou esforço [os referidos como "skill, labour and judgement", que determinam a apreciação da criatividade/originalidade das obras intelectuais como critério da atribuição do "copyright"] resulte uma expressão formal particular a estas ("entrepreneurial works"). [...]. Ele, ela ou, mais provavelmente "it" [aqui referido à organização/empresa] é a pessoa que promove/toma as providências necessárias à fixação/gravação sonora, [...]. Apesar da sua nova faceta, estes são na verdade direitos conexos" (W. R. Cornish, "Intellectual Property ...", cit., nº 11-29, p. 460, com intercalados nossos) E conclui (Cornish, *ibidem*): "[Estes "entrepreneurial copyrights"] são atribuídos para proteger o investimento, não a criatividade, pelo que não dependem de um desempenho estético de qualquer grau [...]".

[65] Apenas por força da Directiva UE 93/98/CEE (*maxime* art. 2º), nos termos da "regulation" 36 das "Copyright and Related Rights Regulations 1996, S.I. 1995, nº 3297; 1996, nº 2967" do Reino Unido, aplicável aos "films" feitos após 1-7-1994.

[66] No que W. R. Cornish, "Intellectual Property: patents, copyright, ...", cit., nº 11-23, pp. 457/458, classifica como: "[...] a resolução de um dos maiores conflitos entre o "copyright" britânico e os

maior do que a que estabelecem alguns dos ordenamentos jurídicos de raiz germânica ou romanística – como o português[67] –, porquanto nestes se ficciona uma co-autoria ao sabor da vontade de investir estes ou aqueles sujeitos na (co)titularidade originária do direito de autor, não em reflectir a verdade do processo criativo destas obras.[68]

Em conclusão, vale a pena reter, em Copinger/Skone James, a que julgamos uma muito feliz síntese da concepção britânica sobre a "authorship": "A "authorship" é uma questão de estatuto, não de acordo. Um acordo entre as partes que defina quem é, ou deva ser, o autor não pode por conseguinte conferir o estatuto inerente à "authorship" a alguém que não fosse, por lei, o autor."[69]. Dir-se-ia que confrontamos, pois, no ordenamento britânico, não uma autoria natural segundo os padrões tradicionais, mas uma autoria-estatuto dimanada da lei, a que poderia chamar-se uma "authorship-in-law". Veremos que isto não é muito diferente do que se passa com o estatuto das obras audiovisuais nos ordenamentos jurídicos continentais.

12. Conclusão – a autoria e a estruturação da situação jurídica originária de direito de autor

A constituição da situação jurídica de direito de autor que concebemos assenta em pressupostos que passamos a sumariar.

Em primeiro lugar, pressupõe a exteriorização de um bem imaterial que a ordem jurídica reconhece como criativo e qualifica como obra intelectual. Muito embora resulte pouco óbvia a "expressão formal criativa" de certos bens imateriais, quais sejam as bases de dados e os programas de computador, é

direitos de autor continentais ["sistemas" de...]"; "[...] o derradeiro híbrido entre direitos de propriedade intelectual, [que] demonstra a firme determinação britânica em não subscrever a dicotomia direitos de autor-direitos vizinhos [conexos]" – intercalado nosso.

67 Ou o francês, ou outros latino-americanos como o brasileiro, como, em geral em comentário à L.aut.bras. (art. 11/1 e § único, e art. 17 § 2º), expõe Oliveira Ascensão, "Obra audiovisual. Convergência de tecnologias. Aquisição originária do direito de autor", cit., nº 1, p. 240: "De generalização em generalização, a própria categoria das obras intelectuais começa hoje a estar ameaçada. A prevalência dos interesses ligados à exploração económica leva a que cada vez mais se fale em filmes, simplesmente, em vez de obras audiovisuais. Isto significa que se estabelece um regime comum a todas as composições que permitam a visualização de imagens em movimento, quer contenham quer não obras literárias ou artísticas. [...] o copyright anglo-americano encaminha-se decididamente neste sentido, porque se baseia fundamentalmente no valor económico da reprodução."
Coincidimos na avaliação do enquadramento. No entanto, retiramos outras conclusões do exame do regime aplicável às situações jusautorais pertinentes à criação/produção destas obras.

68 Veja-se, adiante, no nº 86.4, o que fica dito sobre a autoria das obras audiovisuais.

69 Copinger/Skone James, "(On) Copyright ...", vol. I, 14ª ed. cit., nº 4-02, p. 182.

inequívoco que a lei expressamente os qualifica como obras intelectuais e os faz objecto de exclusivo de aproveitamento económico, segundo faculdades (que pelo menos se assimilam às) compreendidas no direito patrimonial de autor.

Por outro lado, a situação jurídica originária de direito de autor não se constitui necessariamente na esfera jurídica de um "criador" (referindo esta expressão a uma pessoa humana, dotada de intelecto). O direito de autor constitui-se na esfera da *pessoa jurídica* do autor (pessoa física ou colectiva) a quem se imputem originariamente faculdades de aproveitamento económico da obra. Esta formulação anuncia um princípio de coincidência subjectiva entre autoria e titularidade originária do direito de autor: entendida assim, autoria é o mesmo que titularidade do direito de autor.

Por último, a ideia de autoria necessariamente humana é questionada pelo acolhimento sob o direito de autor de obras imputáveis a empresas, bem como pelo que certos ordenamentos jurídicos supõem ser "obras geradas por computador". Esta última ideia está, contudo, mal formulada.

Afirmar que a autoria de uma obra é imputável a uma empresa – e não apenas que a esta é atribuída uma titularidade originária do direito de autor – significa simplesmente que aceitar uma autoria não-humana é menos improvável do que conceber uma obra intelectual sem autor.

Confirma, por outro lado, que os contornos da personalidade jurídica não se esgotam em centros de imputação de índole naturalista[70].

Se toda a criação de obra intelectual é humana, já nem toda a autoria o é.

À ideia de "obras não intelectuais" (criadas sem qualquer intervenção humana), contrapomos o assomar de um conceito de "individualidade expressiva" revelada no objecto do direito de autor, que é, ainda assim, uma obra intelectual na acepção que damos ao conceito. E podemos encontrar esta individualidade expressiva em produtos de sistemas de inteligência artificial.

A obra intelectual é humana, mas não reflecte necessariamente qualquer "espírito criador". Valoriza-se a expressão formal criativa em detrimento da "personalidade literária ou artística" do criador.

[70] Numa realidade dita de cariz "empresarial", não é, de forma alguma, desprezível o elemento humano, ainda que humano-plural ou orgânico. Factores humano-plural e orgânico que, como se expõe adiante, estão omnipresentes na formação das chamadas obras colectivas, por exemplo.

Capítulo III
A criação plural (em colaboração ou colectiva)

Secção I
A obra em colaboração

13. Obra em colaboração, obra colectiva e conexão (ou coligação) de obras – noções

I. A lei de autor portuguesa (art. 16º/1 CDADC) faz assentar a caracterização das obras colectivas e das obras em colaboração num tronco comum – a criação por uma pluralidade de sujeitos –, para depois as distinguir: as obras em colaboração por serem divulgadas ou publicadas em nome dos colaboradores ou de alguns deles; as obras colectivas por serem divulgadas ou publicadas em nome de uma entidade singular ou colectiva por cuja iniciativa são organizadas.

A obra colectiva – que tem como exemplo paradigmático os jornais ou outras publicações periódicas, que a lei (art. 19º/3 CDADC) presume obras colectivas – é obra de autoria singular, de pessoa física ou colectiva. Apesar de compreender a criação de uma pluralidade de sujeitos que para ela carreiam os seus contributos criativos individuais, é criada por iniciativa e sob coordenação de *uma* pessoa singular ou colectiva. É verdadeiramente da autoria singular de uma empresa, de que pode ser titular uma pessoa singular ou colectiva[71].

[71] Se atendermos à "verdade material" do processo criativo de um número crescente de obras de empresa (ditas colectivas), somos forçados a admitir que é não só impraticável como injusto atribuir a sua criação a uma pessoa física ou conjunto de pessoas físicas individualizáveis que para elas trazem os seus contributos criativos. Na verdade, a quem, individualizável, numa empresa de publicidade pertence a mensagem publicitária: aos chamados "criativos" que concebem a ideia da peça, às equipas que as transformam em sucessivos aperfeiçoamentos, aos directores dos vários

Já o mais característico das obras em colaboração é a iniciativa e organização criativa conjunta por uma pluralidade de sujeitos, com cooperação (ou concertação) criativa. Nisto, se distinguem das obras colectivas, em que sobressai a coordenação/direcção criativa sob égide e com enquadramento empresariais[72].

II. Apesar de tradicionalmente tratadas em contraponto à coligação ou conexão de obras[73], as chamadas obras em (ou de) colaboração não comungam da estrutura genética das obras coligadas. Quando duas ou mais pessoas se concertam para criar uma obra, *colaboram* na produção do resultado final único: a concertação criativa para um resultado unitário é elemento essencial das *obras em colaboração*. Nas situações de *coligação*, há duas ou mais obras criadas com independência, há uma "conexão" para uma utilização conjunta (como é o caso quando se compõe uma canção com música sobre um poema antigo, em que de todo em todo falta, obviamente, a concertação criativa à qual é indispensável a contemporaneidade).

As obras em conexão (coligadas) mantêm a autonomia quanto à sua utilização fora do âmbito de cada coligação específica e para fim diverso do que foi estabelecido pelo acto que "coligou" as obras.[74] Se Alain Oulman juntar uma música sua a um poema de Camões para compor um fado, não se diz que

departamentos que as apreciam e aprovam com alterações, aos administradores que viabilizam a sua produção depois de, também eles, por vezes as alterarem? Ou, num jornal, para além dos contributos criativos individuais – que, como veremos, merecem tutela autónoma pelo direito de autor –, a quem atribuir a peça final: aos vários jornalistas, aos chefes de redacção, ao director ("editor")? Ou que dizer de obras de elevado componente técnico, como os programas de computador hoje emergentes de grandes empresas, em que se combinam para a sua criação, até ao resultado final, uma miríade de programadores, técnicos, directores, todos com intervenção na obra final?

[72] Um álbum de banda desenhada, em que o autor do texto e o autor dos desenhos são distintos, implica obviamente concertação na criação, interacção entre os vários colaboradores, articulação dos seus contributos criativos para a obra final. Aqui, ao contrário das obras colectivas em que também existe uma criação por uma pluralidade de sujeitos, a obra não é criada sob coordenação, organização e égide de uma entidade estranha aos colaboradores, que designamos empresa: um álbum de Astérix – obra em colaboração – é criado por René Goscinny e Albert Uderzo e divulgado em nome destes; certos programas de computador (obras colectivas) são concebidos sob organização criativa e divulgados em nome, por exemplo, da Microsoft: são material e formalmente obras de empresa.

[73] Por todos, veja-se Oliveira Ascensão, "Direito de Autor e Direitos Conexos", cit., nº 81, pp. 127 ss., que, todavia, logo as distingue. Segundo este Autor (ob. e loc. citt., nº 81-II), na conexão de obras prevalecem as participações individuais, nas obras em colaboração, prevalece um plano de conjunto.

[74] Como se expõe adiante (cfr. nº 59.1), a coligação ou conexão de obras para uma utilização específica constitui uma nova situação jurídica de direito de autor.

"colabora" com Camões, mas que coliga duas obras de criação independente para uma utilização conjunta determinada.

A obra em colaboração é una, não um somatório de obras individuais agregadas, prevendo-se também o exercício em comunhão de direitos sobre este novo bem jurídico indiviso (art. 17º/2 CDADC)[75]. Tal não exclui, como se verá, a titularidade e exercício singular de direitos sobre as contribuições individuais que naquela sejam discrimináveis, limitado, como defendemos, pelo "não prejuízo da exploração da obra em colaboração como todo unitário".[76]

14. Origem não negocial da situação jusautoral pertinente às obras em colaboração

I. A situação jusautoral relativa às obras em colaboração não tem origem negocial, mas material. É a co-autoria (em sentido próprio) que justifica que se estabeleçam alguns dos princípios que norteiam o regime de exploração das obras em colaboração, nomeadamente a indissolubilidade da comunhão originária.

Assim e muito embora possa perfeitamente configurar-se um acordo anterior à criação que determine a co-titularidade originária de obras criadas por diferentes autores, não se verificará verdadeira co-autoria se faltar a concertação material de acções criadoras de que resulte obra una[77].

[75] A lei de autor portuguesa não estabelece, como por exemplo a alemã (cfr. § 8(1) UrhG alemã), a "inseparabilidade da exploração dos contributos individuais na obra em colaboração" ou, como a lei italiana (cfr. art. 10 § 1 da L.aut.ital.), o carácter "inseparável e indistinguível" dessas contribuições individuais. A admissibilidade "do exercício individual de direitos nos contributos individuais discrimináveis", nos termos do art. 18º/2 CDADC, não implica, porém, que o exercício de direitos na obra em colaboração deixe de ser necessariamente conjunto segundo as regras da comunhão, nos termos que explicaremos.

[76] Não assim, por exemplo, no direito alemão, vista a disposição do § 8(1) UrhG alemã, nos termos da qual é vedada a utilização patrimonial independente dos contributos criativos individuais incorporados na obra "de criação comum" (em colaboração). Este é, aliás, o critério de distinção fundamental entre obra em colaboração e obra-colectânea usado por LOEWENHEIM, "Urheberrecht – Kommentar", coordenado por SCHRICKER, 2ª ed. cit., em anotação B. I-4.(17) ao § 4, p. 153, que explica que nestas, devido à criação de uma nova obra independente dos contributos individuais separados nela incorporados, se configura situação que admite a exploração económica separada daquela e destes.
Confrontada disposição de sentido oposto no direito português (cfr. art. 18º/2 CDADC), esta não pode ser adoptada como característica distintiva dos dois géneros de obras, nem parece ser essencial para a construção do conceito.

[77] Neste sentido, também em COPINGER/SKONE JAMES, "(On) Cpopyright", cit., nº 4-39, p. 201. Ali se afirma perante a caracterização contida na noção legal britânica (sec. 10(1) UK CDPA): "Determinar se uma obra é uma obra de autoria conjunta é uma questão de facto não convencional".

II. A obra em colaboração distingue-se, quer da conexão de obras quer da obra colectiva, pelo facto de ser a única em que a iniciativa, empreendimento//planeamento e organização é verdadeiramente "de uma pluralidade de sujeitos"; a única das três em que pode com propriedade falar-se de uma criação plural, de uma verdadeira concertação criativa[78]. Na obra colectiva, uma entidade estranha aos criadores dos contributos individuais (que designamos *empresa*) organiza e patrocina as contribuições individuais, como num jornal ou numa enciclopédia, em certos programas de computador ou numa obra publicitária. Na coligação de obras, juntam-se obras de criação independente para uma utilização conjunta, como num poema musicado ou num roteiro de viagens moderno ilustrado com gravuras antigas[79]. Na obra em colaboração, há concertação e contemporaneidade das acções criadoras dos co-autores.

15. A co-autoria de obras intelectuais e o regime de exercício de direitos nas obras em colaboração

I. A lei civil portuguesa prevê o exercício conjunto de direitos pelos comunheiros (art. 1405º/1 C. Civil). Na falta de acordo, pode qualquer dos co-titulares usar da coisa comum, "contanto que a não empregue para fim diferente daquele a que se destina e não prive os outros consortes do uso a que igualmente têm direito" – art. 1406º/1 C. Civil. Pires de Lima/Antunes Varela esclarecem que, no que respeita a fruição da coisa comum, "está consagrada a regra da proporcionalidade (em relação à quota de cada comproprietário), nos termos do art. 1405º/1 C. Civil"[80]. A administração está sujeita às regras que regulam

[78] Divergimos, nestes termos, do sentido de Acórdão do Supremo Tribunal de Justiça, de 17-6-1998, in Col.Jur., t. II-S.T.J. (1998), pp. 112 ss. (*maxime* p. 113), de que é Relator Costa Marques: "Este preceito (o art. 16º CDADC) define, pois, a obra em colaboração; contrapondo-a à obra colectiva, ambas integrando o mesmo género, a obra de criação de uma pluralidade de pessoas." Pelas razões adiante expostas, reiteramos que a obra colectiva não é obra de criação plural.

[79] Em síntese, que consideramos feliz mesmo em confronto do ordenamento jurídico de Portugal, Nordemann explicita: " A característica de uma co-autoria foi, desde sempre, o trabalho conjunto numa única obra. Quando não for este o caso, pode falar-se de uma obra coligada ou de adaptação." (Nordemann, em anotação (1), p. 110, ao § 8 UrhG alemã, in "Urheberrecht – Kommentar..." (Fromm/Nordemann), coordenado por W. Nordemann, 9ª ed. cit.). E continua (ob. cit., p. 111, em anotação (2) ao mesmo § 8 UrhG alemã): " Uma obra é criada em conjunto quando vários autores colaboram com o objectivo da sua criação e cada um dá o seu contributo criativo que depois se manifesta na obra."

[80] Pires de Lima/Antunes Varela (com M. Henrique Mesquita), "Código Civil Anotado" – vol. III, cit., em anotação 2. ao art. 1406º, p. 356, estabelecem a distinção entre uso, como " utilização directa da coisa ou como aproveitamento imediato das aptidões naturais dela" e fruição de coisas, que tem subjacente a ideia de " utilização da coisa como instrumento de produção (frutos, proventos, *etc.*)".

as sociedades civis (arts. 1407º e 985º C. Civil), nos termos das quais todos os contitulares têm igual poder para administrar, no que é encarado como limitação recíproca do direito (de propriedade) de cada um sobre a coisa comum[81].

II. Não é este o lugar para tomar posição sobre o debate travado na doutrina sobre a questão geral da natureza do direito dos comproprietários[82]. Sempre se acrescentará que, no que à co-titularidade do direito de autor na obra em colaboração respeita, impressiona favoravelmente a observação de MENEZES CORDEIRO, que acrescenta que a concepção unitária ou monista implicaria que se concebesse que "a pluralidade de sujeitos [titulares do referido 'direito único sobre a coisa comum'] constituísse uma pessoa jurídica em si"[83].

Ora, considerados os poderes que integram a esfera jurídica dos colaboradores, parece claro que a concepção que melhor se coaduna à posição jurídica destes é a que os vê como titulares de direitos que coexistem com o mesmo objecto (a obra em colaboração no seu todo). Estes direitos são legalmente "presumidos de igual valor" – nos termos expressos do art. 17º/2 CDADC – e limitam-se entre si. O direito de autor cabe ao conjunto dos colaboradores, co-titulares em regime de comunhão sobre bem jusautoral único e distinto dos contributos que o integram – art. 17º/1 CDADC e arts. 1404º e 1405º/1 C. Civil.

III. A titularidade do direito de autor na obra em colaboração na sua unidade pertence originariamente ao conjunto de todos os colaboradores. O título constitutivo da comunhão de direitos é o acto material da própria criação exteriorizada. Assim, na obra em colaboração:

a) são co-titulares do direito de autor todos os que a criem em concertação de iniciativa e de acção;
b) presumir-se-ão co-autores todos aqueles em nome de quem a obra seja divulgada – nos termos gerais do art. 27º/1 e /2 CDADC.

A contitularidade originária do direito de autor nas obras em colaboração obedece a princípios e regras específicas. Examinemo-los.

[81] Veja-se PIRES DE LIMA/ANTUNES VARELA (com M. HENRIQUE MESQUITA), "Código Civil Anotado" - vol. III, cit., em anotação 2. ao art. 1407º, p. 361.

[82] OLIVEIRA ASCENSÃO, "Direito Civil – Reais", cit., nº 128-IV e MENEZES CORDEIRO, "Direitos Reais" - vol. I, nº 202-V, sustentam (na linha de SCIALOJA, "Teoria della Proprietà nel Diritto Romano", Roma, 1928/1931, *apud* Menezes Cordeiro e Oliveira Ascensão, ob. citt., *ibidem*) que na comunhão coexistem vários direitos de propriedade que, com o mesmo objecto (a coisa comum), se limitam entre si no seu exercício. PIRES DE LIMA/ANTUNES VARELA (com M. HENRIQUE MESQUITA), ob. cit., em anotações 3. e 4. ao art. 1403º, entendem a compropriedade como um único direito, com vários titulares, sobre a coisa comum.

[83] MENEZES CORDEIRO, "Direitos Reais" - vol. I, cit., nº 202-III, com intercalado nosso.

16. A contitularidade originária do direito de autor nas obras em colaboração. Comunhão de direitos de autor e comunhão de direitos reais

I. A co-autoria (imputação da paternidade da obra aos colaboradores) não pode aqui confundir-se com a titularidade do direito de autor que lhes pertence originariamente em comunhão.

A comunhão originária de direitos na obra em colaboração, que justifica que o direito de autor se constitua em contitularidade na pessoa dos co-autores, implica também que este permaneça indiviso em comunhão (ou que seja transferido também em comunhão para terceiros). Nestes termos, a atribuição do direito de autor (ou de faculdades neste compreendidas) a terceiros (não co-autores) deverá compreender a transferência da globalidade dos direitos na comunhão por acto conjunto dos colaboradores.

II. Aqui se marca uma diferença relevante em relação à comunhão de direitos reais, em que é admitida a disposição por cada comunheiro da sua quota, com direito de preferência dos restantes consortes – cfr. arts. 1408º e 1409º C. Civil. A inalienabilidade da quota na comunhão por cada um dos colaboradores resulta do carácter pessoal que a concertação criativa incute a esta particular forma de comunhão. Esta característica não impede, como veremos, que a deliberação sobre o exercício do direito de autor seja tomada por maioria.[84]

16.1. Renúncia ao direito na comunhão por um ou mais co-autores

A contitularidade originária do direito de autor nas obras em colaboração também não obsta à renúncia ao direito por um ou vários colaboradores. Neste caso, o direito dos restantes contitulares tenderá a expandir-se para ocupar a posição jurídica daquele.

Esta renúncia não implica divisão da coisa comum – que não se vê que seja admissível –, mas a manifestação da regra mais geral de disponibilidade do direito patrimonial de autor, sem quebra dos princípios que determinam a intangibilidade da contitularidade originária.

[84] Distingue-se assim da "comunhão de mão comum" germânica, a "Gesamthandsgemeinschaft" a que refere NORDEMANN, em anotações (15-17), p. 116, ao § 8 UrhG alemã, in "Urheberrecht – Kommentar..." (FROMM/NORDEMANN), coordenado por W. NORDEMANN, 9ª ed. cit., que, além de declarar inadmissível a disposição do co-autor sobre a sua quota perante a regra geral de intransmissibilidade em vida do direito de autor no ordenamento jurídico alemão (§ 29 UrhG alemã), também faz depender de decisão unânime dos co-autores qualquer acto de utilização, publicação ou modificação, salvo se contrária à boa fé.
Veremos que este entendimento não vale para o regime de comunhão por quotas que apontamos consagrado na ordem jurídica portuguesa, que consente a exploração da obra por iniciativa de qualquer dos comuneiros sujeita a deliberação maioritária, nos termos que expomos adiante.

Tudo se passa sem que a comunhão fique afectada, uma vez que o conteúdo do direito de autor acresce na esfera jurídica dos restantes colaboradores cujo direito se expande. Tal facto parece estar já implícito no comando que determina (cfr. art. 32º/1 CDADC), em caso de morte de um dos colaboradores, a expansão do direito à esfera jurídica dos restantes, em vez de caducar[85].

17. Exercício conjunto de faculdades de utilização da obra em colaboração pelos contitulares originários do direito de autor – as "regras da compropriedade" e os "limites segundo a boa fé"

Para que se perceba toda a implicação da contitularidade originária do direito de autor nas obras em colaboração, deve ainda analisar-se o regime do *exercício* de direitos pelos co-autores.

Em aparente contradição, enquanto a já citada disposição do art. 17º/1 CDADC prevê o exercício destes direitos em regime de co-titularidade segundo as regras da compropriedade (arts. 1403º ss. – *maxime* art. 1404º – do C. Civil), o art. 18º/1 daquele Código remete a resolução de litígios entre os colaboradores – também quanto ao exercício de direitos na obra no seu todo – para as regras da boa fé. Tentemos interpretá-lo.

17.1. Regime da exploração económica da obra em colaboração

I. A exploração da obra em colaboração no seu conjunto segue, com adaptações, o regime geral de administração da coisa comum na indivisão:

1) Os poderes de exploração da obra em colaboração na sua unidade cabem originariamente a todos os co-autores – art. 17º/1 CDADC e arts. 1407º/1 e 985º/1 C. Civil.

2) Cada utilização patrimonial da obra em colaboração, segundo uma das modalidades previstas na lei, está subordinada à manifestação de vontade da maioria dos colaboradores comunheiros – nos termos gerais, previstos nos arts. 1407º/1 e 985º/3 do C. Civil, *ex vi* art. 17º/1 CDADC, que regulam a administração do bem indiviso. Este requisito não exclui que seja admitido que qualquer dos contitulares exerça individualmente poderes jusautorais, como os de "divulgação, publicação, exploração ou de modificação da obra"[86] – art. 18º/1 CDADC.

[85] Segundo a opinião de OLIVEIRA ASCENSÃO ("Direito Civil – Direito de Autor e Direitos Conexos", cit., em nota (1) ao nº 82-I, p. 129), tal está também subentendido na norma do art. 17º/3 CDADC, que regula a "divulgação da obra apenas em nome de alguns dos colaboradores".

[86] O art. 18º/1 CDADC enumera em conjunto uma mistura de conceitos tão díspares no seu significado como os de "divulgação e publicação". Refere ainda a "exploração", noção em que poderiam fundir-se todas as faculdades de utilização patrimonial, *v.g.* de fixação, reprodução, de comu-

3) Quando a deliberação maioritária sobre uma utilização (ou não utilização) em concreto da obra suscite divergência, a decisão (ou a falta desta que bloqueie a exploração da obra) será judicialmente apreciada (ou suprida) segundo as regras da boa fé (art. 18º/1, *in fine*, CDADC). Esta regra também se aplica quando seja impossível a formação dessa maioria, por exemplo na hipótese de serem contrárias as vontades manifestadas por colaboradores que detenham quotas de igual valor na comunhão.
A composição judicial de litígio sobre uma utilização em concreto da obra (por exemplo editá-la ou não editá-la) pode ser suscitada por qualquer dos colaboradores que possa exercer individualmente as faculdades de utilização acima indicadas (nos termos dos arts. 1407º/1 e 985º/2 CDADC).
A composição judicial de vontades divergentes segundo as regras da boa fé poderá até conduzir a superar uma maioria deliberativa que bloqueie a exploração económica da obra em colaboração, segundo modalidade pretendida por um ou mais colaboradores. Assim, por exemplo, um bloqueio de algum ou alguns dos colaboradores à exploração da obra que todos tenham decidido aquando da sua divulgação pode ser superado pela composição do litígio segundo as regras da boa fé.[87]

4) A composição do litígio segundo as regras da boa fé poderá determinar, até, que a deliberação maioritária seja contrariada – ou suprida a

nicação ao público ou de distribuição/pôr em circulação. Por outro lado, alude à "modificação" (a que atribuímos expressamente natureza pessoal – cfr., *infra*, nº 46.2), omitindo designadamente a menção à faculdade de transformação – essa, sim, de índole patrimonial.
Julgamos que o referido preceito legal (art. 18º/1 CDADC) pretende, desastradamente, indicar o conjunto de faculdades de aproveitamento económico da obra, a que acrescenta expressamente a de "modificar a obra" querendo significar a transformação desta, uma vez que não se vê que, na comunhão, os direitos pessoais de autor possam estar sujeitos a outras condições de exercício que não as que impliquem a intervenção conjunta de todos os titulares (por maioria de razão em relação a certos direitos dos comuneiros, como o de alienação de parte especificada da coisa comum, que P. Lima/A. Varela, com M. Henrique Mesquita, "Código Civil Anotado" – vol. III, cit., em anotação 2. ao art. 1405º, consideram obedecer a este pressuposto).

[87] Julgamos que, neste aspecto, a razão assiste a José Alberto Vieira, "Estrutura do direito de autor...", cit., nº 26, p. 90, quando afirma: " A obra de colaboração [...] põe problemas de conciliação das vontades dos colaboradores. Pode acontecer ser vontade de algum ou alguns publicar ou divulgar a obra conta a vontade de outro, ou outros. [...]. A lei prevê o conflito e dimana uma regra para dirimi-lo [segundo a boa fé]". E continua (*ibidem*, p. 91): " Ao juiz caberá decidir [...]. Por outro lado, sensibilidades bacocas não deverão emperrar a divulgação da obra em detrimento dos outros co-autores e do interesse público". Não vemos que não deva aplicar-se este raciocínio aos direitos pessoais, e não nos apercebemos da necessidade da invocação de eventual lesão do "interesse público" neste domínio.

sua falta –, se se demonstrar que é arbitrária ou não conforme ao fim da criação.

II. Deve entender-se que a lei de autor portuguesa estabelece o recurso à boa fé (art. 18º/1 CDADC) como critério geral para solução de litígios quanto à administração/exploração da obra em colaboração. Este critério será operativo quer quando esteja impossibilitada a formação da maioria legal necessária à deliberação sobre um acto concreto de exploração da obra suscitada por qualquer dos colaboradores com poderes de administração, quer quando a vontade da maioria legal contrarie os critérios que norteiam a normal exploração da obra.

Não se derroga com esta formulação – aliás com correspondência na disposição citada do art. 18º/1 CDADC – a regra da deliberação maioritária para actos de administração da obra comum, a qual operará em condições normais. Simplesmente, previne-se a formação de uma vontade maioritária (ou supre-se a ausência da manifestação dessa vontade) que um ou mais colaboradores considerem, e o tribunal decida, que contraria a boa fé. Neste caso, o tribunal deverá decidir em substituição da vontade maioritária formada (ou suprir o bloqueio à formação dessa vontade), determinando uma exploração conforme à boa fé, *i.e.*, a utilização da obra que se mostre mais aproximada da finalidade que lhe foi destinada aquando da sua publicação.

Este é, por exemplo, o caso se uma obra de "banda desenhada" for criada em colaboração para edição em álbum, estando esta utilização eventualmente até já contratada com terceiro antes da sua criação, e se verificar que o autor dos desenhos se opõe injustificadamente à vontade do seu colaborador que pretende autorizar uma tiragem alargada. Esta oposição, que impede a formação da maioria necessária para administração da coisa comum requerida na compropriedade (as quotas dos co-autores são iguais), representa uma actuação contra a boa fé, se não for justificada por motivos objectivamente apreciáveis, devendo a sentença judicial que dirima a divergência suprir a declaração de vontade do co-autor que nega o consentimento na exploração.[88]

[88] A aplicação das regras da boa fé para dirimir divergências quanto à exploração da obra em colaboração não é, de modo nenhum, incontroversa. Como já fizemos notar, deparamos com a aparente contradição, respectivamente, entre as disposições dos arts. 17º/1 e 18º/1 CDADC. A primeira, ao remeter para as regras da compropriedade, faz apelo à aplicação das regras que determinam a "deliberação por maioria em caso de divergência quanto à administração da coisa comum" – *ex vi* arts. 1407º/1 e 985º C. Civil; regime que parece afastar o recurso às regras da boa fé para solução do conflito dos direitos de igual conteúdo dos colaboradores comuneiros, como determina o art. 18º/1 CDADC.
Oliveira Ascensão, "Direito Civil – Direito de Autor e Direitos Conexos", cit., nº 84-I/II, pp. 132 ss., opta por considerar equívocos os termos da previsão legal do disposto no citado art. 18º/1

18. Indivisibilidade da comunhão – o princípio da unidade de exploração das obras em colaboração

I. A propósito da norma do art. 1404º C. Civil, que determina a aplicação das regras da compropriedade à comunhão de quaisquer outros direitos, acrescentam P. LIMA/A. VARELA que "entre os casos de comunhão assumem especial relevo a contitularidade de direitos reais, a chamada comunhão de mão comum (Gemeinschaft zur gesamten Hand) ou propriedade colectiva [...]. No primeiro grupo, [...] figura a compropriedade intelectual (direitos de co-autoria e direito de compropriedade industrial)"[89]. Entre os "efeitos práticos" deste regime subsidiário, aqueles Autores salientam a aplicação do regime instituído para a compropriedade quanto: "ao direito de preferência (arts. 1409º e 1410º C. Civil); ao direito de não permanecer na indivisão (art. 1412º); com as necessárias adaptações, no tocante aos poderes de uso e de administração dos co-titulares da coisa comum; à medida do direito de cada contitular de determinada relação jurídica"[90].

II. Não é clara a adequação de outros aspectos do regime da compropriedade à comunhão de direitos nestas obras.

A obra em colaboração "na sua unidade" é um todo (ideal) não fraccionável em substância. Por conseguinte, a comunhão originária de direitos nestas obras é (por sua natureza) indivisível, visto o princípio de unidade de exploração económica tendo em vista o fim da criação[91].

CIAN/A. TRABUCCHI[92] sustentam a indivisibilidade da comunhão de direitos "[...] quando se trate de coisas que, se divididas, deixariam de servir ao uso a que são destinadas". Também salientam a ligação entre a "indivisibi-

CDADC e afirma que a contradição entre este preceito e o do art. 17º/1 se resolve pela aplicação do regime daquele apenas à conexão de obras. Além da não conformidade literal entre esta interpretação e o texto da previsão legal, parece-nos mais provável que ambos se apliquem, sem incoerência, à exploração da obra em colaboração no seu conjunto.

89 PIRES DE LIMA/ANTUNES VARELA (com M. HENRIQUE MESQUITA), "Código Civil Anotado" – vol. III, cit., em anotação 2. ao art. 1404º, com intercalado nosso.

90 PIRES DE LIMA/ANTUNES VARELA (com M. HENRIQUE MESQUITA), "Código Civil Anotado" – vol. III, cit., em anotação 3. ao art. 1404º.

91 LACRUZ BERDEJO, "Elementos de Derecho Civil – III, 1º – Derechos Reales" cit., nº 178, sustenta que: " [...] não parece aplicável à comunhão intelectual originária a regra de dissolubilidade da comunhão ordinária a pedido de um comuneiro, estando esta última pensada para os direitos sobre as coisas, desprovidos de carácter pessoal. Esta regra já é aplicável, sem dúvida, à compropriedade de direitos pecuniários entre pessoas distintas dos autores". Neste último sentido se pronuncia também CARLOS ROGEL VIDE, "Autores, coautores y propiedad intelectual", cit., nº 5.-3. (contra a opinião de LÓPEZ QUIROGA, ali citado por Rogel Vide).

92 "Commentario breve al Codice Civile", cit., em anotação 1, p. 957, ao art. 1112 do C.Civ.ital.

lidade natural" (das coisas objecto de comunhão) e "a cessação do uso a que eram destinadas". Não temos dúvidas em aplicar esta ideia a todas as obras em colaboração, em que uma eventual divisão, ainda que sejam discrimináveis os contributos individuais, torna insusceptível de aproveitamento económico o conjunto, a obra no seu todo unitário, que ficaria insusceptível de um aproveitamento económico conforme ao fim da sua criação em concertação de esforços e vontades. Na verdade, que sentido faria a exploração em separado de desenhos, por um lado e do texto, por outro, por exemplo num álbum de banda desenhada?[93].

Pensamos ser manifesto que a "divisão" económica ou formal da obra em colaboração a inutiliza como bem imaterial, susceptível de utilização patrimonial autónoma.

Constituídos originariamente em titularidade plural conjunta, os direitos na obra em colaboração assim devem permanecer. Só assim não será se o direito de um dos colaboradores na comunhão se extinguir (por renúncia, cedência aos restantes colaboradores ou dissolução da comunhão), acrescendo, então, aos dos restantes co-autores.

[93] Pires de Lima/Antunes Varela (com M. Henrique Mesquita), "Código Civil Anotado" – vol. III, cit., em anotação 4. ao art. 1412º, p. 387, sublinham com razão que a divisão de coisa comum não visa necessariamente a sua "divisão em substância", mas pode ser entendida como " [...] um direito de dissolução da compropriedade (dissolução da comunhão é precisamente a expressão usada na epígrafe do art. 1111º do Cód. Civil italiano), que normalmente se opera mediante a divisão em substância da coisa, mas que também pode realizar-se através da partilha do seu valor (ou preço)" – intercalado nosso.

Secção II
A obra colectiva

19. Noção de obra colectiva

I. A denominação "obra colectiva" é adoptada pelo CDADC (art. 16º/1-b)), que a caracteriza como a que, em resultado da criação de uma pluralidade de pessoas, "é organizada por iniciativa de uma entidade singular ou colectiva e divulgada ou publicada em seu nome".

II. A existência de uma pluralidade de acções criativas aglutinadas em obra única é uma exigência do género obra colectiva. Aparentemente, nada obstaria a que a simples colectânea de várias obras de um mesmo autor por uma entidade terceira, que as organizasse segundo um critério determinado (desde que criativo), constituísse obra colectiva.

No entanto, para que se fale de obra colectiva, deve existir uma estrutura autónoma dos criadores dos contributos individuais que organize a acção destes e a quem a lei atribua direitos próprios sobre o conjunto criado.

Por outro lado, a reunião, ainda que criativa, de uma variedade de obras de um único criador, entregue a uma estrutura empresarial que a empreenda e divulgue (como uma editora), não implica a presença de uma obra dita colectiva. Para que exista obra colectiva, é necessário que uma pluralidade de sujeitos contribua criativamente para um resultado único criativo. A obra colectiva implica pluralidade na acção criativa para um fim comum (colectivo); sem esta, poderá compor-se uma colectânea que mereça a tutela do direito de autor, mas não pode conceber-se a criação complexa.

Analise-se, então, o regime para verificar se pode daí extrair-se conclusão sobre o género "obra colectiva".

20. Estrutura e natureza da situação jusautoral nas obras colectivas – elementos característicos essenciais

I. Podem identificar-se os elementos que estruturam a situação jurídica que enquadra a obra colectiva. Assim,

A) A obra colectiva é, por natureza e estatuto legal constante, um bem jusautoral autónomo, independente das contribuições criativas individuais que a incorporem/integrem, *i.e.*, as obras que naquela sejam utilizadas, quer preexistentes quer criadas logo para essa utilização na obra colectiva. Na génese da obra colectiva, devem estar presentes dois elementos: uma acção criativa dos colaboradores individuais dirigida a um fim criativo comum, e uma organização desses contributos autónoma destes, de que resulte uma nova realidade, que, no seu todo, tenha expressão formal criativa autónoma.

B) A obra colectiva não nasce da iniciativa, ainda que concertada, dos sujeitos cujas contribuições criativas a incorporam[94]. A obra colectiva considerada no seu todo (colectivo) não é, assim, uma obra de criação plural, mas uma criação singular que constitui uma situação jurídica complexa, em que se combinam as posições jurídicas dos autores dos contributos individuais e a da empresa titular originária do direito de autor na obra colectiva como um todo. Os colaboradores individuais não partilham a titularidade do direito de autor na obra colectiva no seu todo.

C) A divulgação ou publicação da obra colectiva "em nome" de uma dada entidade não marca por si só a distinção deste género. Constitui uma imputação legal de autoria, aliás não inovadora face a outras disposições que o estatuem com carácter geral (como a do art. 27º/2 CDADC).

D) A actividade criativa dos colaboradores individuais, que criem expressamente os seus contributos para a incorporação/utilização na obra colectiva, é vinculada e dirigida a um fim unitário próprio específico do empreendedor.

[94] Tal não obsta a que, na obra colectiva, possam combinar-se várias situações jurídicas com relevância para o Direito de Autor:
a) da empresa, titular do direito de autor na obra colectiva como um todo;
b) dos directores/coordenadores dessa obra a quem seja imputada uma acção criadora, ainda que sejam membros de órgãos da pessoa titular da empresa;
c) dos autores de contributos individuais, titulares de direito de autor relativos às suas criações incorporadas, que não comungam de quaisquer direitos na obra colectiva como bem jusautoral autónomo;
d) a que envolve estes criadores de contributos incorporados e o(s) titular(es) da empresa, que contrata aqueles para contribuírem criativamente para a obra colectiva;
e) eventualmente, também entre os próprios autores desses contributos, quando estes contributos sejam criados em colaboração.

E) Os direitos dos colaboradores individuais de obras utilizadas na obra colectiva subordinam-se à exigência do respeito por uma utilização conforme ao fim da incorporação (cfr., *infra*, nº 22).

F) O conjunto das características apontadas revela um princípio de unidade objectiva de exploração da obra colectiva que a preserva como unidade patrimonial na titularidade da empresa; esta ideia não é invalidada pela admissibilidade da utilização em separado dos contributos individuais distinguíveis pelos respectivos autores. A obra colectiva tem uma destinação patrimonial própria e distinta da dos contributos individuais que a integrem.

G) A obra colectiva é um empreendimento da entidade, distinta dos colaboradores[95], que a projecta e planeia e que dirige e organiza a sua criação. Se houvesse querido conceber-se de outro modo, seria qualificada como obra em colaboração (das pessoas dos diversos colaboradores identificáveis e do seu director); se não fosse de verdadeira autoria que aqui se tratasse, a lei outorgaria ao titular da empresa um direito conexo – como empreendedor da exploração económica jusautoral de obra alheia –, não um direito de autor.

H) No sentido antes referido, a obra colectiva é uma obra de empresa.

II. Em todo o caso e se mais não for dito, afirmar apenas que se está perante "uma obra de empresa" pouco ou nada adianta de conclusivo. Cumpre determinar a admissibilidade dogmática da atribuição originária do direito de autor a pessoas meramente jurídicas.

21. A obra colectiva como "obra (intelectual) de empresa" – síntese dogmática

I. A tutela jusautoral da obra colectiva não representa uma ficção sobre a autoria de obra intelectual. A obra colectiva é de iniciativa, organização e, sobretudo, direcção e enquadramento empresariais.

Como bem jurídico economicamente relevante que é, não pode conceber-se uma obra colectiva sem a direcção e enquadramento de uma estrutura organizada em moldes empresariais.

A associação de tal obra à sobredita organização não é apenas jurídica. A quem pode associar-se, por exemplo, a maior parte dos programas de computador distribuída no mercado: ao engenheiro informático A, B ou C; a um "grupo de criativos" que os conceberam em colaboração; ao director-coorde-

[95] Distinta dos colaboradores, quer individualmente considerados quer em conjunto. Neste sentido, não configura qualquer tipo de comunhão ou de sociedade que tenham por escopo a criação.

nador dessa equipa; ao empresário que dita, aconselhado por departamento de "marketing", as modificações que os adaptem às exigências do mercado em concorrência; ou – verdadeiramente – ao colectivo de todos estes que só a organização-empresa, antes de personificar, corporiza? A verdade é que a criação de obras intelectuais "genuinamente colectivas" não consente a imputação de outra autoria que não precisamente a colectiva, na pessoa de quem decide a sua expressão formal última. E essa pessoa (porventura meramente jurídica) não é, nas circunstâncias assinaladas, alguém a quem possa (sem esforço imenso de imaginação inventiva) ligar-se qualquer ápice de "espiritualidade criativa": tais obras são naturalmente destituídas de outra "espiritualidade" que não seja a da sua expressão criativa reconhecida pela inteligência dos que as desfrutam após a sua exteriorização formal.

A formação da situação de direito de autor nas obras colectivas, na titularidade de uma organização, não é efeito de acto jurídico constitutivo ou translativo do direito de autor originário, é consequência natural do próprio processo criativo que culmina no facto da sua exteriorização segundo expressão formal criativa.

II. Parece também claro que a direcção do empreendimento de que nasce a obra colectiva tem como cadinho natural uma entidade terceira, distinta de cada um (ou do conjunto) dos que para ela contribuem individualmente, criativamente ou não.

O "Herausgeber" alemão (cfr., *infra*, nº 25), o "direttore dell'opera" italiano (cfr., *infra*, nº 24) ou o "editor" (literário) anglo-saxónico (cfr., *infra*, nº 26) poderão personificar a coordenação de que decorre uma tendência para os considerar criadores (factuais) da obra colectiva. A verdade, porém, é que a generalidade dos ordenamentos estrangeiros – mesmo os mais persistentemente naturalistas, como o alemão – logo reconhecem o indispensável enquadramento empresarial da sua intervenção criativa e admitem que este "director" da obra colectiva: ou é simultaneamente titular da empresa e, logo, também o verdadeiro e próprio autor da obra; ou entendem que mantém uma vinculação contratual ao empresário ("Verleger"/"Herr des Unternehmens", "publisher"), e que desta resulta necessariamente a atribuição a este do direito de autor[96].

[96] Aliás, mesmo o direito alemão – que, subordinado ao "Schöpferprinzip" reflectido em interpretação constante da norma do § 7 UrhG alemã, recusa admitir a autoria por entes meramente jurídicos – confrontou o que alguns Autores designam "Gruppenwerk" ["obra em grupo", numa tradução à letra pouco expressiva], obra criada por vários co-autores sob a direcção de um director/coordenador ["Herausgeber", na expressão original].
Sobre estas escreveu Ulmer (já em 1980) – veja-se Eugen Ulmer, "Urheber- und Verlagsrecht", cit., § 34-II, 4, p. 190: "face à importância que hoje em dia, é atribuída ao 'trabalho em equipa'

21.1. A empresa como entidade "criadora" de obras intelectuais

É, como se sabe, vasta e muito fecunda a elaboração doutrinária em torno do conceito de empresa. Importam à construção que formulamos as concepções que configuram a "empresa" como realidade independente, organização autónoma colectiva, corpo de interesses que não se confundem com os dos sujeitos que lhe estão ligados. E congregam-se neste enunciado as designadas acepções subjectiva e objectiva do termo.

Como expõe MENEZES CORDEIRO: "A comercialística de diversos quadrantes aceita hoje que a empresa não é nem pessoa colectiva, nem mero conjunto de elementos materiais. Podemos entendê-la como um conjunto concatenado de meios materiais e humanos, dotados de uma especial organização e de uma direcção, de modo a desenvolver uma actividade segundo regras de racionalidade económica."[97]. A ideia de "organização autónoma, que desenvolve uma acção colectiva e que prossegue objectivos próprios que não se confundem com os dos sujeitos que lhe estão ligados", é válida independentemente da forma jurídica que (a empresa) assuma.[98]

["team-arbeit", na expressão original] em obras científicas, na escrita de manuais escolares, obras cartográficas e outras, foi sugerido para a reforma do Direito de Autor, para além do direito em co-autoria, um direito especial de autor na "Gruppenwerk". [...]. Numa obra, por exemplo num manual escolar, criada sob direcção única por um grande número de colaboradores sem que pudesse distinguir-se os seus contributos, segundo a dimensão, importância ou doutra forma, pretendia atribuir-se ao organizador do grupo uma protecção legal em relação à qual os direitos de autor dos colaboradores eram deixados em segundo plano.
Também NORDEMANN (em 1998) – veja-se NORDEMANN, "Urheberrecht – Kommentar" (FROMM/NORDEMANN), coordenado por WILHELM NORDEMANN, 9ª ed. cit., em anotação 30, p. 121, ao § 8 UrhG alemã – distingue a obra em colaboração da que designa "Gruppenwerk", criada por vários co-autores sob a direcção de um director/coordenador ("Herausgeber") e recorda: "[...] empresas editoriais e livreiros alemães tinham exigido o reconhecimento de um "direito de autor" próprio do coordenador de uma obra, devido à sua prestação especial, que é a organização espiritual e a redacção/revisão global ["der geistigen Organisation und Gesamtredaktion des Werkes", na expressão original], bem como ao aproveitamento comercial dos seus conhecimentos especiais do mercado. Uma tal disposição, no entanto, teria sido incompatível com o princípio do § 7 [da UrhG alemã], segundo o qual, apenas podem ser autores os criadores da obra."

[97] MENEZES CORDEIRO, "Manual de Direito Comercial", vol. I, cit., § 20º, nº 90-I.

[98] Ilustra-o COUTINHO DE ABREU (JORGE COUTINHO DE ABREU), "Da Empresarialidade (As Empresas no Direito)", Cap. III-2.1.1., pp. 199/200: "[...] É da tradição dizer-se que tal personalidade pressupõe a existência de interesses comuns ou colectivos: estes interesses são condição, se não suficiente, pelo menos necessária para a personalização (a pessoa colectiva é um meio simples e eficaz para prover aos interesses colectivos e – acrescenta-se às vezes – permanentes). Todavia: 1) A existência de interesses comuns ou colectivos não é condição necessária para a personalização: as sociedades unipessoais são (normalmente) pessoas colectivas que visam prover a interesses individuais, privativos dos sócios-únicos (pessoas humanas; desconsideremos os casos em

Empresa é, neste sentido, um núcleo organizativo autónomo pelo qual se prossegue uma acção colectiva para um fim unitário e em torno do qual se articulam interesses que, simultaneamente, congregam e transcendem os dos sujeitos que enquadra e que nela colaboram. É este o "enquadramento empresarial" que apontamos às designadas obras colectivas.

II. Em qualquer dos casos, a "anomalia" nesta sede seria persistir em negar a realidade que evidencia que a obra colectiva não é criação de um sujeito isolado nem de um conjunto mais ou menos articulado de sujeitos, mas o resultado de um empreendimento de cariz empresarial[99]. Se repugna atribuir a autoria de uma obra intelectual a uma organização personalizada, então distinga-se criação e autoria e rendamo-nos à evidência de que, pelo menos no caso das obras colectivas, a primeira aparece tão difusa na organização em que se enquadra que ao Direito de Autor só resta reconhecer a autoria da obra colectiva à organização.

Quanto a nós, adoptamos a formulação de Ferrara: "Não existe dificuldade alguma em admitir que uma pessoa jurídica possa criar uma obra intelectual ["opera dell'ingegno", no original]; quando tome a iniciativa, fomente o seu desenvolvimento e dirija a sua execução e publicação [...]. A pessoa jurídica é autor da obra que ordenou, porque o trabalho de execução da mesma, interno e anónimo, é uma prestação material posta ao seu serviço e interesse"[100].

22. O "princípio da unidade de exploração" da obra colectiva – enunciado

I. O *não prejuízo da exploração da obra colectiva no seu conjunto* é limite comum a toda a utilização individual (em separado") de obra discriminável incorporada em obra colectiva, *ex vi* arts. 19º/2 e 18º/2 CDADC.

Esta premissa é válida quer quando se trate de obras individuais criadas especialmente para a incorporação na obra colectiva, quer quando se incor-

que os sócios são pessoas colectivas) – *maxime* interesses relativos à limitação de responsabilidade. 2) Nenhum dos "atributos" referidos é exclusivo das pessoas colectivas."

[99] Neste sentido, também CARLOS A. BITTAR, "Direito de Autor na Obra feita sob Encomenda", cit., nº 30. Com efeito – acrescenta este Autor brasileiro, com razão – "se o terceiro (em geral, uma empresa) tem a iniciativa da obra, dirige a sua realização, oferece os meios materiais para a sua concretização, edita e divulga a obra, com recursos próprios, suportando os riscos da produção, ele – e não os elaboradores – é o criador da obra".

Já não acompanhamos BITTAR, quando, do passo seguinte, parece acrescentar como condição de afirmação do postulado anterior que "se não individualizem as contribuições de cada elaborador".

[100] FRANCESCO FERRARA, "Teoria de las Personas Jurídicas", tradução espanhola, cit., nº 117, pp. 789/790, com intercalado nosso.

porem na obra colectiva obras preexistentes, criadas e utilizadas antes independentemente da incorporação.

Os limites à exploração dos contributos individuais *em separado* (independente da da obra colectiva) são ditados pelo não prejuízo da exploração da obra colectiva como um todo e devem cumprir-se ainda que o direito de autor na obra integrada continue a caber ao seu criador, e não à empresa que organiza a obra colectiva.[101]

II. Assim, pode afirmar-se um princípio de não prejuízo da exploração da obra colectiva no seu todo pelos titulares dos direitos sobre os contributos criativos individuais integrados, nos seguintes termos:

a) salvo convenção em contrário, os criadores dos contributos individuais criados para o fim da incorporação em obra colectiva conservam a titularidade do direito patrimonial de autor quanto a todas as utilizações "em separado", independentes da que autorizam ao consentir na utilização de obra sua em obra colectiva; contudo,
b) essas utilizações não podem nunca realizar-se com prejuízo da exploração da obra colectiva em que inseriram as suas criações.

[101] Encontramos normas de teor semelhante sobre a utilização "em separado" de contribuições criativas individuais (entenda-se "utilização da obra não incorporada na obra colectiva jornalística") na generalidade das leis de autor compulsadas.
Assim, os arts. 39 e 42 § 2 L.aut.ital., que, apesar da consagração expressa do direito de "utilização separada das contribuições individuais na obra colectiva" (cfr. art. 38 § 2), ressalvam, a par do exercício exclusivo do direito de exploração da obra colectiva pelo que a "organiza e dirige" – *ex vi* arts. 38 § 1 e 7 da mesma Lei –, a não utilização separada pelo criador do contributo literário para jornal ou revista "antes de decorrido certo prazo sobre o seu envio para publicação".
Com o mesmo sentido, o § 38(1)/(3) UrhG alemã, que consagra um direito exclusivo da empresa ou do director na utilização das obras individuais como parte "de publicação periódica".
Expressa é também a LPI esp. (art. 52 §1), ao estatuir como limite especial à exploração dos contributos individuais incorporados nas "publicações periódicas": "o não prejuízo da exploração da obra em que se hajam inserido".
Por seu lado, a lei de autor dos EUA estabelece (sec. 201 (c)) que "o "copyright" em cada contribuição discriminável é distinto do direito na obra colectiva como um todo e é originariamente atribuído ao autor dessa contribuição". Não obstante, a 2ª parte da mesma disposição da lei norte-americana também estatui que, na ausência de (outra) "cedência de direitos", o titular de direitos na obra colectiva "se presume haver adquirido apenas o direito de reprodução e distribuição do contributo individual como parte da obra colectiva".

Secção III
A obra colectiva no confronto de ordenamentos jurídicos estrangeiros

23. Direito francês: a elaboração colectiva para um fim comum

I. No direito francês, partindo da noção contida no art. L.113-5 do CPI fran., a característica tónica da obra colectiva parece ser posta, antes de mais, na fusão nesta dos vários contributos individuais, de que resultaria a indivisibilidade dos direitos de cada um dos colaboradores criativos sobre a obra no seu conjunto[102]. Tal conduzirá, na esteira de H. DESBOIS[103], à conclusão imposta pela singularidade do estatuto das obras colectivas, que implica que uma pessoa meramente jurídica possa ver-se investida de direito de autor, não obstante a sua "inaptidão natural" para a criação intelectual.

II. Apoiado em abundante jurisprudência que cita, A. BERTRAND[104] enuncia dois elementos característicos das obras colectivas: a "elaboração colectiva" (no sentido de contribuição combinada de uma pluralidade de sujeitos para um fim comum); e a "iniciativa de uma pessoa física ou moral". Pelo contrário, ainda segundo BERTRAND, não serão obras colectivas: as "obras criadas por um só assalariado"; as "obras que não sejam criadas sob iniciativa de uma pessoa física

[102] Neste sentido, vejam-se em M. VIVANT, "Code...", cit., as anotações III – 8 e 9 ao referido art. L.113-2 do CPI fran.. Deve, porém, esclarecer-se que esta "fusão dos contributos" e o "direito indiviso" mencionados a respeito da obra colectiva significam tão-só que se está perante a combinação de criações individuais para um fim unitário (a própria obra colectiva) que as transcende e que, como criação independente do mero somatório daquelas, "pertence" a uma entidade que é alheia aos ditos colaboradores.

[103] H. DESBOIS, "Le Droit d'Auteur en France", cit., nºs 172 a 174, pp. 184 ss..

[104] ANDRÉ BERTRAND, "Le Droit d'Auteur et les Droits Voisins", cit., nº 7.711, pp. 293 ss..

ou moral, mas apenas graças à acção conjugada dos próprios autores dos contributos individuais"; "as obras simplesmente divulgadas por uma pessoa moral em seu nome"; e "as obras que o autor cria sem qualquer constrangimento director, sem subordinação a qualquer directiva ou controlo de terceiro que reivindica direitos sobre esta".

24. Direito italiano: a obra colectiva como obra de uma organização

I. O direito italiano estabelece – no que a lei (sobretudo os arts. 3, 7/1 e 38 L.aut.ital.), doutrina[105] e jurisprudência[95] desse país denominam "opere collettive" – os elementos do tipo que se identificam como característicos das obras colectivas.[106]

A noção legal, contida na norma do primeiro daqueles preceitos (art. 3 L.aut.ital.), contém uma separação clara dos elementos, a saber:

1) "a "opera collettiva" é constituída pela reunião de obras ou partes de obras..." – aqui se plasma a ideia de pluralidade de contributos individuais;
2) "...que têm o carácter de criações autónomas..." – no que consagra a autonomia dos contributos criativos e marca a distinção em relação às "obras em colaboração;
3) "...e que resultam da escolha e coordenação..." – deixando implícita a exigência da presença de uma acção organizativa e directora por outrem;
4) "...para um determinado fim literário, científico, didáctico, religioso político ou artístico..." – salientando o decisivo conceito de criação funcional para (a realização de) um fim de utilização unitário específico, que transcende o dos autores dos contributos criativos individuais.

25. Direito alemão: as obras-colectânea

I. No ordenamento jurídico alemão, não encontramos uma previsão explícita do tipo obra colectiva, afigurando-se não registar excepções a estatuição do §7 da UrhG alemã, segundo a qual "é considerada autor a pessoa que cria a obra".

Disposições como a do §29(1) da mesma Lei, que vedam a transmissão global do direito de autor, reforçam a ideia de estarmos perante uma rígida

[105] Confrontámos o exposto por: VALERIO DE SANCTIS, "Contratto di Edizione ..."; TULIO ASCARELLI, "Teoria della Concurrenza e dei Beni Immateriali" (também na tradução espanhola de edição mais recente); GRECO/VERCELLONE, "I diritti sulle opere dell'ingegno"; GIORGIO OPPO, "Diritto dell'Impresa"; LUIGI CARLO UBERTAZZI, "Il Diritto d'Autore" – ob. citt..

[106] Remetemos genericamente para os sumários de abundante jurisprudência mencionada nas anotações aos arts. 3, 7 e 38 da L.aut.ital., em "Commentario Breve al Diritto della Concorrenza", por MARCHETTI/UBERTAZZI, cit. p. 1789, p. 1795 e pp. 1840 ss..

concepção personalista naturalista deste direito – conforme, aliás, ao sistema jusautoral monista germânico.[107] Todavia, personalismo não é necessariamente o equivalente de um naturalismo que exclua a atribuição directa e imediata do direito de autor a uma pessoa (meramente) jurídica.

II. A doutrina alemã marca uma nítida distinção entre atribuição do direito primário de autor, em que investe o que escolhe ou organiza e que será normalmente o director/coordenador da obra ["Herausgeber", segundo a denominação original alemã] e o direito sobre "a colectânea como empreendimento" ["Unternehmen", na expressão original[108]] que, tida por bem jurídico autónomo protegido pelo direito da concorrência, não é considerada objecto de direito de autor.

III. A lei alemã não consente a concepção de uma imputação da titularidade originária do direito de autor a uma pessoa meramente jurídica: nesta medida, o direito de autor sobre a obra colectiva no seu todo deriva do director (criador) da obra colectânea (o "Herausgeber"); o direito de utilização patrimonial das contribuições individuais criativas nesta incorporadas deriva (para o director ou para o editor) dos criadores daquelas.

26. Direito britânico: os "entrepreneurial copyrights"

I. No direito britânico, a sec. 9(1) do UK CDPA estabelece genericamente que "autor (de uma obra) é a pessoa que a cria".

A lei britânica consagra, contudo, a par do "copyright", vários "entrepreneurial rights", designadamente:

1) Nas gravações sonoras – sec. 9(2)(aa): "author" é o produtor[109].

[107] Esclarece-se assim a complexa (na própria expressão de Autores alemães consultados) construção dogmática germânica em ilustração explicativa do reflexo do sistema monista na formulação da situação jusautoral no ordenamento jurídico alemão. Para o efeito, segundo SCHACK ("Urheber- und Urhebervertragsrecht", cit., § 16-II 1, pp. 241/242 (529-531), intercalados nossos): "Da concepção monista vigente na Alemanha do direito de autor como direito unitário (direito pessoal e direito de exploração intrinsecamente ligados ["persönlichkeits- und verwertungsrechtliche Bestandteile", na designação original alemã].

[108] Em explicação do significado jusautoral desta expressão, pode confrontar-se EUGEN ULMER, "Urheber- und Verlagsrecht", cit., § 29-III, pp. 168 ss..

[109] Dada a particularidade do sistema jurídico britânico, convém acrescentar que o conceito de gravação/registo sonoro ["sound recording"] está enunciado (sec. 5(1) UK CDPA) como respeitando a toda a gravação de sons susceptível de reprodução, bem como a toda a gravação de uma obra literária, dramática ou musical susceptível de reprodução sonora. Por seu lado, filme (sec. 5B UKCDPA) é toda a gravação, independentemente do suporte em que esteja fixada, a partir da qual possa ser produzida uma imagem em movimento ["moving picture"]. A tutela legal está

2) Nos filmes – sec. 9(2)(ab): "authors" são o produtor e o realizador principal.
3) Na telecomunicação ao público e retransmissão imediata após a sua recepção daquela comunicação à distância – sec. 9(2)(b): nos termos da qual é "autor a pessoa que produz" [na tradução que julgamos aplicável à vaga expressão inglesa, "the maker of"] a comunicação (ou a retransmissão imediata, após a sua recepção, da emissão transmitida).
4) Na organização tipográfica de uma edição (sec. 9(1)(d)), entendida como a edição publicada, no todo ou em parte, de uma ou mais obras literárias, dramáticas ou musicais, que não constitua mera reprodução de edição anterior (sec. 8 UK CDPA): "author" é quem a edita ["publisher"[110]].

Da enumeração destes "direitos empresariais" (na expressão de Cornish[111]), poderia parecer termos encontrado o que o direito britânico consagra de mais próximo à noção continental de obras colectivas. No entanto, parte da doutrina compulsada acentua a caracterização dos direitos que lhes respeitam como "direitos conexos, independentes da autoria, destinados sobretudo a garantir alguma protecção do investimento empresarial, não da criatividade"[112]. Não é indiscutível, mas explica-se, provavelmente, pelo facto de os direitos conexos dos artistas tutelarem prestações empresariais (cfr., *infra*, nº 110.2).

II. Nos exemplos citados, se o pressuposto de tutela é tão-só o investimento empresarial, reflectido nas actividades de gravação de sons e imagens, de produção de filmes, de telecomunicação ao público hertziana, por satélite ou cabo, de organização tipográfica editorial, não deve duvidar-se do seu carácter não autoral. Se se tratar do que se identificou como enquadramento empresarial de actividades criativas, já se poderá descortinar algo que é característico da organização das obras colectivas.

expressamente excluída quanto a "cópias de (a partir de) uma gravação prévia", autorizada ou não – cfr. sec. 5(2).

110 Na sec. 175(1) do UK CDPA, "publication" (de uma obra) é dito significar a edição/distribuição pública de cópias desta. Parece acertado estabelecer a distinção – sob o instituto britânico do "copyright" – entre o "editor" de uma obra (por exemplo, de uma publicação periódica), que a organiza e dirige e o "publisher", que a edita (reproduz em exemplares e, por sua conta, divulga e promove a sua distribuição e comercialização).

111 W. R. Cornish, "Intellectual Property...", cit., nºs 11-26 a –31, pp. 459 e ss., que as faz compreender sob a epígrafe "entrepreneurial copyrights", fornecendo várias especificações e jurisprudência aplicável.

112 Neste sentido, nomeadamente, Copinger/Skone James, ob. cit., nºs 4-64 a – 66, pp. 95 ss. e W. R. Cornish, última ob. cit., nºs 11-29, p. 460.

A resposta, face a este UK CDPA, de 1988[113], depende da compreensão do sentido dado à expressão "author".

III. O UK CDPA não apresenta noção própria de obra colectiva. O conceito é, porém, assomado pela doutrina a partir da ideia do reconhecimento do "contributo criativo" do que reúne as diferentes partes integrantes e dirige a organização de, por exemplo, uma compilação[114].

No direito britânico, a protecção outorgada por lei (cfr. sec. 1(1)(b/c) UK CDPA) a certas "obras" – ditas por alguma doutrina "de criação empresarial" – não reflecte mais do que a tutela de verdadeiros direitos conexos ("entrepreneurial copyrights") de produtores industriais: empresários do audiovisual, da edição literária, da radiodifusão. No direito do Reino Unido, não é a titularidade do direito ("copyright") que sofre atribuição "anómala" nestes casos, mas a própria natureza do direito atribuído que, sendo equiparado ao direito de autor, não o é, pois não reflecte a tutela de qualquer actividade criativa exteriorizada numa obra.

27. Direito norte-americano: as "collective works" como compilações de obras

I. No que respeita ao direito norte-americano, a sec. 201(a) US Copyr.Law estabelece: "são investidos na titularidade originária do 'copyright' o autor ou autores da obra".

"Autor" é, segundo o Supremo Tribunal dos EUA, "aquele que efectivamente cria a obra, *i.e.*, a pessoa que traduz uma ideia numa [forma de] expressão fixa e tangível que é susceptível de protecção jusautoral [sob o copyright]"[115/116].

[113] O anterior "Copyright Act" britânico, de 1956, tratava autonomamente o copyright dos criadores de obras literárias, artísticas, dramáticas e musicais (Parte I), por um lado, e análogo direito dos empresários produtores de gravações sonoras, de filmes, de emissões radiodifundidas (incluindo "por cabo") e de edições publicadas (Parte II), por outro. Na opinião de Cornish, ob. cit., nº 11-01, p. 439, estabelecia-se desta forma uma separação clara entre os "verdadeiros direitos de autor" e os "direitos conexos ou vizinhos dos empresários-investidores", precursora, por exemplo, da lei de autor alemã (UrhG) de 1965. O UK CDPA de 1988, em vigor, abandona esta separação sistemática, tratando conjunta e indiscriminadamente os dois "tipos" de direitos, no que o citado Autor considera existir uma possível "antecipação dos novos rumos do Direito de Autor".

[114] Em Copinger/Skone James, "(On) Copyright", cit., nº 4-7, p. 76, pode encontrar-se formulação do conceito a partir do reconhecimento da atribuição da titularidade do "copyright" "à pessoa que reúne e organiza a obra (no seu todo), a qual será em regra o autor da obra (colectiva), distinto dos titulares dos direitos relativos às várias contribuições (independentes) para aquela".

[115] Em extracto citado por Nimmer, Melville B./Nimmer, David, "(On) Copyright", cit., § 5.01, vol. 1, pp. 5-4 ss.. Daquela norma legal e desta decisão judicial, concluem estes Autores (*ibidem*) que: "a legitimidade para reivindicar o "copyright" é (exclusivamente) do autor/criador da obra

II. A alínea c) da mesma sec. 201 US Copyr.Law estatui que o "copyright" relativo às diferentes contribuições distinguíveis na "collective work"[117] é diverso do direito respeitante a "esta como um todo", ficando naquele investidos originariamente os autores dessas contribuições individualizáveis. Mais se consagra nesta sede legal que a titularidade, pelo autor da "collective work", do "copyright" relativo às contribuições individuais deriva de atribuição expressa ou, na ausência desta, se presume limitado à (atribuição de faculdades de) reprodução e distribuição desses contributos integrados na "collective work", incluindo apenas também as utilizações sucessivas desta ["in the same series", na expressão original].

III. As noções contidas na lei de autor norte-americana não reflectem, não obstante as tentativas de aproximação formuladas, a consagração de um conceito que distinga manifestamente as "collective works" das "compilações de obras". Não permite também que se reconheça, no ordenamento jusautoral dos EUA, o conceito europeu de "obra colectiva".

28. Direito espanhol: coordenação organizacional e subordinação hierárquica

I. No direito espanhol, fundado no art. 8 da LPI esp., identificam-se as seguintes características próprias das obras colectivas, a saber: a iniciativa e coordenação de uma pessoa natural ou jurídica; a criação das contribuições individuais em função da sua utilização na obra (colectiva); a fusão (pela escolha e organização) desses contributos em criação única e autónoma; a edição (que a doutrina aconselha dever ser entendida em sentido de "fabricação/produção empresarial"[118]) e divulgação em nome do que organiza e dirige a obra.

II. Aparece sublinhada na doutrina espanhola a ideia de que a iniciativa e coordenação aludidas trazem implícita uma subordinação a uma hierarquia funcional, com inerente presunção de cedência de faculdades de exploração

ou dos seus sucessores jurídicos [no sentido de "os que sucedem nos direitos de autor"]" – intercalado nosso.

[116] Decisão em: "Community for Creative Non-Violence v. Reid", de 1989, referenciada com transcrição resumida em Nimmer. ob. cit., vol. 1, p. 5-5, nota 16.4..

[117] Designação – "collective work" – que reproduzimos na versão original, que mesmo uma análise superficial do sistema norte-americano recomenda que não se faça já traduzir por obra colectiva sem exame da sua natureza.

[118] Confronte-se, designadamente, Rodríguez Tapía/Bondía Román, "Comentarios a la Ley de Propiedad Intelectual", cit., em anotação I/II ao artigo 8, pp. 45 ss..

pelos autores dos contributos individuais ao beneficiário das respectivas prestações criativas, um empresário.

Esta interpretação não parece resistir à própria letra do §2 do mencionado art. 8, que estabelece precisamente a titularidade originária – não qualquer cedência – do direito daquele que divulga a obra colectiva.

Capítulo IV
O objecto do direito de autor – a obra intelectual

Secção I
A obra intelectual – recorte do conceito

29. O objecto do direito de autor

I. O art. 1º/1 CDADC não define obra protegida pelo direito de autor. Estatui antes que: "considera-se obra a criação intelectual do domínio literário, científico e artístico, por qualquer modo exteriorizada". É um enunciado que se presta a confusões várias.

II. Em primeiro lugar, estabelece que se considera "obra" *a criação intelectual*. Ora, por um lado, há criações intelectuais (entenda-se do espírito humano) que não são obras intelectuais para efeitos de Direito de autor, como as invenções, as marcas, os desenhos industriais, que são bens da propriedade industrial. Por outro lado, é a própria obra que deve definir-se como intelectual; menos por ser criada pelo espírito de um Homem e mais porque só o espírito de outro Homem a consegue inteligir.

III. Em segundo lugar, refere-se às obras do "domínio literário, artístico *e científico*". Ora, as descobertas científicas, na medida em que revelem tão-só uma realidade que esperava ser descoberta, não são, em si mesmas, obras intelectuais protegidas por direito de autor. A criatividade inerente a toda a obra intelectual que contenha a revelação de uma descoberta científica está na expressão formal dada à sua explicação e demonstração de ciência: a fórmula $e = m\ c2$ não é protegida por direito de autor; já o será, por mais incipiente que seja, a demonstração matemática ou física do seu rigor e justeza, desde que formalizadas por qualquer modo literário ou artístico. Isto, obviamente, não retira mérito àquela fórmula – sendo o mérito, aliás, um critério irrelevante para a protecção jusautoral[119] –, simplesmente não faz dela uma obra protegida pelo direito de autor, por lhe faltar a expressão literária ou artística.[120]

IV. Em terceiro lugar, excluem-se da protecção por direito de autor – e bem – "as ideias, os processos, os sistemas, os métodos operacionais, os conceitos, os princípios ou as descobertas, enquanto tais" (art. 1º/2 CDADC). É que, na verdade, trata-se não de obras intelectuais com expressão formal acabada, mas de projectos de obras, de ideias de obras, de métodos de acção. Nenhum convoca a tutela jusautoral, já que não consubstanciam, em si mesmos considerados, qualquer objecto com expressão formal literária ou artística criativa.

V. Deveria constar da definição: **considera-se obra intelectual, objecto de direito de autor, o bem imaterial criado segundo expressão formal literária, artística ou audiovisual, ou outra a que a lei venha a reconhecer esse estatuto criativo.**

29.1. Obra intelectual e bens de propriedade industrial

I. É na expressão formal da obra intelectual – e não no respectivo processo criativo – que devemos buscar a sua criatividade, que é a única condição da tutela jusautoral.

A "mais genial" das invenções apenas revela o que preexiste ao acto constitutivo do direito; em contrapartida, a mais incipiente formalização de uma ideia, desde que criativa, é sempre a revelação de algo que não tem existência anterior à sua exteriorização.[121] É com recurso a este conceito – de criatividade

[119] O mérito da obra não é considerado para efeito da tutela pelo direito de autor: é tão protegida a última obra de um autor galardoado com o Nobel da Literatura, como o é a redacção de uma criança de escola, desde que criativa.
Qualquer exercício noutro sentido é próprio de um crítico, não de um jurista que, enquanto tal, indague sobre a tutela pelo Direito de Autor. Na verdade, onde se traçaria a fronteira do mérito e quem o faria? E como não considerar que, de outro modo, se contrariaria frontalmente a norma do art. 2º/1 (proémio) CDADC?

[120] Oliveira Ascensão, "Direito Civil – Direito de Autor e Direitos Conexos", cit., nº 39-IV, p. 71, exprime bem esta ideia: "A obra científica não é a teoria, é a forma literária (e eventualsmente artística) que a exprime."

[121] É revelador o Acórdão da Relação de Lisboa, de 19-11-98, in Col.Jur., t. V (1998), pp. 97 ss. (*maxime* p. 99), de que é Relator Martins de Sousa (em trecho em que é citado Oliveira Ascensão, "Direito Civil – Direito de Autor e Direitos Conexos", cit., pp. 57 ss.): "[...] a referência à criação permite-nos uma divisão fundamental que dissociará o domínio do Direito de Autor de

revelada na expressão formal da obra intelectual – que marcamos a fronteira, reconhecidamente difusa, entre este e outros bens imateriais, também ditos intelectuais, como os que são objecto de propriedade industrial. Nestes, tutelados no âmbito do "colateral" Direito ("de propriedade") Industrial, sobreleva a utilidade, a aplicação a um fim prático, normalmente de cariz produtivo-industrial. Descreve-se um processo – que a lei tutela desde que original e novo, ou desde que revele uma aplicação prática original e nova de um processo conhecido – sem outorgar qualquer exclusivo sobre o resultado: o objecto do direito é o próprio processo (novo e original) de obtenção de um produto ou a revelação da aplicação (original e nova) de um produto conhecido[122].

II. Já sob o direito de autor, institui-se um exclusivo de utilização do próprio bem revelado e tutela-se a exploração económica da obra que revista expressão formal criativa. A obra intelectual, literária ou artística, é, assim, não utilitária – como, aliás, expressa (de forma pouco feliz) o disposto logo no proémio do nº 1 do art. 2º CDADC que não faz depender a tutela do "objectivo" visado pela criação, ou seja, da sua destinação/finalidade utilitária[123]. O direito de

todos aqueles que lidam com descobertas de leis (como as leis da Natureza que a Ciência reclama revelar) ou processos objectivamente preexistentes, mas não conhecidos até então. As descobertas do domínio científico são realmente descobertas. Por mais geniais, representam sempre o progresso no conhecimento duma ordem objectiva, que sempre existiu, mas a que o espírito humano só gradualmente se vai elevando." – intercalado nosso. E continua a mesma sentença judicial, ainda em citação daquele Autor (ob. cit., p. 74): "[...]: não há a criatividade que é essencial à existência da obra tutelável, quando a expressão representa apenas a via única de manifestar a ideia. O matemático exprime a sua descoberta numa fórmula matemática. Esta fórmula é modo de expressão; mas é modo de expressão obrigatória, não livre. Não há criatividade no modo de expressão. Logo, não há obra literária ou artística."

[122] Haimo Schack, "Urheber- und Urhebervertragsrecht", cit., § 4-II.2 (60/61), p. 30, afirma mesmo: "O direito de autor existe independentemente de o autor pretender utilizar comercialmente a sua obra. [...]. A função do direito de propriedade industrial reside na sua aplicação industrial, na produção [...] de bens. As prestações dignas de protecção não estão na área cultural, mas na área técnica e comercial. [...]. Enquanto a atribuição ao criador do direito de autor é determinada, pelo menos na sua essência, pelo direito natural, no caso dos direitos de propriedade industrial, trata-se de monopólios artificiais, direitos de prioridade atribuídos pelo Estado que, pelo conteúdo e limitação, são mais restritos que o direito de autor."

[123] Asserção não desmentida pela tutela, por exemplo, de "obras de artes aplicadas, desenhos ou modelos industriais", nos termos do art. 2º/1-i) CDADC, que revela que estes são protegidos por direito de autor – apesar do seu carácter utilitário – apenas quando revistam as características das verdadeiras obras intelectuais: expressão formal artística. Sobre este tema, veja-se o nosso "Desenhos e modelos industriais – Relações do direito de autor com o direito de propriedade industrial – Anotação ao artigo 194º do Código da Propriedade Industrial e ao artigo 2º/1-I) do Código do Direito de Autor e dos Direitos Conexos", *in* Propriedade Intelectual, Contratação e Sociedade da Informação – Estudos jurídicos em Homenagem a Manuel Oehen Mendes (Colecção de Estudos

autor esgota-se nas modalidades de aproveitamento económico que resultam da atribuição das faculdades de utilização patrimonial relativas à obra, independentemente da sua aplicação a um outro objecto com valor económico e jurídico próprios.

III. Em suma, são merecedores de tutela jusautoral os bens imateriais em que a sua expressão formal seja idealmente dissociável da sua utilidade prática industrial. Por outro lado, são objecto de direito industrial aqueles em que a utilidade prática é economicamente predominante sobre o valor artístico.

Por outras palavras, a utilidade de uma obra intelectual, objecto de direito de autor, é, do ponto de vista prático-aplicado,... nenhuma, pois que só é passível de desfrute espiritual-inteligente[124]; e, do ponto de vista jurídico, apenas aquela que proporciona a sua exploração económica segundo as modalidades que a lei prevê, independentemente das aplicações que possa ter quando integrada em outras obras ou outros objectos à utilização dos quais fique associada.[125]

A criatividade – condição da tutela jusautoral – só se descobre na expressão formal: a obra intelectual é não mais do que a expressão formal de um objecto literário ou artístico que a acção de um sujeito exterioriza e torna perceptível à inteligência de outros sujeitos.

29.1.1. Os desenhos e modelos industriais – um caso de dupla tutela?

I. O Código da Propriedade Industrial de Portugal (CPI) estabelece, no seu art. 194º, que "qualquer desenho ou modelo registado beneficia, igualmente, da protecção conferida pela legislação em matéria de direito de autor, a partir da data em que o modelo ou desenho foi criado, ou definido, sob qualquer forma". O desenho ou modelo "designa a aparência da totalidade, ou de parte, de um produto resultante das características de, nomeadamente, linhas,

de Direito Intelectual – Tomo VI), coordenado por Dário Moura Vicente e Nuno Sousa e Silva, Coimbra, 2022.

[124] A ideia de desfrute (intelectual) livre destas obras é afirmada, de modo convincente, designadamente por Oliveira Ascensão, "A Tipicidade dos Direitos Reais", cit., nº 105-III, p. 284, a propósito da distinção que estabelece em relação aos direitos sobre bens materiais, ao asseverar: "Todos desfrutam directamente dos bens [imateriais], e o seu gozo está subtraído à alçada do titular do direito de autor. Este não pode proibir o desfrute intelectual da sua obra por parte de outrem. [...]. Esta [a obra] pertence a todos, por natureza, e não por qualquer tolerância do criador intelectual ou do transmissário do direito de autor."

[125] Não deve confundir-se a associação/aplicação de uma obra de arte a um objecto utilitário e as "obras de artes aplicadas" (art. 2º/1-i) CDADC) que são verdadeiramente utilitárias, e que só são protegidas pelo direito de autor "se constituírem criação artística" (*sic*, no texto da lei), *i.e.*, se nelas a criatividade ("valor artístico") superar a utilidade.

contornos, forma, textura ou materiais do próprio produto e da sua ornamentação" (art. 173º CPI). "Produto" é "qualquer artigo industrial ou de artesanato" (art. 174º/1).

O art. 2º/1-i) do CDADC estabelece que são protegidos como "obras originais", objecto de direitos de autor, as "obras de artes aplicadas, desenhos ou modelos industriais e obras de *design* que constituam criação artística, independentemente da protecção relativa à propriedade industrial". Os desenhos ou modelos são protegidos (registáveis) como bens da propriedade industrial, independentemente de serem criação artística, desde que reúnam os requisitos gerais de registo: a *novidade* (art. 176º CPI), isto é, não haver registo anterior de idêntico produto; e a *singularidade* (art. 177º), isto é, suscitarem no utilizador informado uma impressão global diferente da de qualquer outro antes divulgado ao público. Afigura-se, também, que os desenhos e modelos são protegidos, pelo direito de autor, independentemente de registo, desde que reúnam o pressuposto geral da protecção jusautoral: possuírem uma expressão formal literária, artística ou audiovisual criativa. Posto que a protecção pelo direito de autor é mais ampla material e temporalmente, pois dura até 70 anos após a morte do autor, é independente de registo, depósito ou qualquer outra formalidade (art. 12º CDADC) e é adquirida independentemente deste (art. 213º), será que a criatividade artística é algo que *transcende* o utilitarismo de um vulgar produto industrial?[126]

II. Segundo Pedro Sousa e Silva[127] – aliás bem respaldado pela jurisprudência da União Europeia – além de novidade e singularidade, requer-se, para a protecção do desenho ou modelo pelo direito de autor, que "seja criação individual do próprio autor", em que este "reflecte a sua personalidade" fazendo "escolhas livres e criativas". E continua: "não faz sentido exigir carácter artístico acrescido para a protecção jusautoral, como faz Oliveira Ascensão"[128]. Quer isto dizer que o carácter artístico emprestado aos modelos ou desenhos protegidos por direito de autor não é um *plus*, algo que se acrescenta aos que sejam meramente objecto de direito industrial? Significa isto que, quando o desenho ou modelo tiver sido registado e revestir "valor artístico", o titular pode escolher o tipo de tutela que prefere? Se isto for assim, deverá reconhecer-se que vigora, entre nós, o chamado modelo de "cumulação": os desenhos

[126] Oliveira Ascensão, "Direito Civil – Direito de Autor e Direitos Conexos", cit., nº 39.

[127] Pedro Sousa e Silva, "Código da Propriedade Industrial Anotado", cit., *sub* art. 194º, nº 9.

[128] Cfr. Oliveira Ascensão, ob. cit., nºs 341 e 342, págs. 495 ss.. Segundo este Autor, nestes casos "a arte não é já desinteressada, antes prossegue um objectivo utilitário".

ou modelos podem ser simultaneamente protegidos por direito de autor e direito industrial. Será?[129]

Da letra do art. 194º CPI resulta que, desde que registado, *qualquer* modelo ou desenho é protegido por direito de autor. Dado que os pressupostos do registo industrial são, tão-só, a novidade e a singularidade, seguir-se-á que todos os desenhos ou modelos novos e singulares beneficiam, desde que registados, de protecção pelo direito de autor desde a data da sua criação, como diz a lei?

E o contrário? Será que só os desenhos e modelos registados beneficiam da protecção pelo direito de autor? Pedro Sousa e Silva[130] sustenta que não: "quer os modelos ou desenhos sejam ou não registados beneficiam da protecção sob o Direito de autor se revestirem criatividade"[131]. Podemos ir mais longe: a protecção sob o Direito de autor nunca depende de registo, o registo não é condição necessária nem suficiente da tutela jusautoral.

29.1.2. Obra e produto

I. Existem algumas aproximações ao conceito de obra artística. A mais liminar das ideias é que as obras são objectos originais, criação intelectual do próprio autor, reflectindo a sua personalidade e manifestando as suas escolhas livres e criativas. Merece crítica.

Como expusemos antes (cfr., *supra*, nº 8), afirmar que uma obra é "um reflexo da personalidade do seu criador" nada esclarece, nada adianta, é uma consideração de índole psicológica que nos remete para uma determinação inviável: em que é que uma manifestação da personalidade de uma pessoa se distingue da manifestação da personalidade de outra qualquer para além do que seja idiossincrático de uma e de outra? Só podemos individualizar a obra se entrarmos no recôndito da alma criativa do seu autor? Quem o poderá fazer, um psicólogo?

A obra é expressão de uma "escolha livre e criativa" do seu autor. A liberdade que se refere aqui não é a liberdade psicológica, a ausência de coacção, é a liberdade criativa: cria livremente quem cria sem subordinação a ditames quanto à *forma* do que cria. Não tolhe a liberdade criativa o facto de a obra ser encomendada, criada sob contrato, no âmbito de comissão, com um fim de utilização determinado por outrem. E não são só as obras utilitárias, como as obras de arquitectura ou, precisamente, os desenhos ou modelos industriais

[129] Oliveira Ascensão (*ibidem*, nº 342-III) inclina-se pela resposta negativa.

[130] Pedro Sousa e Silva, "Código da Propriedade Industrial Anotado", cit., *sub* art. 194º, nº 11.

[131] Em sentido contrário, Acórdão da Relação de Guimarães, de 27-12-2012 (Proc. 1607/12), que tem como relator J.M. Carvalho Araújo, *apud* "Código da Propriedade Industrial Anotado", cit., *sub* art. 194º, nº 11.

artísticos que se destinam a uma utilização precisa, quase sempre heterodeterminada. A elaboração de um parecer jurídico encomendado para acompanhar uma peça processual tem, também, um fim de utilização determinado e, em condições normais, não deixa de revestir uma expressão formal livre do jurisconsulto que o elabora.

Não é na subjectividade idiossincrática do criador que se identifica a obra de arte. A obra literária ou artística deve ter valor formal (estético) como objecto perceptível por qualquer ser inteligente. Não basta a circunstância de gerar um efeito estético apreciável que também pode estar presente em desenhos ou modelos sem carácter artístico, é necessário que seja uma *obra de arte*. E o que, para além da qualidade estética, valoriza um objecto como obra merecedora de protecção jusautoral? Dizer que é o seu *carácter artístico*, como indica o art. 2º/1-i) CDADC, apenas inclui no enunciado o conceito (valor artístico) cujo significado pretende descobrir-se.

II. Afirma-se que os desenhos ou modelos objecto de propriedade industrial, embora novos e individualizados (novidade e singularidade), têm carácter utilitário e podem ser produzidos em massa[132]. Só seriam objecto de direito de autor aqueles objectos cujo efeito estético fosse devido a realização artística, não à sua finalidade. Significa isto que, posto que a finalidade prática utilitária de uma obra de arte é nenhuma, deixará de ser a forma o que releva para a caracterização de um objecto como obra, passando a dever considerar-se a sua utilidade / destinação?

III. Em decisão notável pela sua clareza, o Tribunal da Relação de Lisboa[133], depois de asseverar que "os desenhos ou modelos apenas podem beneficiar da protecção pelo direito de autor se forem qualificados como 'obra', na acepção da Directiva 2001/29", repete dois conceitos já examinados. Em primeiro lugar, que a protecção dos desenhos e modelos e a protecção pelo direito de autor prosseguem objectivos fundamentalmente diferentes e estão sujeitas a regimes distintos que não se excluem reciprocamente, e que "a circunstância de o modelo gerar um efeito estético não permite, por si só, determinar se esse modelo constitui uma criação intelectual que reflecte a liberdade de escolha (obedecendo a escolhas livres e criativas) e a personalidade do autor". Em segundo lugar, que, para depararmos com uma obra, temos de tratar de uma "criação intelectual do próprio autor, sendo necessário e suficiente que reflicta a personalidade deste, manifestando as suas escolhas livres e criativas".

[132] Por todos, cfr. "Código da Propriedade Industrial Anotado", cit., *sub* art. 194º, nº 6.

[133] Acórdão da Relação de Lisboa (Proc. 279/18 (2020), de que é Relatora Ana Pessoa.

E continua o mesmo aresto: a obra é um "objecto *identificável com precisão e objectividade,* não uma identificação baseada essencialmente em sensações intrinsecamente subjectivas da pessoa que apreende o objecto em causa". A avaliação de um objecto como obra artística merecedora de tutela jusautoral depende de critérios objectivos, a sua percepção como bem jusautoral deve ser intrínseca ao objecto, avaliável objectivamente[134].

IV. O facto de um desenho ou modelo reunir os pressupostos de tutela sob o direito industrial e de lhe ser dado um carácter utilitário não invalida que possa também ser protegido por direito de autor, desde que reúna os requisitos da tutela jusautoral. Este postulado resulta inevitável até da própria letra do art. 2º/1-i) CDADC: "[merecem tutela jusautoral] os desenhos ou modelos industriais que constituam criação artística".

O preceito legal acima transcrito em excerto não distingue entre modelos ou desenhos industriais registados e os demais, pelo que é forçoso admitir que *todo* o modelo ou desenho que constitua criação artística merece protecção como objecto de direito de autor[135].

V. Acórdão da Relação de Guimarães de 2012[136] afirma que a protecção por direito de autor não obedece apenas aos pressupostos da norma do citado art. 2º/1-i) CDADC, "está condicionada pela existência de registo". Não concordamos.

O sentido da norma citada do CPI (art. 194º) parece ser outro: que os desenhos ou modelos registados como objecto de direito industrial gozam também de protecção jusautoral, sem que isto implique que esta última protecção não possa ser também outorgada a desenhos ou modelos não registados *que sejam criação artística*[137/138].

[134] Neste sentido, o Acórdão TJUE, de 12-9-2019, COFEMEL (Proc. C-683/17), nºs 32, 33 e 34, citando o Acórdão TJUE, de 13-11-2018, Levola Hengelo (Proc. C-310/17), que estabelece: "O conceito de «obra» visado pela Directiva 2001/29 implica necessariamente a existência de um objecto identificável com suficiente precisão e objectividade. [...]. O processo de identificação do objecto pressupõe que este último tenha sido expresso com objectividade. Uma identificação que se baseia essencialmente em sensações intrinsecamente subjectivas da pessoa que apreende o objecto em causa não preenche o requisito de precisão e objectividade exigido".

[135] Neste sentido, que se nos afigura inequívoco, também Pedro Sousa e Silva, "A protecção jurídica do design", Coimbra, 2020, nº 19.1.

[136] Acórdão da Relação de Guimarães, de 27-2-2012 (Proc. 1607), de que é Relator J. M. Carvalho Araújo.

[137] Neste sentido, também Acórdão TJUE FLOS, de 27-1-2011, nº 34: "não se pode excluir que a protecção dos direitos de autor [de desenhos ou modelos não registados] possa resultar de outras directivas em matéria de direitos de autor, nomeadamente a Directiva 2001/29".

Concluímos, pois, pela existência de uma cumulação parcial das tutelas industrial e jusautoral: podem ser protegidos por direito de autor quer os desenhos e modelos industriais registados quer os não registados, desde que constituam criação artística.

III. O registo industrial não é nem condição necessária nem condição suficiente da protecção pelo direito de autor.

No nº 50 do muito esclarecedor Acórdão TJUE COFEMEL citado, este Tribunal de Justiça assevera: "A protecção dos desenhos e modelos, por um lado, e a protecção conferida por direito de autor, por outro, prosseguem objectivos fundamentalmente diferentes e estão sujeitas a regimes distintos. [...] a protecção dos desenhos visa objectos que, embora sejam novos e individualizados, apresentam carácter utilitário e podem ser produzidos em massa. Além disso, esta protecção destina-se a ser aplicada durante um período limitado, mas suficiente para permitir rentabilizar os investimentos necessários à criação e à produção desses objectos, sem, contudo, entravar excessivamente a concorrência. Pelo seu lado, a protecção associada ao direito de autor, cuja duração é muito significativamente superior, é reservada aos objectos que merecem ser qualificados de obras".

IV. Como dissemos, o registo industrial não é condição nem necessária nem suficiente da tutela jusautoral. Que características devem revestir os desenhos ou modelos industriais para serem obras artísticas?

Mais uma vez, o Acórdão TJUE COFEMEL vem contribuir um pouco para a resposta. Assevera[139]: "[...] como decorre do sentido habitual do termo «estético», o efeito estético susceptível de ser produzido por um modelo é o resultado da sensação intrinsecamente subjectiva da beleza vivida por cada pessoa que olha para esse modelo [ou desenho industriais]. [...], a circunstância de um modelo gerar um efeito estético não permite, por si só, determinar se esse modelo constitui uma criação intelectual que reflecte a liberdade de escolha do seu autor, preenchendo, assim, a exigência de originalidade". Não é a consi-

[138] Em sentido diferente no nosso Relatório de Mestrado em Ciências Jurídicas, elaborado para a Cadeira Direito Comercial na Faculdade de Direito da Universidade de Lisboa no ano lectivo 1986/1987 (nota 1, pág. 5), disponível na Biblioteca daquela Faculdade, em que advogávamos, a partir do art. 2º/1-i) CDADC, com a mesma redacção que a actual, que o que deve entender-se da referida expressão "independentemente da protecção relativa à propriedade industrial" é que a outorga de tutela jusautoral aos desenhos e modelos industriais "só operará nos casos em que não exista consagrada qualquer tutela especial para os mesmos no âmbito do Direito de Propriedade Industrial". Como se vê, mudámos de opinião.

[139] Acórdão TJUE COFEMEL, cit., nºs 53 e 54.

deração *subjectiva* da valia estética de um objecto que permite, por si só, distinguir a obra artística do objecto (meramente) industrial. A predominância do fim utilitário de um bem imaterial sobre a consideração da valia estética deste é indício, mas não característica por si só determinante, da sua qualificação como simples modelo ou desenho industrial. Permite o seu registo industrial se for novo e singular, mas não impede que, se revelar criatividade artística, se qualifique também como obra de arte.

29.1.3. O valor artístico como critério objectivo para a tutela jusautoral

I. A Directiva (UE) 98/71 (Considerando 13) abona: "A apreciação do carácter singular de um desenho ou modelo [condição da protecção por direito industrial] deve basear-se na diferença clara entre a impressão global suscitada num *utilizador informado* que observe o desenho ou modelo e o património de formas, atendendo a natureza do produto a que o desenho ou modelo se aplica ou em que está incorporado, e o grau de liberdade do seu criador na realização". A forma – e não apenas a utilidade – é, afinal, também factor distintivo dos desenhos ou modelos apenas protegidos por direito industrial.

O objecto em que a forma está simplesmente ao serviço da destinação prática e utilidade, em que o criador ao criar obedeceu, sobretudo, a considerações técnicas utilitárias que pouca margem deixaram para o exercício da liberdade criativa não é susceptível de protecção por direito de autor[140].

II. A avaliação do valor estético de uma obra não pode entregar-se ao critério subjectivo, sensorial ou racional de cada observador. Isto de nada serve, por ser demasiado contingente, quando o que está em causa é algo tão decisivo quanto a outorga de uma tutela poderosa, como é a do direito de autor que, em lugar de vigorar por 25 anos (como nos desenhos e modelos estritamente industriais – art. 195º CPI), perdura até 70 anos após a morte do criador, e que não depende de qualquer registo e inerente escrutínio administrativo-burocrático como acontece com o registo industrial.

A tutela sob o direito de autor ou pela "propriedade" industrial, respectivamente, resulta da dissociação entre a utilidade prática e o valor estético da obra. O produto (simplesmente industrial) de criação do *designer*, ainda que único, perde o seu carácter criativo se o valor da utilização prática intrínseco se sobrepuser ao seu valor estético, não sendo este dissociável daquele. Embora este último conceito – valor estético – possa ser entendido como subjectivo, sempre se poderá avaliá-lo comparando, por exemplo, o valor (comercial, de troca) de uma dada obra com o de outra com utilidade prática semelhante: se a diferença

[140] Neste sentido, também Acórdão TJUE, de 1-3-2012, Football Dataco (Proc. C-604/10).

for superior ao valor desta última, então poderemos considerar que se trata de uma obra de arte. Comparadas duas obras de arte sem qualquer valor utilitário, uma delas pode revelar-se de valor comparativamente muito superior ao da outra; se se compararem dois objectos utilitários com a mesma exacta funcionalidade prática, os mesmos custos de funcionamento e produzidos com materiais de valor semelhante, e um deles revestir um valor comercial muito superior ao do outro, é provável – é simplesmente provável – que a diferença de preço resulte do valor estético, artístico, que um tem a mais do que o outro.

As considerações estéticas determinantes da qualificação como obra não podem ser subjectivas, o valor estético atribuído deve resultar do parecer de especialistas, ser minimamente consensual na comunidade. E não é verdade que, de há muitos anos a esta parte, ao valor artístico consensual dos bens imateriais está ligado o seu valor comercial e o reconhecimento pelos pares?

III. O registo industrial de um desenho ou modelo industrial não é nem condição necessária nem condição suficiente da sua protecção sob o direito de autor. A forma do desenho ou modelo industrial protegido por direito de autor deve resultar de criação livre do seu autor, não determinada exclusiva ou principalmente pelas especificações técnicas para a sua produção. Nos desenhos ou modelos industriais que são também obras de arte, a forma não é estritamente determinada pela sua funcionalidade, pela sua utilidade prática (industrial). Se entre dois modelos ou desenhos industriais for socialmente consensual, tendo em conta nomeadamente o parecer de especialistas, uma diferença de valor comercial dos objectos produzidos, é provável que a mesma resulte do valor artístico acrescentado em um deles.

29.2. Obra intelectual e suporte material (a fixação em suporte como condição de tutela) – confronto sob o instituto do "copyright"

I. Nos "sistemas" de direito de autor de tradição anglo-saxónica, sob o instituto anglo-americano do "copyright", subordina-se a tutela das obras intelectuais à sua fixação em suporte material, admitida *ex* art. 2/2 CB. Assim: "Uma obra está criada quando se fixa em cópia material ou registo sonoro pela primeira vez; [....]" (cfr. sec. 101 US Copyr.Law); e: "A atribuição do "copyright" em relação a uma obra literária, dramática ou musical só se verifica quando ["[...] does not subsist in [... unless and until ..."] esta é fixada/gravada, por escrito ou por outro modo"; "[...] é irrelevante se a fixação/gravação em suporte é realizada por ou com a autorização do autor [...]" (sec. 3(2), (3) UK CDPA).[141]

[141] Por outro lado, já não subsiste hoje a exigência de registo ou depósito como condição da tutela sob o "copyright". Como salienta W. R. Cornish, "Intellectual Property: patents, copyright, ...",

Segundo alguns Autores britânicos, esta é uma imposição legal que decorre de um "princípio instituído por razões de ordem prática, tais como a prova da existência da obra e a definição da sua exacta expressão formal, que permite demarcar aquilo em que esta consiste e evita que o direito se estenda às ideias subjacentes ou à informação que contém".[142]

II. Casos há em que a fixação em suporte é um verdadeiro requisito autónomo de tutela sob o "copyright".

Tomemos um exemplo familiar ao ordenamento jurídico português: são objecto de tutela pelo direito de autor as "obras coreográficas e pantomimas, cuja expressão se fixa por escrito ou por qualquer outra forma." (cfr. art. 2º/1-d) CDADC). Esta regra não significa que a lei de autor portuguesa consagre aqui uma excepção às regras segundo as quais:

a) a tutela da obra intelectual (bem imaterial, coisa incorpórea) é independente da protecção jurídica dos suportes (materiais) que a fixam (art. 10º CDADC);
b) a tutela jusautoral é independente da forma de expressão da obra, não dependendo da sua fixação em suporte (art. 2º/1 CDADC).

Do que se trata é de fazer da fixação em suporte material um elemento da própria definição destas obras: só as obras coreográficas e pantomimas *fixadas* são protegidas pelo direito de autor. O que está aqui em causa é que a obra coreográfica ou pantomímica só se considera exteriorizada, separada do seu criador, relevante para o direito de autor, depois de fixada em suporte material.

III. Não se pense, contudo, que não está bem clara para a doutrina e jurisprudência dos países em que vigora o instituto do "copyright" a distinção entre o verdadeiro "subject matter" deste direito e o seu suporte material. E citamos: "[...], apesar de ser expressão corrente referir ao manuscrito de um autor como a sua 'obra', a formulação rigorosa da ideia é bem outra: a 'obra' é o produto do seu espírito ou intelecto; o manuscrito ou outro suporte é um simples *medium* em que pode descobrir-se a natureza precisa desse produto da mente."[143]

cit., nºs 11-33/-34, pp. 462/463, a lei de autor britânica abandonou, por força da adesão à CB, a obrigatoriedade do registo ou do depósito da obra – que foi, primeiro, constitutivo do "copyright" nas obras publicadas e, depois, condição da sua oponibilidade. É hoje também dispensada a "informação sobre a tutela" (dada pelo familiar símbolo ©), acompanhada da menção do nome do titular do direito e do ano da primeira publicação" que são ainda hoje "[...] destinadas a garantir o "copyright" – ex art. III/1 CUniv. – entre os países, como então os EUA, que não haviam ainda aderido à União de Berna e que aceitavam estas como formalidades bastantes."

[142] Cfr. Copinger/Skone James, "(On) Copyright ...", vol. I, 14ª ed. cit., nº 3-74, p. 101.

[143] Como expõem Hugh Laddie/Peter Prescott/Mary Vitoria, ob. cit., nº 2.36, pp. 37/38, que acrescentam: "[...]. Mesmo o inciso "copyright does not subsist in a [...] work unless and until

Em suma, exigir – como sob o instituto do "copyright" – que uma obra esteja fixada para ser protegida significa apenas que essa fixação é requisito de tutela, não uma exigência da sua expressão formal (literária, artística, audiovisual), que é anterior a essa fixação da obra no objecto (suporte material).[144]

Vale isto por dizer que – mesmo sob o instituto do "copyright" – a exigência de forma escrita como elemento da expressão formal da obra não deve confundir-se com a exigência da sua fixação em suporte material: no primeiro caso, não se reconhece o bem imaterial se despido de uma particular forma de expressão; no segundo, a obra pode preexistir desde que revista expressão formal criativa, mas a sua tutela jusautoral depende da fixação em suporte material. Aliás, isto mesmo é admitido expressamente: "a obra, uma vez fixada, continua a ter existência independente, desincorporada do suporte em que esteja fixada."[145] **Mesmo nos ordenamentos em que a fixação em suporte é condição de tutela jusautoral, a obra existe enquanto tal ainda que desencarnada do seu suporte.**

29.3. Apropriação, uso e utilização da obra: refutação do conceito de "propriedade (de obra) intelectual"

I. A obra é intelectual porque só é perceptível pelo espírito, pela inteligência; é distinta do seu *corpus mechanicum* (que até pode dispensar) que é coisa corpórea susceptível de apropriação. Como também explica Menezes Cordeiro: "Enquanto realidade incorpórea, apenas na *mens humana* se consubstancia o

it is recorded", [no contexto da sec. 3(2) UK CDPA pressupõe que a obra pode existir antes da sua fixação."

[144] Em Copinger/Skone James é explicada com clareza a diferença conceptual: "O requisito segundo o qual uma obra deve revestir uma particular expressão material é parte das condições que a referida obra deve preencher para se qualificar para a protecção sob o "copyright". Quando se requeira que a obra deve assumir uma particular expressão formal, e esta seja observada, a condição de tutela deve também considerar-se preenchida, mas não é necessariamente assim, e esta coincidência, quando ocorra, não deve obnubilar a distinção entre os dois (requisitos)." (Copinger/Skone James, "(On) Copyright ...", vol. I, 14ª ed. cit., nº 3-76, p. 101).
Como os mesmos Autores ilustram, a propósito das obras dramáticas: enquanto no "Copyright Act" britânico de 1911 – sec. 35(1) – se exigia que "uma obra dramática estivesse fixada em escrito ou por outro modo", o que era entendido como condição de tutela sob o "copyright"; na vigência do "Copyright Act" do Reino Unido, de 1956 – cfr. sec. 48(1) –, era requerido que "uma obra dramática fosse reduzida a escrito", o que já era considerado como "elemento descritivo da obra". Assim, neste último caso, não poderia considerar-se "obra dramática" a que não assumisse forma escrita; a forma escrita era, então, elemento da própria expressão formal exigida para o reconhecimento deste particular género de obras." O exemplo é extraído da obra de Copinger/Skone James, "(On) Copyright ...", cit., nº 3-76, pp. 101/102 e respectivas notas (86) e (87).

[145] Ainda Copinger/Skone James, "(On) Copyright ...", cit., nº 3-78, p. 102.

bem intelectual."[146] Pensamos que o espírito humano em que a obra intelectual se consubstancia não é apenas o do autor-criador que a prefigura antes da sua exteriorização formal e em que apenas "existe" como ideia ou conceito que não são protegidos. É, sobretudo, o daquele (de todo aquele) que a apreende intelectualmente como realidade exterior ao sujeito que a cria. Não se trata de procurar (inutilmente, de resto) descortinar na obra qualquer manifestação da personalidade do autor. A criação é uma acção que exterioriza um objecto imaterial – a obra. Nesta, por um processo (esse sim) estritamente intelectual, reconhece-se, para além do *corpus mechanicum*, uma realidade imaterial que só a inteligência decifra[147].

II. *Usar* uma obra é fruí-la intelectualmente. Fá-lo aquele que tenha um título (desejavelmente legítimo[148]) para tal. É usuário o que adquire um livro para ler a obra literária nele fixada, é-o também o espectador que assiste a uma execução de uma peça musical ou à interpretação de uma peça dramática em cena ou aquele que visiona uma obra cinematográfica fixada em videograma. *Utilizar* uma obra é explorá-la economicamente, através de uma das faculdades de utilização patrimonial conhecidas ou que venham a sê-lo e que a lei (só) exemplifica.

III. As obras, como bens imateriais, são insusceptíveis de *apropriação*. A obra intelectual, como bem imaterial apenas concebível pela inteligência, escapa à característica (real) das coisas corpóreas que permite excluir do seu gozo todos os não titulares de direitos que sobre estas incidam.[149] A obra, porque intelec-

[146] António Menezes Cordeiro, "Tratado de Direito Civil Português – I (Parte Geral – Coisas)", cit., nº 59-V, p. 161.

[147] Julgamos muito expressivo o postulado de A. Menezes Cordeiro, "Tratado de Direito Civil Português – I (Parte Geral – Coisas)", cit., nº 59-I, p. 158/159, quando assevera: "Elas [as criações do espírito humano] podem ser comunicadas através da linguagem e ser incorporadas em documento. Materialmente, este mais não conterá, contudo, do que uma sucessão de sinais: apenas o espírito humano, decifrando-o, poderá dar azo à 'coisa' incorpórea". A "decifração" a que este Autor alude parece-nos esclarecer bem a ideia em que dissemos assentar a espiritualidade da obra intelectual.

[148] Razão que leva a que certas leis e directivas, desastradamente e sem revelarem preocupações de rigor, se refiram ao usuário como "utilizador legítimo" (cfr., por todos, o art. 8º DBD) ou como "utente" (cfr., por todos, ao art. 9º LBD).

[149] Por esta razão, parece-nos discutível a proposição formulada em Acórdão do Supremo Tribunal de Justiça, de 2-7-98, in Col.Jur., t. II-S.T.J. (1998), pp. 169 ss. (*maxime* p. 171), de que é Relator Pereira da Graça (em comentários ao disposto no nº 2 do art. 67º CDADC): "[...] A garantia das vantagens patrimoniais resultantes dessa exploração ("direito exclusivo de fruir e utilizar a obra) constitui, do ponto de vista económico, o objecto fundamental da protecção legal'. Trata-se de uma emanação específica do princípio geral estabelecido no art. 1305º do Código Civil, segundo o qual, o proprietário goza de modo pleno e exclusivo dos direitos de uso,

tual, está aberta ao desfrute de todos os que possam *usá-la*; não se pode afirmar que os que apenas usam uma obra a *utilizam* e atingem o exclusivo para o seu aproveitamento económico que é o conteúdo do direito de autor. Pode um sujeito apropriar-se do suporte material de uma obra – *v.g.* até de uma obra de exemplar único, como um quadro que fixa uma pintura, por exemplo –, mas a obra, a pintura nele fixada, está aberta ao desfrute intelectual de todos, adquirindo o proprietário do suporte da obra tão-só, salvo convenção em contrário, o direito de a expor (este, sim, um direito de autor – *infra*, nº 30.1).

A obra intelectual é um bem jurídico imaterial – coisa incorpórea –, insusceptível de apropriação, aberta ao desfrute (intelectual) de todos. O único exclusivo que consente é o da sua exploração económica, segundo faculdades de utilização patrimonial, que a lei enumera, atribuídas ao autor e que se estudam adiante (Capítulo II do Título III).

IV. A obra objectiva-se pela exteriorização; esta é acto material que a faz autónoma do ente criador e que lhe dá a expressão formal que só a inteligência descobre[150]. Ora, aquilo que só a inteligência apreende é, por natureza, inapropriável.

Sendo a obra intelectual um bem imaterial, autónomo da personalidade e insusceptível de apropriação, a atribuição de faculdades jusautorais representa não mais do que a outorga de poderes de utilização da mesma ligados à sua exploração económica, segundo uma ou mais entre as modalidades de utilização patrimonial que se compreendem no direito de autor.

29.4. Obra intelectual e bens da personalidade – a tutela do direito ao nome sob capa jusautoral

I. A evocação de uma pretensa tutela pelo Direito de Autor do direito de personalidade ao nome resulta sobretudo da – equívoca – inserção sistemática de

fruição e disposição das coisas que lhe pertencem." Julgamos que transparece deste postulado uma assimilação indevida das faculdades que integram os poderes de domínio real sobre coisas corpóreas e do conteúdo de um direito exclusivo de exploração económica de um bem imaterial, como é o direito de autor.

[150] "Inteligibilidade", segundo expressão que – embora com sentido sensivelmente diverso – já encontramos em J. L. LACRUZ BERDEJO, "Elementos de Derecho Civil – III Derechos Reales" – vol. I, cit., nº 179 (nota a pp. 496), quando afirma: "[...]. Em rigor, a exigência legal [para a protecção pelo direito de autor] é mais de inteligibilidade pelo observador que de prestação de inteligência do emissor".

Trata-se, enfim, da característica daquelas que, por todos, MANUEL DE ANDRADE, "Teoria Geral da Relação Jurídica", vol. I, cit., nº 41, p. 227, designa "coisas incorpóreas (*res incorporales*)": "[...] *res quae tangi non possunt*; as que não têm existência física. Não podem ser apreendidas pelos sentidos; são concebidas apenas pelo espírito (*res quae sola mente concipitur*)."

normas que respeitam a este bem da personalidade no Código de Direito de Autor e que são simples manifestação da tutela comum do direito de personalidade. Considera-se meramente instrumental a ligação destas normas às que verdadeiramente consagram direitos de autor. Vejamos.

II. No art. 29º/1 e /2 CDADC, proíbe-se o uso do nome de outrem em dada obra – seja essa pessoa, ou não, "autor", seja o nome usado "literário, artístico ou de personagem célebre da história das letras, das artes ou das ciências". Tal não significa, obviamente, proteger a autoria de quem quer que seja, reflecte antes a tutela (comum) do direito de personalidade ao nome, prevenindo o "[...] uso ilícito [desse nome] para sua identificação ou outros fins." – nos termos expressos do nº 1 do art. 72º C.Civil[151].

III. No art. 29º/3 CDADC ("Ninguém pode usar em obra sua o nome de outro autor, ainda que com autorização deste"), veda-se o uso de nome alheio em obra própria. Ora, isto não requer a oponibilidade do exclusivo jusautoral.

O que pode estar aqui em causa é também a representação das *falsificações de obras*. Como explicamos adiante (cfr., *infra* nº 57.3.1), adoptar em obra própria o nome de outra pessoa (em princípio o de alguém famoso, autor ou não, pelo que traz de valorização à exploração da obra) é ilícito não por violar qualquer direito de autor (a obra é verdadeiramente do falsificador), mas por usurpar nome alheio.

Por outro lado, a cedência do uso de nome próprio em obra alheia (como se, por exemplo, Zola cedesse o seu celebrado nome para ser usado nos escritos de outrem que visasse obter avultados rendimentos com esse uso) visa a tutela de interesses que não são apenas os do nomeado, mas também os de qualquer pessoa que se possa sentir lesada pela falsa identificação do autor. E pouco importa que o cedente seja ou não autor de qualquer obra. O inciso "outro autor", no citado art. 29º/3, revela tão-só o empirismo a que o Código recorre

[151] Como expõem Joaquim Pires de Lima/João de Matos Antunes Varela, "Código Civil (Anotado)", vol. I, cit., pp. 105/106, em anotação 2. ao preceito legal citado: "O uso ilícito do nome por parte de terceiro pode ter lugar, quer pelo seu uso pessoal, quer pela sua aplicação a quaisquer objectos, coisas ou personagens, mesmo fictícias, [...]."
Também Oliveira Ascensão, "Direito Civil – Direito de Autor e Direitos Conexos", cit., nº 67-II e –III, pp. 109/110, faz clara a distinção do âmbito de tutela: "Poderá tomar-se aquele nome [o nome literário ou artístico de outrem] como o que é adoptado expressamente pelo autor. Esse é que não poderia ser confundido, não o nome civil. Mas o confronto com o nº 2 [do art. 29º CDADC] leva a concluir que nenhum autor pode usar nome, mesmo civil, que possa confundir-se com o de outro. [...]. Não são direitos sobre uma obra, são direitos que brotam da defesa da personalidade, impedindo a confusão e, mais particularmente, a apropriação do nome de outrem."

ao mencionar a hipótese mais frequente: em princípio, um autor só terá interesse em usar o nome de outrem (outro autor) cuja "celebridade" beneficie a sua obra; mas a violação do direito de personalidade ao nome verifica-se ainda que o nome usurpado não seja "célebre" nem o de um "outro autor".

Em suma, nas situações enunciadas, não é a autoria (de obra alheia) que se falseia, é o nome de outrem que se usa ilicitamente.

29.5. A obra intelectual como objecto (também) dos direitos pessoais de autor

I. O direito pessoal de autor é um direito subjectivo, descrito como feixe de faculdades de índole pessoal, ligado à pessoa – que não à personalidade – do criador da obra intelectual (cfr., *infra*, nº 38). O objecto do direito pessoal não é, segundo qualquer perspectiva que julguemos aceitável, a personalidade do autor ou qualquer bem jurídico a esta ligado.[152]

II. A obra é um bem jurídico que, como se viu, se autonomiza com a exteriorização/formalização. O direito pessoal – núcleo fundamental de prerrogativas do autor (seja ou não pessoa física) – visa principalmente preservar a individualidade e a identidade da obra e a sua fidelidade ao resultado original da sua formalização.

Não se trata de proteger, por esta via, a "honra, o bom nome e reputação do seu criador" (cfr. art. 56º/1 CDADC), já que a lei consagra verdadeiros

[152] Significativa de uma concepção do direito pessoal nos antípodas da nossa é – por todas – a exposta por ORLANDO DE CARVALHO, "Os direitos de personalidade de autor", cit., *maxime* nº 4, p. 541: "A obra do espírito é produto do espírito, do espírito humano, sendo inconcebível como produto de pessoas jurídicas em sentido estrito. Pessoa criadora é, contudo, qualquer pessoa humana, não se exigindo outra capacidade além da capacidade natural para a própria criação. [...]. A autoria é o título originário da tutela jurídica aprestada pela lei e, portanto, dos direitos de autor. Embora, [...], a razão dessa tutela jurídica seja a obra enquanto susceptível de exploração económica, como potencial *res in commercio*, tal tutela é indissociável da personalidade criadora, pelo que a obra nunca é vista como puro bem do mundo externo, como pura e simples *res*, mas antes como a concretização por excelência da ontogenia do espírito e, nesta medida, como expressão qualificada da plenitude desse espírito. [...], conquanto a obra venha a ser objecto de um direito de propriedade autêntico – o mais autêntico dos direitos de propriedade (pro+privus=proprius), pois o seu título é a actividade criadora, ou seja, a energia laborativa, [...] –, daí repetimos, que a obra nunca seja apenas objecto de um direito desses, mas sempre também de um direito de personalidade, de um *jus in re ipsum*, que visa proteger a obra enquanto emanação e expressão do espírito que a criou."

Também RABINDRANATH CAPELO DE SOUSA, "O Direito Geral da Personalidade", cit., § 13º-2, p. 577, enuncia: "[...]. Os direitos morais de autoria das obras artísticas, literárias, científicas e intelectuais, [...], que são autênticos direitos de personalidade [...]." Não pensamos assim.

direitos de personalidade com esse fim.[153] Ao preservar-se a integridade da obra ou ao garantir a reivindicação da sua paternidade pelo autor, mais não se faz do que consagrá-la íntegra e fiel à expressão formal que o seu criador entendeu dar-lhe. A personalidade do autor não está em causa, está em causa a integridade formal e a autenticidade de um bem que precisamente se autonomiza da pessoa do criador com a sua exteriorização, condição da tutela pelo direito de autor.

29.6. A obra intelectual como objecto do direito de autor – conclusão. Conceito de direito de autor

I. Afirmar que a obra intelectual é o objecto do direito de autor mais não significa do que reportar a esta – como meio, objecto do direito de autor – o conjunto de vantagens que a ordem jurídica permite ao seu titular alcançar por seu intermédio.

A obra intelectual é, na sua imaterialidade, insusceptível de outro exclusivo senão o que reserva ao titular do direito de autor o monopólio do seu aproveitamento económico, segundo uma das modalidades de utilização patrimonial da obra previstas na lei.

II. A "independência entre as várias formas de utilização da obra" (*ex* art. 68º/4 CDADC) não significa a susceptibilidade de aproveitamento não unitário da obra: a susceptibilidade de atribuição de faculdades isoladas de utilização patrimonial, segundo uma ou mais modalidades (cfr., *infra*, nº 49), mais não denota que a ligação da obra no seu todo aos fins de exploração económica do sujeito titular do direito, segundo cada uma das modalidades de utilização individualmente consideradas.

Por fim, não pode com rigor afirmar-se que o conjunto de faculdades que permitem reconhecer na titularidade do direito de autor uma posição de exclusivo deixem perceber outro meio de atingir os fins desse direito que não seja a própria obra.

[153] Se alguém declarar que "Der kaukasische Kreidekreis", 1948, por Bertolt Brecht (encenada em Portugal sob título "O círculo de giz caucasiano") revela que o seu autor é um paranóico, justificará, por certo e na medida em que exceda o que a crítica legítima consente, que os sucessores deste dramaturgo invoquem ofensa à sua honra, mas tal declaração não belisca a "integridade da obra"; em contrapartida, se encenar "Die Dreigroschenoper", 1928, pelo mesmo Autor (encenada em Portugal sob o título "A ópera dos três vinténs") e a rotular de genial, mas resolver amputá-la da música de Kurt Weill, doura a reputação do autor e... comete inequívoco atentado à integridade desta coligação de obras.

III. Parece poder afirmar-se que o direito de autor se constitui para o aproveitamento exclusivo de um bem, a obra intelectual, mediante o qual o titular prossegue fins próprios legalmente consentidos.

O direito de autor configurar-se-á, assim – em cada uma das suas componentes patrimonial e pessoal –, **como um conjunto de faculdades, que designamos conjuntamente jusautorais, que proporcionam ao titular respectivo poderes exclusivos, fundamentalmente ligados à defesa da genuinidade e integridade da sua obra e ao aproveitamento das vantagens inerentes à exploração económica do bem-obra intelectual.**

Secção II

Obra intelectual e suporte material da obra

30. O suporte material e a independência entre direito de autor e direitos (reais) sobre os suportes de obras

O suporte material de uma obra (dito *corpus mechanicum*, o objecto em que esta se fixa, que lhe serve de veículo) é distinto da obra (dita *corpus mysthicum*, bem imaterial, como se viu). Sobre aquele incidem direitos reais, que, para além do seu proprietário, excluem todos os demais do seu gozo e fruição; sobre esta incidem direitos de autor, que não excluem ninguém da fruição intelectual das obras, mas apenas reservam como exclusiva a sua exploração económica. Uns e outros são independentes, nos termos expressos do art. 10º/1 CDADC.

Como adiantámos em análise do instituto do "copyright" (cfr., *supra*, nº 29.2), ainda que a fixação da obra intelectual seja requisito para a sua protecção jusautoral (tal acontece, entre nós, por exemplo, no caso das obras coreográficas e pantomimas – art. 2º/1-d) CDADC –, em que se requer a "fixação por escrito ou por qualquer outra forma"[154]), tal não significa que a protecção jusautoral se estenda ao suporte. Simplesmente, nestes casos, é exigida uma expressão formal particular (escrita ou outra que "materialize" a obra) como condição da outorga de tutela jusautoral.[155]

[154] OLIVEIRA ASCENSÃO, "Direito Civil – Direito de Autor e Direitos Conexos", cit., nº 35-II, p. 63, lembra, bem, outros casos, como o das obras cinematográficas (a que acrescentaríamos as televisivas – cfr. nº 81) e das obras fotográficas, em que a destruição de todos os exemplares em que se fixem tais obras acarretaria, por impossibilidade de reconstituição da respectiva estrutura formal, o seu desaparecimento. Pensamos que não pode falar-se de destruição de uma obra intelectual enquanto a sua estrutura formal for reconstituível, ainda que seja de memória. Sobre a "destruição da obra" e o direito pessoal de autor, pode ver-se o que expomos *infra*, nº 46.

[155] Como vimos, tal resulta muito bem explicado, a propósito dos sistemas de "copyright", em COPINGER/SKONE JAMES, "(On) Copyright ...", que expomos *supra* (cfr. nº 29.2).

30.1. Casos de correlação entre direitos sobre o suporte material e direitos de autor

I. Casos há em que os direitos de autor sobre a obra e os direitos reais sobre o suporte se relacionam com alguma interdependência. Assim ocorre quanto à atribuição de faculdades de utilização da obra ao adquirente do "negativo" de fotografia – art. 166º CDADC (cfr., *infra*, nº 30.1.1). Assim se verifica, também, quanto à atribuição da faculdade de expor a obra de arte plástica ao que adquira o seu suporte material (exemplar original) – art. 157º/2 CDADC.

II. O direito de autor acompanha, também, as vicissitudes que o suporte original da obra de arte original sofra, no que respeita à faculdade de cobrar uma percentagem sobre o preço de vendas sucessivas dos exemplares da obra (direito de sequência) – art. 54º CDADC (cfr., *infra*, nº 66.4).[156]

III. Merecem também realce as situações, que se tratam com autonomia noutro local (cfr., *infra*, nº 47), quanto ao chamado "direito de acesso ao exemplar raro da obra" – um direito pessoal de autor que a lei de autor portuguesa ignora, mas que está consagrado em certos ordenamentos estrangeiros (como o brasileiro e o cabo-verdiano). No exercício deste direito, pode o autor aceder ao exemplar raro da sua obra para a "publicar, divulgar ou comunicar ao público" (lei de autor cabo-verdiana); ou "[...] a fim de, por meio de processo fotográfico ou assemelhado, ou audiovisual, preservar a sua [da obra] memória" (lei brasileira).

Examine-se agora um caso particular.

30.1.1. Um caso particular – a alienação do negativo de fotografia e o direito de autor

A lei (art. 166º CDADC) presume da "alienação do negativo" de obra fotográfica[157] a atribuição em exclusivo ao adquirente, salvo convenção em contrário, das faculdades de utilização patrimonial inerentes à exploração económica.[158]

[156] Referir-se-á, ainda (cfr. nº 78), a propósito do contrato de edição, a verdadeira relevância da obrigação de entrega do exemplar original da obra pelo autor em cumprimento do contrato de edição, para efeito de reprodução em exemplares.

[157] A lei de autor portuguesa (CDADC), de 1985, contém algumas referências já datadas. É o caso do "negativo" de fotografia, pensada para as fotografias em suporte analógico (película). A *ratio* da norma não impede, porém, que se estenda aos ficheiros informáticos digitais em que hoje se fixa a grande maioria das fotografias.

[158] A alienação do suporte de obra fotográfica não é só mera tradição material da película fotográfica, a titularidade do negativo transfere-se como efeito do negócio que constitua direitos sobre este.

A circunstância de a lei enumerar as faculdades atribuídas com a alienação (cfr. art. 165º/1 *ex vi* art. 166º), bem como o facto de omitir formalidades e requisitos formais da transmissão total do direito (cfr. nº 50.1.3 e art. 165º/1 *ex vi* art. 166º) indiciam que se trata de uma simples autorização (licença), com exclusivo, para exploração segundo as modalidades e para os fins do negócio de alienação do suporte – e não da transmissão global do direito de autor[159].

Ao alienar o negativo da fotografia (ou outro suporte em que esta se fixe) mais não se presume do que a atribuição em exclusivo ao adquirente de determinadas faculdades designadas na lei (arts. 165º/1 e 166º CDADC). O direito patrimonial de autor permanece na titularidade do fotógrafo.[160]

Em suma, a alienação do "negativo" de obra fotográfica apenas proporciona ao adquirente do suporte autorização / licença para a reproduzir, difundir e pôr à venda, com restrições inerentes ao direito à imagem dos retratados. Esta atribuição deduz-se do acto de alienação e pode ser contrariada por convenção (arts. 165º/1 e 166º CDADC).

Oliveira Ascensão, também em "Direito Civil – Direito de Autor e Direitos Conexos", cit., nota (3), p. 505, ao nº 348-III, também reconhece existir um verdadeiro negócio de alienação – e não mera tradição material da coisa – no acto que, com este efeito jusautoral acessório, transfere o negativo/película fotográfica. A sua conclusão é, porém e como assinalamos na nota seguinte, diferente da nossa.

[159] Pelo contrário, Oliveira Ascensão (última ob. cit., nº 291-I) considera esta, a par das consagradas nos arts 17º/3 e 157º/2, como modalidades de "cessão não negocial". Pela nossa parte, entendemos que aqui se verifica apenas a atribuição de efeitos jusautorais a um negócio de disposição de coisa corpórea que é suporte necessário da obra.

[160] Com posição diferente, Oliveira Ascensão, "Direito Civil – Direito de Autor e Direitos Conexos", cit., nº 348-III, p. 505 e nº 291-I, p. 430, afirma estarmos perante a "consagração de uma forma completamente diferente de transmissão do direito de autor [...] que dispensa o formalismo em geral estabelecido para a transmissão universal". Assinale-se que este Autor, ob. cit. nº 291-I, coloca esta em paralelo com outras formas de atribuição presumida do direito patrimonial, a saber: a prevista no art. 157º/2 CDADC, em que se presume a atribuição do direito de exposição da obra de arte plástica ao adquirente do respectivo suporte; a "cedência" presumida do direito de exploração pelo colaborador que aceite a omissão da menção da sua co-autoria na divulgação da obra em colaboração, nos termos do art. 17º/3 CDADC. Logo se analisarão estas.

Secção III
Protecção do título da obra

31. Título da obra – significado da expressão e requisitos da protecção

I. Por "título" de uma obra intelectual não pode entender-se o tema que esta versa. Os temas são ideias de obra, e as ideias, não formalizadas em obras, não são protegidas por direito de autor (art. 1º/2 CDADC).

II. Também não são protegidos autonomamente os títulos de obra que constituam designação geral, que constituam mero espelho ou cartão-de-visita do conteúdo da obra, que sejam uma designação necessária e óbvia do que a obra contém e é. Assim, não é protegido por direito de autor, como criação autónoma, o título desta obra, "*Manual de Direito de Autor e Direitos Conexos*", visto que se limita a espelhar o que nestas páginas se versa, sem nada acrescentar de criativo ao conteúdo da obra (assim o expressa o art. 4º/2-a) CDADC). Quais são, então, os títulos de obra protegidos?

III. Os nomes, de pessoas vivas ou não, não podem ser objecto de "apropriação", de qualquer exclusivo jusautoral. Exprime-o desastradamente o art. 4º/2-b) CDADC: "não satisfazem os requisitos de protecção do título os títulos exclusivamente constituídos por nomes de personagens históricas, histórico-dramáticas ou literárias e mitológicas e por nomes de personalidades vivas". É espantoso! Por que são dignos de tutela apenas os títulos que contenham os nomes de personalidades mortas, que não sejam "personagens históricas, *etc.*"? Acaso os seus nomes ganham uma aura de criatividade que os nomes dos vivos não granjeiam? E por que se exclui da protecção, de entre os nomes de personalidades mortas, as que sejam personagens das Letras ou da História? Definitivamente, a exemplificação legal é imprestável para perceber um critério.

III. Devemos socorrer-nos do disposto no art. 4º/1 CDADC e considerar que o título de uma obra é protegido como parte da obra, uma "extensão desta" que não é objecto autónomo de direito de autor (cfr. art. 4º/1 CDADC). A lei protege o título que revista "*originalidade*" (*sic* no texto da lei): isto significa que o título deve constituir em si mesmo algo criativo, sem se limitar a espelhar ou reproduzir o que conste do remanescente do conteúdo da obra: assim, por exemplo, será protegido como extensão da obra o título que não seja uma expressão necessária do conteúdo da obra que titula ("*Manhã submersa*"[161], "*Um deus passeando pela brisa da tarde*"[162], "*A sibila*"[163], "*A divina comédia*"[164]). Esta protecção do título significa que, sem autorização do autor, o mesmo não pode ser reproduzido ou, em geral, utilizado noutra obra, nos mesmos termos que o não pode o remanescente da obra que titula.

IV. A lei de autor portuguesa protege também os títulos de obras não divulgadas, desde que estes preencham os requisitos de tutela antes descritos e estejam registados (art. 4º/3 e 214º-a) CDADC). Nada cumpre salientar a este respeito, visto que já se esperaria que o título criativo/original fosse merecedor de protecção jusautoral independentemente da divulgação/publicação da obra.[165]

Não nos equivoquemos, porém: a protecção do título da obra não depende da divulgação da obra, mas depende da *existência* desta. Ou seja, não se protegem títulos sem obra, antes de a obra correspondente ser criada; seriam títulos de... coisa nenhuma! É que, como se viu, a protecção pelo direito de autor nasce com a exteriorização formal da obra e é independente da sua divulgação/publicação, mas pressupõe a existência do objecto de protecção, a própria obra intelectual, sem a qual um título é só tema, ideia de obra, projecto de acção e, como tal, não protegido.

Por outro lado, sendo a protecção pelo direito de autor independente de qualquer formalidade, incluindo o registo (cfr. arts. 12º e 213º CDADC), já a efectividade da protecção do título da obra não divulgada depende da sua inscrição no registo (cfr., *infra*, nº 127.3).

31.1. O título de jornal ou outra publicação periódica

I. Os requisitos da protecção pelo direito de autor dos títulos de jornais ou de outras publicações periódicas (que se presumem obras colectivas – cfr.

[161] De Virgílio Ferreira, 1954.

[162] De Mário de Carvalho, 2013.

[163] De Agustina Bessa Luís, 1954.

[164] De Dante Alighieri (tradução de Vasco Graça Moura), 1ª ed., Lisboa, 2011.

[165] Tratamos esta matéria, com pormenor, *infra*, no nº 127.3.

nºs 20.1-C e 122.4 e art. 19º/3 CDADC) são os mesmos exigidos para as outras obras: uma criatividade/originalidade próprias e a sua não confundibilidade com outro de obra anteriormente divulgada do mesmo género (não é, assim, susceptível de protecção jusautoral o título "Gazeta de Notícias" sem mais aditamentos, nomeadamente a indicação de uma localidade que o referencie; já será protegido o título "JURISMAT – Revista jurídica" do ISMAT, que revela originalidade e não confundibilidade[166]).

II. Deve assinalar-se, contudo, uma importante diferença: o registo do título de jornal ou outra publicação periódica, à semelhança do título de obra não divulgada/publicada, é constitutivo da protecção (art. 214º-b) CDADC), ou seja, o título de jornal ou outra publicação periódica só é protegido depois de inscrito no registo próprio, ao contrário dos títulos de outras obras que são protegidos, como extensão ou parte da obra, logo que a obra respectiva seja divulgada.

Acresce como requisito à protecção destes títulos que a publicação da obra colectiva respectiva se efectue "com regularidade" e que o título se encontre inscrito na repartição competente de registo do departamento governamental com tutela sobre a comunicação social (art. 5º/1 CDADC).

Este registo extingue-se decorrido um ano sobre o anúncio da extinção do direito à publicação ou passados três anos sobre a interrupção da publicação da obra que titula (art. 5º/2 CDADC).[167]

[166] Este último é o título de uma publicação periódica, registada com o ISSN 2182-6900, propriedade do Instituto Superior Manuel Teixeira Gomes, em Portimão, pelo que a sua referência aqui é acompanhada de vénia à entidade proprietária.

[167] Tratamos esta matéria, com pormenor *infra*, no nº 127.4.

Secção IV
Obras "equiparadas a originais"

32. Obras derivadas e obras compósitas

I. É obra compósita "aquela que incorpore, no todo ou em parte, uma obra preexistente, com autorização, mas sem a colaboração do autor desta" (art. 20º/1 CDADC). A coligação de obras é diferente: é a conexão de duas ou mais obras, próprias ou alheias, para uma utilização conjunta (cfr., *infra*, nº 59); depende de autorização dos autores das obras coligadas. Na obra compósita, incorpora-se em obra própria uma (ou mais do que uma) obra alheia preexistente. Na coligação de obras, não é uma nova obra que se cria, são duas obras (próprias ou alheias) que se juntam para uma nova utilização.

Assim, por exemplo, será obra compósita a que inclua/integre obra alheia, como uma tese de doutoramento em arquitectura (obra protegida, se dotada de criatividade) que recorra a desenhos de Palladio para ilustrar uma dada teoria. Encarar-se-á uma coligação de obras quando um editor, sem nada criar de novo, juntar desenhos e texto para publicar um livro ilustrado.

O direito de autor na obra compósita pertence exclusivamente ao que incorpora outra obra na sua, "sem prejuízo dos direitos do autor da obra preexistente" (art. 20º/2 CDADC). O direito de autor na coligação pertence aos autores da obra coligada ou a quem estes autorizem a coligar as suas obras, que adquirirá o direito daqueles, a título derivado, sem nada criar.

II. A obra derivada é figura diferente daquelas. Nesta, confronta-se uma transformação de obra preexistente (por exemplo, pela tradução, pela dramatização ou pela cinematização de uma obra literária) para criar uma nova obra (cfr., *infra*, nº 58 e art. 3º/1-a) CDADC). Também é designada obra derivada a compilação ou selecção de obras, protegidas ou não, em que a criatividade se encontra no próprio critério de selecção/escolha dos elementos compilados ou seleccionados, como veremos acontecer nas obras-base de dados (cfr., *infra*, nº 33-II), e acontece nas enciclopédias, selectas ou antologias[168] – art. 3º/1-b) CDADC. Obra derivada é, ainda, a compilação sistemática ou anotada dos chamados "textos oficiais", que não são sequer protegidos autonomamente em si mesmos (cfr., *infra*, nº 37).

Como expusemos, antes, consideramos também obras derivadas as criadas pelos usuários de sistemas de inteligência artificial (cfr., *supra*, nº 10.1.6).

Nas obras derivadas coexistem o direito do autor do que cria a obra derivada e o do autor da obra original transformada ou compilada.

[168] Deve fazer-se uma prevenção: quando enciclopédias, selectas ou antologias sejam organizadas por iniciativa de pessoa, individual ou colectiva, estranha aos autores dos elementos criativos integrados, e divulgadas em nome daquela, são obras colectivas (cfr. nº 19 e art. 16º/1-b) CDADC), na titularidade de uma empresa que empreenda na sua organização.

Secção V
As bases de dados e os programas de computador

33. Bases de dados

I. Diz-se base de dados "uma colectânea de obras, dados ou outros elementos independentes, dispostos de modo sistemático ou metódico e susceptíveis de acesso individual por meios electrónicos ou outros" (art. 1º DBD)[169]. A definição portuguesa, em transposição desta (art. 1º/2 do Decreto-lei nº 122/2000, de 4-7) reproduz literalmente aquele enunciado.

A tutela das bases de dados compreende dois objectos distintos: a *obra*-base de dados, objecto de direito de autor e o *produto*-base de dados, objecto de direito *sui generis*. Estes dois objectos de direitos autorais não coexistem necessariamente na mesma base de dados: só existe *obra*-base de dados se os elementos reunidos nesta revelarem criatividade na escolha ou organização; existe *produto*-base de dados se esta revelar um investimento substancial na sua produção; evidentemente, estes requisitos podem não coexistir na mesma base de dados.

II. Nas bases de dados, a tutela pelo direito de autor é totalmente independente da que outorga o reconhecimento de um direito *sui generis* ao seu produtor:

a) na obra-base de dados, o titular originário do direito de autor é o seu criador (ou outro a quem este atribua voluntariamente o direito de

[169] Resultam de vários instrumentos internacionais outras noções muito aproximadas de base de dados. Assim:
- Acordo TRIPS/ADPIC - art. 10º/2 -: "compilações de dados ou de outros elementos, que sejam fixados num suporte legível por máquina ou sob qualquer outra forma que, em virtude da selecção ou da disposição dos respectivos elementos constitutivos, constituam criações intelectuais".
- Tratado da OMPI sobre Direito de Autor - OMPI/TDA (WCT) - art. 5 -: "compilações de dados ou outros materiais, seja qual for a sua forma, que, pela escolha ou disposição das matérias, constituem criações intelectuais".

autor[170]; na situação jurídica que refere ao produto-base de dados, o produtor, que realize um "investimento substancial" para a obtenção, verificação ou apresentação do conteúdo da base, é investido na titularidade de um exclusivo de exploração do seu produto – cfr. arts. 4º e 7º/1 da DBD, e arts. 4º/1, 5º/1 e 12º/1 LBD;

b) nas bases de dados que são obras intelectuais (obras-base de dados), é protegida a sua estrutura formal, segundo critério comum às (demais) colectâneas, e o pressuposto de tutela é a criatividade da selecção ou disposição dos elementos que incorporam (obras ou outros elementos informativos, factuais e não criativos); nos produtos-base de dados, é protegido o seu conteúdo, que não pode ser alvo de extracção ou reutilização em "partes substanciais" – cfr. arts. 3º e 7º/2 da DBD, e arts. 4º/1 e /2 e 12º/1 LBD;

c) na obra-base de dados, institui-se um exclusivo jusautoral de utilização patrimonial da obra no seu todo, que não abrange nem afecta direitos de autor que eventualmente incidam sobre elementos nela incorporados (como acontecerá se os "dados" que integram a base forem, também eles, obras intelectuais); no produto-base de dados, consagra-se um direito de monopólio de exploração comercial de um produto por uma entidade não criadora, normalmente uma empresa – cfr. arts. 3º/2 e 7º/2 e /5 e 13º da DBD, e arts. 4º/3 e 12º/2 LBD.

São, assim, diferentes os titulares, os conteúdos, os objectos e os fins da tutela sob o direito de autor e o direito *sui generis* em cada base de dados – em que, de resto, podem não coexistir.[171] Reconhece-se-lhes necessariamente uma diferente natureza.

Resulta, pois, patente a presença não de um, mas de dois objectos sob a designação "base de dados" na LBD: uma obra (objecto de direito de autor)

[170] A LBD (art. 5º/3) atribui a titularidade do direito (patrimonial) de autor sobre as bases de dados criadas por "um empregado" (entenda-se, um trabalhador ou funcionário vinculado à criação destas) no exercício das suas funções, e bem assim, nas que sejam criadas em execução de contrato de prestação de serviços, ao "destinatário da base de dados" (entenda-se, àquele para quem a base de dados foi criada). Tal só assim não será se a houver convenção em contrário ou se outra coisa resultar da finalidade do contrato. Inverte-se, assim, o sentido da presunção legal geral vigente para as obras criadas em cumprimento de contrato ou de dever funcional (art. 14º/2 CDADC).
Sobre este ponto, cfr., *infra*, nº 71-II.

[171] Uma base de dados pode ser resultado de um investimento substancial na sua obtenção (e, como tal, granjear a protecção como produto-base de dados) e não ser criativo o critério de escolha dos elementos integrados (não merecendo, por isso, tutela pelo direito de autor) – art. 4º/3 LBD.

e um produto (objecto de direito *sui generis*, dito impropriamente "do fabricante"[172] da base de dados) (art. 12º/1)[173].

III. Na maioria das bases de dados, a expressão formal é quase banal, sobretudo se comparado o valor do seu conteúdo. Se alguma expressão formal inteligível assoma da selecção e organização dos elementos informativos integrantes, já o seu conteúdo imaterial é nulo quanto à criatividade, porque o que é simplesmente "informativo" é, também e por definição, meramente factual – e o Direito de Autor protege obras, não factos ou a sua descrição com intuitos informativos. Ora, quando o que se pretende é uma descrição da realidade tão fiel quanto possível, esta é tanto mais valiosa quanto menos criativa for, pelo que se afigura que a tutela jusautoral da base de dados é emprestada ao que verdadeiramente se visa: a outorga de uma protecção poderosa – como é a do Direito de Autor – ao que é fundamentalmente um produto da indústria.[174]

34. Programas de computador

I. O art. 1º/1 DPC, o art. 10º/1 TRIPS/ADPIC, o art. 4 OMPI/TDA apontam todos para uma protecção dos programas de computador "de maneira análoga à das obras literárias" (*ex* art. 2/1 CB). Em Portugal, o art. 1º/2 do Dec.-lei nº 252/94, de 20-10, reconhece aos "programas de computador que tiverem carácter criativo [...] protecção análoga à conferida às obras literárias".

Não está, evidentemente, em causa uma qualquer pretendida "expressão literária" dos programas de computador – ainda que traduzida em mera "expressão linguística"[175/176] –, mas tão-só o reconhecimento de uma expressão formal

[172] Como bem se entende, o produtor da base de dados não se limita a fabricá-la.

[173] Quem, não estando para tanto autorizado, reproduzir, divulgar, comunicar ou colocar à disposição do público, com fins comerciais directos ou indirectos, uma base de dados protegida por direito de autor ou direito conexo é punido com pena de prisão até 3 anos ou com pena de multa. Curiosamente, a lei considera que a violação de direito de autor na obra-base de dados *e* de direito *sui generis* no produto-base de dados, pela sua reprodução ilegítima, é equivalentemente punível.

[174] Em desenvolvimento deste tema, veja-se o nosso "Tutela Jurídica das Bases de Dados (A transposição da Directriz 96/9/CE)", cit..

[175] São interessantes alguns dos pressupostos de Acórdão do Tribunal Constitucional, nº 1057/96, de 16-10 (DR II Série, de 23-11-1995, pp. 16408 ss., *maxime* pp. 16411/16412) – que "não declara a inconstitucionalidade da norma do nº 2 do art. 45º do Estatuto dos Benefícios Fiscais [a norma que define a base de tributação em IRS dos "rendimentos de autores provenientes da propriedade literária, científica e artística"], aprovado pelo Decreto-lei nº 215/89, de 1 de Julho, na redacção introduzida pela Lei nº 65/90, de 28 de Dezembro." – intercalado nosso. Neste se assevera nomeadamente: " [...] a fronteira que deve separar a obra literária da obra não literária não pode deixar de ser encontrada pelo funcionamento de critérios que permitam enquadrar a obra literária no âmbito da actividade criativa e a não literária dentro da actividade não criativa, sendo, no entanto, relevante, para este efeito, apenas o valor facial da obra. [...]. A nossa lei não exige,

inteligível ou, menos ambiciosamente ainda, apenas uma qualquer expressão formal identificável como elemento distintivo digno de tutela sob o direito de autor[177].

II. Procura-se, por vezes, no "código do programa"[178], uma expressão linguística que lhe daria forma intelectualmente perceptível.[179]

Observada a posição de exclusivo reservado ao titular, verifica-se que é em torno da "descompilação" (do conteúdo) do programa[180] – do "acesso aos ele-

pois, que estes elementos – designadamente o mérito e o objectivo – se verifiquem em qualquer obra para estar protegida pelo direito de autor."

[176] RUI SAAVEDRA, "A protecção jurídica do software e a Internet", cit., II-8.9.-b), pp. 221/222, avalia – quanto a nós, bem – que a determinação legal (art. 1º/2 Dec.-lei 252/94) que reconhece aos programas de computador "protecção análoga à conferida às obras literárias" mais não significa do que chamar a tutela do Direito de Autor, segundo o critério da criatividade. Parece depois considerar que tal significa "a indiferença ao mérito da obra", em aplicação de regra que aqui se nos afigura deslocada.

[177] Já em data anterior à publicação do Decreto-lei nº 252/94, de 20-10, o ACÓRDÃO DA RELAÇÃO DE LISBOA, de 26-4-1994, in Col.Jur., t. II (1994), pp. 130 ss. (*maxime* p. 131), que tem como Relator PINTO MONTEIRO, considerava que: "[...] os programas de computador se encontram implicitamente incluídos no elenco das obras protegidas constantes do art. 2º do [...] Código [CDADC], devendo ser considerados como criação intelectual."

[178] Segundo explicação de JOSÉ ALBERTO VIEIRA, "Obras geradas por computador e direito de autor", cit., nº 1, p. 115: "Os programas de computador são fornecidos ao utilizador numa versão em código máquina, porquanto o computador só nessa linguagem é capaz de executar as instruções do programa [elaborado pelo programador]. O código máquina resulta, no entanto, de uma transformação do código fonte operada por via de outro programa de computador, um "compiler" ou um "assembler", que efectua a conversão do código do programa na linguagem de alto nível (linguagem de programação) ou de baixo nível ("assembly language") em que o programa é escrito pelo programador para uma linguagem máquina."

[179] Esta parece ser a opção de OLIVEIRA ASCENSÃO: "Mas em todos os casos [referindo quer a linguagem de alto nível (intermédia entre o algoritmo e a linguagem da máquina) quer a linguagem de baixo nível (que é directamente perceptível pela máquina)] defrontamos uma linguagem. Isto nos permite afirmar sem nenhuma dúvida que o programa de computador é uma criação que tem uma expressão, e que essa expressão é linguística." (OLIVEIRA ASCENSÃO, "A protecção jurídica dos programas de computador", cit., nº 25, p. 99, com intercalado nosso).
Ou, como expõe REHBINDER: "[...] os programas de computador utilizam a/recorrem à sua própria linguagem [...] e são por isso considerados obras escritas; porque comunicam a solução de problemas técnicos numa linguagem simbólica compreendida pelo computador. Pelo seu conteúdo trata-se de tecnologia de informação. Por isso o BGH não vê qualquer impedimento à sua patenteabilidade que protegeria, para além do programa, também a ideia técnica do software ["softwaretechnische Idee", na expressão original]." (REHBINDER, "Urheberrecht", 12ª ed. (2002) cit., § 12-III, p. 87 (127)).

[180] A propósito da noção e significado jusautoral da "descompilação" do programa de computador, deixamos alguns apontamentos no nosso "Os Multimedia – regime jurídico...", cit., nº 4.1.1.,

mentos que permitem a reprodução do código e a tradução da sua forma" (cfr. art. 6º/1 DPC) – que se traça, pela sua delimitação negativa (cfr. art. 6º/1 e /2 DPC e art. 7º/1 e /4 Dec.-lei nº 252/94), o conteúdo do direito.

As operações descritas, inerentes à descompilação, estão confinadas ao uso do exemplar e ao acesso ao conteúdo (imaterial) do programa. Não comportam utilização da obra, mas antes o acesso ao conteúdo do programa de computador, já que apenas propiciam a transformação do respectivo código e a sua eventual reprodução, não a de qualquer expressão formal da obra – cfr. nºs 1 e 5 do art. 7º Dec.-lei nº 252/94.

É na organização dos elementos que compõem o programa que se encontra a originalidade da sua expressão: ainda que se partisse da mesma ideia, do mesmo princípio, de um algoritmo comum, a "linguagem de programação" revelar-se-ia provavelmente segundo expressão formal distinta. Assim, no que respeita ao programa de computador, merece a tutela jusautoral não apenas a linguagem que lhe dá expressão, não a sua (eventual) aplicação, não o código, mas o conjunto destes reunido num objecto novo com expressão criativa. Se bem que o verdadeiro objecto do exclusivo pareça ser o código (conteúdo imaterial) do programa de computador, que talvez melhor justificasse um regime *sui generis*, tal não impede que se conceda que o pressuposto de tutela é – ainda aqui – a respectiva expressão formal criativa segundo "linguagem" (nem literária nem artística) própria deste género de obra.

pp. 97 ss.. Em preparação das suas apreciáveis conclusões sobre a patenteabilidade dos programas de computador, Alexandre Dias Pereira, "Patentes de software – sobre a patenteabilidade dos programas de computador", cit., § 8-25, p. 412, refere: "A concessão de protecção apenas análoga à conferida às obras literárias terá sido o modo de conciliar aquele comando [o contido na norma do art. 1º/1 DPC] com a tutela específica atribuída pela directiva a certos elementos dos programas, como sejam os algoritmos, a lógica e a linguagem de programação, através das regras da descompilação."

Secção VI
As "obras não protegidas"

35. Notícias, requerimentos e queixas, e discursos políticos

I. É forçado chamar obras intelectuais a "notícias do dia", que se limitam a relatar factos, ou a "queixas" apresentadas perante autoridades, que retratam eventos tão fielmente quanto possível, pois que são, ou devem ser, por definição, destituídas de criatividade: à notícia e à queixa não se pede que sejam criativas, mas factuais. A lei (art. 7º/1-a), -b) e -c) CDADC), de resto, evita cuidadosamente a designação "obra", quando se lhes refere.

II. O nº 3 do citado art. 7º CDADC limita a utilização destas peças, por outrem que não o autor, "ao exigido pelo fim a atingir com a sua divulgação".

Não se trata de uma reserva de direito de autor. Em primeiro lugar, a "liberdade de utilização", citada do preceito, não é uma delimitação negativa do conteúdo do direito de autor, como as que se estudam adiante (cfr., *infra*, nºs 61 a 64). As várias "utilizações livres" de obras intelectuais, previstas na lei, pressupõem a existência de uma reserva de exploração económica da obra, exclusiva do autor, que ali não existe porque não se trata de verdadeiras obras. Em segundo lugar, a razão da limitação pelo fim da utilização consagra tão-só o respeito pela paternidade (aqui quase que deveria antes falar-se de *propriedade*) daquelas peças não autorais: obras protegidas ou não, tais notícias, queixas, requerimentos são elaborados por alguém; e é a este que pertence definir o destino que devem ter, sem que tal implique a existência de qualquer exclusivo jusautoral.[181]

[181] Porque consideramos que existe aqui uma verdadeira limitação pela destinação às utilizações consentidas a terceiros, apesar de independente de qualquer tutela jusautoral, não partilhamos a posição de Luis Menezes Leitão, "Direito de Autor", cit., Capítulo V, 6.6.

III. Todos estamos familiarizados com as chamadas "minutas" de textos de requerimentos, petições, alegações. São escritos-matriz dessas peças processuais, facultados a todos os que tenham interesse em prosseguir a mesma via-sacra, trilhando os mesmos caminhos de penitência burocrática. Criativas, por vezes, tais minutas são vulgarizadas pela repetição e por serem como que a expressão necessária da pretensão que formulam.

Estes escritos não são protegidos por direito de autor (art. 7º/1-b) CDADC). No entanto, dada a matéria sensível ou pessoal que muitas vezes encerram, são reservados os que forem confidenciais ou aqueles cuja divulgação possa contribuir para prejudicar a honra ou reputação do autor ou de terceiro (art. 7º/4 CDADC). Protegem-se não direitos de autor, mas direitos de personalidade ou a reserva de confidencialidade de documentos particulares.[182]

IV. Os discursos proferidos perante assembleias ou conselhos, políticos ou administrativos, bem como os discursos políticos não são protegidos por direito de autor (art. 7º/1-c) e –d) CDADC). No entanto, a lei institui a reserva da reprodução (integral ou em separata, em colectânea ou noutra utilização conjunta dos mesmos), o que já revela alguma tutela jusautoral, a única apta a proporcionar ao autor um exclusivo de reprodução (cfr. art. 7º/2 CDADC): só as colectâneas de discursos são objecto de direito de autor.

No entanto, se se pensar bem, concluir-se-á que nenhuma razão existe, excepto a que se prende com a utilidade pública e o direito de cidadania de aceder a textos políticos, para excluir da protecção jusautoral os "discursos políticos" ou as "peças oratórias", tão criativos que normalmente são. Melhor teria ido o legislador se, nestes casos, tivesse antes instituído, na sede própria, a protecção jusautoral com uma licença compulsória para a sua utilização.[183]

V. Em suma: a) as "notícias do dia", relatos de acontecimentos, não são protegidas por direito de autor, o que sempre resultaria de serem meramente factuais; b) os requerimentos, queixas e outras interpelações administrativas, bem como os discursos públicos, incluindo os discursos políticos, só merecem protecção pelo direito de autor quando estiver em causa a sua reprodução integral em colectânea, que depende de autorização do(s) autore(s); c) a utilização dos referidos em a) e b) só é livre se limitada aos fins da divulgação original.

[182] Neste sentido, Luis Menezes Leitão, última ob. cit., *ibidem*.

[183] Cfr., *infra*, nº 80-II, a propósito das licenças compulsórias.

36. Escritos e outras obras antigos

Considerar que obras escritas, compostas, construídas, pintadas, esculpidas há séculos não são protegidas por direito de autor porque... nunca o foram, já que a sua criação/exteriorização antecede, em muitos séculos por vezes, até as concepções filosóficas de que nasceu o primeiro Direito de Autor, parece inapropriado.[184]

Trata-se de obras intelectuais, sem dúvida. Caíram no domínio público, é claro. Mas podem ainda ser representadas, declamadas, truncadas, contrafeitas, usurpada a sua autoria, beliscada a sua genuinidade ou integridade. Sem dúvida que justificam que se accionem em sua defesa todos os mecanismos que o Direito de Autor disponibiliza para as obras caídas no domínio público – e a que se refere ao longo deste escrito –, sem que a tal obste qualquer princípio ou regra estudados. O Direito de Autor, vigente e pujante hoje-em-dia, empresta a sua protecção a *todas* as verdadeiras obras intelectuais, criadas antes ou depois de ser instituído este ramo do Direito Civil. O facto de a *utilização* de obras antigas ser livre, como o é a de todas as obras caídas no domínio público, não exclui a tutela nos restantes aspectos estudados.

37. O regime nas ditas "obras oficiais"

I. São chamados "textos oficiais" os de convenções, de leis, de regulamentos e de relatórios, de decisões administrativas, judiciais ou de quaisquer órgãos ou autoridades do Estado ou da Administração Pública. A lei estatui que "não beneficiam de protecção [jusautoral] os textos oficiais" – cfr. arts. 8º e 3º/1-c) CDADC –, em sinal da sua especificidade como "género" próprio.

A matéria é versada no disposto no art. 8º CDADC. É logo a epígrafe do preceito que equivoca, pois menciona "compilações e anotações de textos oficiais". Mesmo uma leitura perfunctória deixa perceber que não estão aqui em causa peças em que se seleccionem ou compilem textos oficiais: estas são protegidas por direito de autor[185], nos termos do consagrado no art. 3º/1-c) CDADC. São as meras compilações de leis ou de decisões judiciais que não são protegidas.

II. O art. 3º/1-c) CDADC estabelece a constituição de direito de autor relativo a "compilações sistemáticas ou anotadas de textos (de convenções, de leis,

[184] Em sentido diverso, Luis Menezes Leitão, "Direito de Autor", Capítulo V, 6.5.

[185] Neste sentido, aliás inequívoco: José de Oliveira Ascensão, "Direito Civil – Direito de Autor e Direitos Conexos", cit., nº 71-I, p. 114; Luiz Francisco Rebello, "Código do Direito de Autor e dos Direitos Conexos (Anotado)", 3ª ed. cit., em anotação 1. ao Art. 8º, em que também comenta trecho do Acórdão do Tribunal Constitucional, nº 1057/96, de 16-10 (DR II Série, de 23-11-1996).

de regulamentos e de relatórios, de decisões administrativas, judiciais ou de quaisquer órgãos ou autoridades do Estado ou da Administração Pública)". O pressuposto de tutela destas compilações é a criatividade na sistematização desses textos e não os referidos textos. Ora, a criatividade na sistematização ou escolha dos elementos é critério familiar, pois encontra-se já a propósito das "obras-colectânea" (cfr., *supra*, nº 32) e das "obras-base de dados" (cfr., *supra*, nº 33): é requerido tão-só que se reconheça criatividade na organização/arranjo/ /disposição dos elementos ("textos", na expressão legal) compilados.

Por outro lado, não obstante a omissão do inciso "... pela escolha ou...", verificada no confronto da norma da alínea b) do mesmo art. 3º/1, parece pacífico que também relevará como pressuposto de tutela a criatividade na escolha/ /selecção desses elementos.

III. O reconhecimento da criatividade das "compilações de obras oficiais" é, assim, independente da que se reconheça aos elementos ("textos") incorporados, o que se deduz do disposto no art. 3º/2 CDADC. Falta esclarecer se também são tuteladas por direito de autor as obras (protegidas) incorporadas nos (ou coligadas aos) ditos "textos oficiais", como, por exemplo, um desenho criativo de um fardamento (art. 2º/1-i) CDADC) ou um projecto arquitectónico de urbanismo ou de um edifício oficial (art. 2º/1-l) CDADC), incluídos num texto de uma lei, publicada em Diário da República. Há que distinguir.

Os "textos oficiais", sejam textos de convenções, de leis, de regulamentos e de relatórios ou de decisões administrativas, judiciais ou de quaisquer órgãos ou autoridades do Estado ou da Administração [Pública] – e, bem assim, as traduções oficiais destes –, não são protegidos por direito de autor (art. 8º/1 CDADC); só as compilações sistemáticas ou anotadas dos mesmos o são (art. 3º/1-a) CDADC).

As obras, protegidas nos termos gerais, que os referidos "textos oficiais" incorporem, não perdem a sua tutela como obras autónomas pelo facto da sua incorporação. Simplesmente, o facto de serem incorporadas em textos oficiais faz com que sejam livremente reprodutíveis (sem o consentimento do autor e sem que tal lhe confira qualquer direito) "no âmbito da actividade do serviço público de que se trate" (art. 8º/2 CDADC).

Quanto às anotações (ou outras obras ou elementos imateriais coligados aos "oficiais", como, por exemplo, notas remissivas), merecerão (ou não) tutela jusautoral nos termos gerais: são protegidas as que forem criativas.

Título III

Conteúdo do Direito de Autor

Capítulo I
Faculdades pessoais

Secção I
Titularidade, características e exercício das faculdades pessoais de autor – em geral

38. Carácter pessoal do direito (dito) "moral" de autor

I. O direito de autor é um exclusivo de exploração económica da obra intelectual que serve também à preservação da sua genuinidade e integridade. Este direito pertence ao criador intelectual da obra e o seu núcleo patrimonial pode ser atribuído, por convenção, ao que encomenda a obra. Pode constituir-se, originariamente, na titularidade de uma empresa, pessoa singular ou colectiva, no caso das obras colectivas.

A outorga deste exclusivo implica que o autor possa excluir todos os demais da exploração económica da obra. E apenas do aproveitamento económico, não da fruição intelectual da obra, já que esta está acessível ao desfrute espiritual de todos.

II. Nos termos do art. 9º/1 e /3 CDADC, a par das faculdades de utilização *patrimonial* da obra ligadas à sua exploração económica, o autor "goza de direitos *morais*". Dão-lhe esta mesma designação as leis de autor brasileira e cabo-verdiana. A lei de autor angolana caracteriza-os mesmo como "de carácter moral", enquanto a lei de autor moçambicana, quanto a nós avisadamente, prefere referi-los como "direitos de natureza pessoal, denominados não patrimoniais". Já a lei de autor macaense muito bem diz o direito pessoal de autor apenas como "um direito pessoal sobre a obra protegida".[186] A lei de autor timorense descreve-os como "direitos de natureza pessoal, [...] denominados direitos morais".

Escrevemos já sobre as razões pelas quais achamos preferível a designação direitos *pessoais* para nomear o conjunto destas faculdades[187]. Preferimo-la, não obstante a terminologia da lei, já que a expressão "*direitos morais*" não só nada diz que elucide sobre a natureza destas faculdades, como deixa supor – erroneamente – a existência de direitos "não morais" ou a inserção dos direitos pessoais de autor numa ordem de valores extra-jurídica (moral), o que equivoca sobre a realidade.

39. Fundamento do direito pessoal: a preservação da genuinidade e integridade da obra

O direito pessoal de autor, dito de conteúdo ético, está ligado à preservação da genuinidade e integridade da obra e afirma dois axiomas:

a) o autor é dono e senhor originário do destino da sua obra no comércio jurídico – enquanto tal, decide soberanamente *se* e *quando* a sua obra é divulgada e o *modo* da sua divulgação; pode também interromper a circulação da obra, invocando razões pessoais ponderosas – exerce, com este conteúdo, os direitos ou faculdades de divulgação ou ao inédito e de retirada;

b) por outro lado, o autor tem o direito de ser conhecido e reconhecido como tal e de preservar a obra tal como a exteriorizou, aceitando ou não as modificações que lhe proponham e realizando as que entender – exerce, com este conteúdo e em relação à obra, os direitos de menção da designação de autoria, de reconhecimento da paternidade, de defesa da integridade, de modificação e de acesso a exemplar.

[186] Todas as leis de autor de países e territórios lusófonos confrontadas prevêem o direito pessoal de autor, como não podia deixar de ser sob a Convenção de Berna a que todos estes Estados aderiram. Assim: a) na lei de autor brasileira (LAB), que, no seu art. 24, estatui "pertencerem ao autor os direitos morais [...]"; b) na lei de autor angolana (LAA), que, logo no seu art. 3º/2, consagra os que designa "direitos de carácter [...] moral"; c) na lei de autor moçambicana (LAM), que, no art. 8, consagra os que designa "direitos de natureza pessoal, denominados direitos não patrimoniais ou morais"; d) na lei de autor cabo-verdiana (LACV), que, no art. 5º/2, inclui "direitos de carácter patrimonial e pessoal, designando-se estes últimos por direitos morais"; e) na lei de autor macaense (LAMac), que, no seu art. 7º consagra o que designa "um direito pessoal [...] sobre a obra protegida"; f) e na lei de autor timorense (LATL), que, no seu art. 32º, prevê os que designa "direitos morais".

[187] Veja-se o nosso "O direito pessoal de autor no ordenamento jurídico português", cit., p. 19.

Os direitos pessoais de autor podem dizer-se instrumentais da exploração económica da obra: o criador intelectual, ao defender a integridade da obra, ao reivindicar a sua paternidade e, mais obviamente, ao decidir a divulgação se, quando e pelo modo que entender, bem como ao retirá-la de circulação, está também a garantir que as utilizações patrimoniais da sua obra são conformes ao que dela e para ela idealizou.

Isto é particularmente nítido nas obras criadas por contrato (no âmbito de dever funcional, em execução de contrato de trabalho ou em cumprimento de contrato de prestação de serviço). Nestas (art. 15º CDADC): se for voluntariamente atribuído o direito de autor ao comitente (ao que encomenda a obra), as utilizações consentidas ao autor não podem "prejudicar a obtenção dos fins para que foi produzida"; se o direito permanecer na titularidade do criador intelectual, a obra "apenas pode ser utilizada para os fins previstos na convenção".[188]

Analisem-se, então, as várias faculdades que integram o direito pessoal de autor.

40. Faculdades integradas no direito pessoal – em geral

O direito pessoal de autor integra, nos termos conjugados dos arts. 9º/3, 56º/1 e 62º CDADC, as faculdades de divulgação da obra, de retirada, de reivindicação da sua paternidade, de defesa da sua integridade, de exigir a menção da designação de autoria e, em alguns ordenamentos, também o de acesso a exemplar único ou raro da obra.[189]

[188] Sobre este tema, pode confrontar-se o nosso "Contrato de direito de autor: a autonomia contratual na formação do direito de autor", cit., nº 84, pp. 544 e ss.

[189] Assim, nos termos dos arts. 9º/3, 56º/1 e 62º CDADC.
A LAMac (art. 7º) consagra os direitos "de manter a obra inédita", de "reivindicar a paternidade da obra e de ser identificado como autor", de "retirar a obra de circulação" e de "assegurar a genuinidade e integridade da obra e opor-se a qualquer mutilação ou deformação".
A LACV (art. 46º) plasma as faculdades "de reivindicar a paternidade da obra e exigir a menção do seu nome", "de defender a genuinidade e a integridade", "de conservar inédita a obra, de modificá-la", "de retirar a obra de circulação" e "de ter acesso a exemplar único ou raro da obra".
A LAM (art. 8) estabelece os direitos "de reivindicar, a qualquer tempo, a autoria da obra", o de ter o seu nome, pseudónimo ou sinal convencional indicado ou anunciado, como sendo autor, na utilização da obra", "o de conservar a obra inédita ou realizar a sua primeira divulgação", "o de assegurar a integridade da obra", "o de ter acesso a exemplar raro ou único da obra".
A LAA (art. 18º/1) acolhe os direitos de "exigir o conhecimento da paternidade e a menção do seu nome sempre que ela seja comunicada ao público", "de defender a sua integridade", "de conservar a obra inédita", "de a modificar antes ou depois de comunicada ao público" e "de a retirar de circulação ou suspender a utilização".
A LAB (art. 24) consagra os direitos de "reivindicar a autoria", ter "o seu nome (pseudónimo, sinal ou outra designação) como autor, na utilização de sua obra", "conservar a obra inédita",

No primeiro deste acervo de poderes (de divulgação da obra ou ao inédito), compreende-se a prerrogativa jusautoral de conservar a obra inédita ou de a divulgar *se*, *quando* e *como* o autor entender. Pode também o autor, em circunstâncias excepcionais, interromper a utilização em curso da sua obra, exercendo o direito de retirada. Como titular da faculdade de reivindicar a paternidade, o autor pode reclamar a autoria da obra. Em defesa da integridade da obra, pode também opor-se aos actos que a desvirtuem. Ao exigir a menção da designação (o seu nome ou outra) no decurso da utilização patrimonial da obra, impõe a sua identificação como autor. Finalmente, se pretender publicar a obra rara ou de exemplar único ou preservá-la, pode requerer o acesso à mesma (ou, mais precisamente, ao exemplar que a fixe).

41. Características do direito pessoal – o exercício *post mortem auctoris*

I. Nos termos expressos do art. 56º/2 CDADC, os direitos pessoais são inalienáveis, irrenunciáveis, imprescritíveis; "perpetuando-se após a morte do autor", acrescenta a lei de autor portuguesa de forma equívoca. Todos os ordenamentos lusófonos compulsados consagram esta regra. A lei de autor cabo-verdiana (art. 47º/1 LACV) declara-os mesmo como tal "no caso de transmissão total e após a morte do autor".

Se a natureza pessoal destes direitos deixa prever as características (intransmissibilidade, irrenunciabilidade, *etc.*) apontadas, já a perpetuidade *post mortem auctoris* é insuspeitada.

O escrutínio mais fino do regime legal permite, aliás, que se perceba que a (aparentemente) consagrada perpetuidade dos direitos pessoais após a morte do autor é, afinal, mera legitimação para a defesa (da integridade e genuinidade) da obra pelos seus sucessores. As leis de autor angolana (art. 22º LAA), cabo-verdiana (art. 47º/2) e timorense (art. 33º/1 LATL), de resto, cometem apenas o *exercício* dos direitos morais aos sucessores do autor ou, supletivamente, à Secretaria de Estado da Cultura. Bem assim, a lei de autor macaense (art. 43º LAMac) apenas defere aos sucessores o *exercício post mortem*.

II. Verifica-se, pois, que o que a lei consagra (cfr., por todos, os arts. 57º e 70º CDADC) é a investidura dos sucessores do autor falecido na titularidade

"assegurar a integridade da obra", "modificar a obra", "retirar de circulação a obra" e o "de ter acesso a exemplar raro e único da obra".
A LATL (art. 32º/1) enuncia-os: "direito de reivindicar a autoria da obra e de assegurar a genuinidade e integridade desta, opondo-se à sua destruição, a toda e qualquer mutilação, deformação ou outra modificação da mesma e, de um modo geral, a todo e qualquer ato que a desvirtue e possa afetar a honra e reputação do autor".

de prerrogativas inerentes à defesa da obra (sua integridade, imputação da sua paternidade e menção da designação de autoria), em termos, aliás, semelhantes ao consagrado para os direitos de personalidade *post mortem* (cfr. arts. 71º e 73º C. Civil). Direitos como o de retirada são pessoalíssimos, indissociáveis da pessoa do criador da obra, como se evidenciará pela análise deste direito, e extinguem-se por morte do autor.

Não faria sentido investir os sucessores na titularidade de faculdades pessoais "até a obra cair no domínio público" (cfr. art. 57º/1 CDADC) e admitir que, após este momento – ou mesmo antes, em caso de ameaça à integridade, quando os sucessores se abstivessem de o fazer –, os direitos pessoais pertenceriam ao Estado (art. 47º/3 LACV, art. 24 §2º LAB, art. 33º/2 LATL, art. 22º LAA e art. 57º/2 CDADC). Este, evidentemente, mais não faz do que, após a queda no domínio público – ou até então, se os sucessores se demitirem de o fazer sem motivo atendível –, "defender as obras" (*sic* no art. 57º/3 CDADC) no que à sua integridade e genuinidade respeita: trata-se de uma intervenção em defesa do património cultural, não do exercício de direitos de autor.[190]

III. E, para que não nos acusem de fazer uma interpretação correctiva ou mesmo *contra legem*, sempre esclarecemos que o que sustentamos é que o que se atribui aos sucessores, por morte do autor, são verdadeiramente faculdades pessoais – que se constituem *ex novo* na sua esfera jurídica –, mas não *o* direito pessoal de autor, aliás com conteúdo diverso.

IV. Já quanto ao direito de divulgação *post mortem auctoris*, a lei de autor cabo-verdiana contém uma muito significativa disposição (art. 58º/1 LACV) que comete aos sucessores o "exercício dos direitos morais" e a decisão livre sobre a "exploração das obras não divulgadas ou publicadas, [...], salvo se o autor tiver proibido por qualquer modo a sua divulgação e publicação". Acrescenta que, em caso de divulgação, os herdeiros gozam de direitos *patrimoniais* idênticos aos do autor (arts. 58º/2 e 36º LACV).

Já o art. 70º CDADC investe os sucessores da faculdade de decidir sobre a utilização de obra inédita do autor falecido. Os sucessores podem, assim, conservar a obra inédita ou divulgá-la, adquirindo então os direitos a que antes referimos. Não se trata de suceder em direitos pessoais, mas de adquirir, pelo próprio acto da divulgação de obra inédita de autor falecido, os mesmos direitos que a este pertenceriam se a tivesse divulgado em vida. No entanto, se nos vinte e cinco anos após a morte do autor não divulgarem obra deste "sem

[190] Em desenvolvimento deste tema, pode cfr. o nosso "O direito pessoal de autor...", cit., pp. 100/101.

ponderosos motivos de ordem moral que podem ser apreciados judicialmente" (*sic* no texto do art. 70º/3 CDADC), deixam de poder opor-se à divulgação da obra por terceiros, não sendo afectados todos os demais direitos (incluindo os pessoais) que lhes tenham advindo por morte do autor.[191]

V. Merecem exame mais atento situações particulares que parecem bulir com as faculdades pessoais de autor. Assim acontece, por exemplo, quanto à titularidade de direitos pessoais por "empresas", as organizações sob cuja égide são criadas as obras colectivas e que podem ser pessoas singulares ou colectivas (meramente jurídicas, sem existência natural). Interpelam-nos também as situações em que a obra é criada em execução de contrato de trabalho ou de prestação de serviços (dita "por encomenda"), em que a atribuição de faculdades de utilização patrimonial da obra ao comitente (*ex* art. 14º/2 CDADC) parece implicar também a transmissão de faculdades pessoais de autor, pondo em causa a impenhorabilidade da obra e a admissibilidade da recusa da sua divulgação pelo autor no exercício do direito ao inédito (cfr. nº 42.1 e 74.1).[192] Assim, também, casos como o de alienação do suporte material de obra de exemplar único (a tela com a pintura original, por exemplo), que põe em causa, se não a alienação de faculdades pessoais, pelo menos a efectividade do exercício de direitos pessoais como o de retirada (cfr. nº 43.1 e 74.2). Ou, ainda, situações em que o autor, que contrata a divulgação da obra anónima, parece renunciar à menção da designação que identifica autoria (cfr. nº 74.3). Serão todos examinados.

41.1. Em particular – direito pessoal de autor nas obras colectivas

I. Pode suscitar-se o problema da atribuição do direito pessoal nas obras colectivas. Oliveira Ascensão expõe: "A empresa é o verdadeiro titular do direito de autor. E titular originário: é ficcioso pretender uma transferência de direitos, dos criadores intelectuais para essa empresa. A obra colectiva é uma unidade e sobre essa só há direito de autor da empresa, embora a empresa não seja um criador intelectual."[193] Conclui, porém: "Mas a empresa não tem direitos pessoais. Estes [...] tutelam a pessoa do criador da obra intelectual. Seriam deslocados em relação a uma empresa."[194]. Não concordamos.

[191] Em desenvolvimento deste tema, pode cfr. o nosso "O direito pessoal de autor...", cit., pp. 78/79.

[192] Tratamos desenvolvidamente esta questão no nosso "Contrato de direito de autor...", cit., *maxime* nº 84.

[193] José de Oliveira Ascensão, "Direito Civil – Direito de Autor e Direitos Conexos", cit., nº 80-I, pp. 126/127.

[194] Oliveira Ascensão, "Direito Civil – Direito de Autor e Direitos Conexos", cit., nº 80-III, p. 127.

Não encontramos no ordenamento fundamento para admitir a possibilidade de um direito de autor amputado de um dos seus elementos constitutivos[195], porquanto julgamos que esta conclusão não corresponde à que se depreende quer do art. 6-*bis* CB quer do art. 9º CDADC, que não parecem deixar qualquer margem a que se configure a situação jusautoral originária amputada do núcleo pessoal do direito.

II. Por obra colectiva, entende-se, como se viu, aquela que, fruto do trabalho organizativo por entidade diferenciável dos vários colaboradores (uma organização, uma "empresa") e divulgada em nome desta, assume identidade também distinta do simples somatório das contribuições individualizáveis[196]. A obra colectiva como um todo autónomo requer realização (definição de "linha editorial", escolha de temas, selecção de colaboradores e de contributos, realização do resultado final) e formalização sob égide e enquadramento da entidade organizadora, da "empresa". Em suma: supõe a autoria (no sentido próprio do termo, como se viu) em nome de uma organização com personalidade jurídica e escopo próprios, distintos daqueles dos autores dos contributos criativos individuais que integre.

Reveste, nestas condições, uma relevância jusautoral que não é menor do que a de outra qualquer obra protegida. A imputação desta criação exteriorizada à que, para traduzir a ideia organizacional por parte de entidade diferente dos colaboradores, designamos por "empresa" – que pode ser uma pessoa meramente jurídica[197] –, não invalida que se lhe reconheçam direitos pessoais.

[195] Oliveira Ascensão, "Direito Civil – Direito de Autor e Direitos Conexos", cit., nº 129-V, p. 196: "Concluímos assim que o direito pessoal apenas cabe ao criador intelectual que for também titular originário. Qualquer outra entidade não tem o direito pessoal, mesmo quando lhe couber a titularidade originária". E conclui (*ibidem*): "Isto implica a grave conclusão de que não se constitui sempre direito pessoal de autor. Só existe quando a titularidade originária for do criador intelectual. O direito pessoal não surge assim como uma consequência necessária da outorga do direito de autor." Pensamos que não tem razão.

[196] A titularidade e o exercício do direito pessoal nas contribuições criativas discrimináveis na obra colectiva não suscita verdadeiramente problemas autónomos. Restaria a conciliação do exercício destas e dos direitos – na titularidade da "empresa" – relativos à obra colectiva como um todo: resolve-as o que definimos como "princípio" segundo o qual a utilização independente de cada contributo incorporado está subordinada ao não prejuízo pela exploração económica da obra colectiva como um todo (cfr., *supra*, nº 22).

[197] Como expõe Francesco Ferrara, "Teoria de las Personas Jurídicas", tradução espanhola, cit., nº 66, p. 330: "A personalidade é um produto da ordem jurídica, e surge pelo reconhecimento do Direito objectivo. O Homem é pessoa ["titular de um poder ou dever jurídico", na expressão do mesmo Autor (ob. cit., nº 65, p. 330)] não por natureza, mas por obra do direito. A qualidade natural do Homem, como um ente racional e capaz de vontade, é tão-só de base ética, para que o direito de um certo estádio de cultura reconheça a todos os Homens personalidade. Mas a subjec-

III. As faculdades que compõem o direito pessoal de autor são reconhecidas para garantir a genuinidade e integridade da obra tal como o autor entendeu divulgá-la, não para defesa da personalidade do autor. Negá-lo – sustentando que tais faculdades não chegariam a constituir-se quando a obra fosse, por exemplo, colectiva –, seria torná-la vulnerável a uma exploração económica apenas determinada pelo interesse material dos seus utilizadores nos limites do definido pelos fins das utilizações consentidas, sem qualquer consideração de índole ética pela sua expressão formal criativa original.

Uma pessoa (meramente) jurídica pode (e deve) conformar a sua actuação a princípios éticos; assim como pode (e deve) preservar os resultados da sua actuação – sejam estes produtos, serviços ou obras intelectuais – de intervenções que atentem contra o conteúdo dos direitos privativos de que seja titular e que se constituam sobre esses resultados dessa sua actuação.

Nesta medida, nada obsta à titularidade pela "empresa" de direitos pessoais sobre a obra colectiva de que é autora e cujas "referências éticas", se assim lhes quisermos chamar, lhe cabe interpretar, como afinal sucede em relação a todas as manifestações externas instrumentais da expressão da vontade das pessoas meramente jurídicas. Se o direito pessoal de autor é, por definição e característica, inerente à pessoa do autor, identificada a obra colectiva como uma obra (de autoria) de empresa, só a esta cabe originariamente a titularidade desse direito pessoal.

41.2. Em particular – direito pessoal de autor nas obras criadas em execução de contrato (*remissão*)

Tratamos a importante matéria da atribuição do direito pessoal de autor na circunstância de a obra intelectual ser criada em execução de contrato de trabalho ou por encomenda *infra*, no nº 75, a propósito dos contratos de trabalho e de prestação de serviço para criação de obra intelectual.

tividade não é inata ao Homem, não é uma qualidade inerente ao indivíduo, mas uma realização ideal que sem a ordem jurídica é inconcebível."

Secção II
Exame de cada uma das faculdades pessoais de autor

42. Direito de divulgação (ou "ao inédito")

I. Na faculdade jusautoral de índole pessoal que se denomina direito de divulgação[198], compreendem-se os poderes do autor de divulgar (levar ao conhecimento público) a obra se e pelo modo que entender ou de não a divulgar, preservando o seu ineditismo.[199] As leis de autor angolana (art. 18º/1 LAA), cabo-verdiana (art. 46º-c) LACV), brasileira (art. 24/III) consagram-no na sua faceta "direito ao inédito". A lei portuguesa não consagra expressamente este direito, mas ele é obviamente o pressuposto de todos os outros direitos pessoais.

II. A faculdade de divulgação é pedra angular e pressuposto de todo o direito pessoal, porquanto "liberta" a obra para o comércio jurídico com consequências que logo se apreciarão. Nestes termos:

[198] Preferimos esta designação à menos compreensiva "direito ao inédito", já que este último não esgotaria esta faculdade, pois não explicaria o poder de divulgar ou não divulgar a obra após o exercício do direito de retirada (cfr., *infra*, nº 43).
Em desenvolvimento deste tema, pode confrontar-se Oliveira Ascensão, Direito Civil: Direito de Autor e Direitos Conexos, cit., pp. 170 ss., com posição diferente da nossa, e o nosso "O direito pessoal ...", cit., pp. 71 ss.

[199] Em distinção entre esta faculdade pessoal de autor e as noções de "divulgação" e "publicação", cuja distinção legal tem sede no art. 6º/1 CDADC (ex art. 3/3 CB), Oliveira Ascensão reconduz a ideia de "primeira divulgação" à de "primeira publicação", considerando-as, com base no disposto no art. 68º/2-a) CDADC, como "um primeiro passo para a utilização patrimonial da obra, eficaz quando realizada com o consentimento – se exigido legalmente – ou sem a oposição do autor" (Oliveira Ascensão, "Direito Civil: Direito de Autor e Direitos Conexos", cit., nº 103-II, p. 158). Por todos, pode confrontar-se uma síntese reveladora desta controvérsia no Direito comparado em Diego Espín Cánovas, "Las facultades del derecho moral de los autores y artistas", cit., Parte II, II-2, pp. 69-73.

a) aquele que manifesta por sinais inequívocos a vontade de divulgar obra sua exerce o direito de divulgação;
b) não é utilizável, mesmo por aquele que tenha contratado a criação da obra, "encomendando-a", algo que o respectivo autor, que ainda não divulgou, considera não divulgável: o comitente, que tenha adquirido faculdades de utilização por efeito do contrato, só pode exercê-las se não lhe for oposto pelo autor o "ineditismo" da obra; a consequência desta oposição será, se forem provados danos pelo comitente, a obrigação de o autor o indemnizar, nos termos gerais da responsabilidade contratual.

III. Na faculdade pessoal de divulgação (ou "de inédito" em sentido amplo), cabem os poderes de:

a) quebrar ou preservar o ineditismo da obra, divulgando-a ou não ("direito ao inédito" em sentido estrito);
b) recusar ou consentir nova divulgação, quando, por exemplo, após o exercício consequente do direito de retirada, a obra regressa à esfera íntima do autor e uma nova divulgação passa a ficar sujeita ao seu arbítrio.[200]

IV. Como se disse, os contornos do direito ao inédito em sentido estrito nunca seriam suficientes para explicar o direito de divulgação do autor, já que pela "quebra do ineditismo" original o direito se consumiria pelo seu exercício, esgotando-se.

Não pode, também, afirmar-se que se trata, neste caso, da mera manifestação de direitos patrimoniais: o autor limitar-se-ia, então, a poder consentir (ou não) na continuação da utilização da obra. Na verdade, após a "retirada" da obra pelo exercício do direito correspondente, o seu estatuto jurídico é verdadeiramente idêntico ao do inédito (veja-se adiante o exposto sobre a "impenhorabilidade da obra não divulgada" e, sobretudo, a "insusceptibilidade de execução específica por incumprimento de contrato para criação de obras intelectuais"). Qualquer outro entendimento inutilizaria os próprios fins da retirada, nos termos que adiante descrevemos e julgamos ser pacificamente aceites. Assim, divulgar a obra não implica o esgotamento do direito de divulgação[201],

[200] Admitimos que a arbitrariedade da decisão de uma nova divulgação encontre os seus limites nos pressupostos e fins que tornaram admissível a "retirada" (cfr., *infra*, "direito de retirada"), traçando aqui a fronteira do abuso do direito. André Lucas, "Traité de la propriété littéraire et artistique", cit., nº 520, p. 458, afirma mesmo: "A recusa de divulgação inspirada em considerações estranhas ao direito moral será sancionada como do abuso do direito de não-divulgação, ou por aplicação da noção de fraude [à lei], e os juízes poderão mesmo superá-la determinando a execução específica."

[201] Na linha do exposto por Adolf Dietz, "Moral rights and technological challenge", cit., V, p. 553.

que pode voltar a manifestar-se, com pressupostos e conteúdo idênticos aos originais (anteriores à primeira divulgação da obra), após o exercício legítimo do direito de retirada.

V. Uma outra evidência do carácter não patrimonial dos interesses tutelados pela atribuição do direito de divulgação ao autor encontra-se na previsão do ilícito penal por violação deste direito: o crime de usurpação (art. 195º/2-a) CDADC) em que incorre aquele que "divulgar ou publicar obra não divulgada nem publicada, ainda que não se proponha obter vantagem económica". O tipo criminal preenche-se pela divulgação ilícita, independentemente de se traduzir em qualquer utilização patrimonial da obra ou, sequer, em actividade preparatória ou instrumental da sua exploração económica.[202]

42.1. O direito de divulgação nas obras criadas em execução de contrato – o ineditismo e a "impenhorabilidade da obra"

A lei portuguesa identifica claramente o momento da divulgação/quebra do ineditismo como aquele em que "[o autor] revela por actos inequívocos o propósito de a divulgar" (art. 50º/2 CDADC). A obra torna-se então – e só então – penhorável, o que demonstra que o direito de divulgação subtrai a obra não divulgada (ou "retirada de circulação") a toda e qualquer utilização patrimonial não querida pelo autor.

No entanto, o autor que haja criado a obra em execução de contrato apenas poderá evitar a utilização nos termos convencionados caso não tenha "manifestado [já] por sinais inequívocos a intenção de divulgar ou publicar": esta poderá deduzir-se, nomeadamente, de actos pelos quais aquele revele "completa" a obra criada.[203] Oporá, então, eficazmente, nestas circunstâncias – e nestas circunstâncias apenas[204] por aplicação conjugada do disposto nos arts.

[202] José de Oliveira Ascensão, "Direito Penal de Autor", cit., nº 7-II, p. 23, especificamente sobre esta alínea a) do nº 2 do art. 195º CDADC ("divulgação não autorizada"), expõe: "O objecto é a obra [...] não divulgada nem publicada pelo seu autor. Trata-se por isso da violação do direito ao inédito. Mas acrescenta-se: 'ou não destinada a divulgação ou publicação'. [...]. Terá de se supor obra já divulgada, mas que o autor actualmente não destina à divulgação. Caso taxativo será o da obra que o autor retirou da circulação pelo exercício do direito de retirada."

[203] Não parece poder objectivar-se o conceito de "obra completa". Quem, além do autor, pode determinar a "perfeição" da sua obra? Ora, se só ele pode revelá-lo, como retirar ao seu total arbítrio a "entrega" da obra, por ex. em cumprimento de contrato ou para penhora? Precisamente, só invocando que "manifestou por sinais inequívocos a intenção de a divulgar". E, assim, volta-se à primeira ideia.

[204] No direito francês, segundo interpretação do que considera jurisprudência firmada, André Lucas, Traité de la Propriété Littéraire et Artistique, cit., nº 520, p. 458, sustenta: "Admite-se desde o 'arrêt' Whistler que o autor possa invocar o direito de divulgação para se subtrair às

50º e 195º/2-a) CDADC –, o seu direito ao inédito (faculdade de não divulgar), sem que o comitente possa "arrestar ou penhorar o direito de autor". Não se eximirá à responsabilidade por incumprimento do contrato que o vinculava à criação, mas não poderá ser compelido à entrega da obra que considere inacabada/incompleta e em relação à qual não tenha revelado os referidos "sinais inequívocos" de divulgação.[205/206/207]

Em termos mais simples: se o autor criar a obra para outrem (que a "encomendou"), só é obrigado a disponibilizá-la para utilização pelo comitente se já tiver revelado "por sinais inequívocos" (como a entrega do suporte do original da obra ou de cópia deste utilizável) a intenção de a divulgar. Contratar para criar não constitui, por si só, sinal inequívoco da intenção de divulgar, não representa, por si só, acto de quebra do ineditismo da obra.

Depois de divulgada a obra, o autor que tenha atribuído a outrem faculdades de utilização apenas poderá obstar à exploração económica da obra, con-

obrigações nascidas do contrato de encomenda [no original, 'contrat de commande'"], sem prejuízo de incorrer em responsabilidade contratual."

[205] Oliveira Ascensão, "Direito Civil: Direito de Autor e Direitos Conexos", cit., nº 115-III, p. 176, já formula esta ideia, muito embora fiel à sua concepção de base, segundo a qual: "[...] pode ter-se perdido o direito de inédito em relação a obras inéditas. Basta que o autor tenha revelado por sinais inequívocos o seu propósito de as divulgar (art. 50º/2). Isto acontece necessariamente quando já contratou com terceiro a divulgação da obra."

[206] João Calvão da Silva, "Cumprimento e sanção pecuniária compulsória", cit., nº 122, pp. 484/485, considera, pensamos que apropriadamente: "Já tem total sentido o argumento do direito moral de autor no caso de recusa de entrega da obra acabada – por, no soberano critério do autor, não traduzir todas as suas qualidades e capacidades [...] –, porquanto, como direito inalienável, irrenunciável e imprescritível, confere ao seu titular o poder exclusivo de divulgar ou manter inédita a obra [...]. É que, no momento da celebração do contrato de encomenda de obra futura, o criador não dispõe dos poderes concedidos para tutela dos direitos morais sobre a sua obra, os quais "não podem ser objecto de transmissão nem oneração, voluntárias ou forçadas" (art. 42º [do CDADC]). [...]. Por outro lado, pode ainda aduzir-se o seguinte: se o autor de obra divulgada ou publicada pode retirá-la a todo o tempo da circulação, contanto que tenha razões morais atendíveis [...], por maioria de razão deve poder recusar a entrega de obra criada que entenda não reflectir as suas qualidades, [...] – embora, obviamente, com a obrigação de indemnizar os danos causados. [...], no fundo, a recusa de entrega da obra não passa do exercício da faculdade de não divulgação."

[207] Como expõe Valerio de Sanctis, "Contratto di Edizione: Contratti di Rappresentazione e di esecuzione", cit., nº 37, pp. 124/125: "[...], uma vez que um contrato de edição não pode ser executado senão com a entrega ao editor de um manuscrito pronto para publicação, a 'próxima obra' de um autor não pode ser senão aquela que o autor considere 'madura' para publicação." E aqui reencontramos mais uma nota em afirmação da tese que temos sustentado (cfr. o nosso "O direito pessoal de autor no ordenamento jurídico português", cit., III-1., 4.2.4.1., pp. 92/93) a propósito da "quebra do ineditismo" da obra.

forme aos fins da utilização consentida, pelo exercício do direito de retirada. Vejamos em que termos.

43. Direito de retirada

I. O direito de retirada está consagrado em todas as leis de autor lusófonas compulsadas.

Pela outorga do "direito de retirada", também designado pela doutrina "de arrependimento", consagrado no art. 62º CDADC, é reconhecido ao criador da obra intelectual o poder de interromper a "circulação" da obra (*sic*, no texto da lei), impedindo novas utilizações ou a continuação de utilizações em curso.

Nos termos expressos da lei de autor portuguesa, para o exercício do direito de retirada – sempre gravoso para terceiros, na medida em que interrompe uma utilização *lícita* da obra –, é necessário que o criador invoque "razões morais atendíveis" (art. 62º CDADC), que, por exemplo, a lei de autor brasileira (art. 24/VI) liga à "afronta à reputação e imagem do autor". É exigível que se deparem critérios mínimos objectivos que permitam ponderar a razoabilidade ("atendibilidade") da acção pretendida.[208] É também defensável o recurso à figura do "abuso do direito", já que esta implica a pesquisa dos fins sociais e económicos da sua atribuição[209] que moldam o seu exercício e ajudam a delimitar os seus contornos.

[208] Perturbadoras, mas dignas de realce são opiniões que vão fazendo curso, segundo as quais o direito de retirada poderia licitamente ser fundado no que se designam "razões (puramente) éticas, estéticas ou ideológicas" do criador da obra intelectual. É então erigida como paradigma destes fundamentos a "mudança de convicções políticas ou ideológicas do autor" que não mais se reflectiriam na(s) sua(s) anterior(es) obra(s), cuja circulação poderia então interromper.
Francamente, não percebemos a diferença entre este hino à tibieza de convicções e o puro arbítrio: quem, ao longo da vida e mesmo sem renegar "princípios sagrados" de outrora, não pode invocar ter alterado as suas convicções ideológicas mais elementares, ter modificado as suas convicções estéticas? Vejam-se as várias "fases" de certos percursos literários ou artísticos. Não é frequente rever e adaptar os seus valores de conduta e intervenção a novas realidades? E poderão as obras de cada momento ir sendo sucessivamente "retiradas" por criadores que entretanto se declaram "arrependidos", causando a mais que certa lesão de interesses de terceiros? Estamos seguros que não podem, se apenas forem invocadas razões, ditas "morais", que só sejam cognoscíveis no foro íntimo de cada um.

[209] Também Oliveira Ascensão, "Direito Civil: Direito de Autor e Direitos Conexos", nº 114-I, p. 174, observa com razão: "Este é um domínio em que é de recear o abuso do direito. O autor tem esta faculdade excepcional para a defesa da sua personalidade; não é um poder arbitrário. Se o usa por exemplo para conseguir um aumento da remuneração contratada há abuso do direito, e como tal o autorizado não está vinculado a cessar a utilização ou a permitir a retirada da obra. Enunciámos já os pressupostos para o exercício desta faculdade pessoal no nosso "O direito pessoal de autor no ordenamento jurídico português", cit., III-2, 1.1. a 2.2., pp. 102-105.

II. Em delimitação dos pressupostos de exercício desta faculdade *pessoalíssima*[210], sempre se revelará ilícito (abusivo) o exercício do direito de retirada se o autor autorizar posteriormente outras (ou idênticas) utilizações da obra sem a modificar ou sem que se alterem as circunstâncias que motivaram a retirada. Reflectindo este último pressuposto, parece dever admitir-se a retirada de uma ou mais obras pelo seu autor na pendência de, por exemplo, uma situação conjuntural política ou social de excepção, aceitando-se a sua nova divulgação, sem modificações, se e quando tal "situação de excepção" se mostre ultrapassada.

Em casos menos excepcionais, e salvo melhores critérios que permitam uma mais segura objectivação das "razões morais" invocadas, deverão ponderar-se estas e os danos – patrimoniais e morais – que a continuação da exploração da obra possa, previsível e provavelmente, causar ao autor, confrontando-os com o prejuízo social e cultural que a retirada manifestamente provoque.[211] Neste sentido, a lei de autor cabo-verdiana limita expressamente este e os outros direitos de autor pelo não prejuízo dos "objectivos e interesses superiores da República [...] e [dos] princípios em que assenta" e pela "*necessidade social* de uma ampla difusão destas obras".

O "prejuízo social e cultural" da retirada de circulação de uma obra é sempre dificilmente mensurável, mas é, apesar de tudo, bem identificável pelo senso comum. Assim, ao ponderar a atendibilidade das razões invocadas pelo autor para retirar, deve considerar-se também o prejuízo social e cultural com o acto.

Já quanto à reparação indemnizatória dos danos patrimoniais causados pelo exercício do direito de retirada ("*desde que indemnize*" – *sic* no texto da lei portuguesa), parece evidente que este não é pressuposto do exercício do direito, como é a atendibilidade das "razões morais invocadas" ("*contanto que* [as] *invoque*", também no texto da lei). A obrigação de indemnizar por danos causados pela "retirada" é mera consequência possível do acto: a obrigação de indemnizar depende sempre do reconhecimento da titularidade de um direito de indemnização que seja exercido contra o(s) obrigado(s).[212] Assim, o que (justificadamente) "retira" a obra só ficará obrigado a indemnizar os lesados que

[210] Sobre o carácter pessoalíssimo desta faculdade de direito de autor, sustentamos ainda o que exposto no nosso "O direito pessoal de autor no ordenamento jurídico português", cit., III-2, 3., pp. 108/109.

[211] Nesta linha de raciocínio, deveriam ser bem mais ponderosas, para que se "atendessem", as razões morais invocadas para a retirada de obras de, por exemplo, Maria Helena Vieira da Silva do que as que tornam admissível, por exemplo, a interrupção da circulação dos escritos do autor destas linhas.

[212] Aliás, de outro modo e dada a conhecida "pré-insolvência crónica" da generalidade dos autores, a condição de indemnizar para retirar a obra inutilizaria na prática a investidura na titularidade do direito.

provem direito a reparação, respondendo o seu património nos termos gerais da responsabilidade civil por (f)actos lícitos.[213/214]

43.1. O direito de retirada e o direito de propriedade sobre o suporte material da obra

Apresentaram-se já as condições e consequências do exercício do direito de retirada, enquanto faculdade oponível a qualquer titular de faculdades patrimoniais de utilização da obra, impedindo o seu exercício ou impondo uma interrupção de uma exploração em curso da obra.

Deve acrescentar-se que o direito de retirada não implica, obviamente, o desapossamento ou desapropriação dos suportes materiais, ainda que no caso das chamadas "obras de exemplar único". Assim, por exemplo, se ao adquirente do direito de exposição de "obra de arte plástica" pela aquisição do seu suporte (art. 157º/2 CDADC) lhe for oposto (licitamente) o direito de retirada pelo autor, aquele apenas fica impedido de a utilizar patrimonialmente, designadamente expondo-a, em nada sendo afectados os direitos reais sobre o *corpus mechanicum*.

43.2. O direito de retirada na sequência de decisão judicial

O art. 114º CDADC permite ao autor que, sem que fique obrigado a indemnizar, retire a obra que entenda desvirtuada (ou "comprometida" – *sic* no texto da lei) pela supressão de trechos imposta por decisão judicial.

Trata-se de decisões judiciais ditadas, designadamente, por ofensa ao bom nome de terceiros ou pelo abuso de liberdade de imprensa. Nestes casos, é manifesto que a retirada não é directamente imputável ao autor, foi-lhe imposto que amputasse a sua obra de trechos que outros entendem não dever dela constar e ele, em consequência, prefere retirá-la de circulação. Logo, não se justifica que indemnize pelo facto da retirada.

No entanto, não pode ignorar-se que por muito "injusta" que possa ser considerada a decisão judicial que obriga à supressão de passos da obra, a gravidade de tal decisão num Estado de Direito representa sempre a imputação ao autor da obra de um comportamento indevido (por exemplo, abuso da liberdade de imprensa com ofensa de direitos de personalidade de terceiros), da

[213] Sem prejuízo do disposto no art. 114º CDADC, nos termos do qual, quando a retirada resulte de decisão judicial que imponha supressão de passos da obra, se exclui o dever de indemnizar, já que a retirada "forçada" não resulta de acto próprio.

[214] Como também observa Oliveira Ascensão, "Direito Civil: Direito de Autor e Direitos Conexos", cit., nº 114-I, p. 174: "Observa-se todavia que o normal exercício do direito de retirada não é um acto ilícito. Tecnicamente, haverá uma revogação dos negócios celebrados. As indemnizações a que houver de proceder não se alicerçam numa ideia de ilícito do autor. [...]. Há antes uma situação mais de responsabilidade por acto lícito."

qual pode resultar a condenação em indemnização do autor da obra censurada por violação de direitos de personalidade. Logo, a indemnização pode não decorrer directamente da retirada, como se esta fosse arbitrada pelo autor, mas pode estar associada à sua conduta nessa qualidade.

44. Direito de exigir a menção da designação que identifica a autoria. Direito pessoal de autor e direito (de personalidade) ao nome. As obras anónimas

I. A faculdade pessoal que tratamos compreende o poder do criador da obra intelectual de exigir que, ao ser utilizada a obra, seja feita menção da designação[215] que o identifica como autor.

O direito à menção da designação que identifica a autoria, não tendo consagração em norma única, genérica e autónoma, na lei portuguesa, está antes ali expressamente reconhecido a propósito de cada uma das modalidades de utilização da obra.[216] Tal não impede que se entenda que está consagrada *genericamente* uma faculdade pessoal de autor à menção da designação. Consagram-na com autonomia quase todas as outras leis de autor lusófonas, com excepção da timorense (art. 24/II LAB, art. 46º-a) LACV, art. 18º/1 LAA, art. 7º/3-c) LAMac, art. 8/5-b) LAM.

II. É frequente a confusão entre esta faculdade jusautoral e o direito ao nome.

Ora, a tutela do direito ao nome, ainda que literário ou artístico, reflecte a protecção jurídica de um direito de personalidade, evidentemente independente da tutela da obra como criação intelectual. No entanto, esta protecção está inapropriadamente consagrada no Código do Direito de Autor português (arts. 28º e 29º CDADC). Surge, nos preceitos citados (aliás epigrafados, respectivamente, como "Identificação do autor" e "Protecção do nome"), no âmbito da proibição de utilização pelo autor em obra sua de nome antes usado em obra antes divulgada ou de nome de "personagem célebre", e da proibição do uso em obra própria do "nome de outro autor". Como dissemos[217], impedir que se use em obra sua o nome de outra pessoa, autor ou não, ou vedar que se ceda o próprio nome para "perfilhar" obra alheia (art. 29º/3 CDADC), não reflecte qualquer tutela específica do direito de autor, mas simplesmente a protecção geral do direito de personalidade ao nome: o nome de cada um é bem jurídico

[215] "Designação", na medida em que a lei faculta ao autor a sua identificação através do seu próprio nome, de pseudónimo ou de sinal convencional que escolha para o efeito.

[216] Veja-se, a título de exemplo, o disposto nos arts 97º, 115º/4, 122º-1, 134º, 142º, 154º, 160º/1, 161º/1, 167º/1, 168º/2, 171º CDADC.

[217] Cfr., *supra*, nº 29.4.

inerente à sua personalidade, cujo regime reveste as características de todos os demais (art. 72º do C.Civil), excepto por não ser inato, não merecendo que se lhe assinale qualquer particularidade por o seu titular haver criado obras protegidas pelo direito de autor.

III. Já nas obras anónimas (art. 30º CDADC), é constituída voluntariamente a obrigação de não revelar a identidade do autor com a divulgação da obra. Tal obrigação tanto pode ser assumida no interesse deste, como no dos co-autores de obra em colaboração, do comitente nas obras criadas em execução de contrato, ou do que "representa o autor" (nos termos do art. 30º/1 CDADC). Temos, assim, a renúncia ao *exercício* desta faculdade de exigir menção da designação que identifica o criador da obra, mas não a renúncia à faculdade pessoal correspondente, como evidencia também o preceito do art. 30º/2 CDADC que permite ao autor de obra anónima "[...] a todo o tempo revelar a sua identidade e a autoria da obra"[218].

Em qualquer caso, a todo o tempo pode o criador-titular revelar, assim também, a sua autoria (paternidade), exigindo menção da designação que o identifique. Incorrerá em responsabilidade contratual se tiver assumido voluntariamente perante outrem a obrigação do anonimato, devendo então indemnizar. E nada mais, já que se trata de uma faculdade indisponível.

45. Direito de reivindicação da paternidade da obra

I. O direito de reivindicar a paternidade da obra pelo seu autor outorga-lhe o poder de reclamar e exigir o reconhecimento da autoria. A lei de autor brasileira (art. 24/I LAB) consagra-o mesmo como o "direito de reivindicar a autoria da obra", o que bem elucida sobre o seu conteúdo.

Este direito completa, com o direito à defesa da integridade da obra, o núcleo dos poderes que é constantemente apontado ao conteúdo do direito pessoal (cfr. art. 6º-*bis* da Convenção de Berna e arts. 8/5-a) LAM, 7º/2-b), 32º/1 LAT, LAMac, 32º/1 LATL, 46º-a) LACV, 18º/1-a) LAA, e 9º/3 e 56º/1 CDADC).

[218] Não se trata aqui verdadeiramente de uma qualquer "anomalia" na atribuição desta faculdade pessoal de autor.
Nos termos do art. 30º CDADC, como já vimos, o criador da obra intelectual que pretenda ocultar a paternidade de uma dada obra – ou o terceiro, em princípio interessado na utilização, que pretenda obter o mesmo efeito – consegui-lo-á pela publicitação da obra em nome do que a divulga.
Evidentemente, não se trata aqui de qualquer atribuição desta faculdade pessoal de autor, mas, para que não se perca o objectivo visado pelo anonimato, da simples atribuição de poderes de representação ao que divulga em nome do autor, o qual, de resto, a todo o tempo pode revogar esses poderes e outorgá-los a outrem ou revelar a sua qualidade e posição jurídica.

O direito à paternidade garante que a obra se identifique como a criação intelectual exteriorizada de um sujeito individualizado[219], já o direito à integridade permite preservar a identidade *objectiva* da obra. A obra desliga-se do seu autor como bem jurídico autónomo dos da sua personalidade, mediante a respectiva exteriorização/formalização, mas não da sua esfera jurídica precisamente pela conservação das faculdades pessoais que permitem preservá-la enquanto tal. É a autoria (paternidade) da obra intelectual que o criador reivindica, não a titularidade do direito de autor (que pode até ter atribuído a outrem). [220]

II. A lei admite que, quando apenas reivindique a paternidade da obra, o autor obtenha satisfação da sua reivindicação de paternidade pela recuperação dos exemplares em que a sua obra seja fixada, neles aditando (ou corrigindo) a menção da autoria (art. 202º/1 CDADC).

46. Direito de defesa da integridade da obra: direito de preservar a integridade; direito de modificação.

46.1. Direito de preservar a integridade da obra

I. O direito de defesa da integridade da obra aparece descrito como o que reconhece no autor o poder de se opor a "mutilação, deformação ou outra modificação [da obra] e, em geral, a todos os actos que a desvirtuem e possam afectar a honra ou reputação do autor" (art. 56º/1 CDADC). E volta-se à tentativa de impor a tutela da personalidade pelo direito de autor.

Na verdade, que importância ou sentido útil releva da oposição do autor a "mutilação", "deformação" ou – acrescentou mesmo o legislador ao art. 56º/1 na sua revisão pela Lei nº 114/91, de 3-9 – "destruição" da obra? Tal oposição, a admitir-se, não se exerceria, seguramente, com recurso a direitos de autor,

[219] É controversa, mas muito interessante, a perspectiva espelhada em Acórdão da Relação de Lisboa, de 6-7-2000, in Colectânea de Jurisprudência, t. IV (2000), pp. 134 ss. (*maxime* p. 134), de que é Relator Miranda Jones: "O interesse que a norma do art. 196º CDADC [art. 196º CDADC (Contrafacção)] quis proteger não é o do autor da obra, da prestação, fonograma, videograma ou emissão de radiodifusão que foi utilizada por outrem como sendo sua; o que a lei pretendeu proteger com a incriminação destes comportamentos, é a confiança da genuinidade e integridade das obras. O titular do interesse que a lei quis especialmente proteger não é pois um particular, individualmente considerado, mas o do Estado como colectividade.

[220] Em Acórdão da Relação de Lisboa, de 2-7-2002, in Col.Jur., t. IV (2002), pp. 63 ss. (*maxime* p. 65), de que é Relator Rua Dias, cita-se Luiz Francisco Rebello (Introdução ao Direito de Autor, vol. I, cit., pp. 163 ss. e Código do Direito de Autor e dos Direitos Conexos (Anotado), 2ª ed. (1998), p. 100), na parte em que este expõe: "Na sua vertente positiva, o direito à paternidade analisa-se na exigência de que o nome do autor da obra seja mencionado sempre que esta for publicada ou divulgada, ou em termos mais genéricos, em todas as utilizações que dessa obra forem feitas."

mas aos de personalidade ou aos direitos reais. Atingiria normalmente prerrogativas reais de um proprietário de coisa corpórea: não se "mutilam" nem "destroem" obras – mesmo as ditas de "exemplar único" –, mas apenas as coisas que as suportam materialmente! Em contrapartida, o autor já poderá ser afectado, e muito, pela citação truncada e fora do contexto de escritos literários seus ou pela associação não autorizada de uma sua obra a ideias que lhe são estranhas. E o que têm em comum todos estes empreendimentos que escapa totalmente àqueles? Eles implicam a utilização da sua obra, desvirtuando a sua essência criativa.

É neste último caso – e apenas neste –, como supremo juiz da perfeição e destinação da sua obra, que o criador pode eficaz e justificadamente intervir. Fá-lo-á, então, com invocação (bastante) de que a obra resulta desvirtuada ou a sua honra e reputação ofendidas pela alteração não consentida; o tribunal ajuizará da medida em que a alteração pretendida os afecta. É este o domínio em que pode actuar a "defesa da integridade": como faculdade (pessoal de autor) de oposição à utilização da obra segundo expressão formal não correspondente à que revelou ("completa", "perfeita" – cfr. art. 50º/1 CDADC, já comentado) no momento da sua exteriorização e subsequente divulgação.

Nos termos da lei, o autor que defenda a integridade da sua obra pode lográ-lo pela reivindicação judicial da destruição dos exemplares "deformados, mutilados ou modificados por qualquer outro modo" para, assim, "restituir [a obra] à sua forma original" – art. 202º/2 CDADC. A disposição legal evidencia a inépcia da aplicação aqui das ideias de "deformação, mutilação ou destruição da obra", e acaba por ter de se referir à restituição *dos exemplares* à forma original, e não da obra, que, como é óbvio, nunca chegou a ser "destruída, mutilada ou deformada" por uma excelente razão: estes não são conceitos que se apliquem a bens imateriais!

II. E que dizer do "limite" imposto à oposição do autor, apenas legitimada, segundo a lei, quando "o desvirtuamento possa afectar a sua honra e reputação"?[221] Quem poderá, além do próprio criador da obra, julgar – e, o que é mais importante, decidir – se ela resulta "desvirtuada, afectando a sua honra e reputação"? Admitir que a objectivação destes limites é deixada ao critério e decisão de terceiros, equivale a destituí-lo pura e simplesmente da titularidade deste direito pessoal.[222]

[221] Ligam-no também à defesa da "reputação ou honra", quanto a nós com o mesmo sentido, as leis de autor brasileira (art. 24/IV LAB), angolana (art. 18º/1-b) LAA), moçambicana (art. 8/5-d) LAM), macaense (art. 7º/2-d) LAMac), timorense (art. 32º/1 LATL) e cabo-verdiana (art. 46-b) LACV).

[222] Oliveira Ascensão, "Direito Civil: Direito de Autor e Direitos Conexos", cit., nº 119-I, p. 180, parece dispor em sentido diverso: "Logo a uma primeira vista resulta que a lei não quer aqui

O criador é – só este pode ser – o juiz último das modificações na obra que entenda desvirtuá-la. A referência à sua "honra e reputação" só sublinha a pessoalidade do juízo: o dele, que foi o árbitro e primeiro decisor da sua perfeição e da oportunidade e do modo da sua divulgação, e que não poderá deixar de ser o mesmo que determina o que afecta ou não a essência do que criou; é, afinal, isto que confere ao direito pessoal o declarado conteúdo ou referência éticos que não faz sentido ligar à defesa do "bom nome" do criador, para a qual é bastante a tutela dos bens (inatos) da sua personalidade.

E nada disto é desmentido pela apreciação de algumas particularidades deste regime.

Examinem-se alguns desses casos.

46.1.1. Oposição ao desvirtuamento da obra por terceiros que "beneficiem" a obra

O autor decide soberanamente o que afecta a integridade da sua obra. O seu direito de oposição a modificações que entenda desvirtuá-la não resulta diminuído quando uma "avaliação crítica" por terceiros, ainda que pretensamente objectivada pela unanimidade, julgue "beneficiá-la": o mérito (estético, cultural, *etc.*), que não nos dá a medida da protecção jusautoral, também não serve para aferir da admissibilidade da oposição ao desvirtuamento da obra. Como escrevemos há anos, existe uma "quase-presunção" de que as alterações não desejadas pelo autor desvirtuam a obra: se as quisesse, tinha-as introduzido antes de divulgar, se lhe não tivessem ocorrido ou se entendesse justificarem-se por circunstâncias novas, consentia nelas.

46.1.2. A mutilação, deformação ou destruição de exemplares

No que respeita à "mutilação", "deformação" ou "destruição" do ou dos exemplares da obra, como se referiu, o poder de oposição repousa no domínio dos direitos reais: é invocando a sua qualidade de proprietário do suporte, e não a

estabelecer nada que se pareça com uma soberania do autor sobre a utilização da obra. Não são todas e quaisquer modificações que são consideradas violações da integridade da obra, mas apenas aquelas que prejudiquem a obra ou atinjam a honra ou a reputação do autor."
E explicita (ob. cit., nº 119-II, p. 181): "O autor não poderá [...] invocar o direito à integridade da obra em casos em que não estiver em causa a sua reputação ou honra, ou em que a obra não possa sair prejudicada – *maxime*, se sair beneficiada."
António de Almeida Santos, "Ensaio sobre o Direito de Autor", cit., pp. 193-199, conclui que é o "juiz que, em face da oposição do demandado e tendo em consideração a hipersensibilidade dos artistas, se pronunciará sobre a sua [do fundamento da oposição à modificação] consistência".
Discordamos destas perspectivas, como escrevemos no nosso "O direito pessoal de autor no ordenamento jurídico português", cit., III-4, 3.1.1., p. 130.

de titular de direito de autor, que deve reagir-se aos actos que mutilem, deformem ou pretendam destruir exemplar(es) da obra. Só a utilização (pública) de exemplar adulterado da obra poderá accionar o mecanismo de defesa da integridade da obra – e isto nos improváveis casos em que a obra e o seu suporte se possam identificar por associação[223].

Em suma, as obras não se mutilam, deformam ou destroem. Todas estas não são mais do que figuras de estilo, impróprias de um texto legal. O que pode mutilar-se, deformar-se ou destruir-se são os suportes das obras. Estas adulteram-se citando-se ou publicando-se, exibindo-se, reproduzindo-se, comunicando-se ao público e colocando-se à disposição do público na Internet truncadas. É para estas adulterações que o direito pessoal de autor de oposição ao desvirtuamento é potente, não para aquelas, para as quais basta a tutela real dos suportes materiais.

46.1.3. As modificações exigidas pela adaptação da obra

A norma do art. 169º/4 CDADC – nos termos da qual o autor que consentiu a transformação da obra deve conformar-se com as modificações "que não a desvirtuem", exigidas "pelo fim próprio da utilização a que se destina a transformação" – nada invalida do que se expôs e contribui, até, para o enunciado de mais um princípio importante.

A autorização para transformar uma obra deixa deduzir que o autor se conforma a modificações por terceiros que se considerem implícitas na ("exigidas" pela) transformação para outra expressão formal consentida. Assim:

a) o autor que autoriza a transformação – nomeadamente aquele que, por exemplo, atribui a outrem o poder de adaptar obra literária sua ao cinema – exerce uma faculdade de índole patrimonial; nestes termos,
b) o autor consente implicitamente nas modificações (faculdade pessoal) que a utilização da obra transformada implique; não obstante,
c) o autor reserva-se a oposição a modificações que, mesmo supostamente implícitas, necessárias ou exigidas pela transformação, entenda desvirtuarem a sua obra (defesa da integridade).[224]

[223] Ocorre-nos o caso das chamadas "obras de exemplar único" (como as pinturas ou esculturas), em que a obra está associada ao seu suporte original, e também o da obra cinematográfica cuja realização/produção muito complexa a faria "perdida" (insusceptível de reconstituição formal) com a destruição de todos os suportes em que se encontrasse fixada. Nos demais casos, bem se entenderá que a destruição de exemplar da obra (ainda que se trate de obra de exemplar único, como a de pintura) não inviabiliza a sua utilização, nomeadamente pela sua reprodução (com possível plágio subsequente) a partir, por exemplo, de fotografia.

[224] Em Acórdão da Relação de Lisboa, de 9-6-1994, in Col.Jur., t. III (1994), pp. 113 ss. (*maxime* p. 114), de que é Relator Carvalho Pinheiro, considera-se mesmo: "A modificação da

Em suma, quando o autor autoriza a transformação de obra sua, consentindo na sua adaptação a um género diferente (por exemplo, autorizando que um romance se transforme em argumento de peça de teatro ou de obra cinematográfica), estão implicitamente autorizadas as modificações da obra exigidas pela adaptação, desde que não a desvirtuem.

46.1.4. As obras de arquitectura e outras com aplicação funcional – uma "excepção de aplicação geral"? O exemplo dos "ghost writers"

I. O autor de projecto de arquitectura (ou de obra de arte plástica executada por outrem e incorporada em obra de arquitectura) tem o direito de fiscalizar a sua construção ou execução em todas as fases e pormenores, de modo a assegurar a *exacta conformidade da obra* – entenda-se "da construção" – com o projecto de que é autor (art. 60º/1 CDADC). Este direito é um dos direitos pessoais (não patrimoniais) de *todo* o autor.

O direito que o citado art. 60º/1 consagra é, como dissemos, manifestação do direito de defesa da integridade da obra: o direito de se opor a todas as modificações da obra que a desvirtuem. Mas a lei parece reduzir a pouco o direito à integridade da obra do autor da obra de arquitectura. Assim, se o dono da obra ou o seu construtor introduzirem na obra construída segundo projecto, durante a sua construção ou após a sua conclusão, modificações sem consulta prévia e autorização do autor do projecto, apenas tem de "indemnizar este por perdas e danos" (art. 60º/2 CDADC), o que, além dos óbvios danos morais, não se vê bem o que seja.

Pode também o autor, na falta de acordo sobre as modificações introduzidas, repudiar a paternidade da obra ficando vedado ao proprietário invocar daí em diante, em proveito próprio, o nome do autor do projecto inicial (art. 60º/3). Parece verdadeiramente pouco comparado com o direito à defesa da integridade das suas obras pelos autores de *todas as outras* obras literárias e artísticas: estes podem *opor-se* a tais modificações.

Mas será que todos os autores de obras literárias ou artísticas têm mesmo o direito de se opor, até às últimas consequências, às modificações na obra que

obra por terceiro só se admite com o consentimento do seu autor (cfr. arts. 15º nº 2 e 59º nº 2 do CDADC [CDADC]. E porque tal modificação visa uma especial forma de utilização da obra, deve a autorização – cuja onerosidade se presume – ser prestada por escrito, expressamente (cfr. art. 41º nº 2 do CDADC). Considera-se, realmente, que a alteração não autorizada de obra alheia viola simultaneamente um direito moral e um direito patrimonial do seu autor. Há, pois, dois interesses cuja ofensa, por aquele que modifica a obra, se traduz juridicamente em dois desvalores diferentes: um interesse moral, consistente na preservação da criação original do autor, cuja personalidade se projecta na obra [...]; e um interesse material, patrimonial, referente à contrapartida, ao correspectivo a que o autor da obra teria direito pela sua autorização [...]".

entendam desvirtuá-la? Se pensarmos, por exemplo, nos "ghost writers", que escrevem discursos ou outros textos para serem apresentados por outra pessoa como sendo dela, verificaremos que é habitual que esta última introduza alterações nos escritos que lhe são apresentados para os afeiçoar à sua índole pessoal. Viola-se, assim, o direito à integridade das obras dos "ghost writers"?

II. O regime consagrado no CDADC a propósito das obras de arquitectura parece ser um regime excepcional. Quando o autor de projecto de arquitectura entender que as modificações introduzidas na sua obra em resultado da construção a desvirtuam, mais não pode do que repudiar a paternidade desta, não consentindo que a autoria continue a ser-lhe imputada (por todos, confrontem-se os arts. 26 LAB e 60º/3 CDADC[225]). Subordina-se a integridade à funcionalidade, mas permite-se ao autor que enjeite a menção da sua autoria sem que haja renúncia ao direito, já que a obra é, essencialmente, outra.[226]

É uma protecção pobre que diminui as obras de arquitectura, subordinando-as às exigências técnicas do construtor e ao gosto do dono da obra. Será, porém, que pode formular-se esta como regra geral, aplicável a todas as obras intelectuais? A ser verdadeira, a hipótese que formulamos implicaria que, em todas as obras literárias e artísticas criadas para outrem, ou melhor, criadas para serem utilizadas por outrem[227], o autor tivesse de sujeitar-se às alterações introduzidas na obra pelo comitente (aquele para a utilização de quem cria a obra), limitando-se a poder repudiar a paternidade.

A não ser assim, aquele que contratasse um "ghost writer" para lhe escrever, por exemplo, um discurso não poderia introduzir nele alterações que o

[225] «Artigo 60º *(Modificações do projecto arquitectónico)*
1 – O autor de projecto de arquitectura ou de obra plástica executada por outrem e incorporada em obra de arquitectura tem o direito de fiscalizar a sua construção ou execução em todas as fases e pormenores, de maneira a assegurar a exacta conformidade da obra com o projecto de que é autor.
2 – Quando edificada segundo projecto, não pode o dono da obra, durante a construção nem após a conclusão, introduzir nela alterações sem consulta prévia ao autor do projecto, sob pena de indemnização por perdas e danos.
3 – Não havendo acordo, pode o autor repudiar a paternidade da obra modificada, ficando vedado ao proprietário invocar para o futuro, em proveito próprio, o nome do autor do projecto inicial.»

[226] Neste sentido, afirma Oliveira Ascensão, "Direito Civil: Direito de Autor e Direitos Conexos", cit., nº 123-III, p. 187: "Antes de mais, o autor pode "repudiar a paternidade". Mas esta expressão não deve ser entendida em sentido técnico. Não há uma renúncia ao direito de autor, que aliás está já adquirido pelo arquitecto e não se perde pelo facto das modificações: pois a obra modificada é ainda a mesma obra, por aplicação do art. 2º/2. Tudo se limita à proibição da invocação do nome do autor pela outra parte."

[227] Sobre o conceito de criação funcional, de criação de obra para utilização por outrem, pode cfr. o nosso "Contrato de direito de autor – a autonomia contratual na formação do direito de autor", cit., *passim*.

modificassem, salvo com autorização do autor. Aquele para quem o discurso foi escrito – não tendo este qualquer outra utilidade para além da sua utilização como sendo obra do comitente – pura e simplesmente não poderia sequer afeiçoá-lo aos seus desígnios quando o encomenda, corrigindo incorrecções factuais ou formulações que lhe desagradassem ou não servissem os seus objectivos.

Ora, o que parece sustentável é que aquele para quem (para cuja utilização) a obra é criada:

a) não pode modificar a obra sem autorização do autor (direito pessoal de autor de defesa da integridade da obra, que permanece inalienável e irrenuciavelmente na titularidade do criador intelectual desta);
b) se porventura a modificar sem consentimento do autor, designadamente afeiçoando-a ao seu gosto pessoal aos fins para que foi criada, deixará de poder identificar o produto dessa acção como obra da autoria do que (um "ghost writer", por exemplo) criou a obra que agora modifica[228].

E não há aqui excepção à regra geral que liga indissociavelmente o direito de defesa da integridade das obras aos respectivos criadores, porquanto, uma vez alterada a estrutura formal que identifica objectivamente a obra primígena e abandonada a menção de autoria pelo autor primitivo, pura e simplesmente deparamos com uma *nova obra*, realizada a partir daquela, cuja autoria é unicamente imputável ao utilizador que a alterou[229]. Trata-se de uma obra derivada.

Perguntar-se-á se o postulado anterior não esvazia o sentido e alcance do próprio direito pessoal do criador intelectual de defesa da integridade das suas obras – é que o art. 15º/2 CDADC afinal exige o *acordo expresso* do autor da obra criada para outrem para que nela sejam introduzidas modificações. Deve, pois, examinar-se ainda mais cuidadosamente a situação.

Quando a obra é criada para outrem, por exemplo pelo assessor que escreve o discurso do político, o contrato de trabalho ou de prestação de serviço daquele pode ou não convencionar a atribuição por este ao comitente do direito de autor nas obras criadas no âmbito da comissão[230]. Mas, em qualquer caso, o que é objecto de atribuição é só o direito *patrimonial* de autor, já que o direito pessoal é inalienável. Assim, para modificar a obra criada no âmbito da comis-

228 Neste sentido, muito embora com formulação em termos sensivelmente distintos, parece-nos intervir OLIVEIRA ASCENSÃO, "Direito Civil: Direito de Autor e Direitos Conexos", cit., nº 124-III a -V, pp. 188/189.

229 Visto que o comitente deve utilizar a obra no âmbito dos fins da atribuição que o consente, deve deduzir-se que a atribuição das faculdades correspondentes a essa utilização compreende a faculdade de a transformar.

230 Analisamos *infra* os termos desta atribuição (cfr. nº 71).

são, é sempre necessário acordo do seu criador. Mas aquilo de que aqui tratamos é diferente.

O assessor que escreve o discurso do político para este proferir como seu não renuncia ao que é irrenunciável (o direito pessoal de paternidade da sua obra[231]), renuncia temporariamente ao *exercício* do direito de mencionar na obra a sua autoria, sob pena de incumprimento do contrato que celebrou[232]. Contudo, se o político comitente alterar o discurso encomendado, afeiçoando-o ao seu gosto – e seria absurdo negar-lhe esta legitimidade –, passa a escrever texto seu, que não pode em nenhum caso imputar ao assessor como criado por este. Dir-se-á que é uma obra diferente adaptada do texto original – e a autorização para adaptar está implícita do contrato de assessoria[233]: o "ghost writer", ao escrever e entregar o texto para, por exemplo, ser lido, aceita, tácita ou expressamente, que quem o lê o modifique a seu gosto – e o mais que pode fazer é enjeitar depois a paternidade intelectual do mesmo. Não é isto, afinal, o que está consagrado para as obras de arquitectura?

Em suma, ao modificar a obra para si criada no âmbito de contrato de trabalho ou de prestação de serviço, o empregador/comitente só viola o direito à integridade da obra se continuar a usá-la como criação do autor original: ao alterar o parecer encomendado recebido, o consulente não pode continuar a usá-lo como criação do consultor; ao alterar o discurso do "ghost writer", o político não pode (e, provavelmente, não quer) imputar àquele a autoria.

Pode articular-se, então:

a) ao atribuir a outrem faculdades de utilização patrimonial da obra – designadamente por efeito de convenção em contrato para criação de obras intelectuais –, o autor deve conformar-se à utilização pelo beneficiário dessa atribuição, subordinada aos fins que a determinam;
b) nesta medida, deve conformar-se às modificações que se deduzam consentidas pela convenção – e apenas a estas (art. 15º/2 CDADC);
c) qualquer modificação da obra para além dos limites antes definidos implica que deixe de poder imputar-se a respectiva autoria ao criador da obra primígena.

46.2. Direito de modificar a obra

I. O direito de modificação da obra é, antes de mais, o reverso do direito de oposição a modificações, antes estudado: o que pode opor-se a modificações na

[231] Cfr., *infra*, nº 74.4.

[232] Cfr., *infra*, nº 74.3.

[233] Esta regra resulta, aliás, do consagrado no art. 169º/4 CDADC (cfr., *supra* nº 46.1 e *infra* nº 58-II).

obra, pode consentir nestas ou não se lhes opor[234] – é o que prevê, por exemplo, o art. 59º/1 CDADC.

O direito de modificação da obra é também o direito de nela intoduzir modificações depois de licenciada a sua utilização e no decurso desta.

Este direito não é consagrado com autonomia pela maior parte das leis de autor lusófonas, incluindo a portuguesa. A lei brasileira (ar. 24/V LAB) consagra-o, facultando o seu exercício e impondo-o aos direitos patrimoniais, mesmo depois e em curso de utilização da obra. A lei portuguesa prevê-o implicitamente, ao fixar-lhe um limite: considera que, em caso de *transformação* autorizada da obra (tradução, arranjo musical, dramatização, cinematização), estão necessariamente consentidas as "modificações da obra que não a desvirtuem" exigidas pelo fim da utilização consentida.

Parece poder desfazer-se facilmente alguns equívocos relacionados com a natureza pessoal/patrimonial deste direito, aliás em termos análogos aos acima expostos sobre a faculdade de defesa da integridade da obra: o que autoriza a utilização da obra cuja transformação consentiu (*v.g.* os casos de transformação focados) exerce uma faculdade patrimonial; exerce o seu direito pessoal de modificação aquele que consente que se modifique obra sua. Nada impede que, pelo mesmo acto (de autorização de utilização da obra modificada), se manifestem simultaneamente as duas faculdades[235].

II. Questão diversa é a da autonomia do direito de modificação. Pode o criador da obra intelectual impor modificações em obra cuja utilização autorizou, determinando, por exemplo, que se altere o escrito cuja edição e circulação/ /distribuição contratou, ou a obra cinematográfica cuja exibição lícita decorre já? Cremos que não.

O exercício do direito de modificar a obra pelo seu criador/titular não sobrestá às utilizações consentidas: para modificar, terá de interromper a circulação da obra com a "forma" em que a divulgou e, para que possa interrompê-la, deverá apresentar as "razões morais atendíveis" que lhe permitiriam a "retirada", obrigando-se até, se causar danos, a indemnizar os lesados. Aliás, a consagração com autonomia deste direito pela lei de autor brasileira, que consente o seu exercício "antes ou depois de utilizada a obra", reforça a nossa ideia de que,

[234] Vimos até, conforme exposto acima, que, ainda que implicitamente consinta em "modificações exigidas pela transformação autorizada", o autor se reserva o direito de oposição àquelas que, ainda assim, desvirtuem a obra originária (cfr. parte final do nº 4 do art. 169º CDADC).

[235] O que, segundo entendemos, leva Oliveira Ascensão, "Direito Civil: Direito de Autor e Direitos Conexos", cit., nº 182-II, p. 269, a defender que: "Seria até bom que se usassem palavras diferentes para distinguir o direito pessoal do direito patrimonial", o que, nos termos enunciados, não julgamos necessário.

para modificar a obra que esteja a ser utilizada, o autor deve primeiro exercer licitamente o direito de retirada, ou seja, para modificar a obra que já esteja em curso de utilização, o autor deve primeiro retirá-la de circulação, o que exige que tenha razões morais atendíveis e que indemnize os lesados. A lei brasileira parece corroborar esta noção, ao sujeitar o exercício de ambos os direitos (de modificação e de retirada) – e só estes – à prévia indemnização que caiba (art. 24 §3º LAB).

47. Direito de acesso ao exemplar

Três das leis de autor lusófonas consultadas consagram o direito de acesso ao exemplar único ou raro da obra.

A lei cabo-verdiana (art. 46º-e) LACV) estabelece que o seu exercício tem por fim "publicar, divulgar ou comunicar ao público" a obra. Assim se estabelece um limite a este direito, que revela também a prevalência e superioridade desta faculdade pessoal sobre os direitos patrimoniais de utilização outorgados a terceiro: o titular do direito pessoal de acesso a exemplar da obra só pode exercê-lo se a divulgação, publicação ou comunicação ao público que pretende estiverem entravadas pelo titular do exemplar único ou raro em que esteja fixada. O autor impõe esse seu poder aos titulares de, por exemplo, direitos reais sobre o suporte ou de direitos patrimoniais exclusivos de utilização da obra que egoisticamente recusem divulgá-la.

Já as leis de autor brasileira (art. 24/VII LAB) e moçambicana art. 8/5-e) LAM) fixam-lhe outra finalidade: o direito de acesso é exercido "[...] a fim de, por meio de processo fotográfico ou assemelhado, ou audiovisual, preservar a sua [da obra] memória" com o menor prejuízo do detentor legítimo e indemnizando os danos. Isto evidencia, em tese geral, que os direitos pessoais são direitos relativos à obra – sobre a obra –, não outorgados para defesa da personalidade (bem jurídico autónomo) do autor.

É um direito que seria bem-vindo à lei portuguesa.

Secção III
Violação dos direitos pessoais

48. O tipo criminal

I. A lei de autor portuguesa pune penalmente a violação das várias faculdades de direito de autor (entre as normas legais que o fazem, avulta o art. 198º CDADC[236]).

Distintamente do que ocorre quanto à violação dos direitos patrimoniais, o procedimento criminal por estas *infra*cções depende de queixa do ofendido (art. 200º/1 CDADC). Isto reforça a ideia de que a tutela dos direitos pessoais – apesar de estes serem outorgados para garantir que a "vida" da obra é conforme àquilo que para ela o autor idealizou – deve ser desencadeada pelo autor/criador intelectual, que é o garante, fiel intérprete e juiz derradeiro do que a sua obra deve ser.

II. Referimo-nos noutro lugar (cfr., *infra*, nº 67) à repressão penal da violação ao *direito pessoal de divulgação*. O crime previsto e punido é o de usurpação (art. 195º/2-a) CDADC), analisado ali.

A violação do *direito à menção da designação que identifica a autoria* é punida em sede de contra-ordenações: repescam-se as disposições esparsas que, no Código, consagram tal direito, para depois reunir as infracções respectivas, previstas e sancionadas como ilícitos de mera ordenação social (art. 205º/2 CDADC).

Arrogar-se a *paternidade* de obra alheia é também crime. Este é até punido como contrafacção se houver utilização da obra contrafeita (cfr., *infra*, nº 57.3

[236] «Artigo198º *(Violação do direito moral)*
É punido com as penas previstas no artigo anterior:
a) Quem se arrogar a paternidade de uma obra ou de prestação que sabe não lhe pertencer;
b) Quem atentar contra a genuinidade ou integridade da obra ou prestação, praticando acto que a desvirtue e possa afectar a honra ou reputação do autor ou do artista.»

e arts. 198º-a) e 196º CDADC). Caso contrário, se o prevaricador não chegar a utilizar a obra alheia que chama sua, apenas será punido por violação do direito pessoal, não como contrafactor.

O ataque à *integridade da obra* faz desencadear a reação penal prevista no art. 198º-b) CDADC, exigindo-se que a conduta consubstancie desvirtuamento da obra com lesão da honra e reputação do autor. Já se expôs o que se deve pensar deste apelo à "honra e reputação do autor" (bens gerais da personalidade) para constituir referencial da violação de direitos morais relativos à obra (bem imaterial autónomo) (cfr., *supra*, nº 46.1). Significa-se que consideramos que é o autor, face a um atentado à integridade de obra sua, como juiz supremo do que a desvirtua, que pode decidir justificar-se desencadear a reacção penal a uma conduta *infra*ctora.

III. A lei não nos deixa ignorar a tutela de *obras caídas no domínio público*. Ela é expressa no art. 200º/2 CDADC, que consagra a legitimidade processual penal do Ministério da Cultura para a apresentação de queixas por infracções ao que lhe cabe prevenir: o ataque à genuinidade, integridade e autenticidade de obras que deixaram de merecer a tutela por direitos privativos de autor (porque caíram no domínio público – cfr. art. 57º/2 CDADC – ou porque os sucessores do autor falecido se demitem de as defender – cfr. art. 57º/3 CDADC). Mas, como se disse (cfr., *supra*, nº 46.1), já não é aqui a integridade da obra (valor pessoal), mas a sua genuinidade e autenticidade (valores culturais) que se têm em vista, como estatuem os preceitos legais citados.

Também o Decreto-lei nº 150/82, de 29-4, que julgamos não revogado, estatui que a utilização livre de obras caídas no domínio público está condicionada (art. 2º), visto que, em caso de utilização, deve ser mencionado o nome do autor, se conhecido. Deve também ser respeitada a genuinidade e integridade da obra, obrigando-se ainda à menção de que se trata de tradução ou outra transformação, sendo esse o caso.

Capítulo II
Faculdades patrimoniais

Secção I
O exclusivo de exploração económica da obra intelectual

49. Em geral – o exclusivo de exploração económica da obra. (A)tipicidade das faculdades de utilização compreendidas

I. O art. 9º/1 CDADC estabelece que o direito de autor "abrange direitos de carácter patrimonial e direitos de natureza pessoal". Tratámos dos segundos no Capítulo anterior, ocupamo-nos agora dos primeiros.

O nº 2 do mesmo preceito legal contém uma alusão ao conteúdo do direito patrimonial de autor, às suas características e até à sua natureza: "no seu exercício, o autor tem o direito exclusivo de dispor da sua obra e de fruí-la e utilizá-la, ou autorizar a sua disposição ou utilização por terceiro, total ou parcialmente". E, no art. 67º/1, completa-se o enunciado compreensivo do conteúdo do direito: no direito exclusivo de fruir e utilizar a obra, no todo ou em parte, compreendem-se, "nomeadamente, as faculdades de a divulgar, publicar e explorar economicamente por qualquer forma, directa ou indirectamente, nos limites da lei".

II. Ubertazzi, num importante estudo que dedica à matéria[237], menciona novos direitos exclusivos, nascidos da *lex mercatoria*, como o direito do organi-

[237] Luigi Carlo Ubertazzi, "*Numerus clausus* dei diritti esclusivi di proprietà intellettuale?", *in* JURISMAT – Revista jurídica, nº 4, maio de 2014, pp. 187 e ss.

zador de espectáculos desportivos.[238] Conclui que "a afirmação de que a *lex mercatoria* institui novos direitos exprime certamente uma sinédoque, que acentua apenas uma das duas fontes (a *lex mercatoria*) e não a outra (a lei): mas uma sinédoque que sublinha o carácter substancialmente prevalente de uma fonte sobre a outra, pelo menos no plano da paternidade da constituição de novos direitos exclusivos de propriedade intelectual".

A lei portuguesa enumera as principais faculdades de utilização patrimonial das obras intelectuais, mas não faz uma enumeração taxativa: o art. 68º/1 CDADC prevê que a exploração económica se faça "por qualquer dos modos actualmente conhecidos *ou que de futuro o venham a ser*"; o nº 2 da mesma disposição legal estatui que os modos de utilização que enumera nas suas múltiplas alíneas o são "entre outros".[239]

As faculdades patrimoniais de autor estão, então, enunciadas na lei com carácter exemplificativo: o autor, detentor do exclusivo de exploração económica da obra, pode explorá-la directamente ou autorizar a sua utilização por terceiro, ou transmitir ou onerar, no todo ou em parte, o seu direito patrimonial de autor (art. 40º CDADC).[240] Vejamos em que termos.

[238] Desenvolvemos este tema no nosso "Filmagem de espectáculos desportivos e 'direito de arena'", *in* JURISMAT – Revista jurídica, nº 1, Novembro de 2012, pp. 175 e ss. e *infra*, nº 110.

[239] Oliveira Ascensão, "Direito Civil – Direito de Autor e Direitos Conexos", cit., nº 140-III, p. 210, sustenta o carácter típico das que designa "faculdades instrumentais [da exploração económica da obra]" (reprodução, transformação, conexão com obra diferente, modificação e "pôr em circulação"), com fundamento na "inadmissibilidade de que o autor possa vincular livremente os exemplares da obra em poder de terceiros, o que aconteceria se se pudessem sempre criar novos direitos. [O que] provocaria vinculações ocultas e monopólios indesejáveis".
Consideramos que a lei não admite que se tipifiquem e cristalizem para todo o sempre mesmo as faculdades instrumentais da exploração económica hoje conhecidas.

[240] Ao contrário do que se viu ocorrer com o direito pessoal de autor, que é irrenunciável e indisponível (cfr. arts. 9º/3, 56º/1 e 42º CDADC e o exposto no Capítulo anterior).

Secção II
Autorizações (licenças), oneração e transmissão dos direitos

50. Licenciamento da utilização da obra e oneração e transmissão do direito – as chamadas vicissitudes do direito de autor

50.1. A autorização (licença) de utilização

O autor pode, em vez de transmitir o seu direito, limitar-se a licenciar terceiro para a divulgação, publicação ou qualquer outra forma de utilização, por qualquer processo e segundo uma ou mais das faculdades que integram o direito patrimonial de autor. Neste caso, considera-se que concede faculdades de utilização isoladas, sem alienar estas ou transmitir o próprio direito patrimonial (art. 41º/1 CDADC).

50.1.1. Licença de utilização – uma atribuição finalista

I. A concessão de uma ou mais faculdades de utilização patrimonial isoladas ou avulsas é uma atribuição finalista de direitos, como, aliás, toda a atribuição patrimonial jusautoral.[241] Por esta via, apenas se outorgam os poderes expressa-

[241] O carácter finalista da atribuição patrimonial de direito de autor foi erigido em princípio fundador no ordenamento jurídico alemão.
Em explicação sumária da teoria da atribuição finalista ou da disposição funcional ("Zweckübertragungstheorie"), segundo SCHACK, "Urheber- und Urhebervertragsrecht", cit., § 16-IV-3., p. 249 (547): "[...] o autor, em caso de dúvida, não concede outras faculdades de exploração ["Nutzungsrechte"] que não as exigidas pela finalidade da "disposição"/atribuição ["Verfügung"]". Mais acrescenta (*ibidem*) que deste princípio de interpretação – consagrado em várias disposições da lei de autor alemã, §§ 31(5), 37, 43, 88(2) UrhG alemã, se conclui a tendência do direito de autor para permanecer ligado ao autor, na medida do possível: "A teoria finalista visa proteger o autor que, devido a desconhecimento ou necessidade económica, abdique dos seus direitos de forma generalizada. Pretende-se que o autor goze, na medida o mais alargado possível, dos frutos

mente designados no acto de licenciamento/autorização de utilização[242] ou, na falta de designação, estritamente os que se mostrem necessários à prossecução dos fins da atribuição.[243] Aliás, o art. 40º/3 determina que, no acto de licenciamento/concessão de autorização, se especifiquem obrigatoriamente as faculdades de utilização atribuídas (art. 68º/4 CDADC). Estas são independentes umas das outras, já que a atribuição de uma a um sujeito determinado não prejudica nem impede a concessão de uma ou mais das restantes a outro sujeito. De resto, se se confrontar o art. 195º/2-c) CDADC, verificar-se-á que o tipo do crime de usurpação se preenche também pelo "*exceder dos limites da autorização* concedida por quem esteja autorizado a utilizar uma obra, prestação de artista, fonograma, videograma, emissão radiodifundida ou publicação de imprensa".

II. Os fins da atribuição podem ser expressamente enunciados no acto de concessão ou deduzir-se, por exemplo, dos fins da organização para a qual a obra é criada. É o que se viu acontecer no caso dos contributos individuais para obra colectiva (cfr., *supra*, nº 19) e, em geral, no caso das obras criadas em execução de contrato, como o de trabalho (Secção II do Capítulo I do Título IV). Assim, por exemplo, se for licenciada a utilização de um programa de computador a uma empresa, sem especificação das faculdades de direito de autor compreendidas e dos fins da utilização autorizada, devem considerar-se licenciadas também todas as utilizações desse programa de computador que caibam no objecto corrente da actividade dessa empresa, e apenas estas. Recomenda-se, pois, a especificação contratual dos poderes atribuídos pelo licenciamento.

III. A concessão de faculdades (de)limitada pelo fim da atribuição não é mais do que uma regra interpretativa, a aplicar quando subsistam dúvidas

económicos da exploração da sua obra. Recorrendo a uma fórmula conhecida, 'in dubio pro auctore'". No entanto, como acrescenta SCHACK (*ibidem*): "O § 31 não estabelece mais do que uma regra de interpretação que apenas pode aplicar-se quando existam dúvidas relativamente ao âmbito e dimensão da concessão de direitos." E prossegue (*ibidem*): "[O princípio da atribuição finalista/disposição funcional] Não serve as situações em que os tipos de utilização são enumerados individual e precisamente no contrato individual [...]."

[242] OLIVEIRA ASCENSÃO, "Direito Civil – Direito de Autor e Direitos Conexos", cit., nº 260, p. 385, faz questão na precisão terminológica.

[243] Assim, por exemplo, celebrado o contrato de realização e produção cinematográfica, os autores conservam todos os poderes relativos às suas obras não relacionados com a exploração audiovisual, permitindo-lhes a utilização e reprodução "em separado" das mesmas, por qualquer modo, "contanto que não prejudiquem a exploração da obra no seu conjunto" (art. 135º CDADC). Assim, também, por exemplo, celebrado o contrato de edição, o autor não só não transmite o próprio direito de publicação da sua obra como conserva o direito de autorizar a tradução e qualquer outra adaptação da mesma (art. 88º/2 CDADC).

sobre o âmbito dos direitos concedidos. Cede sempre que o âmbito (conteúdo) da atribuição esteja expressamente enunciado ou resulte inequívoco do acto.

50.1.2. Autorizações expressas, implícitas e presumidas

A autorização/licenciamento da utilização da obra pode ser expressa ou deduzir-se, implícita ou mesmo presumida, de outros actos, como sejam: a alienação do suporte material de obra de arte, que faz presumir a atribuição da faculdade patrimonial de exposição da mesma (art. 157º/2 CDADC – cfr., *infra*, nº 52.3-II); a alienação do negativo de fotografia (ou ficheiro informático digital – cfr. nº 30.1.1), que importa a transmissão dos direitos de reprodução e comercialização da obra fotográfica (art. 166º CDADC); a autorização para produção cinematográfica, que implica autorização para a distribuição do filme em salas públicas de cinema (art. 127º/2 CDADC – cfr., *infra*, nº 86).

50.1.3. Carácter oneroso e forma das autorizações

Nos termos do art. 41º/2 CDADC, as autorizações só podem ser concedidas por escrito e presumem-se onerosas (com contrapartida patrimonial) e não exclusivas. Parte da doutrina e jurisprudência considera que a exigência de forma escrita é meramente *ad probationem*, não determinando a sua inobservância a nulidade do acto.[244] Julgamos discutível este entendimento, visto que a inobservância de forma solene legalmente exigida para um negócio jurídico determina, em regra, a nulidade do acto (cfr. art. 220º C.Civil). Por outro lado, mal se compreenderia que, exigindo-se a forma solene para o acto por razões de certeza que tornem claro para as partes, principalmente para o autor, a natureza e alcance do acto praticado, a sua falta não tivesse como consequência a invalidade do negócio.

50.1.4. A eficácia dos actos de transmissão e oneração do direito de autor e de autorização/licença de exploração de obra intelectual

I. O licenciamento da exploração económica de uma obra intelectual pela atribuição de uma ou mais faculdades de utilização patrimonial não implica a transmissão, mesmo parcial, do direito de autor ou de faculdades neste compreendidas – estabelece-o claramente o art. 41º/1 CDADC. As faculdades de utilização patrimonial da obra concedidas ao assim licenciado, embora derivem

[244] Neste sentido: Luiz Francisco Rebello, "Introdução ao Direito de Autor" – I, cit., nº 42.b-2, p. 136, que considera relevante a ausência de cominação expressa da nulidade como consequência da inobservância da forma exigida, ao contrário do que ocorre no art. 44º CDADC; e António Macedo Vitorino, "A Eficácia dos Contratos de Direito de Autor", cit., p. 28. Luís Menezes Leitão, "Direito de Autor", cit., Capítulo X, 3.2 e respectiva nota 262, cita estas posições e jurisprudência sobre o tema.

da posição jurídica do titular do direito de autor, constituem-se *ex novo* na esfera jurídica daquele.

A simples autorização ou licença de exploração económica de uma obra intelectual não transfere o direito patrimonial de autor para o concessionário da licença, nem mesmo limitado às faculdades objecto da autorização. Não o desmembra, não o onera.

A mera licença de exploração económica de uma obra intelectual não comprime o direito de autor quanto a uma ou mais das faculdades de direito de autor atingidas pelo licenciamento, inibindo o autor de as exercer. Se A atribuir a B o usufruto da globalidade do seu direito de autor sobre a obra literária x (oneração), A fica, na vigência do usufruto, inibido de toda a exploração económica dessa sua obra, usando-a ou fruindo-a; e B pode opor-se a que A ou terceiros o façam. Se A autorizar C a publicar a sua obra y em Portugal em papel (licença), nada o impede de licenciar D para publicar y "on-line", ou de autorizar E a comercializar y no Brasil.

O titular de uma licença de exploração económica de uma obra intelectual não adquire, assim, qualquer parcela do direito de autor. O seu direito respeita a modos de utilização que devem ser discriminados no acto autorizativo: atribuindo-se, por exemplo, a faculdade de editar uma obra literária ou de a dramatizar ou de a cinematizar, compreende-se na atribuição a legitimidade para utilizar a obra segundo as faculdades licenciadas discriminadas no acto de autorização, que a lei manda que seja escrito, contendo "obrigatória e especificadamente a forma autorizada de divulgação, publicação e utilização, bem como as respectivas condições de tempo, lugar e preço" (cfr. art. 41º/3 CDADC).

Dir-se-ia, então, que, pela autorização, se licenciaria uma utilização singular, única e irrepetível, que se esgotaria pelo seu exercício. Mas o critério não é sustentável: o autor pode autorizar (licenciar) várias edições de uma obra sem abdicar de qualquer parcela do seu direito de autor quanto às faculdades juspatrimoniais – típicas da edição (cfr. art. 83º CDADC) – de publicar, reproduzir, distribuir e vender os exemplares respectivos.[245]

[245] Oliveira Ascensão (ob. cit., nº 261-III, p. 387) apercebe-se bem desta questão, considerando que fazer assentar a distinção no "carácter supostamente individualizado da utilização que a autorização permite, enquanto que as onerações dariam a possibilidade de um tipo de utilização, portanto de todas as utilizações que coubessem dentro de um tipo" é um critério "sem qualquer utilidade substancial, antes só complicaria".
O mesmo Autor (ob. cit., nº 262-III, pp. 389/390) acaba, porém, por defender que considerar que a autorização deve revestir sempre o aspecto de um exercício singular é um "critério interpretativo" válido para basear a distinção em relação às onerações, "[apenas] se nenhum elemento decisivo se puder encontrar na interpretação da vontade das partes".

Uma outra possibilidade é fazer assentar a distinção no carácter exclusivo ou não exclusivo dos direitos outorgados: a transmissão ou oneração do direito de autor ou de faculdades neste compreendidas outorgariam ao beneficiário um exclusivo de exploração económica da obra segundo as faculdades outorgadas; as autorizações ou licenças de exploração não teriam, em princípio, carácter exclusivo – assim o estatui o art. 41º/2 CDADC. O direito atribuído ao transmissário do direito de autor ter-se-ia, então, por violado sempre que o mesmo direito fosse exercido por terceiro não autorizado pelo referido cessionário. Já a obrigação emergente para o concedente de uma autorização de exploração económica de uma obra intelectual só se teria por incumprida pelas ulteriores segunda, terceira, quarta ou quinta outorgas a terceiros dos mesmíssimos poderes de utilização patrimonial dessa obra, antes concedidos, se fosse presumida ou revelada no acto de licenciamento a vontade de as partes lhe conferirem carácter exclusivo; e, segundo alguns, nem isto garantiria ao titular da licença o direito de se opor por si próprio (sem recorrer ao autor concedente) ao exercício concorrente de terceiros, posto o carácter meramente obrigacional do seu direito e a consequente inoponibilidade *erga omnes*.

Em suma, se uma licença de exploração económica de uma obra intelectual fosse outorgada sem carácter exclusivo, o concedente, em princípio titular do direito de autor[246], ficaria livre para multiplicar autorizações de conteúdo semelhante ou idêntico por um número indeterminado de novos beneficiários.

O carácter meramente obrigacional do acto de licenciamento – não transferindo direitos de autor e não sendo sequer necessariamente outorgado com exclusivo – inibiria também o concessionário de impedir terceiros, licenciados pelo autor, de explorar economicamente a obra segundo as mesmíssimas faculdades de utilização de que é titular.

O concessionário parece indefeso para proteger o seu direito. Sê-lo-á?

II. A propósito da edição – cuja autorização a lei até presume exclusiva (art. 88º/3 CDADC) –, impõe-se ao autor concedente o dever de assegurar ao editor o exercício dos direitos emergentes do contrato de edição contra embargos e turbações provenientes de direitos de terceiros em relação à obra a que respeita o contrato (art. 89º/4). Ainda que se considere que esta obrigação só existe quando o direito do editor concessionário for exclusivo – o que a lei não diz –, inegável é que se impõe ao autor que intervenha em defesa de direitos de crédito do seu concessionário (editor), seguramente que deitando mão das prerrogativas de eficácia inerentes ao direito absoluto de que aquele é titular, precisamente o direito de autor.

246 Logo veremos se o mero licenciado pode dispor do seu direito, concedendo, por sua vez, novas licenças de utilização derivadas daquela.

Logo, o que o autor defende, ao actuar em defesa do editor cujo exclusivo foi atingido pela acção concorrente de um outro utilizador, é o crédito do seu licenciado. E qual é o conteúdo deste crédito do editor licenciado? É dado pelo conjunto de poderes de utilização patrimonial da obra segundo a(s) modalidade(s) de exploração económica autorizada(s) pelo autor concedente.

Parece, então, que a concessão de uma autorização/licença de exploração económica de uma obra com exclusivo atribui ao concessionário licenciado poderes de utilização patrimonial da obra intelectual com eficácia idêntica à do direito de autor quanto às faculdades mobilizadas. Estas seriam faculdades cuja violação desencadearia os mecanismos de defesa próprios dos direitos de autor[247], simplesmente não seriam necessariamente outorgadas com a exclusividade própria desses direitos.

III. Por outro lado, quem outorgar uma licença não exclusiva de exploração de uma obra e, de seguida, autorizar nova utilização da mesma obra, nas mesmas condições de tempo lugar e preço da primeira, está obviamente a violar o seu compromisso obrigacional de proporcionar à outra parte todos os meios de plena satisfação do seu crédito, já que o prejuízo comercial causado ao primeiro licenciado pela segunda autorização atinge evidentemente as possibilidades de exploração económica da obra: o autor deve, sem dúvida, indemnizar pelos prejuízos causados à exploração económica editorial da obra com a segunda licença.

Contrapor-se-á que, se não outorgar o exclusivo ao primeiro concessionário, o autor não o deixa contar com a não atribuição ulterior de direitos concorrentes, pelo que o seu interesse contratual legítimo não estaria ferido. Mas pode razoavelmente sustentar-se que duas licenças sucessivas de exploração comercial da mesma obra nas mesmas condições não conflituam nunca, ou que, se obviamente conflituantes, não pode o primeiro licenciado autorizado reagir à utilização concorrente por outrem?

A resposta parece-nos dever ser a seguinte: a outorga de duas licenças de exploração económica da mesma obra nas mesmas condições de tempo, lugar e preço constitui incumprimento da obrigação do autor outorgante da autorização, que tem por objecto a garantia ao licenciado das vantagens patrimoniais resultantes dessa exploração do ponto de vista económico.[248] Os licenciados lesados, apesar de não serem titulares de direito de autor, podem reclamar do

[247] O art. 195º/3 CDADC pune mesmo criminalmente o próprio autor que, tendo transmitido os direitos ou autorizado a utilização da obra, a venha a utilizar com ofensa dos direitos atribuídos (cfr., *infra*, nº 111).

[248] Esta "garantia das vantagens patrimoniais resultantes da exploração económica da obra" é, não por acaso, o objecto fundamental da tutela legal do direito patrimonial de autor (art. 67º/2

autor concedente uma indemnização por incumprimento da obrigação, nos termos gerais da responsabilidade contratual.

Poderá também o titular de uma licença invocar em nome próprio o seu direito contra os demais licenciados ou até contra transmissário de faculdades de direito de autor ou mesmo contra o próprio autor que inicie a exploração da obra por conta própria em concorrência conflituante com a exploração que a primeira licença autorizava? Respondemo-lo em análise da oponibilidade e prevalência dos direitos derivados de uma licença.

50.1.5. Oponibilidade e prevalência dos direitos derivados das licenças

I. Dissemos que as licenças não exclusivas, sendo destituídas de eficácia *erga omnes*, não são, em regra, oponíveis a terceiros, já que pelas mesmas não se atribuem direitos de autor ou faculdades nestes compreendidas, como acontece pela transmissão ou oneração totais ou parciais do direito de autor. Logo veremos todas as implicações deste entendimento, mas não deve afirmar-se que, por princípio, os direitos derivados de licenças, direitos de crédito, não gozem nunca de prevalência.[249]

CDADC). Isto não significa que consideremos que o titular de uma licença (exclusiva ou não) adquire qualquer parcela do direito de autor, o que contrariaria o disposto no art. 41º/1 CDADC. O licenciado adquire um direito de crédito a que lhe seja proporcionada a exploração económica da obra segundo as modalidades de utilização concedidas. A concessão, pelo autor, de novas licenças de conteúdo idêntico sobre a mesma obra consubstancia manifesto incumprimento contratual por violação do plano obrigacional, que exigiria que a exploração económica pelo primeiro licenciado fosse garantida sem sobressaltos, devendo os danos assim causados aos licenciados ser indemnizados, independentemente de estes serem ou não titulares de direitos de autor.

[249] Como ensina Mário Júlio de Almeida Costa ("Direito das Obrigações", 8ª ed., 2000, na nota (1) à p. 112, excepcionalmente o direito de preferência ou prevalência pode verificar-se nos direitos de crédito (art. 407º C.Civil "Incompatibilidade entre direitos pessoais de gozo").
Qualificam os direitos pessoais de gozo como direitos de crédito, nomeadamente: João M. Antunes Varela ("Das Obrigações em Geral", vol I, 10ª ed., 2000, p. 173); ou Luís Carvalho Fernandes, ("Direitos Reais", 6ª ed., 2009, pp. 171 ss.). Já Oliveira Ascensão ("Relações jurídicas reais", 1962, pp. 230 ss.) advoga a natureza real do direito do arrendatário.
Autores como Manuel Henriques Mesquita ("Obrigações Reais e Ónus Reais", 1990, pp. 175/176) e José Andrade Mesquita ("Direitos Pessoais de Gozo", 1999, pp. 165 ss.) consideram que estes são um *tertium genus* entre os direitos de crédito e os direitos reais. O segundo dos Autores citados assevera mesmo que não seriam direitos reais porque são estruturalmente relativos (estruturados em torno da relação entre credor e devedor), e que não seriam direitos de crédito porque integram poderes imediatos sobre coisa corpórea, não carecendo da colaboração do devedor para o exercício.
Impressiona-nos especialmente a posição de Luís Menezes Leitão ("Direito das Obrigações", I, 2ª ed. 2015, pp. 96 ss.), que sustenta que os direitos pessoais de gozo são direitos de crédito, pois "embora confiram o gozo de uma coisa, esse gozo resulta de uma obrigação positiva assumida pela outra parte". Segundo o mesmo Autor (*ibidem*): "não há poder imediato sobre uma coisa,

Assim aconteceria, precisamente, em todos os casos em que fossem outorgadas sucessivamente duas licenças, ainda que não exclusivas, nas mesmas condições de tempo e lugar, de conteúdo idêntico, relativas à mesma obra. Assim, se o autor A autorizar o encenador B a levar à cena uma sua peça de teatro w, sem lhe outorgar exclusivo, e, seguidamente, autorizar o encenador C a encenar w nos mesmíssimos termos, deve considerar-se que A: a) viola a obrigação assumida perante B – pois que não lhe permite a exploração económica da obra livre de turbações, dada a concorrência comercial da "mise-en-scène" de C –, respondendo por incumprimento contratual; b) outorga direitos (as faculdades de utilização da obra objecto da segunda licença) directamente incompatíveis com os que resultam da primeira autorização de utilização.[250] E isto não pode ser indiferente ao Direito.

exigindo-se antes a mediação ou colaboração do devedor"; a "lei admite acções possessórias contra terceiros que privem o titular do direito pessoal do gozo da coisa ou perturbem o exercício do seu direito" (e cita os exemplos da locação – art. 1037º/2, da parceria pecuária – art. 1125º/2, do comodato – art. 1133º/2 e do depósito – art. 1188º/2, todos do C.Civil).

Nota, porém, Menezes Leitão (ob. cit., p. 99) que a regra da prevalência ou anterioridade do registo (ex art. 407º C.Civil) não é regra própria dos direitos de crédito, para os quais vigora a regra do rateio (ex art. 604º C.Civil). E acrescenta: "são direitos de crédito, defendidos por *actiones in personam* e não por *actiones in rem*" (neste sentido, também Menezes Cordeiro, "Tratado de Direito Civil", II-1, 2010, pp. 561/562).

Poderá, no entanto, afirmar-se que o concessionário de uma licença tem um poder imediato sobre uma coisa (mesmo que se admita que as coisas incorpóreas, como as obras intelectuais, podem em tese ser objecto de direitos pessoais de gozo)?

Entende que sim Macedo Vitorino (ob. cit., p. 191): "Contrapõem-se [...] as transmissões e as onerações às autorizações [...]. Só as primeiras implicam a constituição de um direito igual ao do autor, ou seja, um direito autoral de gozo, enquanto as licenças constituem direitos pessoais de gozo, dependentes da relação com o titular do direito de raiz".

Di-lo também Tiago Besssa ("Direito contratual de autor e licenças (voluntárias) de exploração da obra", *in* Revista da Ordem dos Advogados, Ano 72, IV, Out./Dez. 2012, pp. 1232 ss.): "[...], mediante o contrato de licença cria-se um direito pessoal de gozo sobra a coisa incorpórea objecto do contrato a favor do licenciado. Não nos parece que se possa qualificar o direito criado como um mero direito de crédito. [...] através da licença não surge apenas o direito a uma prestação do autor (direito de crédito). [...]. O aspecto fulcral é, antes de mais, a possibilidade de o licenciado gozar uma coisa incorpórea, sendo esta, como vimos, o objecto mediato do contrato".

Não estamos convencidos da necessidade do recurso à figura dos direitos pessoais de gozo para explicar a oponibilidade e prevalência das licenças exclusivas (como a licença de edição). Julgamos mesmo ser forçado considerar-se que o editor licenciado – ou até qualquer licenciado, por aplicação generalizada do art. 89º/4 também às licenças não exclusivas (o que, até certo ponto parece ser a posição de Macedo Vitorino, por exemplo – cfr. ob. cit., p. 192) – tem um poder imediato sobre a obra intelectual, ou que esta, bem imaterial, coisa incorpórea, é objecto apto a esta imediação para o seu gozo.

[250] Objectar-se-á, porventura, que não é necessário que duas licenças de encenação da mesma obra sejam necessariamente inconciliáveis; que nem sequer a outorga da segunda licença viola

Concluímos que o concedente de uma licença viola a obrigação nascida dessa concessão sempre que recuse ao concessionário os meios necessários para a cabal exploração económica da obra segundo as modalidades de utilização autorizadas. Tal tanto pode resultar, por exemplo, da recusa em entregar o original que fixe a obra para que a partir dele se exerçam as faculdades de utilização licenciadas (cfr. art. 89º/1 para a edição) como da outorga de direitos directamente conflituantes com o que antes se licenciara, sempre que da interpretação da vontade negocial manifestada no primeiro acto de autorização se possa concluir que o licenciado justificada e legitimamente não conta com a concorrência.

Dir-se-á que o que recebe uma licença não exclusiva sabe de antemão que deve conformar-se com a concorrência de outros licenciados quanto às mesmas modalidades de utilização que lhe foram autorizadas, pelo que seria da própria natureza não exclusiva da licença que esta pudesse ser multiplicada por vários e sucessivos titulares. Mas tal não autoriza que se considere que a sobreposição de licenças sucessivas, que estipulem iguais condições de exploração económica da mesma obra, além de incongruente do ponto de vista da razoabilidade, não viola o direito de crédito de cada um dos licenciados por lhes vedar, na prática, a exploração económica da obra que lhes fora autorizada.[251]

A formulação preferível é, a nosso ver: a concessão de uma licença de exploração de uma obra intelectual constitui um direito de crédito. A licença, se exclusiva, é oponível *erga omnes* e os direitos do licenciado prevalecem sobre outros direitos da mesma natureza constituídos posteriormente e, se forem exclusivos, prevalecem também sobre direitos autorais posteriores com os mesmos incompatíveis. Tal resulta da natureza quase-real destes direitos,

forçosamente o direito de crédito do primeiro licenciado. Mas se pensarmos no absurdo comercial (e o licenciado é normalmente um comerciante, um empresário) em que consistiria encenar a mesma peça de teatro em dois recintos vizinhos, ao mesmo tempo, ainda que com dois elencos artísticos diferentes, perceber-se-á que, para além do óbvio prejuízo que tal esdrúxula concorrência representaria, tal multiplicação de actos autorizativos gémeos frustraria completamente qualquer plano de exploração económica comercial das obras encenadas, que a qualquer dos dois encenadores licenciados é legítimo acalentar empreender, o que justificaria, por si só, a imputação de responsabilidade civil por incumprimento da obrigação nascida das licenças.

[251] Em sentido diferente, Macedo Vitorino (ob. cit., p. 204) defende que "só existirá incompatibilidade entre duas licenças se, pelo menos, uma delas for exclusiva, porque as licenças simples [não exclusivas] pressupõem a possibilidade de concorrência no gozo material da obra, à qual corresponde a definição formal da não-exclusividade da relação jurídica entre o dono da obra e o concessionário da faculdade de exploração".

Como dissemos, pensamos que da "possibilidade de concorrência no gozo material da obra", que a não exclusividade abre, não decorre a licitude da outorga de autorizações cujo conteúdo, objecto e demais condições de exercício inutilizam na prática uma licença anterior.

evidenciada na tutela que o art. 89º/4 – a propósito de uma licença paradigmática, como a edição (cfr. arts. 139º/1, 147º/1 e 156º/1) – reserva para a posição do editor com ou sem exclusivo.

II. E o carácter não absoluto do direito do licenciado impedirá que este faça valer o seu crédito à exploração da obra, impondo o exercício de faculdades de utilização concedidas contra outros licenciados, com ou sem exclusivo, contra terceiros não licenciados, ou até contra o próprio autor que obste à utilização? Pensamos que sim, pois tal decorre da natureza meramente obrigacional do seu direito, restando-lhe accionar o autor concedente de ulteriores licenças inconciliáveis com a sua, reclamando que o indemnize pelos danos causados pelo incumprimento da obrigação de lhe proporcionar a cabal exploração económica da obra segundo as modalidades de utilização autorizadas.

Mas, se forem constituídos vários direitos (de crédito) de exploração económica de uma obra intelectual, em tudo coincidentes e conflituantes, todos derivados de licenças não exclusivas, ficarão os respectivos titulares licenciados paralisados no exercício dos mesmos, vista a impraticabilidade do concurso, a validade das posições jurídicas em conflito e a incompatibilidade dos conteúdos funcionais dos direitos e a sua inoponibilidade relativa? Receamos que sim.

III. As licenças de utilização patrimonial de uma obra intelectual facultam ao concessionário não mais do que um crédito à exploração económica da obra, segundo uma ou mais modalidades especificadas no acto de licenciamento. O titular do direito de autor concedente da licença fica vinculado a consentir na utilização facultada – não a perturbando e, sendo caso disso, cooperando para a sua consecução (obrigação que, como evidenciámos, pode violar ao conceder licenças sucessivas de conteúdo conflituante).

Os direitos concedidos pela licença não exclusiva, não sendo oponíveis *erga omnes*, deixam ainda assim esperar o aproveitamento patrimonial de uma coisa, a obra intelectual (bem imaterial), por efeito de uma vinculação obrigacional do autor concedente. Não poderá, porém, o titular da licença não exclusiva opor o seu direito a outros licenciados por acto posterior, actuando em seu nome em juízo, invocando contra terceiros um direito com eficácia meramente obrigacional. Limitar-se-á, pois e nos termos antes expostos, a poder accionar o autor concedente por incumprimento da obrigação no caso de este multiplicar licenças idênticas, entre si inconciliáveis, cujo concurso faz directamente gorar qualquer plano de exploração comercial da obra que cada um dos empresários concessionários legitimamente pudesse acalentar empreender.[252]

[252] Consideramos elucidativa a narrativa de Tiago Bessa ("Direito contratual de autor e licenças (voluntárias) de exploração da obra" cit.), quando afirma sucessivamente: "Licença não exclusiva

Aliás, as regras da boa fé no cumprimento das obrigações sempre imporiam ao autor concedente uma conduta não manifestamente lesiva dos interesses comerciais do seu co-contratante licenciado, justificando que o indemnizasse por contribuir activamente para frustrar as expectativas comerciais criadas ao contratar.

50.1.6. Eficácia das licenças com exclusivo – a oponibilidade *erga omnes*

I. Ao presumir o carácter não exclusivo das licenças (art. 41º/2), a lei admite como implícita a inversa. E, de facto, em casos paradigmáticos (quiçá os mais relevantes económica, social e culturalmente), a lei presume o carácter exclusivo das licenças para edição (art. 88º/3) e para produção cinematográfica (art. 128º/1).

A exclusividade de uma licença há-de reflectir-se não no conteúdo das faculdades jusautorais que o autor concedente licenciou (permanecem as mesmas, seja ou não exclusiva a autorização), mas na eficácia do direito derivado da autorização. Testemo-lo a partir de um ou dois casos concretos.

O art. 88º/1 CDADC estatui, a propósito da edição – situação jurídica paradigmática da exploração económica de uma obra literária, musical, *etc.* –, que "o contrato de edição não implica a transmissão, permanente ou temporária, para o editor, do direito de publicar a obra, mas apenas concessão de autorização para [a] reproduzir e comercializar nos precisos termos do contrato". É um enunciado lapidar:

a) afirma a edição como contrato autorizativo do exercício de faculdades de utilização patrimonial de uma obra intelectual (as de reproduzir e comercializar a obra), mas sem transmissão, temporária ou permanente, para o editor, do direito (de autor) de publicar a obra ou de a reproduzir ou comercializar;[253]

(ou simples) permite ao titular do direito patrimonial de autor conceder licenças a terceiros com conteúdos potencialmente conflituantes, sem que com isso entre em incumprimento contratual" (pp. 1220/1221); para logo depois admitir: "[...] em especial nas licenças exclusivas, o autor não deve perturbar o gozo da obra por parte do licenciado, não concedendo novas licenças de exploração nem praticando, por ele próprio, actos de exploração económicos sobre a obra" (pp. 1225/1226). Consideramos que não faz sentido considerar cumprida a obrigação do concedente de uma licença (exclusiva ou não) que, de seguida, multiplique autorizações de conteúdo e objecto idênticos, em iguais condições de tempo e lugar, que, na prática, inviabilizem a exploração económica da obra autorizada.

Admite-se que o concessionário, especialmente se sua licença não for exclusiva, não possa fazer valer o seu direito fora da relação contratual com o autor concedente, mas tal não equivale a isentar este último de responsabilidade contratual com obrigação de indemnizar, sempre que torpedeie o plano de exploração comercial do primeiro licenciado autorizado, inviabilizando-a.

[253] Faculdades que pode transmitir depois, embora gravadas com os direitos exclusivos do editor concessionário.

b) especifica que essa utilização consentida permite reproduzir ou comercializar, mas apenas *nos precisos termos do contrato*, ou seja, em condições (de modo, tempo e lugar) precisamente definidas e para os fins de utilização que se expressem ou que se deduzam estipulados no acto autorizativo.

A contratação da edição é, então, acto de autorização/licenciamento da utilização de uma obra (literária ou musical, por exemplo) que constitui direitos de crédito do editor concessionário, que fica legitimado a exigir do autor obrigado que consinta nos actos discriminados no título constitutivo, nos termos e para os fins estipulados. O conteúdo dessa obrigação, que não é só uma obrigação *de pati* do autor, é desenvolvidamente explanado nos preceitos seguintes do Código (*maxime* art. 89º/1).

II. Mas o art. 88º/3 introduz um elemento novo na situação jurídica assim nascida: o autor deve abster-se de fazer ou autorizar novas edições da mesma obra em condições (de tempo, lugar, *etc.*) potencialmente conflituantes. Estabelece, assim, como regra supletiva, a *exclusividade* dos direitos do editor.[254]

Dir-se-ia que, na linha do que atrás enunciámos, tal mais não implicaria do que uma especial vinculação *obrigacional* do autor a não constituir outras licenças de exploração conflituantes com a primeira. Em todo o caso, já que falaríamos de direitos com eficácia meramente obrigacional, o incumprimento deste dever com violação da obrigação de não fazer e não autorizar a concorrência não traria outras consequências que não o incurso em responsabilidade obrigacional, devendo o autor indemnizar o editor lesado pela concorrência indesejada.[255]

Só que a lei (art. 89º/4) vai mais longe e estabelece que – e transcrevemos a norma pela sua riqueza – "o autor é obrigado a assegurar ao editor o exercício dos direitos emergentes do contrato de edição contra embargos e turbações provenientes de direitos de terceiros em relação à obra a que respeita o contrato, mas não contra embaraços e turbações provocados por mero facto de

[254] Sobre os direitos conexos do editor, cfr., *infra*, nº 115.

[255] MACEDO VITORINO (ob. cit., p. 80) aduz mesmo, se bem que apenas especulativamente como hipótese de trabalho, que:

a) "a exclusividade das licenças, por ser limitada no tempo e no espaço, não tem o mesmo significado que a exclusividade das transmissões e onerações, pelo que as licenças só serão oponíveis fora da relação contratual que lhes deu origem, por virtude de disposição especial ou por virtude da eficácia externa das obrigações";

b) "a exclusividade poderá designar apenas o comprometimento do autor em não usar a mesma faculdade que concedeu e de não a conceder a mais ninguém, ou a cessão ou constituição de um direito que, por natureza, não pode ser usado por nenhuma outra pessoa sem autorização do seu titular".

terceiros". Esta disposição deve ser interpretada como instituindo a legitimidade do editor – mero concessionário de uma licença de edição, despido da titularidade de verdadeiro direito de autor – para: a) defender-se legítima, directa e pessoalmente contra os embaraços ao exercício do seu direito provenientes de *meros factos de terceiros* (por exemplo, as acções de um editor "pirata", não licenciado); e b) exigir do autor licenciante que intervenha para garantir o exercício dos seus (do editor) direitos postos em questão por *direitos de terceiros* em relação à obra (por exemplo, os de titulares de outras licenças conflituantes).

Enquanto MACEDO VITORINO[256] extrai daqui a consagração, no Direito de Autor, da "teoria da eficácia externa das obrigações", OLIVEIRA ASCENSÃO[257], depois de concluir que assiste aqui ao editor (mero concessionário de uma licença) o direito de assegurar sozinho a sua posição contra embaraços e turbações provenientes de mero facto de terceiro, aduz que "do art. 89º/4 resulta que ele [o direito do editor] é normalmente uma oneração".

A formulação preferível parece-nos ser outra: quando, por efeito de actos de concessão de licenças, se outorgue um exclusivo de utilização patrimonial de uma obra, para a sua exploração económica segundo uma ou mais modalidades consentidas e para os fins que se deduzam da atribuição, os direitos constituídos na esfera jurídica do concessionário – sem serem verdadeiros direitos de autor, por respeitarem ao exercício de faculdades de utilização para os fins delimitados – são direitos de crédito com eficácia *erga omnes*.[258]

[256] MACEDO VITORINO, ob. cit., p. 110.

[257] OLIVEIRA ASCENSÃO, "Direito Civil – Direito de Autor e Direitos Conexos", cit., nº 301, p. 444.

[258] A lei de autor alemã não permite a transmissão do direito de autor, a não ser que em execução de um testamento (§29(1) UrhG). O autor pode, no entanto, conceder direitos de exploração mediante autorizações contratuais.

Estas autorizações contratuais (licenças voluntárias) podem ser concedidas com carácter não exclusivo, caso em que o titular licenciado pode utilizar a obra sem excluir outras pessoas (§31(2)). Podem também ter carácter exclusivo, caso em que as faculdades de exploração podem ser exercidas do modo permitido com exclusão de todas as outras pessoas, podendo também conceder direitos análogos aos seus (§31(3)). Importante é, também, que se sublinhe que os direitos de exploração concedidos permanecem eficazes vis-à-vis os titulares de direitos de exploração licenciados depois (§33).

A lei de autor britânica (UK Copyright, Designs and Patents Act, de 1988) distingue os "assignments" das "licences" (sec. 90). Pelo "assignment" transmite-se o "copyright", íntegro ou apenas alguns dos direitos compreendidos, definitiva ou temporariamente (sec. 90(1) e (2)). Uma licença outorgada por um titular do "copyright" vincula qualquer sucessor/transmissário na titularidade do direito (sec. 90(4)). A licença concedida com exclusivo "autoriza o licenciado com exclusão de outras pessoas, incluindo o [autor] concedente, a exercer um direito que, sem a mesma, seria apenas susceptível de exercício pelo titular do 'copyright'" (sec. 92(1)). Isto revela uma eficácia dos direitos derivados das licenças exclusivas equivalente à do próprio "copyright".

Os direitos derivados de uma licença ou autorização jusautoral são direitos de crédito à utilização patrimonial de uma obra intelectual, que, se dotados de exclusivo, são oponíveis *erga omnes* como os direitos de autor.

III. Os direitos assim constituídos gozam também da prevalência inerente aos direitos pessoais ou reais de gozo:

a) quando constituídos sucessivamente dois direitos de utilização patrimonial de uma obra inconciliáveis, derivados ambos de licenças não exclusivas, nenhum dos dois é oponível fora da relação obrigacional que só vincula o autor concedente, nesse caso obrigado a indemnizar;
b) os direitos nascidos de uma licença não exclusiva nunca prevalecem contra direitos de autor, dotados de eficácia absoluta;
c) quando são constituídos sucessivamente direitos que derivem de transmissão ou oneração de direito de autor – eles próprios também jusautorais e absolutos – e direitos de crédito à exploração económica de uma obra (outorgados por licenças voluntárias), os direitos de crédito mais antigos prevalecerão se dotados da eficácia *erga omnes* que sempre acompanha a exclusividade, sob pena de se inutilizar todo o sentido desta.

50.1.7. Actuação em defesa dos direitos derivados de uma licença de edição

I. Questão complementar é a de saber se o titular de uma autorização exclusiva pode actuar por si em juízo contra terceiro para defender o seu direito ou se terá de recorrer ao autor concedente para que este actue em defesa deste. Oliveira Ascensão[259] considera que "se alguém é beneficiário de uma mera autorização e terceiros, sem invocar posições de direito autoral, se opõem ao exercício do direito, seja ou não exclusivo, o beneficiário não pode invocar contra eles a titularidade de um direito de autor ou deste derivado. Continua a seguir-se a lógica do direito relativo. Só por recurso ao concedente ele pode encontrar defesa".

Só admitimos esta solução se se considerar que a norma do art. 89º/4, antes citada, não é de aplicação geral a todas as concessões de licenças exclusivas.[260] Na verdade, sem que nos convença a tese que vê na edição uma oneração[261] –

[259] Oliveira Ascensão, "Direito Civil – Direito de Autor e Direitos Conexos", cit., nº 262-II, p. 389.

[260] Pelo menos a todas as licenças exclusivas – como se presume ser a edição (art. 88º/3) –, já que, não distinguindo o art. 89º/4 entre edição com e sem exclusivo, se pode perfeitamente advogar a sua aplicação a uma e outra.

[261] É a posição de Oliveira Ascensão, última ob. cit., nº 301-III, p. 445, que afirma: "Se do art. 88º/1 não resulta que o direito do editor seja meramente obrigacional, do art. 89º/4 resulta que ele é normalmente oneração".

sendo antes uma licença que atribui um direito de crédito com eficácia *erga omnes* –, parece-nos patente que o editor pode actuar, por si ou com recurso ao concedente, na defesa do seu exclusivo, não como autor (titular do direito de) – que não é –, mas como licenciado exclusivo.[262]

A licença outorgada pelo contrato de edição tem *em regra* carácter exclusivo – assim resulta da aplicação conjugada dos arts. 88º/3 e 89º/1 e /4. A outorga do exclusivo é um efeito típico deste contrato. Aquele que pretenda autorizar outrem a reproduzir e comercializar obra sua sem outorgar o exclusivo deve licenciá-lo por acto atípico, não pela autorização da edição. Já o autor, que pretenda atribuir o direito de autor com as faculdades de publicar, reproduzir e comercializar a sua obra, pode fazê-lo transmitindo-as ou onerando o seu direito quanto a estas faculdades; não deve fazê-lo autorizando a *edição* da obra que tem efeitos tipificados na lei, entre os quais não se contam a alienação ou oneração, no todo ou em parte, do direito de autor.

Concluímos, assim, que o titular de uma licença exclusiva pode exigir do autor concedente que assegure o exercício dos direitos emergentes do acto de licenciamento contra "os embargos e turbações provenientes de direitos de terceiros em relação à obra a que respeita o contrato". Não pode o editor fazê-lo por si só, mas pode exigir que o autor o faça.

II. Mais duvidosa é a parte final deste nº 4 do art. 89º que estatui que o editor não pode reclamar a intervenção do autor contra embaraços e turbações provocados por mero facto de terceiro". Oliveira Ascensão[263] considera que "se [o autor] não tem de assegurar, isso significa que o editor se pode assegurar sozinho". Concordamos. O editor, confrontado com mera oposição de facto ao exercício do seu direito, pode actuar por si próprio em juízo para o defender.

A explicação é provavelmente de índole prática: estas "turbações de facto" ao gozo da licença de edição serão mais fácil e eficazmente removidas por intervenção directa do (editor) licenciado sem recurso à mediação do (titular do direito de) autor.

[262] Macedo Vitorino (última ob. cit., p. 109), a propósito da relação entre exclusividade e oponibilidade, considera: "O art. 89º/4 não distingue entre edições exclusivas e não exclusivas, consequentemente, se a regra aí consagrada implicar a oponibilidade do direito de edição, ambas terão eficácia externa. Oliveira Ascensão ["Direito de Autor e Direitos Conexos", cit., nºs 300-III e 301, pp. 443 a 446, *apud* Macedo Vitorino] não distingue, considerando que ambas são oponíveis e que ambas constituem formas de oneração do direito patrimonial de autor. Em sentido diverso Greco e Vercellone [*apud* Macedo Vitorino], ao considerarem que o direito de edição não exclusivo constitui uma licença simples porque, para estes autores, só a exclusividade impõe a oponibilidade".

[263] Última ob. cit., nº 301-I, p. 444.

50.1.8. Ultradisposição das faculdades concedidas por licença ou autorização

Questão importante para a avaliação da natureza e eficácia do direito do licenciado é a da admissibilidade da ultradisposição desse direito.

A ultradisposição de direitos adquiridos pelo licenciado está limitada.

Tal pode acontecer por força da lei. É o que se verifica quando se consagra a intransmissibilidade dos direitos do empresário emergentes do contrato de representação: este – que é mero concessionário de uma licença de (utilização de uma obra por) representação (art. 108º/1), logo não titular de verdadeiro direito de autor – não pode atribuir, por sua vez, o seu direito a terceiros (ultradispor). Assim, a ultradisposição, não consentida pelo autor, de faculdades de utilização emergentes de uma licença pode estar vedada *por lei*.

Evidentemente que a ultradisposição de uma licença pode também ser excluída contratualmente. Assim o determinaria sempre o princípio da autonomia da vontade, vigente neste ramo do Direito Civil. E nos demais casos?

Dever-se-á recorrer à interpretação da vontade das partes.

Se a licença é concedida *intuitu personae*, para os fins de exploração económica *por aquele particular* concessionário – e só por este –, não pode ser ultratransmitida. A lei pode até presumir o sentido desse intuito do concedente. Fá-lo no caso assinalado da edição, quanto aos direitos (de crédito) do editor (art. 100º/1). Fá-lo no caso, já referido, da licença de representação cénica, quanto aos direitos concedidos ao empresário licenciado (art. 118º). Assim procede também quanto aos direitos de índole autoral atribuídos ao produtor fono/videográfico[264] (art. 145º), que não podem ser transferidos para terceiro sem consentimento do(s) autor(es).

Pelo contrário, a lei já admite que o produtor cinematográfico (e, em geral, o audiovisual) – também ele um concessionário de mera licença – transfira, a todo o tempo, direitos emergentes do contrato (art. 133º).

A lei, excepcionalmente, consagra a legitimidade para transferir direitos derivados das respectivas licenças pelo editor ou pelo produtor fono/videográfico, quando ocorra transmissão do estabelecimento da empresa do concessionário (cfr. os arts. 100º/1, *in fine*, e 145º).

50.1.9. A revogação por não uso do direito do licenciado (*remissão*)

Tratamos esta matéria *infra*, nºs 66.3 e 100.1.1.

[264] Que, por sinal, é também titular de direitos conexos. Sobre a natureza dos direitos do produtor fono/videográfico, pode confrontar-se *infra*, nº 112.

50.2. A transmissão e a oneração do direito de autor

I. Como se viu, só as faculdades patrimoniais são transmissíveis (art. 42º CDADC). A lei de autor portuguesa regula em dois preceitos legais a transmissão e oneração do direito de autor (arts. 43º e 44º CDADC).

II. Ao transmitir (total ou parcialmente) o direito de autor ou faculdades neste compreendidas, o autor aliena esse direito ou essas faculdades. Pela oneração jusautoral, comprime o direito patrimonial, permitindo que sobre este se constituam faculdades de utilização patrimonial, sem, contudo, transferir para outrem qualquer parcela do mesmo (o usufruto do direito de autor – cfr., *infra*, nº 50.2.5 e art. 45º CDADC – é exemplo de figura que onera o direito de autor, constituindo, na titularidade do usufrutuário, os poderes de usar e fruir a obra, sem alienação de qualquer faculdade jusautoral).

A lei prevê que a transmissão e a oneração possam ser totais ou parciais.

Pensamos que negar a admissibilidade das transmissões parciais esbarra com a letra da lei que as admite expressamente (art. 43º/1 CDADC). O facto de se exigir que o acto transmissivo especifique as faculdades de que se dispõe (art. 43º/3) apoia este entendimento.

Oliveira Ascensão considera que a verdadeira transmissão só ocorre nos casos que a lei designa de transmissão total – dado o carácter *uti universi* que aponta a toda a cessão de direitos de autor.[265] Este Autor (ob. e loc. citt.) mais considera urgente uma alteração legislativa que, a exemplo do que acontece na Alemanha (cfr. § 29(1) UrhG alemã[266]), imponha a intransmissibilidade total do direito de autor, já que considera que o regime actual coloca o autor numa posição "de fraqueza" perante utilizadores gananciosos que reclamariam a irreversível – e, deduz-se, mal compensada – alienação do seu principal capital: o património jusautoral.

50.2.1. A transmissão e oneração como actos formais

A transmissão e a oneração do direito de autor são actos formais: a transmissão e a oneração parciais do direito devem constar de documento escrito autenticado (art. 43º/2 CDADC); a transmissão total deve ser reduzida a escritura pública (art. 44º). A inobservância da forma legalmente exigida determina, como é de regra, a nulidade dos actos.

[265] Oliveira Ascensão, "Direito Civil – Direito de Autor e Direitos Conexos", cit., nº 255, pp. 377/378.

[266] A lei de autor alemã (§ 29(2) UrhG alemã), que veda toda a transmissão do direito de autor (§ 29(1) UrhG alemã), já admite a concessão de faculdades limitadas, em oneração do direito de autor, em regime semelhante ao das autorizações/licenças jusautorais portuguesas.

Este regime, instituído supostamente para protecção dos autores contra actos irreflectidos que os privem irreversivelmente do todo ou de parte dos seus direitos de autor, é inexplicável se verificarmos que a lei não exige expressamente forma especial para outros actos que também implicam a alienação de todo o conjunto do direito patrimonial de autor, como a atribuição da totalidade do direito patrimonial à entidade que encomenda a obra ou para quem esta é criada em execução de contrato (art. 14º CDADC, analisado em pormenor noutro local – cfr., *infra*, nº 70-II).

50.2.2. Carácter oneroso ou gratuito

Quer a transmissão e a oneração parciais quer a transmissão total do direito de autor podem ser gratuitas ou onerosas. A lei prevê-o expressamente para a transmissão ou oneração parciais (art. 43º/3, *in fine*), mas parece excluí-lo para a transmissão total, pois que o art. 44º só se refere à cessão mediante um preço (o que supostamente protegeria também os autores contra actos menos informados que levassem à doação impensada do seu direito).

Advoga-se que a transmissão total *gratuita* do direito, sendo admitida em menagem ao princípio da liberdade contratual, simplesmente não seguiria o regime do art. 44º, por este exigir escritura pública para a transmissão *mediante um preço*.[267] Apesar de não estar expressamente prevista a transmissão total gratuita do direito, parece também fazer pouco sentido que a lei exigisse uma forma mais solene (a escritura pública), protectiva do autor, precisamente para o acto que é menos gravoso para este (a transmissão onerosa mediante um preço), não a impondo para actos gratuitos que o despojam sem contrapartidas do seu direito. Conclui-se, portanto, que também a transmissão gratuita do direito de autor está sujeita a escritura pública.[268]

50.2.3. Transmissão do direito de autor sobre obras futuras

O autor não pode proceder à alienação total e não limitada no tempo do direito patrimonial sobre *todas* as suas obras futuras (as que o autor ainda não criou à data da alienação) – cfr. art. 48º CDADC. Toda a transmissão de obras futuras está limitada às que o autor crie no prazo máximo de dez anos.

Parece dever deduzir-se do art. 44º que também só pode transmitir-se totalmente o direito de autor sobre obras identificadas ("com identificação da obra"), o que excluiria a cessão global do direito sobre obras ainda não criadas.

[267] Neste sentido Oliveira Ascensão, "Direito Civil – Direito de Autor e Direitos Conexos", cit., nº 256-III, p. 379, que admite que tal "não tem justificação".

[268] Isto, tendo presente que, embora as normas excepcionais não comportem analogia (e é excepcional exigir forma especial – cfr. art. 219º C.Civil), podem ser objecto de interpretação extensiva (art. 11º C.Civil).

Julgamos que o que a lei exige é que as obras ainda não criadas sejam identificáveis segundo critérios fornecidos no acto de transmissão, não podendo vedar-se, não havendo previsão legal expressa que o determine, a transmissão total do direito de autor, desde que limitada no tempo, sobre todas as obras que o autor venha a criar em certo âmbito, também ele identificado.[269] Afinal, não é isso que, precisamente, se faz quando se atribui ao empregador o direito de autor sobre as obras a criar em execução de determinado contrato, como o de trabalho?[270]

50.2.4. Caducidade do direito do transmissário (transmissões parciais)

No art. 43º/4 CDADC, presume-se que a transmissão e a oneração transitórias, sem duração estabelecida, têm vigência máxima limitada ao prazo de vinte e cinco anos (dez anos, no caso das obras fotográficas). O nº 5 do mesmo artigo estatui que o direito outorgado caduca – ou, pelo menos, perde o seu carácter exclusivo –, se a obra não for utilizada pelo transmissário nos sete anos subsequentes à alienação.

Esta ideia reforça a convicção de que as transmissões parciais do direito de autor têm a natureza de onerações do mesmo, não provocando o seu desmembramento quanto às faculdades cedidas, à semelhança do que é, hoje, doutrina pacífica sobre os direitos reais menores.[271] Em caso de caducidade dos direitos outorgados na titularidade do transmissário, o direito de autor reassume, então, a plenitude do seu conteúdo na titularidade do autor transmitente.

Esta asserção pode parecer contraditória com a da admissibilidade da alienação de faculdades isoladas de direito de autor pelas transmissões parciais deste. Não é. É a própria lei (art. 43º/5 CDADC) que prevê a caducidade do direito derivado transmitido, em caso de não utilização da obra. Ora, não é concebível – e sempre seria *contra legem* pensar – que, caducando o direito derivado, o direito de autor "sobreviveria" amputado de algumas faculdades.

Tratamos a matéria da caducidade dos direitos adquiridos pela transmissão total ou parcial do direito de autor a propósito da extinção dos direitos de autor derivados (*infra*, nº 100.1.2).

[269] Oliveira Ascensão, "Direito Civil – Direito de Autor e Direitos Conexos", cit., nº 256-II, p. 379, considera que não tem suporte a afirmação segundo a qual a identificação da obra suporia uma obra já criada.

[270] Cfr. o art. 14º CDADC e o que se expõe em pormenor sobre a matéria no nº 71.1.

[271] Neste sentido Oliveira Ascensão, "Direito Civil – Direito de Autor e Direitos Conexos", cit., nº 258, pp. 381/382.

50.2.5. Usufruto do direito de autor

I. O usufruto, uma modalidade de oneração do direito de autor, é especialmente admitido na lei (art. 45º/1 CDADC). Aplicam-se-lhe, naturalmente, as disposições gerais sobre onerações parciais dos nºs 4 e 5 do art. 43º, antes comentadas.

II. O usufruto de obras intelectuais é uma verdadeira oneração temporária da obra – do direito patrimonial de autor, não dos direitos reais sobre os suportes materiais.

Veda-se a transformação (adaptação) ou modificação da obra pelo usufrutuário, quando não expressamente autorizadas pelo autor (art. 45º/2 CDADC). Deve entender-se que a transformação da obra (adaptação da mesma a outro género) e a sua modificação (alteração da sua estrutura formal, que bule com o núcleo irredutível do direito pessoal de autor) atinge verdadeiramente não o suporte material (*corpus mechanicum*), mas a essência criativa da obra.[272/273]

50.2.6. Penhor do direito de autor

O penhor de faculdades jusautorais patrimoniais (art. 46º/1 CDADC) não se estende aos suportes materiais das obras empenhadas (art. 46º/3), o que é mero corolário da regra geral da independência entre o direito de autor sobre a obra, bem imaterial e o direito (real) respectivo sobre o suporte, coisa corpórea, que é mero veículo de fixação e comunicação daquela (art. 10º/1 CDADC).

Considera-se que, uma vez dado em penhor, o direito de autor fica limitado pelas faculdades de utilização empenhadas como garantia de créditos. Estas podem não compreender a totalidade do conteúdo patrimonial do direito de autor empenhado, prevendo a lei que possam especificar-se quais as oneradas (art. 46º/2).

[272] Pelas razões já expostas – cfr. nº 46.1-III, B.

[273] Luís Menezes Leitão, "Direito de Autor", cit., Capítulo X, 3.4.3, e respectiva nota 267, na linha de Macedo Vitorino (*apud* Menezes Leitão, nota citada), considera que a obra, sendo *corpus mysthicum*, não pode ser modificada ou transformada.

Secção III
Faculdades de utilização das obras intelectuais – em especial

Analisa-se aqui cada uma das faculdades de utilização das obras enumeradas na lei.

51. Direito de publicação

O art. 68º/2-a) CDADC faz integrar no exclusivo jusautoral a "publicação pela imprensa ou por qualquer outro meio de reprodução gráfica". Versa só a publicação gráfica, a multiplicação da obra em exemplares impressos.

Naturalmente, "publicar" uma obra não se resume à publicação em escrito. Deve ter-se presente o conceito jusautoral de publicação, emergente da CB, que consta do art. 6º/1 do Código português: esta é colocação da obra à disposição do público em sentido amplo[274], "qualquer que seja o modo de fabrico dos respectivos exemplares", desde que importe a sua reprodução ("colocação de exemplares à disposição do público em termos que satisfaçam razoavelmente as necessidades deste, tendo em consideração a natureza da obra") (art. 6º/2 CDADC).

Como se explicou, a exteriorização formal de uma obra, de que depende a protecção pelo direito de autor, não equivale à sua "divulgação" ou "publicação": as situações jusautorais constituem-se independentemente da revelação pública do objecto criado.[275] A divulgação e a publicação de uma obra inte-

[274] Não confundir com o direito patrimonial de colocação à disposição do público da obra em rede digital, que é faculdade jusautoral autónoma e específica que se explicará adiante (cfr. nº 55.2).

[275] As expressões "divulgação/publicação" são aqui apresentadas pelo seu valor jusautoral comum: ex art. 3/3 CB e art. 6º/1 e /3 CDADC, como actos que levam a obra ao conhecimento público.

lectual são actos a que a lei liga efeitos jurídicos de algum significado: a primeira, sobretudo no que respeita ao núcleo pessoal do direito de autor, como se viu (cfr., *supra*, nº 42); a segunda porque já representa aproveitamento patrimonial da obra. A publicação da obra não é constitutiva do direito de autor, este preexiste-lhe, pois o direito de autor constitui-se imediata e inelutavelmente logo com a exteriorização da obra (cfr. nº 7).[276]

Por ora, contudo, basta-nos registar que a divulgação e a publicação de uma obra intelectual são acções que correspondem à manifestação do exclusivo jusautoral e pressupõem a exteriorização da obra intelectual pelo seu autor/ /criador.

52. Os direitos de representação, recitação, execução e exibição ou exposição ao público

As faculdades enunciadas em epígrafe integram o exclusivo patrimonial do autor nos termos do art. 68º/2-b) CDADC. A cada uma destas faculdades corresponde um figurino contratual.

52.1. Representação

I. Representação é a "exibição perante espectadores de uma obra dramática, dramático-musical, coreográfica, pantomímica ou outra de natureza análoga, por meio de ficção dramática, canto, dança, música ou outros processos adequados" – art. 107º CDADC. Esta é reservada ao autor ou a quem este autorize, quer se realize em lugar público quer em lugar privado, com ou sem entradas pagas, com ou sem fim lucrativo – art. 108º CDADC.

Na verdade, o que a lei de autor reserva é a representação cénica pública e remunerada de obra ainda não divulgada. Como acontece quanto a toda a comunicação ao público, a representação sem fim lucrativo e em privado de obra já divulgada é livre e, como tal, independente de autorização do autor da

José de Oliveira Ascensão, "Direito Civil – Direito de Autor e Direitos Conexos", cit., *maxime* nº 28-II e nº 102-II, refere ambas à utilização patrimonial. E expõe: "Na verdade, a divulgação é o passo necessário para qualquer dos modos de utilização concedidos." (ob. cit., nº 103-II, p. 158). E continua, *ibidem*: "Concretamente em relação ao direito de publicação, o art. 68º/2-a [CDADC] atribui ao autor esse direito, englobado entre os direitos patrimoniais. Publicação e divulgação respeitam, portanto, às formas de utilização económica da obra, ...". Não concordamos.
No nosso "O direito pessoal de autor...", cit., III-1., 2.1., p. 63, sustentámos já: "Será então que divulgação e publicação traduzem a mesma realidade? [...] que a publicação é apenas uma modalidade de divulgação? Entendemos que não, muito embora ambas as noções tenham em comum a ideia de 'levar a obra ao conhecimento público'".

[276] Nos termos expressos do art. 1º/3 CDADC, pese embora a confusa expressão legal da norma que as enuncia a par da "exploração" e da "utilização" da obra, das quais a publicação pode figurar não mais do que uma modalidade.

obra representada – art. 108º/2 CDADC: qualquer pessoa pode ensaiar, livremente, um "teatrinho familiar" em que intreprete trechos de uma obra dramática, por exemplo.

A representação não autorizada de uma obra confere ao autor o direito de fazer cessar imediatamente a mesma, constituindo ainda o promotor do espectáculo infractor em responsabilidade civil ou criminal.[277]

II. O contrato de representação é aquele pelo qual o autor autoriza a promoção empresarial da representação da obra, obrigando-se o "empresário" a promovê-la no prazo máximo de um ano. Deve ser escrito e não outorga o exclusivo, salvo convenção em contrário (art. 109º CDADC). Dele, nascem direitos para o autor: como o de introduzir na obra representada as alterações que julgue necessárias, desde que não prejudiquem a sua estrutura geral e não diminuam o seu interesse dramático ou espectacular; ou mesmo o de ser ouvido (não vinculativamente) sobre distribuição de papéis e de dar indicações quanto à interpretação e encenação; ou, entre outros, o de fiscalizar o espectáculo (arts. 113º e 115º CDADC).

Deve registar-se que o autor não transmite o seu direito de comunicação ao público da obra ao empresário a quem autoriza a representação de obra ainda não divulgada. Limita-se a outorgar uma licença de representação da obra, conservando intacta a faculdade de publicá-la, impressa ou reproduzida por qualquer outro processo (art. 119º).

52.2. Recitação e execução

I. A recitação (declamação) de obra literária, bem como a execução de obras musicais (por artistas intérpretes, ou músicos ou cantores executantes – cfr., *infra*, nº 111) são equiparadas à representação – art. 121º CDADC.

II. Pelo contrato de recitação ou execução artística de obras, deve ser fixado o programa do espectáculo, que não pode ser alterado, nem por omissão do planeado nem por aditamento de outros números, sem conhecimento e autorização dos autores. A infracção a estas regras implica o incurso em responsabilidade civil e criminal do infractor (art. 123º CDADC).

Naturalmente, não deve confundir-se o direito *do autor* de autorizar/proibir a recitação ou a execução das suas obras e os direitos *dos artistas*, que recitam ou executam obras, relativos às suas prestações. Estes últimos são direitos conexos, de que trataremos adiante (cfr., *infra*, nº 111).

[277] Sobre o conceito de "espectáculo", objecto de direitos conexos, cfr., *infra*, nº 114.

52.3. Exibição ou exposição ao público de obra de arte

I. A exposição pública de uma obra de arte é exclusiva do seu autor. A alienação do suporte da obra de arte traz implícita a atribuição singular desta faculdade, salvo convenção em contrário (art. 157º/2 CDADC).

Também a reprodução das criações de artes plásticas, gráficas e aplicadas, *design*, projectos de arquitectura[278] ou de urbanismo depende de autorização do autor, que se presume não gratuita (art. 159º).

II. Foram já expostas, em capítulo anterior, as condições e consequências do exercício do direito de retirada, oponível a qualquer titular de faculdades patrimoniais de utilização da obra, impedindo o seu exercício ou impondo uma interrupção de exploração em curso da obra (cfr., *supra*, nº 43).

O direito de retirada não implica, obviamente, o desapossamento ou desapropriação dos suportes materiais, ainda que no caso das chamadas "obras de exemplar único". Assim, por exemplo, o adquirente do *direito de exposição* de "obra de arte plástica" pela aquisição do seu suporte (art. 157º/2 CDADC), caso lhe seja oposto (licitamente) o direito de retirada pelo autor, apenas fica impedido de a utilizar patrimonialmente, designadamente expondo-a, em nada sendo afectados os seus direitos reais sobre o *corpus mechanicum*. O direito de retirada atinge, assim, apenas as faculdades patrimoniais de utilização (em curso ou já consentida) da obra. Os pressupostos da sua oponibilidade ao comitente de obra criada em execução de contrato são, como se verá (cfr. nº 74.2), comuns aos que tornam este direito oponível a qualquer titular de faculdades de utilização.

53. Direitos de reprodução, adaptação, representação, execução, distribuição e exibição cinematográficas (*remissão*)

Consagrados no art. 68º/2-c) CDADC, os direitos em epígrafe respeitam à exploração audiovisual de obras intelectuais. Esta realiza-se como efeito do contrato de realização e de produção audiovisual que merece tratamento autónomo desenvolvido (cfr., *infra*, nºs 86 e 87).

54. Direitos de fixação ou adaptação a qualquer aparelho. A constituição de um direito conexo (*remissão*)

I. O art. 68º/2-d) CDADC consagra os direitos de fixação ou adaptação a qualquer aparelho de obras intelectuais.[279]

[278] Também a repetição da construção de obra de arquitectura, segundo o mesmo projecto, depende do acordo do autor (art. 161º/2 CDADC).

[279] A ideia de equivalência entre as noções de fixação e reprodução de obras é rebatida por Oliveira Ascensão que sustenta que nem toda a fixação deve ser considerada reprodução: "A reprodução – uma vez que se fala em cópias [ex art. 176º/7 CDADC] – impõe assim a pree-

Este direito não se refere a poderes de exploração económica directa das obras (a fixação/gravação de uma obra não implica, só por si, directa e imediatamente a sua exploração económica), mas a actos instrumentais dessa exploração. A exploração económica pode dar-se a partir da fixação ou adaptação da mesma a "aparelho que seja destinado à sua reprodução mecânica, eléctrica, electrónica ou química"[280]: é o caso da colocação à disposição do público da obra pelo seu carregamento (*upload*) na Internet, que normalmente é precedida da fixação em suporte digital dos elementos a lançar na *net*.

II. Os produtores de fono/videogramas exercem uma actividade, de cariz empresarial, pela qual promovem a primeira fixação em suporte (o fono/videograma, precisamente) de obra audiovisual, de prestação artística ou de outros sons ou imagens. Esta actividade combina-se normalmente com a aquisição, *por via contratual*, dos poderes sobre as obras ou prestações dos artistas fixadas, que são atribuídos por efeito da celebração de *contrato de fixação fonográfica e videográfica* (entre o produtor e os autores ou os artistas cujas obras e prestações se fixem).

Tratamos aprofundadamente a matéria dos direitos conexos do produtor de fono/videogramas *infra*, nº 116.

xistência dum exemplar. A reprodução implica necessariamente uma pluralidade de exemplares." (cfr. Oliveira Ascensão, "Direito Civil – Direito de Autor e Direitos Conexos", cit., nº 154-III, p. 229). E o mesmo Autor continua (*ibidem*): "Fixação, num sentido muito amplo, é a outorga dum suporte material, que pode ser único. A reprodução, porém, mesmo que seja em exemplar único (art. 81º/a), pressupõe sempre uma pluralidade de exemplares."
O mesmo Autor acrescenta, a propósito do que designa "direito de fixação": "Mas para haver direito de fixação é necessário que se verifiquem ainda duas situações típicas. 1º A fixação da obra em aparelho destinado a proporcionar por meios mecânicos, eléctricos, electrónicos ou químicos a comunicação da obra ao público [no sentido do disposto no art. 68º/2-d) CDADC]. 2º Que se trata de fixação sonora ou visual, nas condições do art. 141º/1: "a incorporação de sons ou de imagens, separada ou cumulativamente, num suporte material suficientemente estável e duradouro que permita a sua percepção, reprodução ou comunicação de qualquer modo, em período não efémero." (Oliveira Ascensão, última ob. cit., nº 155-I-IV, pp. 230/231).
Este postulado parece ser também o que tem maior correspondência no sentido da norma – contida no mencionado art. 68º/2-d) CDADC –, da qual transparece que o exclusivo do autor quanto à fixação/gravação de obra sua se circunscreve à que ocorra em suporte apto à reprodução (mecânica, eléctrica, electrónica, química e, quiçá, digital) e destinada à sua apresentação ou comunicação públicas, e que esta última depende de autorização específica do autor que já tenha consentido na fixação (cfr. art. 141º/1 e /3 CDADC).

[280] Tratamos, com a autonomia e realce que a sociedade da informação lhe empresta, a incorporação de obras intelectuais em rede electrónica digital (como a Internet) (cfr. nºs 57.1 e 119).

55. Direitos de difusão e comunicação ao público da obra

O art. 68º/2-e) CDADC enuncia um longo rol de processos de difusão de obras: "pela fotografia, telefotografia, televisão, radiofonia ou por qualquer outro processo de reprodução de sinais". O mesmo preceito legal acrescenta outras tantas modalidades de comunicação ao público de obras: "por altifalantes ou instrumentos análogos, por fios ou sem fios, nomeadamente por ondas hertzianas, fibras ópticas, cabo ou satélite, quando essa comunicação for feita por outro organismo que não o de origem". Omite a colocação à disposição do público na Internet, que é, obviamente, também um acto de comunicação ao público de obras.

Logo o inciso na parte final da norma revela que se trata de comunicação feita por pessoa diferente do autor a "ambiente diferente".[281] Significa isto que se trata da comunicação feita a um público que não se encontra no mesmo local do emissor, com recurso a um dos processos enunciados. A autorização dada pelo autor para, por exemplo, dizer num palco um poema seu, ou para representar em cena uma peça de teatro sua, ou por um compositor para execução em palco de uma sua peça musical, cujo som pode até ser amplificado por altifalantes para o público presente, não compreende, necessariamente, o consentimento para a comunicação destas obras a um público não presente no local da comunicação[282]. Esta comunicação a um público não presente no local da comunicação pode dar-se pela radiodifusão hertziana ou por satélite ou pela colocação à disposição do público na Internet dos elementos comunicados (obras ou outros imateriais): umas e outra dependem de autorizações (e eventualmente remunerações) separadas.[283/284]

55.1. A radiodifusão por satélite e a retransmissão por cabo

I. O Decreto-lei nº 333/97, de 27-11, transpôs para o direito português a Directiva da União Europeia 93/83/CEE, de 27-9-1993, relativa à radiodifusão por satélite e à retransmissão por cabo. Quando o objecto destas emissões forem obras intelectuais (incluindo obras televisivas, obras cinematográficas e outras obras audiovisuais, obras coreográficas ou pantomimas), estar-se-á perante

[281] Esta expressão e o conceito implícito são de OLIVEIRA ASCENSÃO, "Direito Civil – Direito de Autor e Direitos Conexos", cit., nº 194, pp. 288/289.

[282] O que OLIVEIRA ASCENSÃO designa "comunicação a ambiente diferente".

[283] Neste sentido, também OLIVEIRA ASCENSÃO, "Direito Civil – Direito de Autor e Direitos Conexos", cit., nº 195, pp. 289/290.

[284] No entanto e como veremos (cfr., *infra*, nº 62), toda a comunicação ao público sem fim lucrativo e em privado de obra já antes divulgada é livre e, como tal, independente de autorização do autor da obra comunicada – art. 108º/2 CDADC.

uma comunicação ao público integrada no exclusivo jusautoral, nos termos expressos do art. 149º CDADC (*ex vi* art. 2º do Decreto-lei 333/97).[285]

II. A autorização para a radiodifusão por satélite de obras intelectuais deve ser prestada pelo próprio autor, por acordo escrito, individual ou colectivo, com a entidade radiodifusora, ou por mandatário ou entidade de gestão colectiva do direito de autor que o represente (art. 6º do Dec.-lei 333/97).

A autorização do autor para a retransmissão por cabo de obras intelectuais só pode ser prestada por entidade de gestão colectiva. E a lei (art. 7º/1 do Dec.-lei 333/97) faz presumir a representação por estas entidades de todos os autores, incluindo os não inscritos (cfr., *infra*, nº 121.2.3).

Nos direitos conexos dos artistas intérpretes ou executantes, relativamente às suas prestações, dos produtores de fonogramas e videogramas, relativamente aos seus produtos, e dos organismos de radiodifusão, relativamente às suas emissões, cabe a prerrogativa de autorizar ou não a comunicação ao público pela radiodifusão por satélite ou por retransmissão por cabo (art. 8º do Dec.-lei 333/97).

III. Os problemas inerentes ao âmbito planetário potencial da comunicação ao público por satélite são regulados expressamente pela lei.

A comunicação ao público por satélite considera-se verificada só no lugar onde os sinais portadores do programa são introduzidos, numa cadeia ininterrupta de transmissão conducente ao satélite e deste para a terra (art. 4º/1 Dec.-lei 333/97). Se a comunicação for realizada em país, não membro da UE, que não assegura a protecção por direito de autor, considera-se, para efeito de aplicação das regras enunciadas, que a comunicação ocorreu no Estado-membro em que os sinais portadores do programa foram transmitidos ao satélite por estação de ligação ascendente; se esta estação ascendente não se localizar em Estado-membro, ainda assim considera-se que o foi quando for feita por incumbência de organismo de radiodifusão que tiver em Estado-membro o seu estabelecimento principal (art. 5º).

55.2. Direito de colocação da obra à disposição do público (a Internet) – um acto de comunicação ao público, não de reprodução da obra

O art. 68º/2-f) CDADC inclui, entre as faculdades patrimoniais de autor, a "colocação à disposição do público, por fio ou sem fio, da obra, por forma

[285] Em desenvolvimento deste tema, pode confrontar-se Pedro Cordeiro, "Direito de Autor e Radiodifusão – Um estudo sobre o Direito de Radiodifusão desde os primórdios até à tecnologia digital", cit..

a torná-la acessível a qualquer pessoa a partir do local e no momento por ela escolhidos". Esta faculdade, trazida ao Código de Direito de Autor português pela Lei nº 50/2004 (em transposição da Dir.Soc.Inf.), resulta da necessidade de salvaguardar o direito de autor face à divulgação generalizada de obras na Internet.

É claro que o próprio *nomen* proposto representa já uma petição de princípio. Como se viu, a gravação de uma obra (ou de outro bem imaterial com relevância jusautoral) em suporte digital pode ser precedida da fixação desta como acto instrumental da sua "incorporação em rede" electrónica digital, esta sim acto de reprodução. A sua transmissão por meio electrónico pressupõe normalmente a reprodução (pela cópia para o "aparelho servidor" que a armazena), mas não é, em si, reprodução.[286] O conjunto de acções que consubstancia a prestação de serviço de fornecimento ("em rede" ou "a pedido") dos conteúdos digitalizados pelos chamados "providers" não é um acto de reprodução da obra, é um acto de comunicação ao público *sui generis*, um acto de colocação à disposição do público[287]. A visualização em ecrã (num monitor de um computador) permite a gravação – que será neste caso reprodução – na memória do "servidor receptor" ou directamente no computador adstrito ao monitor do usuário, mas não é, só por si, um acto de reprodução, tal como a recepção de uma obra radiodifundida não constitui, salvo retransmissão pelo receptor, um novo acto de comunicação ao público, como se verá.

55.2.1. O direito de colocação da obra à disposição do público. A telecomunicação digital em rede (transmissão "on-line")

I. Quando pensamos na telecomunicação digital em rede – dita transmissão "on-line" – que possibilita a visualização em ecrã, cumpre distinguir dois momentos lógicos: aquele em que a obra é "colocada em rede" pelo emissor à disposição de terceiros; aqueloutro em que é (se torna susceptível de ser) visualizada por cada um dos receptores que lhe acedem "on-line".

No primeiro momento, o emissor, que coloca a obra (ou a prestação artística ou um conteúdo informativo fruto de um investimento substancial, como uma base de dados) à disposição do acesso de terceiros pela Internet, deve requerer autorização não para a reproduzir, já que este não é o fim que visa ao obter a autorização para fixar, mas para a *colocar à disposição do público*.

[286] A telecomunicação digital em rede (vulgo "transmissão on-line") não é acto de reprodução da obra, mas de comunicação ao público desta (na modalidade de "colocação à disposição do público"). Já será reprodução, naturalmente, a incorporação da obra em rede, acto prévio e autónomo daquele (cfr. nº 57.1).

[287] Como sempre sustentámos. Este entendimento consta, agora, vertido em disposição da DMUD (*Considerando* 64 e art. 17º/1), de 2019, e do novo art. 175º-B/1 CDADC.

No segundo momento, o receptor acede ao conteúdo comunicado, visualiza-o, ouve-o, pode "interagir" com este, pode até tecnicamente fixá-lo pelo "download" da imagem ou desta e dos sons ou do conteúdo informativo protegidos a que acede. Reproduz assim uma obra ou outro bem imaterial? Tecnicamente pode fazê-lo, como também acontece com o telespectador de um programa televisivo que execute uma cópia videográfica deste. Deve, contudo, considerar-se que fere assim necessariamente o exclusivo jusautoral (ou *sui generis*) do titular do direito sobre o bem a que acedeu? Parece que não.

II. Os autores, artistas intérpretes ou executantes, produtores de fonogramas ou videogramas, autores e produtores de bases de dados, autores e produtores de *multimedia* têm de autorizar a (e ser remunerados pela) incorporação em rede electrónica digital (como a www/Internet) das respectivas obras, interpretações artísticas fixadas, fono/videogramas, bases de dados. Esta incorporação, o lançamento da obra na Internet é um verdadeiro acto de reprodução, mas instrumental da sua telecomunicação digital em rede, como se viu. Tal bastará para que seja livre o acesso por cada potencial utente/usuário[288] ao conteúdo do que é difundido/telecomunicado em rede?

A resposta surge nos Tratados da OMPI (art. 8 WCT, art. 10 WPPT) e na Dir.Soc.Inf. (art. 3º/1) sob capa do que aparenta ser uma "nova" faculdade jusautoral: a "colocação à disposição do público". Desta se disse que é uma "extensão não natural" do direito (faculdade) de comunicação ao público "tradicional"[289]; foi também sustentado que está em causa a faculdade de reprodução de obras[290]. Reitera-se: se uma obra for previamente gravada em suporte digital e posteriormente colocada em rede, este acto representa uma nova fixação//reprodução; se o utente/usuário armazenar no seu computador ("realizar o download" de) uma obra a que acede em rede, diz-se que a grava no disco rígido do computador-receptor; se, enfim, quer a partir desta gravação quer directamente a partir da imagem que visualiza, executar uma ou mais cópias (em suporte papel, por impressão ou em suporte digital), é patente a nova uti-

[288] Designamos utente/usuário o que meramente acede ao conteúdo imaterial da mensagem//telecomunicação digital em rede, sem que pratique qualquer acto independente de exploração económica, que faria dele um utilizador.

[289] Assim Oliveira Ascensão, "Direitos de autor e conexos inerentes à colocação de mensagens em rede informática à disposição do público", cit., nº 7.

[290] Recorda-se que o art. 9 da CB dá desta uma definição ampla: "Os autores de obras literárias e artísticas [...] gozam do direito exclusivo de autorizar a reprodução das suas obras, de qualquer maneira e por qualquer forma." (art. 9/1); e: "Qualquer gravação sonora ou visual é considerada como uma reprodução" (art. 9/3).

lização. Mas visualizar uma obra colocada à disposição do público não traz implícito nenhum daqueles actos.

Nos termos do art. 5º/1-a) Dir.Soc.Inf., são consentidos (sem autorização do autor) os actos de "reprodução temporária, que sejam transitórios ou episódicos, que constituam parte integrante e essencial de um processo tecnológico, e cujo objectivo seja permitir uma transmissão numa rede entre terceiros por parte de um intermediário, que não tenham em si significado económico".

Se B visualizar em ecrã do seu computador pessoal uma obra ou base de dados protegidas, fixa-as/grava-as temporariamente na memória RAM do seu computador. Não pode, porém, sustentar-se que reproduz, porquanto se limita a realizar uma "fixação técnica" que não é instrumental de qualquer reprodução. Trata-se de um acto que pratica como "usuário legítimo", pois que não realiza assim qualquer utilização patrimonial da obra (cfr. alínea b) do mesmo nº 1 do art. 5º Dir.Soc.Inf.), e que é inerente ao acesso livre à rede electrónica planetária.

O acesso a certos conteúdos, como na edição electrónica (de livros, de música, de bases de dados[291]), pode já ser restringido com recurso a "medidas tecnológicas" (criptagem/codificação), pelo que a remuneração está assim assegurada como única condição para o acesso.[292]

III. Aquele que visualiza em ecrã uma obra ou um conteúdo informativo disponibilizado na Internet, para os quais está reservado o aproveitamento económico exclusivo pelo titular do direito (de autor, *sui generis*, conexo), não faz qualquer utilização da obra: beneficia, como utente/usuário e precisamente pelo título que lhe faculta o acesso à rede, do resultado do serviço prestado pelo que opera a telecomunicação digital em rede[293]. É receptor de uma comu-

[291] A Direcva DBD (*Considerando* 44) estabelece que a "visualização em ecrã do conteúdo de uma base de dados depende de autorização dos titulares de direitos" nesta. Contudo, tem como premissa que tal visualização "exija a transferência permanente ou temporária de uma parte substancial desse conteúdo para outro suporte", logo a sua fixação/gravação em suporte distinto do original, que a simples visualização manifestamente não implica.

[292] Com razão, Oliveira Ascensão, "Direitos de autor e conexos inerentes à colocação de mensagens em rede informática à disposição do público", cit., nº 10, p. 117, nota: "Por isso (porque mesmo o acesso para uso privado pode ser restringido), o acesso à rede, ou às bases de dados, é em todo o mundo reservado. E a atenção volta-se para os processos de criptagem ou codificação, procurando evitar que sejam torneados. [...]. A restrição do acesso não garante o direito de autor; garante a remuneração do produtor. [...]. A utilização da obra supõe-se genericamente autorizada, permitindo que a obra fosse colocada à disposição do público."

[293] Como nota Dário Moura Vicente, "Direito Internacional de Autor", cit., nº 19, p. 497: "Cabe, assim, perguntar quem é o devedor da prestação característica nos contratos de licença de utilização de obras e de fornecimento de serviços em rede. Supomos que não possui essa

nicação, que pode usar o conteúdo a que acede nos limites da licença outorgada pelo que lhe comunica a obra. Está tão legitimado no seu uso como aquele que lê um livro que comprou, como aquele que visiona um filme cujo DVD adquiriu ou como aquele que assiste a um concerto para o qual adquiriu bilhete.

No entanto, veda-se-lhe qualquer utilização patrimonial independente do bem protegido (como, por exemplo, a sua retransmissão ou reprodução para fins não estritamente exigidos pelo uso licenciado – nos termos expressos, aliás, do disposto na parte final do *Considerando* 23 e no *Considerando* 27 da Dir. Soc.Inf.[294]).

Logo, a recepção e consequente visualização pelo destinatário da telecomunicação digital em rede (em ecrã ou em qualquer outro meio adequado à percepção do objecto a que o utente acede) está compreendida nos fins da licença de que o prestador do serviço de telecomunicação digital é beneficiário e que necessariamente compreendem a faculdade de licenciar o uso, sob pena de se frustrar o escopo principal da faculdade de utilização outorgada.

IV. A "transmissão on-line" / telecomunicação digital em rede de obras protegidas constitui um acto de comunicação ao público destas, sujeita a autorização específica para a exploração apenas segundo essa modalidade de utilização. O acesso a obras que assim sejam comunicadas é, então, pura recepção destas e, nessa medida, livre. Qualquer remuneração devida pelo utente/usuário sê-lo-á nos termos da licença de uso outorgada pelo titular ao prestador de serviço (prestador de serviços em linha), que é titular de um direito derivado de utilização para telecomunicação digital, e não por qualquer acto de aproveitamento patrimonial autónomo que, de resto, lhe está vedado por esse título.

qualidade o autor. Este pode, na verdade, permitir a utilização ou exploração da sua obra por diversos modos: a publicação, a representação, a adaptação cinematográfica, a distribuição via internet, *etc.* A sua prestação será em todos os casos a mesma; o que varia consoante o modo de utilização escolhido é a prestação do beneficiário da licença (o qual se obriga no primeiro caso a distribuir e vender os exemplares da obra, no segundo a promover a representação, no terceiro a produzir a obra cinematográfica e no quarto a pô-la à disposição do público na internet). O devedor da prestação característica será, assim, nos contratos de licença, a parte a quem foi concedida autorização para utilizar ou explorar a obra (por exemplo, o editor ou o prestador de serviços de internet a quem foi dada permissão para colocar certa obra em rede à disposição do público)."

[294] Onde se prevê, respectivamente e na parte que consideramos ser aqui relevante, que: "Esses direitos ["direitos de autor aplicáveis à comunicação de obras ao público"] deverão ser entendidos em sentido lato, abrangendo todas as comunicações ao público não presente no local de onde provêm as comunicações. Abrangem ainda qualquer transmissão ou retransmissão de uma obra ao público, por fio ou sem fio, incluindo a radiodifusão, não abrangendo quaisquer outros actos."; e "A mera disponibilização de meios materiais para permitir ou realizar uma comunicação não constitui só por si uma comunicação na acepção da presente directiva."

Não se afigura nem realizável nem razoável exigir que se requeira uma autorização individual para reprodução para cada acção que envolva acesso às obras.[295] Tal equivaleria a exigir a quem comprou um livro e o guardou na sua biblioteca que peça autorização ao autor e o remunere de cada vez que o consulte; ou a requerer de quem comprou um DVD com um filme que demande o consentimento do autor da obra cinematográfica gravada de todas as vezes que o visione.

V. A autorização para fixação/gravação por processos electrónicos, que são meramente instrumentais do acesso/uso licenciado a obras ou outros objectos protegidos, deve deduzir-se dos fins do acto que consente a utilização pelo que, assim, as comunica ao público. A sua visualização em ecrã é recepção (licenciada). A fixação na memória temporária do computador do receptor da comunicação pode constituir tecnicamente uma reprodução, mas é simplesmente instrumental do uso licenciado, pelo que não requer autorização autónoma pelo titular dos direitos sobre os objectos protegidos.

VI. A telecomunicação digital em rede depende antes de uma licença de comunicação ao público concedida ao "provider" (um prestador de serviço de telecomunicação)[296], que deverá ter como contrapartida uma remuneração global e única dos titulares do direito (de autor ou de outros, como o direito *sui generis* do produtor nas bases de dados, que se conclua concorrerem sobre o mesmo objecto).

[295] Em sentido diverso parece declarar-se UNGERN-STERNBERG (JOACHIM VON UNGERN-STERNBERG, in "Urheberrecht – Kommentar", coordenado por SCHRICKER, 2ª ed. cit., em anotação A. IV-5. ao § 15 (UrhG alemã), p. 312 (23)), que defende a consagração, entre o que designa "direitos de exploração inominados para exploração on-line" ["die Anerkennung unbenannter Verwertungsrechte zur Erfassung von Online-Nutzungen", segundo a expressão no original], do que propõe denominar "direito de transmissão" ["Übertragungsrecht", no original] como na utilização electrónica de uma base de dados pública transmitida para acesso individual.

[296] Como explica OLIVEIRA ASCENSÃO, "Os direitos de autor no domínio das telecomunicações", cit., nº 7, p. 75: "Ocorreria perguntar se a empresa de comunicação é titular de um direito de autor. Está em causa particularmente a empresa que assegura a comunicação em rede. Pergunta-se se, dada a novidade do método e o presumível grande investimento que acarreta, isso não levará à atribuição de um direito de autor à própria empresa, sobre os conteúdos que disponibilize. [...]. Não aconteceu porém assim. Nos trabalhos internacionais sobre esta matéria a atribuição do direito de autor à empresa de comunicação não foi considerada. [...]. Os EUA seriam quem maior interesse teria na solução, pois seguramente lhe pertencerão as empresas mais potentes neste domínio. Mas nesse país o direito de autor reverte quase fatalmente para a empresa de copyright, como conteúdo dos contratos que essas empresas impõem. O produtor será já protegido, na medida em que o for o conteúdo da mensagem."

A DMUD reflecte este entendimento. Em primeiro lugar, expressa que os actos dos prestadores de serviços em linha ("providers") que proporcionem a partilha na Internet de conteúdos protegidos praticam um acto de comunicação ao público, que exige a celebração de acordos de licenciamento com os titulares de direitos (art. 17º). Estabelece depois, expressamente, que os acordos de licenciamento celebrados pelos titulares de direitos com os prestadores de serviços "em linha", autorizando a colocação de conteúdos protegidos na Internet, devem abranger a responsabilidade desses "providers" pelo carregamento desses conteúdos protegidos (obras, prestações artísticas, bases de dados) pelos usuários não comerciais, em termos tais que tais "providers" deverão evitar disponibilizar esse conteúdos se faltar o acordo dos titulares de direitos.[297] Na redacção que lhe foi dada após a transposição, em 2023, da DMUD, o art. 175º-B CDADC consagra esta regra.

55.2.2. Reconstrução do conceito de "público"

A telecomunicação digital em rede impõe uma reformulação dos conceitos tradicionalmente ligados à faculdade jusautoral de comunicação ao público.

Assim, verifica-se também comunicação ao público quando a obra seja tornada acessível a qualquer pessoa no momento e local que esta escolha[298], que, como se expôs, não implica necessariamente a fixação em suporte material pelo receptor nem a distribuição de exemplares.[299]

A "transmissão on-line" / telecomunicação digital em rede justifica o alargamento do conceito de acesso público a situações em que os destinatários potenciais não são receptores colectivos e passivos da comunicação à distância. O "público", à disposição do qual a obra ou outro conteúdo protegido são colocados na *net*, acede-lhe no momento e a partir do local por si escolhido (seja um modesto telemóvel ou um terminal de um sofisticado computador).

[297] Estes limites devem ser consagrados de modo a não impedir o acesso a conteúdos não protegidos ou cuja utilização esteja abrangida por uma excepção ou limitação aos direitos exclusivos (art. 17º/9 § 2º DMUD). Em desenvolvimento deste tema, pode cfr., *infra*, 55.3.

[298] Oliveira Ascensão, "Direito Civil – Direito de Autor e Direitos Conexos", cit., nºs 188-II/-III, 190 e 330, sobre as que designa "obras utilizadas por computador", esclarece ser irrelevante para a caracterização quer a "concentração de pessoas num dado local-receptor" quer a "caracterização como público desse local".

[299] Dreier, "Adjustment of Copyright Law to the Requirements...", cit., II-4-c), refere neste seu "Relatório" a proposta contida no estudo para eventual adaptação da lei de autor alemã (neste caso, do § 15(3) UrhG, que estabelece ser "pública a comunicação de uma obra quando seja destinada a uma pluralidade de pessoas, salvo se essas pessoas formarem um grupo circunscrito ou estiverem ligadas entre si por uma relação pessoal ou com o coordenador"). A referida proposta para conformação da lei de autor alemã à comunicação "on-line" define-a como "pública quando é realizada para uma ou mais pessoas pertencente ao público. [...]."

A recepção em público não está limitada à recepção de obras radiodifundidas por ondas hertzianas, cabo ou satélite; também é recepção pública a que ocorre num terminal de um computador ligado à Internet, já que cada um dos receptores se encontra ligado em rede a todos os outros num âmbito potencialmente planetário.[300]

55.2.3. As hiperconexões e o conceito de "público" – a situação após o caso *Svensson*

I. Os hipernexos (ou hiperligações) são "*links*" contidos numa determinada página/sítio da *web*, que pode conter ou não conteúdos protegidos, a outras páginas/sítios, que também podem conter conteúdos protegidos autónomos/ /diferentes.

Coloca-se o problema de saber se este "transporte" de um sítio virtual para outro deve ser acto reservado, visto que permite o acesso a conteúdos cuja utilização não foi autorizada no âmbito do consentimento do acesso ao sítio primário e à utilização das obras nele contidas. Na verdade, pode perguntar-se se é ou não livre o acesso a páginas "secundárias", acessíveis ao usuário da *net* mediante hiperligações, quando estas contiverem conteúdos protegidos (mesmo que esses conteúdos sejam de utilização livre ou autorizada previamente).

II. A questão das hiperligações foi objecto de uma decisão do Tribunal de Justiça da União Europeia (TJUE) (Acórdão de 13-2-2014, caso *Svensson et alia vs. Retriever Sverige AB* – C-466/12).

Os Recorrentes (*Svensson*) demandaram a *R. Sverige* e alegaram que esta violou o direito exclusivo de colocação à disposição do público por fornecer listas de ligações Internet contendo obras protegidas. Era consensual entre as partes que essas obras – artigos de jornal – eram de livre acesso no sítio original, ou seja, se se acedesse às obras directamente no sítio onde estavam localizadas, e não via *link*, o acesso estava autorizado. A *R. Sverige* alegava que não transmitia obra protegida, apenas redireccionava clientes para outro sítio/página.

O TJUE considerou que o art. 3º/1 da Directiva 2001/29 inclui dois elementos no conceito de comunicação ao público: "acto de comunicação" e "público novo".

[300] Em esclarecimento definitivo de dúvidas e para ultrapassar reticências inicialmente colocadas, a DMUD afirma hoje, peremptoriamente: a disponibilização de conteúdos imateriais protegidios em linha (na Internet, entenda-se) pelos prestadores de serviços em linha ("providers") é um acto de comunicação dos mesmos ao público (cfr. art. 17º/1: "os prestadores de serviços em linha efectuam um acto de comunicação ao público." Esta disposição está, hoje, tarnsposta em Portugal (cfr. novo art. 175º-B/1 CDADC).

Sobre o primeiro, "*acto de comunicação*", considera o Tribunal que deve ser entendido de forma lata (*ex* Acórdão TJUE, de 4-10-2011, *Football Association Premier League* C-403/08 e C-429/08), "de modo a garantir um nível elevado de protecção aos titulares dos direitos de autor". Considera-se que: a) "o facto de fornecer, num sítio da Internet, hiperligações para obras protegidas publicadas, sem qualquer restrição de acesso, noutro sítio da Internet oferece aos utilizadores do primeiro sítio um acesso directo às referidas obras"; e b) que "para que haja acto de comunicação, basta que seja posta à disposição do público obra a que as pessoas que compõem esse público possam ter acesso"; ora, "fornecer hiperligações é acto de comunicação (colocação à disposição do público) do administrador do sítio".

Em segundo lugar, é também necessário – determina o Tribunal – que tal comunicação de obra(s) seja dirigida a um "*público novo*", *i.e.*, "um público que não tenha sido tomado em consideração pelos titulares do direito de autor, quando autorizaram a comunicação ao público inicial (Acórdão *SGAE* C-136/09)". Ora, estabelece o Tribunal, "os utilizadores do sítio Internet gerido pelo titular do sítio a que se acede pelo *link* (hiperligação) são destinatários potenciais da comunicação inicial e, por isso, fazem parte do público tido em conta pelos titulares do direito de autor, quando autorizaram a comunicação inicial". No caso das hiperligações – estabelece o TJUE – há "comunicação ao público", mas não há "público novo".[301]

Deve, pois, concluir-se que, nos termos destes arestos, se os autores não impedem o acesso a obras disponíveis num sítio da Internet, perdem o direito de impedir outros de as comunicarem ao público via hiperligações que dirigem a essa obra livremente acessível no sítio originário.[302/303]

Contra estes entendimentos, manifestou-se já, nomeadamente, o Tribunal Distrital de Amesterdão, a propósito da hiperconexão que permitia o acesso a fotografias disponíveis *on-line*: "A hiperligação não autorizada de fotografias

[301] Assim, também, Ac. TJUE, de 21-10-2014, Best Water International GmbH *vs.* Michael Mebes *et alia*: "a(s) obra(s) está(ão) livremente disponível(is) para o conjunto dos internautas num outro sítio da Internet com autorização dos titulares do direito de autor".

[302] Assim Melchior Wathelet, Procurador-Geral do Reino Unido: "A colocação/disponibilização de links é necessária à arquitectura da Internet; as obras [assim disponibilizadas] estão acessíveis a todos os utilizadores da Internet".

[303] A DMUD, na versão proposta pela Comissão Europeia e depois alterada pelo Parlamento Europeu (PE), consagrava expressamente, no seu *Considerando* 33, que as "hiperligações não constituem acto de comunicação". Esta redacção foi alterada pelo PE, mas o referido *Considerando* continua a consagrar que "a protecção concedida às publicações de imprensa [relativamente às quais fixa um exclusivo de colocação à disposição do público que atribui aos editores] não abrange as hiperligações".

disponíveis *on-line* sem autorização do titular é um acto ilícito de comunicação ao público".[304] Também várias decisões de tribunais do Reino Unido sustentam a conclusão que o acesso a uma obra, que foi disponibilizada em certo sítio da *web* sem autorização do titular, constitui um acto ilícito de comunicação ao público e, assim, uma violação do *copyright*.

Já a ALAI (Association Littéraire et Artistique International) considera que o art. 8 do Tratado sobre Direito de Autor (WCT, da OMPI/WIPO) regula "qualquer comunicação ao público, sem distinguir transmissões primárias e secundárias, [...] o conceito de «novo público» do TJUE muda o conceito de público".[305]

III. Consideramos também relevante o caso *TvCatchup*, decidido pelo TJUE. Neste, a *ITV* reclama que a *TvCatchup* "infringiu o direito de autor, comunicando a obra a um público diferente através de um processo de transmissão electrónica" (a retransmissão electrónica/*streaming*): o "novo público"/usuários (Netflix, Spotify) eram autorizados a visionar apenas as transmissões televisivas "streamed" com base numa licença válida apenas para um país (Reino Unido); as receitas da *TvCatchup* provinham de publicidade exibida antes de o usuário poder ver os programas "streamed". O TJUE asseverou: "a disponibilização de obras, através da retransmissão de uma transmissão por uma televisão terrestre pela Internet, deve ser considerada uma «comunicação» (no sentido do art. 3/1 Directiva 2001/29 [a Dir.Soc.Inf]), já que significa meios técnicos diferentes dos da comunicação inicial" (Acórdão de 7-3-2013, *ITV Broadcasting Ltd, Channel 4 Television Corporation et alia vs. TVCatchup Ltd* C-607/11).

IV. É nossa opinião que a decisão, acima citada, no caso *Svensson* e a jurisprudência Unionista subsequente no mesmo sentido têm um sentido essencialmente correcto. É decisivo qual o "público" *potencial* que o autor visa ao autorizar a disponibilização da obra em rede. E consideramos mais: a Internet é uma rede global *única*; a colocação à disposição do público de uma obra ou outro conteúdo protegido por direito autoral na *net* deve depender de uma autorização *também única* e deve merecer uma remuneração global por *todas* as potenciais utilizações que tal disponibilização comporta. Não faz sentido consi-

[304] Decisão de 2012 (Sanona Media Netherlands BV et alia *vs.* GS Media BV, 507 119 – HAZA 11-2896, NL:RBAMS:2002:BX7043).

[305] ALAI – "Opinion proposed to the executive Committee and adopted at its meeting, 17-9-2014, on the criterion "New Public", developed by the Court of Justice of the European Union (CJUE), put in the context of making available and communication to the public", acedida em www.alai.org/.../170327-ALAI-Provisional-opinion_Filmspeler_... .

derar que cada *link* a outro *site* é uma comunicação independente de tais conteúdos a um novo público, visto que apenas liga sítios, abrindo-os a usuários que são *os mesmos* potencialmente visados pela autorização inicial.

V. Pensamos até que este conceito ("público/novo público") deveria aplicar-se também à *recepção em lugar público de programas radiodifundidos*. Desta, que consideramos dever ser livre[306], se tem dito que o facto de se verificar em "lugar público" é decisivo para determinar o dever de uma *remuneração autónoma* ao autor: o autor, ao autorizar a radiodifusão, apenas visaria a recepção em privado das emissões radiodifundidas.

Ora, que diferença faz ao autor que a(s) sua(s) obra(s) seja(m) recebida(s) por 5000 pessoas, cada uma no seu lar ou pelas mesmas 5000 pessoas concentradas num estádio? Não é o público *potencial* da sua obra aquele que determina a autorização do autor e a sua remuneração? Nem se diga que a concentração do público, normalmente num recinto com entradas pagas, proporciona um mais do que provável benefício material ao titular desse recinto, não esperado pelo autor que autoriza e é remunerado pela radiodifusão. É que o facto de o acesso ao lugar público ser ou não remunerado é *irrelevante* para a nossa lei na definição de "lugar público" (cfr. art. 149º/3 CDADC: "[lugar] a que seja oferecido o acesso [...] *mediante remuneração ou sem ela*").

55.3. Responsabilização dos prestadores de serviços de partilha de conteúdos em linha pelo carregamento e ulterior disponibilização na Internet de conteúdos protegidos carregados por usuários não autorizados

I. No pressuposto de que os prestadores de serviços da sociedade da informação armazenam e facultam o acesso público a grandes quantidades de obras e outros conteúdos protegidos carregados por clientes, a DMUD prevê a adopção de *medidas que assegurem o funcionamento de acordos com titulares de direitos para o licenciamento da utilização desses conteúdos protegidos* ou que *impeçam a colocação à disposição (ilícita), pelos seus serviços, de obras ou outro material protegido*, que sejam identificados pelos titulares de direitos através da cooperação destes com os prestadores de serviços. Em suma, co-responsabilizam-se os que disponibilizam na Internet conteúdos protegidos pelo carregamento desses conteúdos pelos usuários da *net*, quando estes não estejam autorizados para tal pelo(s) titular(es) de direitos autorais (direitos de autor, direitos conexos e direitos *sui generis* nas bases de dados) que incidam sobre esses conteúdos (*Considerandos* 61 a 71 e art. 17º DMUD).

[306] Em desenvolvimento desta ideia, pode cfr., *infra*, nº 55.4.

Os prestadores de serviços devem facultar aos titulares de direitos informações adequadas sobre o funcionamento e a implantação das medidas, bem como sobre o reconhecimento e a utilização das obras.

Se os titulares de direitos não pretenderem celebrar estes acordos e assim licenciar a disponibilização em rede (na Internet) destes conteúdos protegidos, deverão os prestadores de serviços de partilha de conteúdos em linha ("providers") assegurar a não disponibilização por si dos mesmos.

55.3.1. O novo regime *post* Directiva

I. Como se disse, no texto finalmente aprovado, a DMUD determina que os Estados-membros *devem* prever que os prestadores de serviços de partilha de conteúdos em linha ("providers"), que disponibilizem esses conteúdos na Internet, respondam pelo carregamento não autorizado de tais conteúdos protegidos por direito de autor e direitos conexos pelos usuários desses serviços.

A Directiva clarifica que os "prestadores de serviços de partilha de conteúdos em linha" são os prestadores de serviços da sociedade da informação que têm, entre os seus objectivos, armazenar e facilitar o acesso do público a obras e outro material protegido por direito de autor carregados pelos seus utilizadores (usuários da rede) (art. 2º/6); as disposições da Directiva não se aplicam aos que assim disponibilizem enciclopédias em linha sem fins lucrativos, repositórios científicos e educativos, ou serviços em nuvem que permitem aos usuários carregar conteúdos para o seu próprio uso (art. 2º/6 §2).

A Directiva estatui o óbvio: esta acção dos prestadores de serviços em linha é um acto de comunicação ao público, mais concretamente de colocação de conteúdos protegidos por direito de autor à disposição do público (*Considerando* 64), logo, abrangido pelo exclusivo jusautoral. E qual o papel dos usuários que carregam os conteúdos em rede, assim os disponibilizando aos prestadores de serviços em linha para que estes os deixem fluir na *net*?

Como expomos *supra*[307], os usuários, enquanto tal, não exploram economicamente as obras a que acedem, limitam-se a desfrutá-las intelectualmente, o que, naturalmente, não é acto reservado pelo exclusivo jusautoral. Porém, ao carregarem obras e outros conteúdos protegidos na *net*, praticam um ou mais actos reservados aos titulares dos direitos autorais: primeiro, fixam tais conteúdos em suporte digital (digitalizam-nos); depois, reproduzem-nos ao incorporá-los na rede a partir de outro suporte em que já estejam fixados. Assim, estes usuários praticam, então já, acto ou actos reservados aos titulares do direito de autor, dos direitos conexos ou do direito *sui generis* relativo às bases de dados. O facto de não terem intuitos comerciais não é suficiente para que tal se

[307] Nº 29.3.

considere uso privado, já que prejudica potencialmente (muito) a exploração normal da obra. Quando não autorizados, violam assim os direitos de autor, os direitos conexos e os direitos *sui generis* que incidam sobre as obras e outros conteúdos protegidos que carreguem na Internet.

Mas a Directiva não reprime directamente a acção dos usuários que prevariquem ao carregar conteúdos protegidos na *net* sem autorização dos titulares de direitos autorais que sobre estes incidam, pune os "providers" de tais conteúdos que disponibilizem esses conteúdos na Internet. Em vez de reprimir os usuários por uma acção que vimos ser ilícita, a Directiva aponta ao mensageiro. Visa, assim, o alvo mais fácil. É mais simples responsabilizar uns (poucos) "providers" importantes do que um número indeterminado e infindável de usuários individualmente insignificantes.

Não há nada neste preceito da DMUD que não resultasse já das regras de Direito de Autor em vigor. O inovador, se algo há que o seja, é a responsabilização dos prestadores de serviços também por actos alheios: o carregamento não autorizado de conteúdos protegidos pelos usuários dos serviços (cfr. *Considerando* 66 §4).

II. Também é significativo o ónus que recai sobre os titulares de direitos que não alertem os "providers" sobre o carregamento de obras suas: neste caso, estes não podem ser responsabilizados (*Considerando* 66 §5).

A Directiva institui, pois, pouco mais do que uma *obrigação de diligência* e um *dever de cuidado* dos prestadores de serviços de disponibilização de conteúdos em linha, já que se eximem da sua responsabilidade se demonstrarem que envidaram todos os esforços para obter as autorizações necessárias dos titulares de direitos para disponibilizar tais conteúdos em rede e que actuaram diligentemente para bloquear a disponibilização não autorizada de conteúdos protegidos, mediante prévia informação dos titulares de direitos. A DMUD é, aliás, expressa em elucidar que não institui qualquer obrigação de monitorização (art. 17.º/8), nem conduz a qualquer identificação dos usuários individuais (art. 17.º/9 §3). A iniciativa e cooperação dos titulares de direitos na denúncia de carregamentos ilícitos de conteúdos é, assim, a pedra-de-toque sem a qual o controlo efectivo destas situações se afigura impraticável.

Aquilo em que a Directiva se afigura mais útil é na definição de excepções a esta obrigação de diligência e a este dever de cuidado dos "providers". Além das excepções e limitações gerais ao exclusivo jusautoral, são também livres os carregamentos de obras em rede para fins de citação, crítica, análise, caricatura, paródia e *pastiche* (art. 17.º/7).

III. Como se vê, o prestador de serviços de partilha de conteúdos em linha deve, em consequência da reserva jusautoral, obter autorização dos titulares de direitos de autor e direitos conexos para disponibilizar na *net* as obras e outros conteúdos protegidos destes.

Como a disponibilização de conteúdos protegidos na Internet tem implícito o carregamento desses conteúdos pelos usuários – e seria impraticável que cada um destes actos fosse sujeito a autorização –, o legislador faz compreender na autorização para partilhar conteúdos os actos de colocação à disposição do público (carregamento) praticados a montante pelos usuários, desde que estes ajam sem carácter comercial. Ora, isto é um questionável alargamento do âmbito da autorização concedida.

Se faltar a autorização, os prestadores de serviços de partilha de conteúdos são responsáveis, salvo se provarem que, cumulativamente:

a) envidaram todos os esforços (os melhores esforços) para obter a autorização;
b) efectuaram os melhores esforços para indisponibilizar as obras carregadas sem autorização, assinaladas pelos titulares de direitos;
c) depois de receberem uma notificação dos titulares de direitos, diligenciaram para remover ou bloquear o acesso à obra dos seus sítios na Internet.

Estão isentos de responsabilidade os prestadores de serviços que disponibilizem os seus serviços por um período inferior a três anos, de pequena dimensão empresarial e com um número médio de visitantes limitado, desde que provem que empreenderam esforços para obter autorização e que, após notificação dos titulares de direitos, bloquearam ou removeram os conteúdos assinalados.

Não podem ser indisponibilizados conteúdos não abrangidos por direito de autor ou direitos conexos. E este é um dos problemas que o novo regime comporta, que trataremos de seguida.

IV. Apesar de os termos desta disposição Unionista não inovarem na consagração de direitos que era já explícita na Directiva 2001/29, é evidente que seria necessária a adopção, pelo direito português, de normas que:

a) explicitassem que a disponibilização em rede de conteúdos protegidos é acto de colocação de obras à disposição do público, ainda que tais conteúdos tenham sido carregados por entidade diferente daquele que a disponibiliza;
b) instituíssem a referida obrigação de diligência dos prestadores de serviços em linha, que devem envidar esforços para bloquear o acesso a

conteúdos protegidos carregados sem autorização (mediante aviso prévio dos titulares de direitos, já que aqueles não têm qualquer obrigação de monitorização dos conteúdos em fluxo na rede);

c) consagrassem as excepções particulares que instituam a liberdade de carregamento de conteúdos protegidos para certos fins.
O que a Directiva omite é que o carregamento de conteúdos protegidos por direito de autor na *net* é também um acto reservado de colocação à disposição do público e reprodução de obras ou outro material protegido, como tal igualmente privativo dos titulares de direitos. Visou-se o alvo fácil, pois os carregamentos individuais são incontroláveis. Mesmo assim, suscitam-se enormes problemas jurídicos que logo trataremos.

Vejamos com pormenor o novo regime, já instituído pelo legislador português.

V. A lei portuguesa, após a transposição da DMUD em 2023, contém um conjunto de preceitos (novos arts. 175º-A a 175º-I CDADC) que regulam a matéria.

Depois de definir (art. 175º-A/1-a) CDADC) "prestador de serviços de partilha de conteúdos em linha" em termos análogos aos que referimos consagrados na Directiva, enumeram-se (art. 175º-A/2) os prestadores de serviços de partilha de conteúdos não abrangidos. São os que disponibilizem: enciclopédias em linha sem fins lucrativos, repositórios científicos e educativos sem fins lucrativos, plataformas de desenvolvimento e partilha de programas de computador de fonte aberta, prestadores de serviços de comunicações electrónicas, mercados em linha, serviços em nuvem entre empresas, e serviços em nuvem que permitem ao usuário carregar conteúdos para uso pessoal.

Estatuindo o que de óbvio e necessário se continha já na DMUD, a lei (art. 175º-B/1 CDADC) classifica a acção destes prestadores de serviços de partilha de conteúdos, a disponibilização ao público do acesso a obras ou outros conteúdos protegidos por direitos de autor ou direitos conexos, como *acto de comunicação ao público/colocação à disposição do público*, logo reservado e dependente de autorização do titular dos direitos sobre essas obras ou outros conteúdos protegidos (art. 175º-B/2)[308].

A lei mais explicita que a autorização concedida pelos titulares de direitos aos prestadores de serviços de partilha de conteúdos compreende os actos de

[308] Os "novos / pequenos prestadores de serviços" cujos serviços tenham sido disponibilizados ao público na UE podem beneficiar do regime de exclusão de responsabilidade, desde que preencham vários requisitos cumulativos que o art. 175º-D CDADC enumera.

comunicação ao público/colocação à disposição do público autorizados realizados pelos utilizadores (usuários) de tais serviços, *se estes* não *agirem com carácter comercial, directo ou indirecto, ou se a sua actividade* não ger*ar receitas significativas* (art. 175ºB/3). Trata-se de, por um lado, restringir o âmbito da autorização, indispensável, concedida aos prestadores de serviços aos termos e âmbito da autorização e de, por outro lado, abarcar no arco desta, mas dentro dos seus estritos limites, os actos de carregamento de obras dos usuários desses serviços, legitimando-os.

Seguindo a Directiva ao pé da letra, o legislador português (art. 175º-C CDADC) *responsabiliza* os prestadores de serviços de partilha de conteúdos em linha pelos actos de comunicação ao publico / colocação à disposição do público referidos, quando falte a referida autorização necessária dos titulares de direitos. Exclui-se a responsabilidade quando os prestadores de serviços demonstrem, cumulativamente, que: envidaram os melhores esforços para obter autorização; envidaram os melhores esforços para assegurar a indisponibilidade de obras ou outros materiais sinalizados pelos titulares de direitos; agiram, de forma diligente, após receberem notificação dos titulares de direitos afectados, no sentido de remover ou bloquear as obras ou outros conteúdos sinalizados. A lei, seguindo ainda de perto a DMUD, estabelece que, para aferir do (in) cumprimento das referidas obrigações pelos prestadores de serviços de partilha de conteúdos, deve usar-se de *proporcionalidade*, o que significa ter em conta, nomeadamente, "o tipo, o publico-alvo e a dimensão do serviço".

É importante referir que não resulta deste conjunto de obrigações dos prestadores de serviços de partilha de conteúdos em linha qualquer obrigação de monitorização dos conteúdos disponibilizados. O regime é todo outro: os prestadores de serviços de partilha de conteúdos em linha agem mediante notificação pelos titulares de direitos. Estes devem ser destinatários de "*informações* adequadas sobre o funcionamento das práticas" relacionadas com a indisponibilização e remoção de conteúdos e, "no caso de serem concedidas autorizações ou concluídos acordos de licenciamento, entre prestadores de serviços e titulares de direitos, informações sobre a utilização dos conteúdos abrangidos nos referidos acordos" (art. 175º-E/1 CDADC).

Os prestadores de serviços devem, ainda, informar os usuários sobre a existência de *limites ou excepções* aos direitos de autor e direitos conexos que lhes permitam carregar livremente conteúdos na *net* sem dependência de autorização dos titulares de direitos (art. 175º-E/2 CDADC). Os usuários devem, também, dispor de informações claras, disponibilizadas pelos prestadores de serviços de partilha de conteúdos em linha, sobre *mecanismos de reclamação e recurso eficaz e rápido* contra a indisponibilização de conteúdos por si carregados na rede (art. 175º-F CDADC). O legislador português optou por instituir, também, a *arbitragem necessária*, por opção expressa dos respectivos usuários, em centros de arbitragem institucionalizada a autorizar pelo Governo, para dirimir conflitos entre prestadores de serviços e usuários emergentes da aplicação destes preceitos (art. 175º-G CDADC).

55.3.2. A controvérsia europeia sobre o novo regime. Nota sobre a jurisprudência do TJUE

I. A República da Polónia interpôs um recurso destinado, a título principal, à anulação da alínea b) e da alínea c), *in fine*, do artigo 17º, nº 4, da Directiva 2019/790 e, a título subsidiário, à anulação deste artigo na sua totalidade. Sustentava, em substância, que estas disposições impõem aos prestadores que procedam, de forma preventiva, a uma monitorização de todos os conteúdos que os seus utilizadores pretendem pôr em linha, através de ferramentas informáticas de filtragem automática, sem prever garantias que assegurem o respeito pelo direito à liberdade de expressão e de informação. A República da Polónia alegava, em especial, que "o dever dos prestadores de serviços de partilha de conteúdos em linha de efectuarem os melhores esforços para assegurar a indisponibilidade de determinadas obras e outro material protegido relativamente às quais os titulares de direitos forneceram aos prestadores de serviços as informações pertinentes e necessárias [artigo 17º, nº 1, alínea b), da Directiva 2019/790], e de envidarem os melhores esforços para impedir o seu futuro carregamento, após recepção de um aviso suficientemente fundamentado pelos titulares dos direitos [artigo 17º, nº 4, alínea c), *in fine*, da Directiva 2019/790], leva a que os prestadores de serviços, para evitarem responsabilidades, introduzam uma verificação prévia automática (filtragem) dos conteúdos disponibilizados em linha pelos utilizadores e, assim, introduzam mecanismos de controlo preventivos. Semelhante mecanismo poria em causa a essência do direito à liberdade de expressão e de informação e não cumpriria os requisitos da proporcionalidade e da necessidade da restrição a esse direito. Essa monitorização preventiva constituiria uma ingerência particularmente grave no direito à liberdade de expressão e de informação dos utilizadores de serviços de partilha de conteúdos em linha, uma vez que, por um lado, comporta o risco de que conteúdos lícitos sejam bloqueados e, por outro, a ilicitude e, assim, o bloqueio dos conteúdos seriam determinados de maneira automática por algoritmos, e isto antes mesmo de qualquer difusão dos conteúdos em questão.

Em suma, entende a Polónia que:

a) as obrigações dos prestadores de serviços referidos impõem-lhes que procedam, de forma preventiva, a uma monitorização de todos os conteúdos que os usuários pretendam pôr em linha, mediante ferramentas informáticas de filtragem automática, sem prever garantias que assegurem o respeito pela liberdade de expressão e de informação;

b) a filtragem automática de conteúdos – porque cega –, que os prestadores de serviços têm de introduzir para evitar a responsabilização, é um mecanismo de controlo preventivo que põe em causa a liberdade de expressão e de informação e não cumpre os requisitos da proporcionalidade e da necessidade da restrição a esse direito; além disso, sendo automática, comporta o risco de que conteúdos lícitos sejam bloqueados com recurso a algoritmos, sem discricionariedade.

II. O Tribunal de Justiça da União Europeia (TJUE) proferiu decisão[309] que considera que "o artigo 14º da Directiva 2000/31 contém um «porto seguro» («safe harbour») para os prestadores de serviços da sociedade da informação que consiste em armazenar conteúdos prestados por terceiros. Esta disposição prevê, em substância, que o prestador desse serviço está isento de qualquer responsabilidade que possa resultar dos conteúdos ilegais que armazena a pedido dos utilizadores desse serviço desde que não tenha disso conhecimento ou, sendo caso disso, os suprima diligentemente".

E continua o Tribunal: "Os serviços em causa, característicos da «Web 2.0» interactiva e de que a YouTube, a Soundcloud ou ainda a Pinterest são os exemplos mais conhecidos, permitem a qualquer pessoa colocar automaticamente em linha os conteúdos que queira, sem selecção prévia pelos seus prestadores. Os conteúdos colocados em linha pelos utilizadores desses serviços – comummente designados «user-generated content» ou «user-uploaded content» – podem em seguida ser consultados em streaming (difusão em fluxo contínuo) a partir dos sítios Internet ou aplicações para equipamentos inteligentes associados aos referidos serviços –, sendo essa consulta facilitada pelas funcionalidades de indexação, de pesquisa e de recomendação que aí se encontram geralmente – e isto a maior parte das vezes gratuitamente –, sendo os prestadores desses mesmos serviços geralmente remunerados pela venda de espaços publicitários. Uma quantidade gigantesca de conteúdos é, assim, posta à disposição do público na Internet, incluindo uma parte considerável de obras e de outro material protegido.

Entende, ainda, o Tribunal que: "Embora sempre tenha sido claro que a colocação em linha, por um utilizador, de uma obra ou de material protegido num serviço de partilha constitui um acto de «comunicação ao público» que necessita dessa autorização prévia, a questão de saber se os prestadores desses

[309] Acórdão do Tribunal de Justiça (Grande Secção) 26 de abril de 2022, no Processo C-401/19.

serviços devem eles próprios celebrar acordos de concessão de licenças e remunerar os titulares de direitos é objecto de uma controvérsia que opõe esses prestadores aos referidos titulares. O artigo 17º da Directiva 2019/790 enuncia, no seu nº 1, primeiro parágrafo, que os prestadores de serviços de partilha «realizam um acto de comunicação ao público ou de colocação à dispo[si]ção do público para efeitos da presente Directiva quando oferecem ao público o acesso a obras ou outro material protegido por direitos de autor carregados pelos seus utilizadores. Por conseguinte, como precisa o segundo parágrafo desse número, esses prestadores devem, em princípio, obter uma autorização dos titulares de direitos, por exemplo através da celebração de um acordo de concessão de licenças, relativo à utilização, nos seus serviços, de conteúdos protegidos colocados em linha pelos utilizadores. Assim, o legislador da União resolveu *ex lege* a controvérsia a favor desses titulares".

O artigo 17º da Directiva 2019/790 esclarece, no seu nº 3, que, quando os prestadores de serviços de partilha realizam actos de «comunicação ao público» ou de «colocação à disposição do público», nas condições estabelecidas no nº 1 deste artigo, a isenção de responsabilidade prevista no artigo 14º da Directiva 2000/31 não se aplica. O nº 4 deste artigo 17º esclarece que, se os prestadores de serviços de partilha não tiverem obtido autorização dos titulares de direitos, são responsáveis por actos «não autorizados» de comunicação ao público realizados por intermédio dos seus serviços. Trata-se de uma consequência lógica do que precede, uma vez que, doravante, se presume que esses prestadores realizam actos de «comunicação ao público» quando «dão acesso» às obras e outro material protegido carregados pelos utilizadores dos seus serviços, e assumem uma responsabilidade directa (ou «primária») em caso de «comunicação» ilícita.

Em suma, o TJUE:

a) considera que o legislador da União estabeleceu um limite claro e preciso às medidas que podem ser tomadas, excluindo medidas que bloqueiem conteúdos lícitos aquando do carregamento;
b) refere que estão previstas excepções à limitação, para fins de citação, crítica, análise, paródia ou *pastiche*;
c) em terceiro lugar, julga que a responsabilidade dos prestadores de serviços só pode ser accionada se os titulares de direitos lhes transmitirem informações – entenda-se não por iniciativa própria;
d) em quarto lugar, entende que os prestadores de serviços devem avisar os usuários de que podem carregar conteúdos que não violem o direito de autor, nomeadamente ao abrigo de excepções ou limitações ao direito de autor e direitos conexos;

e) avalia também que a Directiva não acarreta obrigação de monitorização, pelo que os prestadores de serviços não podem ser obrigados a um controlo prévio que implique uma apreciação autónoma da licitude ou ilicitude dos conteúdos;
f) assevera também que a Directiva apresenta garantias suficientes de natureza processual, nomeadamente a possibilidade de os usuários apresentarem reclamação quando considerem que os conteúdos que carregam foram indevidamente bloqueados, bem como mecanismos alternativos de resolução de litígios.

Quer o Tribunal de Justiça quer o Advogado-geral admitem, porém, a necessidade de, para efeitos de triagem, os prestadores de serviços recorrerem a mecanismos de filtragem automática – e salienta que nenhum dos envolvidos apresenta alternativas aos mecanismos de filtragem instituídos, o que é verdade.

O TJUE mais acrescenta que, em nome do princípio da proporcionalidade, devem os Estados-membros consagrar garantias suficientes que permitam proteger contra riscos e abusos; e diz, ainda, que está salvaguardado o carregamento de conteúdos lícitos.

Finalmente, o TJUE remete para os Estados-membros a missão de, na transposição da Directiva, se basearem numa interpretação que evite entrar em conflito com direitos fundamentais.

III. O legislador português instituiu, em transposição da DMUD em 2023, um *dever de informação* a prestar pelos prestadores de serviços de partilha de conteúdos em linha que devem facultar aos titulares de direitos, a pedido destes, com a maior brevidade possível, informações adequadas sobre o funcionamento das suas práticas sobre os direitos destes (novo art. 175º-C CDADC) e, caso sejam concedidas autorizações, informações sobre a utilização dos conteúdos abrangidos por essas autorizações ou acordos.

Os prestadores de serviços de partilha de conteúdos em linha também devem informar os seus usuários ("utilizadores"), nas suas condições gerais, da possibilidade de utilizarem obras e outros materiais protegidos ao abrigo de excepções ou limitações ao direito de autor existentes (novo art. 175º-E CDADC).

Os prestadores de serviços de partilha de conteúdos em linha devem criar e disponibilizar um *mecanismo de reclamação e recurso eficaz e rápido*, disponível a todos os utilizadores dos serviços, para reclamarem contra a remoção ou bloqueio indevidos de obras ou outros materiais protegidos por eles carregados, designadamente para permitir as utilizações livres.

Os conflitos entres os prestadores de serviços de partilha de conteúdos em linha e os utilizadores (usuários), emergentes da remoção ou bloqueio de obras ou outros materiais protegidos por eles carregados, estão sujeitos a *arbitragem necessária* quando, por opção expressa dos usuários, sejam submetidos à apreciação de centros de arbitragem institucionalizada, a autorizar pelo Governo.

IV. É verdade que não existe obrigação de monitorização que incentive o recurso a mecanismos de filtragem prévia sistemática e cega de conteúdos: os prestadores de serviços só são obrigados a reagir quando notificados pelos titulares de direitos.

Não vemos alternativa viável à filtragem automática de conteúdos, dado o volume de tráfego em causa, mesmo no caso dos pequenos prestadores de serviços.

As regras em transposição da norma da União devem assentar na instituição de mecanismos expeditos de: a) notificação pelos titulares de direitos das violações a estes neste contexto; b) reacção e decisão pronta e discricionária, logo humana, das reclamações apresentadas pelos usuários.

Está instituída em Portugal a remuneração por cópia privada. Esta é cobrada mediante uma taxa sobre equipamento e dispositivos (computadores, *pens*, CD, impressoras), o que encarece tais equipamentos e condiciona o acesso a bens essenciais na sociedade da informação, limitando assim, na prática, a livre expressão e circulação de ideias. Obviamente, esta taxa é cega, pois tributa tanto os que usam os dispositivos e equipamentos para fazer cópias de obras e colocá-las na Internet, como tributa aqueles que só copiam textos próprios e textos oficiais, não protegidos por direito de autor. E ninguém afirma que isto viola a liberdade de expressão ou de comunicação.

Finalmente, é nossa opinião que a tutela dos direitos de autor e os mecanismos instituídos para efectivá-la não contrariam as liberdades fundamentais de expressão e de informação, pois os direitos de autor apenas restringem a exploração económica das obras e defendem estas contra deturpação, truncagem, falsa imputação de autoria e plágio. Mas isto seria tema para outra reflexão, à qual já dedicámos texto que consta do *Anuario de Propiedad Intelectual de 2021*[310], que dirigia Eduardo Serrano Gómez, chamado precisamente *Derecho de autor y libertades de expresión, de religión y de culto*, publicado em Espanha, em 2022.

55.4. A recepção em lugar público de programas radiodifundidos. Jurisprudência e posição adoptada

I. Segundo o art. 11-*bis* da Convenção de Berna (CB), os autores têm o direito exclusivo de autorizar a radiodifusão, a comunicação ao público, incluindo por

[310] Madrid, 2022.

altifalante (ou por qualquer outro instrumento análogo transmissor de sinais, sons ou imagens), da obra radiodifundida.

Os arts. 149º a 155º CDADC estabelecem que é devida ao autor uma remuneração pela comunicação ao público da obra radiodifundida, por altifalante ou dispositivo congénere.

Os organismos de gestão colectiva portugueses têm cobrado uma quantia aos titulares de cafés, restaurantes, lojas ou bancos pela "recepção em lugar público" de emissões televisivas e de rádio recebidas em lugar público.[311]

Sempre sustentámos (desde 1992, quando escrevemos parecer sobre esse tema, citado em Parecer da Procuradoria-Geral da República no mesmo sentido[312]) a tese segundo a qual a simples recepção de uma obra, sem retransmissão do sinal (contrariamente ao que fazem, por exemplo, os hotéis que multiplicam o sinal por todos os quartos) não constitui uma nova utilização da obra, mas simplesmente o reverso da medalha da radiodifusão: a obra que é radiodifundida destina-se a ser recebida; não se trata de uma nova utilização, mas da mesma.[313]

Vejamos em que termos deve ser equacionado o problema.

II. Nos termos do art. 149º/1 e /2 CDADC, *ex vi* art. 11º-*bis*/1 CB, depende de autorização do autor a radiodifusão sonora ou visual da obra e, bem assim, a comunicação da obra em qualquer lugar público. Nos termos do art. 68º/2-e) CDADC, tem o autor o direito exclusivo de fazer ou autorizar, por si ou pelos seus representantes, a "difusão pela televisão, radiofonia e a comunicação ao público por altifalantes ou instrumentos análogos, por fios ou sem fios, nomeadamente por ondas hertzianas, fibras ópticas, cabo ou satélite". Por outro lado, consagra o art. 149º/1 CDADC que "depende de autorização do autor a radiodifusão sonora ou visual da obra, tanto directa como por retransmissão, por qualquer modo obtida". Acrescenta ainda o nº 2 do mesmo artigo que "depende igualmente de autorização a comunicação da obra em qualquer lugar público, por qualquer meio que sirva para difundir sinais, sons ou imagens". Finalmente, esclarece o art. 149º/3 que se entende por "lugar público" "todo aquele a que

[311] O conceito de "lugar público" é muito amplo. Nos termos do art. 149º/3 CDADC, "entende-se por lugar público todo aquele a que seja oferecido o acesso, implícita ou explicitamente, mediante remuneração ou sem ela, ainda que com reserva declarada do direito de admissão".

[312] Parecer 4/92 do Conselho Consultivo da Procuradoria-Geral da República, votado em 28-5--1992 e homologado em 27 de Julho de 1992, publicado no D.R., 2ª série, de 16-3-1993.

[313] Esta destinação à recepção pública das obras radiodifundidas consta expressa da norma legal (art. 176º/9) que define os organismos de radiodifusão. É inquestionável que a (mera) recepção pública de uma obra – em lugar público ou não – é tão-só a outra face da "moeda" radiodifusão.

seja oferecido o acesso, implícita ou explicitamente, mediante remuneração ou sem ela, ainda que com reserva declarada do direito de admissão".

Para que possa esclarecer-se o sentido e alcance destas normas, deve precisar-se o que significa *comunicação ao público* e *radiodifusão* de uma obra intelectual, por um lado e *recepção* da obra, por outro.

A radiodifusão de uma obra intelectual, acto de divulgação da mesma que propicia o acesso em simultâneo a todo o universo dos destinatários-receptores potenciais da dita operação, é manifestamente acto de utilização patrimonial da obra, que integra o exclusivo de exploração económica do seu autor e que está como tal dependente da autorização deste[314]. Também a "comunicação ao público de obra radiodifundida, por altifalante ou por qualquer outro instrumento análogo transmissor de sinais de sons ou de imagens", constitui o autor na titularidade de um direito a remuneração (art. 155º CDADC). Como articular estas normas, aplicando-as à questão que nos ocupa?

III. Como escrevemos logo em 1992[315], é certo que a lei faz depender de *autorização do autor* a radiodifusão – "emissão de sons ou imagens, separada ou cumulativamente, por fios ou sem fios, nomeadamente por ondas hertzianas, fibras ópticas, cabo ou satélite, destinada à recepção pelo público" (art. 176º/9 CDADC) – de uma obra sua (art. 149º/1), o que bem se entende visto tratar-se de uma forma de utilização patrimonial da obra que bule com o exclusivo (do autor) de exploração económica desta (art. 68º/2-e)).

Já a *comunicação ao público* "de obras radiodifundidas, por altifalante ou por qualquer outro instrumento análogo transmissor de sinais, sons ou imagens" confere ao autor direito a uma *remuneração* (art. 155º CDADC).

De que se trata, então, quando se fala de "*comunicação ao público de obra radiodifundida*"? É a própria lei que esclarece.

Nos termos do mesmo art. 155º CDADC e art. 11 *bis*/1, 3º, CB, refere-se aqui a comunicação ao público de obra radiodifundida "por altifalante ou por qualquer instrumento análogo transmissor de sinais, de sons ou de imagens". Ou seja, estamos perante situações em que as entidades receptoras de sinais

[314] Distingue-se da "telecomunicação digital em rede electrónica" (vulgo "transmissão online"), na qual, como vimos (cfr., *supra*, nº 55.2.1), o acesso às obras é proporcionado não em simultâneo a todos os potenciais destinatários da difusão, mas, depois de "colocada à disposição do público", no momento e local escolhidos pelo que lhe acede (alínea e) do nº 2 do art. 68º CDADC). Sobre este tema, esta distinção e este particular modo de utilização das obras intelectuais, pode cfr. o que escrevemos no nosso "A telecomunicação electrónica em rede de obras intelectuais na «Sociedade da Informação» – a Directriz 2001/29/CE e a sua transposição em Portugal pela Lei nº 50/2004", cit..

[315] No parecer citado *supra*, nº 55.4-I.

hertzianos, por cabo ou por satélite provenientes de radiodifusão de uma ou mais obras intelectuais não se limitam à captação (*recepção*) dos mesmos num aparelho próprio (televisor, telefonia, *etc.*), mas a *re-transmitem* em lugar público, usando para tal processos técnicos que consubstanciam uma *nova* utilização da obra.

Por outro lado, a simples recepção (captação em aparelho próprio sem nova utilização) da obra radiodifundida não implica nova utilização. Na verdade, *receber uma obra radiodifundida*, captá-la em aparelho apropriado, não é mais do que consumar a mesma utilização que já foi autorizada: radiodifundir e receber uma obra radiodifundida não representa duas utilizações da obra, mas apenas uma; a obra é radiodifundida *para* ser recebida pelos potenciais destinatários; radiodifundir e receber o que se radiodifunde são "duas faces da mesma moeda", visto que representam uma única utilização. Assim, não ocorrendo re-transmissão (ulterior) da obra radiodifundida recebida, temos *mera recepção* da obra, que é livre, nos termos dos preceitos citados que o não contrariam[316].

IV. O Supremo Tribunal de Justiça português proferiu decisão que uniformiza jurisprudência, segundo a qual: "*a aplicação a um televisor de altifalante não constitui, mesmo que dentro de um estabelecimento, uma nova utilização da obra radiodifundida e não depende de autorização do autor*".

Sobre a questão, foi publicado, no Diário da República, 1ª série, de 16 de Dezembro de 2013, o Acórdão do Supremo Tribunal de Justiça nº 15/2013 (que doravante designamos AUJ/15/2013)[317].

Trata-se de um Acórdão de Uniformização (ou de fixação) de Jurisprudência (AUJ), proferido após grande controvérsia desenrolada ao longo dos anos em torno do problema – suscitada entre outros pela Sociedade Portuguesa de Autores (SPA), AUDIOGESTE e outras entidades de gestão colectiva de direitos de autor e de direitos conexos, de um lado e pela Confederação do Comércio e Serviços de Portugal e pelas suas Estruturas Associativas e Empresariais filiadas, do outro – do pagamento de quantias a título de remuneração dos autores e artistas pela recepção em lugar público de programas radiodifundidos.

O AUJ 15/2013 vem decidir que "*a aplicação, a um televisor, de aparelhos de ampliação de som, difundido por canal de televisão, em estabelecimento comercial, não configura nova utilização da obra transmitida, pelo que o seu uso não carece de autorização do autor da mesma, não integrando consequentemente essa prática o crime de*

[316] Assim também Oliveira Ascensão, "Direito Civil – Direito de Autor e Direitos Conexos", cit., pp. 301 e ss..

[317] Acórdão do Supremo tribunal de Justiça nº 15/2013, de 13-11-2013 (in D.R., 1ª série, nº 243, de 16-12-2013), de que é Relator Eduardo Maia Figueiredo da Costa.

usurpação, previsto e punido pelos arts. 149º, 195º e 197º do Código do Direito de Autor e dos Direitos Conexos".

Posteriormente, o Tribunal de Justiça da União Europeia (TJUE) (3ª secção) vem decidir (processo C 151/15, de 14-7-2015[318]) que o "*conceito de «comunicação ao público» [...] deve ser interpretado no sentido de que abrange a transmissão, através de um aparelho de rádio ligado a colunas e/ou amplificadores, pelas pessoas que exploram um café restaurante, de obras musicais e de obras musico-literárias difundidas por uma estação emissora de rádio aos clientes que se encontram presentes nesse estabelecimento*".

Confrontemos as duas decisões.

V. Segundo o AUJ do Supremo Tribunal de Justiça português:

A) A radiodifusão sonora ou visual da obra e, bem assim, a sua comunicação em lugar público continuam a depender de autorização do autor (normalmente remunerada junto das entidades de gestão colectiva, como a SPA e a PASSMÚSICA) – estes são os termos, aliás incontroversos, dos arts. 149º/1 e /2 do CDADC e 11º-*bis*/1 da Convenção de Berna (CB).

B) Deve entender-se por "radiodifusão" de uma obra a divulgação da mesma por ondas hertzianas, cabo ou satélite, que propicie a sua captação simultânea em aparelho próprio (televisor, telefonia) pelo universo dos potenciais receptores da emissão radiodifundida. Deve entender-se por "comunicação (da obra) em lugar público" a sua transmissão (ou re-transmissão por altifalantes ou em ecrã gigante, caso tenha sido captada em emissão radiodifundida) em ambiente diferente daquele em que foi emitida. Por "lugar público" deve entender-se, nos termos aliás da própria definição legal, "todo aquele a que seja oferecido o acesso, implícita ou explicitamente, mediante remuneração ou sem ela, ainda que com reserva declarada do direito de admissão" (incluindo cafés, restaurantes e outros estabelecimentos comerciais abertos ao público).

C) De acordo com o que sempre defendemos, o AUJ 15/2013 delibera que a mera recepção de obra radiodifundida é livre, ou seja, independente de autorização ou remuneração ao autor (e, é claro, às entidades de gestão colectiva que o representem). A recepção de obra radiodifundida em lugar público não deixa de constituir o culminar dos processos de radiodifusão e comunicação ao público dessa obra, a sua consequência natural, não representando nova utilização da obra. Por "recepção", deve entender-se a mera captação dos sinais radiodifundidos ou comunicados, sem retransmissão dos mesmos.

[318] Tribunal de Justiça da União Europeia (3ª Secção – processo C 151/15, de 14-7-2015), acedido em InfoCuria – Jurisprudência do Tribunal de Justiça.

D) O citado AUJ 15/2013 decide também que a recepção com "reutilização" da obra já constitui *nova utilização*, na medida em que "acrescenta, modifica ou inova", conferindo ao autor direito a uma *nova remuneração*; será o caso, por exemplo, do sinal radiodifundido captado num hotel que é depois multiplicado pelos quartos e salas comuns, bem como o de outros estabelecimentos abertos ao público em que o sinal seja multiplicado por vários receptores ou potenciado por altifalantes.

VI. A decisão do TJUE não contraria este entendimento.

Como consta do nº 16 do referido despacho do tribunal europeu, "é verdade que não constitui uma «comunicação» [...] um mero meio técnico para garantir ou melhorar a transmissão de origem na zona de cobertura".

E continua (nº 17), considerando que "a utilização de colunas e/ou amplificadores a fim de aumentar a difusão do som [...] não constitui um simples meio técnico para garantir ou melhorar a transmissão de origem na zona de cobertura [...]".

Ora, entendemos que isto mais não significa do que considerar o que sempre sustentámos e que o STJ português sancionou: a retransmissão da comunicação recebida por rádio ou televisão – designadamente a sua potenciação por altifalantes, ecrãs gigantes ou a sua multiplicação por exemplo para vários quartos de um hotel[319] – constitui nova comunicação ao público da obra, uma nova utilização da mesma, como tal dependente de autorização e remuneração dos autores

[319] Foram suscitadas, junto do TJUE, as questões de saber:
1) O conceito de "retransmissão por cabo", previsto no art. 1º, nº 3, da Diretiva [93/83], deve ser interpretado no sentido de abranger não só a transmissão simultânea por um organismo de radiodifusão de uma emissão de outro organismo de radiodifusão, como ainda a distribuição ao público, processada de forma simultânea e integral por cabo, de uma emissão primária de programas de televisão ou rádio destinados à recepção pelo público (independentemente de que quem leve a cabo essa distribuição ou público seja, ou não, um organismo de radiodifusão)?
2) A distribuição, em simultâneo, das emissões de um canal de televisão, difundidas via satélite, pelos diversos aparelhos de televisão, instalados nos quartos de hotéis, através de cabo coaxial, constitui uma "retransmissão" daquelas emissões, subsumível ao conceito enunciado no nº 3, do art. 1º, da Directiva [93/83]?
Em decisão de 8 de Setembro, C716/20, RTL (EU:C:2022:643), o Tribunal de Justiça da União Europeia (TJUE) concluiu que a Directiva 93/83/CEE "não estabelece a favor dos organismos de radiodifusão um direito exclusivo de autorizar ou proibir a retransmissão por cabo, na acepção desta disposição, e a distribuição simultânea, inalterada e integral de emissões de televisão ou de rádio difundidas por satélite e destinadas à recepção pelo público não constitui tal retransmissão por cabo quando esta seja efectuada por uma entidade distinta de um distribuidor por cabo, na acepção desta directiva, como um hotel."
O artigo 1º, nº 3, da Directiva 93/83, lido em conjugação com o artigo 8º, nº 1, da mesma, deve ser interpretado no sentido de que:

e artistas[320]; já a mera recepção, ainda que em lugar público, do sinal televisivo ou radiofónico não constitui nova utilização da obra e é, como tal, livre.

VII. Enumeremos, então, os princípios e regras que traduzem a nossa posição:

1) Se a entidade receptora da emissão se limita a captá-la sem a retransmitir (caso do aparelho de televisão ou de telefonia em funcionamento, existente em estabelecimento comercial, em lugar acessível a clientes e empregados desse estabelecimento, sem recurso a quaisquer outros processos técnicos para a captação da emissão por estes), tal não depende de (nova) autorização[321] do autor nem lhe confere o direito a remuneração especial adicional. Neste caso, não há nova utilização da obra, mas mera recepção de obra cuja radiodifusão (transmissão-recepção) fora já autorizada.
   Comungamos neste ponto dos pressupostos e termos da decisão contida no Acórdão STJ 15/2013.
2) Se a recepção em lugar público implicar o emprego, pela entidade receptora, de meios técnicos (como altifalantes ou instrumento análogo transmissor de sinais, de sons ou de imagens) que ampliem ou multipliquem o sinal recebido, já entendemos que existe uma retransmissão (potenciação do sinal recebido), subsequente à recepção-transmissão autorizada e remunerada, que justifica nova remuneração ao autor, nos termos do art. 155º.
   Partilhamos, neste ponto, a decisão do TJUE.

VIII. Num preceito de alcance não incontroverso (novo art. 205º/4 CDADC), a lei, em 2019[322], *descriminalizou* e puniu como mera contra-ordenação um procedimento que antes constituía crime.

Trata-se, em primeiro lugar, da comunicação ao público de fonogramas previamente editados comercialmente, obras e prestações neles incorporadas, sem

– não estabelece a favor dos organismos de radiodifusão um direito exclusivo de autorizar ou proibir a retransmissão por cabo, na acepção desta disposição, e
– a distribuição simultânea, inalterada e integral de emissões de televisão ou de rádio difundidas por satélite e destinadas à recepção pelo público não constitui tal retransmissão por cabo quando esta seja efectuada por uma entidade distinta de um distribuidor por cabo, na acepção desta directiva, como um hotel.

320 Neste sentido, Acórdão do Tribunal da Relação de Lisboa, de 10-2-2022, Proc. 123.20.OYHLB..L1-PICRS, de que é Relatora Ana Pessoa.

321 "Nova autorização", entenda-se, que se somaria à que já deu para a radiodifusão.

322 Novo art. 195º/4 CDADC: "*O disposto nos números anteriores não se aplica às situações de comunicação pública de fonogramas e videogramas editados comercialmente, puníveis como ilícito contraordenacional, nos termos dos nºs 3, 4 e 6 a 12 do artigo 205º*".

autorização do respectivo autor, produtor do fonograma ou dos seus representantes, se a mesma for legalmente exigida, nas seguintes modalidades: a) sob a forma de execução pública, por qualquer meio e em qualquer lugar público; ou b) sob a forma de radiodifusão audiovisual de fonogramas previamente incorporados em obras audiovisuais com autorização dos respectivos titulares (novo nº 3 do art. 205º CDADC).

Trata-se também da comunicação ao público, em qualquer lugar público, de videogramas previamente editados ou estreados em sala, através de emissões e retransmissões televisivas disponibilizadas ao público, bem como das obras e prestações neles incorporadas, sem as autorizações do respectivo titular de direito de autor ou de direito conexo (novo nº 4 do art. 205º).[323]

Resumamos os termos das novas disposições.

Em primeiro lugar, a execução não autorizada em lugar público de obras ou prestações artísticas ou de fono/videogramas, bem como a radiodifusão audiovisual (por exemplo, em televisão) constitui *contraordenação* punível com coima (novo art. 205º/3 CDADC).

Por outro lado, nos termos do novo nº 4 do art. 205º CDADC, a comunicação ao público (cfr., *supra*, nº 55.2.1) em lugar público de videogramas previamente editados comercialmente (por exemplo, em DVD), através de emissões televisivas disponibilizadas ao público (nomeadamente pela radiodifusão televisiva por onda hertziana, cabo ou satélite), quando falte autorização dos titulares de direitos de autor sobre obras ou de direitos conexos sobre prestações artísticas divulgadas por essas emissões, ou do produtor de fono/videograma divulgado, é punível como *contraordenação* a que corresponde coima.

Já a colocação à disposição do público na Internet de fonogramas (por exemplo, disco ou ficheiro áudio) ou videograma (por exemplo, um DVD ou ficheiro vídeo), tornados acessíveis a qualquer um na *net*, constitui *crime* de usurpação, punível nos termos do art. 195º CDADC (art. 205º/5 CDADC).

56. Direito de distribuição (e seu esgotamento)

I. Distribuir a obra intelectual (no que se aplica também aos programas de computador) significa pô-la em circulação em exemplares do seu suporte, seja este analógico ou digital, comercializando-a. O CDADC (art. 68º/2-f)) e o art. 8º/1 do Dec.-lei 252/94 reservam esta faculdade ao titular do direito de autor.

[323] Art. 205º/4 CDADC, aditado pela Lei 92/2019: "*Constitui contraordenação punível com coima entre 125 € e 1500 €, no caso das pessoas singulares, e de 250 € a 7500 €, no caso das pessoas coletivas, a comunicação ao público, em qualquer lugar público na aceção do nº 3 do artigo 149º, de videogramas previamente editados ou estreados comercialmente, através de emissões e retransmissões televisivas disponibilizadas ao público, bem como das obras e prestações neles incorporadas, sem as autorizações do respetivo autor, do produtor de videogramas ou dos seus representantes, se a mesma for legalmente exigida*".

II. Para que ocorra distribuição jusautoral da obra, é necessário que ocorra transmissão do direito de propriedade dos exemplares. Decidiu neste sentido o Acórdão do Tribunal de Justiça da União Europeia[324], em aplicação do art. 4º/1 da Dir.Soc.Inf., que estabeleceu que a exposição numa loja, com fins decorativos, de peças de mobiliário contrafeito, correspondentes a cópias de peças desenhadas por Le Corbusier, não constituía distribuição, já que os clientes não eram autorizados a utilizar as obras.

III. Nos termos do art. 68º/5 CDADC, a primeira venda ou distribuição por outra forma de exemplares, lícitas, produzem o esgotamento do direito de distribuição do original ou de cópias, enquanto exemplares de uma obra, na União Europeia.

Significa isto que a autorização do titular do direito de autor para a primeira comercialização da obra produz o esgotamento do direito de distribuição em relação a essa obra. Após o esgotamento, não pode o autor continuar a controlar a comercialização ulterior, designadamente impedindo novas alienações dos exemplares.

IV. Em processo que opôs a UsedSoftGmbH e a Oracle International Corp., o TJUE proferiu uma interessante decisão[325], na qual estabelece que o direito de distribuição de cópia de um programa de computador se esgota se o titular do direito de autor nesse programa tiver autorizado o descarregamento dessa cópia num suporte informático através da Internet, quando este titular já tiver sido remunerado pela disponibilização do uso dessa cópia por usuários que lhe acedem na *net*. Trata-se da aplicação de um saudável princípio que evita a *dupla remuneração* pelo mesmo acto: quando o titular do direito de autor já tiver sido remunerado pela disponibilização de uma cópia da obra na Internet que permita o descarregamento da obra (*in casu*, um programa de computador), não tem direito a cobrar novas contrapartidas pelo uso da mesma cópia (uma cópia = uma licença = uma remuneração).

56.1. Direito de distribuição / pôr em circulação (exemplares de obras) – a impropriedade do conceito de "distribuição electrónica"

I. O art. 11º (1ª parte) do Acordo TRIPS (ADPIC), os arts. 6 e 7 do WCT (OMPI/TDA), assim como o art. 4º da Directiva 2001/29/CE (Dir.Soc.Inf.), o art. 4º/1-c) da Directiva 2009/24/CE (DPC), os arts. 1º e 2º da Directiva

[324] *Apud*, em transcrição do sumário, Luis Menezes Leitão, "Direito de Autor", cit., Capítulo VII, 2.2.2.6.

[325] Acórdão TJUE, de 3-7-2012 (Proc. C-128-11).

92/100/CEE (aluguer e comodato), o art. 5º-c) da Directiva 96/9/CE (DBD); e, na ordem jurídica interna de Portugal, o art. 68º/2-f) CDADC (em matéria regulada também pelos arts. 3º a 6º do Decreto-lei 332/97), o art. 8º do Decreto-lei nº 252/94, de 20-10 (programas de computador) e o art. 7º/1-c) do Decreto-lei nº 122/2000, de 4-7 (bases de dados): todos prevêem a constituição, na titularidade dos autores, de um direito de distribuição/pôr em circulação os originais ou cópias das suas obras, incluindo as de elevado componente técnico, como as bases de dados electrónicas e programas de computador. Neste, compreendem-se expressamente os direitos exclusivos de *venda*, de *locação*, que é independente da "maior ou menor susceptibilidade de reprodução que esta utilização particular proporciona em relação a certos géneros de obras"[326], e de *comodato* de originais ou cópias das obras, que, com excepção do direito de aluguer, se encontram sujeitas a esgotamento após o primeiro acto de colocação à disposição do público.

II. O direito de distribuição/pôr em circulação está, como vimos, expressamente compreendido entre as faculdades instrumentais da exploração das obras em geral (art. 4º e, sobretudo, o *Considerando* 28 Dir.Soc.Inf. que, transposta, não implicou alteração da alínea f) do nº 2 do art. 68º CDADC) e das obras-base de dados, em particular (art.5º-c) DBD[327]). Neste se incluem todas as formas de distribuição (venda, aluguer ou empréstimo anteriores ao "esgotamento do direito") de cópias da obra, incluindo a sua distribuição corpórea ou incorpórea. Deve sublinhar-se que o direito exclusivo à impropriamente chamada distribuição incorpórea da base não está sujeita ao esgotamento, pois é considerada uma "transmissão em linha considerada uma prestação de serviço" – nos termos antes expostos e nos dos *Considerandos* 33, 2ª parte, e 43 no Preâmbulo da DBD[328].

[326] SILKE VON LEWINSKI, "Il diritto d'autore fra GATT/WCT e WIPO", cit., 3., pp. 432/433, em relato dos trabalhos preparatórios dos arts. 11 e 14/4 TRIPS/OMC e 7 OMPI/TDA, refere que, no Tratado da OMPI (OMPI/TDA), "apenas deveria prever-se um direito de locação quando estivessem em causa obras em que esta utilização comportasse uma ampliação da actividade de multiplicação de exemplares daquelas ["moltiplicazione in copie"] com grave prejuízo do direito exclusivo de reprodução [do autor]". O art. 7/1 e /2 WCT vem, por fim, exigir às Partes Contratantes que o direito de "aluguer comercial" integre o exclusivo jusautoral: no caso dos programas de computador, "quando o programa seja o objecto essencial da locação"; no caso das obras cinematográficas, quando "esse aluguer tenha originado a cópia generalizada [de exemplares] das obras, comprometendo substancialmente o [outro] exclusivo jusautoral de reprodução"; quanto às obras incorporadas em fonogramas, "quando tais obras sejam protegidas pelas leis estaduais".

[327] Esta previsão normativa tem o esperado paralelo entre as faculdades de exploração, dita "reutilização", dos produtos-base de dados – *ex vi* art. 7º/2-b) DBD.

[328] O "esgotamento" do direito *sui generis* sobre o produto-base de dados só ocorre em relação à venda de uma cópia da base. Este entendimento resulta do disposto no art. 7º/2, b), 2ª parte,

III. Inquestionável, pois, quanto à distribuição "off-line" de exemplares destas obras, pode perguntar-se se tal exclusivo de distribuição (com ou sem esgotamento) integra também as prerrogativas do autor quando se trate de "transmissão on-line" de obras.[329]

Como se expôs, a telecomunicação digital em rede de obras (ou de outros bens imateriais com relevância jusautoral) não configura distribuição da obra assim colocada à disposição do público. É uma prestação de facto – do "provider" – que proporciona o acesso efémero a um bem imaterial (a obra ou outro elemento com valor informativo independente)[330]. Logo, só no caso da "transmissão "off-line" (através de suporte tangível) faz sentido falar de uma reserva autoral dada pelo direito de distribuição nas diversas modalidades de utilização (venda, locação, comodato) que compreende.

56.2. Aluguer de obra

"Alugar uma obra" é o acto de pôr à disposição do público, para utilização, não a obra intelectual, bem imaterial como se viu, mas os exemplares em que estejam fixados o seu original ou cópias. O gozo proporcionado pelo aluguer de exemplares da obra é temporário e oneroso (remunerado) (art. 3º-b) Dec.-lei nº 332/97, de 27-11). Este direito é extensivo aos suportes em que esteja fixado um programa de computador (art. 8º/2 Dec.-lei 252/94).

Na sequência da adopção da Directiva 92/100/CEE, substituída pela Directiva 2006/115/CE, o autor goza do exclusivo do aluguer dos exemplares da obra. Este direito não é atribuído, nomeadamente, pela compra de um fonograma ou videograma (mesmo art. 141º/4 CDADC). Em contrapartida, trans-

DBD. Por remissão do novo § 87b (2), a UrhG alemã aplica ao direito *sui generis* relativo às bases de dados o princípio do esgotamento, com excepção do aluguer (cfr. §§ 17 (2) e 27 (2) e (3) UrhG). A LPI esp. prevê o esgotamento do direito de "reutilização", quanto à venda de cópias do produto-base de dados, no novo art. 133/3, c), 2ª parte; assim também, o art. L.342-4, § 1 do CPI fran. e o art. 102-*bis*/2 L.aut.ital..

[329] Pode verificar-se que o *Considerando* 28 da Dir.Soc.Inf. é expresso na referência a que os "originais ou cópias (de obras)", objecto de direito de distribuição, são "os que se incorporem em produto tangível". Revela-se, assim, que este direito de distribuição não compreende a telecomunicação digital em rede ("transmissão incorpórea on-line"), que é comunicação ao público.

[330] Com razão, DREIER, "Adjustment of Copyright Law to the Requirements...", cit., II-4-b), defende, quanto à necessidade de adaptação da ordem jurídica interna alemã neste domínio, que "[...] pela sua própria natureza, o direito de distribuição com o seu efeito de esgotamento – ligado à conciliação do conflito entre o interesse do autor no máximo controlo da circulação da obra e o interesse do público em geral na livre circulação de cópias materiais [exemplares] das obras que tenham sido postas em circulação pela venda – só é aplicável à exploração material daquelas. O aluguer e comodato de cópias materiais também difere da transmissão on-line de obras protegidas pelo facto de o [exemplar] original da obra alugado ou emprestado permanecer [ao contrário do que ocorre no aluguer e comodato *proprio sensu*] com o fornecedor do serviço de transmissão."

fere-se para não autores, como o produtor de fono/videogramas e o produtor audiovisual, um direito a remuneração equitativa pelo aluguer, sempre que o autor transmita ou ceda o direito de aluguer de um fono/videograma ou do original ou cópia de uma obra audiovisual a um produtor de fono/videogramas ou de filmes (art. 5º/1 Dec.-lei 332/97).

O direito de aluguer não se esgota pela venda ou distribuição por outro meio de exemplares da obra e não incide sobre as obras de arquitectura e obras de arte aplicada (art. 4º/1 e /2 Dec.-lei 332/97).

56.3. Comodato (empréstimo) público de obras

I. Nos termos do art. 68º/2-f) CDADC[331], os autores podem controlar o comodato (empréstimo gratuito) público dos exemplares da sua obra. Este empréstimo jusautoral dos exemplares do original ou cópia de obras intelectuais deve ser limitado no tempo e não proporcionar benefícios materiais directos ou indirectos, quando efectuado por estabelecimento acessível ao público (art. 3º Dec.-lei 332/97).[332] A lei portuguesa (art. 6º/3 Dec.-lei 332/97), aproveitando a possibilidade de derrogação consentida pelo art. 5º/3 Directiva 92/100/CE, excluiu do âmbito de aplicação deste exclusivo bibliotecas públicas, escolares, museus, arquivos públicos, fundações públicas e instituições privadas sem fim lucrativo, só reservando o comodato público jusautoral para as instituições privadas com fins lucrativos. Pela Lei 16/2008, de 1-4, foi alterado aquele último preceito legal português e agora só são excluídas do âmbito de aplicação as "biblitecas públicas da Administração (Central, Regional e Local), escolares e universitárias".

O empréstimo de quadros para uma exposição pública ou de obras audiovisuais para exibição pública também não se considera comodato jusautoral. De igual modo, não é comodato relevante para o direito de autor o empréstimo entre bibliotecas ou a colocação à disposição do público para consulta no local, como acontece no empréstimo de obras numa biblioteca ou numa videoteca públicas – salvo, neste último caso, se o utilizador pagar, por exemplo, um cartão de acesso à biblioteca (*Considerandos* 10 e 11 da Directiva 2006/115/CE), o que, em bom rigor, se entende, visto que, se o acesso à obra é pago, não há comodato, mas aluguer.[333]

[331] Art. 68º/2-f) CDADC, ex Directiva 92/100/CEE, substituída em 2006 pela Directiva acima mencionada a propósito do aluguer, e transposta em Portugal pelo Dec.-lei 332/97, alterado pela Lei nº 24/2006 e pela Lei nº 16/2008, de 1-4.

[332] Tem razão MENEZES LEITÃO, "Direito de Autor", cit., Capítulo VII, 2.2.2.8, quando sustenta que não é comodato jusautoral a disponibilização de revistas e jornais, habitual nos consultórios médicos ou cabeleireiros, já que, indirectamente, visam o benefício económico.

[333] Sobre as limitações ao direito de autor para utilização de obras ou outros conteúdos protegidos por bibliotecas, museus, arquivos, fonotecas, videotecas, cinematecas e outras instuições do património cultural, cfr., *infra*, nºs 63.3.2, 63.3.3.

II. O art. 4º do Dec.-lei 332/97 fixa também o não esgotamento do direito ao comodato público com a venda de exemplares do original ou de cópias da obra, à semelhança do que se viu ocorrer com o direito de aluguer.

57. Direito de reprodução. Conceito de reprodução

I. Nos termos do art. 68º/2-i) CDADC, o autor é titular do direito exclusivo de fazer ou autorizar a reprodução directa ou indirecta, temporária ou permanente, por quaisquer meios e sob qualquer forma, total ou parcial, de obra sua.

II. "Reproduzir" uma obra é copiá-la, multiplicar em exemplares o(s) seu(s) suporte(s) material(is). Esclarece-o o art. 6º/2 CDADC, antes comentado, ligando a reprodução ao conceito de publicação: só se tem por publicada a obra que se reproduza, não aquela que foi meramente trazida ao conhecimento público, nomeadamente pela representação de obra dramática ou dramático-musical, pela exibição cinematográfica, pela execução de obra musical, pela recitação de obra literária, pela transmissão ou radiodifusão, pela colocação à disposição do público na Internet, pela construção de obra de arquitectura ou de obra de arte plástica nela incorporada ou pela exposição de obra artística.[334]

Assim, não é reprodução a utilização da obra intelectual segundo modalidade que não importe a sua multiplicação em exemplares. Também a "unkörperliche Wiedergabe" (a "comunicação (pública) incorpórea") não é reprodução.[335] A reprodução – gráfica, digital ou por outro modo, conhecido ou que venha a conhecer-se – é, nestes termos, uma faculdade jusautoral de utilização de obras intelectuais autónoma.

57.1. A incorporação em rede digital de obra destinada à colocação à disposição do público e a faculdade de reprodução

I. Para que possa falar-se de reprodução de obra (ainda que incorporada em objecto digitalizado), afigura-se necessário que ocorra a fixação/gravação prévia em suporte suficientemente estável para permitir a multiplicação em exemplares. Note-se que se referiu a possibilidade de multiplicar em exemplares, pelo que também deve considerar-se acto de reprodução, por exemplo, a fixação de uma obra em disco rígido de computador como acto preparatório da colocação à disposição do público na *net*: "reproduzir", como se disse, é copiar, multi-

[334] Art. 6º/3 CDADC, que impropriamente – embora ex art. 3º/3 CB – lhes chama "divulgadas", o que confunde com o direito pessoal de divulgação.

[335] Neste sentido, Oliveira Ascensão, "Direito Civil – Direito de Autor...", cit. nº 28-II, p. 50. Veja-se, também, o que deixamos exposto *supra*, nº 56.1, sobre a impropriedade da caracterização da comunicação pública electrónica (transmissão on-line), como acto de reprodução ou de distribuição de obra.

plicar em exemplares. Neste sentido, a incorporação de uma obra em rede digital destinada à sua telecomunicação é acto de reprodução.[336/337] No entanto, para que o acesso a uma obra assim comunicada constitua acto reservado, é necessário que represente uma utilização independente que não decorra já da autorização para a sua telecomunicação digital em rede, que não seja apenas instrumental desta.

II. Se a fixação/gravação de uma obra, que possibilite a multiplicação em exemplares, é requisito para a reserva de reprodução de bens imateriais (quer se trate de bens incorporados em objectos digitalizados ou não), então a incorporação em rede digital, como a Internet, é acto de reprodução e, como tal, reservado e exclusivo do autor. Contudo, esta incorporação em rede digital é meramente instrumental da colocação da obra à disposição do público, faculdade jusautoral autónoma, como se viu. Assim, a autorização para a colocação da obra à disposição do público compreende já o acordo à sua (necessária) incorporação em rede, que não é, então, acto de reprodução *autónomo*.[338]

[336] Assim o esclarece André Lucas, "Droit d'auteur et numérique", cit. nºs 241/242, p. 120: "A reprodução não implica necessariamente a fabricação de uma pluralidade de exemplares. Perguntou-se no passado se a fixação permanente de uma obra na memória de um sistema informático [...] constituía uma reprodução. A questão está resolvida. [...], a fixação de uma obra num servidor destinado a permitir a difusão em rede releva incontestavelmente do direito de reprodução. A solução vale também para o que é por vezes designado armazenagem "intermédia", realizada unicamente com o objectivo de arquivamento. Trata-se de uma reprodução, no sentido acima assinalado, uma vez que a fixação é de molde a permitir uma comunicação ao público."

[337] Em aprofundamento deste conceito, cfr., *supra*, nº 55.2.

[338] Examinemos algumas posições doutrinárias que julgamos relevantes em caracterização deste pretenso acto de reprodução de obras e de outros bens jusautorais.
André Lucas revela-se adversário do que designa uma "definição extensiva do direito de reprodução", fundamentalmente por três ordens de razões: em primeiro lugar, de razoabilidade – "repugnaria ao bom senso que uma mesma transmissão pudesse corresponder a 43 actos de reprodução, todos eles subordinados à autorização do autor da obra transmitida, sob o pretexto de que o processo técnico, ao qual o destinatário é [...] completamente estranho [...], se traduziu em 43 fixações [...]"; depois, porque a restrição conduziria a um excesso de protecção, que limitaria indevidamente a liberdade de uso das obras licitamente divulgadas e publicadas – "se toda a utilização nas redes digitais faz depreender uma reprodução incidental sujeita ao direito exclusivo, a reserva incidiria também sobre a utilização enquanto tal"; por fim, a que assenta no fim do acto que autoriza a "circulação em rede" – "o mesmo acto que autoriza esta traz consigo a autorização para reproduzir para os fins da circulação" (A. Lucas, "Droit d'auteur et numérique", cit. nºs 243 ss. (*maxime* nºs 250 a 252), com intercalados nossos).
Gómez Segade considera que: "[visto que] o art. 5 da [então] proposta Dir.Soc.Inf. constitui, apesar da sua epígrafe ("Excepções aos actos reservados..."), não uma limitação [ao conteúdo dos direitos de reprodução e de comunicação ao público, previstos nos arts. 2 e 3], mas uma delimitação do conteúdo conceptual do direito de reprodução, [...]. [...] em puro rigor não existe excepção,

57.2. Direito de reprodução – a gravação digital

I. O art. 9º do Acordo TRIPS/ADPIC e o art. 2º Dir.Soc.Inf. são coincidentes no reconhecimento da "fixação e armazenamento digitais e na (eventual) subsequente impressão gráfica desses elementos" como actos de reprodução (de obras, se for essa a natureza dos elementos imateriais integrados no objecto dessas acções). Os pressupostos que reservam, na Convenção de Berna (CB), o exclusivo jusautoral de reprodução de obras devem considerar-se suficientes, sem as normas dos restantes instrumentos normativos internacionais citados, para que se chegue a idêntica conclusão. Com efeito, na CB (art. 9/1 e /3),

mas apenas se reconhece implicitamente que uma reprodução temporária sem valor económico próprio não constitui reprodução em sentido técnico jurídico." (José Gómez Segade, "La Propuesta de Directiva sobre Determinados Aspectos de los Derechos de Autor y los Derechos Afines en la Sociedad de la Información", cit., I-6.1., pp. 29/30, com intercalados nossos).

Rogel Vide – precisamente a propósito da possibilidade de a mera aparição de uma obra em ecrã de computador ser considerada "acto de reprodução realizada de forma material" – observa: "Um tal padrão de evolução está marcado pelas gravações sonoras, nas quais é impossível ver, é impossível apreender a obra sem a ajuda de um equipamento mecânico, abrindo-se caminho, assim, à ideia de que pode existir reprodução, mesmo quando a obra tenha sido fixada num suporte que não permita vê-la". Traça então a distinção: "A mera transmissão digital das obras reconduz-se ao direito de comunicação, direito no qual se enquadra – com mais ou menos razão – a colocação à disposição do público das mesmas. Ao direito de reprodução referem-se, pelo contrário, o armazenamento das obras num suporte electrónico, os acto de carga e descarga das mesmas para ou desde a memória do computador e, enfim, a realização de cópias das mesmas em qualquer outro tipo de suporte. [...]. Entende-se também por reprodução a digitalização, ou seja, a transferência de uma obra fixada em suporte analógico para um continente digital." (Carlos Rogel Vide, "Internet y derecho de autor", cit., III-A), pp. 8 e 9).

Loewenheim refere, a propósito das obras-base de dados, dos multimedia e dos objectos digitalizados em geral, que "o meio ou forma de reprodução são irrelevantes" (U. Loewenheim, "Urheberrecht – Kommentar", coordenado por Schricker, 2ª ed. cit., em anotação C. III-3.a) ao § 4, p. 164 (44). Acrescenta que "a representação em ecrã não é em si mesma reprodução", mas "comunicação incorpórea em forma digital", que "[todavia] pressupõe fixação na memória do computador que é reprodução" (Loewenheim, "Urheberrecht – Kommentar", cit., em anotação II.-2. ao § 16, p. 338 (20).).

Schack, por seu lado, considera: "A digitalização em si é, sem dúvida, uma reprodução da obra no sentido do § 16 [UrhG alemã] e, bem assim, o seu armazenamento em disquete ou em disco rígido. De acordo com a opinião correcta, uma multiplicação, segundo o Direito de autor, é também o seu armazenamento meramente efémero em memória RAM que acompanha obrigatoriamente a execução de qualquer programa. Frequentemente, as obras são armazenadas temporariamente, no todo ou em parte, também na via de transmissão do servidor para o utilizador final ["Endnutzer", conforme a expressão no original alemão]. [...]. Afinal, os processos técnicos da multiplicação temporária serão irrelevantes se se fizer compreender, entre as faculdades de direito de autor, a comunicação ao público da obra em ecrã ["die Wiedergabe des Werkes am Bildschirm", no texto original], que constitui o acto decisivo na utilização da obra." (Schack, "Urheber- und Urhebervertragsrecht", cit., § 13-III 6., pp. 195/196 (417), com intercalados nossos).

já se prevê a reserva jusautoral da "[reprodução] por qualquer maneira e por qualquer forma" e, bem assim, "[...] qualquer reprodução sonora ou visual", entre as quais não se sentirá dificuldade de fazer compreender a fixação digital. Mesmo o CDADC, como se viu, integra no exclusivo patrimonial do autor a "fixação/gravação em aparelho destinado à reprodução electrónica" – cfr. art. 68º/2-d) CDADC[339].

Também o regime das bases de dados (cfr. o art. 5º-a) DBD[340]) reserva ao autor a "reprodução da obra em qualquer suporte material [...], incluindo a sua gravação e armazenamento em qualquer suporte por meios electrónicos."[341], que compreende a realização de gravações "corpóreas", incluindo a sua multiplicação permanente ou temporária.

II. Não suscita controvérsia que, quer a primeira fixação em suporte digital quer, ainda mais obviamente, a ulterior impressão a partir daquele em suporte papel ou uma ulterior gravação em outro suporte digital, são exemplos de actos preparatórios de reprodução, mesmo no sentido tradicional da expressão.

Mas por que ganhou especial relevância esta questão? Muito simplesmente porque se propugnou que o que acede ao conteúdo de uma obra (lendo-a, ouvindo-a, vendo-a) – desde que esta seja "colocada à disposição do público" em termos tais que o acesso ao seu conteúdo só possa realizar-se com recurso a meios electrónicos computadorizados – a utiliza e, assim, pratica actos compreendidos no exclusivo jusautoral. E o silogismo é rudimentar: o que acede ao conteúdo de uma obra só pode fazê-lo se previamente a gravar, ainda que tran-

[339] Aderimos neste particular à síntese de THOMAS DREIER, "Adjustment of Copyright Law to the Requirements...", cit., II-4-a), que, aliás, mais não faz do que expressar o que consta da "declaração comum" sobre o art. 1/4 do Tratado da OMPI "relativo ao Direito de Autor" –WCT/TDA, de 1996, citado por ANDRÉ LUCAS, "Droit d'auteur et numérique", cit., nota (28) ao nº 241: "Entende-se que o armazenamento de uma obra protegida sob forma digital em suporte electrónico constitui reprodução no sentido do art. 9 da Convenção de Berna".

[340] Este preceito é reproduzido pela generalidade das legislações estaduais em transposição da DBD. Veja-se: nova redacção do art. L.122-5/2 do CPI fran.; as secs. 16 (1)(a) e 17 (1),(2) do UK CDPA, o art. 29/IX LAB, art. 63º-c) LACV, art. 12c) LAMar.. As leis italiana, espanhola e alemã, que transpõem a Directiva, não alteraram o conteúdo positivo do exclusivo patrimonial do autor (cfr., por todos, os §§ 15 e 16 da UrhG alemã). Em Portugal, o art. 7º/1-a) do Decreto-lei nº 122/2000 reserva mesmo ao titular de "uma base de dados criativa": "... o direito exclusivo de efectuar ou autorizar a reprodução permanente ou transitória, por qualquer processo ou forma, de toda ou parte da base de dados."

[341] Adoptamos a designação "electrónica/o" tal como aparece exposta em COPINGER/SKONE JAMES, "(On) Copyright", vol. I, 14ª ed. (1999), nº 9-75, p. 545, e que é construída a partir daqueloutra britânica "works in electronic form" ("as que só podem ser usadas por meios electrónicos"): "o que é operado através de energia eléctrica, magnética, electro-magnética, electro-química ou electro-mecânica".

sitoriamente; e, ao "gravá-la" transitoriamente, já a reproduz; e, ao "reproduzi--la", utiliza-a[342].

A Dir.Soc.Inf. (*Considerando* 33 e art. 5º/1), seguida pela lei portuguesa em transposição (art. 75º/1 CDADC), esclarecem, hoje, a questão: as "reproduções meramente tecnológicas", as que são "transitórias, episódicas ou acessórias", a saber, todas as que são realizadas como consequência inevitável do processo de telecomunicação digital em rede electrónica digital, sem implicar a cópia em suporte material ("que sejam parte integrante e essencial de um processo tecnológico") não devem considerar-se actos de utilização da obra compreendidos no exclusivo jusautoral, desde que:

a) tenham por único objectivo propiciar a aludida operação de telecomunicação digital em rede electrónica digital;
b) "não tenham por si significado económico", *i.e.*, não representem um acto autónomo de exploração económica da obra ou de outro conteúdo protegido – cfr. art. 5º/1-b) Dir.Soc.Inf. e art. 75º/1 CDADC;
c) não prejudiquem a exploração económica da obra pelo titular do direito, nem os legítimos interesses dos titulares, retirando-lhes vantagens que só a si deveriam pertencer no âmbito do exclusivo jusautoral – cfr. art. 5º/5 Dir.Soc.Inf. e art. 75º/4 CDADC.[343]

Estes actos, inerentes ao processo tecnológico de telecomunicação digital em rede electrónica digital, não respeitam à reprodução da obra, mas à colocação em rede de obras e outros bens protegidos sob o direito de autor e direitos

[342] Ou, como bem equaciona SCHACK, "Urheber- und Urhebervertragsrecht", cit., § 13-II 1, pp. 179/180 (379/380): "É mais problemático [...] se o armazenamento efémero em memória RAM constitui reprodução. Em caso afirmativo, o utilizador do programa de computador estaria exposto ao controlo de direito de autor [...]. A utilização de uma obra é impossível sem fixação/reprodução na memória RAM. [...]. Visto que o direito de reprodução não pode esgotar-se e que também cópias de computador, fotocópias e faxes apenas utilizados durante pouco tempo são reproduções relevantes sob o direito de autor, a utilização de obra mesmo através de memória RAM, incluindo o "browsing", é um acto de utilização. [...]. Salvo se o autor concedeu ao prestador de determinado serviço as faculdades [de utilização] ou quando a lei declara livres de acordo determinados tipos de utilização."

[343] Assim o *Considerando* 33 Dir.Soc.Inf.: "O direito exclusivo de reprodução deve ser sujeito a uma excepção para permitir certos actos de reprodução temporária, que são reproduções transitórias ou pontuais, constituindo uma parte essencial de um processo tecnológico efectuado com o único objectivo de possibilitar, quer uma transmissão eficaz numa rede entre terceiros por parte de um intermediário, quer uma utilização legítima de uma obra ou de outros materiais protegidos." E, ainda conforme o citado *Considerando* 33 Dir.Soc.Inf.: "[...], tal excepção abrange igualmente os actos que possibilitam a navegação ("browsing") e os actos de armazenagem temporária ("caching"), [...]".

conexos. Trata-se de uma (tele)comunicação ao público, uma colocação à disposição do público.[344]

57.3. Reprodução de uma obra e plágio. A contrafacção de obra intelectual

I. O plágio não é a simples repetição de uma obra, uma canhestra reprodução com imitação da obra; não é a mera transcrição do todo ou de parte de obra alheia sem menção de ser alheia.[345] Esta é igualmente punida, como crime de contrafacção (art. 196º CDADC[346]), que, nos termos expressos da disposição da lei citada, exige, para que se verifique, que a obra seja apresentada pelo criminoso como própria.

[344] Oliveira Ascensão, "Parecer sobre a "Proposta de Directiva relativa à harmonização de certos aspectos do direito de autor e dos direitos conexos na Sociedade da Informação", cit., III – sub Art. 2º, p. 5, refere apropriadamente que: "O direito de reprodução foi exacerbado, de maneira a abranger reproduções meramente tecnológicas, quando se procurava por esta via afirmar que a utilização informática de obras caía já nos quadros do direito de autor. Mas o direito-base, que abrange a exploração de obras em rede à disposição do público e acabou por ficar consagrado nos Tratados da OMPI, nada tem que ver com o direito de reprodução. Assim, este último direito pode agora voltar à sua fisionomia verdadeira, ligado à criação de exemplares." O mesmo Autor, "Parecer sobre a Proposta de Lei nº 108/IX – transposição da Directiva nº 2001/29, de 22 de Maio", cit., 2., p. 3, acrescenta, agora a propósito da transposição da Dir.Soc.Inf. para Portugal: "Teríamos preferido que o trecho proposto para o nº 1 do art. 75 [que veio a ficar consagrado nos mesmo termos da aludida Proposta de Lei], que exclui certos actos meramente tecnológicos do conceito de reprodução, fosse autonomizado, em vez de aparecer como mero afloramento dum limite ao direito de reprodução. A própria Directiva dispõe que esses actos "estão excluídos do direito de reprodução" [...]. Se estão fora do direito de reprodução, não são limites."

[345] Como escreve Oliveira Ascensão ("Direito Civil – Direito de Autor e Direitos Conexos", cit., nº 37-I, pp. 65): "Plágio não é cópia servil; é mais insidioso, porque se apodera da essência criadora da obra sob veste ou forma diferente".

[346] "Artigo 196º CDADC
(Contrafacção)
1 – Comete o crime de contrafacção quem utilizar, como sendo criação ou prestação sua, obra, prestação de artista, fonograma, videograma ou emissão de radiodifusão que seja mera reprodução total ou parcial de obra ou prestação alheia, divulgada ou não divulgada, ou por tal modo semelhante que não tenha individualidade própria.
2 – Se a reprodução referida no número anterior representar apenas parte ou fracção da obra ou prestação, só essa parte ou fracção se considera como contrafacção.
3 – Para que haja contrafacção não é essencial que a reprodução seja feita pelo mesmo processo que o original, com as mesmas dimensões ou com o mesmo formato.
4 – Não importam contrafacção:
a) A semelhança entre traduções, devidamente autorizadas, da mesma obra ou entre fotografias, desenhos, gravuras ou outra forma de representação do mesmo objecto, se, apesar das semelhanças decorrentes da identidade do objecto, cada uma das obras tiver individualidade própria;
b) A reprodução pela fotografia ou pela gravura efectuada só para o efeito de documentação da crítica artística."

Numa definição que consideramos adequada, a lei de autor brasileira (art. 108 LAB) define plágio como a "utilização, por qualquer modalidade, de obra intelectual, deixando de indicar ou anunciar, como tal, o nome, pseudônimo ou sinal convencional do autor ou intérprete".[347]

O plágio é mais dissimulado (e inteligente) do que a "cópia servil", é o aproveitamento da estrutura formal de obra alheia (e não apenas do tema dessa, que é livre e pode ser mil vezes glosado).[348]

Por "estrutura formal", deve entender-se aquilo que individualiza a obra como algo dotado de criatividade, aquilo que lhe empresta carácter único e distinguível de todas as outras criações humanas e demais bens imateriais existentes. Assim, por exemplo, há plágio quando alguém se aproveita não só do enredo como da organização e estruturação de um escrito alheio para escrever um texto "próprio", que é, assim, plagiado. Ou quando alguém usa uma composição musical alheia, fazendo-lhe apenas um arranjo instrumental ou orquestral para a utilizar como sua. Há plágio, também, quando, na elaboração de uma tese académica, alguém apresenta como sua a *expressão* de ideias alheias, sem indicar que as parafraseia, e aproveita a estrutura formal da obra alheia, por exemplo repetindo, ainda que por palavras suas, hipóteses e teses do plagiado, ou seja, os pressupostos e conclusões do trabalho alheio.

II. Já não ocorrerá plágio, por exemplo, quando se verifique mera "semelhança" objectiva, ou seja, quando uma obra e uma sua réplica mantiverem, apesar da parecença ou mesmo coincidência objectiva (dos objectos figurados), identidade criativa própria, *i.e.*, guardarem entre si uma diferença assente numa individualidade literária, artística ou audiovisual própria[349] (cfr. art. 196º/4-a) CDADC citado). Este é o caso dos "remakes" de obras cinematográficas, que se trata noutro lugar (cfr. nº 84.1).

[347] Marcos Wachowicz, "Noções fundamentais sobre o plágio acadêmico", cit., p. 429, elenca, a propósito do plágio académico: "i) a cópia total ou parcial de uma obra e a apresentação como sendo sua; ii) a cópia de textos, frases ou palavras de terceiros sem que [se] cite o legítimo autor; iii) a compra [de] um trabalho elaborado [por] outra pessoa para apresentar como seu; iv) realizar paráfrases de forma inadequada de obra de terceiro sem a devida citação da fonte utilizada no texto; v) copiar qualquer obra da internet sem dar os créditos ou sem apresentar as suas fontes; vi) reutilizar um trabalho próprio, retocando-o para apresentar como novo.
Como veremos de seguida, misturam-se neste elenco situações díspares que merecem tratamento diferenciado.

[348] "Plágio" é também aquilo que Rodrigo Moraes, "'Autoplágio' e o mito de Sísifo", cit., nº 2, p. 564, designa: "aquele que, maliciosamente, imita obra alheia, atribuindo a si próprio a autoria".

[349] Oliveira Ascensão, "Direito Civil – Direito de Autor e Direitos Conexos", cit., nº 37, p. 67.

III. Se dois autores portugueses traduzirem (para português) o mesmo trecho de um escrito italiano, não haverá plágio quando cada um deles recorra às idiossincrasias próprias do idioma (português) para que traduz para conferir à sua tradução individualidade como criação (obra literária) própria e autónoma. Se algum dos tradutores operar uma tradução literal, pouco mais do que uma cópia servil da obra que traduz, ao "traduzi-la" nada cria, porquanto o seu trabalho não patenteia a criatividade que a tradução, para ser protegida como adaptação, requer (cfr., *infra*, nº 58). Se um dos tradutores, fiel à arte da boa tradução, usar na mesma do cuidado em adaptar as expressões de uma língua às que, na língua para que traduz, espelham as mesmas ideias do texto original, a sua tradução, além de criativa – pois não se limita a fazer cópia mecânica e servil de vocábulos estrangeiros a partir, por exemplo, de um dicionário –, só constituirá plágio de outra se os elementos idiomáticos que usar para traduzir o texto original coincidirem com os de outro tradutor que tenha seguido a mesma operação.

Dir-se-á que a probabilidade de esta situação ocorrer é ínfima. Pode não ser.

Se dois cientistas trabalharem a partir de dados e investigações semelhantes, é possível que atinjam resultados também semelhantes. Mas o facto de as teses e as conclusões formuladas coincidirem só suscita problemas quanto à *originalidade* dos trabalhos finais. A sua criatividade afere-se a partir da expressão formal dessas teses e conclusões. Só o plágio ou uma coincidência diabólica (improvável) poderá conduzir à *identidade de expressão* das ideias de um e outro. Tal acontecerá se, além de coincidirem nos pressupostos, hipóteses, teses e conclusões, os dois cientistas também os apresentarem do mesmo modo, expressos da mesma forma. Não necessariamente pelas mesmas palavras, mas com o mesmo encadeamento de argumentos, apoiados em cada ideia pelas mesmas imagens, gráficos ou instrumentos de demonstrar a razão da sua ciência. E, se assim for, se tudo coincidir, há plágio, ainda que não doloso, a tratar nos termos acima expostos tendo aqui em conta a (suposta) falta de intencionalidade.

IV. Não se diz, também, plagiado o desenho ou pintura de um dado objecto ou motivo, quando um outro, ainda que com o mesmo objecto ou motivo, revele criatividade própria como obra autónoma de criador diferente. E a criatividade revela-se na expressão formal da obra.

Para que haja plágio é necessário que aquele que plagia apresente algo, que chama "obra sua", cuja estrutura formal seja confundível com a da obra plagiada; quando uma e outra se confundam como uma e a mesma coisa aos olhos de um observador habilitado para a intelecção desse tipo de obras[350].

[350] Naturalmente, a intelecção do plágio num trabalho científico exige a análise por quem conheça a área científica do mesmo.

57.3.1. Plágio, cópia e falsificação de obra

I. *Cópia* e *falsificação* são duas realidades diferentes. E o *plágio* distingue-se das anteriores.

O que *copia*, no todo ou em parte, uma obra protegida por direito de autor reprodu-la servilmente, duplica-a. Se não tiver autorização do autor para a cópia, viola o direito de reprodução da obra original que pertence em exclusivo ao titular do direito de autor. Isto é assim quer o reprodutor não autorizado o faça arrogando-se a paternidade e autoria da obra que copia, quer se não o fizer.

O que *falsifica* uma obra imita a obra ou o estilo de um autor, normalmente reputado. O falsificador não usurpa a paternidade de obra alheia, cria, por vezes com engenho e arte, uma obra própria a que imputa uma autoria falsa com o intuito de beneficiar da reputação do autor que imita. Comete fraude, mas não copia nem plagia.

O falsificador que coloque à disposição do público obras originais (não plagiadas) falsamente atribuídas a determinados autores, recorrendo à assinatura e outros elementos habituais desses autores, não comete plágio porque neste é necessário partir de uma obra preexistente.

Diz-se que um autor famoso, Salvador Dali, deixou, pouco antes da morte, folhas de papel e telas em branco, assinadas por si. Propiciou, como cúmplice, que outro preenchesse tais telas ou folhas de papel e atribuísse a Dali a autoria de tais obras que não seriam dele. Isto é falsificação, não plágio. Este só existirá se alguém se atribuir a autoria de uma pintura verdadeiramente criada por Dali, o que não é ali o caso[351].

A lei portuguesa acautela esta situação, mas acolhe-a em norma que nada tem de jusautoral, porquanto regula a protecção do *direito de personalidade ao nome*. Precisamente sob a epígrafe "Protecção do nome", o art. 29º/3 CDADC estabelece a regra que veda a falsa atribuição de autoria, ainda que consentida pelo titular do nome abusado: «*Ninguém pode usar em obra sua o nome de outro autor, ainda que com autorização deste.*» É verdadeiramente em sede de direito ao nome que este problema deve ser tratado[352/352].

[351] Nicolás Garcia Rivas, "La Tutela Penal de la Propiedad Intelectual Tras la Reforma de 2015", *in* Comentario a la Ley de Propiedad Intelectual (coord. Rodrigo Bercovitz Rodríguez--Cano), cit., pp. 2431-2454 (pp. 2438-2439), considera que, "quando a obra realizada pelo estranho corresponde fielmente a outra realizada pelo [verdadeiro] autor, existe apropriação da formalização da ideia original e reprodução da mesma, o que deve castigar-se penalmente como reprodução e não como plágio". A esta reprodução fiel de obra alheia, imitação desta, nós preferimos chamar cópia, já que no plágio também se reproduz obra alheia, mas de forma insidiosa, aproveitando a sua essência criativa, mas disfarçando-a sob vestes de criação própria.

[352] Também o direito britânico reprime a "falsa atribuição de autoria", consagrando um direito pessoal que permite a oposição àquela (art. 84 UK CDPA).

O autor (ou outra pessoa que nada tenha criado) que autoriza o uso do seu nome em obra alheia está a dispor de um bem (de personalidade), o nome, que é indisponível. Aquele que use esse nome, com ou sem autorização, para identificar obra sua falsifica a obra e defrauda o verdadeiro autor e, de modo não despiciendo, o público em geral e a Cultura. Mas este não é um ilícito jusautoral, porquanto a única obra original em presença é a do falsificador que, não sendo uma cópia, merece protecção por direitos de autor que lhe pertencem.

II. O *plagiador* não copia servilmente a obra de outrem. Também não imputa uma autoria falsa a obra sua: este é acto típico do falsificador que assim pretende beneficiar com a notoriedade do autor cujas obras falsifica e, em consequência, lucrar com a sua exploração económica. O plagiador compõe uma peça, aparentemente criativa, pouco ou nada criando de original; recorre à essência, ao fundamental da estrutura criativa de obra alheia para produzir, com maior ou menor engenho, algo que não é criativo nem próprio, porque rouba o que de criativo tem a obra que plagia, porque tudo o que (ou uma parte essencial do que) de criativo tem o seu produto é alheio.

O plagiador não se limita a reproduzir, total ou parcialmente, obra ou obras alheias, nem imputa uma autoria falsa ao que produz. Apropria-se do que de criativo tem a obra alheia para lhe chamar seu[354].

O plagiador viola não apenas, nem principalmente, o direito exclusivo de reprodução do autor da obra original. Isto acontece com o chamado "*plágio-contrafacção*", que o legislador, equivocado, criminalizou como *usurpação* (art. 195º/1 CDADC), em que a *cópia* é servil. O plagiador usurpa também a autoria da obra que plagia, ao chamar criação sua ao que de substancialmente criativo só tem acção alheia – e a isto, ainda equivocado, o legislador chamou *contrafacção* (art. 196º CDADC).

O plágio é violação ao direito autoral, em que a obra alheia é apresentada como própria, ainda que de forma 'disfarçada'.

III. O Supremo Tribunal de Espanha[355] sentenciou: "Plagiar é copiar a obra original de maneira servil ou de modo que induza em erro sobre a autenticidade, com uma dupla projecção patrimonial frente ao autor e frente ao público pelo prejuízo que pode trazer consigo a fraude. [...] O plágio é uma actividade

[353] Sobre esta questão e este preceito em concreto, cfr., *supra*, nº 44-II.

[354] O plágio é a falsa atribuição a si próprio da autoria de obra alheia. Se um terceiro (ou o público) atribuir, equivocado, a autoria de uma obra a pessoa diferente do seu autor, e a utilizar assim mesmo, não há plágio.

[355] Em sentença de Maio de 1984, *apud* Ignacio Temiño Ceniceros, "El plagio en el Derecho de Autor", cit., p. 50.

material mecanizada e muito pouco intelectual e ainda menos criativa, carecida de toda a originalidade e de qualquer contributo do génio ou talento humano, ainda que comporte uma certa manifestação de engenho". Não o formularíamos assim.

Consideramos que o plagiador não é um criador, e menos ainda é titular de direito de autor, já que a "obra" plagiária não é uma obra protegida por falhar no requisito da originalidade. A obra plagiária pode ser fruto de um assinalável engenho e astúcia (a camuflar a verdadeira autoria), mas não é criativa na sua essência, pois nada revela/exterioriza que não existisse já. Aliás, a parte ou o todo plagiados não são, em rigor, sequer uma obra, já que não são originais.

IV. Mas o que é a *originalidade* de uma obra intelectual? A partir de que momento pode considerar-se que uma obra, inspirada noutra[356], passa a ser uma obra nova?

Propomos um conceito que alguns designam por *novidade objectiva*[357]. Dizemos que uma obra é *original* quando se revele singular, única, quando se apresente formalmente distinta de todas as outras. A singularidade de uma obra, criação irrepetível de uma pessoa[358/359], é inerente ao facto de ser criada por alguém sem aproveitamento da essência criativa de obra alheia; a coincidência fortuita entre duas obras é improvável e inverosímil[360], salvo quando uma é plágio da outra.

Tomemos duas definições de plágio que bastante apreciamos.

Em primeiro lugar, a de Temiño Ceniceros[361]: "plágio é actividade que consiste em copiar ou reelaborar, total ou parcialmente, sem qualquer originalidade, uma obra de um terceiro, protegida por direito de autor, atribuindo-se

[356] Não se esqueça que as ideias, os conceitos e os temas não são, em si mesmos, protegidos por direito de autor (art. 1º/2 do CDADC).

[357] Por todos, cfr. Rodrigo Bercovitz Rodríguez-Cano, "Artículo 10.1.a)-h)", *in* "Comentario a la Ley de Propiedad Intelectual" (coord. Rodrigo Bercovitz Rodríguez-Cano), cit., pp. 159-193 (pp. 160 e ss.).

[358] Não se entenda que sustentamos que a obra revele, seja de que maneira insondável for, a personalidade do seu criador. Esta tem, em muitos casos, manifestações múltiplas, cada uma delas eventualmente reflectidas em outras tantas obras (como, por exemplo, em Fernando Pessoa), sem que essa indagação aproveite ao Direito de Autor.

[359] A pessoa do criador pode ser, a nosso ver, individual ou colectiva. Sustentamos que as organizações (incluindo as de tipo empresarial) podem ser não apenas titulares de direito de autor como a lei portuguesa estabelece (cfr. art. 19º CDADC), como verdadeiros cadinhos da criação das chamadas obras colectivas, na maior parte dos casos insusceptíveis de serem atribuídas a qualquer pessoa singular que seja.

[360] Ver, *infra*, nº 57.3.10.

[361] Ignacio Temiño Ceniceros, ob.cit., p. 13.

[a si mesmo] a autoria da mesma ou da fracção copiada, de forma expressa ou tácita". Segundo este Autor, o plágio não seria um conceito jurídico, mas ético ou moral: o plágio seria uma ofensa moral por um acto de imitação, já a contrafacção violaria um direito civil. Esta última justificação não nos parece satisfatória, pelas razões que explicaremos.

Por seu lado, A. Castán Pérez-Gómez[362] assevera: "No plágio, a obra original é submetida a um hábil processo de deformação, em virtude do qual o imitador nela introduz modificações, muda aspectos formais, substitui parcialmente umas expressões por outras equivalentes ou semelhantes, conseguindo deste modo fazer passar por próprios, com uma apresentação formal distinta, os valores estéticos ou intelectuais de uma obra alheia." Este parece-nos ser o âmago do plágio: neste, alguém dissimula sob vestes próprias o que, na sua essência criativa, é alheio.

57.3.2. Plágio por reprodução e plágio por transformação da obra original

I. A lei de autor portuguesa contém a previsão e repressão penal do plágio (art. 196º CDADC), ao contrário da lei de autor espanhola que reserva a punição do plágio para o Código Penal[363]. Trata-o como um *delito por* reprodução *de obra alheia daquele que utiliza como sendo criação sua obra ou prestação de outrem.*

Consideramos que o plágio tanto pode consistir em reproduzir obra alheia como em transformá-la, usando a obra transformada como criação própria e escamoteando a sua verdadeira autoria. Transformar uma obra (por exemplo cinematizando ou traduzindo um romance ou orquestrando uma música) exige não apenas a autorização do autor, sob pena de incurso em crime de usurpação, na terminologia do art. 195º CDADC, mas também que se mencione que se trabalha sobre obra alheia. Se *B* traduzir a obra de *C* sem autorização, incorre em delito civil (deve indemnizar) por violar o exclusivo jusautoral de *C* de utilizar a sua obra de *todos* os modos que a lei permite, incluindo traduzi-la. Se, além disto e mesmo dispondo de autorização para traduzir, o tradutor o fizer sem mencionar que a obra que traduz é alheia, deixando crer ser ele o autor, incorre também em delito por plágio.

Assim, postulamos: a publicação de uma tradução de obra alheia sem o consentimento do seu autor viola o exclusivo jusautoral deste, mas não constitui necessariamente plágio; a publicação da tradução dessa obra em que o tradutor, mesmo que autorizado a traduzir, se impute falsamente a autoria da obra

[362] Antonio Castán Pérez-Gómez, "El plagio y otros estudios sobre Derecho de autor – El plagio de la obra cinematográfica", Madrid, 2009, p. 49, citando Hermenegildo Baylos Corroza, "Disquisiciones sobre el plagio", 1988.

[363] Cfr. art. 270 do Codigo Penal espanhol.

primígena traduzida é plágio; o facto de transformar a obra ao traduzi-la não exclui o plágio, já que o tradutor só é autor da sua tradução e não necessariamente da obra que traduz; o plágio pode ser originado por uma transformação da obra, sem reprodução desta, ao contrário do que é dado a entender pelo disposto no art. 196º/1 CDADC.

II. Dir-se-á que, para aferir da existência do plágio por transformação, deve exigir-se que a transformação ou adaptação de obra preexistente seja mais do que a mera transposição técnica para outro género literário ou artístico. Pensamos que tal deve ser ponderado com cuidado.

A tradução é uma adaptação de obra em idioma estrangeiro. Dir-se-ia que o que o tradutor acrescenta à obra traduzida é pouco mais do que a técnica de transposição para outro idioma; não é suposto que o tradutor, criador e titular do direito de autor relativo à sua tradução, crie um enredo, uma "história" original, mas que adapte o enredo, a "história" original à narrativa em outro idioma. Isto não impede que haja plágio entre duas traduções da mesma obra. Ele existe quando ambos os tradutores chegam a um resultado que não é original do ponto de vista linguístico – é que, se o resultado a que cada um dos tradutores em concurso chega for original sob o ponto de vista linguístico, só por acaso fortuito improvável as traduções coincidirão formalmente entre si[364].

O enredo da obra traduzida e da tradução é o mesmo, a técnica usada para traduzir para um mesmo idioma pode ser semelhante em duas traduções, mas a forma em que tal obra se *expressa* no novo idioma deve ser original, criativa, para que não haja plágio. A maneira de evitar que uma tradução seja considerada plágio da obra traduzida é precisamente assinalá-la como uma tradução e indicar e identificar expressamente qual a obra original traduzida.

III. O plagiário não se limita a transformar a obra plagiada, reelaborando-a ou retocando-a com maior ou menor habilidade. O plagiário aproveita da substância da obra plagiada, não a transforma ou adapta, desfigura-a para tornar a sua fraude impune, no que até pode ser considerado violação da sua integridade.

Reflictamos um pouco sobre o *Apropriacionismo*, corrente artística em que os seus seguidores utilizam, total ou parcialmente, elementos criativos alheios com uma finalidade crítica ou revisionista. Citando um exemplo de *Apropriacionismo*, tomemos o *L.H.O.O.Q.*, de 1919, de Marcel Duchamp, em que o Autor comprou uma reprodução barata, em cartão, da *Gioconda* de L. da Vinci e nela desenhou um bigode e uma barba. Acrescente-se que as iniciais LHOOQ se

[364] Veja-se o que adiante (nº 57.1.12) se expõe sobre as coincidências fortuitas ou acidentais de obras.

lêem em francês "elle a chaud au cul" ("ela tem o traseiro quente"). Recentemente, um tribunal dos EUA[365] decidiu contra o demandante uma acção interposta por Patrick Cariou, autor de uma série de fotografias de rastafáris jamaicanos, que demandou o fotógrafo Richard Prince por usar e transformar essas fotografias, pintando traços sobre as mesmas, sem citar nem pedir autorização.

Consideramos que as acções descritas não constituem necessariamente plágio.

No primeiro caso, a *cópia* é tão óbvia, dada a divulgação planetária desta obra de Da Vinci, que a ninguém seria legítimo reclamar pela falta de autenticidade da obra de Duchamp. Haveria transformação, que careceria de autorização do autor se a obra não tivesse caído no domínio público, mas não há plágio. Pensamos que também não procederia uma queixa por atentado contra a integridade da obra de Leonardo, já que a *LHOOQ* é, sobretudo, uma paródia aceite pela liberdade de criação constitucionalmente garantida[366] e, hoje, con-

[365] Court of Appeal do 2º Círculo, de 25-4-2013, *apud* Ignacio Temiño Ceniceros, ob. cit., p. 122.

[366] Pedro Paranaguá/Sérgio Branco, Direitos Autorais, Rio de Janeiro, 2009, p. 33, a propósito do conceito de originalidade e das paródias *vs.* plágio, citam um caso, apreciado pelos tribunais franceses. Régine Déforges publicou a trilogia "A bicicleta azul" tendo como pano de fundo a II Guerra Mundial, e o romance teve grande sucesso de venda tanto na França como em outros países: jovem e corajosa mulher, de temperamento forte, vê sua juventude interrompida pela guerra que explode e divide o seu país; apaixona-se por um homem que não pode ter e enfrenta os dissabores da guerra, tendo que cuidar de uma jovem frágil, que engravida do homem por quem a jovem heroína se apaixonara; entre invasões de inimigos, explosões e bombardeios, a jovem acaba por se envolver intensamente nos conflitos.
Os tribunais franceses acharam esta sinopse parecida com "...E tudo o vento levou", por Margareth Mitchel, publicado pela primeira vez em 1936. Ocorre que as semelhanças entre "A bicicleta azul" e o famoso e colossal relato de um drama familiar passado durante a Guerra Civil norte-americana, publicado por Margareth Mitchell, foram tantas que Régine Déforges acabou por ser condenada por plágio pelos detentores dos direitos autorais de "...E tudo o vento levou".
O tribunal que decidiu (segundo sentença disponível em: http://faculty.uccb.ns.ca/philosophy/115/originality%20 page2.htm *apud* Pedro Paranaguá/Sérgio Branco, Direitos Autorais. cit., p. 34) entendeu que Déforges copiara "o argumento, o desenvolvimento da ideia e a progressão da narrativa, as características físicas e psicológicas da maioria dos personagens, a relação entre eles, vários personagens secundários, um grande número de situações características, a composição e a expressão de numerosas cenas e momentos dramáticos-chave de "...E tudo o vento levou".
Dessa forma, e mesmo tendo alegado que fizera uma paródia das ideias contidas no livro clássico sobre a Guerra da Secessão norte-americana, Déforges foi obrigada a pagar a quantia de US$333 mil aos titulares dos direitos de autor da obra considerada plagiada.
O caso foi longo e complicado porque há poucos precedentes. A lei francesa proíbe o plágio, mas, tal como a portuguesa, a brasileira e a espanhola, autoriza a paródia, forma literária secular definida como imitação humorística de um texto reconhecível.
Os herdeiros de Mitchell não viram nada de engraçado a respeito de "A bicicleta azul", a despeito das constantes afirmativas de Déforges no sentindo de que seu romance era uma paródia. O tri-

sagrada como utilização livre de uma obra pelo art. 75º/2-x) CDADC em transposição da DMUD.

No segundo caso, a pintura sobre as fotografias é patentemente uma adaptação a um género diferente, presente também em tantas obras de *Pop Art* de Andy Warhol. Tal adaptação, a representação das obras em obra própria, depende de autorização se as obras originais não tiverem caído no domínio público; a integridade destas só estará em causa se tais adaptações forem apresentadas como versões da obra original e não como o que são, obras derivadas daquela.

IV. Pode plagiar-se mudando o género de obra.

Ficou célebre o caso do retrato-poster "Hope" do ex-Presidente dos EUA, Barack Obama, que circulou durante o processo eleitoral deste. A imagem provinha de uma fotografia de Mannie Garcia, da Associated Press, e foi tratada sem autorização pelo artista Shepard Fainey. O litígio cessou com um acordo.

Estimamos que há plágio sempre que se demonstre que a verdadeira autoria da imagem foi escamoteada. Transformar uma fotografia original e protegida por direito de autor (na lei portuguesa, sob o art. 164º CDADC) num *poster* com ocultação ou falsa atribuição da autoria não é apenas violação do direito exclusivo de transformação. Haverá plágio quando se dissimule a verdadeira autoria da imagem fotografada, sendo indiferente o suporte em que é fixada.

V. E se se fizer a descrição textual de uma obra gráfica ou a representação visual de uma narrativa escrita? Pensamos que só muito dificilmente se verificará plágio.

Descrever uma obra é criar não apenas uma obra diferente (todas as transformações criativas são obras novas), como, também e em regra, adoptar uma estrutura formal nova para uma obra distinta. Nestes casos, pouco mais se aproveita do que o assunto primígeno.

Devemos, contudo, ser cautelosos na apreciação. Uma cinematização de uma obra literária deve (se a obra cinematográfica tiver um mínimo de qualidade) adoptar uma estrutura narrativa própria deste género audiovisual. Esta adaptação ao novo género não é, por si só, suficiente para esconder o argumento adaptado. O plágio residirá, se existir, não em transformar, mas em esconder a verdadeira autoria do argumento do filme.

bunal rejeitou este argumento, dizendo que as diferenças entre os dois trabalhos eram "inegavelmente secundárias e irrelevantes, dada a extensão das suas semelhanças".

57.3.3. Plágio e violação do direito de autor

I. Segundo Temiño Ceniceros[367], ao contrário do que acontece na falsificação em que pretende fazer-se passar por original aquilo que realmente não foi produzido por aquele a quem se atribui, no plágio há usurpação da autoria: "a usurpação da autoria alheia não agrava o tipo do plágio, pois é elemento integrante deste; o que pode agravar é a reprodução, distribuição ou comunicação ao público da obra plagiária, já que estes actos podem aumentar o dano moral e patrimonial do titular de direitos sobre a obra plagiada". Importa, quanto a nós, verificar que direitos de autor a conduta plagiária viola.

O plágio é lesão do direito *pessoal* de paternidade. É apenas o criador da obra intelectual que, pessoal, irrenunciável e intransmissivelmente, pode reivindicar a autoria da obra que cria. Haver outrem que o faz, ainda que sob a capa de uma criação própria – que o não é, pois nem é criação, nem é própria –, haver outrem que reivindica a paternidade do que é criação alheia, é uma violação do direito pessoal (dito "moral") do verdadeiro autor, prevista e punida como crime nos termos art. 198º-a) CDADC.

Mas o plágio é também violação do direito *patrimonial* de autor. Logo veremos se a exploração económica da obra plagiária, a sua utilização patrimonial, é requisito do plágio. É, porém, certo que quem reproduza a obra plagiária, a distribua e comercialize em exemplares, que quem a comunique ao público ou a coloque à disposição do público na Internet viola o exclusivo jusautoral do titular do direito de autor – que tanto pode ser o criador da obra como um titular derivado destes direitos. A consequência é a apreensão das obras usurpadas ou contrafeitas, nos termos do art. 201º CDADC, mandando entregar ao autor verdadeiro os exemplares apreendidos.

II. O *Codigo penal* espanhol (arts. 270 e 271) pune com pena de 6 meses a 4 anos de prisão aquele que, com intuito de obter benefício económico directo ou indirecto em prejuízo de terceiro reproduza, *plagie*, distribua, comunique publicamente (nomeadamente proporcionando o acesso na Internet), ou de outro modo explore economicamente, no todo ou em parte, uma obra ou prestação literária, artística ou científica, ou a sua transformação, interpretação ou execução artística, fixada em qualquer tipo de suporte ou comunicada por qualquer meio, sem autorização dos titulares do direito de autor. É possível isolar neste tipo vários dos seus elementos constitutivos.

Em primeiro lugar, cumpre registar que esta lei espanhola coloca a par o plágio e as demais formas de utilização patrimonial da obra. Dá isto a entender

[367] Ignacio Temiño Ceniceros, ob. cit., p. 57.

que o plágio é tomado como um delito que ocorre quando a obra plagiária é publicada. Veremos não ser assim, entre nós.

Por outro lado, em Espanha, o crime de plágio parece atrair para o tipo penal a necessidade de existir um benefício económico para o plagiador com a exploração da obra plagiária e um correspectivo dano do autor. Mas temos de ser mais finos na análise.

O que pode extrair-se da norma espanhola é, em primeiro lugar, que o plágio é um delito de violação do exclusivo jusautoral: o que plagia a obra, tal como o que a reproduz ou a coloca à disposição do público na Internet *sem autorização dos titulares do direito de autor*, mesmo não plagiando comete crime, desde que vise com a sua acção *obter benefício económico directo ou indirecto em prejuízo de terceiro*. E a inversa será verdadeira? É punível quem plagie obra alheia e não a reproduza, ou a reproduza sem visar qualquer benefício, por exemplo não a divulgando? São questões que uma análise minuciosa que identifique os *elementos do plágio* contribuirá para esclarecer.

57.3.4. Elementos do plágio

I. Julgamos ser elemento essencial do plágio que a obra que se diz plagiada seja identificável como criação de uma pessoa particular. Por outras palavras, não pode considerar-se que se plagia uma obra que se considere parte do património cultural comum, como certas músicas populares tradicionais ou os contos populares transmitidos pela tradição oral[368]. Também não pode considerar-se plagiável a informação de livre acesso[369], até porque a informação não é protegida por direito de autor e o plágio é, antes de mais, um delito por acto que atenta contra o exclusivo jusautoral[370]. Nestes casos, o que não é susceptível de ser plagiado é aquilo que pertence ao património imaterial comum, o que não se aplica, evidentemente, às várias formulações particulares dessa lendas, contos e cantares tradicionais que adquiram uma expressão formal diferenciada e própria dos que as glosam.

[368] Concordamos com Ignacio Temiño Ceniceros, ob. cit., p. 74, quando afirma que o que está aqui em causa não é tanto as obras pertencerem ao acervo comum, mas fundamentalmente o facto de a forma de expressão carecer de originalidade.

[369] A este propósito, parece-nos bastante elucidativa a afirmação de Ignacio Temiño Ceniceros, ob. cit., p. 74: "O que é livre acesso? Que a obra está livre de direito por caducidade da protecção, por exemplo por o autor haver renunciado ao direito? Ou que não alcance o grau de originalidade exigido? Inclino-me para a segunda hipótese".

[370] É, aliás, significativo o §24 da UrhG alemã, ao estatuir a propósito das "Utilizações livres": "a obra de outro pode ser utilizada se as suas notas essenciais são modificadas até adquirir uma relevância própria e diferenciada (excepto nas obras musicais). A lei de autor espanhola é ainda mais explícita: "As obras caídas no domínio público podem ser utilizadas por todos, sempre que se respeite a autoria e a integridade da obra (art. 41 da LPI esp.).

Este juízo não vale para as obras caídas no domínio público. A obra caída no domínio público atraiu a protecção do direito de autor antes que este caducasse e a sua genuinidade e integridade devem ser defendidas pelo Estado (cfr. art. 57º/2 CDADC). Defendemos, de resto, que as obras nunca protegidas beneficiam também da tutela reservada pela lei de autor para a defesa da genuinidade e integridade das obras caídas no domínio público[371]. Ora, parece-nos claro que a oposição ao plágio cabe entre as tarefas de quem defende a genuinidade das obras, já que plagiar uma obra, ainda que caída no domínio público, é atentar contra a genuinidade da obra plagiada, que se vê assim divulgada com falsa autoria. Evidentemente que, nestes casos, o que se perde é a ligação da reacção ao plágio a uma posição jurídica particular do autor, já que mesmo os direitos pessoais caducaram já[372]. Ou seja, passará a ser o Estado (Ministério da Cultura), e não já os titulares de direitos de autor naquela obra, a defender a genuinidade da obra original, nomeadamente contra falsas imputações de autoria em obras que não passam de plágio daquela.

II. Para que haja plágio, não se requer que a obra primígena tenha sido divulgada. A obra atrai a tutela do direito de autor logo que exteriorizada segundo expressão formal criativa, ainda que não chegue a ser divulgada ou publicada (cfr. art. 1º/3 CDADC). Ora, se a obra é desde logo protegida, também desde logo se garante a possibilidade de oposição ao seu plágio.

Por outro lado, também não se requer que a obra plagiária seja divulgada para que possa arguir-se de plágio: se em relação a ela se instituem direitos de autor, na esfera jurídica do plagiador, logo com a sua exteriorização/formalização, que sentido faria exigir-se a divulgação da obra plagiária para que o plágio pudesse ser atacado? Dir-se-á que a prova do plágio se dificulta no caso das obras não divulgadas ou não publicadas. Talvez, mas o plágio é atacável desde que se demonstre a *existência* de uma obra plagiada e de uma obra (plagiária) que plagia aquela.

III. Alguma doutrina sustenta que o "nível de plágio", algo como a gravidade do delito, varia em função da maior ou menor originalidade da obra: quanto maior a originalidade, maior a tutela. Este entendimento relaciona-se com o de quem sustenta que existem diferentes níveis de protecção pelo direito de autor em função do nível de criatividade; uma base de dados seria "menos" protegida do que uma sinfonia de Beethoven. Não pensamos assim.

[371] A este propósito e com a nossa fundamentação, pode consultar-se *infra*, nº 102.3.

[372] Em defesa de que mesmo os direitos pessoais caducam com a queda no domínio público da obra, pode cfr., *infra*., nº 101.14.

A obra é protegida por direito de autor desde que revista expressão formal criativa. A expressão formal criativa de uma obra intelectual depende da sua originalidade e novidade e, acrescentamos nós, intencionalidade – e apenas disto[373]. O mérito da obra, por exemplo, é expressamente descartado pela lei como requisito de protecção (cfr. art. 2º/1, proémio, CDADC). Um desenho de uma criança, desde que original, é tão susceptível de ser plagiado como uma obra de Picasso, embora talvez atraia menos infractores...

Mas o que é a originalidade de uma obra? É hoje razoavelmente pacífico que a originalidade é um dado objectivo, decorre da sua novidade, do que a diferencia do já existente. Defendemos que o que se revelar formalmente por acto do seu criador, sem ser cópia, imitação ou transformação do já existente é original e atrai a protecção do direito de autor desde que adquira uma expressão formal criativa, esteja ou não divulgado ou publicado, e, nesta medida, pode considerar-se plagiado se estiverem reunidas as demais condições enunciadas para este feito.

IV. A obra é protegida não como ideia, mas como expressão dessa ideia, algo que, nos EUA, se denomina "merger doctrine" (união ideia + expressão)[374]. Os tribunais espanhóis têm considerado – quanto a nós, bem – que o pensamento ou concepção mental não expressados formalmente, de forma que outros seres inteligentes os possam apreender, não estão protegidos, porquanto não são acessíveis por terceiros que possam plagiá-lo ou explorá-lo sem autorização do autor[375]. Os elementos prévios ou subjacentes à expressão ou selecção originais da obra (por exemplo as ideias filosóficas subjacentes a um texto que as trate) não estão protegidos, pois uma mesma ideia pode ser desenvolvida por vários autores com resultados distintos; também não são protegidos os planos, projectos, maquetas e desenhos de obras de engenharia, em que a forma de expressão é muito secundária em relação ao conteúdo[376].

Também um tribunal brasileiro[377] expressa: "É pacífico que o direito autoral protege a criação de uma obra, caracterizada como sua exteriorização sob

[373] Sobre estas ideias e a sua defesa, pode cfr. o nosso "Contrato de Direito de Autor – a autonomia contratual na formação do direito de autor", cit., pp. 113 e ss., e, *supra*, nº 29.

[374] Cfr. sentença do Tribunal de Nova York, de 21-7-2005, Mannion *vs.* Brewing Corpor, *apud* Ignacio Temiño Ceniceros, ob. cit., p. 82 – a mera fotografia de um rapper representada num anúncio de cerveja foi considerada original.

[375] Em Portugal, o CDADC é expresso neste sentido (cfr. art. 1º/2).

[376] Cfr. sentença da Audiencia Provincial de Madrid, de 2-7-2009, *apud* Ignacio Temiño Ceniceros, ob. cit., p. 83.

[377] Em Recurso especial Nº 1.189.692 – RJ (2010/0066761-1) relator: ministro Luis Felipe Salomão, recorrente: Lauro César Martins Amaral Muniz, Advogado: Carlos Diogo Korte e outros,

determinada forma, não a ideia em si nem um tema determinado. É plenamente possível a coexistência, sem violação de direitos autorais, de obras com temáticas semelhantes. (Art. 8º, I, da Lei n. 9.610/1998)".

O problema coloca-se quando uma dada forma é a expressão formal *necessária* de uma ideia (como no caso das fórmulas matemáticas ou dos algoritmos informáticos). Poderá ainda falar-se de plágio, quando copiadas? Consideramos que a resposta deve considerar a latitude criativa que um dado tema comporta.

Se a expressão formal de uma dada ideia é estreita, o plágio resume-se à identidade virtual[378]. Por outras palavras, quando a expressão de uma ideia é a única que aquela ideia pode consentir para ser expressada, duas obras iguais criadas a partir dessa ideia não se plagiam entre si, já que a sua expressão formal não reserva nada à criatividade individual que não seja comum às duas.

Por outro lado, deve ter-se presente que a expressão formal não é protegida *independentemente* da ideia ou conceito subjacente. Se a expressão formal fosse o único objecto da tutela, nunca haveria plágio com a transposição de uma obra para género diferente. Ora, como acima expusemos, pode ocorrer plágio quando de um romance se faça uma peça de teatro que o dramatiza sem ou com falsa atribuição de autoria.

Acrescente-se que o facto de a ideia subjacente à obra ser pouco original não diminui a intensidade da tutela legal desta, nomeadamente contra o plágio. Por exemplo, a biografia de uma pessoa baseada exclusivamente em factos conhecidos da generalidade das pessoas pode, evidentemente, ser expressa de muitos modos diversos, captando todos eles a protecção jusautoral.

Por outro lado, a circunstância de a forma de expressão ser pouco criativa não diminui a sua tutela: basta pensar que uma fotografia, em que o processo mecânico de produção tem grande relevância, é protegida pela simples "escolha do objecto" e "condições de execução" (cfr. art. 164º/1 CDADC); já uma base de dados é protegida pela simples escolha dos elementos que condensa

Recorrido: Eliane Egpy Ganem, Advogado: Marlan De Moraes Marinho Junior e outro(s), ementa recurso especial. Direito autoral. Aquarela do brasil. roteiro/script. minissérie. Art. 8º, inc. I, da Lei 9.610/. apenas as ideias não são passíveis de proteção por direitos autorais, *apud* Carolina Panzolini / Silvana Demartini, "Manual de Direitos Autorais", Brasília, 2017.

[378] Neste sentido, sentença norte-americana no caso ETS-Hokin *vs.* Sky Spirits Inc., de 16-1-2003, *apud* Ignacio Temiño Ceniceros, ob. cit., p. 87. Nesta, um fotógrafo que fotografou uma garrafa de vodca para uso comercial viu o seu trabalho recusado; o fotógrafo substituto entregou umas fotografias altamente similares às recusadas – o plágio foi desconsiderado porque a similitude foi considerada inevitável, porque a ideia representada na obra nasce e flui necessariamente de uma origem comum.

(art. 4º/1 do Dec.-lei nº 122/2000). Ora, não pode afirmar-se que as fotografias ou as bases de dados não são susceptíveis de plágio.

V. É doutrina comummente aceite que, para que uma obra se considere plagiar uma obra anterior, é necessário que se demonstre que o plagiador teve ou podia ter tido acesso à obra plagiada, conhecendo-a, e que as obras tenham semelhanças em aspectos substanciais de uma, de outra ou de ambas. Parecendo-nos evidente a segunda asserção, discordamos da primeira.

Começando pela essencialidade e substancialidade da parte da obra que se plagia, pensamos que o axioma pode formular-se nos seguintes termos: é requisito que a parte da obra que se plagia seja essencial à estrutura desta, que se demonstre que o trecho plagiado é, qualitativa, e não necessariamente quantitativamente, definidor da obra. Pouco importa que a parte plagiada se resuma a poucas linhas de um escrito ou a alguns poucos fotogramas de um filme, importante é que se demonstre que através desse trecho da obra se identifica a criação plagiada, a plagiária ou ambas.[379]

Por outro lado, sustentamos que um plagiador não pode escusar-se à responsabilidade demonstrando o quanto de diferente tem a sua obra da obra que plagia. Não é a importância das diferenças entre as obras que marca o plágio, mas a das semelhanças entre elas.

[379] Este critério deve, contudo, ser bem ponderado. Segundo Landes e Posner (LANDES, William M./POSNER, Richard A., "The economic structure of intellectual property law". Cambridge, Mass., Harvard University Press, 2003, *apud* Pedro Paranaguá/Sérgio Branco, "Direitos Autorais", Rio de Janeiro, 2009, p. 59), num eventual processo por plágio, caso um tribunal aplicasse o teste de "substancial similaridade" para comparar obras entre si e verificar o quanto de uma obra se encontra em outra, seria possível concluir que "Amor, sublime amor" infringiria os direitos sobre "Romeu e Julieta". Da mesma forma, "Medida por medida" infringiria os direitos de uma peça elizabetana, "Promos e Cassandra"; o romance "Na época do ragtime", de Doctorow, infringiria os direitos de Heirich von Kleist sobre seu romance "Michael Kohlhaas"; e o próprio "Romeu e Julieta" infringiria a obra de Arthur Brooke, "A trágica história de Romeu e Julieta", publicada em 1562 e que, por sua vez, infringiria a história de Ovídio sobre Pyramus e Thisbe – que em "Sonhos de uma noite de verão" Shakespeare encenou como uma peça dentro da peça, outra infração dos "direitos de autor" de Ovídio. Estivesse o Velho Testamento protegido por direitos de autor, então "Paraíso perdido" tê-los-ia infringido, bem como o romance de Thomas Mann, "José e seus irmãos". No caso de autores antigos, como Homero e os do Velho Testamento, não temos como saber suas fontes e assim não sabemos até que ponto tais autores eram originais e até que ponto copiadores.

Se pensarmos na obra de Walt Disney, veremos que foi constituída predominantemente a partir da adaptação de obras alheias: "Branca de Neve e os sete anões" baseia-se numa história dos irmãos Grimm; "Pinóquio", em Carlo Collodi; "Dumbo", em Helen Aberson; "Bambi", em Felix Salten; "Alice no país das maravilhas", em Lewis Carroll; "A pequena sereia", em Hans Christian Andersen.

Quanto à necessidade de se demonstrar que o plagiador teve acesso, ou podia ter, à obra plagiada, a nossa discordância assenta nas mesmas razões pelas quais julgamos que a chamada "coincidência fortuita" ou não intencional entre obras não exclui o plágio. Não apenas por ser altamente improvável, mas, sobretudo, porque o dano pessoal e material que o plágio causa não é de molde a admitir que quando a coincidência entre as obras é fortuita o autor da obra plagiada não possa reagir.

VI. A censura legal do plágio não depende, como no direito industrial a propósito das marcas, de o acto plagiário confundir ou causar erro no público. Embora o dano público com o plágio possa ser apreciável – e até potencialmente determinante de acções por plágio desencadeadas por entidades que chamem a si a representação desses interesses difusos, como as associações de consumidores –, importa esclarecer que a revelação e quantificação dos danos causados ao público não são determinantes da reacção. Para reagir ao plágio, basta que alguém se aproprie da autoria de obra alheia ou de parte dela, silenciando ou substituindo o nome do autor da peça original pelo seu[380].

Um exemplo muito citado é o da acção de Andrea de Sarto que fez, em 1525, uma cópia fiel do retrato do Papa Leão X pintado por Rafael. Esta cópia foi encomendada por Octaviano de Médicis que se recusava desligar-se do original[381]. Dir-se-á que não houve plágio, já que para que tal aconteça é necessário que o imitador tente fazer passar a obra, supostamente plagiária, como própria. No caso de Andrea de Sarto houve não uma reivindicação de autoria própria da obra supostamente plagiária, mas o silenciamento da autoria alheia da obra que se copiou: não plágio, dado ser óbvio que se trata de uma cópia, pelo que falta o engano, a fraude sobre a autoria. Formulamos este problema em termos sensivelmente distintos.

É plágio fazer passar por próprio o que é cópia da estrutura formal de obra alheia. Copiar servilmente uma pintura alheia sem apresentar a cópia como criação própria é apenas violação do direito exclusivo do autor de autorizar a reprodução de obra protegida (direito patrimonial de reprodução). Trata-se de contrafacção, não de plágio, pois falta-lhe a fraude sobre a autoria, já que não inclui a usurpação da autoria do autor da obra copiada: o pintor, no exemplo citado, copia servilmente a pintura, mas em nenhum momento tentou fazer-se passar por criador da mesma. Se reproduzisse fielmente e reclamasse a autoria da obra copiada como criação sua, aí sim, haveria plágio. Ao limitar-se a copiar servilmente, sem disfarçar os traços originais, não revela querer esconder ou silenciar a verdadeira autoria, faz pouco mais do que faria hoje

[380] Neste sentido, também Ignacio Temiño Ceniceros, ob. cit., p. 104.

[381] Caso extraído de Ignacio Temiño Ceniceros ob. cit., p. 105.

um *fac-simile* da obra, ou uma fotocópia: viola o exclusivo patrimonial de reprodução, mas não plagia. Nem falsifica, enquanto não fizer passar a sua cópia servil pela pintura original.

Citamos um outro caso conhecido. Segundo especialistas, a pintura "As três Graças" de Rubens copia obra de Rafael, mas, segundo os mesmos entendidos – e um observador médio pode confirmá-lo –, apesar de serem cópias *assumidas* de obra alheia, têm o "selo", o cunho, a marca pessoal de Rubens. Temiño[382] aventa a possibilidade de se tratar de obras *originais*, mas não *novas*. Cremos que o problema pode ser formulado em termos mais simples.

O facto de a segunda obra não revestir "novidade" significa apenas que, sendo original, apenas se inspira num tema comum a obras preexistentes (é este o caso da versão das "Três Graças" de Rubens, notavelmente distinta da obra de Rafael). Ora, a ideia, o tema não estão protegidos (art. 1º/2 CDADC). O facto de sobre o mesmo tema se encontrarem duas expressões formais artísticas é suficiente para descartar a hipótese de plágio.

O facto de Luís de Camões, em "Os Lusíadas" e Fernando Pessoa, em "Mensagem" se inspirarem na gesta portuguesa dos descobrimentos ultramarinos não faz da segunda obra um plágio da primeira, ainda que o género literário a que recorrem seja, em ambos os casos, o poema épico sobre o mesmo tema: a expressão formal das respectivas ideias sobre o tema é perfeitamente distinta.

Se um realizador de cinema criar obra cinematográfica em que recorre, por exemplo, a um guião escrito a partir de uma obra literária de um autor que para tal não deu consentimento, viola o direito exclusivo quanto à transformação da obra literária, mas não plagia. Só plagiará se se atribuir a si mesmo a autoria do argumento cinematográfico alheio que utilizou.

57.3.5. Os tipos criminais em torno do plágio

I. A lei de autor portuguesa[383] prevê vários tipos criminais pertinentes ao estudo do plágio em sede de Direito de Autor.

Tipifica como *crime de usurpação* a utilização patrimonial – incluindo a transformação, a adaptação ou a tradução – de uma obra ou prestação sem autorização do autor ou do artista (art. 195º/1 CDADC)[384]. Caracteriza como *crime de contrafacção* (os *nomen* estão trocados em relação ao seu uso corrente) a utilização como sua de obra ou prestação alheia, divulgada ou não divulgada,

382 Ignacio Temiño Ceniceros, op. cit., p. 105.

383 Ao contrário, por exemplo, da lei espanhola que remete a criminalização do plágio para o Código Penal.

384 O novo nº 4 do art. 195º CDADC, aditado pela Lei nº 92/2019, de 4-9, exceptua do âmbito criminal as situações de comunicação pública de fonogramas e videogramas editados comercialmente, puníveis como ilícito contraordenacional (cfr., *supra*, nº 55.4-VIII).

mediante a sua reprodução total ou parcial ou "por tal modo semelhante que não tenha individualidade própria" (art. 196º/1 CDADC). Percebe-se que a lei recorre a uma mistura de critérios.

A lei chama contrafacção à cópia servil, total ou parcial, de obra alheia com usurpação de paternidade/autoria. Vimos já que a cópia servil, sendo contrafacção, não é necessariamente plágio. Se eu fizer uma cópia fiel de obra literária alheia, plagio se a chamar minha ou se tacitamente a deixar entender como tal; falsifico, se chamar à cópia obra do autor original; nem plagio nem falsifico, limitando-me a copiar sem autorização, se não realizar qualquer atribuição de autoria (o que a lei chama impropriamente usurpação).

A lei portuguesa tipifica também o plágio, mas sem o nomear. Epigrafa-o de "violação do direito moral" e define-o como a conduta do que "se arrogar a paternidade de uma obra ou prestação que sabe não lhe pertencer" (art. 198º-a) CDADC). Isto, sim, é o plágio, tal como o entendemos.

II. A norma penal portuguesa (art. 196º do CDADC) e a lei penal espanhola (art. 270 do *Codigo Penal* espanhol) proscrevem o plágio, mas não coincidem nos elementos do tipo.

A norma espanhola sanciona aquele que, "*com o intuito de obter um benefício económico directo ou indirecto* e *em prejuízo de terceiro* [...], plagia ou de qualquer outro modo *explora economicamente*, no todo ou em parte, uma obra ou prestação literária, artística ou científica [...], *sem a autorização dos titulares dos correspondentes direitos de propriedade intelectual* ou dos seus cessionários". Já a norma portuguesa penaliza aquele que "utilizar, como sendo criação ou prestação sua, obra [...] que seja mera reprodução total ou parcial de obra [...] alheia, divulgada ou não divulgada, ou por tal modo semelhante que não tenha individualidade própria". Ou seja, a lei portuguesa prescinde de quatro elementos que constam do tipo criminal espanhol: em Portugal, para que haja plágio, não é necessário demonstrar o intuito lucrativo, nem o prejuízo de terceiro, nem a exploração económica da obra plagiária, nem, o que aqui mais interessa, que o que plagia o faz sem autorização do autor.

Da norma portuguesa parece resultar, pois, que o consentimento no plágio do autor da obra plagiada é inoperante para afastar o incurso em plágio, o que indica que a proscrição deste tem também em vista preservar a autenticidade da obra no interesse do público.

III. Considera-se que o preenchimento do tipo penal da contrafacção requer que a obra plagiada seja reproduzida em exemplar(es).[385] Funda-se este

[385] Neste sentido, nomeadamente: Oliveira Ascensão, "Direito Penal de Autor", cit., nº 15-III, p. 41; Luis Menezes Leitão, "Direito de Autor", cit., Capítulo XIII, 3.3.

parecer na circunstância de a lei (art. 196º/1 CDADC citado) referir sistematicamente a "*reprodução*" de obra pela contrafacção como elemento do tipo. Vai-se até mais longe, entendendo que se refere a reprodução "em sentido técnico", ou seja, a que implique a produção de, pelo menos, um exemplar contrafeito. Nos casos em que tal não se verificasse, ocorreria violação do direito pessoal (moral), cujo tipo legal dispensa a reprodução da obra em exemplar(es) (cfr. art. 198º-a) CDADC).[386]

Não vemos que a lei exija reprodução do exemplar contrafeito para que haja contrafacção: a exemplificação de situações de contrafacção, contida nos vários números do art. 196º, é manifestamente ilustrativa do que é (e não é) contrafacção. O art. 196º/1 CDADC consagra expressamente a "*utilização*" de obra alheia como *fattispecie* genérico e comum ao tipo penal em questão. Que a "utilização" de uma obra se passa por qualquer dos modos que a lei prevê e que se vêm analisando, já o sabemos. Logo, será contrafacção o aproveitamento do todo ou de parte de obra alheia como sua, por exemplo em apresentação oral de uma dissertação de mestrado, haja ou não reprodução da obra.

Como resolver, então, o problema da articulação deste preceito que criminaliza a contrafacção e daqueloutro que penaliza criminalmente a violação de direitos pessoais (morais)?[387] A resposta é que ocorre "apenas" violação do direito moral (cfr. nº 48 e art. 198º-a) CDADC) quando alguém se arroga ser autor de obra que não criou sem a utilizar patrimonialmente (por exemplo, reivindicando em público a paternidade de obra alheia para efeitos publicitários). Já se verificará contrafacção, quando um sujeito inscreve, como suas, partes de obra alheia numa sua tese de doutoramento, sem mencionar a verdadeira paternidade. E o crime de contrafacção, ao contrário do de violação do direito moral, não depende de queixa do ofendido (art. 200º/1 CDADC).

Também não é requisito para a consideração da existência de crime de contrafacção/plágio que a obra copiada não tenha caído no domínio público. O plágio aproveita-se da estrutura formal da obra que contrafaz, é a integridade e genuinidade desta que o plágio põe em xeque; estes são valores inerentes à cultura e à ciência, cujo desprezo bule com a defesa da integridade e genuinidade dos bens do património cultural imaterial, que cabe, *mesmo depois de a obra cair no domínio público*, ao Ministério da Cultura (art. 57º/2 CDADC).

IV. A comercialização (distribuição) de exemplares contrafeitos (ou usurpados), bem como a distribuição de cópias de fonogramas ou videogramas

[386] Oliveira Ascensão, "Direito Penal de Autor", cit., *ibidem*.

[387] Questão que Oliveira Ascensão, "Direito Penal de Autor", cit., nº 4-II/-III, pp. 19/20, bem resolve.

(ainda que estes não figurem qualquer obra protegida), constitui crime autónomo (art. 199º CDADC[388]).

57.3.6. Determinação do plágio: um critério quantitativo ou qualitativo? Plágio e violação dos limites da liberdade de citação

I. Segundo sentença do Supremo Tribunal dos EUA[389]: é ilícito o uso não autorizado de quatrocentas palavras num livro de quinhentas páginas. Também nos EUA, uma sentença[390] determina: "para constituir uma violação do *copyright* não é necessário que o conjunto de uma obra seja copiado, nem sequer uma grande parte dela em forma ou substância, para existir infracção basta que a parte que se toma diminua o valor da obra original, ou que os trabalhos do autor original se vejam substancialmente prejudicados pela apropriação de outrem.

Pela nossa parte, entendemos que o critério a usar para caracterizar o plágio deve ser sobretudo qualitativo. Pode bastar a transcrição de uma pequena parte de obra alheia, se se tratar de uma parte essencial e, por si só, identificadora dessa obra. Constitui plágio se prejudicar o interesse pela exploração económica da obra original e se o autor da transcrição se arrogar a paternidade do trecho citado. Mas, então, como distinguir o plágio por reprodução parcial de obra alheia (plágio parcial) da mera violação das obrigações inerentes à citação?

II. O preceito da lei espanhola aplicável à liberdade de citação (art. 32 LPI esp.) tem redacção semelhante ao da lei portuguesa.

A lei de autor espanhola (art. 32 LPI esp.) admite a inclusão em obra própria de fragmentos de obras alheias de natureza escrita, sonora ou audiovisual, assim como de obras isoladas de carácter plástico, fotográfico figurativo ou análogo, sempre que se trate de obras já divulgadas, e a inclusão a título de citação se realize para análise ou juízo crítico. Tal utilização só poderá realizar-se para fins docentes ou de investigação na medida do fim que a justifica, indicando a fonte e o nome do autor da obra utilizada. A lei de autor portuguesa admite a livre "inserção de citações ou resumos de obras alheias, quaisquer que sejam o género e natureza, em apoio das próprias doutrinas ou com fim de crítica,

[388] "Artigo 199º CDADC
(Aproveitamento de obra contrafeita ou usurpada)
1 – Quem vender, puser à venda, importar, exportar ou por qualquer modo distribuir ao público obra usurpada ou contrafeita ou cópia não autorizada de fonograma ou videograma, quer os respectivos exemplares tenham sido produzidos no País quer no estrangeiro, será punido com as penas previstas no artigo 197º2 – A negligência é punível com multa até 50 dias."

[389] Harper & Row v. Nation Enterprises (1985), *apud* Ignacio Temiño Ceniceros, ob. cit., p. 110.

[390] 9º Circ. (1947) Universal Picture Co. V. Harold Lloyd Corp., *apud* Ignacio Temiño Ceniceros, *ibidem*.

discussão ou ensino, na medida justificada pelo objectivo a atingir" (art. 75º/2-h) CDADC); exige-se que tal não atinja a exploração normal da obra original, nem cause prejuízo injustificado dos interesses legítimos do autor (art. 75º/4); as obras citadas não se devem confundir com a obra de quem assim as utilize, nem as citações podem ser tão extensas que prejudiquem o interesse pela obra citada (art. 76º/1-a)).

Segundo uma concisa definição contida no Guia da Convenção de Berna, da OMPI: "Citar é incluir/inserir numa obra uma ou mais passagens de uma obra alheia. É reproduzir extractos de uma obra, seja para ilustrar uma opinião ou defender uma tese, ou para fazer uma resenha ou uma crítica dessa obra".

A lei espanhola é expressa em considerar que o limite à liberdade de citação, que só permite a inclusão de *excertos* de obra alheia em obra própria, só se aplica a obras escritas, sonoras ou audiovisuais, sendo impossível a sua aplicação, por exemplo, às obras artísticas, dado o seu carácter infragmentável/indivisível. A lei portuguesa é expressa na aplicação generalizada a "obras de todo o género e natureza"[391].

Face as estas disposições algo díspares, convém que assentemos em algumas regras básicas aplicáveis aos limites à liberdade de citação e à sua violação, paredes-meias com o plágio.

Se, para um observador médio, o trecho citado constituir parte substancial da obra que o integra, mas deixe perceber que é alheio, haverá violação dos limites da liberdade de citação, não plágio; este implica falsa atribuição de autoria, expressa (ou tácita pelo silenciamento da verdadeira autoria alheia).

A mera referência na "Bibliografia" ou nos agradecimentos na "Introdução" de uma obra própria é insuficiente para evitar o plágio sempre que o fragmento utilizado seja substancial ou significativo dentro do conjunto da obra[392].

Como vimos, para que exista plágio é essencial que haja falsa atribuição de autoria, expressa ou tacitamente pelo silenciamento da autoria alheia, divulgando o que é alheio de modo a causar no observador médio a impressão de que é próprio. Quando se usem apenas fragmentos de obra alheia, como nas citações, é necessário também, para que haja plágio, que a fracção usada cons-

[391] A DMUD prevê (art. 7-a) a salvaguarda da liberdade de citação, também em relação às obras ou outros conteúdos protegidos carregados em rede por utilizadores dos serviços de disponibilização de conteúdos na Internet. Prevê ainda (art.15/1§4) que os direitos exclusivos (conexos) que institui em benefício dos titulares de publicações de imprensa não se aplicam à utilização de termos isolados ou de excertos muito curtos de publicações de imprensa. Cfr. o nosso "A Directiva (UE) 2019/790, relativa aos direitos de autor e direitos conexos no mercado único digital e os termos para a sua transposição em Portugal", RDI, nº 2 (2019), pp.15-33.

[392] Assim também sentença do Supremo Tribunal espanhol, 26-9-1992, *apud* Ignacio Temiño Ceniceros, ob. cit., p. 156.

titua parte relevante ou da obra primígena ou da obra plagiária, não bastando a utilização de curtos trechos sem significado no todo de uma e outra obra. Se faltar a menção da autoria alheia do trecho que se usa[393] em obra própria, consideramos que: a) há mera violação da liberdade de citação quando falte a menção da verdadeira autoria em *excertos não substanciais* de uma ou outra obra; b) já há plágio quando se reelabora obra alheia numa parte substancial desta ou da obra plagiária, já que quem reelabora não pretende citar, pretende enganar sobre a autoria, apropriando-se do todo ou de parte substancial do que é alheio. Já quem usa fragmentos de obra alheia para fins diversos da investigação, crítica ou resumo viola os limites da liberdade de citação; não plagia, desde que se trate de trechos não substanciais de uma ou outra obra.

57.3.7. Autoplágio

I. No âmbito científico, nomeadamente no âmbito académico, em que é tão importante a relevância e impacto das obras publicadas para a reputação, bolsas, contratos, projectos, *etc.*, o dano pela falta de atribuição da autoria das obras é muito grande. Convém, porém, ser muito preciso a este propósito.

Vimos sustentar que: "o aproveitamento do trabalho de investigação ou estudo abusa do esforço intelectual alheio, mas não plagia; é o que faz quem copia fontes que outrem localizou e citou, mas negando-lhe o mérito intelectual"[394]. Parece-nos uma boa formulação, mas entendemos que, ao contrário do plágio literário e artístico, que só existe quando se adopta a estrutura formal de obra alheia sem lhe atribuir a verdadeira autoria, há *plágio científico* quando toda ou uma parte substancial da doutrina exposta num trabalho é alheia ou fruto de investigação e formulação alheios, e é apenas exposta, reelaborada, com recurso a termos próprios. O plágio científico é reprimível não pelo Direito de Autor, mas no âmbito da academia e para efeitos científicos ou administrativos (recusa ou cassação de grau académico ou de prémio científico, por exemplo).

II. É já questionável se deve ser sancionado o "autoplágio" ("selfplagiarism", "Selbstplagiat") como acto em violação do direito de autor. Ocorreria autoplágio, na hipótese, de verificação frequente nos meios académicos, de um mesmo autor usar um mesmo seu texto para publicação em diversas sedes, quer repro-

[393] Consideramos que citar uma obra alheia é usá-la (desfrutar dela intelectualmente) e não utilizá-la (explorá-la economicamente). Logo, a liberdade de citação, que a lei consagra, decorre da liberdade de uso privado de obras a que se aceda licitamente. Em desenvolvimento desta ideia, pode cfr., *supra*, nº 29.3-II.

[394] Ignacio Temiño Ceniceros, ob. cit., p. 159.

duzindo-o na íntegra ou parcialmente, quer adaptando-o mais ou menos profundamente. Julgamos que isto não deve ser sancionado *pelo Direito de autor*.

Aquele que se cita a si próprio em sucessivos textos, que transcreve ou adapta excertos mais ou menos desenvolvidos de obras suas anteriores não atenta, de modo algum, contra a estrutura criativa das suas obras. Pelo contrário, exalta-a – quiçá até narcisista –, uma e outra vez, num exercício de repetição, justificado porventura por pretender que diferentes destinatários, próprios das diversas publicações onde vai repetindo a divulgação da mesma obra uma e outra vez, a conheçam.

Sendo obra sua e desde que identifique as anteriores publicações onde surgiu, nenhum problema de paternidade/autoria ou integridade da obra se suscita.

Concordamos com Rodrigo Moraes[395], quando este afirma que os problemas que esta "repetição criativa" suscita relevam sobretudo do direito contratual, designadamente *vis-à-vis* os utilizadores licenciados (por exemplo, os editores) que podem ver defraudados os seus legítimos interesses e expectativas contratuais com a proliferação de utilizações do que é essencialmente a mesma obra multiplicada pelo seu autor.

Na verdade, o problema resolve-se, do ponto de vista do direito contratual, na maior parte dos casos com recurso às regras sobre eficácia das atribuições jusautorais operadas pelos actos que licenciam ou transmitem faculdades de utilização das obras ou, até, o direito patrimonial de autor no todo ou em parte.

Na verdade, se um autor *A* licenciar o editor *B* a editar a sua obra *w*, viola a licença se pretender constituir *C* como utilizador da mesma obra ou de outra que da primeira aproveite toda a essência criativa. *A* não só se constitui assim em responsabilidade contratual por violação do exclusivo que, em regra, a edição confere ao editor, como viola faculdades jusautorais oponíveis *erga omnes*, como são as do editor *B*, que decerto intervirá para fazer prevalecer o seu exclusivo.[396]

O "autoplágio" é, para este efeito, não mais do que a utilização repetida da mesma obra pelo seu autor que, ao ter atribuído faculdades de utilização, fica vinculado – sob pena até de incurso em crime[397] – ao respeito pelos direitos que assim tenha constituído.

Um outro plano em que o "autoplágio" pode levantar questões é o da criação científica, nomeadamente no seio da academia.

É certamente perturbadora a perspectiva de um dado cientista – ou um candidato a provas académicas – repetir escritos ou outro tipo de formulações

[395] Rodrigo Moraes, "Autoplágio' e o mito de Sísifo", *in*: Estudos de Direito Intelectual em homenagem ao Prof. Doutor José de Oliveira Ascensão (coord. Dário Moura Vicente [et al.]), Coimbra, 2015, pp. 561-576 (p. 566).

[396] Sobre este tema, cfr. ainda *supra*, nºs 50.1.6 e 50.1.7.

[397] Cfr. art. 195º/3 CDADC.

anteriores em trabalhos sucessivos sem referência à anterioridade dos mesmos. A exigência de *ineditismo* e *originalidade* que normalmente são requeridos para cada trabalho académico ou obra para apresentar em concurso público é, evidentemente, incompatível com o "autoplágio". O candidato, que pretenda recorrer não apenas a ideias já expostas, mas à própria estrutura formal de escrito ou outra obra seus antes apresentados/divulgados, deve cuidar de a citar com observância de todos os critérios que a citação nesses casos requer, sob pena de incurso em fraude científica.

Deve, contudo, estar presente que o direito de autor não protege ideias – e os temas são não poucas vezes não mais do que ideias. O mesmo autor pode glosar de modos diferentes (em obras diferentes) o mesmo tema ou ideia sem que cometa "autoplágio"; o mesmo cientista pode aproveitar trabalho seu que seja produto de investigação anterior publicada para criar nova obra em desenvolvimento daquele. Em nenhum dos casos se "auto plagia" ou defrauda a ciência.

Mas – insistimos – estes, os problemas ligados ao "autoplágio", não são aspectos em que o Direito de Autor seja operante.

57.3.8. Critérios de apreciação do plágio

I. Como vimos, não são as técnicas, os processos criativos que distinguem as obras intelectuais[398]. A técnica, o processo, os sistemas, os métodos criativos podem aprender-se, mas não é isto que dá a cada obra a individualidade objectiva que permite conhecer a sua essência criativa, precisamente aquilo que distingue umas obras das outras.

Sustentando nós que a criatividade, a expressão formal criativa, é a marca que distingue as obras entre si, a quem cabe determinar se ela existe em dada obra? É que este será verdadeiramente o critério que, em última análise, permite distinguir entre duas obras semelhantes, do mesmo género e criadas segundo o mesmo processo ou técnica; em suma, saber se são dotadas de criatividade própria que as distinga das demais e chame a protecção pelo Direito de autor. Sustentámos sempre que a avaliação da criatividade de uma obra intelectual está menos na avaliação do "espírito criativo" de quem a cria, imperscrutável quanto a nós, e mais no facto de espírito inteligentes – e apenas *a inteligência* de quem a percebe – nela perceberem criatividade. Em suma, a obra é criativa na medida em que tal é perceptível pela inteligência de quem a desfruta.

[398] Aliás, a norma penal portuguesa que pune a contrafacção (art. 196º CDADC) estabelece explicitamente (nº 3) que a contrafacção existe ainda que a reprodução seja feita pelo mesmo processo que o original, com as mesmas dimensões ou com o mesmo formato.

Admitamos que é o carácter único da obra que marca a sua essência criativa e a demarca de outras afins. Mas quem tem competência para aferir estes marcadores de individualidade literária e artística? A quem pode ser pedido o parecer sobre um eventual plágio?

II. Pode sustentar-se que a avaliação da eventual falta de originalidade de uma obra intelectual sob suspeita de plágio deve ser feita recorrendo à *impressão do destinatário médio* que acede à obra. A esse *homem médio*, pedir-se-ia que avaliasse da eventual existência de plágio. Ora, a preparação técnica do homem médio para avaliar as semelhanças de duas obras, sendo apenas mediana e comum, é provavelmente um juízo não apetrechado sob o ponto de vista literário, artístico ou científico para ajuizar se a essência criativa de uma está patente na outra. O homem médio mais não pode do que fornecer a sua *impressão de destinatário*. Será isto bastante?

Este critério, que recorre à impressão do avaliador médio para ajuizar do plágio, levanta várias dificuldades. Em primeiro lugar, porque para determinar a impressão causada pela obra no "observador médio" é necessário quem se assuma e seja reconhecido como tal. Ora, onde se encontra um observador médio? O que é um observador médio? O que se procura quando se busca um observador médio?

Em segundo lugar, para determinar, por exemplo, se uma obra é uma falsificação, é habitualmente necessário recorrer a um especialista, a um perito naquela particular forma artística, literária ou científica. Só estes estão apetrechados para, com rigor e fiabilidade, detectarem as marcas de fraude. Como proceder, então, para determinar a existência de plágio?

Será que, para avaliar se uma obra musical plagia outra, bastará um ouvido mediano, sem se exigir o parecer de um músico ou, pelo menos, de um musicólogo? Não vemos que possa dispensar-se a opinião de um especialista no género musical em causa, de alguém que saiba ler música, que perceba a semelhança de acordes, que possa aquilatar se os elementos técnicos-musicais a que um e outro autor recorrem indicam ou não que são criações *essencialmente idênticas*.

Para avaliar se uma pintura é diferente de outra na sua essência criativa, pode ter de se entender o estilo e a técnica pictórica (isto, apesar de o estilo e a técnica não serem objecto de exclusivo, não serem prerrogativa exclusiva do autor). Para perceber se uma obra cinematográfica plagia outra não basta perguntar a um ou mais espectadores comuns se identificam uma com a outra mediante o mero visionamento do filme, não basta perceber a "história", o enredo – que até pode ser igual como nos "remakes" – para perceber se estamos perante uma obra e o seu plágio, ou face a duas obras cinematograficamente autónomas.

Dir-se-á que qualquer pessoa (o dito "homem ou mulher médios") pode fazê-lo. É certo, mas deve o juiz judicante consultar pessoas comuns para formular a sua opinião, deve ouvir peritos em literatura e em cinema, ou deve recorrer a uns e outros? Para analisar a originalidade de uma tese de doutoramento em Direito de Autor e se esta plagia outra, é ou não exigível consultar um especialista na área, ou basta perguntar a dois estudantes de Direito (leitores com sensibilidade e minimamente informados) o que lhes parece? A resposta a esta última questão aconselha que se tenha em conta aquele que me parece o critério a adoptar para aferir do plágio: a entidade que tenha de decidir a controvérsia deve rodear-se, para formular o seu juízo, de todas as opiniões especializadas que permitam identificar, mais do que os processos, sistemas ou técnicas para a produção das obras em causa, se o que é verdadeiramente individualizador *na essência* das obras é desigual, revelando duas obras distintas, ou se esta se confunde, misturada na obra e no seu plágio.

57.3.9. A falsa atribuição de autoria e os "ghost writers"

O problema da falsa atribuição de autoria no plágio suscita-se com particular acuidade no caso dos "ghost writers", pessoas que escrevem obras que são assinadas e divulgadas por outros como sendo suas e, em geral, no de todas as obras criadas por contrato.

Sempre sustentámos que a regra da indisponibilidade dos direitos pessoais (ditos "morais") de autor (art. 56º/2 CDADC) não inibe que alguém autorize que outrem "perfilhe" obra sua. É, afinal, o que desde sempre faz a grande maior parte dos políticos, estadistas e outros homens públicos com os discursos que proferem[399], que são normalmente escritos por assessores ou ajudantes. Não constitui acto de disposição do direito pessoal nulo aquele em que o autor limita *voluntariamente* o seu direito pessoal de autor à menção da designação de autoria. Esta limitação, a exemplo do que acontece com os direitos de personalidade (cfr. art. 81º/2 CC), é *revogável* a todo o tempo, ainda que obrigando o que revogue a indemnizar, por incumprimento contratual, aquele que autorizou a mencionar como sua a obra que criara[400].

Assim, aquele que escreve a autobiografia de um personagem famoso – e tantos são os que o fazem – e permite que este a assine comete uma fraude, engana o público sobre a autoria da obra, mas não incorre em plágio, pois não cria

[399] Embora o problema só se suscite em relação a certos discursos, já que não são protegidos por direito de autor "os discursos proferidos perante assembleias ou outros órgão colegiais, políticos e administrativos" (cfr. art. 7º/1-c) CDADC).

[400] Segundo regime semelhante ao aplicável às obras anónimas ou sob pseudónimo ex art. 30º/2 CDADC (sobre esta matéria, cfr., *supra*, nº 44, e Carlos Rogel Vide, "Las obras divulgadas bajo seudónimo", cit., pp. 283-300).

a partir de obra alheia. O estudante que contrata terceiro para escrever a sua tese de doutoramento comete fraude, e comete fraude também quem "vende" a sua autoria, ficando na sombra como "ghost writer", mas nenhum dos dois pratica plágio. Já o estudante que integra na sua dissertação os escritos ou imagens alheias e os apresenta como seus plagia.

A lei portuguesa tem norma que proscreve certas condutas em que há apropriação de nome alheio: "Ninguém pode usar em obra própria o nome de outro autor, ainda que com autorização deste" (art. 29º/3 CDADC, já acima analisado). Mas isto não é o que acontece no caso dos "ghost writers". O "ghost writer" autoriza que obra sua seja assinada por outrem. Aquilo que o art. 29º/3 proíbe é o uso de nome alheio em obra própria, a falsificação de obra, a que aludimos acima.

Não consideramos que os negócios pelos quais alguém autoriza outrem a assinar como sua obra que o primeiro criou seja nulo, por vício do objecto. Como explicámos, entendemos que se trata de renúncia, sempre revogável, à menção da designação de autoria, neste caso em benefício de outrem. E esta, desde que voluntária e revogável, é, como vimos, admitida nos termos gerais de Direito civil.

Evidentemente que o engano sobre a autoria nestes casos pode ter gravidade variável. No âmbito académico, contratar outrem para escrever a nossa tese de doutoramento é acto muito grave, que defrauda todo o sentido da prova. Sendo praticado no âmbito académico ou científico, é também neste âmbito que deve procurar-se a reacção adequada. Aliás, nos termos do mesmo art. 29º CDADC (nº 4), "o lesado pelo uso do nome [alheio em obra própria] pode requerer as providências judiciais adequadas a evitar a confusão do público sobre o verdadeiro autor, incluindo a cessação de tal uso".

Consideramos que o que está aqui em causa é, além do interesse particular do autor cujo nome é abusivamente usado, o do público confundido. Entendemos que o Ministério Público, em representação do interesse público, pode actuar no mesmo sentido.

57.3.10. A reprodução incidental e a coincidência fortuita de obras

I. Temiño Ceniceros[401] distingue a *reprodução incidental* de obra alheia da *coincidência fortuita* de obras. A primeira ocorre quando, numa determinada obra, se reproduz um excerto de outra obra sem a citar (ainda, segundo exemplo daquele Autor, quando, numa obra cinematográfica, se filma e exibe obras plásticas ou fotográficas alheias, sem as referir ou citar). A coincidência fortuita

[401] Ignacio Temiño Ceniceros, ob. cit., pp. 163/164.

verifica-se quando, sem intenção ou dolo, duas obras de autores diferentes coincidem no todo ou em parte.

II. A Directiva 2001/29/CE admite que os Estados-membros consagrem excepção ou limitação ao exclusivo jusautoral para a "inclusão episódica de uma obra ou outro material protegido noutro material". A lei portuguesa transpôs *ipsis verbis* o preceito (cfr. art. 75º/2-r) CDADC), entre as *utilizações livres* de obra[402].

Entendemos que a reprodução incidental, "episódica" na expressão da Directiva citada, de obra alheia em obra própria não constitui plágio sempre que o observador a identifique como obra alheia, sempre que seja perceptível que o elemento reproduzido incidentalmente (obra ou outro material protegido, como prestação artística, base de dados, fono/videograma, emissão radiodifundida) não foi criado pelo autor da obra que a reproduz. Se for confundível com esta, podendo ser tomada como obra sua, há plágio.

Se se reproduzir incidentalmente obra alheia em obra própria, evidenciando-se que é alheia e mencionando a sua autoria, mas em termos que prejudiquem a exploração da obra primígena, violar-se-á o exclusivo do titular do direito de autor, obrigando a indemnizar.

III. A coincidência fortuita de duas obras é rara, improvável e algo inverosímil. Parte da doutrina sustenta até que esta é situação que deveria ser tratada como *plágio não intencional*, em que o tipo criminal não estaria preenchido por falta de dolo. Assim, para afastar o plágio, o autor da obra posterior não teria de fazer mais do que provar que não conhecia a obra primígena[403]. Não concordamos.

O plágio é um dado objectivo, que deve ser objecto de critérios de apreciação objectivos. O plágio dá-se quando há semelhança ou identidade da essência da estrutura formal de duas obras. O plágio não é cópia descuidada, é aproveitamento total ou parcial de obra alheia em benefício de obra própria. Deve ser sancionado como o esbulho intelectual que representa, ainda que não se

[402] A lei portuguesa (art. 75º/2-i) CDADC) consagra também a liberdade de utilização de obra alheia em obra própria quanto à "inclusão de peças curtas ou fragmentos de obras alheias em obras próprias destinadas ao ensino".
A norma norte-americana estabelece que não constitui infracção ao copyright o "fair use" de obra protegida, incluindo a reprodução em exemplares para fins de crítica, comentário, relato noticioso, ensino, estudos académicos ou investigação, que tenha em conta se o uso é ou não comercial ou para fins educativos não lucrativos e que considere a natureza da obra, a substancialidade e a dimensão da porção usada e o efeito da mesma na exploração comercial da obra pelos titulares do direito (§107 US Copyright Law).

[403] Por todos, Ignacio Temiño Ceniceros, ob. cit., p. 164.

prove (*probatio diabolica?*) que o plagiador conhecia a obra que plagia. A falta de intenção não impede a condenação, pode apenas servir como critério de atenuação da pena.

57.3.11. As sequelas e o aproveitamento da estrutura narrativa de obra anterior

O plágio pode existir também nas sequelas ou prequelas[404] de, por exemplo, obras cinematográficas, em que alguém, sem reproduzir partes de uma obra anterior ou toda ela, acrescenta uma história, com esta coerente, referida a um período/tempo narrativo imediatamente sequente, que lhe é cronologicamente anterior ou posterior.

Existe, entre os exemplos a citar – e para que se veja que não se trata de uma "novidade" da actualidade –, o caso da publicação, em 1614, do "Segundo tomo del Ingenioso Hidalgo don Quijote de la Mancha", em que Fernández de Avellaneda apresenta uma sequela da obra de Cervantes, de 1605. E o que dizer se alguém – e alguns tê-lo-ão feito – publicasse uma banda desenhada que narrasse as "novas" aventuras de Astérix ou de Lucky Luke ou do Super-Homem, ainda que com argumentos próprios e narrativas completamente originais? Haveria plágio?

Temiño[405] considera que, nestes casos, a questão relevará antes da violação do direito (patrimonial de autor) de adaptação, já que, "ainda que haja apropriação de «essência da obra» anterior, não há sempre uma reprodução ou imitação" desta, salvo quando a suposta nova obra seja uma "manipulação" do texto anterior. Concordamos, mas não nestes exactos termos.

O plágio é o aproveitamento não apenas do conteúdo, assunto ou argumento da obra plagiada, mas também da sua estrutura formal. O tema, o assunto, é livre, mas certos temas ou personagens, como os acima citados, fazem parte da estrutura da história. Se se narrarem as aventuras de um guerreiro gaulês (Astérix) e de seu companheiro, invencíveis devido a uma poção mágica, à data da ocupação romana da Gália, ou de um "cow-boy" solitário com o seu cavalo falante que deambula pelo oeste americano no final do séc. XIX (Lucky Luke),

[404] "Sequelas" e "prequelas", termos hoje muito divulgados no meio audiovisual, designam obras que aproveitam não apenas o tema e os personagens, como também as estruturas narrativas de obras anteriores. Não se trata simplesmente de *remakes* de obras, que constituem novas produções e realizações de obras audiovisuais (*maxime* de obras cinematográficas) anteriores, em que apenas o argumento é idêntico. As sequelas e as prequelas têm novos argumentos, por vezes idênticas interpretações de personagens já editados na obra original, que aproveitam toda a estrutura narrativa desta (é o caso das, creio que doze, versões de "A Guerra das Estrelas", cujo primeiro episódio e muitos dos seguintes são de George Lucas).

[405] Ob. cit., p. 117.

ou de um justiceiro com super-poderes, chamado Super-Homem ou algo equivalente, aproveita-se mais do que as ideias, copia-se o enredo, a lógica e o tema das obras originais. Uma narrativa que crie novas aventuras destas personagens não adapta só a história anterior, plagia a sua estrutura narrativa, ainda que com "novas aventuras".

Isto levanta a interessante questão de saber se pode haver plágio sem cópia formal de outra obra. Tudo depende do que se entenda por "cópia formal". No nosso entender, copiar a forma de outra obra não é só copiar a estrutura aparente, mas também o é reproduzir a estrutura narrativa desta. Exemplificando: pôr nomes diferentes a Astérix, Lucky Luke e Super-Homem, desenhar "bonecos" próprios e reproduzir apenas os enredos das conhecidas histórias destes é, apesar de pouco inteligente e nada criativo, e de provavelmente votado ao insucesso comercial, não mais do que uma adaptação daquelas obras, que carece de autorização dos titulares dos direitos de autor nestas. A cópia é tão óbvia que não engana o público – como o plágio engana. Não há falsa atribuição da autoria de obra alheia, há, desde que o logro seja perceptível pelo observador médio, uma adaptação de obra preexistente. Ou não é afinal isto que fazem sucessivas adaptações ao audiovisual de obras clássicas?

57.3.12. A prova do plágio

O plágio existe ainda que a obra plagiada não tenha sido divulgada ou publicada. Se a obra é protegida independentemente da sua divulgação ou publicação (art. 1º/3 CDADC), mal se entenderia que o plagiador pudesse granjear tutela pelo direito de autor para a sua obra e afastar a condenação por plágio com base no facto de esta não ter sido publicada.

O plágio existe também, obviamente, ainda que não haja registo da obra plagiada. Este constitui mera presunção da titularidade do direito de autor a favor do que regista (cfr. art. 11º/1 RROLA).

A questão da prova do plágio de obra não divulgada é, naturalmente, problemática, mas não constitui problema maior do que a da prova da titularidade do direito de autor de obra não levada ao registo. Os lesados com o plágio (logo veremos quem tem legitimidade activa para interpelar por plágio) devem demonstrar que a sua obra existia previamente, mediante qualquer meio de prova admitido em Direito[406]. Basta-lhes demonstrar que a sua obra existe previamente, dispensando-se, pelas razões acima expostas a propósito da coincidência fortuita, a prova de que o plagiador a conhecia[407].

[406] Não se esqueça que, por exemplo, as lições, ainda que orais, dos professores são susceptíveis de protecção por direito de autor (art. 2º/1-b) CDADC).

[407] Esta prova também não se exige para demonstrar a tutela por direito de autor de uma obra e justificar a oposição a que outrem a explore sem autorização.

A questão inversa (se é necessário que o plagiador divulgue a obra plagiária para que haja plágio) merece outra reflexão.

Julgamos que a divulgação ou não divulgação da obra plagiária é irrelevante para ajuizar do plágio.

A obra é protegida pelo Direito de autor ainda que não divulgada. A obra plagiária chama a si a protecção de qualquer outra obra; se a questão da originalidade não for suscitada, pode o seu "autor" opor a terceiros, incluindo o autor da obra plagiada, o seu exclusivo de exploração económica e até o direito pessoal de *paternidade* da "sua" obra. Não é concebível deixar que isto possa acontecer, requerendo que seja necessário que a exploração da obra plagiária exista para que a tutela repressiva actue.

Quanto à prova do plágio numa obra não divulgada, bastará ao autor que diz ter a sua obra plagiada demonstrar que a obra plagiária existe e que alguém, que não o verdadeiro criador, reclama a sua autoria[408].

O plágio não exige utilização pública da obra, pela reprodução e venda de exemplares ou pela colocação à disposição do público na Internet, por exemplo. Basta que, num círculo mais ou menos restrito (e que círculo há mais restrito do que um júri de doutoramento antes da discussão da tese em provas públicas?), alguém chame a si a autoria do que é plagiado.

57.3.13. Legitimidade para arguir por plágio

I. O criador da obra intelectual plagiada tem, naturalmente, legitimidade para arguir o plagiário por plágio. Ele é titular originário do direito de autor e titular indeclinável do direito pessoal (dito "moral") de autor, que inclui a faculdade de reivindicar a paternidade da obra. Pode, pois, perseguir judicialmente quem se arrogue a autoria de obra sua.

Se o autor contratar a edição de obra sua, pode continuar a opor-se à contrafacção da sua obra. Como titular forçoso do direito pessoal, não perde esta faculdade por autorizar/licenciar outrem a explorar a obra segundo uma ou mais faculdades patrimoniais de autor (cfr. arts. 41º/1 e 88º/1 CDADC). Questão é se *deve* fazê-lo no âmbito das suas obrigações contratuais. Cremos que não.

O art. 89º/4 do CDADC é expresso: a obrigação do autor que contrata a edição de obra sua limita-se à actuação contra embargos e turbações provenientes de *direitos* de terceiros, não está obrigado a opor-se aos embaraços e turbações

[408] O armazenamento de um escrito, fotografia, filme ou música num disco rígido de um computador pessoal é, nos termos da lei, um acto de reprodução de obra. Se for preparatório da colocação à disposição do público de uma obra plagiária, deve ser reprimido, pois, na verdade, permite que ela fique acessível a uma pluralidade de pessoas pela sua colocação na *net*.

provocados por *meros factos* de terceiros[409]. Ora, a usurpação de autoria pelo plágio é um "facto", não uma turbação "proveniente de direito" de terceiro.

II. O art. 48º da LPI esp. é expresso em atribuir ao cessionário do direito de autor a legitimidade para, com independência do titular cedente, "perseguir as violações [do direito de autor] que afectem as faculdades que se haja cedido". A lei portuguesa não é expressa sobre esta matéria, mas julgamos que um princípio de sentido semelhante decorre das regras existentes.

Apesar de não ser titular do direito pessoal, o transmissário do direito patrimonial, que detém as faculdades de exploração económica da obra, pode ser um dos principais afectados pelos actos do plagiário. Quando chama sua a uma obra que usa da essência criativa de obra alheia, o plagiário não fere apenas a genuinidade desta, causa, ou pode causar, dano à exploração da obra que cabe ao titular do direito patrimonial, seja esta titularidade originária ou derivada. Não se compreenderia que o transmissário do direito patrimonial não estivesse legitimado para defender o seu exclusivo de exploração[410].

Pensamos que a posição jurídica do titular de uma licença exclusiva de exploração da obra intelectual tem por inerentes, para este efeito, poderes semelhantes aos do titular derivado do direito de autor[411]. O seu direito – como o do editor, também ele um licenciado com exclusivo – é, a nosso ver, oponível *erga omnes*, dotado de legitimidade para defender a exploração da obra contra turbações provenientes de acto de terceiro, como o plágio[412].

Já ao licenciado sem exclusivo não restará mais do que defender-se dos actos do plagiador em sede de responsabilidade civil aquiliana, por facto ilícito. Poderá, eventualmente também, reclamar do titular do direito de autor, concedente da licença, que actue de forma a garantir uma exploração isenta de embaraços e turbações ao concessionário licenciado, sob pena de responder por cumprimento defeituoso ou incumprimento do contrato de atribuição da licença. O facto de o autor a tanto não estar obrigado no caso da outorga de licença exclusiva, como vimos, não o desmente: o licenciado exclusivo pode

[409] Pires de Lima/Antunes Varela, Código Civil Anotado, III, cit., anotação 2, *sub* art. 1278º, sintetizam a doutrina que define acto de turbação como o que diminui, altera ou modifica o gozo e o exercício do direito, sem destruir a retenção ou a fruição existente, ou a sua possibilidade.

[410] Também os titulares de contributos discrimináveis na obra colectiva, que estão legitimados para exercer os direitos relativos aos seus contributos pessoais nesta identificáveis (art. 18º/2 CDADC *ex vi* art. 19º/2), podem defender-se do plágio que atinja as suas contribuições criativas.

[411] Sobre o conteúdo da posição jurídica do licenciado para a exploração de obra intelectual, cfr., *supra*, nº 50.1.4.

[412] Em termos aliás análogos ao instituído para a defesa da posse pelo possuidor (arts. 1276º e ss. do CC).

defender-se do plágio por si só, o titular de licença não exclusiva carece dessa legitimidade, devendo poder socorrer-se do titular do direito para assegurar um gozo desimpedido da obra.

III. Ponderamos se também os representantes de interesses colectivos, como associações de defesa do património cultural ou até associações de defesa de consumidores, podem actuar contra o plágio em nome de interesses colectivos como o de preservar a genuinidade das obras que integram o acervo cultural, património imaterial comum de uma comunidade. Desmobiliza-nos da defesa desta posição o facto de, em caso de plágio, estar sobretudo em causa a defesa do direito pessoal de paternidade e de a actuação em sua defesa depender de queixa (art. 200º/1, *in fine*, CDADC), o que retira força a um projecto de actuação corporativa conjunta em defesa de interesses colectivos com este pretexto.

57.3.14. Responsáveis pelo plágio

I. Toda a exploração económica da obra plagiária é ilícita e passível de condenação. Assim, quer o autor da obra plagiada quer os que a explorem como titulares derivados de direitos sobre esta, bem como os concessionários de licenças de exploração e os que comercializem os seus suportes podem ser perseguidos judicialmente e responsabilizados. O problema que se suscita, no que diz respeito a estes últimos, é se podem invocar em sua defesa o desconhecimento do plágio na obra que exploram.

II. O editor que reproduz, publica e distribui obra literária ou musical plagiária deve, do mesmo modo que pode e deve perseguir os atentados à autenticidade das obras que edita, plagiadas por terceiro, assegurar-se de que as obras que edita são genuinamente originais. Responderá, com o autor plagiário, perante os lesados com a fraude.

O editor poderá responsabilizar o autor plagiário pelo cumprimento defeituoso ou incumprimento da obrigação emergente do contrato de edição. Isto sempre resultará das regras gerais da edição, que obrigam o autor "a proporcionar ao editor os meios necessários para o cumprimento do contrato" (art. 89º/1 CDADC). A lei portuguesa não contém disposição semelhante à lei de autor espanhola que (art. 65/2 LPI esp.) estatui que "o autor responde perante o editor pela *autoria e originalidade* da sua obra e pelo exercício pacífico dos direitos que haja cedido", mas tal resulta óbvio dos princípio e regras aplicáveis à edição em Portugal. Tal não isenta, contudo, o editor de responsabilidade extracontratual pelo plágio perante terceiros.

Também o galerista que expõe obra plagiada deverá responder pela contrafacção das obras que expõe[413].

Ao editar obra plagiada ou ao exibir pintura contrafeita, viola-se, parece-nos claro, o dever geral de diligência a que o que explora a obra e ou os seus suportes está obrigado.

Consideramos que, nos casos em que o editor, o galerista ou o empresário de casa de espectáculos que exibe obra dramática ou cinematográfica plagiada provem que foram induzidos em erro, com dolo, pelo autor plagiário, a crer na originalidade da obra deste, ainda assim serão responsáveis por omissão do citado dever de diligência devida, que podem afastar provando a falta de culpa, nos termos gerais de responsabilidade civil. A inversão do ónus justifica-se aqui pelo especial dever de cuidado que sobre eles impende.

Não cremos que estejamos perante um caso de responsabilidade pelo risco, como advoga Temiño Ceniceros[414], que, em Portugal, só se admite nos casos que a lei a consagre (art. 483º/2 C.Civ.). Esta é uma situação de co-responsabilidade subjectiva solidária do autor plagiário e daquele(s) com quem este contrate a divulgação da sua obra contrafeita.

III. Outra questão interessante é avaliar se aqui existe litisconsórcio passivo necessário nos casos de co-responsabilização de autores e editores, galeristas, *etc.* Julgamos que a condenação do editor ou do autor por plágio *fere a obra* e, consequentemente, todos os que aproveitem com a sua utilização.

Esta conclusão suscita o problema que é propiciar a condenação em reparação por perdas e danos de sujeitos que não tenham sido parte na acção por plágio, por exemplo o editor em acção interposta apenas contra o autor plagiário, ou vice-versa, não tendo aquele tido oportunidade de se defender no pleito.

Embora esta seja questão objecto de controvérsia[415], parece-nos de concluir pela existência de litisconsórcio passivo necessário com todas as consequências processuais que daqui advenham.

57.4. A impressão 3D – uma modalidade de reprodução de obras?

57.4.1. A pandemia da doença COVID-19

No contexto da pandemia de doença COVID-19, uma plataforma digital *on-line* criada em Portugal (a plataforma SOSCOVID.pt) empenhou-se na produção,

[413] Neste sentido, Ignacio Temiño Ceniceros, ob. cit., p. 200, que cita em abono sentença de Tribunal de Milão, de 14-4-2011.

[414] Ignacio Temiño Ceniceros, ob. cit., p. 198.

[415] Por todos, ver Ignacio Temiño Ceniceros, ob. cit., p. 205.

de forma gratuita, de material de apoio para os profissionais desempenharem o seu trabalho na maior segurança possível.

A plataforma produziu viseiras de protecção (duas mil viseiras/dia), mas projecta produzir outro género de equipamentos. Foram vinte impressoras 3D a trabalhar 24 horas por dia e com recurso a moldes de injecção de plástico que permitiram a produção em massa (passando de 800 viseiras/dia para 2500/dia). Elemento decisivo foi o *software* informático, criado por uma empresa tecnológica de Oeiras.

No mesmo contexto, a HP (Hewlett-Packard) mobilizou equipas de impressão, tecnologia, experiência e capacidade de produção 3D para ajudar a fornecer peças no combate à pandemia. Produziu máscaras faciais, protectores faciais, ajustadores de máscara, cotonetes nasais, abridores de porta mãos-livres e peças para ventiladores.

57.4.2. Impressão 3D – definição

I. A impressão 3D (ou produção aditiva de objectos, porquanto permite fabricar objectos por adição de camadas, ao contrário do que o pintor Miguel Ângelo dizia fazer quando esculpia, quando retirava/subtraía sucessivamente camadas à pedra para obter o objecto escultórico desejado) é técnica que permite criar um objecto através de uma plataforma (impressora) que contém o material necessário para esse fim; a fabricação do objecto 3D realiza-se camada por camada.

O sistema ("impressão 3D", que preferimos chamar, em nome do rigor, *reprodução* 3D) permite fabricar mecanismos móveis que não podem ser desmontados, como, por exemplo, uma articulação de rótula humana, os dedos de uma mão, *etc.*. Permite também fabricar produtos de moda, de vestuário ou para fins médicos, como implantes (já se realizou um implante de orelha e se implantou uma pata de um pato a partir da impressão 3D). Permite também fabricar moldes com os que, por sua vez, se fabricam peças, o que consente reproduzir qualquer tipo de geometria.

II. A fabricação de objectos 3D camada por camada pode realizar-se: a) segundo directrizes contidas em ficheiro CAD (*Computer-Assisted Design*); ou b) através de um *scanner* que digitaliza os objectos que se pretende ver imprimidos.

Os materiais usados podem ser o plástico e outros sintéticos. Mais recentemente, pode realizar-se a impressão 3D a partir de materiais orgânicos.

A impressão 3D é, ainda, considerando os meios técnicos disponíveis, inadequada para produzir objectos muito grandes ou para mistura de materiais (matérias-primas).

III. Uma origem documentada da impressão 3D encontra-se no trabalho de Charles Hull, que patenteou um mecanismo de fabricação por camadas que utilizava material sensível aos raios ultravioleta (a impressora SLA-250), em 1988.

A impressão 3D pode ter origem em comunidades em sistema *open-source*, em que o controlo e titularidade dos ficheiros estão espalhados por todos os que contribuem para o desenvolvimento desta tecnologia.

Prevêem os futurólogos que os consumidores concorrerão com as empresas no recurso a esta técnica, substituindo-se a produção massificada pela produção personalizada.

IV. Constituirá a impressão 3D uma ameaça ao direito de autor e a outros direitos intelectuais?

A proliferação da impressão 3D permitirá, não apenas às empresas como aos utilizadores individuais, produzir mais objectos úteis, afectando os direitos ("de propriedade") industrial. Consentirá também a digitalização, distribuição e "mistura" de obras de arte, o que bule com os direitos de autor.

Serão ameaçados óbvios os produtores cinematográficos, as empresas discográficas, os fabricantes de bens de luxo, de brinquedos e de peças de substituição. Serão interessados evidentes na nova técnica os fabricantes de impressoras, os utilizadores individuais ou as empresas científicas e médicas.

A impressão 3D tem também inconvenientes. Aumenta a produção de químicos e gases nocivos para o meio ambiente, dispensa mão-de-obra, hoje empregada, pela automatização de processos, pode aviltar o direito de autor e os demais direitos intelectuais.

V. Maria Teresa Carrancho Herrero[416] declara ser esta "uma denominação que engloba as técnicas de fabricação aditiva, usada por analogia com a impressão tradicional sobre papel, ainda que evidentemente não se trate de uma fotocópia".

Como se explicará, não concordamos com esta formulação, porquanto pensamos que a produção de objectos 3D pelo sistema descrito pura e simplesmente não é impressão, mas reprodução a partir de um ficheiro informático que contém instruções para tal. Julgamos que a impressão em três dimensões é verdadeiramente uma cópia feita por uma impressora 3D. Tem paralelo na reprodução de uma obra, normalmente realizada em papel e através de texto, fotografia ou gravura. O facto de ser 3D não altera a circunstância de ser uma reprodução, uma cópia, uma representação de algo.

[416] Maria Teresa Carrancho Herrero, "El concepto de obra plástica y la impresión 3D", *in* "Propiedad intelectual en el siglo XXI: Nuevos continentes y su incidencia en el Derecho de Autor", Madrid, 2014, p. 43.

57.4.3. Componentes da impressão 3D

I. Um dos componentes essenciais da impressão 3D é a chamada "impressora 3D", que, na realidade, nada imprime, seja qual for a acepção em que se use o termo imprimir.

A dita impressora é, verdadeiramente, uma máquina que fabrica objectos com três dimensões, cujo nome deriva da sua congénere e homóloga 2D, essa sim uma verdadeira impressora, prima mais nova da prensa de Gutenberg. A sua denominação deriva, muito provavelmente, de ser accionada por um computador, como as primas 2D, do qual recebe os comandos para a acção "impressora".

II. Mas a "alma" da impressão 3D é, na realidade, o chamado ficheiro CAD, que proporciona o alojamento das instruções para que a dita impressora actue. O seu nome resulta das iniciais da expressão inglesa "computer-assisted design", mais próxima do que verdadeiramente é: um arquivo (os espanhóis designam-no mesmo "archivo") digital, onde aquele que concebe o objecto 3D a imprimir guarda os comandos a fornecer à máquina impressora.

Logo analisaremos a natureza e origem dos ficheiros CAD, preocupa-nos agora determinar em que consiste este e como é alimentado o seu conteúdo digital.

III. O ficheiro CAD é o continente com a representação digital de um objecto físico 3D, que pode ou não fixar (ser o suporte de) uma obra intelectual. Contém a descrição da geometria (arestas, eixos, pontos) da superfície e estrutura do objecto a imprimir em 3D.

Como todo o ficheiro digital, pode ser modificado, transmitido electronicamente, distribuído. Nada disto faz dele algo de diferente de, por exemplo, um ficheiro doc., que guarda documentos que depois podem ser impressos, passados a um suporte físico como o papel, em duas dimensões.

À semelhança dos, hoje vulgarizados, ficheiros doc., os ficheiros CAD podem conter comandos para a fabricação de suportes, neste caso em três dimensões, de obras do espírito. Estas, obras literárias e artísticas, como um romance ou um desenho; aqueles, por exemplo uma escultura em três dimensões ou uma maqueta contendo uma obra de arquitectura.

Tal como os ficheiros doc., os ficheiros CAD são suportes digitais (ou "alojamentos"/arquivos digitais) de algo. Esse algo pode também ser uma obra intelectual. A sua disponibilização, por exemplo na Internet, pode representar colocação à disposição do público de uma obra, acto reservado exclusivamente ao titular do direito de autor e que depende de autorização deste, sob pena de incurso em delito civil (com apreensão de ficheiros e indemnização) e penal (crime de usurpação).

Mas o ficheiro, em si, não é uma obra intelectual. Como dissemos, pode é ser o suporte, o arquivo digital de uma.

IV. O ficheiro CAD pode constituir-se por várias vias.

Pode formar-se pela digitalização de um objecto, feita a partir de um *scanner* apto à digitalização 3D.

Pode também formar-se produzido por um programa de computador apto à modelização 3D, como, por exemplo, o "Auto CAD 3D".

O ficheiro CAD pode também ser obtido pela partilha de ficheiros em sítios dedicados na Internet (como o "Thingiverse"). É conhecido o caso do *designer* de moda Asher Levine, que assinou um acordo com a MakerBot, fabricante de impressoras 3D, para permitir a impressão de óculos de sol, podendo ser descarregados modelos de forma gratuita, através do *site* Thingiverse.

V. O objecto 3D impresso tem génese no ficheiro CAD, que, como vimos, pode ser nascido de um programa de computador ou de uma digitalização de um objecto 3D fixado noutro suporte por um *scanner*, ou obtido num sítio de partilha na Internet que disponibilize tal acesso.

O ficheiro CAD tem sempre origem num programa de computador. Seja o que permite produzir esse ficheiro no computador hospedeiro, seja o que possibilita a digitalização do objecto por *scanner*, seja o que faculta a sua disponibilização e partilha na Internet. Só um programa de computador permite "ler" as instruções à máquina dadas pelo programador, e este é um Homem[417].

Mesmo o aparelho (*scanner*) que digitaliza nada cria, limita-se a reproduzir um objecto que pode fixar uma obra. Sob o ponto de vista do Direito de Autor, faz o mesmo que o *scanner* que digitaliza o escrito contido num livro ou numa folha de papel: copia-o, fixa e reproduz o que pode ser uma obra intelectual, só que em três dimensões. Não devemos deixar que a inovação técnica nos faça crer em unicórnios.

O autor do ficheiro CAD é sempre o que programa o *software* que o produz. O ficheiro CAD apenas fixa e arquiva esse *software*.

VI. Diogo Lopes Alves[418], num notável e exaustivo escrito sobre esta matéria, afirma que "um ficheiro CAD que tenha implícito uma obra protegida por

[417] Sobre as obras (supostamente) criadas por computador, pode cfr., *supra*, nº 10.

[418] Diogo Lopes Alves, Impressão 3D e a sua crescente relevância na propriedade intelectual (dissertação de mestrado na Faculdade de Direito/Escola do Porto, 2017, acedido em https://inpi.justica.gov.pt/Portals/6/PDF%20INPI/Teses%20Acad%C3%A9micas/A%20Impress%C3%A3o%203D%20e%20sua%20crescente%20relev%C3%A2ncia%20na%20PI.pdf?ver=2019-09-23-091614-500, p. 28).

direito de autor dever ser protegido ainda que não venha a ser realizada a sua função final, ser impresso para dar origem à obra". Pensamos que a questão não deve ser formulada nestes termos.

O que é protegido por direito de autor, no que à impressão digital diz respeito, é: a) a obra figurada que o ficheiro permite "imprimir" em 3D; e b) o programa de computador que "lê" o ficheiro CAD e permite produzir o objecto 3D. Quando se sustenta que o ficheiro CAD deve ser autonomamente protegido, só pode significar-se que deve tutelar-se a obra nele contida (como o ficheiro doc. pode conter uma obra literária), se realmente contiver uma obra protegível por direito de autor, o que não acontece necessariamente[419].

57.4.4. O objecto 3D e o conceito de obra intelectual. A natureza dos ficheiros CAD

I. A lei de autor espanhola parece restringir a autoria de uma obra às pessoas naturais, as pessoas físicas[420]. Já a lei de autor britânica prevê expressamente que possam existir o que designa "*obras* geradas por computador", a que acrescenta a noção de "*design* gerado por computador"[421]. A lei de autor portuguesa estabelece que o direito de autor pertence originariamente ao criador *intelec-*

[419] Como bem se entende, o ficheiro CAD pode conter tão-só instruções para produzir um banal cinzeiro, sem nada de criativo.

[420] LPI esp.: Art. 5/1 – «Considera-se autor a pessoa *natural* que crie alguma obra literária, artística ou científica».

[421] UKCDPA: Art. 178 – «'Obra gerada por computador' significa que a obra é gerada por computador em circunstâncias tais que não há qualquer [intervenção de] autor humano»/«"computer-generated", in relation to a work, means that the work is generated by computer in circumstances such that there is no human author of the work;»; Art. 9(1)/(3) – «'Autor' é a pessoa que cria a obra/ "author", in relation to a work, means the person who creates it [Tal pessoa], no caso de uma obra literária, musical ou artistic que seja gerada por computador é a pessoa que criou/providenciou as condições para que a obra fosse criada/In the case of a literary, dramatic, musical or artistic work which is computer-generated, the author shall be taken to be the person by whom the arrangements necessary for the creation of the work are undertaken».
UKCDPA: Art. 213(2) – «'Design' significa o "desenho/design" de uma forma ou configuração (seja interna ou externa) de uma parte ou de todo um item/'Design' means the design of... the shape or configuration (whether internal or external) of the whole or part of an article.»; Art. 263 – «'Design gerado por computador' significa que o design é gerado em circunstâncias tais que não há qualquer [intervenção de] designer humano»/"computer-generated", in relation to a design, means that the design is generated by computer in circumstances such that there is no human designer»; Art. 214(2) – «'Designer', no caso de um design gerado por computador, é a pessoa que criou/providenciou as condições para que o design fosse criado/In the case of a computer-generated design the person by whom the arrangements necessary for the creation of the design are undertaken shall be taken to be the designer.»

tual da obra (art. 11º). Será de considerar que os objectos 3D produzidos em impressoras 3D são "criados" por computador? Julgamos que não.

II. Tomemos o exemplo das fotografias. As *fotografias* são geradas em condições tais que é indispensável um dispositivo, dito máquina fotográfica, para que aquelas se produzam. É, porém, errado considerar-se que, neste caso, é a máquina que *cria* aquilo que o Direito de autor protege como obra intelectual.

A tutela das fotografias como objecto de direito de autor não está, no direito português, ligada ao processo de produção dos suportes, em papel ou digitais, em que as mesmas se fixam. O pressuposto da tutela jusautoral é, neste caso, a criatividade na "escolha do objecto" ou "as condições de execução" da fotografia (art. 164º/1 CDADC); para que haja *obra* fotográfica e a fotografia produzida pela máquina seja protegida por direito de autor, esta deve revelar uma intervenção humana criativa artística.

Certos programas de computador que introduzem filtros com que se pode até emprestar às fotografias um cunho único são, eles mesmos, protegidos autonomamente nos termos gerais da tutela do *software* por direito de autor[422], mas não são eles que criam a obra fotográfica: esta não é protegida pela técnica envolvida na fabricação ou pelo processo de produção da foto, mas pela *intervenção humana* quer na escolha do seu objecto e tema quer na selecção, também humana, das condições em que é executada.

Em suma, não é a máquina fotográfica que cria a fotografia que seja uma obra intelectual. Esta é-o precisamente por transcender, na sua expressão formal, a mera reprodução mecânica (fotográfica) da realidade visual e revelar criatividade (humana) na escolha do objecto ou condições de execução.

III. As impressoras 3D – à semelhança das máquinas fotográficas ou das suas congéneres 2D – também nada criam. Realizam uma função produtiva, fabricando objectos (3D) de acordo com as instruções dadas pelo computador a que estão ligadas, o qual, por sua vez, é uma máquina que realiza as operações para que foi programado, de acordo com o que determina o *software* usado para a sua operação.

Os ficheiros CAD, assim como os objectos 3D produzidos a partir das instruções contidas naqueles, não são obras intelectuais, são, quando muito, suportes de obras – e só se figurarem uma. Obra é o programa de computador criativo com o qual se cria o ficheiro CAD e aquela cujo processo de materialização (fixação em suporte 3D) o ficheiro CAD descreva.

[422] Sobre a protecção por direito de autor dos programas de computador, pode cfr., *supra*, nº 34.

IV. Voltando à máquina fotográfica – cuja analogia com a impressão 3D nos sugestiona, porquanto em ambos os casos a fixação da obra em suporte requer uma intervenção mecânica –, esta é, tão-só, o *meio* que o fotógrafo se serve para criar a sua obra, depois de ter escolhido o objecto da fotografia, a luz e os filtros que usa (estes, porventura, com recurso a programas informáticos), bem como as demais condições de execução[423].

A utilização de meios mecânicos não exclui, por si só, que o resultado possa ser considerado uma obra intelectual sempre que o autor traga à produção do objecto 3D ou 2D que fixa a obra o seu contributo criativo pessoal.

V. Aparicio Vaquero[424] sustenta: "O programa [gerado por computador] não segue os casos em que para a elaboração de um programa o autor se serve de ferramentas (programas) de ajuda à programação, como é prática comum e, hoje em dia, necessário. Um gerador de programas reduz, pelo contrário, a actividade humana à selecção de funções e módulos de programas típicos dentro da biblioteca do gerador e a proporcionar ao computador os dados pertinentes. O novo programa produz-se de maneira maquinal ou automática e pode considerar-se cópia parcial de alguns dos módulos contidos na biblioteca do programa gerador. Em consequência, não está protegido por direito de autor. Não é o autor [programador] quem põe em marcha e alimenta o gerador de programas, já que a sua actuação se resume ao fundo, enquanto a forma é dada automaticamente pelo computador. Consoante os casos, tratar-se-ia de uma obra derivada do programa de computador, incluída no direito de autor sobre o mesmo". Não concordamos com a aplicação deste raciocínio – que optámos por transcrever na íntegra para que o leitor não perca nenhum dos seus pressupostos e considerandos – aos objectos gerados a partir de um ficheiro CAD.

O ficheiro CAD é, na realidade, o suporte de instruções a uma máquina, a impressora 3D, que foram geradas a partir de um programa criado pelo programador deste, um Homem.

VI. Maria Teresa Carrancho[425] afirma: "O ficheiro deve ser protegido com independência da execução material da obra, já que é no arquivo que se contém a fixação da ideia do autor, a sua criação, a exteriorização da obra, portanto é o elemento que deve ser tido em conta para determinar se concorrem os

[423] Assim, Maria Teresa Carrancho Herrero, ob. cit., p. 50, nota 18.

[424] J. P. Aparicio Vaquero, Comentario ao Título IV, in Comentarios a la Ley de Propiedad Intelectual, coord. R. Bercovitz Rodríguez-Cano, p. 1275, Madrid, 2019, *apud* Maria Teresa Carrancho Herrero, ob. cit., pp. 57/58, nota 39.

[425] Ob. cit., p. 60.

requisitos para considerá-la obra protegida por propriedade intelectual e propriedade industrial – a protecção do ficheiro é, portanto, essencial por ser fácil copiar e reproduzir o seu conteúdo". Parece-nos esta uma confusão, frequente, entre conteúdo e continente.

O ficheiro CAD é apenas o suporte material (digital) da obra, de cuja materialização recolhe as "instruções", dadas pelo programa de computador que o gera, para produção do objecto 2D ou 3D que fixe aquela.

A fabricação da peça 3D é apenas a sua fixação num novo suporte. A reprodução após digitalização por *scanner* é apenas uma modalidade de cópia de um objecto material preexistente, que pode ou não fixar uma obra. Esta realidade nem sequer é nova, se considerarmos que, já antes, uma obra literária fixada num livro podia ser "*scanerizada*" e reproduzida num novo livro com o formato físico desejado[426].

Ao questionar se basta copiar o ficheiro CAD ou se é necessário materializar a peça 3D para que se entenda que há reprodução de obra, Maria Teresa Carrancho[427] continua, em nossa opinião sem razão, a laborar em equívoco. Confunde a obra e o seu suporte: quer o ficheiro quer a peça 3D são só suportes[428].

VII. O art. 198-a) do CDADC e o art. 270 do Código Penal espanhol punem por plágio[429]. Considerar que "a impressão 3D pode servir para reproduzir de forma idêntica uma obra, que depois se vende fazendo-a passar por original"[430], é, mais uma vez, confundir o conteúdo com o continente, o suporte com a obra.

É plágio qualquer tipo de reprodução não autorizada em que o plagiário faça passar por sua uma parte essencial da obra que se plagia ou em que uma parte essencial da obra plagiária é alheia. O suporte é indiferente.

VIII. Pode utilizar-se uma reprodução 3D de uma obra para ilustrar uma outra obra (assim como se nós utilizássemos, num filme cinematográfico, uma impressão 3D para demonstrar como esta se realiza). A impressão 3D também pode ser usada para fins de investigação científica. São todas novas utilizações, novas aplicações da obra que se imprima, livres ou não conforme os fins e as

[426] Maria Teresa Carrancho, ob. cit., p. 60, continua: "Se a peça tiver sido executada, teremos ainda uma obra material a proteger de possíveis violações, em particular a sua reprodução não autorizada pelo autor, que pode levar-se a cabo mediante a digitalização por *scanner* para posterior reprodução em exemplares". Não concordamos.

[427] Ob. cit., p. 64.

[428] Assim como os ficheiros doc. são suportes de documentos escritos.

[429] Sobre este tema, pode cfr. o nosso "Plágio e Direito de Autor", cit. e *supra*, nº 57.3.

[430] Maria Teresa Carrancho, ob. cit., pp. 64/65.

condições de utilização (cfr. art. 75º CDADC). E poderá falar-se de cópia privada de obras aptas à impressão 3D? Não duvidamos que sim.

Se a impressão 3D for estritamente para uso do que copia imprimindo, sem afectar os interesses legítimos do autor, sem prejudicar a exploração normal da obra, a impressão 3D de obra a partir de ficheiro CAD com instruções para tal é lícita e já é remunerada pela compensação por cópia privada; a quantia cobrada a este título deve incidir sobre impressoras e *scanners* 3D.

No entanto e dadas as possibilidades de cópia que a fabricação individual de objectos 3D poderá assumir no futuro, se se simplificarem os processos e se forem reduzidos os custos, deve considerar-se que o uso privado só é lícito se tiver uma fonte lícita[431]. As possibilidades que os ficheiros CAD e as impressoras 3D abrem à cópia privada assim o recomendam.

Se a obra a que se acede e que se imprime em 3D tiver uma proveniência ilícita (o usuário/utilizador acede-lhe sem autorização do autor), a impressão por cópia privada é ilícita[432]: se alguém roubar um livro, não pode fazer uso privado lícito da obra nele fixada (por exemplo, lendo-a); se alguém fizer uma fotocópia ou o *download* para uso privado de uma obra ilicitamente colocada à disposição do público na Internet, pratica um acto ilícito. Isto acontece também, evidentemente, se a obra estiver contida num ficheiro CAD disponibilizado *on-line*; se alguém fizer o *upload* de um ficheiro CAD a que acedeu ilicitamente (ou colocar este à disposição do público na Internet), pratica um acto ilícito.

Deve formular-se o princípio: só é possível fazer uso privado de ficheiros CAD que contenham obras intelectuais protegidas se a proveniência desse ficheiro for lícita. O art. 5º/2 da Directiva relativa à Sociedade da Informação (Dir.Soc.Inf.) deve ser interpretado no sentido de que o uso privado só é admitido se for lícita a fonte a partir da qual é efectuada a reprodução.

A impressão 3D de muitos exemplares de um objecto que contenha uma obra protegida extravasa os limites do uso privado, pois "prejudica a exploração normal da obra" (art. 81º-b) CDADC)[433].

[431] Contra, pensamos que sem razão, Diogo Lopes Alves, ob. cit., p. 48.

[432] Cfr. Acórdão TJUE ACI Adam, de 10-4-2014 – Proc. C-435/12: "*O direito da União, em especial o artigo 5º, nº 2, alínea b), da Diretiva 2001/29, do Parlamento Europeu e do Conselho, de 22 de maio de 2001, relativa à harmonização de certos aspetos do direito de autor e dos direitos conexos na sociedade da informação, em conjugação com o nº 5 do referido artigo, deve ser interpretado no sentido de que se opõe a uma legislação nacional, como a que está em causa no processo principal, que não distingue se é lícita ou ilícita a fonte a partir da qual é efetuada uma reprodução para uso privado*".

[433] Pode cfr. também o caso norte-americano "American Geophysical v.s. Texaco Inc.": a impressão de muitos exemplares de uma obra prejudica o copyright e extravasa o "fair use", pois "ao imprimir centenas de exemplares de artigos de uma revista para distribuir aos seus investigadores, prejudica-se a exploração normal da obra (a revista) que estes deixam de comprar".

57.4.5. Direitos patrimoniais de autor mobilizados na impressão 3D

I. A "impressão" de objectos 3D, quando estes forem suporte material de obras intelectuais, pode mobilizar vários direitos de autor, de índole pessoal e de natureza patrimonial.

II. O direito de reprodução é claramente mobilizado pela impressão 3D.

A impressão 3D, a partir de um ficheiro CAD, pode constituir reprodução de obra (por exemplo, de escultura). A multiplicação em exemplares de uma obra, bem intangível, imaterial, é reprodução desta; o ficheiro CAD fixa-a, "guarda-a", arquiva-a, propicia a sua reprodução.

A própria reprodução do ficheiro CAD, por exemplo descarregando-o da *net* (ou carregando-o para transmissão on-line), é também acto de reprodução, reservado ao titular do direito de autor sobre a obra nele figurada.

Por fim, a digitalização por *scanner* de um objecto 3D, fabricando outro, é acto reservado de reprodução, se o objecto digitalizado for suporte de uma obra protegida por direito de autor.

III. Como vimos (*supra*, nº 56), o direito patrimonial de autor de distribuição é o direito de comercializar/distribuir/pôr em circulação (exemplares de) obras protegidas por direito de autor. Integra o exclusivo jusautoral, reservado ao titular do direito de autor ou a quem este autorize.

A primeira comercialização da obra no espaço da UE *esgota* o direito (princípio do esgotamento do direito de distribuição – cfr. art. 4º/2 da Directiva 2001/29 e art. 68º/5 CDADC). O Acórdão do Tribunal de Justiça da União Europeia "All Posters"[434] reafirma tal esgotamento.

Já quando a obra protegida é reproduzida após ter sido comercializada na UE com consentimento do titular do direito de autor e tiver sofrido uma substituição do seu suporte (por exemplo, digitalizando um livro impresso em papel e assim o passando para um ficheiro digital[435]), considera-se que o direito de distribuição do autor "renasce" relativamente a esse novo suporte. É irresistível o paralelismo com o que sucede com a digitalização por um *scanner* 3D de uma obra fixada num suporte 3D, que assim passa para um novo suporte, o ficheiro CAD. Consideramos, porém, discutível a jurisprudência do Acórdão "All Posters".

Como vimos (cfr., *supra*, nº 56), o esgotamento do direito de distribuição tem que ver com a prevenção do controlo *ad eternum* pelo autor da distribui-

[434] Acórdão TJUE, de 22-1-2015 (Proc. C-419/13).

[435] Ou transferindo sobre uma tela uma pintura que constava de um poster em papel e é novamente colocada no mercado sobre esse novo suporte (precisamente o caso "All Posters").

ção de obras, que poderia opor-se por um número de vezes indefinido a toda a comercialização de suportes por si não autorizada. Se o suporte da obra muda, justifica-se o renascimento do direito de distribuição na UE?

O problema é que:

a) se o objecto 3D "impresso" é produzido a partir de um ficheiro CAD fabricado com um programa de computador, há um novo suporte: a obra fixa-se primeiro no ficheiro CAD, um suporte digital que só o computador decifra, e passa depois para o suporte físico analógico;
b) se o objecto 3D é incorporado no ficheiro CAD por digitalização 3D de um suporte físico que fixe uma obra intelectual, também há transferência de um suporte para outro; há verdadeiramente um novo suporte.

Dir-se-á que, tanto num caso como no outro, há um renascer das potencialidades de comercialização da obra; ela pode ser exponencialmente mais distribuída do que podia nos primitivos suportes, dada a potencialidade de comunicação planetária dos ficheiros CAD. Mas justificará isto o arrastar agónico do controlo do titular do direito de autor sobre a circulação dos suportes? Será aconselhável continuar a reservar ao autor e a condicionar à sua autorização a transferência de suporte, indiscutivelmente um acto de reprodução? Ou vale mais continuar a manter o exclusivo jusautoral de colocação à disposição do público na Internet dos ficheiros CAD, e depois deixar circular estes e os respectivos suportes, sujeitos apenas às leis do mercado?

A nossa opinião é que a mudança de suporte pode relançar a distribuição da obra, mas, em rigor, não representa uma *nova* distribuição.

IV. Lançar em rede, na Internet, um ficheiro CAD com "instruções" para a impressão 3D de um suporte de uma obra é, indiscutivelmente, um acto de colocação à disposição do público dessa obra, reservado ao titular do direito de autor correspondente.

Disponibilizar na Internet um sítio para aceder a ficheiros CAD aptos à produção de obras em três dimensões por impressoras é acto que passou a ser reservado, com a transposição do art. 17º da Directiva 2019/790 (DMUD), como acto de colocação à disposição do público (cfr. art. 175º-B/1 CDADC).

V. Diogo Lopes Alves[436] sustenta que pode entender-se que, nos termos do art. 68º/2-g) CDADC, a impressão 3D é acto de transformação de obra. Recorde-se que é transformação de uma obra, no sentido que interessa ao Direito de

[436] Ob. cit., p. 29.

autor, por exemplo, traduzir um texto literário ou cinematizar ou dramatizar um romance. Não concordamos que seja o caso da impressão 3D.

A impressão 3D nada transforma. Como vimos, limita-se a fixar uma obra, que eventualmente conste descrita num ficheiro CAD, num suporte diferente, ou em, inversamente, fixar num ficheiro CAD uma obra fixada num suporte físico analógico que um *scanner* 3D digitalize. Não há qualquer transformação *da obra*, há, como vimos, uma transferência de suporte desta.

57.4.6. Direitos pessoais (ditos "morais") de autor mobilizados na impressão 3D

I. Sem que caiba aqui uma descrição exaustiva dos direitos pessoais de autor[437], deve testar-se a sua relevância na impressão 3D.

II. Divulgar, levar ao conhecimento do público, uma obra cuja impressão o ficheiro CAD descreve e que o seu autor pretende manter inédita é violar o direito pessoal de autor de divulgação correspectivo.

Da mesma maneira que nada há de peculiar na impressão 3D que não seja propiciar a fixação num novo suporte (3D) de obras intelectuais desenhadas num computador, também não encontramos novidade que justifique a adaptação do direito de autor de divulgação a esta realidade, que não seja a adaptação dos nossos conceitos ao que não é mais do que uma nova técnica que a informática propicia.

III. Este direito de autor excepcional, que contém a faculdade jusautoral de interromper a circulação de uma obra (cfr. art. 62º CDADC), sem com isto implicar o desapossamento dos suportes em que eventualmente esteja fixada[438], implica também que o titular do direito de autor relativo a obra determinada pode também interromper a fabricação 3D de suportes dessa obra a partir de ficheiro CAD. Já determinar a interrupção da circulação desse ficheiro na Internet parece dificilmente exequível.

IV. Dir-se-ia que é evidente que o autor de uma obra intelectual, cuja produção de suportes 3D se encontre descrita num ficheiro CAD, se pode opor a que essa obra seja deformada, mutilada, destruída. Simplesmente, como explicamos noutro lado[439], as obras, bens imateriais, não se "deformam", nem

[437] Sobre este tema, pode cfr., *supra*, nºs 38-48, e o nosso "O direito pessoal de autor no ordenamento jurídico português", cit., *passim*.

[438] Sobre este ponto particular, pode cfr., *supra*, nº 43.1.

[439] Sobre este ponto particular, pode cfr., *supra*, cit., nº 46.1.2.

"mutilam", nem "destroem", podem destruir-se, mutilar-se ou deformar-se, isso sim, os seus suportes.

Aplicando esta ideia à impressão 3D, pode afirmar-se que o criador da obra cuja impressão em suportes 3D o ficheiro CAD descreve pode impedir que esta se imprima truncada, deformada na sua estrutura formal.

Diogo Lopes Alves[440] refere que a impressão 3D de uma obra protegida por direito de autor possui duas fases, a fase bidimensional (ficheiro CAD) e a fase tridimensional (objecto imprimido), à semelhança da obra de arquitectura, pelo que se aplicaria àquela o art. 60º CDADC. Segundo este, o autor tem direito de fiscalizar todas as fases de execução da obra de arquitectura; logo, *mutatis mutandi*, também poderia fazê-lo quanto à passagem da obra do ficheiro CAD para o suporte tridimensional[441]. A comparação não nos parece adequada.

O objecto 3D, produzido pela "impressora", é a construção mecânica de um projecto de objecto tridimensional: o projecto de objecto contido no ficheiro CAD. Deparamos, então, com duas obras: o programa de computador utilizado na criação do ficheiro CAD e a obra que neste eventualmente se figure. A novidade, neste caso e em relação à obra de arquitectura, reside na circunstância de o projecto de obra fixado no ficheiro CAD ter necessariamente suporte digital e o projecto de arquitectura poder ser fixado em suporte analógico (papel, gesso, *etc.*), e no facto de a obra de arquitectura ser materializada, construída pelo Homem e o objecto 3D ser sempre produzido por uma máquina.

V. O autor/criador da obra cuja produção do suporte 3D o ficheiro CAD descreve pode naturalmente sempre reivindicar a autoria daquela. Não encontramos especialidade em relação ao que se passa com as restantes obras intelectuais[442].

Já nos parece problemática a reivindicação da menção da designação de autoria em todas as utilizações que da sua obra sejam feitas[443]. Não parece realista fazer exigível que sempre que se utilize publicamente um dos vários objectos 3D produzidos a partir de um ficheiro CAD se mencione o nome do autor da obra ali figurada. Já se nos afigura de sustentar a exigência de que o nome do autor esteja sempre associado às utilizações que se façam dos ficheiros CAD, nomeadamente quando estes são tornados acessíveis na Internet.

[440] Ob. cit., p. 32.

[441] Sobre este direito do autor nas obras de arquitectura, pode cfr. o nosso "Direito de Autor e Arquitectura", cit..

[442] Sobre este ponto particular, pode cfr., *supra*, nº 45.

[443] Sobre este ponto particular, pode cfr., *supra*, nº 44.

57.4.7. Medidas tecnológicas de informação e de protecção

O art. 217º CDADC admite a aplicação de dispositivos ou outros mecanismos que limitam o acesso à utilização de obras protegidas por direito de autor que não envolva o pagamento de contrapartidas ao titular do direito. São exemplos destes: na arquitectura, o sistema "Code"; na indústria de conteúdos, os DRM (*Digital Restrictions Management* – sistemas de gestão digital de limitações à cópia), inseridos nos suportes para impedir cópia. No domínio da impressão 3D, existe, por exemplo, o "Manufacturing Control System", uma tecnologia integrada nas impressoras 3D que, quando esta acede ao ficheiro CAD on-line, é enviado pedido de autenticação para a sua base de dados, para saber se a impressão está autorizada; esta tecnologia pode ser inserida no ficheiro CAD.

O problema, neste caso como em todas as medidas tecnológicas, é que são cegas, não considerando, por exemplo, as excepções e limitações aos direitos de autor que permitem aos beneficiários destas que acedam livremente às obras. Voltaremos a tratar este problema (cfr., *infra*, nº 119.3-II)

57.4.8. Direitos de propriedade industrial que podem estar envolvidos na impressão 3D

I. A produção, simples utilização ou mesmo comercialização de um objecto 3D patenteado como invenção (cfr. art. 50º do Código da Propriedade Industrial – CPI), a partir de um ficheiro CAD que contenha instruções para tal, viola direito (dito "de propriedade") industrial.

Como se sabe, os chamados direitos de propriedade industrial, ditos integrados na chamada propriedade intelectual (direitos de autor e direitos conexos, direitos industriais e direitos da sociedade da informação), são exclusivos de exploração económica de bens industriais (como as invenções, os desenhos e modelos, os desenhos industriais, as marcas, *etc.*). Ao produzir-se, a partir de um ficheiro CAD, um objecto cuja invenção esteja protegida por patente (registo de uma invenção) em vigor, sem autorização (licença) do titular da mesma, viola-se esse exclusivo.

Para evitar a disseminação incontrolável dessa prática, facilitada pela circulação planetária que os ficheiros CAD propiciam, recomenda-se que os titulares dessas patentes (empresas, muitas vezes) passem a produzir, elas mesmas, os ficheiros CAD com a descrição digital desses produtos e disponibilizem licenças de acesso a tais ficheiros.

II. Os desenhos e modelos industriais designam a aparência da totalidade ou de parte de um produto resultante das características de linhas, contornos, cores, forma, textura ou materiais (cfr. art. 173º CPI[444]). São exemplo os estampados de tecidos ou o *layout* de um programa de uma página de um *site*.

Os ficheiros CAD são produtos, na acepção que interessa à propriedade industrial[445]. Só o titular do exclusivo relativo ao desenho ou modelo pode autorizar ficheiros CAD que reproduzam os gerados pelo titular dos direitos sobre esse modelo ou desenho.

Fica excepcionado do exclusivo referido, que se adquire pelo registo do desenho ou modelo, o uso privado desse modelo ou desenho (art. 198º-a) CPI[446]). Pensamos que as potencialidades abertas a este uso pela previsível grande disseminação das impressoras 3D e dos ficheiros CAD que as activam recomendam uma adaptação deste preceito.

57.4.9. Infracções possíveis aos direitos de propriedade intelectual

I. Como bem se depreende do que expusemos, a digitalização não autorizada, com um *scanner* 3D, de um objecto que fixe uma obra protegida é violação do exclusivo conferido pelo direito de autor ou direito industrial correspondente. A demonstração de que tal é feito para uso privado não legitima a prática, como também se viu.

A cópia do *software* que produz o ficheiro CAD (e do ficheiro propriamente dito) ou daquele que permite accionar a impressora 3D é, obviamente, violação do direito de autor nos programas de computador (cfr. Decreto-lei nº 252/94, de 5-10[447]). Qualquer alteração não autorizada a este *software*, bem como a sua distribuição em exemplares ou a sua colocação à disposição do público na Internet estão também vedadas.

Diga-se também, agora no domínio dos direitos industriais, que a digitalização de um produto cuja invenção esteja patenteada, a sua utilização, mediante cópia ou outra, depois de "impresso" em 3D, deve ser autorizada pelo titular da patente, sob pena de incurso em ilícito.

II. Quanto às impressoras 3D, copiar o *software* que as faz funcionar sem autorização do autor deste é ilícito.

[444] "O desenho ou modelo designa a aparência da totalidade, ou de parte, de um produto resultante das características de, nomeadamente, linhas, contornos, cores, forma, textura ou materiais do próprio produto e da sua ornamentação".

[445] Contra Diogo Lopes Alves, ob. cit., p. 47, que defende o mesmo mas só por interpretação analógica.

[446] "Os direitos conferidos pelo registo não abrangem: a) Os atos realizados num âmbito privado e sem fins comerciais".

[447] "Sobre a protecção jurídica dos programas de computador por direito de autor".

Também viola o exclusivo outorgado pelo direito industrial comercializar a própria impressora sem autorização do fabricante, porquanto usurpa os exclusivos inerentes à patente de invenção e à marca.

III. A própria partilha não autorizada do ficheiro CAD, bem como o seu *uploading* ou *downloading*, viola o exclusivo do programador que criou o *software* que o gera.

O uso privado do objecto que fixe uma obra protegida só violará o direito de autor se não respeitar os limites gerais inerentes a este[448]. Já a cópia privada do ficheiro CAD deve implicar remuneração ao autor, nos termos gerais do art. 82º CDADC, exigindo-se uma alteração da lei que regula a cópia privada[449], para que esta passe a incluir os vários dispositivos e suportes que a impressão 3D envolve.

IV. De igual modo, a própria reprodução ou comercialização não autorizadas do objecto 3D, que fixe uma obra intelectual, são ilícitas, pelas razões evidentes acima apontadas: violam os direitos de autor e/ou os direitos industriais inerentes.

57.4.10. Conclusão – uma definição de impressão 3D

Em resultado do exposto, definimos a impressão 3D como *a produção ou fabricação de um objecto tridimensional por uma máquina (dita "impressora 3D") activada por software próprio e seguindo as directrizes de um programa de computador, criado pelo Homem, contido num chamado ficheiro CAD ("computer-assisted design"); a impressão 3D também pode constituir não mais do que a reprodução de um objecto 3D pela sua digitalização mediante um scanner apropriado.*

58. Direito de autorizar a tradução, adaptação, arranjo ou qualquer outra transformação da obra

I. Os arts. 68º/2-g) e 169º/1 CDADC reservam ao autor, no âmbito do seu exclusivo jusautoral, a faculdade de transformação da sua obra. São exemplos de transformação a tradução em idioma diferente e a adaptação a outro género (a dramatização e a cinematização, por exemplo).

II. A norma do art. 169º/4 CDADC – nos termos da qual o autor, que consentiu a transformação da obra, deve conformar-se com as modificações "que não a desvirtuem" exigidas "pelo fim próprio da utilização a que se destina a transformação" – contribui para o enunciado de mais um princípio importante.

[448] Sobre este ponto particular, pode cfr., *infra*, nº 62.

[449] Lei nº 49/2015, de 5-6 (LCP).

A autorização para transformar uma obra deixa deduzir que o autor se conforma a modificações por terceiros que se considerem implícitas na ("exigidas" pela) transformação (para outra expressão formal) consentida.[450] Assim, o autor que autoriza a transformação – nomeadamente aquele que, por ex., atribui a outrem o poder de adaptar obra literária sua ao cinema – exerce uma faculdade de índole patrimonial. Aquele que autoriza a transformação consente (faculdade pessoal) implicitamente nas modificações que a utilização da obra transformada implique; não obstante, o autor reserva-se o direito de se opor (defesa da integridade) a modificações que, mesmo supostamente implícitas, necessárias ou exigidas pela transformação, entenda desvirtuarem a sua obra.

Por exemplo, é suposto que a (boa) cinematização ou encenação dramática de obras literárias implique a adaptação a "linguagens narrativas" próprias destes géneros artísticos diferentes das da literatura. O mesmo se passa com a (boa) tradução, dadas as especificidades idiomáticas.[451] O autor que consente a adaptação sujeita-se às modificações na obra exigidas pelos "códigos de expressão"/forma criativa do novo género (ou do novo idioma). Conhece-as – ou deve conhecê-las e conformar-se à adaptação – e, nessa medida, autoriza-as. Reserva-se, porém, o direito de, perante o resultado final, razoavelmente avaliar se tais modificações atingem a integridade da sua obra (na sua essência criativa), podendo opor-se-lhes nesse caso. Julga-se, contudo, que tal só será admissível se, para além das modificações exigidas pela modalidade ou modalidades de exploração económica autorizadas, se demonstrar "atingida a essência criativa" que vimos permitir identificar objectivamente a obra (só o caso concreto particularizado permitirá tal aferição). Se, por exemplo, um autor autorizar a dramatização de um romance seu, deve considerar-se que se conforma também às modificações na obra exigidas pela adaptação a um novo género literário/artístico; no entanto, o autor reserva-se, já que o seu direito pessoal à integridade da obra permanece, o direito de julgar, a final, se a sua obra adaptada surtiu desvirtuada, na sua essência criativa, da dramatização, e, nesse caso, pode opor-se-lhe. Assim se passará, por exemplo, com uma tradução que o

[450] Pela transformação, consentida no exercício de faculdades patrimoniais cujo direito pode também ser transferido, é criada uma nova obra a partir da que se adapta (caso da tradução ou da adaptação cinematográfica de obra literária). Ao modificar a obra, nada se cria de novo, já que também nada se acrescenta à essência criativa original que, preservada na obra transformada, se adultera modificando. Na linha deste raciocínio, sustentamos a que julgamos patente natureza pessoal do "direito de modificação" – cfr., *supra*, nº 46.2. e também o nosso "O direito pessoal de autor no ordenamento jurídico português", cit., III-4, 2.2., pp. 126-128.

[451] A lei considera, aliás, expressamente que não constitui contrafacção "a semelhança ou identidade do objecto entre traduções devidamente autorizadas", desde que cada uma das obras mantenha individualidade (criativa) própria. – art. 196º/4-a) CDADC.

autor da obra original, com alguns conhecimentos do idioma do tradutor ou aconselhado por quem os tenha, concluir que altera o sentido – ou a trama ou a estrutura literária – do que escreveu.

58.1. Direito de traduzir uma obra e direito do tradutor sobre a sua tradução

I. Quem traduz uma obra intelectual carece, nos termos expostos, de autorização do autor da obra que pretende traduzir. Mas e quanto à utilização de uma tradução para fazer uma nova tradução da obra (por exemplo, para editar em português, a partir de uma tradução francesa, uma obra originalmente escrita em russo)? Será necessária autorização apenas do tradutor, apenas do autor da obra traduzida ou de ambos?

II. "Traduzir" uma obra (por exemplo, passar uma obra literária escrita em inglês para português) não implica, por si só, a utilização patrimonial da obra que se traduz. Traduz insconscientemente uma obra o português que lê, para si mesmo, um romance escrito em idioma estrangeiro que conheça, mas que não é o seu, ou quem presencia uma peça de teatro representada em língua estrangeira. Isto, nada tem que ver com o exclusivo jusautoral.

Já o doutorando, que traduz uma obra estrangeira para a citar na sua tese, está a utilizá-la, só que a citação, reunidos certos pressupostos, é livre (cfr. nº 63.6).

Porém, quem traduz obra alheia, formalizando em obra traduzida a sua tradução, normalmente pretende dar uso à tradução, utilizá-la para fins que consubstanciam a sua exploração económica (e, assim, a da obra que se traduz). Neste caso, ao explorar economicamente a sua tradução, por exemplo fazendo-a editar, quem o faz está a utilizar duas obras: a que traduziu e a sua própria tradução. Foi requerida autorização do autor da obra que se traduz para realizar a tradução, requer-se a autorização quer do autor desta quer do tradutor para utilizar a obra traduzida. É isto que decorre dos nº 1-a) e nº 2 do art. 3º CDADC, que estabelecem, respectivamente, o direito do autor da tradução (ou outra transformação) e que a circunstância de este direito ser reconhecido não exclui a tutela do direito de autor nas obras que traduzem. Não se vê que quem edita uma tradução de uma obra literária – e normalmente até contrata o tradutor – não tenha de remunerar, quer o autor da obra que se traduz quer o tradutor, pelas sucessivas edições que faça do "produto" final (a obra traduzida).

58.2. Contrato de tradução

I. A lei contém normas específicas para a tradução realizada em execução de contrato que a encomende (art. 172º CDADC). Não se faz mais do que adaptar aqui regras já conhecidas.

Assim, transpõe-se sem mais o regime da edição "de obras originais" para o que se designa edição de tradução daquelas. É indiferente que a autorização do autor da obra original que se traduz seja dada ao editor da tradução ou ao próprio tradutor (art. 172º/1).

O tradutor, por efeito do contrato em que concede autorização para editar a sua tradução, não transfere ("nem cede, nem transmite") para o editor o direito de autor sobre a sua tradução. Ora isto, consagrado no art. 172º/2 CDADC, não é mais do que reprodução da regra geral sobre edição do art. 88º/1 CDADC (cfr. nº 78).[452]

II. A lei exige do tradutor o respeito pelo "sentido" da obra original que traduz (art. 169º/3 CDADC), o que não é mais do que impor ao tradutor o respeito pela integridade da obra original que é autorizado a traduzir. Caso o tradutor assim não faça, pode o seu editor impor as modificações na tradução necessárias à conformação com o sentido da obra original. E, se o tradutor ainda assim o não observar, poderá o editor promover, por si, as modificações necessárias (art. 172º/3 CDADC). Tal tem como implicação a co-responsabilização do tradutor e do seu editor pelas edições de traduções que desvirtuem a estrutura formal da obra original que se traduz (a lei vai ao ponto de autorizar o editor a interferir na composição gráfica da tradução para a fidelizar ao original – art. 172º/3).

Sem novidade face às regras gerais sobre remuneração dos autores que criem em execução de contrato, a lei reconhece ao tradutor o direito a uma compensação suplementar, quando a sua obra tenha utilização que transcenda os fins convencionados (art. 170º CDADC, que convém confrontar ao art. 14º/4 do mesmo Código, analisado em outro local – cfr. nº 71) Nos termos do novo art. 170º/2 CDADC, na determinação do montante desta remuneração adicional aplicam-se os instrumentos previstos nos novos arts. 44º-C e 44º-D CDADC, designadamente os mecanismos de correcção da mesma quando esta se revele desproporcionalmente baixa em relação aos proventos recebidos com a utilização das obras assim criadas (cfr. nº 66.3).

[452] Pelo contrato de edição, não se transmite, temporária ou permanentemente, para o editor, o direito patrimonial de autor (art. 88º/1 CDADC). O autor conserva mesmo, não obstante a autorização para editar, o direito de traduzir a obra a editar (faculdade patrimonial singular, como se viu) – art. 88º/2. Segue-se, quanto a este último também, a regra sobre toda a atribuição patrimonial, que é finalista (cfr. nº 50.1.1), *i.e.*, limitada às faculdades designadas ou às essenciais ao cumprimento dos fins da atribuição.

59. Direito de autorizar a utilização em obra diferente. A conexão de obras

I. Utilizam-se poemas antigos para musicar peças musicais que se compõem agora. Usam-se obras de escultura ou de pintura em obras arquitectónicas. Recorre-se a argumentos literários com centenas de anos para basear obras cinematográficas. Usam-se desenhos antigos para ilustrar um livro. Para todas estas utilizações, é necessária a autorização do autor das obras utilizadas, salvo se caídas no domínio público (art. 68º/2-g) CDADC).

II. Diferente dos casos anteriores, a "coligação de obras" (prevista com autonomia no § 9 UrhG alemã que regula a "combinação de obras criadas independentemente por vários autores para uma exploração em comum") representa, no fundamental, uma união de obras para uma ou mais utilizações conjuntas. A coligação de obras não representa a criação de uma nova obra: as obras "coligadas" são utilizadas segundo a expressão formal original, não segundo uma nova expressão formal criativa que as combine em obra nova (quem coliga obras limita-se a combinar obras alheias ou próprias, sem nada criar de novo)[453].

A coligação de obras configura uma situação muito curiosa, uma vez que, sem criação de uma nova obra, se constitui uma nova situação jusautoral, já que a coligação propicia todo um novo conjunto de possibilidades de exploração das obras coligadas: se se associar um poema a uma música, criados independentemente um do outro, proporciona-se, por exemplo, que a canção resultante seja interpretada e editada de formas que nem o poema nem a música isoladamente permitiam. Isto revela também a pujança da autonomia da vontade na formação de situações jurídicas de direito de autor, já que se constitui uma nova situação jurídica a partir, tão-só, da vontade de unir duas obras preexistentes.

No caso das obras coligadas, está ausente quer a concertação criativa, própria das obras em colaboração (cfr. nº 13), quer a incorporação de contributos individuais em obra colectiva: as obras coligadas continuam individualizadas como criações independentes, que podem ser exploradas economicamente em separado.

[453] Parece figura análoga à que Oliveira Ascensão denomina conexão de obras, que apropriadamente distingue das obras compósitas que são obras derivadas ("Direito Civil – Direito de Autor e Direitos Conexos", cit., nºs 81 e 85, pp. 127 ss. e 134 ss., respectivamente). Distintas, as obras compósitas, como as demais obras derivadas, incorporam uma obra preexistente; é criada uma nova obra a partir de uma outra, embora sem a colaboração (criativa) do autor desta – cfr. arts. 20º/1 e 3º/1, a) CDADC.

III. Como dissemos (cfr., *supra*, nº 13-1-II), na conexão de obras, não está presente a cooperação criativa de uma pluralidade de sujeitos (como nas obras em colaboração); não é relevante o concurso criativo plural sob coordenação/ /direcção de outrem e sob égide e com enquadramento empresariais (como nas obras colectivas); não se trata da mera compilação de obras que, pela escolha ou organização dos elementos incorporados, constitua, ela própria, uma nova obra (como acontece nas colectâneas).[454]

As obras em conexão são, assim, criações independentes que se coligam voluntariamente para uma exploração económica de que antes não eram susceptíveis. Vejamos em que termos.

59.1. Coligação de obras: uma situação jusautoral nova de origem voluntária. Coligação de obras e obra compósita

I. A coligação de obras pode não nascer de um acordo, mas de um acto do próprio autor que liga duas obras suas para uma utilização determinada.

A coligação ou conexão de obras é uma mera modalidade de utilização destas. O acto que coliga as obras é constitutivo de uma nova situação jusautoral que condiciona a exploração conjunta dessas obras aos fins que mobilizaram a conexão. Nasce uma nova situação jurídica de direito de autor, já que o produto dessa conexão (as próprias obras coligadas) proporciona utilizações jusautorais novas. Assim, por exemplo, se A, editor discográfico, utilizar a música de B para fazer uma canção que utiliza também o poema de C, é patente que tal canção se presta a utilizações novas (ser tocada em concertos, ser gravada, ser interpretada e radiodifundida, *etc.*) que escapavam quer à obra de B quer à de C, isoladamente consideradas. Se D, editor literário, juntar o texto de E e os desenhos de F para editar um livro ilustrado, é evidente que o livro ilustrado pode proporcionar ganhos de exploração económica nunca atingíveis pelos desenhos de F ou pelo escrito de E, tomados individualmente.

[454] Como esclarece W. NORDEMANN, em anotação (2), p. 123, ao § 9 UrhG alemã, in "Urheberrecht – Kommentar..." (FROMM/NORDEMANN), coordenado por W. NORDEMANN, 9ª ed. cit.: "Com a afirmação pelo legislador de que deve tratar-se de várias obras independentes, foi facilitada uma delimitação clara entre obras coligadas e adaptação e co-autoria. Na adaptação, são exploradas conjuntamente duas criações – obra original e adaptação –, mas não se trata de duas obras autónomas; no caso da co-autoria, surge apenas uma única obra. Na prática, só apresenta dificuldades a delimitação entre coligação de obras e co-autoria. Na situação [em que ocorra] uma exploração conjunta de vários contributos, trata-se de uma coligação de obras, quando não estão preenchidos os pressupostos da co-autoria em que não é possível a utilização separada dos vários contributos individuais [...]. Obras-colectânea e compilações são obras coligadas apenas de facto, uma vez que nelas não existe relação jurídica entre os vários autores, mas apenas entre os autores individuais e o coordenador [...da obra – "Herausgeber", no original]".

II. Na conexão de obras, a titularidade do direito de autor em cada uma das obras coligadas permanece na esfera jurídica dos sujeitos a quem se encontrava atribuída no momento da conexão. O acto que opera a conexão determina, contudo, ou novas condições de exploração de um novo bem jurídico pelos próprios ou uma atribuição patrimonial a terceiros; em ambos os casos, é constitutiva de faculdades que só podem ser exercidas em relação à nova situação jusautoral. Quando os titulares do direito de autor em cada uma das obras coligadas as utilizam ou autorizam terceiros a uma utilização destas em conexão, não fazem mais do que aproveitar uma das modalidades de exploração destas. Simultaneamente, contribuem para constituir uma nova realidade jusautoral, em que o conteúdo é determinado pelo fim da sua constituição e é distinto do que permite o aproveitamento de cada uma daquelas isoladamente consideradas. Em suma, na conexão ou coligação de obras coexistem os direitos sobre cada uma das obras coligadas e os direitos sobre o novo objecto de direito de autor que resulta da coligação.

O autor de um texto literário e o autor de desenhos que o ilustram – que, sem colaboração criativa, acordam na conexão para uma utilização conjunta das duas obras – limitam-se a aproveitá-las segundo uma das modalidades de exploração económica que estas proporcionam, mas também constituem inequivocamente uma nova situação jusautoral. Esta constitui-se na sua titularidade conjunta, ou na de terceiros a quem tenham atribuído faculdades de utilização do "texto ilustrado" ou dos "desenhos legendados literariamente", que é nova e independente das que preexistiam à coligação. Neste sentido, a coligação de obras é uma situação jurídica autónoma e nova, já que proporciona um novo aproveitamento jusautoral dos bens (obras coligadas) que são o seu objecto mediato.

III. Na nova situação jusautoral assim constituída, o direito de autor é exercido nos termos gerais, embora limitado pelo fim da coligação. O fim da coligação de obras é expressamente fixado no acto de coligação ou deduz-se do mesmo: assim, por exemplo, se se coligar um poema e uma música para compor uma canção, é expectável e está compreendido nos fins da coligação, salvo declaração expressa em contrário, a sua edição discográfica ou a sua execução em concertos, e cabe aos autores daquelas, que autorizaram a coligação, reclamar a remuneração correspondente à nova utilização, lícita, das suas obras. As divergências sobre utilizações que não estejam compreendidas nos fins de utilização que se deduzem do acto constitutivo da coligação, designadamente porque não foram prefiguradas ao coligar as obras, serão dirimidas segundo as regras da boa fé. Trata-se, então, de aplicar o regime das obras em colaboração a esta modalidade – "mais frouxa", para usar a sugestiva expressão de OLIVEIRA ASCENSÃO[455] – de combinação de contribuições criativas discrimináveis[456].

IV. A figura da conexão de obras não coincide, necessária e inteiramente, com a da *obra compósita* (cfr., *supra*, nº 32) – art. 20º CDADC. Nesta última, incorpora-se em obra própria uma obra alheia preexistente. Na coligação de obras, não é uma nova obra que se cria, são duas obras (próprias ou alheias) que se juntam para uma nova utilização.

O direito de autor na obra compósita pertence exclusivamente ao que incorpora outra obra na sua, "sem prejuízo dos direitos do autor da obra preexistente" (art. 20º/2 CDADC). O direito de autor na coligação pertence aos autores da obra coligada.

60. Direito de autorizar a construção de obra de arquitectura segundo o projecto

I. Os projectos, esboços e obras plásticas respeitantes à arquitectura são obras protegidas, como se viu, nos termos do art. 2º/1-l) CDADC. O art. 68º/2-l) CDADC consagra, como exclusiva do autor, a faculdade de autorizar ou proibir que a obra de arquitectura seja construída. Esta construção pode verificar-se uma ou mais vezes, desde que de acordo com o mesmo projecto. No entanto, a repetição da construção de obra de arquitectura, segundo o mesmo projecto, depende, nos termos expressos da lei, de acordo do autor daquela (art. 161º/2 CDADC).

II. A reprodução destas obras só pode ser feita pelo autor ou com a sua autorização escrita e é, em regra, remunerada (art. 159º). Para o efeito, o autor poderá celebrar contrato, cujo conteúdo está sujeito às regras do contrato de edição (art. 86º CDADC, noutro local analisado – cfr., *infra*, nº 77 e segs.). O contrato deve conter elementos de identificação clara da obra, quais sejam a sua descrição sumária, debuxo, desenho ou fotografia, com a assinatura do autor. A venda das reproduções da obra depende de aprovação pelo autor de matriz do exemplar a vender (art. 160º).

O exposto é extensivo às maquetas de cenários, figurinos, cartões para tapeçarias, maquetas para painéis cerâmicos, azulejos, vitrais, mosaicos, relevos

[455] JOSÉ DE OLIVEIRA ASCENSÃO, "Direito Civil – Direitos de Autor e Direitos Conexos", cit., nº 86-III, p. 136.

[456] OLIVEIRA ASCENSÃO, "Direito Civil – Direitos de Autor e Direitos Conexos", cit., nº 86-II, p. 135, reserva até a aplicação do disposto no art. 18º/1 CDADC – que é expressamente previsto como aplicável às obras em colaboração – à situação de conexão de obras.

murais, cartazes e desenhos publicitários, capas de livros (e às criações gráficas que estes comportem, se revestidas de criatividade) – art. 163º CDADC.

III. A obra (intelectual) de arquitectura não é a edificação construída. Não por acaso, esta também se denomina apropriadamente "obra" e é o objecto do contrato de empreitada, em que uma das partes se designa precisamente *dono da obra* (a outra parte é o empreiteiro).

A obra *intelectual* de arquitectura é o projecto, aquilo que se projecta edificar, construir. A obra construída é objecto de um comum direito *real* de propriedade, cujo titular é o seu proprietário[457], o dono da edificação construída ou em construção. O titular do direito *de autor* sobre o projecto de arquitectura é o arquitecto que elabora o projecto da obra.

As obras de arquitectura têm uma particularidade que – com as obras de *design*, por exemplo – as distingue das demais. A utilidade prática de uma obra literária, a sua aplicação funcional é... nenhuma, não serve para mais nada senão para ser desfrutada intelectualmente e para ser explorada economicamente pela venda dos seus suportes materiais (livros, DVD). A obra de arquitectura (como a de *design*) tem uma aplicação prática, uma função prática, como seja habitar a casa ou circular na estrada construídas a partir dela, ou pelo menos pode tê-la. Isto, como se verá, condiciona o direito de autor nestas obras.

IV. As obras de desenho e, autonomamente, as de arquitectura são consideradas "obras originais" para efeitos de protecção pelo direito de autor (cfr. art. 2º/1-g) CDADC).

A lei de autor separa, consagrando de forma autónoma, as "obras plásticas respeitantes à arquitectura, ao urbanismo [...] ou às outras ciências" (art. 2º/1-l) CDADC). Refere-se às maquetas, às perspectivas, cuja realização se considera autónoma da obra original. A obra de arquitectura é, como se disse, o projecto, composto pela planta, pelo corte, pelo alçado, pelo mapa de vãos, pelo mapa de acabamentos e pelos pormenores.

V. A *construção* de obra de arquitectura ou de obra de arte plástica nela incorporada é compreendida entre as formas de *divulgação* de obra intelectual (art. 6º/3 CDADC). Ora, a protecção pelo direito de autor é prévia e independente da divulgação da obra intelectual.[458]

[457] Sobre a interessante questão da natureza do objecto do contrato de empreitada e do objecto do contrato de encomenda de obra intelectual, pode cfr., *infra*, nº 68.3, onde mais se esclarece sobre a natureza das obras intelectuais em geral.

[458] A protecção de uma obra intelectual resulta do simples facto da sua exteriorização (separação formal do seu autor) que lhe dê expressão formal criativa. Criatividade é aquilo que permite iden-

VI. O Código (CDADC) identifica como *autor* de obra de arquitectura, de urbanismo ou de *design* "o criador da sua concepção global *e* respectivo projecto" (itálico nosso). Ora, a concepção global de uma obra de arquitectura e o projecto dessa obra não são duas coisas diferentes: o "e" tem aqui valor de conjuntiva, não de disjuntiva. A mera "concepção global da obra" não tem valor para o Direito de autor como obra (artística); só o *projecto* da obra, a concepção da mesma a que seja dada expressão formal por qualquer modo, tem valor jusautoral.

"Autor é o criador". Isto pode parecer redundante, mas não é. Ao mencionar o autor, o que a lei refere é o *titular do direito* de autor, o titular *originário* do direito de autor, aquele em cuja esfera jurídica o direito de autor relativo a estas obras se constitui.

Saiba-se que, no caso de obras criadas por encomenda ou em execução de contrato de trabalho, pode convencionar-se que o direito de autor pertence ao que encomenda a obra ou ao empregador comitentes (cfr. art. 14º/1 e /2 CDADC). Neste caso, não podem ser feitas utilizações da obra (exploração económica desta) estranhas ao fim para que foi criada; se, por exemplo, se criar um projecto de arquitectura para uma finalidade específica de obra a construir e ele for aproveitado para fins que em muito suplantam o esperado – e em função dos quais foi fixada a remuneração do arquitecto projectista –, este tem direito a um acréscimo remuneratório especial (cfr. art. 14º/4 CDADC).

60.1. Contrato de construção (com utilização) de obra de arquitectura

Os projectos de arquitectura – que, com as próprias obras de arquitectura, são obras intelectuais (arts. 2º/1-l) e g) e 25º CDADC) – destinam-se à construção de edificações conformes ao projecto. O autor deste tem o direito de fiscalizar a sua construção ou execução "em todas as fases e pormenores, de maneira a assegurar a exacta conformidade da obra com o projecto de que é autor" (art. 60º/1 CDADC).

Trata-se de não mais do que uma manifestação do exercício do direito pessoal à integridade da obra, aplicado a este particular género artístico com grande componente técnica: o autor que fiscaliza a construção segundo o (seu) projecto não faz mais do que garantir que não se desvirtue a estrutura formal

tificar uma obra como original e nova, não no sentido de inédita, mas no de criação de pessoa determinada. A obra intelectual dimana do espírito de alguém, mas a sua criatividade é a percepção dessa "individualidade criativa" pela inteligência dos que a defrontem (cfr., *supra*, nº 7.1).
Já divulgação de uma obra é a quebra do seu ineditismo, o levá-la ao conhecimento do público. A divulgação de uma obra torna-a penhorável (cfr. art. 50º/2 CDADC) por se considerar que está perfeita/acabada para o seu autor, que assim o manifestaria "por sinais inequívocos" (mesmo artigo do CDADC); até então, a obra permanece fora do comércio jurídico.

(protegida) da sua obra. Logo o art. 60º/2 confirma este entendimento, ao impor ao dono da obra (numa empreitada de construção realizada segundo o projecto de arquitectura) a conformação a este, sob pena de, infringindo-o, responder "por perdas e danos" nos termos gerais.

Deve recordar-se aqui aquela que se referiu como regra aplicável a todo o direito pessoal à paternidade da obra: em caso de, no supremo juízo do autor, este considerar a sua obra de arquitectura formalmente desvirtuada (pela construção, neste caso), pode repudiar a paternidade da obra modificada, ficando o utilizador inibido de invocar tal paternidade associada à obra – art. 60º/3 CDADC (cfr., *supra*, nº 46.1-IV, B)).

60.2. Direito de sequência nas obras de arquitectura

A lei consagra, com carácter geral, um chamado *direito de sequência*, que consiste numa participação no preço de venda dos suportes de "obra de arte original" (quadros com pinturas, estatuária como suporte de esculturas, *etc.*[459]), a partir da 2ª venda que seja realizada por mediador de arte ("marchand") (art. 54º/1 CDADC)[460]. Esta participação pode chegar a 4% sobre o valor da venda (e não apenas sobre a mais-valia obtida), com o limite de €12 500,00. As obras de arquitectura (e as obras de arte aplicada) estão *excepcionadas* desta regra.

À primeira vista, não se descortina a razão da não aplicação desta regra às obras de arquitectura. A justificação reside provavelmente no fundamento deste direito e no objecto do direito de autor nas obras de arquitectura.

A participação no valor da venda de suportes inerente ao direito de sequência visa colmatar o défice crónico de capacidade negocial dos autores de obras de arte que vendem as suas obras (os suportes destas) muitas vezes por preços muito abaixo do seu valor real.

A participação a título de direito de sequência incide só sobre o valor das transacções realizadas a partir da 2ª venda, a primeira em que o autor não intervém, normalmente efectuadas por comerciantes de arte. Não se vê que a transacção dos suportes de projectos de arquitectura seja habitual ou comum no negócio destes, e aqui reside provavelmente a razão desta excepção.

[459] Para efeitos da Directiva europeia que regula esta matéria (Directiva 2001/84/CE, do Parlamento Europeu e do Conselho, de 27-9-2001), entende-se por «obra de arte original» qualquer obra de arte gráfica ou plástica, tal como quadros, colagens, pinturas, desenhos, gravuras, estampas, litografias, esculturas, tapeçarias, cerâmicas, vidros e fotografias, na medida em que sejam executadas pelo próprio artista ou se trate de cópias consideradas como obras de arte originais (norma reproduzida no art. 54º/2 CDADC).

[460] Sobre o conceito, características e natureza do direito de sequêmcia, pode cfr., *infra*, nºs 66.4 e 108.

60.3. O conceito de "utilização da obra de arquitectura"

I. O que será "utilizar uma obra de arquitectura"? A lei de autor refere-se-lhe a propósito da liberdade da sua utilização, quando a obra de arquitectura, como a de escultura, "for feita para ser mantida permanentemente em locais públicos" (art. 75º/2-q) CDADC). Então, as obras de arquitectura são "feitas"? E "mantidas em locais públicos"? Pensamos que isto significa que, quando a edificação (ponte, casa, aqueduto) estiver acessível em local público, o seu desfrute é aberto a todos.

Simplesmente, isto não é *utilizar* a obra de arquitectura – e é de utilizações livres que trata o citado art. 75º CDADC. Utilizar uma obra é explorá-la economicamente; ora, a obra de arquitectura utiliza-se sendo edificada segundo o projecto, e não sendo desfrutada pelo público utente do edifício, que se limita a *usá-la* (sem a explorar economicamente).[461] E a construção/edificação depende sempre de autorização do autor. O art. 68º/2-l) CDADC confirma este entendimento: entre as faculdades de utilização patrimonial das obras intelectuais – aquelas que definem o conteúdo do exclusivo de exploração económica – faz compreender "a construção de obra de arquitectura segundo o projecto, quer haja ou não repetições", o que comprova que é construindo/ /edificando que se explora economicamente a obra de arquitectura, não simplesmente desfrutando-a em lugar público.

Do que se trata na citada alínea q) do art. 75º/2 do Código é da chamada "liberdade de panorama", a liberdade de "o público", todos nós, desfrutar de obras de arquitectura ou escultura que, uma vez construídas, "fabricadas", são expostas para serem desfrutadas em locais públicos. A consagração desta "liberdade" reage a uma tendência das municipalidades – e até dos Governos –, em certos países, que pretendiam cobrar taxas pela contemplação da Estátua da Liberdade, da Torre Eiffel, da Esfinge de Gizé ou da Muralha da China..., tributação que nos faz lembrar o livro de Astérix em que se menciona o tributo pelo "direito de escutar pregoeiros" e antecipa, quiçá, a tributação do acto de respirar ar puro...

II. A lei de autor (art. 75º/2-t) CDADC) consagra a liberdade da "utilização de obra de arte sob a forma de um edifício, de um desenho ou planta de um edifício para efeitos da sua reconstrução ou reparação".

Significa isto que pode, por exemplo, recorrer-se ao projecto de um edifício ou à planta de um edifício para, sem necessidade de autorização do autor, reconstruir ou reparar esse edifício. Tal liberdade é significativa do carácter funcional destas obras em particular: pode recorrer-se à obra original (coisa

[461] Sobre a nossa diferente caracterização de utilização e uso de uma obra, pode cfr., *supra*, n 29.3-II.

incorpórea protegida pelo direito de autor) para reparar este (o edifício, coisa corpórea com existência física). Isto só se explica atendendo ao facto de a obra de arquitectura só se consumar verdadeiramente com a sua construção/edificação.

60.4. O contrato de reprodução de obra de arquitectura

A reprodução de projectos de arquitectura e de planos de urbanização depende de autorização do autor: só este ou quem este autorize pode reproduzi-la/ /copiá-la/multiplicá-la em exemplares. A isto se chama "contrato de reprodução" (art. 159º CDADC).

O contrato de reprodução de obra de arquitectura deve ser escrito, presume-se oneroso e a reprodução autorizada pode ser condicionada. As reproduções não podem ser postas à venda sem que o autor tenha aprovado o exemplar submetido a seu exame (art. 160º/2).

Em todos os exemplares reproduzidos, deve figurar o nome ou outra identificação do autor ou o seu pseudónimo (art. 160º/3), o que não é mais do que uma manifestação do direito pessoal de todo o autor à menção do nome ou de outra designação de autoria em caso de utilização da sua obra.[462] No caso específico dos estudos e projectos de arquitectura e urbanismo, junto do estaleiro da construção da obra de arquitectura – e nesta, depois de construída – é obrigatória a indicação do respectivo autor ("bem legível") (art. 161º/1).

A repetição da construção de obra de arquitectura, segundo o mesmo projecto, só pode fazer-se com o acordo do autor (art. 161º/2), o que é mais uma manifestação do exclusivo jusautoral do autor quanto à reprodução da sua obra.

Extinto o contrato, devem ser restituídos ao autor os modelos originais utilizados na reprodução, como as maquetas e, bem assim, devem ser destruídos, inutilizados ou entregues ao autor os instrumentos exclusivamente criados para a reprodução da obra (art. 162º). Esta norma é análoga à que, no art. 89º/2 CDADC, impõe a "devolução do original da obra" literária pelo editor ao autor finda a execução do contrato. Evidencia alguma confusão conceptual entre a obra e o seu suporte, mas também realça a importância dos veículos de divulgação das obras de arquitectura e da sua construção para a completa realização do propósito da sua criação.

[462] Sobre o conteúdo deste direito, pode cfr., *supra*, nº 44.

Secção IV
Utilizações de obras intelectuais não dependentes de autorização do autor

61. Em geral – "os três passos"

I. Nos termos do art. 9º/2 CB, podem as leis de autor nacionais permitir a reprodução das obras literárias e artísticas protegidas, desde que:

a) tal só ocorra em casos especialmente individualizados;
b) assim "não se prejudique a exploração normal da obra";
c) esses actos de reprodução livre "não causem prejuízo injustificado aos legítimos interesses do autor".

Esta regra, que se considera norteadora e enquadradora de toda a utilização patrimonial de obras intelectuais consentida como livre, tem sido designada "regra dos três passos".[463]

II. Não é transparente o que signifique "prejuízo injustificado aos legítimos interesses do autor" nem "prejuízo da exploração normal da obra".

Ambos os incisos traduzem uma ideia comum: deve ter-se presente que toda a utilização patrimonial da obra está reservada ao autor, este é soberano de decidir *se*, *quando* e *como* a sua obra é divulgada e utilizada patrimonialmente, salvo se tiver alienado o seu direito patrimonial, caso em que, ainda assim, conserva os direitos pessoais ("morais") de autor. Ora, as utilizações livres escapam ao escrutínio do autor (devendo, ainda assim, ser remuneradas em certos casos), mas não podem ser qualitativa e quantitativamente de tal expressão que afectem o desfrute económico da sua obra, que lhe pertence por direito.

[463] Regra depois replicada pelo art. 13º Acordo TRIPS, pelo art. 10º/2 WCT, pelo art. 16º/2 WPPT e pelo art. 5º/5 da Dir.Soc.Inf., agora transposta no art. 75º/4 CDADC.

A avaliação destes "prejuízos", sempre difícil, deve ser objectiva e atender às expectativas razoáveis de uma exploração sem sobressaltos da obra pelo seu autor.

62. A liberdade do uso privado

I. As normas dos arts. 75º/2-a) e 81º-b) CDADC replicam, ociosamente, o que é fundamentalmente o mesmo: a reprodução de uma obra é consentida, independentemente de autorização do titular do direito de autor, se se destinar a uso exclusivamente privado, desde que a obra assim reproduzida não seja comunicada ao público (cfr. nº 55) ou comercializada (cfr. nº 56) e desde que tal utilização não cause "prejuízo injustificado aos legítimos interesses do autor" nem "prejuízo da exploração normal da obra".[464]

A lei não especifica o que deva entender-se por "uso exclusivamente privado", nomeadamente se este pode extravasar – e em que medida – o uso próprio daquele que reproduz a obra. Os processos, hoje acessíveis a qualquer um, de cópia digital e analógica de obras intelectuais justificam a preocupação dos autores com a possibilidade de, assim, se esvaziar o conteúdo e sentido do seu exclusivo.

Que o uso privado não tem de ser individual, já o indicia o art. 108º/2 CDADC, que contém norma que precisamente institui uma situação de uso privado, em que se autoriza a representação cénica livre de uma obra, quando realizada "em privado, num meio familiar", acrescentando que se trata de regra que se aplica "a *toda* a comunicação". Parece, pois, que o uso privado abrange a utilização em meio familiar, desde que "sem fim lucrativo" (mesmo art. 108º/2). A lei é, hoje, expressa neste sentido a propósito dos direitos conexos (cfr. novo art. 189º/1-a) CDADC).

II. O uso privado é livre. Como se disse, uso privado é o desfrute intelectual de uma obra literária ou artística, realizado por uma pessoa para si em privado, "num meio familiar", sem fins lucrativos (cfr. arts. 75º/2-a), 81º-b) e 108º/2 CDADC).

A *liberdade de uso privado* das obras decorre, como antes formulámos, da própria natureza e essência do direito de autor. Este é um exclusivo de *exploração económica* da obra intelectual. O gozo intelectual da obra não bule com esse exclusivo, pelo que a liberdade do uso por quem detenha um título legítimo de acesso à obra decorre da própria definição de direito de autor.

Dir-se-á, todavia, que o uso privado, tal como o definimos, multiplicado por muitas pessoas é tão nocivo para os interesses do autor como o uso feito em

[464] Sobre o regime da cópia privada, pode confrontar-se o exposto *infra*, no nº 66.4.

público, seja "o público" um conjunto mais ou menos vasto de pessoas concentradas num lugar físico ou o universo dos potenciais usuários da Internet que acedem à obra, colocada em rede, a partir dos seus terminais de computador.

A esta questão, respondeu a lei. Fê-lo ora condicionando o uso privado, ora instituindo medidas tecnológicas que travam o acesso às obras, ora onerando com uma quantia a aquisição dos equipamentos que permitem o acesso ou a reprodução incontrolada das obras.

62.1. As condições do uso privado de obras

Como acima expusemos, diz-se uso privado de uma obra intelectual o seu desfrute intelectual por cada pessoa singular, num "meio familiar", que não implique qualquer tipo de exploração económica da obra. Considera-se que explora economicamente a obra aquele que a *utiliza* segundo uma ou mais das modalidades de utilização patrimonial previstas na lei, gravando-a, reproduzindo-a, comercializando-a, comunicando-a ao público, nomeadamente colocando-a à disposição do público na Internet, por exemplo.

O uso privado obedece a condições.

Em primeiro lugar, como se disse, deve acontecer em privado num "ambiente familiar" (art. 108º/2 CDADC). Está excluída a partilha de obras por várias pessoas num espaço público, muito embora a recepção, ainda que em lugar público, de programa radiodifundido seja livre em determinadas condições.[465]

Em segundo lugar, é necessário que a obra tenha sido divulgada previamente (art. 108º/2), *i.e.*, licitamente trazida antes ao conhecimento público. Exclui-se o uso privado de obra que o autor tiver mantido inédita.

Em terceiro lugar, o uso privado não pode ter fim lucrativo (mesmo art. 108º/2 e arts. 75º/2-a), *in fine* e art. 81º-b) CDADC). Esta condição sempre decorreria da definição de uso privado: usar uma obra não é explorá-la economicamente com proveito material para o usuário.[466]

[465] Cfr., *supra*, nº 55.4.

[466] A lei que, em 2023, transpõe a DMUD refere por três vezes ao *uso privado* para o designar expressamente como "uso privado *e não comercial*". Recorre a uma técnica discutível, pois não usa a expressão em alteração à norma que liberta o uso privado de obras literárias e artísticas (o art. 81º-b) CDADC, que deixa intacto). Fá-lo: em alteração ao art. 189º/1-a) CDADC, a propósito do uso privado de bens, como as prestações artísticas e os fono/videogramas, objecto de direitos conexos; em alteração ao art. 10º/1-a) da LBD, a propósito da "reprodução para fins exclusivamente privados e não comerciais de uma base de dados não eletrónica"; consagra-o, ainda, a propósito do novo direito conexos dos editores de publicações de imprensa, sobre "o uso privado por utilizadores que sejam pessoas singulares, no exercício do direito de ser informado, mediante acesso lícito e desde que não façam uso comercial, directo ou indirecto, das publicações de imprensa".

Em quarto lugar, o uso (privado) não pode "atingir a exploração normal da obra" (art. 81º-b) CDADC). Isto significa que o uso da obra (ainda que privado) não pode prejudicar a sua exploração, corrente ou em perspectiva, pelo autor. A cópia privada, pela fotocópia generalizada de livros ou pelo descarregamento em massa de obras acessíveis na *net*, pode constituir prejuízo da exploração económica que o autor realize ou tenha autorizado ou que perspective como possível.

Em quinto lugar, o uso da obra não pode "causar prejuízo injustificado aos legítimos interesses do autor" (mesmo art. 81º-b) CDADC). Nestes termos, não pode o usuário, com o seu uso privado, contribuir para defraudar as expectativas do autor, por exemplo desvendando uma peça teatral antes da estreia ou, por qualquer outro modo, divulgando ou explorando a obra à revelia deste.

Em sexto lugar, o uso privado, se bem que livre, deve proporcionar uma "remuneração equitativa" ao autor e editor da obra (art. 76º/1-b) CDADC). A este propósito, falaremos da compensação por cópia privada.[467]

Em sétimo lugar e porque consideramos que citar uma obra, dentro dos limites do que a lei permite (art. 75º/2-h) CDADC), é usá-la e não utilizá-la, deve reter-se que, neste caso e em quaisquer outros de uso de obra, o usuário deve indicar o nome do autor e o do editor, bem como o título da obra (art. 76º/1-a) CDADC).

62.2. O uso privado e o caso *Napster*

O programa de computador *Napster* permitia aos usuários trocar ficheiros de música MP3, através da Internet, de forma gratuita. Bastava descarregar o programa da Internet e, de forma automática, criava-se no disco rígido do computador uma pasta chamada "music"; quando o usuário ligava o computador e abria o programa, podia aceder à música que outros usuários igualmente conectados tinham nessa mesma pasta. Era – cremos que podemos assim chamá-lo – um programa de troca (partilha/*sharing*) de ficheiros de música e audiovisuais, em oposição ao tradicional carregamento de dados (*upload*).

O chamado "caso *Napster*", que opôs a *Napster, Inc.* à *A&M, Records* e outras empresas de música, todas filiadas na *Recording Industry Association of America – RAA* (No. C 99-5183 MHP No. C 00-0074 MHP), United States District Court for the Northern District of California[468]), concluiu com a decisão de que as hiperligações que dirigiam para ficheiros MP3 ilicitamente descarregados constituía um acto de disponibilização ao público dos mesmos, logo dependente

[467] Cfr., *infra*, nº 66.4.

[468] Acedido em: http://bulk.resource.org/courts.gov/c/F3/239/239.F3d.1004.00-16403.00-16401.html.

de autorização dos titulares dos direitos. Foi considerado "indisputado que proporcionava o *uploading* de ficheiros com cópias (ilícitas) e que tal tornava esses ficheiros acessíveis ao público". Mais foi considerado não controvertido que "não pode duvidar-se que a simples notícia da existência de um endereço electrónico acessível na *net* não constitui comunicação ao público da obra, independentemente de conter eventualmente material ilicitamente colocado em rede".

A decisão acabou por ser: "apesar de a *Napster* não beneficiar directamente financeiramente com os *downloads* pelos usuários dos ficheiros MP3, a reiterada cópia de obras protegidas, ainda que as cópias não sejam oferecidas para venda, pode ser considerada *uso comercial*"; "[...] a *Napster* tinha conhecimento do uso ilícito pelos usuários"; "[...] a *Napster*, com este conhecimento, deveria ter bloqueado o acesso aos ficheiros ilícitos e removido estes da sua oferta; a realização de «amostras» (*sampling*) das obras, que permite aceder-lhes antes da compra para exame/apreciação não constitui uso privado ("fair use"[469]), já que as «amostras» são, na verdade, cópias integrais e permanentes"; "[...] o facto de a *Napster* não beneficiar directamente com os *downloads* pelos usuários não é relevante, [...] a cópia reiterada de obras protegidas pode ser considerada um uso comercial, ainda que as cópias não sejam oferecidas para venda"; "[...] a larga distribuição dos ficheiros afecta negativamente o mercado de CD, prejudicando a indústria musical".

Oliveira Ascensão[470] considera que esta decisão põe em causa a liberdade do uso privado, já que "a *Napster* não procedia ela própria à reprodução. Utilizava programas que lhe permitiam detectar onde se encontrava em rede, disponível para reprodução, a peça que se desejava. Tendo-a apontado ao interessado, era este quem realizava depois a descarga desse ficheiro". E depois,

[469] A expressão "fair use", a que recorrem os ordenamentos jurídicos anglo-saxónicos, tem significado não exactamente coincidente com o nosso uso privado.

O uso privado é uma utilização não-patrimonial que o usuário faz, em privado, da obra – o uso privado é livre (cfr. art. 81º-b) CDADC).

O "fair use" é uma "utilização razoável" de uma obra, incluindo a sua reprodução em cópias ou registos sonoros ou por qualquer outra forma, para fins de crítica, comentário, reportagem de notícias, ensino (incluindo múltiplas cópias para uso em sala de aula), ou investigação – não constitui uma *infra*cção ao direito de autor. Para determinar se a utilização feita de um trabalho para um caso particular é "fair use" os factores a serem considerados são os seguintes: a) o propósito e tipo de utilização, incluindo se o mesmo é de natureza comercial ou educacional sem fins lucrativos; b) a natureza do trabalho copiado; c) a quantidade e substancialidade do copiado em relação ao todo; e d) o efeito do uso relativamente ao mercado potencial ou valor do trabalho sob direito de autor (cfr. § 107 USCopyright Law – lei de autor dos Estados Unidos da América ("United States Code, Title 17 – Copyrights", aprovado pelo Act 2010, Pub.L. Nº 111-295, 124 Stat. 3180).

[470] José de Oliveira Ascensão, "Propriedade Intelectual e Internet", nº 11, acedido em www.fd.ulisboa.pt.

referindo-se à descarga de obras audiovisuais: "[...] Eram, pois, os utentes quem procedia, quer à localização, quer à descarga". Não pensamos assim.

O uso privado – livre –, para que seja lícito, pressupõe que a obra tenha sido licitamente trazida ao "uso" do usuário. Se o usuário não tiver título legítimo de acesso (por exemplo, a compra do livro que lê ou do bilhete de ingresso no concerto ou no cinema a que acede como espectador), o uso é *ilícito*. Se a obra tiver sido ilicitamente trazida ao seu acesso (cópia ilegal, comunicação ao público não autorizada), o uso é ilícito. Ora, o que está em causa no caso da *Napster* é o uso, ainda que privado (embora multiplicado por milhões de usuários), de obras para as quais o usuário não tinha *título legítimo* de uso: o que furta um livro *não* tem direito a lê-lo, o que ingressa sem bilhete num concerto ou num cinema *não* tem direito a assistir ao espectáculo exibido, o que acede – ainda que a título privado – a uma obra ilicitamente disponibilizada na *net* viola o direito exclusivo do seu autor.

63. Utilizações lícitas independentemente do consentimento do autor – em especial

Seria fastidioso e inútil reproduzir aqui cada uma das situações que especialmente se estabelecem como de utilização livre das obras, remetendo-se a sua apreciação para a leitura do preceito legal (várias alíneas do art. 75º/2 CDADC).

Merecem realce, pela sua relevância ou actualidade, apenas algumas dessas situações: a reprodução que constitua parte integrante de um processo tecnológico (cfr., *supra*, nº 55.2.1-II e *infra*, nº 63.1); a utilização para fins de informação; a utilização por bibliotecas públicas ou para fins de ensino e educação; a liberdade de citação; a utilização de obras de arquitectura e escultura, feitas para serem mantidas permanentemente em lugares públicos; a reprodução de obras órfãs.

63.1. A "reprodução" que seja parte integrante de processo tecnológico episódico transitório e efémero

A disposição do art. 75º/1 CDADC alude a uma "reprodução temporária, que seja transitória, episódica ou acessória, que constitua parte integrante e essencial de um processo tecnológico, que não tenha, em si, significado económico". Refere-se, palavrosamente, à gravação em memória RAM de um computador das obras apenas visualizadas em ecrã.[471] Esta excepção resulta também do disposto no art. 5º/1 da Dir.Soc.Inf..

[471] O *Considerando* 44 da Directiva 96/9/CE (DBD) estabelece que: "a visualização em ecrã que exija a transferência permanente ou temporária da totalidade ou parte substancial do conteúdo

A autorização para fixação/gravação por processos electrónicos, que são meramente instrumentais do acesso/uso licenciado a obras ou outros objectos protegidos, deve, quando não constitua, como é normal, um acto de utilização patrimonial independente, deduzir-se dos fins do acto que consente a utilização pelo que assim as comunica ao público. A sua visualização em ecrã é recepção (supostamente licenciada). A fixação na memória temporária do computador do receptor da comunicação pode constituir tecnicamente uma reprodução, mas é simplesmente instrumental do uso licenciado, pelo que não requer autorização autónoma pelo titular dos direitos sobre os objectos protegidos.[472]

Não há, assim, consagrada no art. 75º/1 CDADC, uma verdadeira limitação ao direito de autor, mas tão-só a explicitação de que a gravação temporária, transitória e episódica de uma obra na memória RAM de um computador não é mais do que um acto instrumental de uma outra utilização (a colocação à disposição do público – cfr. nº 55.2), que teve de ser antes licenciada para ser lícita.

63.2. A reprodução para fins de informação do público

I. O art. 75º CDADC é superabundante na previsão de situações de limitação à reserva jusautoral de exploração económica de obras intelectuais para fins de informação.

Assim, consagra a liberdade da reprodução e da colocação à disposição do público, pelos meios de comunicação social, para fins de informação, de discursos, alocuções e conferências pronunciadas em público, por extracto ou em forma de resumo (art. 75º/2-b) CDADC).[473]

Estabelece, também, a livre utilização para a selecção regular de artigos de imprensa periódica, sob a forma de revista de imprensa, *desde que não tenha por objectivo a obtenção de vantagem económica ou comercial, directa ou indirecta* (de acordo com a nova redacção, de 2023, do art. 75º/2-c) CDADC)[474]. Deve ter-se

da base de dados para outro suporte requer o consentimento do titular do direito *sui generis*". Ou seja, já aqui se estabelece constituir acto reservado o que importe "reprodução de dados armazenados num determinado suporte para outro suporte" como instrumento desse uso/acesso ao conteúdo disponibilizado.

[472] Em desenvolvimento deste tema, pode confrontar-se o nosso "A telecomunicação electrónica em rede de obras intelectuais na sociedade da informação – a Directriz 2001/29/CE e a sua transposição em Portugal pela Lei nº 50/2004", cit..

[473] Não obstante, o direito de reunir em volume tais obras (discursos, alocuções e conferências pronunciadas em público) está reservado ao autor (art. 76º/3 CDADC).

[474] Não deve confundir-se estas acções com o *clipping*, que é ilícito quando não autorizado pelo titular da publicação de imprensa. Esta é matéria que tratamos desenvolvidamente *infra*, nº 115.2.7-XII.

presente que as "notícias do dia com carácter de simples informações" não são protegidas por direito de autor (cfr. nº 35 e art. 7º/1-a) CDADC). A DMUD vem agora explicitá-lo: no art. 2º/2, que define "publicação de imprensa" para efeito da consagração do direito (conexo) dos editores destas a autorizar a divulgação *on-line* dos conteúdos das suas publicações, exceptua expressamente dessa tutela as *informações factuais* comunicadas em artigos jornalísticos, cuja utilização, incluindo a colocação à disposição do público, é livre.

O Código português prevê, de igual modo, a limitação à reserva jusautoral para a fixação, reprodução e comunicação ao público de fragmentos de obras literárias ou artísticas, quando os fins de informação do público justificarem a sua inclusão em relatos de acontecimentos de actualidade (art. 75º/2-d) CDADC).

Estatui, por fim, que não depende de consentimento do autor "a reprodução, comunicação ao público ou colocação à disposição do público de artigos de actualidade, de discussão económica, política ou religiosa, de obras radiodifundidas, se não tiver sido expressamente reservada" (art. 75º/2-m) CDADC).

II. Todas essas utilizações, com excepção da última, apesar de livres, conferem ao autor – bem como ao editor, no caso de utilizações de âmbito analógico – o direito a uma remuneração equitativa e, bem assim, implicam a indicação, "sempre que possível", do nome do autor e do editor e do título da obra (art. 76º/1-a) e b) CDADC).

Nesta linha, a DMUD (*Considerando* 36 e art. 12º) vem estabelecer que, quando já antes de 12-11-2015 estivesse em vigor um sistema de partilha de remunerações entre autores e editores, os *editores de publicações de imprensa*, a quem tenha sido transferido um direito de autor ou licenciada uma utilização, passem a gozar do direito a uma comparticipação na remuneração pelas utilizações digitais de conteúdos protegidos, incluindo as proporcionadas pela utilização *livre* da obra ao abrigo de uma excepção ou limitação aos direitos autorais.

63.3. Utilizações livres por bibliotecas, museus e arquivos públicos e outras instituições responsáveis pelo património cultural ou para fins de ensino e educação

63.3.1. As utilizações livres em causa

I. O art. 81º-a) CDADC dá o mote para este conjunto de utilizações livres: dispensa o consentimento do autor para a reprodução, para fins estritamente científicos ou humanitários, de obras não disponíveis no comércio ou inacessíveis à consulta pública. Estas utilizações são limitadas ao "tempo estritamente necessário à utilização dessas obras".

II. O art. 75º/2-e) CDADC consagra a reprodução livre de obras intelectuais protegidas por bibliotecas públicas, arquivos públicos, museus públicos, centros de documentação não comerciais ou por instituições científica ou de ensino.

Tais reproduções não podem destinar-se ao público ou ter fim economicamente interessado e devem atender exclusivamente à satisfação das necessidades internas dessas entidades. Parece tratar-se aqui de actos conservatórios dos acervos das bibliotecas, museus e demais instituições, excepcionadas para fins estritamente relacionados com o documentalismo, e não, como bem se entende, por exemplo para uso dos utentes dessas instituições. Assim, uma biblioteca pode realizar reproduções de elementos do seu acervo, que se encontrem em suporte analógico (papel, por exemplo) ou digital, apenas para satisfazer necessidades próprias, internas, de funcionamento e não, por exemplo, facultar fotocópias das obras aos seus utentes.

Esta utilização, apesar de livre, confere ao autor – bem como ao editor, no caso de utilizações de âmbito analógico – o direito a uma remuneração equitativa e, bem assim, implica a indicação, "sempre que possível", do nome do autor e do editor e do título da obra (art. 76º/1-a) e b) CDADC).

III. A nova alínea y) do nº 2 do art. 75º CDADC, aditada ao Código em 2023, liberta do consentimento do autor a reprodução, por instituições responsáveis pelo património cultural, para obtenção de cópias de obras e outro material protegido que integrem com carácter permanente as suas colecções, exclusivamente para garantia da sua conservação e na estrita medida exigida por esta.

63.3.2. O regime relativo aos limites ao direito exclusivo de distribuição de exemplares de obras por bibliotecas e outras instituições do património cultural

I. A lei portuguesa (art. 75º/3 CDADC) estabelece que é lícita a distribuição dos exemplares licitamente reproduzidos, na estrita medida em que tal seja justificado pelo objectivo do acto de reprodução. A distribuição compreenderá o aluguer e o empréstimo de exemplares de obras.

A Lei de 27 de Novembro de 1997[475], que transpôs para o direito português a Directiva sobre o aluguer e o comodato, reconhece como direito exclusivo do autor o comodato (empréstimo gratuito) de obras, que define como o acto que põe à disposição do público, para utilização, o original ou cópias da obra, temporariamente e sem vantagens económicas ou comerciais, directas ou indirectas, realizado por estabelecimento acessível ao público (art. 3º-c)).

[475] Decreto-lei n. º 332/97, de 27-11, alterado até à Lei 16/2008, de 1-4.

A mesma lei abre uma excepção para os empréstimos entre bibliotecas, para consulta presencial de documentos em estabelecimento (não diz que género de "estabelecimento") e para a transmissão de obras em rede.

II. A quantia cobrada pelo empréstimo realizado, que – recorde-se – não pode exceder os custos de funcionamento do organismo, não inclui a remuneração que, conforme o art. 37.2 LPI esp., os estabelecimentos devem pagar aos autores. O pagamento desta remuneração efectivar-se-á através das entidades de gestão colectiva dos direitos de autor.

De acordo com decisão do Tribunal de Justiça da União Europeia[476], a remuneração deve calcular-se proporcionalmente aos empréstimos efectuados e ao número de comodatários inscritos no estabelecimento.

III. O conceito de "estabelecimento acessível ao público" não é pacífico. Cabe perguntar se inclui bibliotecas ou outros locais com reserva de acesso (por exemplo, de associações culturais e recreativas). Cremos que as inclui, desde que não tenham benefícios comerciais com estes actos.

63.3.3. O regime relativo aos limites ao direito exclusivo de colocação de obras à disposição do público (na Internet) por instituições do património cultural

I. Após a alteração à lei de 2023, o art. 75º/2-o) do Código português estabelece que não é necessária a autorização do autor para realizar a comunicação ao público ou a colocação à disposição de membros individuais do público, para fins de investigação ou de estudos pessoais, através de terminais instalados para tal efeito em bibliotecas, museus, arquivos públicos e escolas, de obras protegidas que figurem nas colecções do próprio estabelecimento e que não sejam objecto de condições de aquisição ou licença.[477]

[476] Sentença TJUE, de 30-6-2011 (C – 271/10) *apud* José Carlos Erdozain Lopez, "Manual de Propiedad Intelectual", coordenado por Bercovitz Rodríguez-Cano, cit., pp. 115.

[477] Sobre o conceito de "sujeição a condições de aquisição ou licença", veja-se o Acórdão do Tribunal de Justiça (Quarta Secção), de 11 de Setembro de 2014, no processo C-117/13 (Technische Universität Darmstadt *v.s.* Eugen Ulmer KG). O Tribunal de Justiça declara:

«1) O conceito de «condições de compra ou licenciamento», que figura no artigo 5º, nº 3, alínea n), da Diretiva 2001/29/CE do Parlamento Europeu e do Conselho, de 22 de maio de 2001, relativa à harmonização de certos aspetos do direito de autor e dos direitos conexos na sociedade da informação, deve ser entendido no sentido de que implica que o titular do direito e um estabelecimento, como uma biblioteca acessível ao público, previsto nesta disposição, devem ter celebrado um contrato de licença ou de utilização da obra em causa que especifique em que condições pode o estabelecimento utilizá-la.

Esta norma portuguesa, que tem, claramente, a sua origem no art. 5º/3-n) da Directiva 2001/29/CE antes referida, limita os direitos jusautorais exclusivos de comunicação ao público e de colocação à disposição do público em rede de obras intelectuais.

II. Como se disse, este limite concerne às faculdades de comunicação ao público e de colocação à disposição do público.

Segundo sentença do Tribunal de Justiça da União Europeia, de 2014[478], deve entender-se que o limite engloba "actos específicos" de reprodução, acessórios da dita comunicação, tais como os actos necessários para efeitos de investigação ou estudo pessoal através de terminais especializados, desde que não entrem em conflito com a exploração normal da obra e não prejudiquem injustificadamente os interesses dos titulares dos direitos.

A impressão e o armazenamento em memória USB não estão compreendidos entre tais actos de reprodução, por não serem considerados "acessórios" da consulta.

III. Por outro lado, é claro que esta colocação à disposição do público de obras em terminais dos estabelecimentos pressupõe prévia digitalização das obras, que é acto de gravação/reprodução "acessório", e que, assim, está implicitamente autorizado.

IV. Apenas estão compreendidas neste limite as faculdades de reprodução e de colocação à disposição do público de obras das colecções das bibliotecas e que estejam fora do mercado de venda ou licenciamento, o que sempre resultaria dos limites gerais de não prejuízo da exploração normal das obras.

2) O artigo 5º, nº 3, alínea n), da Diretiva 2001/29, lido em conjugação com o seu artigo 5º, nº 2, alínea c), deve ser interpretado no sentido de que não se opõe a que um Estado-Membro conceda às bibliotecas acessíveis ao público, previstas nestas disposições, o direito de digitalizarem as obras que fazem parte das suas coleções, se esse ato de reprodução for necessário para efeitos da colocação à disposição dos utilizadores dessas obras, através de terminais destinados a esse efeito, nas instalações desses estabelecimentos.
3) O artigo 5º, nº 3, alínea n), da Diretiva 2001/29 deve ser interpretado no sentido de que não abrange atos como a impressão das obras em papel ou a sua gravação num dispositivo de memória USB praticados por utilizadores a partir de terminais destinados a esse efeito instalados em bibliotecas acessíveis ao público, previstas nessa disposição. Em contrapartida, tais atos podem, consoante o caso, ser autorizados a título da legislação nacional que transpõe as exceções ou as limitações previstas no artigo 5º, nº 2, alíneas a) ou b), desta diretiva, desde que se verifiquem, em cada caso concreto, as condições exigidas por essas disposições.»

[478] Sentença do TJUE, de 11-9-2014 (C – 117/13), *apud* José Carlos Erdozain Lopez, op. cit., pp. 116.

63.3.4. Licenças não exclusivas para digitalização e difusão de obras fora do circuito comercial por instituições responsáveis pelo património cultural

I. A consagração, pela UE, no seio da DMUD, de regras sobre a utilização de obras fora do circuito comercial tem contornos que aconselhavam grande cuidado na transposição.

Trata-se aqui de permitir que as entidades de gestão colectiva de direitos de autor e direitos conexos (*egc*) concedam licenças não exclusivas a instituições do património cultural para a reprodução, distribuição e comunicação ao público (incluindo a colocação à disposição do público na Internet) de obras ou outro material protegido que se encontrem fora do circuito comercial e que façam permanentemente parte da colecção dessas instituições (*Considerandos* 30 a 44 e arts. 8º a 11º DMUD).

Estão abrangidos as obras e outros conteúdos protegidos que façam parte da colecção de bibliotecas ou museus acessíveis ao público, arquivos ou instituições responsáveis pelo património cinematográfico ou sonoro.

O que de mais inovador contém esta previsão é, no entanto, que estas licenças, necessariamente sem fins lucrativos, possam ser concedidas independentemente de todos os titulares de direitos abrangidos pela licença terem ou não conferido um mandato à *egc*. Isto, desde que a *egc* "seja suficientemente representativa dos titulares de direitos daquele tipo de obras e seja garantida igualdade de tratamento entre titulares de direitos".

A UE encontra justificação para esta medida na dificuldade em obter licenças de titulares muitas vezes desconhecidos e na ausência de uma prática de gestão colectiva de direitos suficientemente disseminada no espaço Comunitário (*Considerando* 32).

II. A lei de 2023 em transposição da DMUD aditou cinco artigos ao CDADC (novos arts. 74º-A a 74º-E) em regulação desta matéria.

Começa por definir-se o que seja uma *obra (ou outro material protegido) fora do circuito comercial*: são aqueles sobre os quais "possa presumir-se de boa fé que não estão, na sua totalidade[479], acessíveis ao público através dos canais habituais de comércio, depois de efectuado um esforço razoável para se determinar a sua disponibilidade ao público" (novo art. 74º-A/1 CDADC).

De seguida, na sequência da transposição da DMUD em 2023, a lei estabelece que uma entidade de gestão colectiva de direitos de autor e direitos conexos pode conceder a uma instituição responsável pelo património cultural uma

[479] Estão, "na sua totalidade" fora do circuito comercial quando todas as obras ou outro material protegido estão fora do circuito comercial (art. 74º-A/2 CDADC).

licença não exclusiva para reproduzir, distribuir, comunicar ao público, incluindo colocar à disposição do público na Internet, obras ou outro material protegido que, estando fora do circuito comercial, integrem a colecção permanente dessas entidades (novo art. 74º-B/1 CDADC). A licença não exclusiva abrange os titulares de direitos que sejam membros da *egc* concedente e, bem assim, os titulares de direitos da mesma categoria que não a tiverem mandatado. Não notamos que esteja consagrada a possibilidade de *opting out*, ou seja, que se reserve aos titulares de direitos a possibilidade de expressamente recusar ser abrangidos pela licença.

O ónus da demonstração de que foi desenvolvido um "esforço razoável" para determinar se as obras estão fora do circuito comercial é da instituição responsável pelo património cultural que pretenda prevalecer-se do mecanismo de licenciamento colectivo (art. 74º-A/5).

III. A lei mais consagra que, caso não exista uma entidade de gestão colectiva que seja amplamente representativa dos titulares de direitos afectados, ou não seja possível obter a autorização pretendida directamente do titular dos direitos, se institui uma *excepção* aos direitos de autor de reprodução e de colocação à disposição do público de obras e ao direito *sui generis* de extracção do conteúdo de bases de dados a fim de que as instituições do património cultural (bibliotecas, museus e arquivos acessíveis ao público[480]) disponibilizem obras ou outro material protegido fora do circuito comercial que tenham sido publicadas ou colocadas à disposição do público na Internet antes de 1-1-1980 e que façam permanentemente parte das suas colecções, desde que essas obras ou outros materiais protegidos sejam disponibilizados em sítios da Internet não comerciais (novo art. 74º-D CDADC).

IV. Esta transposição da norma Unionista para a lei portuguesa era necessária. Não encontrávamos nesta qualquer excepção ou limitação ao direito de autor relacionada com o estatuto comercial da obra.[481] Por outro lado, as

[480] Nos termos do novo art. 74º-A/9 CDADC, consideram-se, para este efeito, "instituições responsáveis pelo património cultural" as bibliotecas ou museus acessíveis ao público (já não, necessariamente, de titularidade pública) os arquivos, os estabelecimentos de ensino, ou os organismos de investigação e de radiodifusão do sector público, ou as audiotecas e videotecas.

[481] Sobre este ponto, deve, contudo, ter-se presente o disposto no art. 75º/2-e) CDADC: «2 – São lícitas, sem o consentimento do autor, as seguintes utilizações da obra: [...] e) A reprodução, no todo ou em parte, de uma obra que tenha sido previamente tornada acessível ao público, desde que tal reprodução seja realizada por uma biblioteca pública, um arquivo público, um museu público, um centro de documentação não comercial ou uma instituição científica ou de ensino, e que essa reprodução e o respectivo número de exemplares se não destinem ao público, se

excepções e limitações a favor de bibliotecas, museus e arquivos – que a lei portuguesa exigia absurdamente que fossem de titularidade pública e não, apenas e como agora se prevê, acessíveis ao público – nada especificavam sobre a difusão de obras fora do circuito comercial.

Dever-se-ia ter sido muito criterioso na avaliação do que seja uma "obra fora do circuito comercial", sob pena de, por exemplo, se considerarem fora do circuito comercial obras ainda passíveis de reimpressão ou reedição.

63.4. Utilização livre para caricatura, paródia ou *pastiche* (*remissão*)

Como se disse acima, a DMUD salvaguarda, como livre, o carregamento de obras ou outros conteúdos imateriais protegidos carregados por usuários que não violem os direitos de autor e os direitos conexos "nomeadamente nos casos em que essas obras ou outro material protegido estejam *abrangidos por uma excepção ou limitação*", ou para citação, crítica, análise, caricatura, paródia ou *pastiche*. Está assegurada a utilização livre de obras quando justificada por valores, nomeadamente os de índole cultural, conflituantes com o exclusivo jusautoral. Com a alteração de 2023 ao CDADC (novo art. 75º/2-x)), fica assente que é livre a reprodução e a colocação à disposição do público na Internet de obras para efeito de caricatura, paródia ou *pastiche*.

63.5. A reprodução e colocação à disposição do público livres das obras órfãs

63.5.1. Conceito de obra órfã

I. A digitalização em larga escala de acervos de bibliotecas e museus acessíveis ao público, bem como de arquivos de instituições responsáveis pelo património cinematográfico ou sonoro, e de arquivos de organismos de radiodifusão de serviço público (por exemplo, da RTP), destinada à criação de bibliotecas e arquivos digitais, justifica a atenção sobre as chamadas "*obras órfãs*". São obras órfãs aquelas – bem como os fonogramas – em que nenhum dos titulares dos direitos correspondentes está identificado ou em que, apesar de um ou mais titulares estarem identificados, nenhum deles foi localizado após ter sido realizada

limitem às necessidades das actividades próprias dessas instituições e não tenham por objectivo a obtenção de uma vantagem económica ou comercial, directa ou indirecta, incluindo os actos de reprodução necessários à preservação e arquivo de quaisquer obras». Verifica-se, pois, que, com excepção da previsão Unionista que inclui entre as utilizações livres para estes fins as realizadas por "instituições responsáveis pelo património cinematográfico ou sonoro" (cinematecas e fonotecas), muito do que a DMUD consagra neste âmbito estava já vertido na lei portuguesa.

e registada uma pesquisa diligente desses titulares[482] (art. 2º/1 da Directiva 2012/28/UE[483] e art. 26º-A/1 CDADC).

Está em causa a reprodução (cfr., *supra*, nº 57 e 57.2) e colocação à disposição do público (cfr. nº 55.2) de obras protegidas pelo direito de autor, as quais implicam o consentimento dos titulares dos direitos de autor (e conexos, no caso dos fonogramas – cfr. nº 54.1) constituídos sobre as mesmas, precisamente porque, no caso das obras órfãs, a obtenção desse consentimento é inviável, visto que os titulares são desconhecidos.

II. A solução encontrada (*ex* Directiva 2012/28/UE) foi a de estabelecer a liberdade de utilização (reprodução e colocação à disposição do público) dessas obras por bibliotecas, estabelecimentos de ensino e museus acessíveis ao público, bem como por arquivos, instituições responsáveis pelo património cinematográfico ou sonoro e organizações de radiodifusão de serviço público (estritamente) "para realizar objectivos relacionados com a sua missão de interesse público" (art. 75º/2-u) CDADC). É necessário que, antes da reprodução ou colocação à disposição do público, se tenha procedido a uma "pesquisa diligente"[484], que se tenha gorado, sobre a identidade dos titulares.

III. Para que possa falar-se de "obra órfã", é necessário que (art. 26º-A CDADC):

a) se trate de *obra não caída no domínio público* – se a obra estiver no domínio público, o problema da liberdade da sua utilização não se coloca, já que o direito de autor correspondente, que outorga esse exclusivo, já caducou;
b) se prove que os *autores não podem ser identificados ou localizados* – isto, porque, se identificáveis, lhes deve ser pedida a autorização, passando

[482] Compreendem-se na noção de "obras órfãs" as obras publicadas sob a forma de livros, folhetos, jornais, revistas ou outros escritos, bem como obras cinematográficas e outras audiovisuais e fonogramas (art. 26º-A/2-a) e –b) CDADC).
Deve salientar-se a omissão das obras fotográficas entre as obras enumeradas exemplificativamente. Não foi casual: a Directiva (art. 10º) prevê qua a Comissão realize um acompanhamento permanente e que, anualmente, elabore um relatório sobre a possibilidade de inclusão de outras obras no conceito, em particular as fotográficas. Dada a importância destas obras como fonte de informação particularmente valiosa para conhecer e compreender a civilização europeia (como reconhece o Comité Económico Social da UE), espera-se que, proximamente, as fotografias criativas sejam incluídas neste elenco.

[483] Directiva 2012/28/UE, do Parlamento Europeu e do Conselho, de 25-10-2012, relativa a determinadas utilizações permitidas de obras órfãs. Esta Directiva está transposta em Portugal desde Abril de 2015, pela Lei nº 32/2015, de 24-4.

[484] "E de boa fé", nos termos do art. 26º-A/3 CDADC). O mesmo artigo (nº 4) enuncia exemplificativamente as "fontes adequadas" para uma pesquisa "diligente e de boa fé".

também a ser possível a contagem do prazo de vigência do direito de autor até à queda no domínio público[485];

c) a prova da "orfandade" da obra aproveite a alguém, que seja *útil* – segundo doutrina que perfilhamos[486], a prova de que uma obra é órfã só faz sentido se se pretender a sua efectiva utilização, que será, então, livre, não sendo de admitir a atribuição deste estatuto sem qualquer finalidade prática;

d) o reconhecimento do estatuto de obra órfã seja *precedido da realização de uma pesquisa diligente* – e infrutífera – dos titulares do direito[487].

63.5.2. Faculdades jusautorais mobilizadas

Se a obra for reconhecida como obra órfã, a sua reprodução e colocação à disposição do público em rede (art. 75º/2-u) CDADC) passam a ser livres, independentes de consentimento do autor.

Trata-se de propiciar a *utilização livre* da obra para uma das seguintes finalidades: digitalização, indexação, catalogação, preservação ou restauro.

Visa-se, pela disponibilização da utilização livre das obras órfãs, propiciar um acesso mais alargado à cultura.

63.5.3. Entidades abrangidas

Podem beneficiar da liberdade de utilização para os fins acima descritos as seguintes entidades:

a) bibliotecas;
b) estabelecimentos de ensino;
c) museus;
d) arquivos;
e) instituições preservadoras do património cinematográfico ou sonoro (cinematecas ou audiotecas);
f) organismos de radiodifusão de serviço público.

63.5.4. Obras e outros bens imateriais abrangidos. As prestações artísticas órfãs

I. São abrangidos pela liberdade de utilização inerente ao estatuto de obra órfã (art. 26º-A/2 CDADC):

[485] Cfr *infra* "domínio público", nº 102.

[486] Por todos, cfr. Maria Serrano Fernández, "Los derechos de explotación de de las obras huérfanas en el entorno digital: las dificultades de transposición de la Directiva 2012/28/UE al ordenamiento español", cit..

[487] Realizada nos termos do art. 26º-A/3 CDADC.

a) as obras escritas, existentes nas colecções das entidades acima enunciadas;
b) as obras cinematográficas, existentes nas colecções das entidades acima enunciadas;
c) as obras e fonogramas nunca publicados ou distribuídos, mas colocados à disposição do público (em rede) com consentimento dos titulares, pelas entidades acima enunciadas, desde que seja razoável presumir que os titulares não se oporiam às utilizações das obras órfãs que a lei permite;
d) as obras cinematográficas ou outras audiovisuais ou fixadas em fonogramas produzidos por organismos de radiodifusão de serviço público até 31-12-2002 e existentes nos seus arquivos;
e) as obras e outros materiais protegidos (por exemplo, bases de dados) inseridos ou incorporado nas obras ou fonogramas referidos nas alíneas anteriores.

As fotografias, que podem ser protegidas por direito de autor quando forem criativas, nos termos do art. 164º CDADC (cfr., *infra*, nº 73), não estão incluídas entre as obras cuja utilização livre é admitida neste âmbito.

II. Com a alteração de 2023 ao CDADC, foi alargado às prestações artísticas o regime das obras órfãs (novo nº 10 do art. 26º-A). Tal significa que passa a ser livre a reprodução e a colocação à disposição do público de prestações artísticas cuja autoria permaneça desconhecida, para fins de digitalização, indexação, catalogação, preservação ou restauro, por parte de bibliotecas, estabelecimentos de ensino, museus, arquivos, videotecas, cinematecas e audiotecas, no âmbito dos seus objectivos de interesse público, nomeadamente o acesso à informação, à educação e à cultura (art. 75º/2-u)).

63.5.5. Pesquisa diligente

Como se disse, para que uma obra órfã seja livremente utilizada, deve ser realizada uma "pesquisa diligente" dos titulares do direito de autor.

Somam-se quatro requisitos para que esta pesquisa possa considerar-se adequada à exigência legal (art. 26º-A/3 CDADC):

a) as entidades que pretendem a utilização livre da obra órfã devem verificar se tal pesquisa foi feita, já que a lei não exige que a façam elas próprias;
b) a pesquisa deve ser realizada de boa fé, diligentemente, sem reserva mental;
c) a pesquisa deve ser prévia à utilização pretendida;
d) a pesquisa deve realizar-se no Estado-membro da UE em que tiver ocorrido a primeira publicação ou distribuição da obra; no caso de obras

que não tenham sido publicadas ou distribuídas, mas que tenham sido colocadas à disposição do público com consentimento dos titulares de direitos, a pesquisa diligente é realizada em Portugal caso a entidade que colocou a obra à disposição do público esteja aqui estabelecida (art. 26º-A/5 e /6 CDADC).

63.5.6. Obras em colaboração órfãs e obras colectivas órfãs

I. As obras em colaboração de que se identifique um ou mais titulares de direitos não são obras órfãs, já que para tal é necessário que não se identifique *nenhum* dos titulares (cfr. art. 26º-A/1 CDADC e *Considerando* 17 da Directiva 2012/28/UE).

Se um ou mais titulares de direitos numa obra em colaboração forem identificados, a utilização da obra, mesmo para fins de interesse público, deve ser autorizada pelos titulares conhecidos, incluindo os das obras inseridas em outras obras ou fonogramas. Isto, em obediência à regra geral de direito de autor que estabelece a reserva de utilização da obra pelo seu titular ou por quem este autorize.

Havendo co-autores que permaneçam desconhecidos, os co-titulares identificados só podem exercer os direitos que lhes pertençam, não os daqueles criadores não revelados.

Regulam aqui os arts. 17º e 18º CDADC, que remetem para as regras da compropriedade. Segundo estas, o exercício dos direitos nas obras em colaboração é conjunto, mas qualquer dos titulares pode solicitar a divulgação da obra, sendo uma eventual divergência resolvida segundo a boa fé[488].

Os autores que se identifiquem podem ainda autorizar a utilização dos seus contributos criativos individuais para a obra em colaboração, mas sem prejuízo da exploração da obra no seu todo. Só podem utilizar-se livremente os contributos individuais órfãos (sem autor conhecido), isto sem prejuízo da exploração da obra em colaboração considerada no seu todo.

Se um dos titulares desconhecidos de direitos de autor na obra em colaboração órfã se identificar, a obra só pode continuar a ser utilizada com a sua autorização.

II. A utilização de uma obra colectiva órfã – aquela em que se desconhece quem a organizou e divulgou[489] – segue o regime geral das restantes obras intelectuais órfãs, já que, como vimos, a obra colectiva é criação *singular* de empresa, pessoa singular ou colectiva.[490]

[488] Cfr., *supra*, nº 16, "exercício dos direitos nas obras em colaboração."

[489] Cfr. art. 16º-b) CDADC.

[490] Cfr., *supra*, nº 21.

Podem utilizar-se livremente os contributos individuais órfãos na obra colectiva, isto sem prejuízo da utilização da obra colectiva no seu todo, que pode ou não ser livre, consoante seja ou não órfã ela mesma.

63.5.7. Não compensação por utilização de obra órfã

A obra órfã pode ser utilizada livremente nos termos enunciados sem dependência do pagamento de qualquer compensação.

No entanto, os titulares dos direitos podem a todo o tempo revelar-se e pôr termo à utilização da obra (que era) órfã e receber compensação pelas utilizações feitas. Esta é uma *compensação equitativa* que deve ter em conta a natureza não comercial das utilizações em causa (as que podem ser feitas ao abrigo das regras aplicáveis às obras órfãs) e os objectivos de interesse público que presidem ao reconhecimento deste estatuto (art. 26º-B CDADC).

63.6. As citações

I. As obras alheias podem ser citadas ou resumidas – entenda-se, transcritas em excerto ou trechos – em obra própria, com fins de crítica, discussão ou ensino ou em apoio de teses próprias, sem necessidade de consentimento do autor daquelas (art. 75º/2-h) CDADC).[491] Devem ser sempre mencionados os nomes do autor, do editor, o título e outras referências pertinentes à identificação da obra citada (art. 76º/1 CDADC).

Os limites a este direito decorrem já dos princípios e regras enunciados antes: as obras citadas não se podem confundir com a obra de quem as utilize e, como deixava antever a regra dos três passos, não podem ser tão extensas que prejudiquem o interesse por aquelas obras (art. 76º/2 CDADC).

II. Um dos problemas mais frequentemente colocados a este propósito, sobretudo aos que elaboram trabalhos académicos, é o do *limite* da citação livre possível.

Não existe, como bem se entende, um limite quantitativo. A citação é livre enquanto, para além de destinada aos fins acima descritos, não fizer perder o interesse pela obra que se cita. É claro que o "interesse" de que aqui se fala não é o interesse intelectual pela obra que se cita: uma longa transcrição de trechos de obra alheia pode até dizer-se que desperta o interesse em conhecê-la. O interesse aqui referido é o interesse na utilização patrimonial da obra: está vedada toda a citação que, seja maior ou menor o trecho que se utiliza da obra citada, prejudique a exploração económica desta pelo titular do direito de

[491] Luís Menezes Leitão, "Direito de Autor", cit., Capítulo VIII, 2.6, lembra, com razão, que a obra citada tanto pode ser uma obra literária como de outro género (musical, audiovisual).

autor. Se a citação for de tal modo que implique que, na prática e com toda a probabilidade, a consulta na fonte da obra citada vá deixar de acontecer, então, mais do que citação, é de *reprodução parcial* de obra alheia que se trata, como tal dependente de autorização do autor.

III. Outra questão que se coloca prende-se com o *género* da obra citada. Como se cita uma imagem, por exemplo, sem a reproduzir integralmente? A resposta é simples: não pode fazer-se senão referindo ao sítio onde pode ser encontrada e visualizada. Será que tal citação está, então, por natureza, vedada? Não está, mas deve subordinar-se a condições.

Para citar (livremente) uma imagem, tem de proceder-se realmente à sua citação, não à sua reprodução. *Cita* a imagem, quem se refere a ela e menciona o local onde a mesma pode ser consultada. *Reprodu-la*, quem a transcreve ou copia para o seu texto ou *portfolio*.

A imagem citada com transcrição ou cópia não é livre, na medida em que a sua transcrição ou cópia implique a perda de interesse na utilização do original. E não pode sustentar-se que, ao citar "apenas" uma ou duas imagens de um álbum de imagens, não se perde o interesse nesse álbum: na verdade, estará, então, a confundir-se *cada uma das imagens* transcritas (objecto autónomo de direito de autor) e o álbum em que se inserem (que será, ele próprio, objecto de direito de autor autónomo como obra intelectual, se a selecção e organização do seu conteúdo revestirem criatividade). A citação de *cada uma* das imagens de um álbum, desde que merecedora de protecção jusautoral como objecto autónomo, deve obedecer aos requisitos de citação antes enunciados.

63.7. As utilizações livres de obras por pessoas com deficiência

I. A Lei 92/2019, de 4-9, estabelece as utilizações permitidas de obras em benefício de pessoas cegas. Esta lei procede à transposição, para a ordem jurídica interna, da Directiva nº 2017/1564, do Parlamento Europeu e do Conselho, de 13-9-2017, relativa a determinadas utilizações permitidas de determinadas obras e outro material protegidos por direito de autor e direitos conexos em benefício das pessoas cegas, com deficiência visual ou com outras dificuldades de acesso a textos impressos e que altera a Directiva 2001/29/CE, relativa à harmonização de certos aspectos do direito de autor e dos direitos conexos na sociedade da informação (Dir.Soc.Inf.).

Importa assinalar que as pessoas cegas, com deficiência visual ou com outras dificuldades de acesso a textos impressos continuam a enfrentar muitos obstáculos para aceder a livros e outros materiais impressos protegidos por direito de autor e direitos conexos. A União Europeia, nos termos da Carta dos Direitos Fundamentais da União Europeia, proíbe todas as formas de discriminação com base na deficiência, reconhecendo o direito das pessoas com deficiência a beneficiarem de medidas destinadas a assegurar a sua autonomia, integração social, profissional e participação na comunidade. Pretende-se, com esta alteração, a melhoria do acesso e intercâmbio transfronteiriço de obras por parte das pessoas com deficiência, prevendo excepções obrigatórias ao direito de autor e direitos conexos relativamente a pessoas abrangidas pelo Tratado de Marraquexe, determinando, no ordenamento jurídico português, as utilizações livres nesta matéria.

II. A alínea j) do art. 75º/2 CDADC consagra a reprodução, a comunicação ao público e a colocação à disposição do público livres: a) a favor de pessoas com deficiência; b) de obra que esteja directamente relacionada e na medida estritamente exigida por essas específicas deficiências; e c) desde que não tenham, directa ou indirectamente, fins lucrativos.

Para definir "obra", a lei recorre ao empirismo (novo art. 82º-A-a) CDADC): a que se apresente "sob a forma de um livro, uma publicação periódica, um jornal, uma revista ou outros tipos de escritos ou notações, incluindo partituras, bem como ilustrações conexas, independentemente do respetivo suporte, incluindo sob formato sonoro, como audiolivros, e sob a forma digital". Significa, em suma, todas as obras, de qualquer domínio literário ou artístico, independentemente do tipo de suporte.

Os "formatos acessíveis" a invisuais ou pessoas com deficiência visual incluem, designadamente, braille, letras grandes, livros digitais adaptados, audiolivros e radiodifusão.

A lei deveria esclarecer o que sejam, para este efeito, "obras que estejam directamente relacionadas e na medida estritamente exigida por essas específicas deficiências". Avaliamos que sejam, na realidade, *quaisquer* obras dos géneros indicados, pois não há obras "específicas" para pessoas com deficiência visual, o que há são *suportes* de obras adaptados à apreensão por invisuais (como o suporte Braille). Trata-se, pois, decerto de obras especialmente afeiçoadas e adaptadas à apreensão sensorial por pessoas com este tipo particular de deficiência.

As utilizações livres consentidas são, naturalmente, "as que não tenham intuito lucrativo" – melhor iria a lei se referisse as que não importem exploração económica lucrativa das obras utilizadas – e respeitam a todos os actos de reprodução, radiodifusão, comunicação ao público, incluindo a sua colocação à disposição do público, distribuição e comodato, bem como as faculdades de reutilização e extracção de base de dados que se realizem dentro dos limites e para os fins acima referidos.

Redundantemente, face à regra *geral* dos "três passos" aplicável a *todos* os tipos de utilizações livres (cfr., *supra*, nº 61), o novo art. 82º-B/4 CDADC vem limitar a utilização livre neste caso às situações que não atinjam a exploração normal da obra ou outro material, nem causem prejuízo injustificado aos interesses legítimos do titular do direito.

Por fim, é indispensável que tais utilizações livres sejam necessárias para que: a) uma pessoa beneficiária ou uma pessoa que actue em seu nome faça uma cópia em formato acessível de uma obra ou de outro material a que tenha acesso legal para a utilização exclusiva da mesma; ou b) uma entidade autorizada faça uma cópia em formato acessível de uma obra ou outro material a que tenha um acesso legal ou que comunique, coloque à disposição, distribua ou disponibilize em comodato, sem fins lucrativos, uma cópia em formato acessível à pessoa beneficiária (novo art. 82º-B/2 CDADC).

63.8. Excepções e limitações aos direitos de autor e ao direito *sui generis* do produtor de base de dados para a prospecção de textos e de dados

I. A DMUD considera "prospecção de textos e dados qualquer técnica de pesquisa automática destinada à análise de texto e dados em formato digital, a fim de produzir informações, tais como padrões, tendências e correlações" (art. 2º/2). Trata-se da análise automática computacional de informações em formato digital.

A União Europeia (UE) considera que este tratamento de textos e dados "pode beneficiar, nomeadamente, a comunidade científica e, ao fazê-lo, apoiar a inovação" (*Considerando* 8 DMUD). Como a prospecção de textos e dados nestes termos pode envolver actos que integram o exclusivo jusautoral – visto que pode implicar a reprodução de obras protegidas ou a extracção de partes substanciais de bases de dados –, considera-se que os Estados-membros *devem* prever excepção ao direito exclusivo de reprodução dos autores e ao direito *sui generis* de extracção do conteúdo de bases de dados dos respectivos produtores e ao novo direito conexo dos editores das publicações de imprensa (cfr., *infra*, nº 9) para a prospecção de textos e dados (*Considerandos* 8 a 18 e arts. 3º, 4º e 7º DMUD).

Esta liberdade de reprodução de obras e de publicações de imprensa e de extracção do conteúdo de bases de dados para a prospecção de textos e dados compreende não apenas as acções realizadas por organismos de investigação científica (a excepção deve ser obrigatória para universidades e outros organismos de investigação, bem como para bibliotecas, museus e arquivos), como aplicar-se a toda e qualquer prospecção de textos e dados. As excepções e limitações em referência cedem em todos os casos em que os titulares de direitos reservem o direito de acesso às respectivas obras.

II. Em consequência da transposição da DMUD em 2023, as novas alíneas v) e w) do art. 75º/2 CDADC estabelecem que é livre, independente de consentimento do titular de direito de autor, o acto de reprodução de obras ou outro material protegido, desde que legalmente acessíveis:

a) quando efectuado por organismos de investigação ou por instituições responsáveis pelo património cultural, para a realização de prospeção de textos e dados relativos a tais obras ou material protegido, para fins de investigação científica.
b) desde que tal utilização não tenha sido expressamente reservada pelos titulares dos bens protegidos de forma adequada, em particular por meio de leitura óptica no caso de conteúdos disponibilizados ao público em linha, na Internet.

As estipulações contratuais contrárias a estas disposições são ineficazes.

63.9. Excepções e limitações para fins de ilustração didáctica

I. A DMUD estabelece que os Estados-membros *devem* consagrar excepção aos direitos de reprodução e de colocação à disposição do público de obras e ao direito *sui generis* de extracção do conteúdo de bases de dados para permitir a utilização digital de obras e outros conteúdos protegidos para fins exclusivos de ilustração didáctica (*Considerandos* 19 a 24 e arts. 5º e 7º).

Estas excepções compreendem qualquer utilização digital de obras e outros conteúdos protegidos, logo não apenas a sua utilização em rede (*www*). Estas utilizações estão limitadas estritamente pelo seu fim, que deve circunscrever-se à ilustração didáctica (actividades pedagógicas e de aprendizagem) e realizar-se na medida justificada por objectivos não comerciais.

As utilizações livres consentidas devem realizar-se em estabelecimentos de ensino primário, secundário, superior ou profissional, presencialmente ou através de rede electrónica apenas acessível a estudantes e pessoal docente, e ser acompanhadas de indicação da fonte e, se possível, do nome do autor. Deve contemplar-se as necessidades específicas dos deficientes, o que consta já, em parte, do art. 75º/2-j) CDADC.

Na perspectiva Unionista, esta utilização livre deve estar condicionada a limites estritos. Em primeiro lugar, o objectivo da mesma deve ser não comercial. Em segundo lugar, tal utilização deve ocorrer sob responsabilidade de um estabelecimento de ensino (primário, secundário, profissional ou universitário), nas suas instalações ou através de meio electrónico seguro acessível apenas a estudantes e pessoal docente da escola. A fonte e o nome do autor devem ser sempre indicados.

Assinale-se que, como é natural, esta excepção não se aplica a manuais escolares e outros materiais de estudo e ensino nas escolas, destinados precisamente ao mercado de ensino, desde que os respectivos autores já os explorem economicamente ou tenham licenciado a sua exploração.

Estas excepções *podem* ser acompanhadas da previsão de uma compensação equitativa aos autores e não admitem disposição contratual que as derrogue.

II. Consideramos que, para transpor esta norma para Portugal, à previsão portuguesa desta excepção – já constante do art. 75º/2-f) CDADC –, se deveriam acrescentar as condições estritas, acima referidas. Só assim se atingiria um justo equilíbrio entre os interesses da comunidade escolar e do ensino e os dos autores de materiais didácticos (livros, desenhos, gráficos, fotografias e gravuras, filmes, *etc.*), tão pouco protegidos actualmente. A prática tem demonstrado que a norma portuguesa, como está, não acautela suficientemente os direitos dos autores de obras e materiais didácticos, estando disseminadas as cópias ilícitas daquelas e destes.

Com a alteração de 2023 ao CDADC (novo art. 75º/2-g) CDADC), clarifica-se que a excepção para reprodução, comunicação ao público, incluindo a colocação à disposição do público *para fins exclusivos de ilustração didáctica*, sem objectivo comercial, está limitada às obras ou outro material protegido que tenham sido previamente tornadas acessíveis ao público e só pode ser realizada sob a responsabilidade de um estabelecimento de educação e ensino, nas suas instalações ou através de um meio electrónico acessível apenas aos alunos e docentes desse mesmo estabelecimento.

63.10. Excepções e limitações para fins de conservação de obras

A DMUD estabelece que os Estados-membros *devem* consagrar uma excepção obrigatória ao direito de reprodução de obras e ao direito *sui generis* de extracção do conteúdo de bases de dados para permitir que as instituições responsáveis pelo património cultural possam fazer cópias de obras e outro material protegido, que façam permanentemente parte das suas colecções, em qualquer formato ou suporte, para efeitos de conservação dessas obras e na medida necessária para assegurar essa conservação (*Considerandos* 25 a 29 e art. 6º). A DMUD admite também que tais instituições recorram à assistência de outras congéneres ou de terceiros para o efeito.

A Directiva caracteriza como "instituição do património cultural" as bibliotecas e os museus acessíveis ao público[492], e os arquivos, bem como as cinematecas e audiotecas (art. 2º/3). Considera-se "parte integrante e permanente da colecção" todo o material definitivamente na posse da instituição, seja ou não de sua propriedade.

[492] E não apenas os de titularidade pública, como insensatamente se estatuía em Portugal.

As disposições contratuais contrárias a este preceito devem considerar-se ineficazes (art. 7º).

Com a alteração de 2023 ao CDADC, fica, também, esclarecido que é livre a reprodução por instituições responsáveis pelo património cultural para obtenção de cópias de obras ou outro material protegido exclusivamente para garantia e na medida do necessário para assegurar a sua conservação (nova alínea y) do nº 2 do art. 75º CDADC). Permite-se aos titulares de direitos a aplicação de medidas para garantir a segurança e a integridade das redes e bases de dados em que as obras e outro material são conservados, desde que tal não ponha em causa a excepção consagrada.

63.11. Concessão de licenças colectivas com efeitos alargados

A DMUD admite que os Estados-membros prevejam que as *egc* celebrem acordos de concessão de licenças para a exploração de obras ou outro material protegido de aplicação alargada a titulares de direitos que não tenham autorizado essa *egc* a representá-los (*Considerandos* 45 a 50 e art. 12º).

Na sequência da transposição da DMUD em 2023, a lei faz consagrar, em aditamento à LGC, um art. 36º-A que admite que, quando a lei expressamente o previr, uma *egc*, que seja suficientemente representativa[493], pode celebrar *acordos para concessão de licenças de utilização de obras ou outro material protegido com efeitos alargados a outros titulares de direitos que não a tenham mandatado.*

Desenvolvemos o tratamento desta matéria *infra*, nº 122.2.

63.12. Organismos de mediação para a concessão de licenças de direitos para disponibilizar obras audiovisuais em serviços de vídeo a pedido

I. A DMUD preconiza que os Estados-membros *devem* habilitar as partes interessadas na obtenção de acordos para disponibilizar obras audiovisuais em serviços de vídeo a pedido, e que se deparem com dificuldades na obtenção desses acordos, com organismos imparciais ou mediadores que as apoiem na negociação (*Considerandos* 51 e 52 e art. 13º).

Sendo de transposição obrigatória, esta disposição afigura-se excessiva face aos objectivos pretendidos. Não nos convencemos de que, ao contrário do que a UE considera, as empresas interessadas na produção de vídeos a pedido e as empresas de produção audiovisual confrontem interesses tão díspares ou dificuldades negociais tão prementes que justifiquem a instituição destas câmaras de mediadores.

[493] A representatividade da *egc* deve aferir-se "em função dos mandatos que lhe tenham sido conferidos para as utilizações objecto de licença, pelos titulares de direitos da mesma categoria em relação às obras ou prestações em causa" (art. 36º-A/3 LGC).

II. Na sequência da transposição da DMUD em 2023, a lei estabelece que, quando as partes interessadas em celebrar um acordo, com vista a obter uma autorização para a utilização de obras audiovisuais em serviços de vídeo a pedido, não alcancem um acordo relativo aos termos e condições do acordo, podem recorrer a centro de arbitragem institucionalizada a autorizar pelo Governo (novo art. 74º-E CDADC). Trata-se de um centro de arbitragem institucionalizada com especial competência para resolver litígios em matéria de direito de autor e direitos conexos (cfr., *infra*, nº 130). Em opção discutível pela instituição de uma fórmula de arbitragem institucionalizada sistemática, dá-se, assim, cumprimento à determinação Unionista neste âmbito.

63.13. Difusão de reproduções de obras de artes visuais caídas no domínio público

A disposição do novo art. 39º-A CDADC, que resulta do art. 14º DMUD, de transposição obrigatória, vem, na sua simplicidade, defrontar um problema interessante e de importância também para os autores de trabalhos científicos.

A reprodução digital de obras de arte visual caídas no domínio público é livre. Geram-se muitas vezes dúvidas, suscitadas pelos próprios *sites* que disponibilizam as imagens pertinentes, sobre a liberdade dessa utilização. A DMUD e a lei vêm clarificar os termos desta. Assim, doravante, depois de a obra de arte visual ter caído no domínio público, qualquer material resultante de um acto de reprodução dessa obra só é protegido por direito conexo, se for em si mesmo criativo, ou seja, não são objecto de exclusivo materiais (postais, cartazes, estatuetas, *etc.*) que constituam mera reprodução de obras já caídas no domínio público que não lhes acrescentem nada de criativo.

Curiosamente, salvaguarda-se o comércio da venda de postais que reproduzam obras de artes por museus (*Considerando* 53). Seria importante que se clarificasse que, nestes casos, apenas se vai pagar o custo da impressão e reprodução dos suportes, os postais (sua produção e comercialização), e não proceder também a uma disfarçada remuneração de direitos de autor já caducados.

Tratamos, também, esta questão a propósito da caducidade do direito de autor (*infra*, nº 101.12), à qual verdadeiramente se reconduz.

64. Outros limites legais ao exclusivo jusautoral – as impropriamente ditas "licenças legais"

I. O art. 114º CDADC estabelece uma outra situação em que a utilização da obra é livre (independente do consentimento do autor), mediante o pagamento de uma "remuneração equitativa": é o caso da nova fixação de obra musical e respectivo texto que tenham sido objecto de prévia fixação fonográfica comercial consentida. Esta nova fixação é livre.

Impropriamente, vem-se designando esta figura como "licença legal", o que nos parece uma contradição nos próprios termos, já que não se trata de qualquer licença, mas de um limite ao direito de autor, imposto pela lei como os demais, que implica, como outras, remuneração equitativa ao autor (determinada, na falta de acordo pelo Ministério da Cultura).[494/495]

II. Outra situação impropriamente designada "licença legal" é a situação dos sucessores de autor falecido em relação a obra inédita: se, nos vinte e cinco anos após a morte do autor, não divulgarem obra deste "sem ponderosos motivos de ordem moral que podem ser apreciados judicialmente" (*sic* no texto do art. 70º/3 CDADC), deixam de poder opor-se à divulgação da obra por terceiros.[496]

65. As chamadas "licenças compulsórias" (*remissão*)

Os arts. 53º e 53º consagram o que se tem designado como uma "licença compulsória" de utilização, para o caso de o titular do direito de reedição sobre obra esgotada não autorizar injustificadamente a mesma. Foca-se este ponto a propósito do contrato de edição (cfr., *infra*, nº 80).

[494] Neste sentido, Oliveira Ascensão, "Direito Civil – Direito de Autor e Direitos Conexos", cit., nº 143, p. 213.

[495] O autor pode controlar a qualidade técnica da nova fixação e, se esta lhe desagradar, fazer cessar a utilização decorrente.

[496] A este propósito, cfr., *supra*, nº 41-IV.

Capítulo III
Os direitos de remuneração do autor

66. Direitos de remuneração especial

66.1. Em geral

I. Esparsas pelo Código do Direito de Autor e Direitos Conexos (CDADC), encontram-se disposições legais que prevêem direitos de remuneração do autor. As alterações de 2023 ao CDADC trazem um novo regime aplicável aos direitos de remuneração dos autores.

Como se viu (cfr., *supra*, nº 50.1.3), as autorizações/licenças de utilização da obra presumem-se onerosas; assim, também, a transmissão total ou parcial do direito de autor, embora quer uma quer outra possam ser gratuitas (cfr. nº 50.2.2).

O contrato de edição (cfr. nº 77 e art. 91º/1 CDADC), o contrato de representação cénica (cfr. nº 52.1 e art. 110º/1 CDADC), o contrato de realização e de produção cinematográfica e, em geral, audiovisual (cfr. nº 86 e art. 131º CDADC), o contrato de radiodifusão, bem como a comunicação ao público da obra radiodifundida (cfr. nº 55.1 e arts. 153º/3 e 155º CDADC) todos se presumem como remunerados.

Na prática, têm-se designado por *royalties* as percentagens cobradas pelos autores, que concedam licenças de exploração das suas obras, sobre as receitas obtidas pelo licenciado com essa exploração.

II. Em alguns casos, porém, a lei prevê a remuneração do autor em montantes que ultrapassam os que normalmente lhe seriam devidos como contrapartida da utilização da sua obra.

É o caso da utilização, pelo comitente, da obra criada em execução de contrato de trabalho ou de prestação de serviço para fins não incluídos nem previstos no contrato (art. 14º/4-b) CDADC), ou quando a actividade criadora de obras no mesmo âmbito contratual "exceda claramente o desempenho, ainda que zeloso, da função ou tarefa" que estavam confiadas ao trabalhador criativo (art. 14º/4-a) CDADC).

É também o caso da remuneração ("compensação suplementar", chama-lhe a lei) devida ao tradutor em caso de utilização da obra traduzida, pelo editor ou outro utilizador, "para além dos limites convencionados ou estabelecidos no Código" (art. 170º CDADC).

Mas há outras situações que, neste âmbito, merecem atenção.

66.2. Direito a "compensação suplementar" por "lesão enorme" dos interesses patrimoniais do autor – um regime substituído

I. Sob a epígrafe "compensação suplementar", o art. 49º CDADC, hoje substituído, consagrava o direito do criador, ou seus sucessores, a uma remuneração especial, que incidia sobre os resultados da exploração da sua obra. Esta remuneração dizia-se "suplementar" porque acrescia àquela que era a contrapartida que o autor já tinha recebido ao transmitir ou onerar[497] o seu direito de autor (art. 49º/1). Este direito era outorgado quando existisse uma *manifesta desproporção* entre os proventos (contrapartida patrimonial) que o criador obteve pela utilização consentida da sua obra e os lucros auferidos pelo beneficiário dos actos de transmissão ou oneração. Apesar de o preceito do art. 49º CDADC ter sido revogado e substituído com a alteração de 2023 ao CDADC, deixamos as notas pertinentes, pois muito do que contêm mantém actualidade na interpretação do novo instituto.

II. O direito a compensação suplementar pertencia ao criador intelectual, não aos transmissários do direito de autor, não só porque a lei assim o estatuía ("o criador intelectual ou os seus sucessores"), como porque não faria sentido atribuí-lo a quem não criou a obra. É no criador intelectual da obra, que, por inexperiência, necessidade ou mau juízo, se vê privado de proventos inesperados que a exploração económica da *sua* obra passa a proporcionar a outros, que se pensou ao adoptar esta regra.

[497] Oliveira Ascensão, "Direito Civil – Direito de Autor e Direitos Conexos", cit., nº 420-I, p. 614, defende a aplicação analógica desta figura às situações em que, não transmitido nem sequer parcialmente o direito patrimonial, o autor licenciou a sua obra, autorizando a sua utilização por terceiro (cfr. nº 50.1) com grave lesão patrimonial por a obra proporcionar proventos ao utilizador muito para além do previsto e coberto pela remuneração àquele paga. Temos dificuldade em fazer esta interpretação da norma citada, não se vendo que através de uma simples licença, sobretudo se não for exclusiva, obtida e remunerada para uma utilização pontual e específica, possa ser causada lesão patrimonial grave ao criador da obra intelectual.

Naturalmente, por maioria de razão e sem qualquer sobressalto, esta regra aplicava-se ao criador intelectual que criasse no âmbito de contrato pelo qual atribuísse o direito de autor a outrem. Nestes casos, quando o criador atribuísse o direito patrimonial de autor ao que encomenda a obra ou, em geral, o contrata para que crie obra(s) intelectual(is), a lei (art. 14º/4 CDADC) previa já uma remuneração especial para utilizações da obra para além dos fins contratados. Faltaria que se acautelasse precisamente o que este art. 49º visava prevenir: quando a exploração económica da obra intelectual proporcionasse ao transmissário do direito (ou a qualquer outro beneficiário de atribuição do direito de autor, como o empregador) proventos que em muito excedessem a remuneração acertada inicialmente, o autor teria direito a esta "compensação suplementar por lesão enorme".[498]

A alteração de 2023 ao CDADC (cfr. novo art. 14º/5) mantém a articulação entre o art. 14º/4 e o novo art. 44º-C, o que significa que, não obstante a remuneração especial a que tem direito por criar para além do que lhe é contratualmente exigido, o autor contratado tem ainda direito a remuneração adicional em caso de manifesta desproporção entre o salário pago (eventualmente já com acréscimo) e os proventos obtidos com a exploração da obra pelo empregador ou comitente.

III. Não havendo acordo sobre a compensação suplementar a pagar, esta devia ser calculada tendo em conta a diferença entre a situação patrimonial do autor alegadamente lesado, na data mais recente que pudesse atender-se, e aquela que teria se fossem considerados os proventos pela exploração "excepcionalmente lucrativa" obtida pelo beneficiário da atribuição das faculdades jusautorais de utilização da obra. Esta construção – que se afigura a mais consentânea com o espírito do instituto – parecia ser contrariada pela letra da lei, que, decepcionante, mandava atender "aos resultados normais da exploração do conjunto das obras congéneres do autor" (art. 49º/2 CDADC).

Luiz Francisco Rebello[499] considerava, com propriedade, que podia até tratar-se de autor que só tenha publicado uma obra (como Cesário Verde, Camilo Pessanha ou António Nobre), caso em que aquela comparação é manifestamente impossível. Entendemos que, nestes casos, deveria atender-se, como critério judicativo, aos proventos *efectivos* que a obra proporcione ulteriormente, fórmula que era, aliás, a do Código de Direito de Autor de 1966.[500]

[498] Com opinião diferente, Luís Menezes Leitão, "Direito de Autor", cit., Capítulo VII, 2.3.2.

[499] Luiz Francisco Rebello, "Código do Direito de Autor e dos Direitos Conexos" (Anotado), cit., em comentário 2. ao art. 49º CDADC, pp. 91/92.

[500] L. F. Rebello (última ob. cit., nota 3., na p. 92) recorda apropriadamente os casos em que a lei de autor (arts. 91º/2, 110º/1 e 131º CDADC) prevê situações em que a remuneração do autor

IV. A doutrina portuguesa não é unânime quanto ao enquadramento deste instituto. Tratar-se-á de uma mera manifestação da regra geral (art. 437º C.Civil), que prevê a modificação do contrato (no todo ou em parte) por alteração das circunstâncias[501], ou de uma figura autónoma?[502] É que, dependendo de uma ou outra concepção, o autor poderá, ou não, reclamar esta remuneração especial *ainda que as circunstâncias em que fundou a contratação se não alterem.*

Parece-nos que a última é a opção doutrinária mais apropriada, já que este instituto (a compensação suplementar) parece buscar as suas raízes no enriquecimento sem causa do beneficiário da atribuição patrimonial, obtido aqui injustificadamente à custa do criador. Nestes termos, o criador pode reclamar esta compensação mesmo que não ocorra uma alteração substancial nas circunstâncias em que as partes fundaram a decisão de contratar a transmissão ou oneração do direito.

V. Como dissemos, a alteração de 2023 ao CDADC vem substituir este instituto que passa a enquadrar-se na regra geral sobre a necessidade de assegurar ao autor uma remuneração adequada e proporcionada – matéria que tratamos de seguida. Como ali explicamos, não vemos necessidade ou vantagem na alteração do regime legal.

66.3. Princípio da remuneração adequada e proporcionada. Obrigação de transparência. Mecanismo de modificação contratual. Mecanismo de resolução alternativa de litígios. Direito de revogação (*remissão*)

I. Uma das dificuldades mais sentidas pelos titulares de direitos autorais (autores, artistas, produtores de fono/videogramas, organismos de radiodifusão, empresários de espectáculos, produtores de bases de dados e editores), quanto à efectivação dos seus direitos perante a colocação das suas criações *on-line*, é a de controlar a utilização e uso das mesmas e assegurar uma remuneração adequada por essas utilizações e usos.

A DMUD estabelece a necessidade de se consagrar a obrigação daqueles a quem foram concedidas licenças de utilização ou transferidos direitos autorais

é paga em percentagem sobre os resultados da exploração. Nestes casos, sustenta, a compensação suplementar só se justificará quando "essa percentagem for manifestamente inferior à prática habitual em contratos de idêntica natureza". O art. 43º/3 acolhe este critério. Parece-nos, no entanto, que, assim, se nega o fim da compensação suplementar, que é precisamente o de corrigir situações, inesperadas para o criador, de lucro extraordinário de outrem com a exploração económica da sua obra.

501 Luís Menezes Leitão, "Direito de Autor", cit., Capítulo VII, 2.3.

502 Neste sentido, Oliveira Ascensão, "Direito Civil – Direito de Autor e Direitos Conexos", cit., nº 419-IV, p. 613.

de prestar informações sobre a exploração de obras e prestações artísticas verificada (*on* e *off-line*), que permita avaliar continuadamente o valor dos direitos concedidos.

Face à constante dificuldade de renegociação de montantes a pagar aos titulares de direitos, devido ao fraco poder negocial destes uma vez "lançadas" as suas criações em rede, a DMUD estabelece que devem ficar previstos, nos acordos que aqueles licenciados e titulares derivados de direitos negoceiem, mecanismos de ajustamento das remunerações aos titulares originários, bem com ser previstos mecanismos de resolução alternativa de litígios neste âmbito.

O novo art. 44º-A CDADC institui um princípio, chamado da *remuneração adequada, proporcionada e equitativa*, segundo o qual os autores e artistas que concedam uma licença exclusiva ou transmitam faculdades jusautorais (de direito de autor ou direitos conexos) têm direito a receber uma remuneração com aquelas características. A aplicação deste princípio não prejudica a das regras emergentes do princípio da liberdade contratual, bem como as práticas e usos de mercado e do sector cultural específico em causa.

II. A este propósito, a DMUD (*Considerandos* 72 a 78) consagra um princípio, uma obrigação que lhe está associada e um mecanismo correlativo.

A obrigação, chamada "de transparência", vincula os utilizadores licenciados ou sub-licenciados de conteúdos protegidos por direitos de autor ou direitos conexos a prestarem regularmente informações exaustivas sobre a exploração de obras dos autores e prestações dos artistas intérpretes ou executantes (art. 19º). A lei portuguesa acolhe este ditame unionista instituindo um *dever de informação* (novo art. 44º-B CDADC), que impende sobre licenciados e sub-licenciados exclusivos e transmissários de direitos autorais. Obriga estes a prestarem "informações actualizadas pertinentes e exaustivas sobre a exploração" das obras e prestações em causa, bem como sobre todas as receitas obtidas em virtude dessa exploração. Tal informação deve ser prestada, pelo menos, uma vez por ano.

Esta obrigação está, já, consagrada em Portugal para o contrato de edição (art. 96º CDADC), padrão de todos os outros contratos de exploração, e está prevista com particularidade também para as *egc* (art. 48º-E da LGC).

No caso de se revelar que a remuneração inicialmente acordada é "desproporcionadamente baixa relativamente a todas as receitas relevantes subsequentes", os autores ou artistas têm o direito de reclamar uma *remuneração adicional, adequada e justa* à contraparte com quem contrataram a exploração da obra (novo art. 44º-C, a que já aludimos acima e que, afinal, mais não faz do que reproduzir o, agora substituído, mecanismo de compensação suplementar por lesão enorme). Na determinação do montante desta remuneração adicional aplicam-se os instrumentos previstos nos novos arts. 44º-C e 44º-D CDADC, designadamente os mecanismos de correcção da mesma quando esta se revele desproporcionalmente baixa em relação aos proventos recebidos com a utilização das obras assim criadas, aplicando-se as novas regras sobre resolução alternativa de litígios (arbitragem institucionalizada) prevista no art. 8º do Decreto-lei nº 47/2023, de 19-6 (a propósito destes novos instrumentos, cfr. nº 130).

Como dissemos, esta regra, de transposição obrigatória, tinha já acolhimento na lei portuguesa. Como vimos, o art. 49º CDADC previa já que, em caso de transmissão ou oneração do direito de exploração a título oneroso, se o criador intelectual ou os seus sucessores sofressem *grave lesão patrimonial* por "manifesta desproporção entre os seus proventos e os lucros auferidos pelo beneficiário daqueles actos", poderiam reclamar deste uma *compensação suplementar*, a incidir sobre os resultados da exploração. O regime da norma portuguesa era, como vimos, bastante completo, fixando até os critérios para determinar a existência da desproporção entre os benefícios do autor e os do transmissário do direito (art. 49º/2 e /3 CDADC, agora revogado).

Julgamos que faltava à lei portuguesa alargar a aplicação desta figura às situações de mero licenciamento da exploração sem transmissão do direito de autor, o que, agora, passa a estar expressamente consagrado (art. 44º-B/1 e /5). Quedavam ainda por aperfeiçoar os critérios sobre a determinação da efectividade da desproporção entre proventos com lesão dos autores e intérpretes.[503]

O direito a uma remuneração adicional caduca se não for exercido no prazo de dois anos a contar do conhecimento das circunstâncias da desproporção de rendimentos (art. 44º-C/4) e não abrange os contratos de licenciamento colectivo celebrados por entidades de gestão colectiva (art. 44º-A/1 e 44º-C/5).

III. Outra importante inovação neste domínio reside na determinação Unionista da criação pelos Estados-membros de procedimentos alternativos e voluntários de resolução de litígios para dirimir os emergentes da eventual existência de lesão enorme dos autores e artistas na exploração das suas obras e prestações fixadas, a que alude o já comentado art. 20º da Directiva (cfr. *Considerando* 79 e art. 21º DMUD).

O novo art. 44º-D CDADC prevê que os litígios relativos ao dever de informação ou à remuneração adicional referida em II podem ser submetidos a um procedimento de resolução alternativa de litígios dirimidos por um centro de arbitragem institucionalizada, a autorizar pelo Governo; tais litígios estão sujeitos a arbitragem necessária por opção expressa dos autores ou artistas.

[503] Recordamos que apresentámos *supra* (nº 66.2) uma proposta de critério para a verificação da desproporção entre os proventos do criador intelectual e os do transmissário do direito para apurar a existência de eventual lesão enorme daquele.

As *egc* têm legitimidade para iniciar estes procedimentos por mandato expresso de um ou mais autores ou artistas.

IV. Na sequência da transposição da DMUD em 2023, a lei consagra uma importante faculdade de autores e artistas para reagirem a uma exploração deficiente (inexistente) das suas obras. O novo art. 44º-E CDADC institui o *direito de revogação*, no todo ou em parte, de licença concedida ou transmissão realizada "em caso de inexistência de exploração da obra ou outros materiais protegidos". Este direito, consagrado sob regime que não se aplica às obras audiovisuais, só pode ser exercido decorridos cinco anos após a celebração do contrato ou um terço da sua duração inicial, consoante o que ocorra primeiro[504].

É muito importante a estatuição do nº 10 deste art. 44º-E. Nos termos desta, a revogação da licença ou do acto de transmissão *não é oponível a terceiros* a quem tenha, por sua vez, sido transferido o direito ou a quem tenha sido licenciada a exploração pela contraparte do autor ou artista, salvo se a não exploração da obra ou prestação lhes for imputável; isto significa que o ónus da exploração económica da obra recai também sobre os sub-licenciados ou transmissários sucessivos do direito.

A consagração deste regime não prejudica regime que faculte aos titulares deste direito um exercício "em termos mais alargados ou com prazos mais reduzidos".

V. O regime que se descreve *supra*, previsto nos arts. 44º-B, 44º-C e 44º-D, é injuntivo e não se aplica aos autores de programas de computador (novo art. 44º-F).

66.4. Direito de sequência (a uma participação sobre o preço de venda sucessiva da sua obra)

I. Inalienável e irrenunciável (art. 54º/3 CDADC), o direito de sequência é uma prerrogativa exclusiva do autor[505] de qualquer "obra de arte original".[505]

[504] Esta matéria é objecto de tratamento desenvolvido autónomo *infra*, nº 1001.1.

[505] Oliveira Ascensão, "Direito Civil – Direito de Autor e Direitos Conexos", cit., nºs 218 e 219, respectivamente pp. 323 e 324, sustenta que o "autor" que a lei aqui refere é só o criador intelectual, não fazendo este regime sentido se estendido a outros titulares do direito, ainda que originários. Luís Menezes Leitão, "Direito de Autor", cit., Capítulo VII, 2.4, sustenta que deve estender-se aos "titulares originários que não sejam o criador intelectual". José Alberto Vieira, "O direito de sequência", cit., nº 12, – com razão – não tem dúvidas de que o direito só pode pertencer ao criador da obra intelectual, ainda que este tenha atribuído o direito patrimonial a empregador/comitente por efeito de contrato (sobre este aspecto, pode confrontar-se o nosso "Trabalho criativo subordinado: a criação de obras intelectuais em execução de contrato de trabalho", cit., *passim*).

Entende-se por "obra de arte original" a obra de arte gráfica ou plástica, tal como quadros, colagens, pinturas, desenhos, serigrafias, gravuras, estampas, litografias, esculturas, tapeçarias, cerâmicas, vidros e fotografias, excepto as obras de arquitectura e de arte aplicada[507]. Incluem-se neste conceito as cópias de obras de arte feitas em número limitado pelo artista ou sob o seu controlo, numeradas ou assinadas ou por qualquer outro modo por si autorizadas.[508]

II. O direito de sequência é o direito de o autor auferir um valor em percentagem (fixada no art. 54º/4 e /5 CDADC) sobre o preço das sucessivas vendas da sua obra (todas as vendas ulteriores à primeira cessão do direito patrimonial, por venda ou outro acto oneroso ou gratuito, que ele próprio realizou).[509] As quantias cobradas a este título só são devidas em caso de alienação onerosa, não quando a transacção do suporte da obra se faça por doação ou sucessão por morte, por exemplo.[510]

Deve dizer-se que, em rigor, não se *vendem* obras, nem o direito de sequência manifestamente incide sobre qualquer ulterior "venda da obra", mas sobre as operações de venda do suporte material que a fixe. Daí, só fazer sentido se referido a "vendas" de "obras de arte originais" (os seus suportes descritos).[511]

Entendemos que a atribuição do direito de autor a pessoa diferente do criador intelectual não é originária, mas derivada constitutiva (cfr. o nosso "Contrato de direito de autor", cit., nº 85-V, pp. 551 e segs). Por esta razão e porque este regime visa precisamente compensar o criador – e só este – por vendas das suas obras excessivamente deflacionadas pela necessidade ou pela conjuntura económica, consideramos que o direito de sequência é apenas outorgado ao criador intelectual (ou aos seus sucessores por morte até à caducidade do direito patrimonial – art. 54º/10 CDADC). Neste sentido, também José Alberto Vieira, "Direito de sequência", cit., nº 12-II.

506 Sobre a natureza do direito de sequência, cfr., *infra*, nº 108.

507 "Desde que estas sejam executadas pelo autor ou sejam cópias consideradas como obras de arte originais, devendo estas ser numeradas, assinadas ou por qualquer outro modo por ele autorizadas" – art. 54º/1 e /2 CDADC. Excluem-se as transacções de obras de arte originais que se destinem a integrar o património de um museu sem fins lucrativos e aberto ao público (art. 54º/6 CDADC).

508 Assim ficou estabelecido pelo art. 2º/2 da Directiva 2001/84/CE, do Parlamento Europeu e do Conselho, de 24-9-2001, relativa ao direito de sequência.

509 O preceito do art. 54º CDADC tem por fonte o art. 14-*ter* CB e a Directiva 2001/84/CE (do Parlamento Europeu e do Conselho, de 27-9-2011). Nos termos expressos do art. 14-*ter*/2 CB e do art. 54º/11 CDADC, o direito de sequência só é reconhecido, em Portugal, a cidadãos de Estados que não sejam membros da UE se estes Estados também o reconhecerem a cidadãos portugueses e dos restantes Estados-membros (reciprocidade).

510 E em todos os casos de alienação onerosa, não só de venda, como, bem, assevera José Alberto Vieira, "O direito de sequência", cit. nº 10-III.

511 Como, bem, salienta José Alberto Vieira, "Direito de sequência", cit., nº 8, o direito de sequência não incide sobre a obra nem respeita a qualquer modalidade de exploração económica da obra, assimilável aos direitos patrimoniais de autor.

O direito de sequência constitui-se a partir da segunda alienação onerosa do suporte da obra (a primeira depois da venda inicial pelo autor/criador) que seja realizada por preço superior a €3000,00 por um "profissional do mercado de arte"[512] (art. 54º/1 CDADC).

III. Suscita-se a questão de determinar se a percentagem sobre a venda do suporte é devida ainda que o preço não seja pago pelo comprador ao vendedor. Parece-nos que sim.

O pagamento da participação no preço devido ao autor é da responsabilidade do vendedor da obra de arte original e, subsidiariamente, da "entidade actuante no mercado de arte através da qual se operou a transacção" (art. 54º/7 CDADC). Esta entidade deve ser um *marchand* de arte, como resulta do *Considerando* 18 da Directiva 2001/84/CE, citada, e do art. 54º/1, *in fine*, CDADC (um "agente que actue profissional e estavelmente no mercado de arte, e não um não comerciante ou um museu, por exemplo").

O determinante do pagamento dessa quota-parte do preço de venda é a alienação do suporte, não o pagamento do seu preço ao vendedor pelo comprador. O direito constitui-se logo no momento da transmissão da propriedade do suporte (por mero efeito do contrato – cfr. art. 408º C.Civil), pelo que aquela quantia é devida independentemente do recebimento efectivo deste; o risco corre pelo vendedor.[513]

IV. O exercício do direito de sequência, que permite cobrar um valor sobre o preço de alienação de uma obra de arte original, deve também demarcar-se com clareza do recebimento de qualquer quantia proveniente da alienação do direito (patrimonial) de autor.[514]

O direito de sequência incide sobre o preço de venda do suporte de obra de arte, não implica qualquer alienação do direito de autor relativo à obra que nesse suporte esteja fixada. Por outro lado, a obtenção de uma contrapartida remuneratória pela alienação (transmissão total ou parcial, por exemplo) do direito patrimonial de autor, que transfere a titularidade de faculdades de exploração económica da obra (faculdades de reprodução, de transformação, de distribuição, *etc.*[515]), não tem de ter associada a alienação do suporte

[512] Sobre o que deva considerar-se um "profissional" neste âmbito, pode confrontar-se o art. 1º/2 da Directiva 2001/84/CE: são "profissionais do mercado de arte", nomeadamente os leiloeiros, galeristas de arte e, de um modo geral, quaisquer negociantes de obras de arte.

[513] Também neste sentido, discutível, José Alberto Vieira, "Direito de sequência", cit., nº 10-III.

[514] Sobre a transmissão do direito (patrimonial) de autor, pode confrontar-se *supra*, nº 50.2.

[515] Sobre as faculdades de exploração económica da obra compreendidas no direito patrimonial de autor, pode confrontar-se *supra* os nºs 51 a 60.

material desta. Cobra-se a quantia devida por direito de sequência sobre o valor da venda *do suporte material* de obra de arte plástica; para esta cobrança não é necessário que ocorra concomitantemente a alienação de qualquer faculdade integrada no direito (*patrimonial de autor*) de exploração económica *da obra*. O direito de sequência é um direito *do autor*, mas não integra *o* direito patrimonial de autor (que compreende as faculdades enumeradas no art. 68º/2 CDADC). E isto tem consequências na estrutura do direito de autor.[516]

O direito de sequência visa remunerar o autor pelas mais-valias das vendas do suporte material de obra de arte original sua, o direito patrimonial de autor reserva ao titular um exclusivo de exploração económica da obra. Um e outro têm diferentes pressupostos, objecto e conteúdo.

66.5. Direito de remuneração por cópia privada. Partilha da remuneração por reprografia e cópia privada entre autores e editores

I. A lei de autor portuguesa prevê que, no preço de venda ao público de qualquer dispositivo mecânico, químico, eléctrico ou electrónico, que permita a fixação e reprodução de obras, seja incluída uma quantia destinada aos autores, artistas, editores e produtores fono/videográficos (art. 82º/1 CDADC). A lei da cópia privada (Lei nº 62/98, de 1-9[517]), na versão que vigorou até Junho de 2015, acrescentava os suportes materiais virgens, digitais ou analógicos, salvo o papel, aos produtos no preço dos quais seria acrescentada essa soma. A mesma lei fixava a referida quantia em 3% sobre o preço de venda ao público.

A citada lei previa também uma taxa de 3% sobre o preço de venda ao público das fotocópias, que deveria ser gerida por um organismo criado com esse objectivo.[518] Para este efeito, foi constituída, em 1998, a AGECOP – Associação para a Gestão da Cópia Privada, integrada pelas associações de autores, de artistas, de editores e de produtores de fonogramas e videogramas.[519]

II. Após a adopção da Directiva 2001/29/CE, de 22-5-2001, foram apresentados, em Portugal, vários projectos de lei sobre este tema. A AGECOP apresentou uma queixa contra o Estado português junto das instâncias da União

[516] Cfr., *infra*, nº 107, sobre a estrutura do direito de autor.

[517] Esta lei sofreu alteração pelo Decreto-lei nº 100/2017, de 23-8, que altera a Tabela anexa que fixa a quantia devida, a título de "compensação por cópia privada", que acresce ao preço de vários suportes, dispositivos e equipamentos. Foi antes modificada pela Lei nº 50/2004, com disposição pertinente aprovada na sequência da decisão do Tribunal Constitucional (Acórdão nº 616/2003, de 16-12-2003, publicado no D.R. de 13-3-2004), que declarou inconstitucional norma da versão primitiva daquela Lei que permitia a fixação por despacho ministerial da quantia em questão.

[518] Estavam excluídas da obrigação desse pagamento, nomeadamente as "entidades culturais sem fim lucrativo" (art. 4º/1, da LCP na versão anterior às alterações pela Lei 49/2015).

[519] O art. 6º da LCP fixa hoje a composição da AGECOP e respectivos princípios estatutários.

Europeia, reclamando contra a falta de revisão da citada lei. Esta Associação contestava, também, o facto de a UE ter remetido unicamente para o mandato seguinte da Comissão e do Parlamento Europeu (a iniciar em 2014) a adopção de uma Directiva sobre esta matéria, o que fez na sequência de um Parecer elaborado pelo ex-Comissário europeu português, António Vitorino.[520]

III. Foi, entretanto, publicada, em 2015, nova alteração a este regime[521], que segue técnica diferente da anterior: desta, que voltou a ser alterada em 2017, resultou a Lei da Cópia Privada vigente (LCP).

A LCP estabelece uma remuneração (designada "compensação equitativa") a atribuir aos autores, artistas intérpretes ou executantes, aos editores e aos produtores de fono/videogramas a incidir sobre o preço de venda de aparelhos, equipamentos e outros instrumentos de reprodução de obras e conteúdos (como bases de dados) protegidos, bem como de suportes e dispositivos de armazenamento de obras intelectuais. Nos termos da lei (art. 3º/1 LCP), tal compensação equitativa visa "compensar os titulares dos direitos dos danos patrimoniais sofridos com a prática da cópia privada".

Esta quantia já não reveste a forma de uma taxa percentual sobre o preço dos produtos, fixando-se uma verba certa a adicionar ao preço de venda de cada dispositivo ou equipamento ou suporte material.[522] O referido "valor compensatório" (*sic*, no texto da lei) é aplicado no preço da primeira venda em território nacional e antes da aplicação do IVA em cada um dos aparelhos, dispositivos e suportes analógicos e digitais que permitam a reprodução e armazenamento de obras. A hipótese – muito mais justa e adequada – de onerar antes, por exemplo, as unidades copiadas e fotocopiadas de obras protegidas, que evitaria que se tributassem também, por exemplo e indirectamente, cópias de obras não protegidas (como facturas ou diplomas legais) ou de obras próprias afigura-se abandonada, talvez por ser de mais difícil aplicação prática.

A nova lei fez compreender entre os equipamentos e dispositivos onerados com tais quantias, entre outros, as fotocopiadoras, os *scanners*, as impressoras, os gravadores de música ou vídeo, os cartões de memória e os discos rígidos (externos ou internos) dos computadores.

Estão isentas do pagamento das referidas quantias, entre outros (art. 4º/1 LCP), as pessoas colectivas que utilizem os equipamentos para a fixação de

[520] Parecer "Recommendations resulting from the mediation on private copying and reprography levies", cit..

[521] Esta alteração foi introduzida pela, já citada, Lei nº 49/2015.

[522] Sempre que a utilização dos referidos aparelhos seja habitual e realizada comercialmente, o preço de venda ao público das fotocópias de obras, electrocópias e demais suportes inclui uma compensação equitativa correspondente a 3% do valor do preço de venda – cfr. art. 3º/2 LCP.

imagens ou outro tipo de obras para uso exclusivo no âmbito da actividade profissional do respectivo autor, designadamente no âmbito da actividade de fotógrafo, *designer*, arquitecto ou engenheiro, bem como nas profissões artísticas. A referida quantia também não é exigível quando os aparelhos e suportes ali mencionados sejam adquiridos por órgãos de comunicação social e organismos de comunicação audiovisual ou produtores de fonogramas e videogramas exclusivamente para as suas próprias produções ou por organismos que os utilizem para fins exclusivos de auxílio a diminuídos físicos visuais ou auditivos (art. 82º/3 CDADC).

IV. A tributação da cópia privada é, em si mesma, problemática.[523]

Em primeiro lugar, ela pode significar também uma excepção à regra da liberdade de reprodução de obras para uso privado, que a lei portuguesa consagra, "salvo se trouxer prejuízo à exploração normal da obra" (cfr., *supra*, nº 62 e arts. 75º/2-a), 81º-b) e 189º/1-a) CDADC). Naturalmente, a generalização do acesso a meios de fixação e reprodução analógica e digital disponíveis actualmente justifica a excepção. Pensou-se, em alternativa, na criptagem ou codificação dos equipamentos e dispositivos, correndo, porém, o risco de interditar, do mesmo passo, utilizações livres justificadas, como a cópia de obras próprias ou de documentos oficiais que não são protegidos por direito de autor.

Uma outra questão a tomar em consideração é o risco de duplicação de pagamento pela utilização das obras. Se as cópias das obras são feitas pelo consumidor final para uso privado (em muitos casos próprio), no âmbito de um serviço licenciado e pago, não trazem prejuízo aos titulares do direito (que consentiram no acesso à obra e são já remunerados); neste caso, a remuneração por cópia privada representaria um pagamento dobrado por uma única utilização.[524]

Uma outra recomendação, contida no referido Parecer de António Vitorino, é a de cobrar a quantia nas transacções transnacionais uma vez só, no Estado de residência do consumidor final e ao nível retalhista, não do importador, para evitar o pagamento múltiplo (de cada vez que o suporte material da obra cruze a fronteira de um Estado); complementarmente, os importadores deveriam informar as entidades de gestão colectiva de direitos de autor das suas transacções.

De igual modo, para evitar a cobrança desta quantia por fotocópias para uso privado ou mesmo em documentos sem nenhum valor jusautoral, a mesma deveria recair sobre os documentos copiados, e não sobre os equipamentos. Não foi esta a solução da lei portuguesa.

[523] Sobre este tema, pode consultar-se, nomeadamente, o estudo "Cópia privada e sociedade da informação", por Dário Moura Vicente, cit., pp. 709 e ss..

[524] Neste sentido, o citado Parecer de António Vitorino.

V. A natureza da "compensação" devida por cópia privada é discutível.

Não pode afirmar-se que é uma contrapartida da exploração económica de obras, visto que não tem pressuposta nem a transmissão do direito de autor nem qualquer licenciamento daquela. Não é inerente à alienação do suporte material da obra, como o direito de sequência, já que, quando se cobra a um consumidor um valor sobre um computador vendido, não há qualquer suporte de obra associado à transacção.

A compensação por cópia privada é verdadeiramente uma taxa cobrada pelo consumo de dispositivos que podem servir (ou não) para fixar, reproduzir, comunicar ao público ou colocar em rede obras. Mas não tem qualquer relação com a utilização patrimonial destas. Tributa consumidores de equipamentos e dispositivos electrónicos, com a particularidade de a receita reverter para os designados "agentes económicos" culturais.

VI. No pressuposto de que os editores (também) investem tendo em vista a exploração das obras contidas nas suas publicações de imprensa, e que são privados de receitas quando essas obras são objecto de utilizações livres, nomeadamente pela cópia privada ou comodato público de obras, a DMUD (art. 22º) admite que os Estados-membros *podem* prever que, quando um autor tiver transmitido o direito de autor ou tiver concedido uma licença de exploração de uma obra a um editor, essa transferência ou licença constitua fundamento legal bastante para o editor ter direito a uma quota-parte da compensação pela utilização da obra no âmbito de uma excepção ou limitação ao direito de autor.

O CDADC já prevê esta partilha (art. 76º/1), pelo que deve apenas generalizar-se este direito à partilha, entre autor e editor, da compensação por cópia a *todas* as situações de utilização livre de obras em que o autor receba já essa compensação. A AGECOP poderá ser a instituição adequada à cobrança e repartição dessa quantia.

66.6. Preservação da liberdade de licenciamento da exploração de obras a título gratuito

Razoavelmente, a DMUD preserva a liberdade contratual, pelo menos no que diz respeito aos actos dos titulares de direitos que revelem a vontade de dispor dos seus direitos *a título gratuito*.

Nenhuma disposição da Directiva pode ser interpretada como inibindo a liberdade de licenciamento da exploração de obras a título gratuito (*Considerando* 82). Isto deve considerar-se extensivo àquelas disposições, acima assinaladas, que estatuem injuntivamente, sem admitir regulação contratual diversa. Verifica-se agora que dizem respeito apenas ao licenciamento *a título oneroso* da exploração das obras.

Capítulo IV
A utilização não autorizada de obra intelectual

67. O crime de usurpação de obra alheia

I. A utilização não autorizada de obra alheia constitui usurpação, que é crime (art. 195º/1 CDADC[525]).[526] Penaliza-se toda a violação do exclusivo patrimonial de autor.

[525] *"Artigo 195º (Usurpação)*
1 – Comete o crime de usurpação quem, sem autorização do autor ou do artista, do produtor de fonograma e videograma, do organismo de radiodifusão ou do editor de publicação de imprensa, utilizar uma obra ou prestação por qualquer das formas previstas no presente Código:
a) Quem divulgar ou publicar abusivamente uma obra ainda não divulgada nem publicada pelo seu autor ou não destinada a divulgação ou publicação, mesmo que a apresente como sendo do respectivo autor, quer se proponha ou não obter qualquer vantagem económica;
b) Quem coligir ou compilar obras publicadas ou inéditas sem autorização do autor;
c) Quem, estando autorizado a utilizar uma obra, prestação de artista, fonograma, videograma, emissão radiodifundida ou publicação de imprensa, exceder os limites da autorização concedida, salvo nos casos expressamente previstos no presente Código.
3 – Será punido com as penas previstas no artigo 197º o autor que, tendo transmitido, total ou parcialmente, os respectivos direitos ou tendo autorizado a utilização da sua obra por qualquer dos modos previstos neste Código, a utilizar directa ou indirectamente com ofensa dos direitos atribuídos a outrem.
4 – O disposto nos números anteriores não se aplica às situações de comunicação pública de fonogramas e videogramas editados comercialmente, puníveis como ilícito contraordenacional, nos termos dos nºs 3, 4 e 6 a 12 do artigo 205.
5 – A conduta não é punível quando o prestador de serviços de partilha de conteúdos em linha cumpra as condições previstas, consoante os casos, no nº 1 do artigo 175º-C ou nos nºs 1 e 2 do artigo 175º-D."

[526] A denominação dos crimes, na lei de autor portuguesa, é equívoca. Chama-se "usurpação" à utilização de obra alheia sem autorização do titular do direito de autor e "contrafacção" à apropriação como sua de obra alheia. Em linguagem corrente diz-se usurpar o acto de chamar sua obra que pertence a outrem, já é contrafacção precisamente a fabricação de exemplares sem

II. Nos termos do nº 2 do citado art. 195º:

A) É também usurpação a divulgação ou publicação abusiva de obra inédita, ainda que sem propósito de obter vantagem económica (art. 195º/2-a) CDADC). Ora, divulgar a obra, que se sustentou ser uma manifestação do direito *pessoal* de autor, não implica necessariamente uma utilização da mesma (cfr. nº 42), logo a sua criminalização não caberia aqui, mas no art. 198º, que tipifica os crimes pela violação do direito pessoal ("moral") de autor.
Significa-se, ainda, que também há usurpação quando se quebre indevidamente o ineditismo de obra alheia, mesmo sem dela fazer utilização patrimonial, ou seja, comete este crime quem divulgar obra inédita, ainda que não reclame para si a autoria desta e ainda que a não explore economicamente. Viola-se o direito de divulgação (ao inédito), não o direito – também pessoal – à paternidade.
A lei criminaliza, como usurpação, a divulgação ou publicação abusiva, quer o prevaricador se proponha ou não obter vantagem económica. Utilizar-se-á obra alheia "sem propósito de obter vantagem económica" se, por exemplo, um candidato à obtenção de um grau académico utilizar, sem consentimento do autor, obra alheia nos seus trabalhos de candidatura com o único fito de se graduar.

B) A lei tipifica como usurpação a conduta de quem "coligir ou compilar" obras alheias, inéditas ou não, sem autorização do autor (art. 195º/2-b) CDADC). Ora, as compilações e as colectâneas são obras protegidas, nos termos gerais (art. 3º/1-b) CDADC), pelo que a sua utilização não consentida já estaria punida sob o tipo do art. 195º/1. Oliveira Ascensão[527] alvitra que se puniria, aqui assim, a conduta em que incorresse quem utilizasse – ilicitamente, porque depende de autorização do autor – colectâneas ou compilações de obras não protegidas ou cuja utilização fosse, noutras circunstâncias, livre (arts. 7º/2 e 76º/3). Julga-se que tal já caberia na previsão do art. 195º/1, pelo que a norma é inútil.

C) A Lei 92/2019, de 4-9, adita um novo nº 4 ao art. 195º CDADC e descriminaliza a execução pública não autorizada de fonogramas e videogramas editados comercialmente[528].

D) O crime previsto e punido no art. 195º/2-c) – que penaliza quem, autorizado a utilizar uma obra, "exceder os limites da autorização concedida"

autorização do titular do direito. A terminologia legal é, assim, infeliz e confunde. Neste sentido, Oliveira Ascensão, "Direito Penal de Autor", cit., nº 4-II, p. 19.

[527] Oliveira Ascensão, "Direito Penal de Autor", cit., nº 8, p. 25.

[528] A este propósito, cfr., *supra*, nº 55.4-VIII.

– já foi analisado (cfr., *supra*, nºs 48. 2 e 50.1.1), observando-se, a propósito, que esta norma reforça a ideia da consagração, entre nós, do carácter finalista de toda a atribuição patrimonial de direito de autor.

67.1. A usurpação de direitos do concessionário do direito pelo autor

O art. 195º/3 CDADC (com a epígrafe "usurpação") consagra regra, segundo a qual se preenche o mesmo tipo da usurpação, punido com as mesmas penas que as restantes situações assim classificadas, quando o autor (titular originário ou derivado do direito), após concessão de faculdades de utilização da obra por qualquer dos modos já referidos, utilize ou autorize a utilização da mesma por terceiro, em conflito com os direitos que atribuíra.

Deve entender-se que tal "conflito de direitos" só ocorrerá quando a prévia atribuição do direito se faça com exclusivo, pois, de outro modo, nada impedirá o autor de outorgar, simultânea ou sucessivamente, as mesmas faculdades a diferentes sujeitos (como já foi referido – cfr. nº 50.1.4).

Título IV
Contratos de Direito de Autor

Capítulo I
A criação de obra intelectual em cumprimento de contrato

Secção I
Contrato de prestação de serviço para criação de obra intelectual

68. Prestação de serviço criativo de obras intelectuais – mandato, empreitada ou modelo atípico

Escrevemos há anos[529], a propósito de comentário a Acórdão do Supremo Tribunal de Justiça[530], que o contrato pelo qual alguém se vincula à criação de uma obra para utilização por outrem é modalidade atípica de contrato de prestação de serviço: "[...] o contrato que tenha por objecto a criação de obra futura [logo veremos a justeza desta caracterização] não é empreitada". E continuávamos (*ibidem*): "Ao vincular-se à criação de obra intelectual, o que fica adstrito a esta obrigação vincula-se [...] não apenas a criar a obra, mas também a entregá-la ao co-contratante para publicação [...] ou uso próprio deste [...]. Só que a entrega

[529] Em 1990, cfr. o nosso "O direito pessoal de autor no ordenamento jurídico português", cit., III-1., 4.2.4.1.-A), pp. 93-97 (*maxime* pp. 96/97).

[530] Acórdão do Supremo Tribunal de Justiça, de 3-11-1983, transcrito na Revista da Ordem dos Advogados (R.O.A.) – Ano 45-I, de Abril de 1985, pp. 113-127, que decidia em síntese, no trecho que aqui mais interessa: "o contrato de empreitada pode ter por objecto uma obra eminentemente intelectual ou artística, nomeadamente a produção de filmes para uma empresa de televisão, que se obrigou a pagar certa quantia, em prestações, fornecendo ainda as películas de imagem e som, além dos meios e serviços clausulados normais."

do "original" da obra é acessória da obrigação principal de proporcionar (ao editor) os meios necessários para o cumprimento do contrato. [...]. Esta é uma obrigação *de facere*, típica do contrato de edição ou de outros de características, conteúdo e objecto semelhante, cujo regime especial o C.D.A. regula."

Do que aqui tratamos é do que se vem designando "obra de encomenda"[531], em que a acção criativa é realizada – sem enquadramento empresarial nem subordinação jurídica – no âmbito de contrato que vincula o agente criativo à criação de obras intelectuais para a utilização por outrem.[532]

Estas obras são criadas em execução de contrato, logo para os fins de utilização pelo comitente. Falta que se apure o conteúdo da obrigação do autor-comissário e o objecto da prestação devida.

Vejamos primeiro se quadra nos tipos contratuais que, no direito português, habitualmente se lhe fazem aproximar: o mandato e a empreitada.

68.1. A inadequação da figura do mandato

É hoje já genericamente rejeitada a assimilação da prestação de serviço para criação de obras intelectuais à figura do mandato, como modalidade de prestação de serviços (arts. 1154º e 1157º ss. C.Civil).

Na delimitação entre mandato e figuras afins, Januário Gomes sustenta que, nos casos em que: "o contrato [*de trabalho*, no caso que aprecia] tem por objecto a prestação duma actividade intelectual [...], o critério passa, necessa-

[531] Pedro Romano Martinez, "Os grandes tipos de contratos de direito de autor", cit., nº 5.1.-b), p. 398, refere a "obra de encomenda" como aquela em que "a iniciativa da realização ficou a cargo de pessoa diversa da do seu autor". Ocupa-se de seguida (*ibidem*, pp. 398/399) em sumariar situações que relevam da "qualificação da relação contratual entre aquele que encomenda e aquele que realiza a obra", entre o contrato de trabalho e a prestação de serviço (nas suas diversas modalidades).

[532] Antequera Parilli descreve as situações a que respeitam estas criações como aquelas em que: "uma pessoa contrata o autor para a realização de uma obra futura, em troca de uma contraprestação, sem que exista entre o comitente e o comissário uma relação de subordinação nem seja aplicável, em consequência o regime aplicável para as relações de trabalho." (Ricardo Antequera Parilli, "Las obras creadas por encargo y bajo relación de trabajo", cit., p. 107). Já Bittar salienta tratar-se de obras em que "a iniciativa de criação é de outrem (que não o seu criador), que as solicita, sugere, orienta ou dirige, cuidando da respectiva reprodução e divulgação." (Carlos Alberto Bittar, "Direito de Autor na Obra Feita sob Encomenda", cit., nº 22, pp. 61/62). L. de Sanctis, sobre o que denomina "contratto di commissione d'opera", em que uma parte confia à outra a criação de uma obra intelectual, caracteriza-as com recurso a duas ideias-chave: "o resultado visado é a criação de obra intelectual e a possibilidade jurídica de o comitente utilizar a mesma para os seus próprios fins." (Lorenzo de Sanctis, "Opera dell'ingegno su commissione...", cit., p. 152); mais acrescenta (*ibidem*) que: "contudo, não é menos verdadeiro que o objecto típico e legal do "contratto d'opera" puro é um mero "facere" [...]; o elemento do "dare" é em princípio estranho ao modelo típico do "contratto d'opera" mesmo constituindo frequentemente um elemento recorrente, mas sempre acessório."

riamente, pelo outro requisito essencial à caracterização do contrato de trabalho: a subordinação jurídica. Existindo esta, há contrato de trabalho, qualquer que seja a natureza da actividade; existindo autonomia, haverá contrato de mandato se a actividade a desenvolver pelo "trabalhador autónomo" se traduzir na prática de actos jurídicos."[533]. A distinção pelo objecto da prestação bastará então à refutação da assimilação entre o mandato e o contrato para criação, sem subordinação jurídica, de obras? A ser assim – e pouco já não seria –, poderia afirmar-se que sempre que o objecto da prestação devida pelo comissário fosse a criação de obra intelectual (um acto material, como se viu – cfr., *supra*, nº 7) não se configuraria mandato, mas uma outra modalidade de prestação de serviço –, sendo certo que sempre subsistiriam dúvidas quando, como na actividade dos mandatários judiciais, a actividade contratada compreendesse a realização de actos jurídicos que também podem ser criativos.[534]

Na prestação de serviço que tenha por objecto a criação de uma ou mais obras intelectuais, a produção de efeitos jurídicos na esfera do comitente – qual seja a atribuição de faculdades jusautorais de utilização da(s) obra(s) criada(s) – depende – e parece depender apenas – de facto material de criação de obra intelectual pelo autor-comissário e da convenção que determina essa disposição/atribuição.

Fica por indagar se a produção de tal efeito depende também da entrega da obra pelo autor-comissário ao comitente. É em exame de um outro tipo contratual, o da empreitada, que começa a desenhar-se a resposta.

68.2. A prestação de serviço criativo e a empreitada

68.2.1. O debate doutrinário

I. No nosso escrito antes particularizado[535], tivemos oportunidade de sintetizar e comentar o proveitoso debate doutrinário que, em Portugal, na década de oitenta do sec. XX, foi sustentado sobre a qualificação do contrato pelo qual um organismo de radiodifusão contratara a produção de "filmes". Salientámos – além da douta sentença do Supremo Tribunal de Justiça[536] – a correspondente

[533] M. Januário da Costa Gomes, "Contrato de Mandato", *in* "Direito das Obrigações", 3º vol.-IV, cit., sob a coordenação de Menezes Cordeiro, nº 4.6., p. 310.

[534] Fernando Pessoa Jorge, "O mandato sem representação", cit., nº 7., p. 35: "[no Direito romano] O objecto do mandato consistia na prática de um ou vários actos, quer jurídicos, quer materiais."; evidencia assim que não era a natureza do objecto que distinguia o mandato de outros contratos, *v.g.* "os de prestação de serviços, como a *locatio conductio operis* e a *locatio conductio operarum*."

[535] "O direito pessoal de autor no ordenamento jurídico português", cit., III-1., 4.2.4.1.-A), pp. 93-97 (*maxime* pp. 94-96).

[536] O citado Acórdão do STJ, de 3-11-1983, como dissemos transcrito na Revista da Ordem dos Advogados (R.O.A.) – Ano 45-I, de Abril de 1985, pp. 113-127, não obstante decidir com base na principal lei de autor então vigente em Portugal (o Código de Direito de Autor, aprovado pelo

"Anotação" por FERRER CORREIA/HENRIQUE MESQUITA, o "Parecer" por ANTUNES VARELA e a "Anotação" por CALVÃO DA SILVA, de sentido não uniforme.

II. Em síntese, a "Anotação" de Ferrer Correia e Henrique Mesquita citada invoca, em abono da sua posição, em primeiro lugar, o elemento literal: "A substituição, no texto do Projecto [o Projecto de Código Civil de 1966] e no texto definitivo do Código, da palavra 'coisa' pela palavra 'obra' torna ainda mais claro que as criações do espírito [...] foram incluídas pelo legislador no objecto do contrato de empreitada". Junta também, em apoio da sua conclusão, o elemento sistemático: "A empreitada, como é sabido, constitui uma modalidade ou sub-espécie do contrato de prestação de serviço, conforme expressamente se declara no art. 1155º. [...]. Na ausência de forte indicação em contrário [...], deve entender-se que as características do género [o "contrato geral de prestação de serviço (*locatio operis*)", nas palavras dos Autores desta "Anotação"] se acham presentes em cada uma das espécies. Ou seja: dada a definição do contrato de prestação de serviço [...] e a acepção corrente da palavra 'obra' [...], deveria o legislador, se porventura tivesse querido excluir do quadro da empreitada este último tipo de obra, ter manifestado adequadamente essa intenção limitativa."[537/538].

Decreto-lei nº 46 980, de 27-4-1966), mantém actualidade nomeadamente na parte em que considera (II-a)): "A corporização, consistente nos filmes, fitas e outros meios materiais, deve ser tida como "coisa", visto que coisa, segundo o artigo 202º, nº 1, do Código Civil [C.Civil], é "tudo aquilo que pode ser objecto de relações jurídicas". Logo, deparamos com a obra, que o art. 1207º prescreve. Se bem que a componente do engenho ou trabalho mental seja mais intensa no caso em apreço no recurso, do que em muitas outras hipóteses de empreitada, a componente material, a corporização nos filmes, da gravação de imagens e som em filmes ou fitas, deve ser suficiente para a integração do conceito de obra, imposta no referenciado artigo 1207º. De resto, o artigo 8º, nº 3, do Decreto-lei nº 46 980, preceitua: "Não exclui o direito de criador o facto de ela ser feita por encomenda ou por conta alheia ou mesmo no cumprimento de um dever funcional ou de um contrato de trabalho". Admite, pois, a encomenda, que deve ser tida como empreitada. Em suma: trata-se de um contrato de empreitada, e não de um contrato inominado." – intercalado nosso. Manifestámos então – no já citado trecho do nosso "O direito pessoal de autor no ordenamento jurídico português", cit., III-1., 4.2.4.1.-A), pp. 93-97 (*maxime* pp. 96/97) – discordância deste trecho do douto ACÓRDÃO em termos que agora se retomam, desenvolvem e acertam.

[537] ANTÓNIO FERRER CORREIA/MANUEL HENRIQUE MESQUITA, "Anotação (de ACÓRDÃO do STJ) – A obra intelectual como objecto possível do contrato de empreitada; direito de o dono da obra desistir do contrato e efeitos da desistência", cit., nº 7, pp. 140/141, com intercalados nossos.

[538] FERRER CORREIA/HENRIQUE MESQUITA, "Anotação (de ACÓRDÃO do STJ) – A obra intelectual como objecto possível do contrato de empreitada; ...", cit., nº 8, pp. 142/143, focam também um dos aspectos do regime da empreitada – a faculdade de desistência, reservada ao dono da obra nos termos do art. 1229º C.Civil, justificado (como os mesmos Autores explicam) na perda de interesse pelo dono da obra em que a empreitada se inicie ou conclua e, em circuns-

III. Por outro lado, no "Parecer" de Antunes Varela acima referido, discorre-se em sentido diverso e conclui-se pela configuração de um contrato inominado[539]. Assim, Antunes Varela assevera que: "A causa do contrato [de empreitada, na lei civil de Portugal] assenta [...] sobre o binómio [...] obra-preço, traduzindo-se na realização duma obra contra um preço."[540]; para considerar logo depois que: "Os dois elementos típicos da empreitada, como figura específica dentro da categoria genérica da prestação de serviços, ou seja, tal como a traça e define a lei civil portuguesa, são a autonomia (do empreiteiro) e a realização de uma obra. [...]. Do que não pode prescindir-se é dum resultado material, por esse ser o sentido usual, normal, do vocábulo obra e tudo indicar que é esse o sentido do art. 1207º".[541]

Mais sustenta Antunes Varela que a obtenção de um resultado, "que consista na realização de uma prestação de coisa", não é essencial à noção de prestação de obra intelectual em execução de contrato. E parafraseamo-lo (ob. e loc. citt., *passim*): ao contrário da empreitada, aquela não tem por objecto (ainda que acessório) a entrega de uma coisa[542] cuja propriedade ou autoria se transfere, mas a "cedência do direito de exploração económica, mediante o pagamento de taxa global".

tâncias dadas, na inutilidade superveniente da realização da obra para o interessado sob pena de, se nesse caso o contrato se cumprisse, se ver executado um projecto a que ele se vira compelido a renunciar –; e concluem: "Seria absurdo, [...], que alguém pudesse desistir da construção de um edifício mas não do projecto a ele respeitante. Para evitar tal absurdo é, porém, indispensável entender que as obras de natureza intelectual [...] cabem também, com as demais, no âmbito da empreitada. A limitação deste contrato às obras de índole exclusivamente material deixaria de fora um vasto sector de actividades [...] onde se suscitariam idênticos problemas e idênticos conflitos de interesses e para os quais se impõe, por conseguinte, uma regulamentação também idêntica."

[539] João de Matos Antunes Varela, "Parecer sobre a prestação de obra intelectual (em consulta sobre Acórdão do STJ) relativo à qualificação jurídica do contrato celebrado entre a FILFORM e a RTP", cit., nº 4, p. 172.

[540] Antunes Varela, "Parecer sobre a prestação de obra intelectual ...", cit., nº 3, p. 168, com intercalado nosso.

[541] Cfr. Antunes Varela, "Parecer sobre a prestação de obra intelectual ...", cit., nº 3, p. 169, com intercalados nossos. Este trecho está reproduzido *in* Pires de Lima/Antunes Varela, "Código Civil (Anotado)" –, inscrito na última edição deste "Código Civil (Anotado)", vol. II, 4ª ed. cit., em anotação 3., p. 865, ao Artigo 1207º.

[542] "Os exemplares em que se materializa a edição de um estudo que um professor de direito, um juiz ou um advogado se obriga perante uma casa editora a escrever e publicar" – no exemplo com que Antunes Varela, "Parecer sobre a prestação de obra intelectual ...", cit., nº 3, p. 170, ilustra a sua posição sobre os que designa "contratos de publicação ou edição".

IV. A "Anotação" de Calvão da Silva, acima mencionada (que reporta já ao regime do CDADC hoje vigente), depois de análise pormenorizada dos dois últimos Comentários, conclui também pela aplicação às obras intelectuais de: "...uma disciplina jurídica própria e especial que se sobrepõe à regulação das modalidades (típicas ou nominadas) do contrato de prestação de serviços."[543].

Calvão da Silva (*ibidem*) propusera já uma importante formulação, que também carreamos em construção da nossa tese neste domínio: "[...], porque o autor da obra espiritual divulgada ou publicada pode retirá-la – ou nela introduzir as modificações que entenda essenciais para preservar a sua reputação e personalidade de criador, pois quem pode o mais pode o menos – a todo o tempo de circulação, por maioria de razão deve poder recusar a entrega de obra que entenda não ser digna de si, [...] – embora, obviamente, com a obrigação de indemnizar os danos causados. Razões morais mais atendíveis do que estas não pode haver, além de que, no fundo, a recusa de entrega da obra mais não é do que o exercício pelo autor da faculdade de não divulgação da mesma, contida no direito moral de autor (art. 67º, nº 1, do Código do Direito de Autor)."[544].

V. Em apreciação global conclusiva sobre este tema, Oliveira Ascensão considera que "[...] qualquer tipo de contratos pode produzir efeitos de Direito Autoral", pelo que "[...] em abstracto, nada exclui que uma encomenda de obra literária ou artística se processe nos termos da empreitada."[545] Sustenta demais que: "Não basta porém apelar para a idoneidade abstracta da obra literária para ser qualificada como obra no contrato de empreitada. [...]. Necessário é saber se o regime do contrato de empreitada é ou não adequado a esta situação. Se o não for, estará ainda em causa a integração dos contratos no tipo civilístico

[543] João Calvão da Silva, "Anotação (de Acórdão do STJ) – Direitos de Autor, Sanção pecuniária compulsória e Cláusula penal", cit., nº 7, p. 142. Aí sustenta também (ob. e loc. citt., pp. 142/143) que: "[...] através da aplicação da legislação própria – o Código de Direito de Autor – são prevalentemente protegidos os prioritários e indefectíveis interesses de ordem pessoal, moral e espiritual do criador, aos quais se subordinam os interesses de natureza patrimonial e os contratos por que se faz a sua exploração."; "[...] considerar o contrato pelo qual alguém se compromete a realizar para outrem uma obra intelectual regulado pelas disposições do mandato ou da empreitada, embora com as adaptações impostas pela natureza específica dos bens imateriais, é inverter a ordem natural das coisas, dando primazia ao *posterius* (direito patrimonial e contratos de exploração pecuniária) sobre o *prius* (direito moral), ao efeito sobre a causa, numa clara violação da lei [...]."

[544] Calvão da Silva, "Anotação (de Acórdão do STJ) – Direitos de Autor, ...", cit., nº 4, pp. 133/134, com intercalados nossos.

[545] José de Oliveira Ascensão, "Direito Civil – Direito de Autor e Direitos Conexos", cit., nº 285-II, p. 422.

da prestação de serviços, ou o recurso meramente analógico a disposições do mandato ou da empreitada."[546]

VI. Nesta linha de raciocínio, o problema é enfrentado por ROMANO MARTINEZ que alinha um conjunto de argumentos em refutação do cabimento das obras incorpóreas no objecto possível do contrato de empreitada. Segundo este Autor, um conjunto de razões militam em sentido negativo e apontam que o contrato de empreitada só pode ter por objecto "coisas corpóreas, materiais": o conteúdo da obrigação emergente do contrato de empreitada, que diz afeiçoado à realização desse tipo de obras (*v.g.* "o direito de fiscalizar e de exigir eliminação dos defeitos"); o efeito da entrega da obra ("o mesmo se diga em relação à transferência da propriedade (art. 1212º CC [C.Civil]), onde o legislador até fala em aceitação da coisa e não da obra, numa clara alusão de que a referida transferência se reporta a bens corpóreos"); a articulação sistemática entre o género e as modalidades da prestação de serviço ("admitir a coisa incorpórea no objecto do contrato de empreitada, levaria a que o contrato de empreitada na prática, abrangesse todo o conteúdo do contrato de prestação de serviço"); a característica da obra intelectual ("a exteriorização que resulta da realização de obras intelectuais não se pode confundir com a obra em si, porque a obra intelectual não se converte em coisa corpórea"); a natureza da obrigação emergente ("pela natureza da própria obrigação, tem de se admitir que o criador possa desistir a todo o tempo da actividade a que se obrigou, e, na empreitada, tal possibilidade só é concedida ao dono da obra")[547].

Romano Martinez considera, enfim, que (última ob. cit., p. 391): "Aos negócios pelos quais alguém se obriga a realizar uma obra intelectual aplicam-se, em primeiro lugar, as disposições respeitantes ao Direito de autor, e em tudo o que não estiver nestas regulado, poderão, em casos delimitados e por via analógica, aplicar-se as regras do contrato de empreitada. Apesar de se estar perante contratos atípicos de prestação de serviço, a identidade de problemas pode aconselhar a aplicação de certos preceitos do contrato de empreitada, a fim de que idênticos problemas tenham soluções similares."[548].

[546] OLIVEIRA ASCENSÃO, também em "Direito Civil – Direito de Autor e Direitos Conexos", cit., nº 285-III, p. 422, com intercalado nosso.

[547] PEDRO ROMANO MARTINEZ, "Direito das Obrigações (Parte Especial) – Contratos (Compra e venda, Locação, Empreitada)", 2ª ed. cit., Parte III-III, § 7º-IV, pp. 390-392.

[548] ROMANO MARTINEZ, "Direito das Obrigações (Parte Especial) ...", 2ª ed. cit., Parte III-III, § 7º-IV, nota (4) à p. 391, delimita pela negativa o âmbito de aplicação das normas que regulam a empreitada, ao referir designadamente, na linha de ACÓRDÃO do STJ que cita, que: "O regime jurídico da empreitada, a aplicar-se, não pode derrogar as regras derivadas do Direito de Autor, em especial os arts. 59º e 60º do Código do Direito de Autor".

VII. Na linha de jurisprudência posterior ao Acórdão que vimos comentado, L. Francisco Rebello manifesta adesão ao teor de decisão, nos termos da qual: "Não sendo uma "obra material" o objecto do contrato, mas sim uma "criação intelectual do domínio artístico, exteriorizada [...] numa pintura em tela", se configurava "um contrato de prestação de serviço inominado"[549].

68.3. Posição adoptada

Consideradas as características da prestação de serviço que tenha por objecto a criação de uma ou mais obras intelectuais, não nos parece necessário – nem útil – colar um tipo legal único (*v.g.* a "empreitada") a tal prestação de serviço. Importante é – e nisto sintetizamos a posição que adoptamos – que:

- o autor contratado para criar uma ou mais obras intelectuais deve diligenciar na criação de uma ou mais obras que sirvam os fins na base da contratação, sob pena de incorrer em incumprimento ou cumprimento defeituoso da obrigação;
- quando crie uma ou mais obras intelectuais no âmbito do contrato celebrado, o autor deve consentir que o comitente utilize a obra ou obras criadas para os fins em que baseou a contratação; assiste-lhe, contudo, o direito de recusar a entrega das obras criadas nesse âmbito, o que decorre da titularidade, inalienável, do direito pessoal de divulgação (ao inédito) – cfr., *supra*, nº 42.1;
- o conteúdo do direito que é atribuído ao comitente é determinado pelo convencionado, devendo compreender todas as faculdades de utilização da obra ou obras criadas conforme aos fins da utilização pretendida, mutuamente prefigurados no momento da contratação;
- os fins da utilização pretendida podem ser expressamente estipulados, deduzir-se das faculdades de utilização expressamente atribuídas ou de outras circunstâncias que o autor conheça ou deva conhecer como determinantes da contratação (nomeadamente a actividade usual do comitente ou outra circunstância particular que saiba ou deva saber ter determinado a celebração do contrato);
- a "entrega" da obra ou obras criadas em execução do contrato é essencial ao cumprimento da obrigação, na medida em que seja necessária para o exercício das faculdades de utilização atribuídas pelo contrato; não

[549] Luiz Francisco Rebello, "Introdução ao Direito de Autor", vol. I, cit., nº 29, pp. 109/110 e "Código do Direito de Autor e dos Direitos Conexos (Anotado)", 3ª ed. cit., em anotação 1. ao Art. 14º, p. 56, em tomada de posição sobre Acórdão do Supremo Tribunal de Justiça, de 2-2-1988, in BMJ, nº 374 (1988), pp. 449-454.

obstante e como dissemos, o autor contratado pode "recusar a entrega" ou opor-se à utilização da obra criada, pelo exercício das faculdades pessoais de autor pertinentes, nomeadamente recusando a divulgação da obra criada ou retirando de circulação a obra já divulgada (cfr., *supra*, nº 43); neste caso, a obrigação nascida do contrato está incumprida, mas a execução específica não é admitida.

Secção II

A criação de obras intelectuais em execução de contrato de trabalho

69. Trabalho criativo e liberdade criativa

I. O simples enunciado do título – "trabalho criativo subordinado" – parece encerrar uma contradição nos seus próprios termos. Dir-se-ia que a actividade criadora, entendida no sentido constitucional como liberdade individual de acção criativa e da sua expressão formal, não se compadece com as características apontadas à prestação de trabalho subordinado.

A incongruência é, porém, só aparente: na criação de obra em execução de contrato de trabalho, não é a "liberdade criativa" que se cerceia, são as condições concretas em que se desenvolve o processo criativo que se (pré) determinam; salvaguardada a "autonomia técnica" do trabalhador criativo contratado, como em geral fazem as leis do trabalho, o que justifica exame autónomo é a especificidade do conteúdo e a eficácia dos contratos de trabalho que tenham por objecto a criação de obras intelectuais.

70. Enquadramento empresarial do trabalho criativo. Os fins do contrato

I. A actividade criativa realizada em cumprimento de contrato de trabalho é normalmente enquadrada por uma organização (uma empresa-empregadora) e desenvolvida sob a autoridade e direcção de um empresário/empregador.[550]

[550] A noção de contrato de trabalho subordinado – dita emergente da de *locatio operarum* – não se contraporia exactamente ao tipo do "contrato de obra" que, por exemplo, o direito civil italiano tipifica como "aquele em que uma pessoa se obriga a cumprir/completar, mediante uma contrapartida, uma obra ou um serviço, com trabalho predominantemente próprio e sem vínculo de subordinação para com o comitente" e que, distinto da *locatio operis*, teria a sua génese e fundamento em actividades de cariz pré-industrial enquadradas por uma estrutura empresarial.

Mas, como bem se entende, nem toda a criação de obra intelectual realizada em execução de contrato de trabalho é enquadrada por uma organização/ /empresa e nem todo o trabalho subordinado é executado num quadro empresarial.

II. Deve, aliás e em geral, refutar-se a ideia de "incorporação do trabalho na empresa" como marca distintiva da situação juslaboral: a prestação principal devida pelo trabalhador caracteriza-se, sobretudo, pela hetero-determinação do seu objecto, pré-determinado pelo empregador que fixa a função, e conforma-se, em cada momento, pelo poder de direcção patronal. A incorporação ou enquadramento empresarial do trabalhador é indício da presença de contrato de trabalho, mas não é elemento essencial da figura ou do conceito.[551]

No contrato de trabalho para criação de obras intelectuais, o objecto da prestação devida é conformado por outrem, o credor-empregador. Mas a conformação da prestação laboral aos fins de utilização da obra pelo empregador não implica uma definição prévia do objecto concreto dessa prestação; tal só ocorreria se contratualmente se fixasse cada uma das tarefas, actos e obras intelectuais contidos na prestação devida pelo autor-trabalhador, o que, manifestamente, não acontece.[552]

P. Romano Martinez, "Direito das Obrigações (Parte Especial) – Contratos (Compra e venda, Locação, Empreitada)", 2ª ed. cit., Parte III, nº II. § 4, 1.-I e respectiva nota (3), pp. 326/327, considera estas figuras emergentes (com reflexo, ainda hoje, no C.Civ.esp. – arts. 1583 a 1603 – e no C.Civ.fran. – arts. 1713 a 1778 e 1779 a 1799 – da distinção da "*locatio conductio* do Direito Romano em três modalidades: a *locatio conductio rei*, que corresponde à actual locação; a *locatio conductio operarum*, antecedente histórico dos contratos de trabalho e de prestação de serviço; e a *locatio conductio operis faciendo*, que veio dar origem ao contrato de empreitada."
Já Perulli, "Il Lavoro Autonomo", cit., pp. 172 ss., reconduz a noção de *locatio operis* – tida como contrato que tem por objecto uma actividade que visa a obtenção de um determinado resultado com a contrapartida de uma correspectiva vantagem patrimonial – a uma espécie de um género, a *locatio et conductio*, paralelo ao que filiaria a *locatio rei* e a *locatio operarum*. Seria, então, imprópria a pertença desta última a uma mesma estirpe da *locatio operis*, da qual supostamente resultaria, por seu lado, o que hoje se caracteriza como "trabalho autónomo". Este Autor considera mais correcto reconduzir a distinção clássica a apenas dos tipos de locatio: a *locatio rei utendae et fruendae* e a *locatio operis faciendi*, estando a noção de *locatio operarum* reservada à prestação material de trabalho escravo.

551 Cfr. o nosso manual "Direito do Trabalho para Empresas", cit., nº 3.

552 Em tese geral, explica-o bem Bernardo Lobo Xavier, em aproximação à ideia de subordinação jurídica, salienta um aspecto conexo: a indeterminação do conteúdo da prestação devida: "Não individualiza [...] o contrato de trabalho aqueles serviços que o trabalhador é chamado concretamente a desenvolver: neles apenas se refere um tipo genérico de actividade. [...]. Ora, a determinação a cada momento das tarefas a prestar pertence, no contrato de trabalho, ao outro contraente, que não as desenvolve, isto é, ao empregador. O conteúdo da prestação de trabalho

O empregador define as condições concretas (objecto, tempo, local) em que a actividade criadora se realiza. Ao dirigir a actividade laboral, determina a função e conforma o conteúdo da prestação; deve identificar, o mais que seja possível, considerando a autonomia criativa do trabalhador, o género e características das obras a criar.

Os fins de utilização das obras intelectuais criadas em cumprimento de um contrato de trabalho serão os contratualmente identificados (idealmente, empregador e trabalhador criativo convencionariam os fins de utilização das obras a criar) ou os que se deduzam dos fins da própria organização/empresa do empregador, a quem o trabalhador criativo está vinculado. Por outras palavras, os fins de utilização da obra intelectual que se admitem ao empregador comitente são: a) os que tiverem sido convencionados (por exemplo, estipula-se que o trabalhador deve criar esta ou aquela obra para uma finalidade ou conjunto de finalidades especificadas na convenção); ou b) os que se puderem deduzir do objecto da actividade corrente, empresarial ou não, do empregador (por exemplo, se um criativo publicitário for contratado por uma empresa de publicidade, deve admitir que as peças publictárias que crie sejam utilizadas pelos clientes anunciantes que contratam os serviços da empresa publicitária caso a caso).

III. Quando pensamos na actividade laboral específica do autor-empregado, entendemos que a este não é exigível que prefigure mais do que os objectivos imediatos necessários à satisfação do interesse do credor-empregador. O trabalhador criativo cumpre a sua obrigação laboral diligenciando pelo resultado esperado pelo empregador que o contrata.[553] Ao trabalhador contratado para

é, pois, relativamente indeterminado, havendo lugar a uma especificação, a cargo do empregador, no que toca à modalidade concreta pretendida do serviço abstractamente prometido no contrato." (BERNARDO DA GAMA LOBO XAVIER, "Manual de Direito do Trabalho", cit., 9.1.3).
Também JÚLIO GOMES aduz: "Embora balizada, designadamente pela categoria ou pelo conteúdo funcional desta, a prestação exigível há-de ser concretizável a par e passo, não se podendo sequer excluir que temporariamente sejam exigidas ao trabalhador outras funções, desde que não haja "modificação substancial" da sua posição [...]." (JÚLIO MANUEL VIEIRA GOMES, "Deve o trabalhador subordinado obediência a ordens ilegais?", cit., p. 181).

[553] Em termos gerais, LOBO XAVIER esclarece: "O contrato de trabalho é [...] inacabado – no sentido de não estar tudo definido no momento e fixado no momento da estipulação [...]. Não se identificam, pois, completa e pormenorizadamente no contrato todos os elementos da actividade laborativa. A sua fixação fica ao cuidado da entidade empregadora que, no exercício do seu poder complementar de "escolha", desenha o programa de cumprimento do trabalhador, a executar de acordo com os fins que ela tiver por convenientes e que são caracteristicamente os da organização ao serviço dos quais está o contrato" (BERNARDO DA GAMA LOBO XAVIER, "Manual de Direito do Trabalho", cit., 9.1.3, com intercalados nossos).
Especificamente sobre a relevância geral da prefiguração dos fins na conformação da actividade laboral, MONTEIRO FERNANDES: "[...] o fim da actividade só é, neste plano, relevante se e na medida

criar obras intelectuais, podem ser fixados objectivos e parâmetros da criação (género de obras a criar, prazo para a criação), bem como as condições concretas de realização da prestação laboral (horário e local de trabalho, enquadramento funcional e hierárquico). Mas é um "trabalhador intelectual", para usar a expressão tradicional que o Código do Trabalho abandonou, a quem não pode exigir-se uma "medida concreta" de obras criadas, mas tão-só que empreenda diligentemente para criar as que tenham sido contratadas.

O trabalhador contratado para criar obras intelectuais deve ter o seu plano de laboração definido superiormente, quer quanto a disciplina e horas de trabalho, género de obras a criar e respectivas características, quer quanto aos fins da utilização jusautoral pretendidos para as obras que crie. Nesta medida, pode ter um horário e um local para a sua prestação criativa definidos pelo empregador-comitente; pode, até, ser-lhe fixado o género de obras que deve diligenciar para criar neste âmbito (não se pede a um desenhador contratado que componha poemas); podem (e devem, talvez também) estar estipuladas as utilizações que estão previstas para as obras que crie em execução do contrato (como vimos, isto ajuda a delimitar o âmbito das utilizações coberto pela remuneração paga).

IV. A determinação dos fins de utilização patrimonial consentida à obra ou obras criadas em execução de contrato, como o de trabalho ou de prestação de serviços, limita o aproveitamento económico que possa ser feito das mesmas. O seu criador, ainda que permaneça titular do direito de autor sobre as suas criações, não pode utilizá-las para fins diferentes dos convencionados no contrato (art. 15º/1 CDADC).

Na falta de convenção, não pode, em qualquer caso, o trabalhador-criador fazer da obra ou obras criadas em cumprimento do contrato utilização que prejudique os "fins para que foi produzida" (art. 15º/3 CDADC), que, se não estipulados expressamente, são os da empresa do empregador, delimitados pelo seu objecto social ou pela sua actividade corrente.

A delimitação dos fins de utilização patrimonial da obra criada é, ainda, relevante para definir a remuneração do autor-criador. Ainda que, por convenção ou presunção legal, o direito de autor seja atribuído ao comitente/empregador, toda a utilização da obra para além dos fins previstos e retribuídos convencionalmente confere ao autor-empregado direito a uma "remuneração especial" (art. 14º/4 CDADC), para além da "ajustada" (*sic*, no texto da lei).[554] Tratámos *supra* esta matéria (cfr. nºs 66.2-II e 66.3).

em que for ou puder ser conhecido pelo trabalhador". (António Monteiro Fernandes, "Direito do Trabalho", cit., nºs 83 e 84).

[554] Sobre o fundamento do reconhecimento deste direito a uma "remuneração especial" pela utilização para além dos fins contratados de obras intelectuais (incluindo programas de compu-

71. Criação intelectual assalariada, alienação do resultado do trabalho e atribuição do direito de autor. Constituição do direito de autor nas obras criadas em execução de contrato de trabalho

I. Considera-se, em termos gerais, a alienação do "resultado" da actividade laboral como efeito natural da execução do contrato de trabalho. Ora, o "resultado" (esperado ao menos pelo empregador) da prestação laboral criativa é naturalmente a criação de obras intelectuais, melhor, a aquisição do direito de autor sobre as que forem criadas em execução do contrato.

Mas a titularidade dos direitos respeitantes aos "resultados" da actividade laboral do autor-empregado – precisamente quando esses produtos constituam obras intelectuais – não se forma na esfera jurídica do credor de tal prestação como efeito natural do contrato de trabalho. A lei é expressa em investir na titularidade originária do direito de autor o criador da obra (art. 11º CDADC), prevendo – tão-só e em condições estritas – a sua atribuição por convenção ao que com este contrate a sua criação (art. 14º CDADC).[555]

A verdade é que, quando a obra for criada no âmbito de uma actividade vinculada contratualmente, a situação jurídica de direito de autor constitui-se ainda na esfera jurídica do autor contratado. Quem se vincula contratualmente a criar uma ou mais obras intelectuais cumpre a obrigação pela adopção de uma conduta diligente que revele o "esforço criador". Se nada criar em resultado desse empenho diligente, poderá considerar-se que cumpre defeituosamente a sua obrigação laboral. Se da sua actividade resultar a criação de uma ou mais obras no âmbito contratado, tal não tem, por si só, qualquer efeito atributivo de faculdades de direito de autor: a atribuição da titularidade do direito de autor a pessoa diferente do autor-criador depende de convenção específica que o determine; ao contrário do que acontece com a generalidade dos bens produzidos pelo trabalhador subordinado, não há apropriação originária pelo empregador de todo o resultado da actividade laboral do empregado.

tador) criadas em execução de contrato, ligando-o ao enriquecimento sem causa ou à alteração das circunstâncias contratuais, pode ver-se a análise de Pedro Romano Martinez, "Direito do Trabalho", cit., § 25-8-b.3.

[555] Desta se diz – como Romano Martinez – que: "[...] o trabalhador exerce uma actividade para outrem, alienando a sua força de trabalho; o trabalhador põe à disposição de outra pessoa a sua actividade, sem assumir os riscos. Assim, os resultados dessa actividade entram, desde logo, na esfera jurídica do empregador." (Pedro Romano Martinez, "Direito do Trabalho", § 24-9-a), p. 491, com intercalado nosso). Contudo, o mesmo Autor logo considera (*ibidem*, com intercalado nosso) que: "[...] esta perspectiva da alienabilidade da prestação de trabalho, válida no que respeita à generalidade das actividades desenvolvidas por trabalhadores, carece de uma adaptação no caso de se estar perante o cumprimento de um contrato de trabalho que pressupõe o desempenho de actividade criativa."

O direito de autor constitui-se *sempre* originariamente na esfera jurídica do criador da obra, ainda que assalariado. A sua atribuição ao empregador, nos casos em que tal se convencione, é derivada constitutiva.[556]

II. A regra geral sobre atribuição da titularidade do direito de autor nas obras criadas sob contrato consta do art. 14º CDADC: a titularidade do direito de autor determina-se de acordo com o que houver sido convencionado (art. 14º/1 CDADC). Na falta de convenção, presume-se que o direito pertence ao autor (art. 14º/2 CDADC). E, na circunstância de o nome do criador não ser mencionado, vigora a presunção contrária: o direito de autor é daquele para quem a obra foi criada (art. 14º/3 CDADC).

71.1. O contrato de trabalho para criação de obras intelectuais – pressupostos da atribuição ao empregador do direito de autor

Nem todo o contrato que tenha por objecto a criação de obras intelectuais tem eficácia jusautoral, a eficácia jusautoral depende de convenção específica que o estipule. Para que o contrato de trabalho atribua ao empregador a titularidade do direito de autor sobre as obras criadas no seu âmbito, é necessário que: a) tenha por objecto a criação de obras do género das criadas; b) estipule essa atribuição do direito.

A atribuição ao empregador – pessoa individual ou colectiva diferente do criador – do direito de autor sobre obras intelectuais criadas em execução de contrato de trabalho tem várias condicionantes:

1) *A prestação laboral contratada deve ter por objecto a criação de uma ou mais obras intelectuais pelo trabalhador.*
   Se a criação de obras intelectuais não estiver fixada como objecto do contrato, às obras criadas *acidentalmente* pelo trabalhador não se aplica o regime de atribuição do direito de autor sobre as obras criadas no âmbito do objecto contratual. Se, por exemplo, um trabalhador contratado para processar texto em computador criar acidentalmente uma ou mais obras artísticas durante o período laboral e no local de trabalho (usando até, eventualmente, equipamentos do empregador) pertence-lhe – e não ao empregador – o direito de autor sobre as mesmas nos termos gerais: aquela criação específica não se dá em cumprimento de um contrato ou dever funcional.
2) *O género da obra intelectual criada deve corresponder/caber nos que estão fixados como objecto do contrato.*

[556] Cfr. o nosso "Contrato de direito de autor...", cit., nº 85-V.

Se um trabalhador contratado para escrever comentários jurídicos criar, durante o período laboral e no local de trabalho, uma peça musical ou um belo desenho, o direito de autor relativo a estes não segue as regras de atribuição do direito de autor em execução de contrato, já que a criação destas obras também não integra o objecto da prestação laboral contratada.

3) *Os fins da utilização patrimonial das obras criadas em execução do contrato devem ser convencionados ou estipular-se que serão definidos pelo empregador.*
Os fins da utilização patrimonial determinam, até certo ponto, o âmbito das utilizações consentidas, quer ao empregador quer ao trabalhador. Se não estiverem convencionados, deduzem-se como fins de utilização da obra os que correspondam à actividade principal do empregador.
Se a actividade criativa for enquadrada por uma empresa, presumem-se como fins da criação os que correspondam à actividade principal dessa organização.[557]
Em síntese, para que o contrato de trabalho revista eficácia jusautoral, ou seja, para que seja atribuído o direito de autor sobre as obras criadas em sua execução a pessoa individual ou colectiva diferente do autor, é decisivo que, com ou sem enquadramento empresarial, se convencione:
a) que a criação de obra intelectual é objecto do contrato; e
b) que o direito de autor sobre as obras que sejam criadas é atribuído ao empregador.

72. Obras criadas em execução de contrato de trabalho em especial: os trabalhos jornalísticos, as fotografias, os programas de computador, as bases de dados

I. Está vedada a publicação em separado dos "trabalhos jornalísticos" (*sic*, no texto da lei[558]) criados em execução de contrato de trabalho, mesmo que a colaboração seja assinada e o direito pertença ao respectivo autor (art. 174º/1 CDADC), antes de decorridos três meses sobre a data em que tiver sido posta a circular a publicação em que haja sido inserido tal trabalho, salvo autorização da empresa proprietária do jornal ou publicação congénere (art. 174º/2 CDADC). Quando o trabalho jornalístico não for assinado ou identificado, o

[557] Características que levam Adalberto Perulli, "Il Lavoro Autonomo", cit., pp. 172 ss., a afirmar que representa a reconstrução do contrato de trabalho como contrato de organização/ /"contratto di organizzazione" e *locatio operis*.

[558] A lei portuguesa não define "trabalhos jornalísticos", provavelmente por julgar desnecessário, pois incluiria todos os contributos criativos (artigos escritos, desenhos, fotografias, gravuras, *etc.*) para jornais e outras publicações periódicas. O problema da definição não fica, porém, assim resolvido.

direito de autor é atribuído à empresa titular do jornal ou publicação e só com autorização desta poderá ser publicado em separado (art. 174º/4 CDADC).

No entanto, a DMUD e a lei portuguesa que a transpõe salvaguardam expressamente o *direito de exploração independente*, fora do âmbito da exploração da obra jornalística como um todo, das obras ou materiais (por ex., bases de dados) nesta incluídos (novo art. 188º-A/3 CDADC). São titulares deste direito os autores ou os titulares dos direitos *sui generis* nas bases de dados, respectivamente.

II. As fotografias, mesmo que jornalísticas, têm regime próprio[559].

O art. 165º/2 CDADC não é explícito. Estabelece que se presume que o direito relativo à obra fotográfica criada sob contrato pertence à entidade patronal ou à pessoa que fez a encomenda. E que "direito" é esse? Não mais do que um conjunto de faculdades ("de reproduzir, difundir e pôr à venda com as restrições referentes à exposição, reprodução e venda de retratos" – art. 165º/1) que não preenche o conteúdo íntegro do direito patrimonial, enunciado no art. 68º CDADC.

Inverte-se, pois, a presunção que resulta da regra geral (*ex* art. 14º/2 CDADC) de atribuição do direito ao autor. Em suma, o que o art. 165º/2 CDADC faz é estabelecer que, quando a obra fotográfica for criada em execução de contrato de trabalho, o direito de autor (as faculdades enunciadas no art. 165º/1) *pertence ao empregador*, salvo convenção em contrário.

Mas as fotografias *para publicação em jornal ou revista* são, também e antes de mais, "trabalhos jornalísticos". Aplica-se-lhes a regra sobre trabalhos jornalísticos (art. 174º), não a do art. 165º/2.

Vai, aliás, no sentido da aplicação de regras especiais a *todos* os trabalhos jornalísticos o art. 7º-A/2 do Esatuto do Jornalista[560] que consagra que os jornalistas têm o direito de assinar as obras de sua autoria, bem como o direito de reivindicar a sua paternidade, "designadamente para efeitos do reconhecimento do respectivo direito de autor". Logo o art. 7º-B/1 do mesmo Estatuto estabelece o direito a uma "remuneração autónoma pela utilização de obras protegidas pelo direito de autor" que os jornalistas criem em execução de um contrato de trabalho.

Não se consagra, no Estatuto do Jornalista, regra autónoma sobre o reconhecimento do direito de autor do jornalista sobre as obras que crie no exer-

[559] A lei (art. 164º/1 CDADC) estabelece requisitos mais exigentes de especial criatividade para a protecção destes objectos fotográficos, limitando a tutela como obras intelectuais às fotografias que revelem criatividade "na escolha do objecto" ou nas "condições de execução".

[560] Estatuto do Jornalista, aprovado pela Lei nº 1/99, de 1-1, sucessivamente alterado até à Lei nº 64/2007, de 6-11, rectificada pela Rectiificação nº 114/2007, de 20-12.

cício da sua profissão, designadamente em execução de contrato de trabalho, mas o reconhecimento deste direito sobre "as criações intelectuais dos jornalistas por qualquer modo exteriorizadas" (art. 7º-A/1). O reconhecimento de direitos de autor sobre estas criações decorre dos princípios e regras gerais de Direito de Autor, aplicáveis também, evidentemente, aos jornalistas criadores de obras intelectuais.[561] Consideramos que os "trabalhos jornalísticos", criados através de texto, som ou imagem, "destinados a divulgação, com fins informativos pela imprensa, por agência noticiosa, pela rádio, pela televisão ou por qualquer outro meio electrónico de difusão" (art. 1º/1 do Estatuto do Jornalista), desde que criativos (art. 7º-A do Estatuto), merecem protecção pelo direito de autor como todas as demais obras intelectuais. Aos que sejam criados em execução de contrato, aplicam-se as regras do art. 174º CDADC acima expostas: nos que forem publicados com identificação de autoria, o direito pertence ao autor-criador (art. 174º/1); aos que forem publicados sem estarem assinados ou não contiverem identificação do autor, o direito de autor pertence à empresa titular do jornal ou outra publicação em que estiverem inseridos (art. 174º/4). Nos restantes trabalhos jornalísticos (de texto, som ou imagem), o direito de autor pertence ao seu criador. Estas regras admitem convenção em contrário em nome do princípio da liberdade contratual e da regra geral do art. 14º/1, antes explicada.

III. Os programas de computador beneficiam de "protecção análoga à das obras literárias", quando "tiverem carácter criativo" (art. 1º/2 LPC). Embora não deva entender-se que são "obras literárias" (nem a lei o consagra), é expresso que os programas de computador, bem como o respectivo material de concepção, beneficiam da protecção por direito de autor como obras intelectuais, mas com regime especial.

A lei estatui que os programas de computador criados no âmbito de uma empresa se presumem obras colectivas (art. 3º/2). A norma não escamoteia que muitos programas de computador são criados no seio de organizações empresariais como *contributos individuais* para outras obras, colectivas ou em colaboração, como por exemplo as audiovisuais/cinematográficas. Nos que sejam contributos para obras colectivas, aplicar-se-á o regime que atrás se descreve; aos que sejam, eles mesmos, obras colectivas, criados com enquadramento empresarial e divulgados em nome de uma empresa, o direito de autor pertence ao titular da empresa, pessoa individual ou colectiva.

[561] O art. 1º do Estatuto do Jornalista contém uma definição exaustiva de "jornalista". Curiosamente, refere-se unicamente aos que exerçam a profissão "como ocupação principal, permanente e remunerada". Esta definição visa, sobretudo, instituir os pressupostos da atribuição de título profissional.

Quando o programa de computador for criado em cumprimento de contrato de trabalho (ou de prestação de serviço), o direito de autor é do empregador (ou outro "destinatário" do programa[562]), salvo convenção em contrário (art. 3º/3 LPC). Inverte-se, assim, o sentido da atribuição do direito nas restantes obras criadas em execução de contrato (art. 14º/2 CDADC).

Sem novidade, a lei especifica que esta atribuição do direito de autor ao empregador só se verifica quando se reúnam três requisitos: a) o programa seja criado em execução de contrato que tenha por objecto essa criação; b) o trabalhador criativo crie o programa no exercício das suas funções; c) a obra seja criada para fins de utilização consentâneos com os do empregador ou da sua empresa. A lei expressa o último dos requisitos assinalados de forma singular: estatui que o direito *não* pertencerá ao empregador "se outra coisa resultar das finalidades do contrato". Evidencia-se que devem transparecer do contrato os fins a que a utilização destas obras se destina e, como é regra geral (cfr., *supra*, nº 50.1.1.), limitar-se, em função destes, o âmbito da utilização lícita dos programas de computador assim criados.

Quanto ao mais, aplicam-se aqui as demais regras que apontámos para as criações em cumprimento de contrato, incluindo o reconhecimento do direito a uma "remuneração especial" por utilização "não prevista na fixação da remuneração ajustada" (art. 14º/4 CDADC *ex vi* art. 3º/4 LPC).

IV. As bases de dados são colectâneas de obras ou elementos informativos (dados) independentes, dispostos de modo sistemático ou metódico, susceptíveis de acesso individual (art. 1º/2 LBD). As bases de dados que revelem criatividade na organização ou selecção dos dados são protegidas por direito de autor (obras-base de dados) (art. 4º/1 LBD).[563]

Presumem-se obras colectivas as obras-base de dados criadas no âmbito de empresa, segundo norma (art. 5º/2 LBD) em tudo semelhante à que regula os programas de computador e que merece a mesma análise que esta.

A LBD (art. 5º/3) atribui a titularidade do direito (patrimonial) de autor sobre as bases de dados criadas por "um empregado" (entenda-se, um trabalhador ou funcionário vinculado à criação destas) no exercício das suas funções, e bem assim, nas que sejam criadas em execução de contrato de prestação de serviços, ao "destinatário da base de dados" (entenda-se: àquele para quem a base de dados foi criada).

[562] A referência a "destinatário" do programa – vaga – destina-se a abranger em expressão única todo aquele para quem a obra seja criada, incluindo no âmbito de prestação de serviço.

[563] Em desenvolvimento deste tema, pode confrontar-se o nosso "A tutela jurídica das bases de dados...", 3.1.B), pp. 129/130, e, *supra*, nº 33.

Tal só assim não será se houver convenção em contrário ou se outra coisa resultar da finalidade do contrato. Inverte-se, assim, o sentido da presunção legal geral vigente para a generalidade das obras criadas em cumprimento de contrato ou de dever funcional (art. 14º/2 CDADC).

73. Obras criadas em execução de contrato de trabalho em especial: os contributos para obras colectivas

I. A ideia de incorporação empresarial do trabalho criativo subordinado deve ser articulada com a de obra colectiva.

Como se viu (cfr., *supra*, nº 19), a obra colectiva é uma obra intelectual autónoma, da autoria de uma empresa. É fruto da conjugação de esforços (porventura também criativos) de vários sujeitos, mas autonomiza-se no seu todo como obra organizada e divulgada em nome dessa entidade (empresa), pessoa singular ou colectiva (art. 16º/1-b) CDADC).

São exemplos de obras colectivas os jornais e outras publicações periódicas (como tal legalmente presumidos, art. 19º/3 CDADC) ou as enciclopédias. Nestas, é distinguível a acção individual criativa dos colaboradores da da empresa – pessoa individual ou colectiva – que organiza a obra colectiva e em nome de quem esta é divulgada. À empresa, pertence a titularidade originária do direito de autor sobre a obra colectiva como um todo autónomo; àqueles, cujos contributos sejam distinguíveis, os direitos relativos às suas criações individuais (art. 18º/2 CDADC *ex vi* art. 19º/2 do mesmo Código).

II. Quanto aos contributos individuais para obra colectiva que sejam criados por assalariados vinculados à empresa que organiza e dirige a obra colectiva, aplica-se a regra pertinente às demais criações subordinadas (art. 14º CDADC), analisada acima.

74. O direito pessoal (dito "moral") de autor nas obras criadas em cumprimento de contrato

Como se disse, nas obras criadas no âmbito de contrato para criação de obras intelectuais, o direito de autor pode ser atribuído, por convenção expressa, a pessoa diferente do criador da obra intelectual (art. 14º/1 CDADC)[564]; presume-se ser também essa a vontade das partes caso na obra falte a menção da designação que identifica o verdadeiro criador (art. 14º/3). Nos demais casos, segue-se a regra geral do art. 11º CDADC: o direito de autor pertence originariamente ao criador da obra (cfr. art. 14º/2).

[564] Como o vimos, nesse caso a atribuição a pessoa diferente do criador é derivada constitutiva, não originária (cfr., *supra*, nº 72-I).

Nos casos em que o direito de autor é convencionalmente atribuído ao credor da prestação criadora, dito "comitente", a atribuição circunscreve-se ao respectivo conteúdo patrimonial e, ainda assim, limitada à finalidade que a determinou. Por outro lado, e como se disse (cfr. nº 40.1), não concebemos (nem as "referências éticas" para o seu exercício o justificam) que o direito de autor possa constituir-se amputado do núcleo de faculdades de índole pessoal – situação aliás não prevista nas leis de autor sob a CB (por todos, cfr. art. 6-*bis*/1 CB).[565]

Sendo o direito pessoal de autor indisponível (cfr. art. 56º/2 CDADC), o criador da obra intelectual conserva, assim e sempre, a titularidade do conjunto de faculdades que integram o direito pessoal, independentemente das vicissitudes que sofra o direito patrimonial de autor. Antecipa-se a dificuldade que reveste o seu exercício pelo autor quando se encontre afastado de qualquer utilização patrimonial da obra. Mas esta "dificuldade" não é diferente da que se sentirá em caso de transmissão total do direito patrimonial; ou quando, sob pena de perder o principal objectivo da sua opção, o autor tiver escolhido divulgar anonimamente. Ora, em nenhum destes casos alguém questiona que o criador da obra conserva o direito pessoal na sua plenitude.

Formulam-se, então, de seguida, as regras sobre o exercício do direito pessoal (dito "moral") de autor em caso de atribuição do direito de autor a pessoa diferente do criador da obra intelectual por efeito de convenção em contrato de trabalho ou de prestação de serviço inominado para criação de obra para outrem.

74.1. Direito de divulgação (ao inédito)

O principal problema aqui suscitado é o que nasce de o autor, que cria a obra para outrem, pretender que esta não seja (ainda) utlizada por não a considerar completa, perfeita, pronta para ser utilizada pelo comitente. Sendo o autor titular do direito pessoal ao inédito (de divulgar a obra como, quando e pelos modos que entender – e o de recusar essa divulgação, mantendo-a inédita, como se viu), pode perguntar-se se, ao criar em cumprimento de contrato, está de algum modo inibido de exercer este direito ou se, pelo contrário, pode, invocando "o inédito", recusar a utilização de obra sua, criada em execução do contrato, que chegue ao poder do empregador.

[565] Oliveira Ascensão ("Direito Civil – Direito de Autor e Direitos Conexos", cit., nº 129-IV, pp. 195/196, com intercalados nossos), contudo, sustenta: "O titular originário que não for o criador intelectual não tem o direito pessoal de autor. Não tem o direito à integridade [...], pois a sua honra e reputação não estão em causa. Não tem o direito de retirada. Pode exercer os poderes correspondentes ao direito ao inédito, de modificação, ao nome e à paternidade. Mas supomos que nestes casos se trata de meros poderes patrimoniais."

O autor, que haja criado a obra em execução de contrato para criação de obras intelectuais, apenas pode evitar a utilização nos termos convencionados, opondo-lhe o seu ineditismo, caso não tenha "manifestado por sinais inequívocos a intenção de divulgar ou publicar" (art. 50º/2 CDADC). Esta manifestação da intenção de divulgar pode deduzir-se, nomeadamente, de actos pelos quais o autor revele "completa" a obra criada, como seja a divulgação da obra pelo autor empregado pelos seus próprios meios, à revelia do empregador. É certo que a lei outorga ao autor a faculdade de recusar até a "penhora e arresto de manuscritos inéditos, esboços, desenhos, telas ou esculturas, quando incompletos" (art. 50º/1 CDADC). Porém, se o autor empregado tiver revelado por actos seus que a considera divulgável – e consideramos que a entrega ao empregador comitente de suporte em que esteja fixada a obra é "sinal inequívoco do propósito de divulgar" (art. 50º/2 citado) –, não poderá depois opor um ineditismo que, assim, o próprio já quebrou.

Depois de divulgada a obra – entenda-se, depois de quebrado o ineditismo, visto que sustentamos que o direito de divulgação se tem por exercido embora não esgotado –, o autor que tenha atribuído a outrem faculdades de utilização apenas poderá obstar à continuação da exploração económica da obra pelo exercício do direito de retirada.

74.2. Direito de retirada

Como se disse (cfr., *supra*, nº 43), o direito de retirada é reconhecido ao criador da obra intelectual como poder de interromper a "circulação" da obra impedindo a utilização por comitente, bem como novas utilizações ou a continuação de utilizações em curso. Para tanto, deve invocar razões morais atendíveis e indemnizar os lesados (art. 62º CDADC). Revelar-se-á ilícito (abusivo) o exercício do direito de retirada se o autor autorizar posteriormente outras (ou idênticas) utilizações da obra sem a modificar ou sem que se alterem as circunstâncias que motivaram a retirada.

O autor empregado também pode "retirar" obras suas que estejam a ser utilizadas pelo empregador ou por terceiros autorizados por este. Deverá, para tanto, invocar razões morais que possam ser apreciadas como mais ponderosas que as do empregador em prosseguir com a utilização da obra, e indemnizar pelos danos causados nos termos gerais de direito.

O art. 114º CDADC permite ao autor que retire a obra que entenda ficar desvirtuada (ou "comprometida" – *sic* no texto da lei) pela supressão de trechos imposta por decisão judicial, sem que fique obrigado a indemnizar. Referimos a esta situação noutro local (cfr. nº 43.2), mas deve notar-se aqui que esta norma permite igualmente a resolução do contrato para criação ou utilização dessa obra que o autor tenha celebrado, por exemplo com o seu empregador, sem incurso em qualquer responsabilidade. Assim, por exemplo, se uma decisão judicial determinar, nomeadamente por razões de ordem pública, a supressão de trechos de uma obra criada por um trabalhador assalariado no âmbito de um contrato de trabalho, ou por um prestador de serviço no âmbito de encomenda, pode o autor obstar à continuação da utilização da obra pelo destinatário da criação, inclusivamente pondo termo ao contrato que tenha essa criação por objecto, sem ter de indemnizar (cfr. art. 114º CDADC).

74.3. Direito à menção da designação de autoria

O direito à menção da designação que identifica a autoria integra o poder do criador da obra intelectual de exigir que, em caso de utilização da obra, seja feita menção da designação que o identifica como autor. A falta da menção de qualquer designação que identifique a autoria – ou a menção de autoria alheia[566] – deixa presumir que o autor atribuiu o direito patrimonial de autor (ou faculdades neste compreendidas) ao empregador comitente com quem tenha celebrado contrato para criação dessa obra (art. 14º/3 CDADC).[567]

O verdadeiro criador pode ter a sua qualidade obnubilada voluntariamente, sem que isso implique (ou possa implicar, vista a irrenunciabilidade do direito pessoal) renúncia à paternidade da obra. Admite-se, então, a renúncia ao *exercício* desta faculdade de exigir menção da designação que identifica o criador da obra, mas não a renúncia à faculdade pessoal correspondente: o autor pode a todo o tempo revelar a sua identidade como autor da obra.

A obrigação, constituída voluntariamente, de não revelar a autoria própria pode ser assumida tanto no interesse do autor como no dos co-autores da obra em colaboração, do comitente nas obras criadas em execução de contrato ou, no caso das obras anónimas, do que "representa o autor". Nestes casos, se o autor revelar a sua autoria em violação do pacto deverá indemnizar os co-contratantes.

74.4. Direito de reivindicação da paternidade da obra

I. O direito de reivindicar a paternidade da obra intelectual reserva ao respectivo criador o poder de reivindicar a todo o tempo a autoria de obra sua, independentemente das vicissitudes que sofra o direito patrimonial de autor.

Este direito faculta ao autor a oposição à utilização da obra segundo expressão formal não correspondente à que esta revela no momento da sua exteriori-

[566] O autor que cria para outrem pode consentir que, em obra sua, seja mencionada a autoria alheia (é o caso frequente dos "ghost writers").

[567] Esta regra aplica-se também, no caso da obra em colaboração, quando esta seja divulgada ou publicada em nome de apenas algum(uns) dos colaborador(es). Presume-se, neste caso, que os não designados cederam os seus direitos àquele ou àqueles em nome de quem a obra em colaboração é divulgada ou publicada (art. 17º/3 CDADC).

zação e subsequente divulgação. Não obstante, ao atribuir a outrem faculdades de utilização patrimonial da obra – designadamente por efeito de convenção em contrato para criação de obras intelectuais –, o autor deve conformar-se à utilização pelo beneficiário dessa atribuição conforme aos fins que a determinam; nesta medida, deve aceitar as modificações que se deduzam consentidas pela convenção – e apenas estas (art. 15º/2 CDADC); qualquer modificação para além dos limites antes definidos veda a utilização da obra com imputação da respectiva autoria ao seu criador intelectual.

Sem que tal constitua derrogação das regras antes enunciadas, alterada a estrutura formal que identifica objectivamente a obra – e assim desfeita a imputação de autoria da obra primitiva modificada –, pura e simplesmente deparamos com uma nova obra, realizada a partir daquela, cuja autoria é unicamente imputável ao utilizador que a alterou. Não obstante, pelas razões que se explicam de seguida, a modificação de uma obra intelectual depende de autorização do autor, pois bule com a integridade da obra.

II. O direito de modificação – direito de introduzir ou autorizar modificações na obra – tem fundamento idêntico ao do direito de defesa da integridade.

O exercício do direito de modificar a obra pelo seu criador/titular não sobrestá às utilizações consentidas: para modificar obra em curso de utilização por aquele, por exemplo um empregador, para quem a obra foi criada, o autor terá de interromper a circulação desta e, para que possa interrompê-la, deverá apresentar as "razões morais atendíveis" que lhe permitiriam a retirada. Ou seja, para modificar a obra que esteja a ser utilizada por aquele para quem a criou, o autor deve, primeiro, exercer licitamente o direito de retirada, para o que tem de apresentar razões morais atendíveis e indemnizar o empregador atingido (cfr., *supra*, nºs 43 e 46.2).

75. Trabalho e prestação de serviço para criação de obras intelectuais – confronto de ordenamentos jurídicos estrangeiros

75.1. Direito alemão: oneração do direito de autor e atribuição finalista de faculdades de utilização da obra

I. O § 43 UrhG alemã estabelece a aplicação das regras gerais sobre atribuição de direito de autor às obras criadas em execução de trabalho ou de serviço ("Arbeits oder –Dienstverhältnis", na expressão original da lei citada[568]). Refere às normas dos §§ 31 a 44 UrhG alemã que constituem – em conjunto com

[568] Em caracterização das figuras de "Arbeitsvertrag"/"Dienstvertrag" e de "Werkvertrag", recorremos à explicação de Wolfgang Zöllner/Karl-Georg Loritz, "Arbeitsrecht", 5ª ed. cit., Parte I, § 4 III e III-1., pp. 40/41:

as plasmadas nos §§ 7 e 28 a 30 (*maxime* a do § 29) da mesma UrhG alemã – a espinha dorsal em que assenta o sistema monista que estrutura o direito de autor no ordenamento alemão.[569]

II. Por aplicação conjugada dos preceitos dos §§ 31 a 42 e 43 da UrhG alemã, para a atribuição de faculdades de direito de autor por efeito de contrato de trabalho (ou de prestação de serviço), requer-se que o autor-empregado execute contrato cujos deveres contratuais compreendam a criação de obras, com exclusão daquelas em que, sem prejuízo da "dependência contratual, juslaboral ou de serviço", a criação é meramente ocasional ou puramente acidental. Quanto a estas últimas, criadas no âmbito do que o direito alemão caracteriza (ex § 631 BGB) como "contrato de obra" sem enquadramento organizacional, aplicar-se-ão as regras gerais de toda a atribuição de faculdades de direito de autor (§§ 31 a 42): a atribuição de direitos ao empregador/comitente depende de convenção expressa e escrita que a determine; a atribuição

["[...] A situação/relação de trabalho é o conjunto das relações jurídicas constituídas entre o empregador ["Arbeitgeber"] e o empregado/trabalhador ["Arbeitnehmer"] através de um contrato de trabalho. O contrato de trabalho ["Arbeitsvertrag"] é um contrato de serviço ["Dienstvertrag"] de direito privado. A sua característica é que o empregado se auto-obriga à prestação de trabalho dependente. [...]. E Zöllner/Loritz continuam (última ob. cit., III-2., pp. 41/42): "[...] a) Os contratos de obra ["Werkverträge"], como são celebrados sobretudo com empresários independentes, não constituem qualquer situação/relação de trabalho. A diferença entre um contrato de prestação de serviço e um contrato de obra pode, no entanto, ser problemática sob certas circunstâncias. [...].
As dificuldades de delimitação resultam do facto de, no fundo, tanto um contrato de obra como um contrato de prestação de serviço apresentarem como objecto da prestação uma prestação de trabalho. Quando é dito por motivos de delimitação que, no contrato de obra, o objecto da prestação é o resultado do trabalho ["Arbeitserfolg", no original], tal é dúbio dado que o que se deve é a "produção" ["Herstellung", no original]" que é um processo, e frequentemente esta deve ser feita pelo devedor. No caso do contrato de prestação de serviço, por outro lado, o mero investimento de trabalho ["Arbeitseinsatz"] como objecto de prestação não será totalmente suficiente uma vez que não são devidos apenas "esforços subjectivos" [...]. A regra genérica para uma delimitação segundo a qual o contrato de obra é definido, em primeiro lugar, pelo resultado, enquanto o contrato de serviço é definido, em primeiro lugar, pela actividade, é apenas uma ajuda com limitações, nomeadamente quando o resultado devido reside numa actividade que se repete sempre. [...]".
Maria do Rosário Palma Ramalho, "Da Autonomia Dogmática do Direito do Trabalho", cit., § 3º, nº 5.1.-II, p. 113 e respectiva nota (242) discorre sobre as consequências da "falta de autonomia [no sistema germânico] do contrato de trabalho na lei civil, concomitante com as diversas referências à relação de trabalho em sede do regime legal do Dienstvertrag", na origem das denominadas teorias institucionalistas, "que deslocam o cunho laboral da actividade de trabalho do momento do consenso negocial para a fase do desenvolvimento da relação na organização (instituição) do credor".

[569] Sobre os pressupostos e implicações das teorias monistas do direito de autor, cfr. nº 104.

de direito de autor não se deduz da mera existência de um vínculo funcional do autor àquele.[570/571].

O âmbito material da concessão de faculdades jusautorais, como efeito do contrato em cumprimento de dever funcional de que conste cláusula específica de atribuição de faculdades de direito de autor, é definido de acordo com a teoria da atribuição finalista, a "Zweckübertragungstheorie" – em aplicação do § 31(5) *ex* § 43 UrhG – que constitui um princípio para a interpretação do conteúdo de toda a atribuição voluntária de faculdades e limita o conteúdo desta às requeridas pela exploração empresarial do "Arbeitgeber"[572]. Assim, salvo

[570] Neste sentido, SCHACK, "Urheber- und Urhebervertragsrecht", cit., § 29, V-1., p. 438 (981): "A história da criação e a finalidade do § 43 [UrhG alemã] de abranger todos os empregados numa situação dependente constituem um argumento forte para que devam ser consideradas como relações de serviço apenas contratos de serviço de direito público, mas não de direito privado no sentido do § 611 [BGB]. O critério de delimitação [para aplicação] do § 43 não é a natureza jurídica [de direito público ou privado] da situação/relação de emprego, mas a dependência do artista [autor]. É empregado ["Arbeitnehmer"] quem está integrado num espaço organizacional alheio, está dependente de instruções e presta trabalho definido por outrem. Independente e por isso não abrangido pelo § 43 é, no entanto, o artista que pode organizar a sua actividade livremente e livremente pode determinar o seu tempo/horário de trabalho."
A propósito, mais esclarece SABINE ROJAHN, in "Urheberrecht – Kommentar", coordenado por G. SCHRICKER, 2ª ed. cit., em anotação II-1., p. 679 (10) ao § 43 UrhG alemã: "A intenção do legislador era abranger todos os empregados numa situação de trabalho dependente e, nomeadamente, independentemente da questão de saber se trabalham em economia privada ou de direito público, se se trata de situação/relação de trabalho ou de emprego público. O § 43 abrange, concluindo, as relações de trabalho ou relações de serviço de direito público e de direito privado, quer dos funcionários públicos quer dos trabalhadores [em geral]." – intercalado nosso.

[571] KAI VINCK, em anotação 3 ao § 43 UrhG alemã, in "Urheberrecht – Kommentar..." (FROMM/ /NORDEMANN), coordenado por W. NORDEMANN, 9ª ed. cit., p. 369 (3), é explícito sobre o que caracteriza como "Der Zeitpunkt der Einräumung der Nutzungsrechte": "[No caso de se concluir que a atribuição de faculdades de direito de autor é efeito normal do contrato que determina que todo o resultado do trabalho pertence ao empregador ("Arbeitgeber")], tal concessão [do direito ao empregador] pode ser feita no entanto também no momento da celebração do contrato de trabalho ou de serviço. Nesse caso, trata-se, então, de uma concessão de direitos em obras futuras, para a qual necessita de forma escrita [§ 40 UrhG]. Contratos de trabalho celebrados oralmente ou contratos de trabalho sem cláusula de autor ["Urheberklausel", no original] não produzem, por isso, o efeito de uma transferência de direitos antecipada."

[572] A aplicação à criação em cumprimento de contrato da teoria da "atribuição finalista" ou "disposição funcional" [a "Zweckübertragungstheorie"] é genericamente sustentada pela doutrina alemã, em aplicação – ex § 43 UrhG alemã – da regra do § 31(5) da mesma Lei. Assim, ULMER, "Urheber- und Verlagsrecht", cit., § 95-III, 2., pp. 404/405, sustentava que a regra da "atribuição em função da finalidade ("Zweckübertragung") se aplica nas obras criadas sob vínculo laboral ou de serviço, sendo decisiva a finalidade prosseguida pela empresa beneficiária dessa atribuição. Assim também VINCK, em anotação 3 ao § 43 UrhG alemã, in "Urheberrecht – Kommentar..." (FROMM/NORDEMANN), coordenado por W. NORDEMANN, 9ª ed. cit., pp. 369/370, que afirma:

convenção específica em sentido diverso, não se devem ter por atribuídas ao empregador faculdades estranhas ao objectivo empresarial da entidade "por conta de quem" a obra é criada.

75.2. Direito francês: titularidade originária e inalienabilidade do direito pelo autor

I. Na principal lei de autor francesa, o art. L.111-1, § 3, do CPI fran. estabelece que "a existência ou celebração de um contrato de "louage d'ouvrage" ou "de service" pelo autor de uma obra intelectual não implica derrogação da regra (§ 1 deste art. L.111-1) que consagra a "atribuição ao autor de uma obra, pelo simples facto da sua criação, de um direito exclusivo de propriedade incorpórea oponível a todos".

II. A partir da norma citada, a doutrina francesa revela interpretação de sentido não uniforme.

Segundo parte desta doutrina, o direito de autor "constitui-se sempre na titularidade (originária) do autor-assalariado, ainda que a obra seja criada em execução de instruções dadas pelo empregador"[573]. Verifica-se que parte da doutrina refuta mesmo – por a considerar *contra legem* – a admissibilidade de uma "cessão implícita" do direito em benefício do empregador, deduzida da execução da obra no âmbito de contrato em que o trabalhador se vincula especificamente à criação de obras intelectuais.

Sustentam outros que a própria existência de vínculo laboral induz à existência de uma transferência de direitos do autor assalariado para o empregador[574].

"Relativamente ao âmbito da concessão, aplica-se, na medida em que não exista acordo expresso, a teoria da atribuição finalista, em forma adaptada.
Em explicação do que seja a teoria ou princípio da atribuição finalista no direito alemão, pode cfr., *supra*, nº 50.1.1.

[573] Como expõem André Lucas/Henri-Jacques Lucas/Agnès Lucas-Schloetter, "Traité de la Propriété Littéraire et Artistique", cit., nº 169 e nº 174, pp. 175 e 181. Assim também segundo jurisprudência da "Cour de cassation", *apud* A. Lucas, "Traité de la Propriété Littéraire et Artistique", cit., nº 169, p. 176 e respectiva nota (18).
Contra, André Bertrand, "Le Droit d'Auteur et les Droits Voisins", cit., nº 7.41., p. 324, que sustenta: "[...], desde que uma criação seja realizada por vários empregados ou em colaboração, por um empregado com outros empregados, no âmbito do seu trabalho, logo num contexto hierarquizado, estamos naturalmente na presença de uma obra colectiva que pertence ao empregador."

[574] Assim, André Bertrand, "Le Droit d'Auteur et les Droits Voisins", cit., nº 7.421., p. 326. Bertrand, "Le Droit d'Auteur et les Droits Voisins", cit., nº 7.422., p. 328. Mais refere que, nesta, que designa "cessão de facto dos direitos patrimoniais do criador-assalariado ao seu empregador":

75.3. Direito italiano: aquisição derivada do direito pelo comitente

A lei de autor italiana não disciplina expressamente a criação de uma obra em cumprimento de contrato de trabalho subordinado ou de prestação de serviço. No entanto, face à regra geral, a doutrina italiana consultada admite que o contrato que tenha por objecto o "trabalho criativo" tenha eficácia atributiva de faculdades jusautorais.[575/576]

"o assalariado deve realizar a sua obra no âmbito da sua actividade normal; a cessão está limitada ao objecto social da empresa."

[575] Neste sentido, veja-se: LUIGI CARLO UBERTAZZI/MAURIZIO AMMENDOLA, "Il Diritto d'Autore", cit., nº 7, p. 27; TULIO ASCARELLI, "Teoria della Concurrenza e dei Beni Immateriali" (tradução espanhola), cit., XIII-31, pp. 732/733; PAOLO GRECO/PAOLO VERCELLONE, "I diritti sulle opere dell'ingegno", cit., nº 81, p. 253/254; VALERIO DE SANCTIS, "Contratto di Edizione - Contratti di Rappresentazione e di esecuzione", cit., nº 8, pp. 27-30; VITTORIO DE SANCTIS/ /MARIO FABIANI, "I Contratti di Diritto di Autore", cit., nº 16, pp. 81-83; MARIO FABIANI, "I contratti di utilizzazione delle opere dell'ingegno", cit., nº 68, pp. 277/278.

[576] Os Autores italianos consultados são, com divergências de pormenor, unânimes quanto a este ponto. As diferenças assinalam-se não sobretudo quanto ao carácter derivado da transmissão, mas quanto à fonte dessa transmissão (o próprio contrato de trabalho *de per se* ou acto translativo subsequente).

Assim T. ASCARELLI, "Teoria della Concurrenza e dei Beni Immateriali" (tradução espanhola), cit., XIII-31, pp. 731/732: "Para que o direito, ainda que a título derivado, pertença ao empregador, deverá poder incluir-se, como objecto do contrato, a própria actividade criadora de obras intelectuais. [...], actividade criadora que não pode confundir-se com a simples prestação intelectual.

Em sentido sensivelmente distinto, P. GRECO/P. VERCELLONE, "I diritti sulle opere dell'ingegno", cit., nº 81, pp. 253/254, são peremptórios: "Afirma-se geralmente que o efeito jurídico do contrato de trabalho subordinado é a atribuição ao empregador-comitente ["dattore di lavoro", no original] do resultado da actividade produtiva do trabalhador. É afirmação a partilhar, mas com os esclarecimentos convenientes. [...] trata-se de um efeito não essencial mas apenas natural da relação. É perfeitamente admissível que as partes prevejam a atribuição ao trabalhador dos direitos (de propriedade ou sobre bens imateriais) que tenham por objecto o bem produzido, contentando-se o empregador com outras utilidades que lhe advêm da actividade do trabalhador. [...]. Por outro lado, e sobretudo, não é exacto que todo e qualquer resultado da actividade devida pertença ao empregador; porque para a atribuição a este é necessário que a actividade seja devida em função daquele resultado. [...]. [...] seria verdadeiramente excessivo aplicar esta regra [que faz compreender na "função económica e social" da situação de trabalho subordinado a apropriação pelo empregador do resultado do trabalho] também às hipóteses em que a actividade devida por força do contrato não está em si mesma vocacionada à aquisição de direitos a título originário e portanto o comportamento que a lei liga a esta aquisição é simplesmente devido à existência da relação de trabalho. [...]. Pelo que, se a regra deve aplicar-se também em sede de obras intelectuais criadas por dependentes, o âmbito limitar-se-á sempre aos casos em que (para parafrasear a expressão contida no art. 23) [da citada lei italiana "sobre invenções"] a obra intelectual é realizada em execução de uma relação de trabalho na qual a actividade criativa está prevista como objecto do contrato e para tal fim retribuída."

Parece prevalecer hoje a opinião segundo a qual, no ordenamento italiano, seja a obra criada em execução de contrato de trabalho seja de "contratto d'opera"[577], o direito de autor é adquirido pelo credor da "prestação criativa" a título derivado.

Quando a actividade criadora for enquadrada numa empresa, para que a atribuição do direito se verifique com a natureza e os efeitos assinalados, é necessário que a obra seja criada no âmbito (com recurso a meios e no quadro organizacional) da empresa por conta de quem (e para os fins da qual) a obra é criada. Em qualquer caso, a "prestação criadora" deve realizar-se (e ser retribuída) em execução da actividade contratada que tenha por objecto a criação de obras intelectuais.

A atribuição é limitada às faculdades necessárias à satisfação do interesse pretendido pelo credor com a contratação, que se deduz por interpretação do contrato, visto também o objecto da actividade organizacional que enquadra a "prestação criadora".

75.4. Direito espanhol: atribuição finalista presumida do contrato

I. A principal lei de autor espanhola (LPI esp.) estabelece que "a transmissão dos direitos de exploração na obra criada *por causa* de uma relação de trabalho reger-se-á pelo convencionado no contrato, devendo este celebrar-se por escrito." – cfr. art. 51/1 LPI esp.. Logo o nº 2 do mesmo art. 51 presume da falta de pacto escrito a cedência, em exclusivo, ao empregador de certas faculdades jusautorais.[578/579], precisamente as necessárias a uma utilização em exclusivo

[577] O art. 2222 C.Civ.ital. descreve o conteúdo do "contratto d'opera" no direito italiano como: um contrato sinalagmático, oneroso, que vincula à realização de uma obra ou serviço, sem subordinação ao comitente. No seu "Commentario breve al Codice Civile", cit., em anotações I e II-1 e –2, pp. 2147/2148, ao art. 2223 deste Código, G. Cian/A. Trabucchi referem este como: "um fattispecie residual de trabalho autónomo: [...]."

[578] J. M. Rodríguez Tapía/F. Bondía Román, "Comentarios a la Ley de Propiedad Intelectual", cit. em anotação IV ao Art. 51, p. 230, afirmam que a convenção que estabeleça a cessão de faculdades jusautorais: a) pode ser cláusula do contrato de trabalho ou de convenção colectiva; b) que este pacto pode ser parte do contrato de trabalho ou ser estipulada *a posteriori*, desde que respeite os requisitos formais do contrato de trabalho; c) está sujeita aos limites a que o art. 43 LPI esp. ["transmissão inter vivos" de direito de autor] subordina toda a cessão de faculdades patrimoniais [*v.g.* limites temporais, espaciais e decorrentes da independência das faculdades compreendidas no direito patrimonial de autor].

[579] Eduardo Gutiérrez-Solar Bragado, "Transmisión de los Derechos de Explotación de la Obra del Creador Asalariado", cit., p. 11, considera que: "Uma interpretação global do art. 51 obriga a entender a referência a contrato não como alusiva a contrato de trabalho, senão a qualquer acordo consensual que acolha a transmissão, já que o número 2, diversamente do 1, não se refere a contrato de trabalho."

da obra pelo empregador no âmbito e para os fins da actividade hábitual da sua empresa.

A cessão presumida de faculdades jusautorais tem como pressupostos: que a obra seja criada em execução de contrato de trabalho que compreenda, entre os deveres específicos emergentes do vínculo laboral, a criação de obras intelectuais; que tal contrato seja "escrito e que inclua uma cláusula que estipule as condições de transmissão dos direitos de propriedade intelectual"[580].

II. Sobre os fins de utilização consentidos para a obra criada em execução de contrato de trabalho, Erdozain López[581] considera que a sua determinação é problemática. Propõe que, além de atender ao objecto social e à prática habitual da empresa, deve considerar-se a especialidade própria do trabalhador criador para dirimir casos duvidosos.

75.5. Direito britânico: atribuição originária do direito ao empregador

I. A lei de autor do Reino Unido estatui (cfr. sec. 11(2) UK CDPA): "No caso de uma obra [...] ser criada/realizada por um empregado no âmbito do seu "employment" ["made by an employee in the course of his employment", no texto da lei], o seu empregador é o titular originário de todo o "copyright" na obra, sem prejuízo de acordo em contrário.".

II. No ordenamento britânico, para a aquisição do direito ("copyright") pelo empregador é necessário, em primeiro lugar, que a obra (literária, dramática, musical, artística, cinematográfica, jornalística) tenha sido criada por um "employee". A caracterização do que seja um "employee", para este efeito, remete-nos para a definição contida na sec. 178 UK CDPA: "a pessoa que seja contratada ["employed", na expressão original] por "contract of service" ou de aprendizagem ["apprenticeship"]."

Em segundo lugar, nos termos da sec. 11(2) UK CDPA, é condição que tenha sido criada "in the course of employment". Significa isto que, consideradas as circunstâncias do caso concreto, a obra criada deve estar compreendida entre aquelas que o empregador poderia razoavelmente esperar ou exigir do seu empregado; por outras palavras e mais simplesmente, quando o acto criador possa considerar-se como realizado em cumprimento dos deveres contratuais[582].

580 Como enuncia Gutiérrez-Solar Bragado, "Transmisión de los Derechos de Explotación de la Obra del Creador Asalariado", cit., p. 12.

581 José Carlos Erdozain López, *in* "Manual de Propiedad Intelectual", coorden. por Bercovitz Rodriguéz-Cano, cit., p. 182.

582 Assim o ensinam: Copinger/Skone James, "(On) Copyright ...", vol. I, 14ª ed. cit., nº 5-16, p. 225; W. R. Cornish, "Intellectual Property ...", cit., nº 12-05, p. 461; H. Laddie/P. Prescott/

A regra de atribuição originária do "copyright" ao empregador pode ser afastada por acordo em contrário. Este acordo pode ser expresso ou tácito, escrito ou oral.

75.6. Direito estadunidense: atribuição da titularidade do direito determinada pela convenção

I. Em regulação desta matéria nos Estados Unidos da América, a sec. 201(b) US Copyr.Law (sob epígrafe "works made for hire") estabelece: "Nas obras "made for hire", o empregador ou outra pessoa para quem a obra seja realizada ["prepared"] é considerado autor para os fins desta secção, e, salvo se as partes tiverem expressamente acordado diversamente por escrito por si assinado, é titular de todos os direitos / faculdades compreendidas no 'copyright'".

Apesar de a interpretação jurisprudencial primitiva generalizada considerar que a situação de "employment" existiria independentemente do carácter continuado (estável, duradouro) ou formal da relação, sem considerar, por exemplo, o carácter regular e periódico do pagamento da remuneração ao autor-empregado e admitindo mesmo que este fosse pago à peça ou até não remunerado, a jurisprudência, por fim fixada pelo Supremo Tribunal – após a adesão dos EUA à União de Berna (ver CB) –, parece atender a um número de factores, variável segundo as circunstâncias do caso, que relevam da distinção entre "empregado assalariado" e "demais contratados"[583].

II. Por convenção, as partes podem estipular a atribuição de "initial ownership of the copyright" quer ao empregador quer ao autor-empregado.

Na ausência de acordo, nem sempre se presume a atribuição do direito ao empregador: "se a actividade literária do empregado não for realizada no âmbito dos deveres especiais emergentes da sua situação de "employment", [o "copyright"] permanece na titularidade do empregado; assim também se o

/M. Vitoria, "The Modern Law of Copyright and Designs", cit., nºs 11.37 a 11.39, pp. 563-566; Lionel Bently/Brad Sherman, "Intellectual Property Law", cit., I-3.1.2, pp. 130. Todos os citados recorrem a sentença, de que podemos encontrar trecho pertinente na ob. e loc. citt. de Laddie/Prescott/Vitoria, em que "um consultor financeiro, empregado de uma empresa de consultoria em gestão, recebeu remuneração extraordinária como contrapartida da utilização de obra que havia criado durante as horas de trabalho, mas cuja criação não estava compreendida nos seus deveres como empregado."

[583] Em ilustração desta tese – com abundante jurisprudência citada em excerto, veja-se Nimmer (Melville Nimmer/David Nimmer, "Nimmer On Copyright (A Treatise on the Law of Literary, Musical and Artistic Property, and the Protection of Ideas)", cit., *maxime* §§ 5.03[B][1][a], 5-13, -32.

resultado dessa actividade criativa não estiver compreendido entre os que são objecto da actividade contratada [...]."[584]

75.7. Lei angolana: atribuição presumida do direito ao empregador ou comitente

I. A lei de autor angolana contém uma disposição (art. 46º) dedicada à "Titularidade das obras derivadas de contratos". Estabelece, como regra, que o titular "dos direitos morais e patrimoniais" é "o prestador de serviço enquanto autor da obra". No entanto, "supletivamente e salvo convenção contrária", os direitos patrimoniais sobre a obra em questão são considerados como "automaticamente transferidos ao empregador ou ao mandante".

Parece resultar do preceito citado que, encontrando-se o criador contratado investido na titularidade originária do direito, esta se tem por transferida imediatamente para o empregador ou beneficiário da prestação de serviços contratantes, salvo convenção em contrário.

75.8. Lei moçambicana: a atribuição do direito determinada por convenção

A lei de autor de Moçambique, de 2022, estabelece regra idêntica à da norma portuguesa (cfr. art. 20 LAM): a titularidade do direito de autor "relativo a obra feita por encomenda ou por conta de outrem, quer em cumprimento de dever funcional, quer de contrato de trabalho" determina-se de acordo com o que tiver sido convencionado; na falta de convenção, o direito pretence ao criador da obra intellectual.

75.9. Lei marroquina: atribuição do direito patrimonial ao empregador por efeito do contrato

A lei de autor marroquina contém também disposição específica aplicável às obras criadas por conta de outrem, seja este pessoa física ou meramente jurídica, ali designada genericamente "empregador" (art. 35 LAMar.).

O direito de autor nestas obras pertence originariamente ao autor, mas consideram-se atribuídos ao empregador por mero efeito do contrato, salvo convenção em contrário, os direitos patrimoniais de autor.

A atribuição do direito de autor limita-se às utilizações pressupostas pelas "actividades habituais" do empregador, ou seja, justificadas tendo em conta o objecto e fins da sua actividade corrente.

[584] Assim o explica, ilustrado com abundante jurisprudência citada em excerto, NIMMER, "Nimmer On Copyright ...", cit., *maxime* §§ 5.03[B][1][b] [i], 5-32, –34.

75.10. Direito brasileiro: o direito de autor exercido pelo empregador

I. A lei de autor brasileira (LAB) não consagra autonomamente o regime das obras criadas em execução de contrato de trabalho ou de prestação de serviço, tradicionalmente designadas no Brasil como *obras (intelectuais) sob encomenda*.[585]

Caracteriza-as BITTAR (pags. 219 e segs.) como apresentando-se sob três formas possíveis: a funcional, a de prestação de serviços e a decorrente de relação de emprego; a estas, acrescentava a que chama "encomenda pura e simples, ligada a contrato específico de encomenda, como a própria Lei admite".

Significativamente, BITTAR (*ibidem*) reconhece que, no caso da obra individual de autor assalariado, que recebe remuneração para prestar trabalho intelectual, "os direitos de autor, no aspecto patrimonial, pertencem à empresa ou empresário que o contrata, mas na forma avençada e normal de produção da empresa".

II. Como se disse, a lei de autor brasileira vigente não trata autonomamente o regime das obras intelectuais criadas em execução de contrato (sob encomenda).

ROBERTA DIAS TARPINIAM DE CASTRO[586], depois de definir as obras encomendadas como "aquelas realizadas a pedido de um terceiro que pode ser tanto empregador (contrato laboral) como tomador de serviços (contrato de prestação de serviços)", recusa aceitar que o direito de dispor financeiramente da obra encomendada só pertença ao contratante (comitente) em caso de cessão expressa dos direitos por parte do autor.

III. Anuncia-se uma nova regulação desta matéria no Brasil[587]: Art. 52-A – "*salvo convenção em contrário, caberá ao empregador, ente público ou comitente, exclusivamente para as finalidades que constituam objecto do contrato ou das suas actividades, o exercício da titularidade dos direitos patrimoniais das obras: I – criadas em cumprimento a dever funcional ou a contrato de trabalho; II – criadas em cumprimento de contrato de encomenda*". É uma importantíssima mudança de rumo conceptual, pois investe, numa opção quase sem paralelo nos ordenamentos não anglo-saxónicos, o comitente-encomendante, um não criador intelectual, no *exercício* originário do direito patrimonial de autor, se bem que limitado ao que for conforme aos fins da encomenda.

[585] Por todos, assim as designava já C. A. BITTAR, "Obra sob encomenda", in R. Inf. Legisl. Brasília, a. 15, n. 57, Jan./Mar. 1978.

[586] ROBERTA DIAS TARPINIAM DE CASTRO, "Obra sob encomenda", Julho 2010 (consultado em http://dalmazzoecastro.com.br/informativos/artigo48.html).

[587] "Projeto de lei que altera e acresce dispositivos à Lei nº 9.610, que altera, atualiza e consolida a legislação sobre direitos autorais...".

Justifica-a Tarpiniam de Castro (*ibidem*) com uma curiosa asserção: "o tomador de serviços ao encomendar uma obra não está comprando qualquer obra, mas a materialização de uma criação individualizada que fará parte de seu património imaterial". E adianta: "[É] Anacrónico manter-se a concepção do direito autoral pertencente sempre ao criador da obra sem se considerar a evolução mercadológica do processo criativo". É uma concepção que há muito não víamos assim tão explicitamente assumida, da qual discordamos nos precisos termos antes aduzidos (cfr., *supra*, nº 71).

75.11. Lei timorense: a atribuição do direito definida por convenção

O Código do Direito de Autor e Direitos Conexos de Timor-Leste, aprovado pela Lei nº 14/2022, de 21-12 e entrado em vigor em 180 dias após a sua publicação, institui regra idêntica à constante do Código português, acima enunciada (cfr., *supra*, nº 71): a) a titularidade do direito de autor relativo a obra feita por encomenda ou por conta de outrem, quer em cumprimento de dever funcional quer de contrato de trabalho, determina-se de harmonia com o que tiver sido convencionado por escrito; b) na falta de convenção, presume-se que a titularidade do direito de autor relativo a obra feita por conta de outrem pertence ao seu criador intelectual; c) a circunstância de o nome do criador da obra não vir mencionado nesta ou não figurar no local destinado para o efeito segundo o uso universal constitui presunção de que o direito de autor fica a pertencer à entidade por conta de quem a obra é feita.

76. O regime dos bens industriais criados em execução de contrato de trabalho ou de prestação de serviços no Código da Propriedade Industrial de Portugal e nos ordenamentos jurídicos de Países e territórios lusófonos

O paralelismo entre as obras literárias e artísticas e os bens de "propriedade" industrial – também estes bens imateriais de criação intelectual – e a novidade do regime emergente das alterações ao CPInd.[588] justificam que se faça aqui comparação de regimes.

76.1. Os direitos relativos aos bens industriais mais relevantes

As criações industriais, protegidas pelo chamado Direito "de propriedade"[589] industrial, conferem aos seus autores, uma vez registadas, um exclusivo de

[588] O novo CPIndustr. português entrou em vigor, globalmente, em 1-7-2019.

[589] Os direitos industriais não são verdadeiro direito de propriedade, que é um direito real que exclui todos os não titulares do gozo, fruição e disposição da coisa seu objecto e impõe abstenção de todos os outros da turbação desse gozo. Os direitos intelectuais (como o direito de autor e os direitos industriais) não têm este conteúdo: todos podem fruir, por exemplo, dos objectos em que

exploração económica das mesmas, bem como algumas prerrogativas de natureza pessoal, como a de ver reconhecida a sua paternidade da invenção, ou da marca ou do logótipo que tenham criado.

É o caso exemplar do direito à patente de invenção. O mesmo pertence ao inventor (criador intelectual da invenção), sendo transmissível, entre vivos ou por morte, aos seus sucessores testamentários ou legais (art. 57º do CPIndustr. português), podendo também ser concedidas licenças para a sua exploração.[590]

76.2. A titularidade do direito nas criações de bens industriais realizadas sob contrato

Deve reconhecer-se que, não obstante persistir, nomeadamente em Portugal, uma intensa actividade inventiva individual independente (quem não ouviu falar de verdadeiras "salas de inventos", localizadas nas garagens particulares de tantos indivíduos engenhosos?), a maior parte das invenções e outras criações de bens industriais hodiernas com importância económica nasce de trabalho enquadrado empresarialmente ou fruto de encomenda por unidades empresariais que investem amplos recursos – também financeiros – na inovação industrial nos mais diversos sectores.

Ora, a titularidade do direito industrial exclusivo inerente às criações realizadas em execução de contrato não é outorgada segundo a regra geral acima enunciada.

76.3. Regimes lusófonos comparados

I. A lei da propriedade industrial de Angola[591] começa por esclarecer, apropriadamente, que deve entender-se: por "patente" o título jurídico que protege o que crie uma invenção; e por "invenção" a "ideia de um inventor que permite, na prática, a solução de um problema específico no domínio da tecnologia" (seja um produto ou um processo novos).[592] Estabelece depois a regra esperada: o

estão aplicadas invenções protegidas por patente (o ferro eléctrico de engomar, o motor de explosão do automóvel são livre e licitamente utilizáveis por todos os que adquiram um exemplar); os únicos exclusivos que assim se conferem ao seu titular são o de exploração económica das aplicações utilitárias da sua invenção patenteada e o de ser reconhecido como inventor, nada mais.

[590] As regras sobre titularidade do direito à patente de invenção são aplicáveis à titularidade de: modelos de utilidade (arts. 123º e 124º CPIndustr.); desenhos e modelos, sem prejuízo das disposições relativas ao direito de autor que estes podem convocar (arts. 180º e 181º); topografias de produtos semicondutores (arts. 156º e 157º).

[591] Lei 3/92, de 28-2, da Propriedade Industrial, de Angola.

[592] Não é muito feliz esta segunda formulação, já que, como a própria lei industrial angolana clarifica (art. 4º), não são patenteáveis (susceptíveis de protecção) as ideias que não tenham aplicação prática industrial. Vale isto por dizer que os conceitos, as ideias não exteriorizadas segundo

título jurídico que a patente confere atribui ao titular o direito exclusivo de explorar a invenção (art. 2º).

Esta lei segue o princípio esperado neste domínio: a titularidade dos direitos relativos a invenções (e a outros bens industriais), "criadas em execução de contrato de trabalho destinado a investigação no país, em que a actividade inventiva esteja prevista ou resulte da própria natureza do trabalho prestado", pertence exclusivamente à entidade empregadora (art. 12º/1). A formulação é algo original, já que parece requerer que a actividade do empregador seja a investigação em Angola.

Fica, por outro lado, claro que a criação industrial do trabalhador não deve ser acidental, mas estar prevista como habitual no plano contratual laboral, ou seja, só pertence ao empregador a titularidade do direito exclusivo de exploração económica dos bens industriais cuja criação seja objecto de contrato de trabalho. Nos demais casos, incluindo a criação *acidental* pelo trabalhador ou a que ocorra em domínio que não seja aquele que é objecto da empresa do empregador, ou que se realize com recurso a equipamentos ou a quaisquer materiais do trabalhador (cfr. art. 12º/3), o direito exclusivo pertence a este último. Esta é, aliás, a regra esperada, visto que, nas situações descritas, o trabalhador não cria nessa qualidade, mas como inventor independente.

Muito curiosa é a norma angolana que regula a atribuição do direito exclusivo em caso de criação de bens industriais em que haja "contribuições iguais" do trabalhador e do empregador (entenda-se recursos partilhados) para a criação. Neste caso, cabe ao empregador o direito de exploração económica da invenção e ao trabalhador "a remuneração que for fixada" (art. 12º/4). A norma refere-se naturalmente a uma *remuneração especial*, fixada para além do salário habitual, pois este será sempre devido, ainda que a criação seja realizada exclusivamente com recurso aos meios do empregador. Saliente-se ainda que, a haver contribuições iguais do empregador e do trabalhador para a criação, tem o primeiro o ónus de explorar a obra, sob pena de o direito à patente passar a pertencer exclusivamente ao trabalhador (art. 12º/5).

II. No Brasil, a lei "que regula os direitos e obrigações relativos à propriedade industrial"[593] consagra que o inventor ou criador de modelo de utilidade "pode obter patente [registo de invenção] que lhe garanta a propriedade [titularidade do direito industrial], nas condições estabelecidas na lei".

expressão formal criativa não são objecto de qualquer direito intelectual (sobre este tema, pode cfr. também, *supra*, nº 7.1 e 29).

[593] Lei nº 9.279, de 14-5-1996, do Brasil.

O regime da lei brasileira (art. 88) coincide com o descrito para a lei angolana. O empregador é titular do direito exclusivo de exploração económica da invenção criada em execução de contrato de trabalho prestado no Brasil, desde que o contrato tenha por objecto a actividade inventiva "ou resulte da natureza dos serviços para os quais o empregado [trabalhador] foi contratado".

Em matéria de remuneração da actividade inventiva, a lei brasileira é ainda mais explícita do que a angolana: o trabalhador só tem direito a uma remuneração especial pela sua inventiva se tal for convencionado com o empregador (art. 89).

Nas criações realizadas sem recurso a "meios, materiais, dados, instalações ou equipamentos do empregador", o direito de exploração económica é do trabalhador. Se as contribuições de empregador e trabalhador forem iguais, ao primeiro cabe o direito de exploração e ao segundo uma "justa remuneração" (art. 91 § 2º), como em Angola.

Estas regras também se aplicam em situações de criação por encomenda (em execução de contrato de prestação de serviços) e às criações por trabalhadores da Administração Pública.

III. Segundo a lei cabo-verdiana[594] (art. 20º), se a invenção for realizada em execução de contrato de trabalho que tenha por objecto *aquela* actividade inventiva, o direito à patente é do empregador. Ao trabalhador só cabe remuneração especial se a actividade inventiva não estiver especialmente prevista no contrato.

Nos demais casos, a empresa do empregador tem direito de opção à patente, "mediante remuneração de harmonia com a importância da invenção", podendo assumir a sua titularidade ou reservar-se apenas o direito de exploração exclusivo (art. 20º/3-a) da lei cabo-verdiana). O alcance destas normas não é claro. Atribuir o "direito à patente" (nº 1) ou o "direito de opção à patente" (nº 3-a)) só não é exactamente o mesmo se significar que, no segundo caso, em alternativa ao registo da patente de invenção, o empregador pode reservar-se apenas a preferência na exploração da mesma, como os ditos preceitos consagram. Parece ser este o caso.

IV. O regime consagrado na lei de Macau[595] institui um dever de informação, pelo trabalhador ao seu empregador, das invenções que crie em execução

[594] Código da Propriedade Industrial de Cabo Verde, aprovado pelo Decreto-Legislativo nº 4/2007, de 20-8.

[595] Código da Propriedade Industrial de Macau, aprovado pelo Decreto-lei nº 97/99/M, depois alterado pela Lei nº 11/2001, de 6-8.

do seu contrato de trabalho ou até um ano após este cessar (art. 70º), sob pena de responsabilidade laboral e civil.

Quanto ao mais, esta lei reproduz os regimes lusófonos antes analisados: pertence à empresa do empregador a titularidade do direito relativo à invenção criada em execução de contrato de trabalho que tenha por objecto específico essa actividade criativa; o mesmo regime é aplicável às invenções realizadas no âmbito de estudos ou pesquisas explicitamente solicitados ao trabalhador. É também necessário que a actividade inventiva se desenvolva "na área de actividade" dessa empresa, mas, mesmo que não seja este o caso, a empresa empregadora é ainda titular do direito se o trabalhador tiver "utilizado conhecimentos, meios técnicos ou dados fornecidos pela empresa" (art. 71º).

De sublinhar, é, também, uma particularidade na lei macaense: se ao inventor não for paga uma remuneração consentânea com a "importância da invenção" – que é sempre devida quando a actividade inventiva não estiver especialmente remunerada –, a empresa empregadora que a não pague integralmente perde o direito à patente (art. 72º/1 e /2). Curiosamente, um dos parâmetros para determinar o valor de tal remuneração não tem nada que ver com o trabalhador: é a "capacidade económica e a dimensão da empresa" (art 72º/4-c)).

V. Em Moçambique, o regime legal[596] segue as regras referidas para as leis portuguesa e cabo-verdiana. Se a invenção for realizada em execução de contrato de trabalho (ou "de estudos") que tenha por objecto a actividade inventiva, o direito à patente de invenção é do empregador (art. 43º). Se a invenção não se integrar no objecto do contrato ou da actividade do empregador, mas o trabalhador tiver empregado meios ou recursos deste, o direito à invenção ainda é do empregador, sem prejuízo de este dever ao trabalhador uma "remuneração equitativa" (art. 43-b)).

Ainda que o direito à patente não lhe pertença, o trabalhador-criador de invenção ou outro bem industrial tem o direito à menção da sua autoria (direito pessoal).

76.4. O Código da Propriedade Industrial português

I. O Decreto-lei nº 110/2018, de Portugal, que aprova o Código da Propriedade Industrial, institui regime diverso do das obras literárias e artísticas criadas sob contrato. Se a invenção for criada em execução de contrato de trabalho que tenha por objecto ou preveja aquela actividade inventiva, o direito à patente pertence à empresa do empregador (art. 58º/1). Não parece admitir-se convenção

[596] Código da Propriedade Industrial de Moçambique, aprovado pelo Decreto nº 47/2015, de 31-12.

em contrário, podendo, porém, o inventor ter direito a remuneração especial se a actividade inventiva "não estiver especialmente remunerada".

A diferença de regime em relação às obras intelectuais literárias ou artísticas encontra, porventura, a sua explicação na essencialidade do enquadramento empresarial da criação das invenções mais importantes economicamente.

Nas criações de bens industriais *por encomenda* (no âmbito de contrato de prestação de serviços), o direito à patente de invenção é atribuído segundo as regras descritas para as invenções dos assalariados (art. 58º/7).

II. Apresentam-se como inovadoras as regras aplicáveis às "actividades de investigação e desenvolvimento" (i&d), que a nova lei, censuravelmente, não define. Nas criações industriais deste âmbito, *enquadradas por pessoas colectivas públicas* em cujo fim estatutário se compreendam tais actividades, o direito exclusivo de exploração sobre as invenções realizadas pelos seus trabalhadores ou "colaboradores" (entenda-se prestadores de serviços) pertence a essas entidades públicas (art. 59º/1). O inventor tem, neste caso, direito de participação nos benefícios económicos da exploração dos – ou resultantes da cessão do direito exclusivo sobre os – seus inventos (art. 59º/3); esta participação não tem natureza retributiva/salarial (art. 59º/7). O regime é supletivo (art. 59º/8).

Capítulo II
Contratos de direito de autor em especial

Secção I
Contrato de edição

77. Noção – a reprodução de exemplares da obra e a colocação de obras em rede

I. É contrato de edição aquele mediante o qual o autor autoriza outrem a produzir por conta própria exemplares de uma obra ou conjunto de obras, assumindo o editor a obrigação de os distribuir e vender (art. 83º CDADC).

A edição a que a lei se refere é apenas a edição gráfica. Mesmo quando não se refere a obras literárias, tem-nas sempre em vista. É o que se evidencia, por exemplo, no caso da reprodução das "criações de artes plásticas, de artes gráficas e aplicadas, *design*, projectos de arquitectura e planos de urbanização" (art. 159º), em que, tratando-se de produzir graficamente exemplares que reproduzam esses géneros de obras não literárias, a lei faz-lhes aplicáveis as regras da edição.[597]

Dir-se-á que seria mais próprio que o CDADC compreendesse outras formas de edição em que também se verifica a reprodução em exemplares – que, em conjunto com a distribuição e a venda dos mesmos, é característica-chave

[597] Na verdade, nos poucos casos em que o especifica, é patente que o CDADC cuida apenas (pelo menos explicitamente) da edição gráfica: assim, por exemplo, o art. 94º CDADC, que obriga o editor a "facultar ao autor um conjunto de provas de granel" e o "projecto gráfico da capa", numa referência manifesta à edição gráfica em papel; assim, também, o art. 98º CDADC, que não poderia ser mais manifesto na referência, ao estatuir sobre a "impressão" ou as "provas de página".

da edição.[598] Este seria o caso, por exemplo, da edição discográfica, em que a multiplicação de cópias (na edição de música em CD ou vinil) é também seguida de distribuição e venda de exemplares.

No entanto, a lei de autor portuguesa não o faz. Mesmo a fixação fono/ /videográfica – nascida do contrato de fixação fono/videográfica (cfr. art. 141º CDADC) e da actividade empresarial/industrial do produtor fono/videográfico, a quem se outorga um direito conexo ao direito de autor (cfr., *infra*, nº 112 e art. 184º CDADC) – nunca é referida pela lei como edição, embora manifestamente compreenda actividades de reprodução, distribuição e venda de exemplares que suportam obras intelectuais e tenha por expressamente aplicável àquele, precisamente, as regras do contrato de edição (art. 147º/1).[599]

A importância deste debate perde-se, no entanto, um pouco, se se tiver presente que, em todos os casos em que regula a outorga de autorização para reproduzir, distribuir e vender exemplares de obra intelectual, a lei manda aplicar as regras do contrato de edição. O modelo e o regime do contrato de edição são, assim, paradigmáticos para as várias modalidades de reprodução, publicação e comercialização de obras de origem contratual, ainda que não se trate de edição gráfica.[600]

II. A importância da edição de obras literárias ou artísticas mediante reprodução de exemplares tende a diminuir. Um número crescente de obras é divulgado originariamente em rede, na Internet. Muitas obras não chegam hoje a ser "editadas", na acepção técnica tradicional do termo, ou seja, são divulgadas sem fixação em suporte tangível e sem reprodução em exemplares físicos. São directamente comunicadas ao público por prestadores de serviços em linha ("providers"), que divulgam estes e outros conteúdos protegidos (como bases de dados) na *net*.

A DMUD apercebe-se e trata esta realidade. No seu art. 17º (*utilização de conteúdos protegidos por prestadores de serviços de partilha de conteúdos em linha*), regula-se os termos em que é proporcionado o acesso a esse "material protegido" (*sic*, no texto original). Considera-se que tal é feito mediante um acto de *comunicação ao público*[601], aquele pelo qual se leva uma obra ao conhecimento

[598] Neste sentido, com razão, OLIVEIRA ASCENSÃO, "Direito Civil – Direito de Autor e Direitos Conexos", cit., nº 300, pp. 442 e ss.

[599] OLIVEIRA ASCENSÃO, "Direito Civil – Direito de Autor e Direitos Conexos", cit., nº 298-III, p. 440, considera mesmo esta mais uma manifestação do acolhimento pela lei de uma noção ampla de edição.

[600] Assim para: o contrato de (realização e de) produção cinematográfica (art. 139º/1 CDADC); o contrato de fixação fonográfica ou videográfica (art. 147º/1); a radiodifusão (art. 156º/1).

[601] Sobre o conceito e conteúdo do direito de comunicação ao público, cfr., *supra*, nºs 55.2 e 55.3.

de um público que se encontra em local diferente do da comunicação, designadamente – e sobretudo – pela colocação à disposição (do público) em rede, na Internet.[602]

Em síntese, determina-se que tais "providers" celebrem acordos de licenciamento de disponibilização dessas obras com os titulares de direitos de autor e direitos conexos. Tais acordos devem incluir a responsabilização dos prestadores de serviços pelos carregamentos (vulgo *uploads*) efectuados por usuários que incorporam em rede conteúdos protegidos, apesar de não actuarem com fins comerciais.

Sempre poderá registar-se que a disponibilização destes "conteúdos protegidos" pelos prestadores de serviços de partilha de conteúdos em linha implica prévia fixação dos mesmos (obras, *etc.*) nos servidores dos "providers". Não se segue daqui que se trate de actos de reprodução, ou que tal processo se assemelhe, ainda que vagamente, à edição tradicional de obras, com a qual só comunga a circunstância de se tratar de um acto de *publicação* de obras.[603]

78. Figuras afins – a associação em participação e as prestações de serviços

Como sempre se depreenderia da noção acima, não é contrato de edição aquele pelo qual alguém assume, perante o autor, a obrigação de produzir por conta própria um determinado número de exemplares de uma obra e de assegurar o seu depósito, distribuição e venda, convencionando as partes dividir entre si os lucros ou prejuízos da exploração económica (art. 84º/1-a) CDADC). No contrato de edição, o risco comercial da exploração corre unicamente por conta do editor; neste, que segue o regime da *associação em participação*[604] (art. 84º/2 CDADC), aquele que foi encarregado de produzir exemplares da obra e de assegurar o seu depósito, distribuição e venda divide com o autor os lucros e prejuízos dessa exploração.

Pelas mesmas razões, também não é de edição o contrato pelo qual o autor, que encarrega outrem de produzir exemplares da obra e de assegurar o seu depósito, distribuição e venda, assume exclusivamente o risco da exploração comercial, contra o pagamento de quantia fixa ou proporcional aos lucros obtidos (art. 84º/1-b) CDADC). Também não é de edição o contrato pelo qual o autor encarrega outrem de assegurar o depósito, distribuição e venda de exemplares da obra por ele mesmo produzidos, mediante pagamento de comissão ou outra forma de retribuição (art. 84º/1-c) CDADC). Nestes casos, ao contrário do que deve acontecer na edição em sentido próprio, deparamos com uma

[602] Sobre o conceito e conteúdo do direito de colocação à disposição do público, cfr., *supra*, nº 55.2.

[603] Tratamos especificamente esta matéria *supra*, nº 55.3.

[604] Decreto-lei nº 231/81, de 28-7.

prestação de serviços pelo comissário ao autor, não à assunção por conta própria de um empreendimento empresarial-editorial pelo editor, típica da verdadeira edição jusautoral.

79. Características elementares típicas do contrato de edição

São, então, elementos do tipo contratual da edição:

1) A outorga, pelo autor ao editor, da autorização para "editar". Esta licença deve ser concedida pelo titular exclusivo das faculdades patrimoniais de publicação, de reprodução e de distribuição da obra ou obras a editar.[605]
   Esta autorização é mera licença jusautoral de reprodução e comercialização da obra e não implica a transmissão, permanente ou temporária, para o editor, das faculdades patrimoniais correspondentes (art. 88º/1 CDADC).
   A licença de edição deve ser concedida por escrito, sob pena de nulidade. No entanto, só o autor pode arguir o vício de forma, por se presumir que tal falta é imputável ao editor (art. 87º CDADC).
2) A autorização para editar implica a atribuição, pelo autor ao editor, das faculdades de publicar a obra, de a reproduzir em exemplares e de distribuir e de vender[606] esses exemplares.
   Como toda a atribuição patrimonial de direito de autor, esta é finalista, mobilizando apenas as faculdades essenciais à reprodução, distribuição e venda de exemplares da obra ou obras a editar. É significativa a circunstância de o autor conservar as faculdades de transformar a obra, nomeadamente quanto à sua tradução ou, em geral, adaptação a outros géneros ou formas de utilização (art. 88º/2 CDADC), o que significa

[605] O contrato de edição pode ter por objecto obras já criadas ou obras futuras, obras inéditas ou obras já antes publicadas (art. 85º CDADC). Quando incidir sobre obras futuras, aplica-se-lhe o regime geral do art. 48º CDADC (*ex* art. 104º do mesmo Código). Tal implica que só pode abranger as obras que o autor venha a produzir no prazo máximo de 10 anos, considerando-se reduzida a esse limite toda a vinculação por período superior, com consequente diminuição proporcional da remuneração estipulada. Evita-se, assim, uma vinculação à criação intelectual para outrem por prazo demasiado alargado, limitação, aliás alargada a toda a transmissão ou oneração "antecipadas" do direito de autor (cfr. nº 50.2.3).
A aplicação do regime deste preceito legal (art. 48º CDADC) não altera, porém, a natureza da atribuição jusautoral pela celebração do contrato de edição: não constitui disposição antecipada do direito patrimonial pelo autor, seu titular, que apenas concede uma autorização/licença de exploração económica da sua obra segundo as modalidades de utilização típicas deste contrato.

[606] Oliveira Ascensão, "Direito Civil – Direito de Autor e Direitos Conexos", cit., nº 300-I, p. 443, sublinha, com razão, que a autorização para comercializar típica da edição é a autorização para venda, sendo que, por exemplo, a autorização para alugar não é típica da edição.

que, por esta via, não se convocam outras faculdades instrumentais da exploração económica da obra.

3) A licença outorgada pelo contrato de edição tem carácter de *exclusivo*, afastando todos os não outorgantes, incluindo o próprio autor ou terceiro, de edição concorrente na mesma língua, no País ou no estrangeiro, na vigência do contrato e até ao esgotamento da edição autorizada ou ao decurso do prazo estipulado para o efeito (art. 88º/3 CDADC). Isto revela a oponibilidade *erga omnes* dos direitos do editor, adquiridos *ex contractu*, circunstância merecedora da controvérsia doutrinária a que já se referiu (cfr. nº 50.1.6).[607]
4) Como se disse, a autorização para editar investe o editor dos poderes de publicar, reproduzir, distribuir e vender os exemplares produzidos da obra. Esta atribuição patrimonial de direito de autor é, como se viu, em princípio onerosa, com exclusivo e finalista. Tem também *intuitu personae*: inibe o editor de, sem o consentimento do autor, transferir gratuita ou onerosamente para terceiro direitos emergentes do contrato de edição (art. 100º/1 CDADC).[608]
5) A edição é, como se disse, *onerosa*. Esta exigência é manifesta: a lei, quando refere às menções essenciais ao conteúdo do contrato de edição, consagra que nestas se inclui "o número de edições", o "número de exemplares" a produzir e o "*preço* de venda ao público" (art. 86º/1 CDADC).

   É claro que o "preço de venda (dos exemplares produzidos) ao público" não é o mesmo que a retribuição do autor, óbvia e infelizmente normalmente muito distante do produto daquela venda.

   No entanto, pode bem dizer-se que não faz qualquer sentido que a autorização para editar seja gratuita: não só as atribuições de faculdades patrimoniais jusautorais se presumem, em geral, onerosas (cfr. nº 50.1.3 e arts. 41º/2 e /3 e 44º CDADC), como a lei de autor portuguesa o diz especificamente para a edição (art. 91º/1). Por outro lado, evidenciando a onerosidade como característica essencial da edição, a lei regula pormenorizadamente as modalidades de fixação da retribuição do autor (art. 91º/2) e, bem assim, contém até regra supletiva para a determinação da

[607] Luís Menezes Leitão, "Direito de Autor, cit., Capítulo XI, 2.4.1, considera, com razão, que autorizar a edição é conceder uma licença, não uma oneração do direito de autor. Concordamos, mas consideramos que tal não obsta ao reconhecimento da sua oponibilidade *erga omnes*, como acontece com todas as licenças com exclusivo.

[608] O editor não pode, também, com o mesmo sentido de intransmissibilidade da sua posição contratual, incluir os direitos adquiridos do autor *ex contractu* numa sua participação, como editor, no capital de qualquer sociedade comercial (art. 100º/3 CDADC).

percentagem (25% sobre o preço de capa[609]) a atribuir ao autor como retribuição (art. 91º/3). Por fim, é reveladora também a exigência de prestação de contas, pelo editor ao autor, ligada expressamente à "retribuição devida ao autor" (art. 96º CDADC), que só se compreende num contrato oneroso.

6) Quanto aos efeitos do contrato de edição, a lei consagra: a obrigação do autor de cooperar com o editor, facultando-lhe "o original da obra" (entenda-se, a versão-matriz final do texto a editar[610]), sob pena de assistir ao editor o direito de resolver o contrato (art. 89º CDADC); e a obrigação do editor de dedicar à publicação, reprodução e distribuição dos exemplares produzidos uma conduta zelosa e diligente, sob pena de indemnização ao autor[611] (art. 90º CDADC).

80. Reedições e edições sucessivas – as ditas "licenças compulsórias"

I. Como se expõe a propósito do direito pessoal de autor (cfr., *supra*, nº 46.2), o autor pode modificar a sua obra. Para que modifique a obra que se encontra "em circulação", nomeadamente aquela que tem uma edição (não esgotada) em curso, deverá exercer previamente o direito (também pessoal) de retirada, para tal invocando "razões morais atendíveis" e, se for o caso, indemnizando os lesados (como será eventualmente o caso do editor da obra que o autor retire de circulação) (cfr., *supra*, nº 43).

Quando o editor tenha, logo pelo contrato, sido autorizado a efectuar várias edições da mesma obra, o autor tem direito de, antes de se realizar qualquer reedição da sua obra, "intervir no texto", mas apenas para pequenas correcções, desde que estas não impliquem "modificação substancial da obra" (art. 105º CDADC).

II. Já quando "a obra" (entenda-se os exemplares produzidos em edição) tiver esgotado, e o autor ou o editor ou outro licenciado ou um transmissário do direito de reedição recusarem a reedição, pode qualquer interessado

[609] Percentagem que a esmagadora maioria dos autores sabe ser praticada quase nunca.

[610] Casuisticamente, como em tantos outros casos já analisados, a lei refere-se ao "original da obra" mencionando a hipótese (já ultrapassada pelas novas tecnologias de processamento de texto) mais frequente: a de o dito original ser um texto em papel (quiçá até manuscrito). Só assim se entende a consagração, no art. 89º/2 CDADC, do dever de "restituir" (o dito original) "logo que esteja concluída a edição". É claro que, adaptada aos tempos hodiernos, esta obrigação não pode significar que o editor deve, após a edição, restituir ao autor... o ficheiro informático que contém o "original" da obra.

[611] Oliveira Ascensão, "Direito Civil – Direito de Autor e Direitos Conexos", cit., nº 308, p. 452, refere mesmo um direito/dever de exploração da obra pelo editor.

(incluindo o Estado) requerer judicialmente autorização para reeditar (art. 52º CDADC). A lei baliza os pressupostos de admissibilidade da decisão judicial pertinente, estabelecendo que ela deve ser concedida: a) se houver interesse público na reedição; b) se a recusa na reedição pelo titular do direito a fazê-la não se fundar em razão moral ou material (excluída a de ordem financeira) atendível (art. 52º/2 CDADC).

Esclareça-se que a outorga judicial desta "licença compulsória"[612] não faz cessar o direito de reedição do titular que a recusava, que poderá fazer ou autorizar novas edições (art. 52º/3 CDADC).

Estas regras são aplicáveis a todas as formas de reprodução. Isto significa que, quando o titular do direito de reprodução[613], por qualquer modo, de uma obra já divulgada ou publicada "não assegurar a satisfação das necessidades razoáveis do público", pode qualquer interessado requerer aquela providência judicial (art. 52º/4 CDADC). Significa isto que, quando for licenciada a reprodução de uma obra (para edição ou outro fim), ou transmitido o direito de reprodução, os beneficiários destas atribuições devem garantir que os exemplares da mesma que disponibilizem satisfazem a procura, sob pena de serem obrigados a consentir que outrem o faça.

81. As chamadas "edições críticas"

A lei de autor (art. 78º CDADC, sob a epígrafe "Publicação de obra não protegida") reserva também um exclusivo, algo espúrio, aos que procedam a "edições críticas"[614] de manuscritos existentes em bibliotecas ou arquivos, públicos ou particulares. Assim, é "edição crítica", por exemplo, uma nova edição de uma obra já antes divulgada, em que se estabeleça uma nova versão, pretensamente mais correcta, do texto ("fixação, estabelecimento ou restabelecimento do texto susceptíveis de o alterar substancialmente", na letra da lei – art. 78º/2 CDADC).

Para haver edição crítica, basta que tal fixação reproduza escrito anterior, fixando-lhe uma nova versão. Por "nova versão", deve entender-se toda a "que altere a tradição corrente" sobre o que é conhecido e divulgado nesse escrito.

[612] A designação "licença compulsória" está generalizada na doutrina. Só por esse facto a citamos aqui, considerando que falar de uma licença compulsória é militar numa contradição nos próprios termos, já que as licenças são, por definição, autorizações concedidas voluntariamente pelo titular do direito de autor (cfr. nº 50.1). Sobre as chamadas "licenças legais", outra expressão infeliz, cfr. nº 64.

[613] A norma deve entender-se como referida a todo o adquirente, a título derivado, do direito de reprodução, que a lei designa redutoramente por "transmissário".

[614] A expressão é de Oliveira Ascensão, "Direito Civil – Direito de Autor e Direitos Conexos", cit., nº 49, p. 85, que se revela muito crítico da lei.

Assim, constituirá uma "edição crítica" da "Mensagem", de Fernando Pessoa, uma publicação da mesma que lhe fixe uma nova versão, diferente das conhecidas e até agora aceites como fidedignas.

Não é impedimento ao estabelecimento de uma "edição crítica" que a obra revista tenha caído no domínio público. Será suficiente que alguém fixe essa nova versão dessa obra para constituir um exclusivo sobre a nova versão.[615]

[615] Neste sentido, Oliveira Ascensão, "Direito Civil – Direito de Autor e Direitos Conexos", cit., nº 49 e Luis Menezes Leitão, "Direito de Autor", cit., Capítulo V, 5.3.1.

Secção II
A realização e produção audiovisual

Subsecção I
A obra audiovisual

82. A obra audiovisual e os respectivos contributos criativos individualizáveis – a pretensa co-autoria na obra audiovisual

A lei de autor portuguesa dissemina normas reguladoras da criação/produção audiovisual: no art. 2º/1-f) CDADC, refere como "criações intelectuais as obras cinematográficas, televisivas, fonográficas, videográficas; nos arts. 22º e 24º CDADC, estabelece a co-autoria (em parte fictícia, em parte errónea, como se verá) à "obra cinematográfica" e às "obras fonográficas ou videográficas", respectivamente; já nos arts. 124º a 140º do mesmo Código regula-se o que ali se denomina "produção cinematográfica" em regime extensivo a toda a produção de obras "por qualquer processo análogo à cinematografia" (também em expressão infeliz, como se apontará). Nada se esclarece, pois, sobre o cunho do objecto jusautoral visado, se bem que se indicie depararmos com um novo género artístico, o audiovisual.

A obra audiovisual distingue-se, enquanto tal, de cada um dos seus elementos integrantes, sejam palavras ditas, sons, música, desenhos, gravuras, gráficos ou programas de computador.[616] Pode até acontecer que cada um destes elementos componentes resulte discriminável, sendo possível a respectiva utilização "em separado", independente da que é realizada pela exploração económica

[616] Programas de computador que são indispensáveis em objectos audiovisuais em que não apenas a animação, mas o próprio desenho das figuras é "realizada/produzida" com recurso a programas de computador e a suportes e meios informáticos.

da obra audiovisual como um todo. Será isto suficiente para que possa falar-se de uma *obra audiovisual*, que seja criação autónoma dos elementos (argumento literário, diálogos, fotografias, gráficos, programas de computador) incorporados, porventura também criativos? E, se sim, quem é o seu autor?[617]

82.1. A obra audiovisual

I. Obra filmada é a que consiste na gravação servil (mera fixação mecânica) em suporte material de, por exemplo, uma representação teatral. Esta gravação pode ser protegida como videograma, levando à constituição de um direito conexo do respectivo produtor (cfr., *infra*, nº 112), mas não é criativa, não merece protecção como obra intelectual.

Por motivo de rigor terminológico, reservamos a expressão "filme" para referir outras sequências de imagens (acompanhadas ou não de sons) que, sem contributo criativo, causem, quando exibidas, a impressão de movimento – trata-se, afinal, dos produtos cinéticos, não criativos, que vemos consagrados no § 95 UrhG alemã (cfr., *infra*, nº 88-III) e na lei italiana (cfr., *infra*, nº 91-I), como, por exemplo, as imagens filmadas não editadas de um desfile.

A adaptação cinematográfica (assim como a dramatização/encenação dramática) de uma obra literária é uma transformação criativa dessa obra, convertendo-a à expressão formal (vulgo "linguagem própria") do novo meio (cinema, televisão) utilizado para a sua comunicação. E encontramos nesta a manifestação inequívoca da criação de uma obra autónoma: seja obra em colaboração (do realizador, do autor do argumento, do autor da banda sonora musical), seja obra colectiva (sob direcção do realizador e enquadrada empresarialmente pelo produtor).

II. Rehbinder define a "obra fílmica" como "uma conjugação e graduação complexa de prestações intelectuais/espirituais de muitas pessoas cujo contributo não é da mesma natureza e do mesmo valor"[618], logo acrescentando que, nestas, as imagens e sons incorporados consubstanciam uma obra única. Aproveitamos esta noção para marcar, desde já, uma distinção terminológica com valor conceptual.

Doravante, quando usarmos a expressão "obra fílmica", referimo-nos à obra da cinematografia: aquela em que a actividade criativa se manifesta não apenas na ordenação em sequência de imagens (com ou sem som), no argumento e em outras obras eventualmente incorporadas, mas, sobretudo, na "realização"

[617] Por uma questão de rigor, procuraremos sempre adoptar a expressão obra cinematográfica/ /obra audiovisual, em contraponto a "filme" e de preferência a "obra fílmica".

[618] Manfred Rehbinder, "Urheberrecht", 12ª ed. (2002) cit., § 15-II, p. 101 (143).

(expressão consagrada em Portugal) criativa destas, segundo uma nova forma de expressão – a audiovisual[619].

82.2. A obra televisiva

Não é, obviamente, o tipo de suporte (película, videocassete, disco ou outro registo digital) que confere o carácter criativo ao audiovisual. Neste sentido, obra televisiva não é, simplesmente, a obra televisionada, mas a que seja criada segundo a expressão formal própria desse meio audiovisual. Tal retira esta tutela à difusão televisiva – sem edição de imagens – de uma obra em si protegida, como uma representação teatral ou uma ópera, e também, por exemplo, à mera radiodifusão televisiva de imagens que não sejam objecto de montagem/realização, ditas vulgarmente "não editadas"[620/621].

A obra televisiva é, então, a que é criada, e produzida, segundo os processos específicos e destinada à exibição por este meio[622]. Em nossa opinião, a criatividade da expressão formal (audiovisual) da obra criada especialmente para a radiodifusão televisiva não tem de se manifestar no objecto teledifundido, deve buscar-se na expressão audiovisual do objecto teledifundido; a criatividade deste é resultado tanto da concepção e argumento elaborados, como da captação, selecção e organização das imagens exibidas que são principalmente fruto da realização e montagem da obra televisiva.

[619] Em noção próxima da de Rehbinder, "Urheberrecht", 12ª ed. (2002) cit., § 15-II, 2-b), p. 102 (144), que afirma que, nestas: "A prestação criativa consiste na fusão das obras criadas, na cinematização [adaptação cinematográfica] para um todo unitário e na sua transposição para imagem."

[620] Trata-se de mais um anglicismo com mais do que provável origem na expressão "non-edited images" ("imagens não editadas", usualmente teledifundidas em programas televisivos noticiosos), que significa, afinal, as imagens que não sejam objecto de "montagem" ("edition").
Este exemplo ilustra a sempre necessária adaptação na tradução, já que a expressão "edition", à letra, resultaria sempre na errónea tradução "edição". Referida à "edição de obras literárias", a expressão inglesa "edition" significa "direcção editorial", e não "edição livreira" a que corresponde a expressão "publishing"; aplicada à realização/produção audiovisual, "editing" é sinónimo de "montagem", não de "realização".

[621] Isto, é claro, sem prejuízo dos direitos conexos da estação televisiva como organismo de radiodifusão de obras (cfr., *infra*, nº 113).

[622] Consideramos que a obra televisionada representa uma mera modalidade de comunicação ao público à distância (teledifusão) de uma obra de qualquer género que a tal se preste – e são hoje quase todos. Assim o assinalam também, nomeadamente, Oliveira Ascensão, ("Direito Civil – Direito de Autor e Direitos Conexos", cit., nº 366-IV, pp. 531/532) e N. Pérez de Castro (*in* "Comentarios a la Ley de Propiedad Intelectual", obra coordenada por Rodrigo Bercovitz Rodríguez-Cano, cit., em comentário IV-2. ao art. 86, pp. 1153).

83. Os contributos criativos individuais na obra audiovisual

I. O objecto designado obra audiovisual combina uma multiplicidade de contributos individuais e uma obra unitária inteligível pela sua expressão formal criativa autónoma. Os contributos individuais podem configurar obras intelectuais discrimináveis de géneros distintos (escritos, desenhos, esculturas, edifícios, programas de computador, *etc.*), que podem ou não ser propositadamente criadas para o fim da sua utilização na obra audiovisual. Esta é inteligível segundo uma expressão formal própria, que não é mera combinação funcional daqueles para o fim de uma exploração comum – como se de simples coligação de obras se tratasse (cfr. nº 59).

Sem que se justifique inovar no que está razoavelmente sedimentado ao longo do último século e que é compaginável à regulação convencional sob a Convenção de Berna (CB), designamos esta expressão formal criativa *sui generis* como *expressão audiovisual*. É a que identifica obras intelectuais em que a criatividade é inteligível, como na cinematografia, em sequências de imagens animadas (acompanhadas ou não de sons), criadas sob a coordenação artística de um designado director-realizador a partir de um argumento (elemento narrativo, original ou adaptado).

II. A obra audiovisual pode agregar contributos individuais que, se criativos, merecem tutela jusautoral autónoma como obras intelectuais, mas a expressão formal criativa (audiovisual) daquela não se confunde com a de cada um destes.

A "expressão audiovisual" individualiza a obra para além da mera combinação, criativa que seja, dos contributos individuais discrimináveis que a incorporem (sejam eles mesmos criativos ou meramente técnicos). Omiti-lo seria consentir na afirmação – errónea – de que a obra audiovisual é mera colectânea (quiçá até obra-colectânea) que respigaria esses contributos.

A obra audiovisual revela-se segundo uma expressão artística nova. Não é apenas resultado da montagem ("edition") de sons, musicais ou não, imagens fotografadas, textos, originais ou adaptados, diálogos.[623]

A obra audiovisual é o resultado da exteriorização, segundo uma forma nova e própria de expressão artística – a audiovisual –, de um novo objecto jusautoral com autoria discriminável da dos contributos que neste possam ser utilizados.

[623] A Lei nº 55/2012, de 6-9 (Lei de "Protecção da arte do cinema e das actividades cinematográficas e audiovisuais" de Portugal, sucessivamente alterada até à 74/2020, de 19-11), distingue as obras audiovisuais (art. 2º/1-g)) das obras cinematográficas (art. 21º/1-h)): nas primeiras, "as características técnicas da produção final permitem a transmissão televisiva", nas segundas, tais características propiciam "a exibição em salas de cinema". É um critério indecifrável.

84. Elementos da expressão artística próprios da obra audiovisual

Os elementos naturalmente fundamentais à expressão audiovisual são apenas o argumento e as imagens, acompanhadas ou não de sons, que sejam objecto de realização/direcção audiovisual. Assim, no processo criador de uma obra audiovisual, identificam-se como essenciais: a acção criadora do director/realizador que formaliza a expressão audiovisual; e, uma vez que o realizador não cria sobre o nada, é também indispensável a acção do autor do argumento (do enredo, do entrecho, da "história do filme"[624]), a partir do qual se desenvolve a realização criativa. É usual comparar, por exemplo, uma obra literária (a partir da qual se realiza a obra cinematográfica e por isso se diz adaptada à cinematografia) à sua expressão audiovisual – e diz-se "gostei mais do livro do que do filme", revelando a intelecção de duas obras intelectuais distintas, o argumento e a obra audiovisual realizada a partir daquele.

84.1. Os "remakes" de obras cinematográficas

Temos por inapropriada a expressão corrente que afirma uma dada obra cinematográfica como um "remake" de outra, quando simplesmente se significa não que a primitiva voltou a ser produzida ("remade"), mas que uma nova obra cinematográfica foi criada a partir do mesmo argumento ("gosto mais desta versão [obra *remade*] do que da primeira").

Em suma, o "remake" de uma obra cinematográfica é uma nova obra que se realiza (cria) sobre o mesmo argumento. O "remake" não é uma sequela[625] de uma obra anterior; na sequela, parte-se do mesmo tema antes tratado e cria-se sobre um novo argumento que desenvolve (dá sequência) ao da versão pré-sequela; as chamadas "prequelas" criam, também, sobre o tema inicial e constroem uma narrativa de momento anterior ao da obra inicial; sequelas e prequelas são, evidentemente, obras autónomas.

Nos casos designados como "remake", é uma nova obra cinematográfica que se realiza/cria e se produz/organiza, não ocorre uma adaptação da obra cine-

[624] Esclarecemos que referimos o argumento da obra audiovisual em acepção correspondente a "scénario" constante da lei francesa (cfr. art. L. 113-7, 1º CPI fran.). Distinguimo-lo dos diálogos que, quando existam e tal como a banda sonora, são contributo individual que a expressão cinematográfica até pode dispensar. Pensamos que, mais do que mera obra que se adapta à cinematografia, o "argumento" é essencial à expressão audiovisual: o realizador não é um mero animador de imagens sobre um vazio temático; o realizador não cria o argumento, não se limita a "filmá-lo"; não é também – enquanto tal – um adaptador de um argumento preexistente (e, se o for, será um realizador-adaptador/argumentista). A obra audiovisual sem realização é um mero produto cinético; a realização/montagem de imagens sem um argumento próprio poderá até ser uma obra filmada, mas não constitui uma obra audiovisual autónoma.

[625] Sobre o que sejam as "sequelas de obras", pode cfr. o nosso "Plágio e Direito de Autor", cit., nº 9 e, *supra*, nº 57.3.11.

matográfica preexistente que se "refaz", nem mesmo segundo a perspectiva anglo-americana da figura que valoriza especialmente a componente empresarial na cinematografia[626/627].

84.2. As bandas sonoras musicais como elemento integrante da obra audiovisual

Os contributos criativos individuais concorrem para a conformação da expressão audiovisual.

Certas bandas sonoras, sobretudo as musicais, proporcionam uma intelecção diferente da expressão audiovisual. Para citar exemplos marcantes, pense-se na experiência de visionar "The sound of music"[628] sem acompanhamento musical, ou em assistir à exibição de certos trechos de obras como "Psycho" ou "Jaws"[629] sem o complemento sonoro que marca a aproximação ao "Bate's Hotel", no primeiro, ou "do tubarão às suas vítimas", no último.[630/630] Mas significará

[626] Pertinentes, CORNISH/LLEWELYN/APLIN, "Intellectual Property: Patents, Copyright, Trade Marks and Allied Rights", cit., nº 12-26, pp. 493/494, chamam a atenção para a tutela da expressão audiovisual que é o verdadeiro objecto do direito nestas obras e aduz com razão: "[...]. Refazer um "film" [no sentido de obra cinematográfica, que apontamos acima] não viola o "copyright". Uma obra cinematográfica é a gravação de imagens em movimento; não é a obra dramática ou outro elemento ["content", no original] que nesta se incorpore e formalize".

[627] Afirmação com que PÉREZ DE CASTRO ("'Remakes' de películas y autores de la versión original", cit., nº 2, p. 116) prepara a conclusão: "[...] pode falar-se dele ["remake"] naqueles casos em que existe uma nova versão de uma obra cinematográfica com idêntico argumento." NAZARETH PÉREZ DE CASTRO, ob. cit., nº 2, p. 115, é categórica: "[...] não existe "remake" de uma obra cinematográfica anterior quando a actividade não atende ao conjunto de contributos criativos que a integram, dando lugar a uma unidade de resultado como é a obra cinematográfica, já que a obra cinematográfica é uma obra distinta e independente de cada uma das criações que a conformam. O "remake" do filme, para o ser, deve atender à obra definitiva e resultante e não às contribuições singulares e criativas que podem ser consideradas como obras independentes." E com esta proposição marca – bem, em nossa opinião – a distinção entre a obra audiovisual como um todo unitário com expressão (audiovisual) específica e o mero somatório dos contributos integrados, ainda que também criativos.

[628] "The sound of music", realizado por Robert Wise, EUA, 1965 (exibido em Portugal sob o título "Música no coração").

[629] Respectivamente: "Psycho", realizado por Alfred Hitchcock, EUA, 1960 (exibido em Portugal sob o título "Psico"); e "Jaws", realizado por Steven Spielberg, EUA, 1975 (exibido em Portugal sob o título "Tubarão").

[630] É verdade que o art. 22º/1-b) do CDADC português faz menção apenas à "banda sonora musical", entre os contributos criativos individuais que relevam na "co-autoria" das obras cinematográficas. Não explicita, pois, como vemos acontecer na disposição do art. L. 113-7, 4º do CPI fran., do art. 87 da LPI esp. ou do art. 44 L. aut. ital., "que o contributo musical na obra audiovisual só investe o seu autor em co-autoria desta se essa criação for expressamente destinada à obra audiovisual em causa".

isto que o autor da banda sonora é, enquanto tal, co-autor da obra audiovisual? Significará também que o autor do guião literário colabora na criação... audiovisual, na realização da mesma? Por "indispensável" que o seu contributo seja, tal não acontece.[632]

85. A realização (direcção) da obra audiovisual como acção criadora da obra audiovisual

"Realizar" a obra audiovisual não é, obviamente, apenas "filmar imagens" (ainda que de modo criativo, como faz o "director de fotografia"); nem tão-só encadear fotogramas a partir de muitos quilómetros de película filmada, como cabe ao responsável pela "montagem do filme" ("edição", no antipático anglicismo vulgarizado): para ilustrá-lo, basta que se tenha presente a produção de versões de uma obra em "director's cut". "Realizar" uma obra cinematográfica não significa acoplar horas de gravação de efeitos sonoros (a cargo de "engenheiros de som ou de efeitos especiais computadorizados"); tão-pouco é dirigir os artistas intérpretes (direcção artística) ou criar um guarda-roupa adequado.

Todos os agentes enunciados podem contribuir, mais ou menos criativamente, para a obra audiovisual, mas são, sobretudo, tributários do resultado final. É, aliás, por vezes, difícil destrinçar a sua acção da dos "auxiliares/colaboradores técnicos". Estes, que intervêm "a título de colaboradores, agentes técnicos, desenhadores, construtores ou outro semelhante e na produção e divulgação" (art. 26º CDADCª), das obras audiovisuais não partilham de quaisquer direitos de autor.[633]

[631] Em todo o caso, a expressão "(autor da) banda sonora" – e não meramente, por exemplo, "autor da música" – parece poder traduzir já essa destinação específica dos sons musicais à incorporação na obra audiovisual.

[632] RAGEL SÁNCHEZ, "Compositores, intérpretes y ejecutantes de la música en el cine", cit., nºs 2 e 3, distingue: "O compositor musical [de banda sonora musical de obra cinematográfica] é co-autor do filme quando incorporou nesta a sua criação original [...], ou seja, quando inventou a música para o cinema, com o objectivo de a fundir com os contributos intelectuais dos demais co-autores." (nº 2, pp. 129/130, com intercalado nosso); "[...], o compositor musical era autor da obra musical, mas não era co-autor da obra audiovisual, pois não houve concurso temporal e intelectual de criações com os co-autores do filme. " (nº 3, p. 131, com intercalado nosso).

[633] "Auxiliares ou colaboradores técnicos", sobre os quais LUIZ FRANCISCO REBELLO, "Código do Direito de Autor e dos Direitos Conexos (Anotado)", cit., em anotação 4. ao Art. 17º, p. 61, escreve: "A mera participação na produção e comunicação da obra ao público não confere quaisquer direitos de autor, por lhe faltar o elemento criativo que é pressuposto da respectiva atribuição". E, como recorda o mesmo Autor (*ibidem*), já o nº 5 do art. 11º do Código de Direito de Autor de Portugal, de 1966, estatuía que "não são reconhecidos direitos (de autor) a: "[...] todos aqueles que revêem a obra, vigiam ou dirigem a sua edição ou apresentação pelo teatro, cinema, fotografia ou radiodifusão sonora ou visual".

Os argumentistas, autores dos diálogos, directores de fotografia, autores de programas de computador, autores da montagem e da banda sonora podem ver os seus contributos integrados, até com relevância, na obra audiovisual, mas só serão (co) autores desta se: a) a lei os nomear expressamente com este estatuto; b) não os nomeando, a norma legal pertinente for interpretada como instituindo um *numerus apertus* de potenciais "co-autores". Ora, como veremos de seguida, é esta a técnica usada na lei portuguesa, que investe na co-autoria (e não apenas na contitularidade originária do direito de autor), vários dos autores desses contributos individuais.

Em suma, não deve confundir-se a ficção legal de colaboração, de que resulta a imputação de co-autoria de vários criadores de contributos individuais – que assinalamos nas leis espanhola, francesa, italiana, brasileira e, como veremos, na portuguesa –, com a essencialidade desses contributos para a formalização de uma obra audiovisual.

85.1. A lei portuguesa e a co-autoria (fictícia) das obras audiovisuais

Com recurso a técnica próxima da que encontramos nas leis de autor francesa, espanhola, brasileira e italiana, o art. 22º do CDADC parece reflectir a ficção de colaboração criativa de que resulta a imputação legal de co-autoria da obra cinematográfica a autores de simples contributos criativos para esta.[634]

Em rigor, a obra audiovisual, como objecto dos contributos criativos integrados, é só criação do seu realizador; e, como este não cria sobre o vazio, do autor do argumento. Os criadores da obra audiovisual são, assim e apenas, o realizador e o argumentista.

Um escrito lido em explicação de um documentário audiovisual (criativo) sobre "vida selvagem" ou um acompanhamento musical do mesmo podem revestir criatividade intrínseca e até ser criados especialmente para essa finalidade, mas só dificilmente se concebem como essenciais à sua expressão audiovisual, já que as "protagonistas" são as imagens em movimento, a fotografia, os gráficos, as animações proporcionadas por computador. Em contrapartida, um programa de computador, um conjunto de desenhos ou gráficos e alguns ruídos que certos videojogos incorporam podem ser, mais uma vez independentemente de merecerem individualmente a protecção jusautoral, essenciais à expressão audiovisual dessa obra. No entanto, em estrita fidelidade a uma –

[634] Encontramos um bom relatório das várias concepções europeias sobre a "geometria variável" da (co)titularidade do direito de autor nas obras cinematográficas/audiovisuais no "Relatório da Comissão Europeia ao Conselho, ao Parlamento Europeu e ao Comité Económico e Social europeus sobre a questão da titularidade do direito de autor nas obras cinematográficas ou audiovisuais na Comunidade (UE)", de 6-12-2002, COM (2002) 691.

discutível, admitimos – concepção mais restritiva, sempre se poderá afirmar que o que confere a expressão audiovisual específica a uma obra é apenas o seu argumento (a "história do filme") e a sua realização.

Seguindo uma concepção um pouco menos restritiva, admitir-se-iam como co-autores aqueles que dessem uma contribuição criativa essencial à expressão audiovisual pretendida em cada obra audiovisual. Considerar-se-ia, então, instituído um *numerus apertus* que atendesse à verdade material do processo criativo *de cada obra*: caso a caso, poderia identificar-se como co-autores da obra audiovisual os que dessem um contributo relevante para esta, do autor da banda sonora musical ao autor do programa de computador criados especialmente para a expressão audiovisual dessa obra.

Não é essa a opção da lei portuguesa, que estabelece uma ficção de co-autoria: do realizador, do autor do argumento, do dos diálogos (se for pessoa diferente), do da banda sonora musical e do da adaptação (quando exista) – art. 22º CDADC. A obra audiovisual é, assim, para a lei portuguesa, uma obra de co-autoria de um conjunto de sujeitos que enuncia.

No entanto, só a apreciação da posição jurídica dos vários sujeitos intervenientes no processo criativo/produtivo das obras audiovisuais permitirá apurar, com rigor, o recorte da situação jurídica de direito de autor pertinente. É o que tratamos de seguida, em análise do contrato que possibilita a feitura da obra audiovisual.

Subsecção II

O contrato de realização e de produção audiovisual

86. O contrato de realização e de produção audiovisual – noção, conteúdo e efeitos

86.1. A produção da obra audiovisual como elemento essencial da sua formalização

I. Definimos o contrato de realização e de produção audiovisual como aquele pelo qual o autor ou autores da obra audiovisual autorizam o produtor desta à sua feitura.

A "feitura" da obra audiovisual é noção ampla que compreende tanto a adaptação das obras preexistentes que enformam o argumento ou a banda sonora, como a fotografia/"filmagem"/gravação (fixação em suporte fílmico, analógico ou digital) dos materiais, cenários e interpretações artísticas, a produção de suportes, a distribuição de exemplares do produto, e a sua exibição.[635]

II. Estabelece a lei alemã que as modalidades de utilização consentidas pelos autores das obras se deduzem do "objectivo/fim do contrato" ("Vertragszweck"). Entre as faculdades de utilização concedidas ao produtor pelo contrato de produção cinematográfica, salientam-se as seguintes: faculdade de adaptação cinematográfica (§88/1 UrhG alemã); de produção (§89); de reprodução e de distribuição dos suportes (§§16, 17); e de exibição cinematográfica (§19(4)).

[635] É claro que a distribuição de exemplares e a exibição da obra audiovisual não são "feitura da obra" em sentido corrente. No entanto, é patente que a autorização dos autores da obra cinematográfica ao produtor, contida no contrato de realização e produção audiovisual compreende expressamente "as condições de [...] distribuição e exibição da película" (art. 125º/1 CDADC). Resulta também explícito da lei que se concedem ao produtor, pelo contrato, os referidos poderes de distribuição de exemplares e de exibição da obra (cfr. art. 127º/2 CDADC).

Muito significativa é, também, a definição fixada na lei norte-americana que liga estas obras a uma destinação particular: "[...] séries de imagens relacionadas entre si que se destinam a ser exibidas com recurso a máquinas ou dispositivos adequados, [...], acompanhadas ou não de sons, independentemente da natureza dos objectos [...] nos quais as obras se incorporam" – cfr. sec. 101 US Copyr.Law.

III. A ideia de destinação a uma exploração audiovisual da obra audiovisual parece poder deduzir-se do contrato de realização e produção audiovisual. E a isto está ligada uma ideia essencial: a individualização da obra audiovisual depende da sua produção. A obra audiovisual – criada pelo realizador a partir de um argumento – antes de produzida é puro conceito artístico, ideia do realizador, projecto de acção (criadora) que só se concretiza pela sua produção; não existe, pois, pelo menos como objecto jusautoral, até se formalizar realizada e... produzida.

Nem se diga que a acção do produtor audiovisual consiste tão-só em proporcionar o enquadramento empresarial (humano, técnico, financeiro) necessário à criação, o que, aliás, sempre a aproximaria da característica das obras colectivas. É que, por exemplo e nos termos expressos do art. 130º CDADC, a perfeição da obra audiovisual, a sua versão definitiva, apenas se estabelece por acordo entre o realizador e o produtor, o que evidencia a intervenção decisiva deste como juiz da perfeição da obra.

A obra audiovisual é criada pela acção, dirigida pelo realizador, dos autores dos contributos criativos nela incorporados. A acção do produtor, que não cria obra intelectual, é essencial à exteriorização formal destas obras – logo ao nascimento e outorga do direito de autor – e veículo da sua exploração económica. A produção da obra audiovisual é condição da formalização desta: a obra audiovisual não produzida não existe.

86.2. Efeitos

I. Os "co-autores" da obra audiovisual atribuem o conjunto de faculdades de exploração audiovisual da obra ao produtor, mas conservam o remanescente do direito patrimonial de autor, precisamente quanto a todas as faculdades de utilização que não respeitem a essa exploração audiovisual (assim e nos termos expressos da lei, designadamente: quanto à faculdade de radiodifusão da obra produzida – art. 127º/3 CDADC, ou quanto à faculdade de "transformação" da obra audiovisual – art. 129º/1 CDADC).

II. Verifica-se, então, que o produtor da obra audiovisual não é, em relação a esta, nem titular originário do direito de autor (como seria se esta tivesse o estatuto de obra colectiva, de obra empresarial), nem cessionário do direito patrimonial de autor (quer sobre a obra audiovisual como um todo, quer sobre os contributos criativos que a integram). Por efeito presumido do contrato de realização e de produção audiovisual, o produtor audiovisual é beneficiário da atribuição, pelos co-autores da obra audiovisual, de faculdades de utilização patrimonial da obra (e dos contributos individuais nela utilizados) limitada à sua exploração audiovisual. Vejamos em que termos.

86.3. O produtor audiovisual

I. Nos termos do disposto no art. 126º/1 CDADC, "o produtor é o empresário do filme"[636]. A mesma disposição legal fornece também o conceito: "[aquele que] organiza a feitura da obra cinematográfica, assegura os meios necessários e assume as responsabilidades técnicas e financeiras inerentes". Ao apontar este "conteúdo" da participação do produtor na formação da obra cinematográfica, a norma leva a crer que a obra cinematográfica tem o estatuto das obras colectivas, pelo que o titular originário do direito de autor seria o seu produtor. Não é assim.

Logo o nº 3 do mesmo art. 126º – ao estabelecer o contraponto entre produtor e "...o titular ou titulares do direito de autor..." – indicia a não identidade de posições jurídicas. Esta ideia é confirmada pelo disposto no art. 127º/1 e /2, de que resulta a presunção de atribuição ao produtor de certas faculdades de exploração da obra, derivada da autorização dos autores para produzir: faculdade de fixação, impropriamente designada pela lei "produção do negativo, dos positivos e dos registos magnéticos"; de reprodução em exemplares; e de distribuição/pôr em circulação cópias do filme.

II. É certo que a lei de autor portuguesa:

- faz depender a forma final da obra do acordo sobre a versão definitiva entre o produtor e o realizador (art. 130º CDADC) – disposição que decalca a do art. L.121-5§1 do CPI francês, e que induz à conclusão da participação do produtor também no próprio processo de criação/formalização da obra;
- mistura exploração da obra audiovisual com utilização de contributos criativos nela incorporados (cfr. art. 127º/4, sobre a "transmissão radiofónica da banda sonora");

[636] A expressão filme tem aqui o sentido de obra cinematográfica, como expusemos acima e resulta do art. 7º/4 do Decreto-lei nº 332/97, também já analisado.

- faz depender "as traduções, dobragens ou quaisquer transformações da obra cinematográfica" da autorização dos autores (art. 129º CDADC);[637]
- não distingue suficientemente a autorização para a adaptação cinematográfica de obra preexistente e a convenção para produção da obra cinematográfica (art. 124º).

No entanto, parece claro que, em Portugal – sobretudo nos termos das citadas disposições do art. 127º/1 e /2 CDADC –, se consagra a atribuição de faculdades jusautorais de exploração audiovisual da obra ao produtor, *como efeito presumido do contrato de produção audiovisual*, celebrado entre os que a lei designa "co-autores" e o produtor da obra.

III. Deparamos, pois, não com uma imputação da titularidade originária do direito ao produtor (como se esta fosse uma obra colectiva), nem com uma cessão presumida *ex contractu*[638], mas com a atribuição ao produtor (da obra) audiovisual do conjunto de faculdades que correspondem à exploração audiovisual da obra. Esta atribuição é efeito legalmente presumido do contrato de realização e de produção audiovisual, que o realizador, os demais "co-autores" e o produtor celebram.

86.4. Os "autores" da obra audiovisual

I. Vários ordenamentos de raiz romano-germânica, como o português, ficcionam a co-autoria das obras audiovisuais, quando não pretendem mais do que estabelecer a contitularidade originária do direito de autor. É o caso da lei portuguesa (art. 22º CDADC) que consagra "considerarem-se co-autores": o realizador; o autor do argumento; o dos diálogos, se for pessoa diferente; o da banda musical; e, no caso das obras não compostas expressamente para o cinema, os autores da adaptação e dos diálogos. É o contrato entre estes e o produtor que designamos contrato de realização e produção audiovisual.

II. A lei de autor não deveria cuidar de ficcionar uma (co) autoria das obras audiovisuais, bastaria que consagrasse as regras sobre a titularidade do direito de autor relativo às mesmas. Na verdade, as razões que subjazem ao reconhecimento desta contitularidade de direitos são manifestamente económicas e não pessoais-espirituais, pois não reflectem uma genuína paternidade da obra.

[637] Como bem se entende, não se "traduzem ou dobram" obras cinematográficas, mas os textos escritos nestas incorporados/utilizados.

[638] Como vemos sustentar Carlos Rogel Vide, "Autores, coautores y propiedad intelectual", cit., nº 5-5.1., ao confrontar disposição (art. 3º) da – hoje revogada pela LPI esp. – Ley 17/1966, de 2-6, de Espanha, sobre "direitos de propriedade intelectual nas obras cinematográficas".

Elegem-se aqueles que se julga deverem ser remunerados pela utilização dos seus contributos criativos e omitem-se injustamente, por exemplo, o director de fotografia, o responsável da montagem ou mesmo o autor dos programas de computador essenciais à realização de um número crescente de obras audiovisuais.[639]

Verifica-se, assim, que o direito de autor nas obras audiovisuais constitui-se na titularidade dos que a lei ficciona como co-autores, independentemente da verdade do processo criativo nestas obras.

III. Pelo contrato de realização/produção audiovisual, não se dá a cessão, pelos co-autores em benefício do produtor, do direito patrimonial de autor nestas obras. A atribuição de faculdades jusautorais por efeito presumido desse contrato é constitutiva. Vejamos em que termos.

87. Contrato de realização e de produção audiovisual – uma atribuição constitutiva

87.1. Posição jurídica do produtor

I. Pela celebração do contrato de realização e de produção audiovisual, o produtor audiovisual não adquire o exclusivo correspondente a uma verdadeira e própria transmissão do direito patrimonial de autor nas obras audiovisuais que produz. Por efeito (ainda assim, apenas presumido – cfr. art. 127º/2 CDADC)

[639] Curiosamente, esta mesma ideia surge expressa, como veremos, a propósito do sistema jusautoral... britânico(!), que evoluiu da consagração dos "films" como "entrepreneurial works" para "authorial works".
O trecho de Cornish/Llewelyn/Aplin que segue elucida por si: "O 'copyright' num 'film' é assim atribuído conjuntamente ao produtor (...) e ao director/realizador principal. Este deve considerar-se o derradeiro híbrido entre os direitos de propriedade intelectual, e demonstra a firme determinação britânica em não subscrever a dicotomia entre direitos de autor e direitos conexos (W. R. Cornish/Llewelyn/Aplin, "Intellectual Property: Patents, Copyright, ...", cit., nº 11-23, -24, pp. 457/458, com intercalados nossos).
Bently/Sherman retiram ainda outra consequência do particular estatuto das obras cinematográficas sob o direito do Reino Unido: "(...) a estatuição segundo a qual o produtor e o realizador principal são criadores dos "films" significa que estes são agora considerados "obras de autoria" e já não "obras de empresa" ou mais exactamente uma espécie de híbrido. Por sua vez, isto pode sugerir que para que um "film" seja protegido é necessário que seja original/criativo. Contra isto milita, porém, o facto de as regras que regulam a duração da protecção (cfr. nova sec. 13B(9) UK CDPA) estabelecerem que um "film" pode não revelar o realizador e ainda assim merecer protecção. Dado o que – vista a letra expressa da lei (as já citadas "The Copyright and Related Rights Regulations 1996, No. 2967") –, se afigura que os "films" não dependem na sua tutela jusautoral do preenchimento do requisito da originalidade." (L. Bently/B. Sherman, "Intellectual Property Law", cit., I-4, 4., p. 112).

do contrato de realização e produção audiovisual, o produtor beneficia da atribuição de faculdades de utilização circunscrita a uma só modalidade de exploração, a audiovisual; não adquire necessariamente quaisquer poderes de utilização patrimonial da obra compreendidos noutras espécies de exploração (por exemplo, a edição discográfica da banda sonora ou a edição literária do argumento ou do guião).

II. A lei tipifica como presuntivamente atribuídas ao produtor não mais do que as faculdades estritamente necessárias à exploração económica da obra audiovisual enquanto tal. Assim, no ordenamento jusautoral português, o art. 127º/1 e /2 CDADC é explícito na consagração da atribuição ao produtor, por efeito do contrato, dos direitos de: fixação "em negativo, em positivo" (significando a fixação em "suporte fílmico[640]"); de reprodução/multiplicação em "cópias e registos magnéticos"; de distribuição/pôr em circulação "pela exibição em salas públicas, salvo estipulação especial". Já o direito de comunicação ao público, designadamente pela radiodifusão – e, acrescentamos, também pela telecomunicação digital em rede (vulgo transmissão "on-line") – parece dever entender-se como de atribuição não presumida como efeito normal do contrato de realização/produção audiovisual, vista a exigência de "autorização (específica) dos autores" para a "...radiodifusão sonora ou visual da película, a sua comunicação ao público, por fios ou sem fios, nomeadamente por ondas hertzianas, fibras ópticas, cabo ou satélite" – cfr. art. 127º/3 CDADC.

Em suma, pelo contrato de realização/produção audiovisual, são atribuídas ao produtor da obra apenas as faculdades inerentes à exploração audiovisual desta; não há uma transferência dos direitos de autor.

87.2. Posição jurídica dos autores. A legendagem e dobragem da obra audiovisual

I. Os "co-autores" da obra audiovisual conservam as faculdades de utilização quanto a formas de exploração não especialmente autorizadas pelo contrato de realização/produção. Assim, salvo atribuição expressa específica no contrato, os autores conservam as seguintes faculdades relativas à obra audiovisual: a faculdade de radiodifusão sonora ou visual da película, do filme-anúncio e das bandas sonoras ou discos em que se reproduzem trechos da película; a faculdade de comunicação ao público da obra por ondas hertzianas, fibras ópticas, cabo ou satélite; o direito à sua reprodução, exploração ou exibição em forma

[640] "Suporte fílmico" esse, que julgamos dever designar como todo o que seja apto a fixar obra audiovisual: película, fono/videograma ou suporte digital ou qualquer outro que o contrato especifique.

de videograma; e o direito de transmissão radiofónica da banda sonora ou de fonograma em que se reproduzam trechos da obra (por todos, cfr. art. 127º/3 e /4 CDADC e art. 14-*bis* /2-b) da CB[641]).

II. O direito de autor nos contributos utilizados na obra audiovisual permanece, excepto quanto à sua exploração audiovisual, na esfera jurídica dos respectivos autores. Contudo, estes não podem exercê-lo com prejuízo da exploração da obra audiovisual no seu conjunto (assim, nos termos expressos da lei, quanto à reprodução e utilização em separado da parte literária e da parte musical da obra – por todos, cfr. art. 135º CDADC)[642].

III. A utilização, na obra audiovisual, de contributos criativos que não tenham sido criados especialmente para esse fim depende de autorização prestada pelos respectivos autores ao produtor. Saliente-se que esta autorização é prestada *directamente* ao produtor pelos autores desses contributos criativos; os autores da obra audiovisual, designados no art. 22º CDADC, não intervêm neste acto de licenciamento.

Pode, assim, estabelecer-se que a produção audiovisual depende não só de autorização dos que a lei designa "autores da obra audiovisual", como também, nos termos expressos do art. 124º CDADC, de "autorização dos autores das obras preexistentes, ainda que estes não sejam considerados autores da obra cinematográfica". Assim, para que possa produzir a obra, o produtor deve obter

[641] Mais uma vez sem estranheza, verifica-se que tal delimitação tem característica análoga em ordenamentos estrangeiros de raiz romano-germânica. É desnecessária a sua previsão na lei alemã, visto que tal delimitação resultaria sempre do "Zweckübertragungsprinzip" - ex §31(5) UrhG alemã. Ainda assim, pode deduzir-se nomeadamente do §89(2) da mesma Lei, que admite a atribuição "antecipada e em separado" do direito de exploração ("Nutzungsrecht") na obra cinematográfica pelo autor a pessoa diferente do produtor. A exigência de autorização pelos "autores" da obra cinematográfica para "outras utilizações" pelo produtor resulta explícita dos termos do disposto no art. 88/1 §2 LPI esp., no art. L 132-24 §§2 e 3 CPI fran. ou do art. 46 §2 L.aut.ital.. Sobre a disposição legal citada da lei de autor espanhola (art. 88/1 LPI esp.), Luis F. Ragel Sánchez, "Compositores, intérpretes y ejecutantes de la música en el cine", cit., nº 6, p. 142, observa que: "(...), não se presumem cedidos ao produtor todos os direitos de exploração enumerados no art. 17 do T.R. [art. 17 da LPI esp., que enuncia as faculdades patrimoniais compreendidas no direito patrimonial de autor], mas unicamente os mencionados no art. 88.1 I [§1º do art. 88/1 LPI esp.] (reprodução, distribuição e comunicação ao público), diversamente do que sucede quando o compositor está ligado por uma relação laboral ao produtor, caso em que se presume que cede a este, com carácter exclusivo, os direitos de exploração (art. 51.2 do T.R.) (referindo o conjunto de faculdades compreendidas no direito patrimonial), incluindo o de transformação."

[642] Assim também, nomeadamente: o art. 88/2 LPI esp.; o art. L.132-29 CPI fran.; o §89(3) UrhG alemã; o art. 48 L.aut.ital..

autorização não apenas dos que a lei designa como co-autores da obra audiovisual, como também obter licença dos autores das obras preexistentes à realização desta que sejam nesta utilizados, mas que não tenham sido especialmente criadas para tal fim (como, por exemplo, a obra literária adaptada, ou a música composta antes, e depois utilizada na banda sonora).

IV. A *legendagem* e a *dobragem* nas obras audiovisuais são actos essenciais à apreciação completa da obra pelo público estrangeiro. São feitas por tradutores que, no caso das dobragens, são coadjuvados por intérpretes. Não são considerados co-autores da obra audiovisual e a sua intervenção deve ser autorizada pelos autores desta.

Em suma, a legendagem e a dobragem de uma obra audiovisual, normalmente contratadas pelo distribuidor desta, devem ser autorizadas pelos autores da obra audiovisual, dada a essencialidade da sua intervenção na percepção da obra.

87.3. Uma atribuição constitutiva

I. O contrato de realização e de produção audiovisual pode ser resolvido com fundamento no não exercício, prolongado, pelo produtor, das faculdades atribuídas (cfr. art. 136º CDADC). Caso o contrato seja resolvido – visto que o direito de autor na obra audiovisual caduca apenas 70 anos após a morte "do último sobrevivente" de entre um conjunto de co-autores (cfr., *infra*, nº 101.4 e art. 34º CDADC) –, o direito patrimonial reconstitui-se na sua plenitude na esfera dos "co-autores".[643/644]

Se ocorresse uma atribuição translativa do direito, ainda que como efeito meramente presumido do contrato de realização/produção audiovisual, a titularidade das faculdades atribuídas ao produtor não dependeria do seu exercício por este; também não se observa que a renúncia pelo produtor às faculdades de exploração atribuídas tenha como efeito a extinção destas, mas antes a sua re-constituição na titularidade dos "co-autores" disponentes. Não se evidencia,

[643] Não existia, no ordenamento jurídico de Portugal, até à lei de 2023 que transpôe a DMUD, norma de teor semelhante à que consagra o §41(1) UrhG alemã que prevê, em geral, o direito de revogação da atribuição de faculdades de exploração económica da obra por não exercício (cfr., *infra*, nº 100.1). Ela consta, hoje, do art. 44º-E CDADC.

[644] No direito espanhol (ver *infra*, nº 91), Ragel Sánchez, "Compositores, intérpretes y ejecutantes de la música en el cine", cit., nº 6, p. 144, enuncia teoria geral: "O direito de autor, como todo o direito de propriedade, é elástico e propende a reconstituir-se quando cessa a causa que motivou a sua limitação e não a fraccionar-se quando o seu titular se opôs à produção desse efeito." Pensamos, contudo e como já tentámos demonstrar, que o "não-desmembramento/fraccionamento" do direito de autor não depende da vontade do seu titular, antes sendo inerente à sua natureza.

pois, que o contrato de realização e de produção audiovisual tenha como efeito a transmissão parcial, com desmembramento, do direito de autor, mas a sua oneração quanto às faculdades atribuídas ao produtor, que se reconstituem, plenas, na esfera jurídica dos co-autores, em caso de resolução do contrato com o produtor.

II. O contrato de realização e de produção audiovisual é, assim, paradigmático da atribuição constitutiva de faculdades de utilização de obras intelectuais a um não criador – neste caso, o produtor (da obra) audiovisual. Vejamos como a matéria é tratada em outros ordenamentos jurídicos.

Subsecção III

O audiovisual no confronto de ordenamentos jurídicos estrangeiros

88. O direito alemão: a adaptação à cinematografia

I. A principal lei de autor alemã (UrhG alemã), ao atribuir ao autor de uma obra "o direito da sua adaptação cinematográfica como integrante do exclusivo jusautoral e a susceptibilidade da outorga de certas faculdades de utilização da obra derivada dessa transformação" (cfr. §88 UrhG alemã), parece partir do pressuposto de que a obra cinematográfica é "adaptação de obra preexistente", logo uma obra derivada.[645]

II. No direito alemão, autores da obra cinematográfica (e de todas aquelas expressas por processo análogo ao da cinematografia – §2(1)/6 UrhG alemã) são todos aqueles que, com o realizador, tenham criado obras "para os fins próprios da cinematografia".[646/647]

[645] ULRICH LOEWENHEIM (in "Urheberrecht - Kommentar" coordenado por G. SCHRICKER, 2ª ed. cit., em anotação ao mesmo §3, p. 134 (5)) define adaptação – a partir dos §§3 e 23 UrhG alemã – como "a criação dependente de outra obra, que adopta traços fundamentais da obra originária, à qual se subordina". Como requisitos da protecção da obra adaptada, LOEWENHEIM enuncia a sua criatividade, que "(...) deve deixar transparecer a obra original, mas deve distinguir-se desta por via de uma força expressiva própria e criativa ("eigene schöpferische Ausdruckskraft", na expressão original)." (LOEWENHEIM, in "Urheberrecht - Kommentar", 2ª ed. cit., em comentário ao mesmo §3 (UrhG alemã), pp. 136 (11)).

[646] SCHACK afirma mesmo: "O direito alemão omite a resposta à questão difícil sobre quem são os autores do "filme" (SCHACK, "Urheber- und Urhebervertragsrecht", cit., §10-IV, p. 143 (298)).

[647] Veja-se ULMER, "Urheber- und Verlagsrecht", cit., §115-I, pp. 493 ss., que considera "como partes no contrato cinematográfico [contrato para adaptação ou produção cinematográfica – "Verfilmungsvertrag", na expressão original que lhe fazemos corresponder] o produtor e, para além do realizador, os autores de romances, obras dramáticas, adaptações, bandas sonoras musicais, desenhos e outras obras de artes plásticas e, em geral, todos os que hajam criado obras para o fim da cinematografia".

No caso de os autores designados contratarem a sua produção, presume-se que o produtor ("Filmhersteller", na expressão original) adquire, "em exclusivo e salvo estipulação em contrário, faculdades de utilização da obra cinematográfica, incluindo a da sua tradução ("Übersetzungen", no original) e as de adaptação ou transformação segundo todos os modos de exploração conhecidos" – cfr. §89(1) UrhG alemã.

III. Distintos das obras cinematográficas, são os "filmes" (obtidos ou expressos por processo análogo à cinematização – meros produtos cinéticos) que não são obras cinematográficas, como as meras sequências de imagens e sons sem realização (por exemplo, a gravação e difusão televisiva de representação dramática ou de ópera). Comungam, porém, do regime aplicável às adaptações para cinematografia.[648]

89. O instituto do audiovisual no Reino Unido: a co-autoria do produtor

No Reino Unido, nos termos da sec. 9(2)(ab) UKCDPA, são autores de uma obra os que a criam. E, sem sobressalto aparente, a lei britânica consagra: autores de um "film" são o seu produtor e o "director" (realizador) principal.

Até à transposição da Directiva 92/100/CE para o direito britânico, o autor das obras cinematográficas era "a pessoa (individual ou colectiva) que promovesse os actos necessários à sua obtenção/produção". Assim, o titular originário do "copyright" nas obras cinematográficas era, segundo a lei de autor do Reino Unido, o empresário do "filme" (cfr. secs. 9(2)(a) e 11(2) UK CDPA), *i.e.*, o seu produtor[649]. Isto fazia destas, a par dos "sound recordings", dos "cable programmes" ou dos "typographical arrangements of a published edition", um exemplo clássico do objecto de "entrepreneurial works"[650].

[648] Parece claro que estes produtos cinéticos, constituídos por meras "sequências de imagens ou sequências de imagens ou sons" ("Laufbilder", no original) – a que refere o §95 UrhG alemã –, deverão comungar do regime de toda a produção audiovisual mesmo que não constituam nem figurem obras. A lei de autor alemã (no citado §95 UrhG alemã) faz aplicar-lhes *mutatis mutandis* o regime das adaptações para cinematografia (§§88, 90, 91, 93 e 94).

[649] A atribuição do "copyright" nas obras "fílmicas" ao que empreende os actos necessários à sua obtenção/produção – trate-se de pessoa singular ou colectiva – era questão expressamente resolvida nos "Cinematographic Films Acts, de 1938 e 1948" – conforme texto transcrito em Laddie/ /Prescott/Vitoria, ob. cit., vol. 1, nº 5.46 –, a propósito da determinação de quem é "the maker of the recording or film" a que refere a sec. 9(2)(a) UK CDPA.

[650] Em explicação das características das "entrepreneurial works", pode confrontar-se o que expomos *supra* (cfr., *supra*, nº 11).

Após a transposição da Directiva 92/100/CEE para o ordenamento jurídico do Reino Unido, a obra cinematográfica[651] é hoje identificada como uma obra de autoria conjunta do realizador (principal) e do produtor (entendido este último como "a pessoa responsável pela organização do empreendimento que leva à sua formalização, particularmente quanto aos aspectos financeiros"[652]) – cfr. sec. 9(2)(ab) UKCDPA.

A lei de autor do Reino Unido também reconhece a autoria, pelos respectivos criadores, dos contributos criativos individuais incorporados na obra cinematográfica. Simplesmente, estes não são co-autores do "film".

90. O direito norte-americano: a tutela da expressão (formal) audiovisual

A lei (federal) de autor dos Estados Unidos da América (US Copyr.Law) protege como obras intelectuais as obras audiovisuais e, como modalidade destas, as obras cinematográficas ("motion pictures"[653]) – secs. 102(a)/(6) e 101 US Copyr.Law.

As obras audiovisuais estão definidas na referida sec. 101 como "as que consistem em séries de imagens relacionadas que são essencialmente destinadas a ("intrinsically intended to") ser exibidas com recurso a máquinas ou equipamentos/dispositivos como projectores, monitores vídeo, ou equipamento electrónico, em conjunto, se for o caso, com os sons que as acompanham.

No direito estadunidense, a obra audiovisual é protegida estritamente na originalidade da sua expressão formal (combinação de elementos, modo da sua apresentação), independentemente do carácter criativo do objecto representado.

Sob o direito dos EUA, o direito ("copyright") sobre a obra audiovisual constitui-se na esfera jurídica do produtor. É uma aplicação da doutrina "work made for hire", segundo a qual o empregador – normalmente uma empresa produtora cinematográfica/audiovisual, neste caso – é titular originário do direito de autor nas obras criadas pelos seus empregados (designadamente os realizadores e argumentistas). Esta "doutrina" tem acolhimento na US Copyr. Law (§§ 101 e 201). Nos termos desta, o empregador, ou outra pessoa

[651] Segundo a caracterização inequívoca da expressão "film" dada pelo último parágrafo do nº 1 do art. 2º da mesma Directiva e pela sec. 5B(1) UKCDPA, que define "film como a gravação em qualquer meio pelo qual uma imagem em movimento possa ser gerada".

[652] Assim Copinger/Skone James, "(On) Copyright", 14ª ed. (1999), cit., vol. I, nº 4-58/-59, pp. 208/209 – intercalados nossos –, que acrescentam (*ibidem*) que "(...) o produtor é aquele que é assim normalmente entendido pela indústria cinematográfica e não, por exemplo, 'the camera operator'".

[653] A caracterização de "motion pictures" como obras, para efeito da lei estadunidense, resulta expressamente da definição que destes dá a sec. 101 US Copyr.Law.

para quem a obra tenha sido criada, é considerado seu autor. Salvo convenção expressa em contrário, pertencem-lhe todos os direitos compreendidos no copyright[654].

91. O direito italiano: a atribuição *ex lege* do exercício de faculdades de utilização

I. Nos termos do art. 2/6 da L.aut.ital., são objecto de direito de autor as "obras da arte cinematográfica, desde que não se trate de simples documentários...".[655] Merecem, assim, protecção autónoma como obras de género próprio em que a especificidade reside precisamente na "forma de expressão cinematográfica".[656]

II. O art. 44 L.aut.ital. é expresso no enunciado dos co-autores da obra cinematográfica, a saber, o autor do argumento, o autor da cenografia/encenação ("autore della sceneggiatura", segundo a expressão original), o autor da banda sonora musical e o realizador, cujos direitos são exercidos segundo o regime de comunhão (art. 10 L.aut.ital.).

A obra em colaboração (segundo o regime do art. 10 L.aut.ital.) é definida no direito italiano como "aquela que é criada com o contributo indistinguível e incindível de várias pessoas". Ora, como salientam, entre outros, Valerio DE SANCTIS[657], UBERTAZZI[658] e Vittorio DE SANCTIS/FABIANI[659], as obras a que refere

[654] Nos termos do § 101 (c), serão consideradas "work made for hire" nomeadamente as obras especialmente encomendadas ou cuja criação foi contratada como parte de um "motion picture" ou de outra obra audiovisual, desde que comitente e comissário expressamente acordem por escrito que a obra assim deve ser considerada. Também será considerada "work made for hire" a obra criada por um empregado no âmbito e para os fins do seu contrato.

[655] Sobre estes, que a lei designa "semplice documentazione", está reservada a protecção própria das fotografias que sejam mero objecto de direitos conexos (nos termos do Título II, arts. 72 ss. (*maxime* arts. 87 ss.) da L.aut.ital.). Esta tutela está reservada quer aos documentários cinematográficos quer às fotografias que sejam destituídas de criatividade, na medida em que constituam mera reprodução da realidade (pessoas, paisagens, eventos) que figuram. A propósito, julgamos merecer sublinhado o trecho de VITTORIO DE SANCTIS/MARIO FABIANI, "I Contratti di Diritto di Autore", cit., nºs 87/88, que consideram que o regime das obras cinematográficas se deve considerar extensivo à generalidade das obras audiovisuais.

[656] A "expressão cinematográfica" consiste, segundo GRECO/VERCELLONE, "na apresentação de imagens com duas particularidades: a) as imagens, em vez de serem representadas pela mão humana, são [...] impressas em película, através de procedimentos fotográficos ou similares; b) tais imagens, devido à sua exibição em alta velocidade acompanhada da sua projecção em ecrã, suscitam nos espectadores a ilusão de movimento" (GRECO/VERCELLONE, "I diritti sulle opere dell'ingegno", cit., nº 24).

[657] "Contratto di Edizione...", cit., nº 9, pp. 30 ss..

[658] "Il Diritto d'Autore", cit., nº 11.

[659] "I Contratti di Diritto di Autore", cit., nº 89, p. 315.

o citado art. 10 são estruturalmente obras de criação simples devidas ao contributo de uma pluralidade de autores. Nestas, não se contam, nomeadamente, as obras colectivas e as obras compostas (entre estas últimas, as cinematográficas), que são obras de criação complexa em que os contributos criativos incorporados não apresentam carácter indistinguível (indiscriminável no conjunto audiovisual).

Como já ensinava Valerio DE SANCTIS, as obras cinematográficas são "de colaboração sucessiva (vista a distinguibilidade e capacidade de 'vida' separada dos contributos criativos), em que a colaboração não se manifesta na fase genética da obra, mas na sua apresentação ao público na sua forma unitária, no sentido em que, destacando-se um dos seus contributos, se perde a sua individualidade"[660]. Ser-lhes-ia aplicável, ainda que por analogia, o regime do art. 10 L.aut.ital..

III. Nos termos do art. 78-*ter* L.aut.ital. os produtores de obras cinematográficas ou audiovisuais ou de sequências de imagens em movimento detêm o exclusivo quanto à reprodução, distribuição (pôr em circulação), aluguer e comodato de originais ou cópias das obras.

Os autores dos contributos criativos individuais na obra cinematográfica, além das faculdades pessoais de menção da designação de autoria e paternidade (art. 48 L.aut.ital.), têm ainda o poder de as utilizar separadamente, desde que sem prejuízo do direito de utilização do produtor (art. 49).

Regista-se, também, o direito atribuído (apenas) aos autores da banda sonora musical e da respectiva letra a uma compensação (*ex vi* art. 46 §3 L.aut. ital.): uma remuneração diferenciada da que auferem pela sua "colaboração" na obra cinematográfica, que lhes é devida directamente pela exibição pública desta. A sua justificação deve procurar-se no facto de a banda sonora ser especial e primariamente utilizada como parte integrante da obra audiovisual.

92. O direito francês: a obra audiovisual presumida como obra em colaboração

I. O art. L.112-2/6º do CPI fran. descreve como audiovisuais "as obras cinematográficas e outras obras que consistam em sequências animadas de imagens, com ou sem sonorização".

Dado que a referida norma legal é pura descrição do processo técnico de apresentação da obra – e não é este que, manifestamente, o direito francês elege como objecto de tutela –, não surpreende que o legislador logo tenha cuidado

[660] VALERIO DE SANCTIS, "Contratto di Edizione...", cit., nº 9, p. 31, com intercalados nossos.

de, mesmo com risco de redundância face ao pressuposto geral de protecção pelo direito de autor (cfr. art. L.112-1 CPI fran.), qualificar como autores da obra audiovisual "as pessoas físicas que realizam a criação intelectual da obra" – art. L.113-7, §1 CPI.

É, pois, com recurso a uma ficção de processo criativo que a lei de autor francesa qualifica explicitamente a obra audiovisual como obra em colaboração: em co-autoria presumida do autor do argumento[661], do autor da adaptação, do autor dos diálogos, do autor das composições musicais com ou sem palavras especialmente criadas para esta obra e do realizador[662] – cfr. art. L.113-7, §2 CPI.

Tal presunção de co-autoria é interpretada como admitindo prova de "(co-)autoria de outros colaboradores" (o responsável da "montagem", o autor do argumento), *i.e.*, todos aqueles que, segundo as características gerais que enformam a obra em colaboração, possam considerar-se "em concertação criadora" com os expressamente designados na lei. A enumeração é, assim, tida por exemplificativa, o que não deixa de ser intrigante face à sua formulação ("presumem-se, salvo prova em contrário, co-autores...") que antes pareceria indicar a admissão de uma qualificação da obra audiovisual conforme à verdade material do processo da sua criação caso a caso.[663]

[661] "L'auteur du scénario" (art. L.113-7, 1º CPI fran.), que P.-Y. GAUTIER, "Propriété littéraire et artistique", cit., nº 55, p. 87, identifica como o autor de "l'histoire" e que, então, melhor se dirá o autor do argumento.

[662] Esta qualificação de género (obra em colaboração) não resultou sempre clara no direito francês. Até à entrada em vigor da lei de autor francesa de 11-3-1957 – que estabelecia no seu art. 14 §2 a presunção (*juris tantum*) de co-autoria na obra cinematográfica realizada em colaboração –, foi debatida a classificação alternativa destas obras como obras colectivas (do produtor) ou obras de encomenda, "dependendo das circunstâncias concretas em que houvessem sido realizadas e, nestas, do papel dos autores do texto e da banda sonora musical e do modo de divulgação do seu nome e da sua qualidade, bem como das convenções que a tivessem por objecto" – segundo decisão da Cour suprême (Cass., 10-11-1947, D.1947.328, no processo que opôs a empresa produtora austríaca "TOBIS SASCHA" ao estúdio de "l'Étoile", a propósito da obra cinematográfica "Mascarade") exposta em COLOMBET, "Propriété littéraire et artistique...", cit., nº 112. Esta decisão rejeita ambas as alternativas, considerando que a qualificação como "obra colectiva a tomaria como uma espécie de obra anónima que um editor publica em seu nome, anónima porque é impossível determinar o papel de cada um na composição da obra", ao passo que, se de obra de encomenda se tratasse, "tal implicaria – hipótese rara – que os diversos autores, do argumento, dos diálogos, da música, por exemplo, renunciassem aos seus direitos, e especialmente ao direito ao nome, em benefício dos seus empregadores...".

[663] Neste sentido, LUCAS (A. LUCAS, "Traité de la Propriété Littéraire et Artistique", cit., nº 208, pp. 207/208) defende que a presunção legal que identifica os "co-autores" poderá obedecer à que sempre resultaria das regras gerais sobre as obras em colaboração, pelo que o elenco do art. L.113-7 definiria um *numerus apertus*.

II. No direito francês, o contrato de produção audiovisual, do qual se presume a cessão do direito patrimonial em benefício do produtor da obra, é uma verdadeira e própria condição da formalização e perfeição da obra, uma vez que "a sua forma final depende do consenso sobre a sua versão definitiva estabelecido entre o realizador (e, eventualmente, os demais co-autores), por um lado e o produtor, por outro", nos termos expressos do art. L.121-5 §1 CPI fran..

93. O direito espanhol: criação em colaboração e cessão presumida do direito

I. O art. 10-d) LPI esp. inclui as "obras cinematográficas e quaisquer outras obras audiovisuais que sejam criações literárias, artísticas (...)" entre as que são "obras objecto de propriedade intelectual". Mais estabelece: a) devem expressar-se por um conjunto de imagens associadas, com ou sem sonorização; b) que estejam destinadas essencialmente à sua divulgação mediante aparelhos de projecção ou quaisquer outros meios de comunicação ao público de imagem e som; c) que a sua tutela é independente da dos suportes materiais respectivos (cfr. art. 86 LPI esp.).

II. O art. 87 LPI esp. vem estabelecer – em disposição correspondente à que analisámos no art. L.113-7§2 do CPI fran. – a co-autoria da obra audiovisual do director-realizador, dos autores do argumento (original ou adaptado), dos diálogos e da banda sonora musical especialmente criada para a obra audiovisual.[664]

A lei espanhola, ao remeter para o regime das obras em colaboração (art. 7 LPI esp.), presume a co-autoria das obras audiovisuais, estabelecendo a titularidade em comunhão do direito de autor por vários sujeitos, independentemente da sua efectiva criação em colaboração. A doutrina espanhola tende a considerar que este é um *numerus apertus*.[665]

III. Nos termos da norma do art. 92 da LPI esp., a obra audiovisual (só) se considerará completa "quando seja estabelecida a sua versão definitiva, por contrato entre o realizador e o produtor". É também requerida a autorização

[664] Carlos Rogel Vide/Eduardo Serrano Gómez, "Manual de Derecho de Autor", cit., nº 12.2, recordam e explicam bem a razão-de-ser do desenho da "co-autoria" destas obras.

[665] Carlos Rogel Vide, "Autores, coautores y propiedad intelectual", cit., nº 5-5.1., perante disposição da, hoje revogada pela LPI esp., Ley 17/1966, de 2-6, sobre "direitos de propriedade intelectual nas obras cinematográficas" (art. 3º), sustentava o carácter não taxativo da enumeração – aliás com fundamento no texto legal expresso – considerando co-autores "todos os que participam criativamente na realização dessas obras".
Carlos Rogel Vide/Eduardo Serrano Gómez, "Manual de Derecho de Autor", cit., nº 12.2, sustentam que o art. 87 Lpi esp. consagra ainda um *numerus apertus* de autores.

dos mesmos sujeitos para qualquer "modificação da versão definitiva da obra" (art. 92/2 LPI esp.).

Também no direito espanhol, o realizador avulta entre os co-autores presumidos da obra audiovisual.

Por outro lado, sendo inequívoco que a lei de autor espanhola nega ao produtor da obra audiovisual a titularidade originária do direito de exploração económica, verifica-se que a mesma presume a atribuição em exclusivo ao mesmo sujeito de certas faculdades de utilização da obra (de reprodução, de distribuição, de comunicação ao público, de autorizar a sua "dobragem e legendagem"[666]) como efeito do contrato para a sua realização e produção.

94. A lei brasileira: contitularidade originária dos co-autores da obra audiovisual

I. A lei de autor brasileira (LAB) define a obra audiovisual como "a que resulta da fixação de imagens com ou sem som, que tenha a finalidade de criar, por meio da sua reprodução, a impressão de movimento [...]" (art. 5º/VIII-i) L.aut.bras.). Esta noção privilegia o processo técnico que cria a sugestão (audiovisual) de animação do objecto fixado, independentemente da criatividade do conteúdo.

Muito elucidativa é, também, a caracterização do produtor como um empresário: "a pessoa singular ou colectiva que promova a primeira fixação da obra audiovisual" (art. 5º/XI), o que é uma aproximação questionável à noção de produtor de suportes audiovisuais – aliás mencionado na mesma disposição legal –, que é um titular de direitos conexos (cfr., *infra*, nº 112).

II. A lei brasileira alinha entre as que vimos optarem por, sob a designação de "co-autoria", identificar os titulares originários do direito de autor nas obras audiovisuais: o autor do argumento literário e da banda sonora musical e o realizador (art. 16); bem como, no caso dos desenhos animados utilizados na obra audiovisual, os autores dos desenhos nestes utilizados (§ único do mesmo art. 16).[667]

Já quanto aos direitos morais de autor, só ao director (realizador) cabe não a titularidade, mas o seu *exercício* (art. 25).

III. A lei de autor do Brasil é também muito clara ao definir as partes do contrato de (realização e de) produção audiovisual: são os "co-autores" antes indicados (e os intérpretes) e o produtor.

[666] Sobre o efeito da "dobragem"/"legendagem" na obra audiovisual, cfr., *supra*, nº 87.2-IV.

[667] E, supõe-se, bem assim os autores dos programas de computador usados na concepção e animação dos desenhos animados que a estes recorram.

A autorização para produção é finalista: implica, salvo estipulação em contrário, a atribuição das faculdades de exploração audiovisual das obras utilizadas, com carácter de exclusivo temporário (art. 81, proémio e §1º); e só estas. Os autores das obras utilizadas conservam, salvo estipulação em contrário, as faculdades de utilização daquelas quanto a outras modalidades de exploração (além da audiovisual) (art. 85, proémio).

A atribuição é, também, claramente, constitutiva, não implicando desmembramento do direito de autor: em caso de não exercício dos seus direitos pelo produtor que não conclua a obra em certo prazo, o direito de autor dos criadores dos contributos reconstitui-se pleno de todas as suas faculdades originais (art. 85 § único).

95. A lei de autor marroquina: valorização do processo técnico

I. A lei de autor marroquina (L.aut.marroq.) define, no seu art. 1/7, obra audiovisual como "a obra que consiste numa série de imagens, relacionadas entre si, que dão uma impressão de movimento, acompanhadas ou não de sons [...]". Esta noção revela, como outras já abordadas, que a lei marroquina valoriza o processo técnico audiovisual sem cuidar de requerer criatividade ao conteúdo, ou seja, protege a forma e o processo de produção, não aquilo que as imagens e sons replicam (afigura-se indiferente à caracterização como obra audiovisual que o bem produzido retrate uma encenação artisticamente interpretada ou um evento desportivo, por exemplo).

II. No seu art. 36 §1, a lei marroquina é expressa na atribuição da titularidade originária do direito (pessoal e patrimonial) de autor nestas obras aos designados "co-autores" que, seguindo técnica já conhecida, enumera exemplificativamente: o encenador/realizador, o autor do argumento e o compositor da música. Assimila a estes os autores das obras preexistentes adaptadas para (ou utilizadas) na obra audiovisual.

III. As regras sobre a eficácia do contrato de realização/produção audiovisual obedecem, em Marrocos, a critérios que conhecemos já.

Não obstante a lei marroquina (art. 36 §2 L.aut.marroq.) estatuir a "cessão" ao produtor, salvo estipulação contrária, dos direitos patrimoniais dos co-autores sobre os contributos para a obra audiovisual, logo no §3 se revela que esta atribuição é constitutiva. Ela limita-se, salvo estipulação em contrário, às faculdades de utilização essenciais à exploração audiovisual, já que os autores conservam aqueloutras faculdades que respeitem a outras utilizações desses contributos segundo modalidades de utilização distintas da audiovisual (e, entenda-se, desde que sem prejuízo desta exploração).

96. As leis de países africanos de língua oficial portuguesa

96.1. A lei de autor angolana: uma co-autoria perfeita

I. Na lei de autor angolana (art. 12º), são co-autores da obra cinematográfica o realizador, o autor do argumento, dos diálogos se for pessoa diferente, e o da banda musical.

II. A lei de autor angolana regula o contrato de realização e de produção audiovisual, que designa "de utilização e representação cinematográfica" (art. 67º).

Por efeito deste contrato, o produtor adquire o direito de "utilizar num filme obras "literárias, artísticas ou científicas", bem como o de distribuir e exibir o filme.

A norma não deixa, contudo, de suscitar exame mais atento, já que, na parte final, refere à necessidade de o produtor "remunerar os autores [do filme]", aos quais acrescenta os actores e realizadores. Isto indicia não ser indiscutível que a lei angolana coloque a par os que aqui designa "autores" e os que, também aqui, chama "realizadores". Fica, porém, claro que o produtor é um mero licenciado do direito de "utilizar, num filme, uma obra literária, artística ou científica, distribuir e exibir o filme"; a atribuição do direito ao produtor resultante deste contrato é derivada constitutiva.

96.2. Lei de autor moçambicana: a obra audiovisual como obra colectiva

É muito curiosa a regulação que resulta para as "obras audiovisuais e cinematográficas" de lei de autor de Moçambique de 2022.

O art. 15 contém uma caracterização do que designa "obra audiovisual e cinematográfica" original e, em parte, conceptualmente contraditória. Por um lado, adianta no proémio que o regime é de co-autoria, o que antecipa uma obra em colaboração; por outro lado, consagra entre os co-autores o produtor "que assume a posição de titular dos direitos patrimoniais sobre o conjunto da obra colectiva" (*sic*, no texto da lei). É uma qualificação que, simultaneamente: a) coloca o produtor, um não criador, entre os co-autores – isto significa que o investe na titularidade originária do direito; b) em segundo lugar, refere-se à obra audiovisual, para a qual consagra uma co-autoria pópria das obras em colaboração, como "obra colectiva" – a qualificação legal não vincula o intérprete.

A lei moçambicana refere como co-autores o realizador, o autor do argumento, dos diálogos se for pessoa diferente do da banda sonora. Não se regista diferença de vulto em relação aos modelos dos países de "droit d'auteur".

Secção III
Contrato para criação publicitária

97. A mensagem publicitária como obra intelectual

I. A "actividade publicitária" compreende, nos termos da lei, "o conjunto de operações relacionadas com a difusão de uma mensagem publicitária [...], incluindo as relações [...] daí emergentes entre anunciantes, profissionais, agências de publicidade e entidades que explorem os suportes publicitários [...]" – art. 4º/1 C.Publ.. A lei define depois "anunciante", "a pessoa singular ou colectiva no interesse de quem se realiza a publicidade" – art. 5º-a) C.Publ.; e "profissional ou agência de publicidade", "a pessoa singular que exerce a actividade publicitária ou a pessoa colectiva que tenha por objecto exclusivo o exercício da actividade publicitária" – art. 5º-b) C.Publ..[668]

À primeira vista, será entre estes sujeitos que se estruturarão as situações jurídicas com relevância na atribuição de direitos de autor: os anunciantes, como comitentes, contratam a criação publicitária[669]; as agências publicitárias

[668] Ferreira de Almeida (Carlos Ferreira de Almeida, "Conceito de publicidade", cit., nº 10., p. 133, em definição que retoma em "Contratos de Publicidade", cit., I-1., p. 281) define "publicidade" como "toda a acção ("informação promocional") dirigida ao público, com o objectivo de promover, directa ou indirectamente, produtos, serviços ou uma actividade económica". Salienta, como elementos estruturantes desta noção: "a) o 'conteúdo informativo' da mensagem publicitária; b) a "criação" de uma ideia promocional; c) a "destinação" pública [para um conjunto indeterminado/relativamente indiferenciado de pessoas]; d) o "sujeito", qualquer pessoa no exercício de uma actividade económica; e) o "canal" que expressa aquele conteúdo com aquele efeito".

[669] O Acórdão do Supremo Tribunal de Justiça, de 7-7-1999, in Col.Jur., t. III-S.T.J. (1999), pp. 23 ss. (*maxime* p. 24), que tem como Relator Fernandes de Magalhães, aprecia incidentalmente a posição jurídica do anunciante no fenómeno jurídico publicitário e considera – quanto a nós, bem –, a propósito da responsabilidade civil deste sujeito por mensagens publicitárias ilícitas: "[...], há que ter em conta que o aludido art. 30º [do C.Publ.] estabelece tão-só como facto gerador da responsabilidade típica no âmbito da actividade publicitária apenas a difusão de mensagens

(empresas, na titularidade de pessoas singulares ou colectivas) enquadram essa criação.

A multifacetada natureza dos meios que veiculam os objectos publicitários deixa antever a possibilidade de compreender uma pluralidade de objectos criativos (escritos, desenhos, gravuras, sons, imagens fotográficas ou cinéticas, *etc.*), pelo que os requisitos de protecção das "obras publicitárias" são comuns aos de praticamente todos e cada um dos géneros previstos no art. 2º CDADC[670].

II. Aquela que a lei (art. 3º C.Publ.) chama "comunicação/mensagem publicitária" é um objecto autónomo de direitos: em regra, obra colectiva de autoria de uma empresa, a "agência de publicidade".

A lei consagra o "princípio da identificabilidade" (art. 8º C.Publ.), segundo o qual "a publicidade deve ser inequivocamente identificada como tal", exigindo que, "[quando] efectuada na rádio e televisão, deva ser claramente separada da restante programação". Separam-se, assim, os programas de rádio e televisão e as obras que, nestes, eventualmente se divulguem, por um lado e, por outro, os objectos publicitários, porventura criativos, que junto àqueles sejam radiodifundidos.[671]

98. Titularidade do direito de autor nas obras publicitárias criadas em execução de contrato para uma "agência" (empresa de publicidade)

O texto da lei, no Código da Publicidade (C.Publ.), surpreende-nos com a espantosa estatuição: "Os direitos de carácter patrimonial sobre a criação publicitária presumem-se, salvo convenção em contrário, cedidos em exclusivo ao criador intelectual"[!] – *sic*, no texto original do art. 29º/2 C.Publ. Se considerarmos

publicitárias que sejam em si mesmas ilícitas, [...]". E continua (*ibidem*), agora no que mais nos interessa: "Nesta perspectiva, e tão-somente nela, se compreende que a lei a todos responsabilize solidariamente pelos prejuízos causados a terceiros pela mensagem publicitária ilícita e mesmo aí estabelece uma distinção: reconhece que o anunciante é um elemento exterior ao processo publicitário, [...]".

[670] Tomamos aqui a "mensagem publicitária" pela sua estrutura formal como um possível objecto criativo – logo, uma provável obra intelectual –, e não na qualidade, que também pode revestir, de "conteúdo informativo cujo enunciado pode consubstanciar por si só uma proposta contratual", como realça Ferreira de Almeida, "Relevância Contratual da Mensagem Publicitária", cit., I, pp. 10/11.

[671] C. Rogel Vide, "Derechos de autor y programación televisiva", cit., nº 2, p. 624, salienta até, a propósito dos "anúncios publicitários em programas televisivos": "Fora, em princípio, da programação, ocupam, por fim, os melhores momentos da mesma. São, regra geral, obras audiovisuais tão curtas como valiosas. Integram, frequentemente, música e imagens alheias das que usualmente não é dada informação alguma."

que, entre os "direitos de carácter patrimonial" do criador publicitário, se contam evidentemente os direitos de autor, evidencia-se o absurdo que representa estatuir ser cedida uma posição de exclusivo (patrimonial jusautoral) a quem – o criador da obra intelectual – a ocupa (ocupava já) por condição natural como autor.[672] Ou seja, se o autor da mensagem publicitária, uma obra intelectual, é o *titular originário* do direito de autor sobre esta, que sentido faz "ceder-lhe" esse direito?

No direito espanhol, em matéria de atribuição do direito de autor nas obras publicitárias estatui-se: "[...] os direitos de exploração das criações publicitárias presumem-se, salvo convenção em contrário, cedidos em exclusivo ao anunciante ou à agência, por contrato de criação publicitária e para os fins previstos nos mesmos".[673] Revela-se, assim, uma disposição bem mais razoável do que aquela do C.Publ..[674]

Em França, o CPI fran., a propósito do que denomina "contrat de commande pour la publicité", estatui, no art. L.132-31, com carácter supletivo, que, "em caso de utilização pela publicidade de uma obra criada sob comissão (por encomenda) ["...une oeuvre de commande utilisée pour la publicité"], o contrato entre o produtor e o autor implica a cessão ao produtor dos direitos de exploração da obra". Significa, assim, a cessão do direito de autor ao produtor publicitário como efeito presumido do contrato pelo qual se encomenda a obra.

Só o Código português presume a "cessão" do direito de autor (proveniente de quem?) ao autor da obra publicitária, que deveria ser (é) o seu titular originário. Logo veremos que sentido dar a esta disposição legal.

[672] Releva-o bem o Acórdão da Relação de Lisboa, de 3-11-1999, in Col.Jur., t. V (1999), pp. 136 ss. (*maxime* p. 137), que tem como Relatora Ana Moreira Silva, em apreciação da atribuição da titularidade originária do direito de autor em pretensa obra publicitária fixada em videograma, ao considerar: "É certo que também o art. 29º nº 2 do Dl nº 330/90, de 23-10 (anterior Código da Publicidade) consagrou idêntica solução [...]. Ao estipular que: "Os direitos de carácter patrimonial sobre a criação publicitária presumem-se, salvo convenção em contrário, cedidos em exclusivo ao seu criador intelectual". [...] parece que se queria beneficiar a empresa de publicidade na exploração sem peias da obra publicitária mas veio a legislar-se o contrário, pelo que o preceito não tem qualquer sentido útil face ao Direito de Autor, nomeadamente ao que se preceitua nos arts. 14º e 15º do CDADC".

[673] Cfr. art. 21 §2º da "Ley General de Publicidad – Ley 34/1988, de 11-11", de Espanha, sucessivamente alterada até 2019.

[674] Nazareth Pérez de Castro, "Las obras publicitarias en el ámbito de la propiedad intelectual", cit., II-A) /-C), p. 68, e III-1., apresenta três hipóteses em aplicação desta norma, a saber: "'criação publicitária independente', entendida como criação singular sob comissão para o anunciante ou para a agência de publicidade; "titularidade originária do direito de autor pela agência de publicidade", entendida a obra publicitária como obra colectiva; "criação singular sob contrato de trabalho"...".

99. Contrato para criação (de mensagem) publicitária. O art. 29º, nº 2, do Código da Publicidade.

I. A criação publicitária resulta normalmente de um contrato oneroso, celebrado entre um anunciante e uma dita "agência"/empresa publicitária.[675]

II. O anunciante pode contratar directamente os "criativos publicitários", que assim poderão criar em autoria singular ou em colaboração. O direito de autor pertencerá ora ao(s) criador(es) ora ao anunciante (comitente ou empregador), nos termos do convencionado nesse contrato; aplica-se, então, as regras gerais (art. 14º CDADC *ex* art. 29º/1 C.Publ. – cfr., *supra*, nº 70.1).

III. Se, como é mais comum, a obra publicitária for criada sob égide e enquadramento empresariais (da "agência de publicidade"), deve ser caracterizada como obra colectiva, desde que o respectivo processo criativo revista as características antes assinaladas. Combinam-se, neste caso:

a) o vínculo de cada um dos autores de contributos criativos individuais à "agência de publicidade": a convenção definirá a quem pertence o direito de autor sobre estes, nos termos gerais aplicáveis a todos os contributos para obras colectivas (cfr., *supra*, nº 73);
b) o vínculo da empresa/"agência de publicidade" ao anunciante: reger-se-á pelos princípios e regras que se definiram para os contratos de prestação de serviços para criação de obras intelectuais (cfr., *supra*, nº 68.3).[676/677]

Já aos autores dos contributos criativos individuais incorporados na mensagem publicitária (desenhos, gráficos, filmes, programas de computador) caberão os direitos sobre as suas criações (art. 29º/2 C.Publ.) Isto não impede que, no contrato com a empresa/agência de publicidade, se estipule que tais direitos se atribuem à empresa: a presunção contida no art. 29º/2 pode ser afastada por estipulação em contrário, como é regra geral – art. 14º/1 CDADC. Só não

[675] L. Lopes Sousa, "Do Contrato de Publicidade", cit., nº 11.1., apercebe-se da falta de especialidade do regime aplicável à criação publicitária de origem contratual: "Às criações publicitárias, que são obras intelectuais, em regra colectivas, fruto do espírito humano, aplicam-se as regras do regime da propriedade intelectual e dos direitos de autor".

[676] Como também refere Ferreira de Almeida, "Contratos de Publicidade", cit., II-4., pp. 292 e 293, embora este Autor generalize esta qualificação tipológica a toda a criação (da "mensagem") publicitária.

[677] Com uma particularidade: a empresa/agência publicitária sob cuja coordenação é criada a obra publicitária é, por sua vez, contratada para criar (pelo anunciante).

é aplicável aqui a regra do art. 14º/3, que deixa presumir da falta de menção do nome do autor (o criativo) a atribuição do direito de autor ao comitente (a empresa/agência de publicidade): o direito pertence ao autor ainda que não se mencione o nome deste (art. 29º/2 C.Publ.).[678]

Por outro lado, está excluída qualquer utilização "em separado" desses contributos pela empresa – entenda-se qualquer utilização para fins diversos dos da incorporação na obra publicitária –, salvo quando esta estiver convencionada – arts. 28º ("proibição de utilização da obra para fins diferentes dos contratualmente estipulados") e 29º/3 C.Publ..

IV. Pensamos, assim, que a esdrúxula "cessão presumida de direitos em exclusivo ao criador intelectual", estatuída no art. 29º/2 C.Publ., não justifica derrogação do regime-regra sobre a atribuição do direito de autor e das suas excepções conhecidas. Se a obra publicitária for obra colectiva, cabe à empresa (a "agência de publicidade", neste caso) a titularidade originária do direito de autor na obra no seu conjunto. Se esses contributos tiverem sido criados no âmbito de contrato que o estipule, àquela pertencerão também as faculdades de utilização inerentes (e limitadas) à exploração daqueles para os fins da atribuição do direito.

Aparentemente, dada a estranha formulação daquele preceito, apenas se afastarão quaisquer presunções da atribuição do direito de autor ao comitente da obra – como as do art. 164º/2 ou a do art. 14º/3. Só se nada for estipulado se presume que a titularidade do direito de autor é do criador da obra (art. 29º/2 C.Publ.), o que é, afinal, não mais do que a aplicação da regra geral do art. 14º/2 CDADC. Por outro lado, se quisermos dar sentido útil ao inciso "em exclusivo", pensamos que ele só pode significar que fica excluída qualquer exploração (em separado) pela empresa dos contributos criativos individuais incorporados na obra publicitária fora do âmbito em que foram criados.

[678] Ao contrário da regra geral do art. 14º/3 CDADC, já examinada (cfr., *supra*, nº 75.3).

Título V
Extinção do Direito de Autor

100. Renúncia e caducidade do direito de autor. O domínio público

I. Ocorre pensar que o direito de autor se extingue com o desaparecimento ("destruição", perecimento) do seu objecto.

Ora, uma obra intelectual, bem imaterial só apreensível pela inteligência através dos sentidos, não se "destrói", ao contrário do que indicia, por exemplo, o art. 56º/1 CDADC.

Como se expôs já (cfr., *supra*, nº 46.1.2), o que pode destruir-se não é a obra, mas o seu suporte material. Enquanto o espírito humano puder ainda reconstituir a obra cujo suporte se destruiu, a partir de reproduções desta ou de memória, a obra não desaparece. Se se queimarem livros, porventura até todos os livros existentes em edição de uma obra literária, a obra não perece enquanto for ainda possível ao espírito humano reconstituir a sua expressão formal, e plagia-a quem reproduzir no todo ou em parte a sua estrutura formal[679]. Se se quebra em pedacinhos o suporte material de uma escultura, nada impede que a mesma possa "sobreviver" em reproduções fotográficas, plagiando-a quem, depois, a "refizer" com a mesma estrutura formal[680]. Se se arrasar um edifício que suporta uma obra de arquitectura, nada obsta a que, a partir dos planos e maquetas do arquitecto que a criou, a mesma se reconstitua materialmente.

A destruição ou perecimento do suporte material não importa, pois, necessariamente o desaparecimento da obra.[681]

[679] Sobre a noção de plágio, cfr. nº 57.3.

[680] Sobre o que seja a estrutura formal de uma obra, cfr. nº 7.

[681] Como antes se expôs (cfr. nº 46), admitimos situações excepcionais: a destruição de todos os suportes materiais de, por exemplo, uma obra cinematográfica faz virtualmente impossível a sua reconstituição exacta.

II. O direito de autor extingue-se por renúncia. A lei declara irrenunciáveis os direitos pessoais (cfr. art. 56º/2 CDADC), mas não é assim com o núcleo patrimonial do direito de autor, que é renunciável, transmissível e de duração limitada.

Os direitos patrimoniais são livremente transmissíveis, total ou parcialmente (arts. 43º e 44º CDADC). Se o titular do direito de autor pode alienar o direito, não se vê que não possa renunciar ao mesmo, extinguindo-o.

III. A caducidade do (ou a renúncia ao) direito patrimonial sobre uma obra determina a sua queda no "domínio público" (art. 38º/1 CDADC). O domínio público, neste sentido, não é mais do que o nome dado à situação jusautoral de uma obra que, a partir de dado momento, passou a ser de utilização livre, ou seja, independente de autorização do autor que também não tem direito a qualquer remuneração por utilizações patrimoniais da sua obra que a partir de então sejam feitas.

IV. Como conciliar a livre renunciabilidade aos direitos patrimoniais com a irrenunciabilidade dos direitos pessoais?

Ao renunciar ao direito, o autor liberta a obra para a utilização patrimonial (livre) por qualquer um; já os direitos pessoais conservam-se necessariamente na titularidade do criador da obra (titular originários dessas faculdades) até à extinção destes (arts. 9º/3 e 56º/2 CDADC), que veremos não serem perpétuos.

Concluímos que a renúncia ao direito de autor, sem a sua transmissão, produz a extinção dos direitos patrimoniais, mas não a dos direitos pessoais, que continuam a existir na titularidade do criador da obra intelectual (até à morte deste, como veremos).

100.1. Relevância do não uso (não utilização) da obra pelo titular

O mero não uso da obra pelo titular do direito de autor não deve confundir-se com a renúncia ao direito de autor, que implica declaração inequívoca nesse sentido.[682] Os titulares originários do direito ou os seus sucessores *mortis causa* podem prescindir de utilizar a obra sem que tal tenha qualquer consequência na sua posição jurídica de titulares do direito de autor respectivo.[683]

[682] Assim, por todos, OLIVEIRA ASCENSÃO, "Direito Civil – Direito de Autor e Direitos Conexos", cit., nº 278-I, p. 413.

[683] Neste sentido, aliás inequívoco, pode confrontar-se OLIVEIRA ASCENSÃO, "Direito Civil – Direito de Autor e Direitos Conexos", cit., nº 264, pp. 390 e ss..

100.1.1. A revogação das licenças e dos direitos do transmissário por não uso – o novo art. 44º-E

I. A lei de autor alemã (§ 41) prevê que, caso o titular da autorização de exploração da obra (licenciado) não exerça o seu direito ou "o exerça insuficientemente, causando com isso prejuízos aos legítimos interesses do autor", este possa revogar a autorização de exploração concedida. Claro que isto não resulta nem em renúncia nem em caducidade do direito, que permanece intacto – e desonerado – na titularidade de quem o detenha. Trata-se de revogação da licença por não uso.

A DMUD[684] veio acolher a regra alemã: sempre que o autor ou artista, intérprete ou executante, tenha licenciado ou transferido os seus direitos em regime de exclusividade e não haja exploração da obra pelo licenciado, aquele pode revogar a sua atribuição.

A DMUD considera que os autores e os artistas se deparam, por vezes, com situações em que, depois de licenciarem a exploração das suas obras ou prestações fixadas ou depois de transferirem os direitos relativos a estas, os beneficiários destes actos não realizam uma real exploração das obras ou prestações, com isto frustrando as expectativas dos titulares de direitos quanto a uma efectiva exploração e à remuneração desta. Visto que o licenciamento da exploração económica de obras é normalmente remunerado, evita-se assim que a inércia do licenciado impeça o autor de obter os esperados proventos com a exploração daquelas.

II. Como expusemos *supra* (cfr. nº 66.3-IV e 101.1), a alteração de 2023 ao CDADC, coerente com a consagração do princípio da remuneração adequada e justa do autor, consagra o *direito de revogação* de licença de utilização ou de acto de transferência de direitos de autor, em caso de inexistência de exploração da obra (novo art. 44º-E). É um direito que, como se disse, segue a lógica de assegurar ao autor uma exploração económica condigna, efectiva e eficaz das obras em caso de licenciamento com exclusivo ou de transmissão de faculdades de direito de autor (ver *supra*, nº 66.5-V).

Assim, os transmissários do direito de autor ou os concessionários de uma licença com exclusivo que não explorem economicamente a obra ou prestação artistica ou outro conteúdo protegido objecto do contrato de transmissão ou concessão podem ver o seu direito *revogado* pelo titular do direito de autor ou do direito conexo transmitido ou pelo concedente da licença, se essa não exploração se prolongar por cinco anos ou mais após a celebração do contrato de cessão do direito ou de concessão da licença (ou de um terço da duração deste

[684] Art. 22º.

se este prazo decorrer primeiro) (novo art. 44º-E/1 e /2 CDADC). No caso de licença, em alternativa à revogação o autor pode pôr termo à exclusividade (art. 44º-E/6).

Estas regras não se aplicam às obras audiovisuais (art. 44º-E/4). Também não se aplicam se ficar provado que a não exploração é devida a facto não imputável ao transmissário ou licenciado (art. 44º-E/8).

A revogação não é oponível a terceiros para quem os direitos tenham sido validamente transferidos ou aos quais tenha sido validamente concedida uma licença pelo transmissário do direito ou pelo concessionário da licença em momento anterior ao exercício do direito de revogação pelo titular do direito de autor ou do direito conexo (art. 44º-E/10).

Entendemos que esta figura tem apenas cabimento quando haja transferência *parcial* de faculdades de direito de autor, dado o carácter temporário destas. A transmissão total é acompanhada do pagamento de um preço que é contrapartida global e única da transferência do direito, não consistente com revisões ou revogação mesmo em caso de não uso da obra objecto do direito que se transmite[685].

100.1.2. Caducidade do direito do transmissário

A lei de autor prevê que a transmissão ou oneração do direito de autor possam ser parciais (art. 43º CDADC, proémio) e transitórias: se faltar a estipulação de prazo, os direitos transmitidos duram, no máximo, por 25 anos (10 anos para as obras fotográficas ou de artes aplicadas) (art. 43º/4). O art. 41º/3 também prevê que as autorizações/licenças devam ser temporárias, embora estas não impliquem qualquer transferência do direito de autor (cfr. art. 41º/1 CDADC).

O art. 43º/5 CDADC prevê que, se tiver sido transmitido ou onerado parcialmente o direito de autor e o transmissário titular do exclusivo o não utilizar durante sete anos, tal exclusivo caduca. A razão é não privar o titular do direito-mãe dos proventos económicos que a exploração da obra possa proporcionar.

A não utilização patrimonial da obra pelo transmissário determina a extinção das faculdades outorgadas, mas só na esfera jurídica do titular dos direitos derivados: extingue-se o exclusivo outorgado ao transmissário, renasce o direito, pleno, na titularidade do transmitente.[686]

[685] Em sentido diferente NUNO SOUSA E SILVA, "O que muda nos contratos de Direito de Autor com a transposição da Diretiva 2019/790?", *in* JURISMAT – Revista jurídica, Nº 17 (Maio 2023), nº 4.3, p. 212, que considera que, neste caso, a Directiva não comporta a distinção entre diferentes tipos de transmissão.

[686] Esta é uma consequência da elasticidade que apontamos ao direito de autor, que fica onerado sem se desmembrar, em caso de atribuição (por transmissão parcial ou licença) de algumas das faculdades integrantes.

Não é por acaso que não há norma semelhante à do art. 43º/5 em caso de não utilização da obra pelo que beneficie de transmissão *total* do direito: a não utilização patrimonial (exploração económica) da obra pelo titular do direito de autor – trate-se de titularidade originária ou derivada – não extingue o direito.

100.2. O caso particular da obra em herança vaga para o Estado

Por morte do *de cujus*, se não houver outros sucessores, a herança é declarada vaga para o Estado (art. 2155º do C.Civil). O direito patrimonial de autor é susceptível de sucessão por morte, nos termos gerais (logo veremos o que se passa com os direitos pessoais).

Se, 10 anos depois da declaração de vacatura da herança para o Estado, o direito patrimonial de autor nela incluído não for exercido, quer utilizando o Estado a obra quer autorizando a sua utilização por outrem, tal direito caduca e a obra cai no domínio público[687] (art. 51º/2 CDADC).

101. Causas de extinção do direito de autor e direitos conexos – caducidade

Ainda que fosse uma propriedade, o direito de autor seria uma propriedade temporária. O direito de autor caduca, quando os seus efeitos se extinguem em consequência de facto involuntário.

A caducidade do direito de autor segue regras muito específicas, distintas para os diferentes géneros de obras. Vejamos em que termos tal se passa.

101.1. Duração do direito de autor – regra geral

I. Em regra, o direito – patrimonial – de autor vigora por toda a vida do autor e por mais 70 anos após a sua morte, caindo então a obra no domínio público por caducidade do direito (art. 31º/1 CDADC). A caducidade só opera a partir de 1 de Janeiro do ano seguinte ao termo do prazo de caducidade (novo art. 31º/2).

Poderia perguntar-se se este prazo, que implica durações diferentes para a protecção das várias obras de um mesmo autor criadas em datas diferentes, será uniformemente assim contado. Assim é: 70 anos após a morte de um autor de obras intelectuais caducam *todos* os direitos patrimoniais de autor relativos a cada uma das – e todas as – suas obras; terão, assim, um prazo total de protecção menor as obras criadas no fim da vida do autor.

Os sucessores de autor falecido de obra inédita podem, embora condicionadamente, decidir a sua divulgação *post mortem auctoris* (art. 70º/1 CDADC). Neste caso, não começa a contar novo prazo de protecção que porventura se estendesse até 70 anos após a morte do sucessor que divulgasse: o direito de autor relativo a essa obra caduca também 70 anos após a morte do seu criador

[687] Sobre o que seja "queda no domínio público", cfr., *infra* nº 102.

(art. 31º). Mesmo que a obra continue inédita, nunca chegando a ser publicada, o direito de autor respeitante caduca naquele prazo.

II. A lei prevê uma situação diferente – que voltaremos a abordar (cfr., *infra*, nº 101.11) – para as obras inéditas que sejam divulgadas já após a queda no domínio público: gozam de protecção "equivalente" às dos direitos patrimoniais por 25 anos a contar da publicação (art. 39º/1 CDADC).

Julgamos não estar aqui perante um "renascer" do direito de autor, que entretanto caducara com a queda no domínio público, trata-se de um *direito conexo do empresário*, normalmente um editor, que divulgue a obra inédita caída no domínio público.

III. De idêntico prazo de protecção gozam as "publicações críticas e científicas" de obras caídas no domínio público: o direito de autor correspondente dura até 25 anos após a primeira publicação lícita (art. 39º/2 CDADC).[688]

Pelas mesmas razões acima apontadas a propósito da publicação das obras inéditas caídas no domínio público, consideramos que não se trata de um "renascimento" de um direito de autor já caducado sobre essas publicações críticas e científicas, mas de um direito conexo atribuído ao que publique, normalmente um editor.[689] De resto, esta "publicação crítica e científica" não pode ser mais do que um apêndice da obra principal que critica ou comenta, porque, se for suficientemente importante para considerar-se autónoma, goza da protecção *geral* do direito de autor nas obras intelectuais, incluindo quanto ao prazo; é, de resto, esse o caso exemplar das "anotações de leis" (cfr. art. 3º/1-c) CDADC).

101.2. Obras anónimas ou sob pseudónimo

I. As obras divulgadas ou publicadas sem identificação do autor, sem qualquer referência ao nome deste ou sob nome que não o verdadeiro, designam-se obras anónimas ou sob pseudónimo (art. 30º/1 CDADC). Note-se que não se trata aqui de obras de que se *desconheça* o autor (obras órfãs), mas de obras em que o autor, conhecido pelo que publica a obra, se oculta do público sob anonimato ou pseudónimo. Neste caso, o que divulgue ou publique a obra actua como representante do autor, podendo este revelar a sua identidade e a autoria (direito irrenunciável) a todo o tempo (art. 30º/1 e /2).[690]

[688] Sobre as "publicações/edições críticas", cfr., *supra*, nº 81.

[689] Neste sentido, cfr., *infra*, nº 115.2.5.

[690] Sobre este tema, cfr. Carlos Rogel Vide, "Las obras divulgadas bajo seudónimo", cit..

Neste caso, os potenciais utilizadores da obra poderiam deparar-se com dificuldades para determinar se a obra seria ou não ainda protegida, pois não saberiam a partir de quando se contaria o prazo de protecção/caducidade. A lei resolve o problema: o direito de autor caduca 70 anos após a publicação ou divulgação da obra (art. 33º/1 CDADC).

Se o autor, apesar da publicação anónima, se deixar conhecer, quer porque sempre se soube quem era quer porque o próprio se revela, o prazo conta-se nos termos gerais: até 70 anos após a morte do autor (art. 33º/2 CDADC). No entanto, esta regra só se aplica se a identidade do autor for conhecida antes de decorrido o prazo contado nos termos do art. 33º/1, ou seja, até 70 anos após a primeira publicação da obra ("se [o autor] revelar [a autoria] dentro do prazo referido no número anterior", como consta do art. 33º/2); se o nome do autor só for revelado depois, o direito de autor não "renasce" e considera-se definitivamente caducado 70 anos após a primeira publicação da obra.

II. Pode perguntar-se o que acontecerá se uma obra for mantida inédita em vida do seu autor e for publicada anonimamente ou sob pseudónimo depois da morte deste.

Dir-se-ia que, não havendo regra especial, aplicar-se-ia a regra já conhecida, pertinente para todas as obras inéditas publicadas *post mortem auctoris*: a protecção jusautoral vigoraria até 70 anos após a publicação (art. 39º/1 *ex vi* art. 70º/2 CDADC). Simplesmente, tal permitiria que os sucessores deitassem mão de um estratagema para prolongar o prazo de protecção: divulgariam a obra anonimamente, por exemplo 69 anos após a morte do seu autor e a protecção prolongar-se-ia, durante mais 70 anos, até 139 anos após a morte do criador da obra!

Deve considerar-se que, nestes casos, já que os sucessores do autor falecido conhecem perfeitamente a verdadeira autoria da obra que divulguem depois da morte do autor, esta goza de protecção apenas até 70 anos após essa morte, independentemente da data em que a obra seja divulgada.[691]

Assim, por exemplo:

a) se uma dada obra (x) for publicada anonimamente, o direito de autor respectivo dura, em regra, até 70 anos após a data da sua publicação, sendo o seu autor representado no exercício dos seus direitos pelo que divulgue ou publique a obra;

[691] A única outra solução que vislumbramos para evitar a fraude à lei com o prolongamento do prazo de protecção com a divulgação pelos sucessores de obra inédita sob anonimato ou pseudónimo seria proibir estes de divulgarem nessas condições, para o que não vemos base legal.

b) se, apesar da publicação sob anonimato, o autor de x, A, se der a conhecer ou for conhecido até 70 anos após a publicação da obra, o direito de autor "prolonga" a sua vigência até 70 anos após a morte de A;
c) se x permanecer inédita em vida de A e for divulgada anonimamente pelos sucessores deste, a protecção do direito de autor vigora também só até 70 anos após a morte de A, e não até 70 anos após a divulgação//publicação da obra pelos sucessores.

101.3. Obras em colaboração. Hipótese de acrescer nas heranças declaradas vagas para o Estado

I. As obras em colaboração são obras criadas por várias pessoas, quer sejam divulgadas em nome de uma delas, de várias ou de todas, possam ou não discriminar-se nelas os contributos individuais (art. 16º/1-a) CDADC).

O direito de autor nas obras em colaboração, consideradas no seu todo, pertence originariamente a todos os co-autores e exerce-se segundo as regras da compropriedade (art. 17º/1). Se a obra em colaboração for divulgada apenas em nome de alguns colaboradores, presume-se que os não designados como colaboradores cederam os seus direitos aos demais (renunciam ao exercício dos seus direitos, mas essa renúncia é revogável) (art. 17º/3). Os direitos sobre as colaborações individuais discrimináveis na obra em colaboração pertencem aos seus autores e podem exercer-se nos termos gerais, mas sem prejuízo da exploração em comum da obra em colaboração (art. 18º/2).

A lei resolve o problema óbvio: como contar o prazo de vigência de um direito de autor que, em regra, caduca num prazo contado após a morte do autor, quando há *vários* (co)autores? O prazo conta-se a partir da morte do colaborador que falecer em último lugar e dura até 70 anos depois.

II. O prazo de protecção do direito de autor sobre as contribuições criativas individuais na obra em colaboração que sejam discrimináveis segue a regra geral: conta-se o prazo separadamente para cada uma, também por aplicação analógica do art. 32º/3 CDADC.

III. Como se conta o prazo de protecção quando a obra for divulgada apenas em nome de alguns colaboradores, caso em que se presume a cessão dos direitos patrimoniais de autor pelos que escondem a sua participação em benefício dos restantes (art. 17º/3)? Entendemos que o direito na obra em colaboração considerada no seu todo caduca 70 anos após a morte do colaborador que ainda seja titular do direito (porque não o cedeu) que morra em último lugar, ou seja, daquele, entre os que assumiram a paternidade da obra, que morrer em último lugar.

IV. Se, por morte de um dos colaboradores, a sua herança ficar vaga para o Estado, acrescem os demais nos direitos deste (art. 51º/3 CDADC). Isto não afecta a regra geral, já que o direito de autor continua a caducar 70 anos após a morte do último colaborador, simplesmente o Estado não chega a ser titular do direito de autor na obra em colaboração enquanto houver colaboradores sobrevivos, que acrescem nos direitos dos que vão morrendo.

O Estado só será titular de direito de autor nestas obras se todos os colaboradores morrerem sem outros sucessores além do Estado.

101.4. Obras audiovisuais

As obras cinematográficas são submetidas por lei ao regime das obras em colaboração: como vimos (cfr., *supra*, nº 85), o art. 22º/1 CDADC define-as como obras de co-autoria do realizador, do autor do argumento, do autor dos diálogos e do autor da banda musical. Isto não reflecte a realidade criativa destas obras, já que as contribuições dos indicados para a obra cinematográfica (no seu todo) não são equivalentes.

Revelando que a construção do art. 22º é uma ficção de co-autoria, o art. 34º estabelece a caducidade do direito de autor na obra audiovisual 70 anos após a morte do último entre o realizador, autor do argumento ou da adaptação, do autor dos diálogos e os das composições musicais criadas especialmente para obra. Isto não se entende, já que os restantes autores de composições não criadas especialmente para o efeito são também co-autores (cfr. art. 22º CDADC).

101.5. Obras colectivas

I. Como vimos, as obras colectivas, de que são exemplo os jornais e outras publicações periódicas (art. 19º/3 CDADC), são obras de empresa: resultam não do mero somatório de contribuições individuais, não da colaboração entre os autores dos contributos individuais, mas da acção (empresarial) de quem os congrega, organiza, dirige e divulga como obra (colectiva). Assim, há obras colectivas quer de pessoas individuais quer de pessoas colectivas, dependendo de quem as organiza, dirige e divulga em seu nome (art. 19º/1).

O art. 32º/2 contém a regra esperada: o direito caduca 70 anos após a publicação da obra. Aliás, não faria sentido que fosse contado de outro modo, tendo em consideração que a obra colectiva é uma "criação" singular de uma empresa, cujo titular pode ser uma pessoa colectiva.

No entanto, a regra acima enunciada só se aplica se o titular do direito, determinado de acordo com a regra do art. 19º/1 CDADC já referida, for uma pessoa colectiva. Se o titular da empresa que detém originariamente o direito de autor for uma pessoa física e esta for identificável como autor, criador dessa obra colectiva, o direito de autor caduca nos termos gerais aplicáveis às obras de autor singular, ou seja, 70 anos após a sua morte. É o que resulta da aplicação *a contrario* da parte final do art. 32º/2.

É claro que esta última regra não é consistente com o carácter empresarial das obras colectivas, já que não deveria atender-se às pessoas físicas envolvidas na criação (organização) da obra, visto o carácter colectivo da organização na sua génese.

II. À vigência do direito de autor nos contributos criativos individuais para a obra colectiva, aplica-se a regra geral: o direito de autor em relação a cada contributo discriminável caduca 70 anos após a morte do respectivo autor (art. 32º/3 CDADC), que já era reconhecido como titular do direito sobre a dita colaboração individual (art. 19º/2).

101.6. Obras criadas para outrem

Oliveira Ascensão[692] sustenta que o direito de autor nas obras criadas para outrem, no âmbito ou em execução de contrato de trabalho ou de prestação de serviços (por encomenda), pertence ao comitente, àquele para quem a obra é criada e caduca nos mesmos termos do direito nas obras colectivas (70 anos após a divulgação da obra), ainda que o comitente seja pessoa singular. Não é assim.

O direito de autor nas obras criadas para outrem pertence originariamente, sempre, ao criador intelectual da obra (art. 14º/1 e /2 CDADC). Mesmo quando o direito de autor pertence ao comitente ou ao empregador por convenção, esta atribuição não é originária, mas derivada constitutiva.[693] Assim, não há aqui regra especial: o direito caduca 70 anos após a morte do criador intelectual.

101.7. Obra divulgada ou publicada em partes

Trata-se aqui de obras publicadas em partes, em volumes ou fascículos não necessariamente dados à luz em simultâneo.

Há duas hipóteses. Se o direito de autor pertence ao criador intelectual, o prazo prolonga-se até 70 anos após a sua morte; e, neste caso, é indiferente se é obra una ou se está dividida em várias partes, pois o prazo não se conta após a publicação destas. Se o direito é contado a partir da publicação, tal como acontece com as obras anónimas e as obras colectivas, e a obra for publicada em partes, o prazo é contado separadamente para cada uma (art. 35º/1 CDADC).

[692] Oliveira Ascensão, "Direito Civil – Direito de Autor e Direitos Conexos", cit., nº 231-III.

[693] Cfr., *supra*, nº 71 e o nosso "Contrato de direito de autor – a autonomia contratual na formação do direito de autor", cit., nº 85.

A lei (art. 35º/2), de resto, é expressa na consagração precisamente dessa regra para os vários fascículos ou números ou volumes em que uma obra colectiva seja publicada (por exemplo, os vários números de um jornal ou os vários volumes de uma enciclopédia): se o direito de autor for contado a partir da publicação, caduca separadamente para cada um dos números, fascículos ou volumes.

101.8. Programas de computador

Os programas de computador beneficiam de "protecção análoga à das obras literárias" (art. 1º/2 do Decreto-lei nº 252/94). Isto significa que gozam de protecção nos termos gerais de direito de autor (art. 3º/1 do mesmo diploma). Se o programa for realizado no âmbito de empresa, considera-se obra colectiva ("presume-se obra colectiva" - art. 3º/2).

A duração do direito de autor nos programas de computador varia consoante estes sejam ou não obras colectivas. Se o programa for obra de um criador singular, o direito caduca 70 anos após a morte do criador (art. 36º/1 CDADC). Se for obra colectiva e o direito for originariamente atribuído a pessoa colectiva, este extingue-se 70 anos após a divulgação (art. 36º/2).[694]

101.9. Bases de dados

As bases de dados são protegidas por direito de autor e por direito *sui generis* do fabricante (cfr., *supra*, nº 33).

O direito de autor existe sempre que a selecção ou organização (a forma) da base de dados seja criativa (art. 4º/1 do Decreto-lei nº 122/2000). Aplicam-se à duração deste direito as regras relativas às demais obras intelectuais: o direito de autor caduca 70 anos após a morte do criador, se for obra singular (art. 6º/1); caduca 70 anos após a divulgação, se for obra colectiva criada por pessoa colectiva (art. 6º/2).

O direito *sui generis* do fabricante (produtor) da base de dados remunera o investimento substancial na obtenção, verificação ou apresentação do conteúdo da base de dados. O direito *sui generis* caduca 15 anos a contar de 1 de Janeiro do ano seguinte ao da data da conclusão do seu fabrico, salvo se a base de dados tiver sido colocada à disposição do público (na Internet) antes de decorrido esse prazo (art. 16º/1). Se a base de dados tiver sido colocada à disposição do público antes de decorrido aquele período de 15 anos depois da conclusão do fabrico, o direito caduca 15 anos a contar de 1 de Janeiro do ano

[694] A lei refere direito de autor atribuído "originariamente a pessoa diferente do criador". Como esta hipótese nunca se verifica (as obras colectivas são criações de empresa), significa direito atribuído originariamente a pessoa colectiva.

seguinte àquele em que a obra foi colocada à disposição do público (art. 16º/2) – prolonga-se assim o prazo de protecção por colocação da obra à disposição do público na *net*.

101.10. Obras estrangeiras de autor estrangeiro

Trata-se aqui de obras originárias de país não pertencente à União Europeia (UE) e cujo autor não seja nacional de país da UE.

O prazo de protecção é o que vigorar no país e origem, desde que não exceda os prazos de protecção da lei portuguesa (art. 37º CDADC).

101.11. Obras inéditas publicadas postumamente

Com já referimos, os sucessores têm o poder de decidir a divulgação ou não das obras de autor falecido (art. 70º/1 CDADC). Entendemos que, se o autor determinar a não divulgação da obra, os sucessores não podem divulgá-la, e que, se o autor impuser a divulgação, só terão de o fazer se na herança existirem bens suficientes para a custear.

Na hipótese de os sucessores divulgarem obra inédita de autor falecido, o direito de autor caduca nos termos gerais: 70 anos após a morte do criador da obra ou nos termos aplicáveis nos restantes casos especiais estudados (art. 70º/2).

Existe, no entanto, um ónus dos sucessores: se não divulgarem obra inédita de autor falecido nos 25 anos subsequentes à morte do autor, sem motivos ponderosos apreciáveis judicialmente, não ficam prejudicados nos seus direitos (o direito de autor subsiste e vigora nos termos gerais ou especiais aplicáveis), mas são obrigados a consentir na publicação por terceiro que a pretenda (art. 70º/3). Trata-se de uma licença obrigatória ou compulsória.

101.12. Obras de arte visual no domínio público

Versámos já esta matéria a propósito das excepções ao direito de autor (cfr., *supra*, nº 63.13). Na realidade, ela é respeitante também, à existência de um exclusivo superveniente à caducidade do direio de autor, pelo que a versamos aqui também.

Verifica-se o aproveitamento de obras de arte visual caídas no domínio público para a produção de materiais (postais, *posters*, simples cópias, *etc.*) sobre os quais se reclamam depois exclusivos de exploração económica como se se tratasse de obras originais ou até da obra original reproduzida cuja protecção se estenderia, assim, após a caducidade do direito de autor.

Para obstar a que tal aconteça, a DMUD e o novo art. 39º-A CDADC em transposição da mesma estatuem que tais materiais – resultantes da reprodução de obras de arte visual caídas no domínio público – só poderão ser objecto de exclusivo se, *em si mesmos*, reunirem os citérios de protecção por direito de autor de qualquer obra original.

101.13. Direitos conexos (*remissão*)

I. As prestações dos artistas intérpretes ou executantes, dos produtores de fonogramas e de videogramas, dos editores de imprensa e dos organismos de radiodifusão são protegidas por direitos conexos (art. 176º/1 CDADC). Tratamos a matéria da duração da protecção dos direitos conexos *infra*, nº 117.

101.14. Caducidade dos direitos pessoais de autor

Como dissemos, os direitos pessoais de autor integram poderes ligados à preservação da genuinidade e integridade das obras: direito de divulgação ou ao inédito, direito de retirada, direito de defesa da integridade da obra, direito de reivindicação da paternidade da obra, direito de menção da designação de autoria; direito de acesso ao exemplar raro ou único da obra.[695]

Nos termos da lei (arts. 56º/2 e 42º CDADC), estes direitos são inalienáveis, irrenunciáveis e imprescritíveis, acrescentando-se que se "perpetuam após a morte do autor" (mesmo nº 2). Será que as faculdades pessoais de autor são perpétuas?

Em caso de renúncia ao direito de autor, vimos já que este se extingue nesse momento, antes do decurso do prazo de protecção[696]. Já quanto ao direito pessoal, o art. 9º/3 CDADC é expresso: o direito pessoal permanece na titularidade do criador intelectual. Até quando?

O art. 56º/2 CDADC estabelece a titularidade do direito pessoal "durante toda a vida do autor". Prolongar-se-á por sucessão *mortis causa*?

O carácter pessoalíssimo de certas faculdades pessoais, como o direito de retirada, para cujo exercício a lei manda atender a "razões morais", desaconselha que se separe da esfera jurídica do autor: direitos como este "morrem com o autor".

Os restantes direitos pessoais "perpetuam-se após a morte do autor, nos termos do artigo seguinte" (segundo a redacção do art. 56º/2, *in fine*). Ora, o art. 57º estabelece apenas que, por morte do autor, "o *exercício* destes direitos cabe aos sucessores" do autor falecido, enquanto a obra não cair no domínio público. Logo, aos sucessores cabe *exercer* os direitos pessoais, *alguns* dos direitos pessoais, até a obra cair no domínio público (art. 57°/1). Este exercício é vinculado, porquanto, se os sucessores, depois de notificados, não reagirem às

[695] Em desenvolvimento deste tema, pode cfr. o nosso "Derecho personal (dicho "moral") de autor en Derecho portugués y español", cit..

[696] Cfr., *supra*, nº 100.

"ameaças à autenticidade ou dignidade cultural" da obra, o Estado pode avocar a si essa defesa (art. 57º/3). Não se trata *do* direito pessoal, mas de faculdades de defesa da genuinidade e integridade da obra, ou não seriam atribuídas ao Estado.

Em qualquer caso, duram apenas enquanto a obra não cair no domínio público, após o que compete ao Estado (Ministério da Cultura) defender não mais do que a genuinidade e integridade das obras (art. 57º/2). Ora, defender a genuinidade e integridade de obras não é o mesmo que exercer direitos pessoais relativos a estas, não fazendo sentido o seu exercício pelo Estado. Esta actuação do Estado representa não a defesa de posições particulares de autores individualmente considerados, mas a defesa do património cultural.

O mesmo se diga do caso particular do direito de divulgação (art. 70º/1 CDADC[697]). Este cabe aos sucessores, juntamente com os restantes direitos, pessoais e patrimoniais, nos termos descritos: apenas até ao termo dos prazos de protecção legal. É o que resulta do art. 70º/2, ao consagrar que cabem aos sucessores que divulguem obra inédita de autor falecido os mesmos direitos que lhes caberiam (por sucessão) caso o autor tivesse divulgado em vida: os direitos caducam 70 anos após a morte do autor falecido.

Já o art. 70º/3, que, como vimos, constrange à divulgação sob pena de instituir uma licença obrigatória, prova que o direito dos sucessores não tem conteúdo idêntico ao direito pessoal do autor falecido, já que a este assiste a *liberdade* de divulgação (direito de divulgação ou ao inédito) que àqueles falta.

102. Domínio público – conceito

Cessando o prazo de protecção, a obra cai no domínio público (art. 38º/1). Isto significa simplesmente que a obra passa a ser livremente utilizável sem o consentimento do autor ou seus sucessores, ou independentemente deste.

102.1. Domínio público nos casos especiais

I. Se o prazo de protecção não for contado a partir da morte do autor (caso das obras anónimas ou das obras colectivas, por exemplo), a obra cai no domínio público se não for publicada ou divulgada licitamente nos 70 anos após a sua criação (art. 38º/2 CDADC).

II. A publicação ou divulgação das obras inéditas, publicadas ou divulgadas licitamente após a queda no domínio público, fazem constituir um direito conexo que concede "protecção equivalente à dos direitos patrimoniais" por 25 anos após a divulgação/publicação (art. 39º/1) – é um direito conexo que normalmente pertence a um editor (cfr., *supra*, nº 101.1-II).

[697] Cfr., *supra*, nº 41-IV.

III. Como vimos (cfr., *supra*, nº 81), as "publicações críticas ou científicas de obras caídas no domínio público" gozam de protecção nos 25 anos após a sua publicação (art. 39º/2). Discorremos que se trata apenas das publicações críticas ou científicas que não gozem de protecção como obras autónomas da que criticam ou explicam, pois nesse caso gozariam de protecção nos termos gerais.

102.2. Condições de utilização de obras caídas no domínio público

Nos termos do Decreto-lei nº 150/82, de 29-4, que julgamos não revogado, a utilização livre de obras caídas no domínio público está condicionada (art. 2º):

a) deve ser mencionado o nome do autor, se conhecido;
b) deve ser respeitada a genuinidade e integridade da obra;
c) sendo tradução ou outra transformação de obra, deve ser mencionado tal facto.

102.3. Obras nunca protegidas

As obras nunca protegidas, ou seja, aquelas que nunca atraíram protecção jusautoral porque não existia, à data da sua criação, lei que as protegesse, caíram, é certo, no domínio público, são livremente utilizáveis desde que tal prazo tenha decorrido, mas atraem toda a protecção que merecem as demais obras caídas no domínio público: defesa da integridade e genuinidade pelo Estado, menção da autoria ou de qualquer transformação que sofram.

103. Prova do decurso do prazo de protecção

Oliveira Ascensão defende que, dada a "dificuldade na investigação" das datas da primeira publicação ou da morte do(s) autor(es) e considerada a existência de um "princípio de liberdade de utilização", é ao autor que cabe o ónus da prova da vigência do prazo de protecção.[698] Não pensamos assim e justificamo-lo com alguns casos particulares expressamente previstos na lei.

O art. 122º/3 CDADC exige ao promotor do espectáculo de execução ou recitação de obra literária, musical ou literário-musical que faça prova de que tem autorização do titular dos direitos sobre as obras executadas ou declamadas. Oliveira Ascensão[699] considera existir aqui uma inversão da regra geral sobre ónus da prova neste domínio. Porquê considerar existir inversão do ónus e não, precisamente, aplicação da regra *geral* sobre ónus da prova, que aqui encontraria mais uma manifestação?

[698] Oliveira Ascensão, última ob. cit., nº 235-I.

[699] Oliveira Ascensão, última ob. cit., nº 235-II.

O art. 27º/2 CDADC presume autor (titular do direito) o que tiver sido indicado como tal na obra. Para que serviria esta presunção senão para estabelecer o princípio de que a obra é protegida, salvo quando a lei negue essa protecção?[700]

Nas obras órfãs (aquelas em que nenhum dos titulares de direitos é identificado ou localizado[701]), a lei obriga a que, previamente à utilização livre da obra, se realize e registe "pesquisa diligente" do titular do direito desconhecido. Deduz-se que as obras se presumem protegidas, ou não se justificaria que se devesse *sempre* pesquisar em indagação de quem seja o titular do direito relativo a essas obras.

Podemos, então, enunciar o princípio: *o ónus da prova da liberdade de utilização de uma obra inerente à sua queda no domínio público cabe ao que pretender utilizar (livremente) a obra, que deve previamente indagar a autoria e, na falta de autorização, provar a queda no domínio público.*

[700] Como é o caso das figuras em relação às quais a lei exclui a protecção no art. 7º CDADC: notícias do dia, textos de lei, *etc.*.

[701] Cfr., *supra*, nº 63.5 e o art. 26º-A CDADC.

Título VI

Estrutura e Natureza do Direito de Autor

Capítulo I
Principais concepções doutrinárias sobre a estrutura do direito de autor

A estrutura de um direito reflecte-se no seu conteúdo e características definidos pelo seu regime. A sua natureza decorre destes últimos e não pode desligar-se da concepção doutrinária que enforma o respectivo regime legal: é, portanto, evolutiva.

Formularam-se, ao longo do tempo, mais de uma dezena de teorias sobre este problema, algumas das quais ainda encontram hoje convictos defensores. É, porém, verificável que a maior parte das posições elaboradas se reconduz a um número bem mais restrito de concepções básicas. Sem pretensões a um tratamento exaustivo, mais próprio de um tratado, referir-se-ão apenas as que se consideram exemplares.

104. Teorias monistas

As concepções monistas do direito de autor apresentam de comum o facto de configurarem este como um direito unitário, no qual se podem combinar aspectos que reflectem a tutela de interesses de diferente índole e natureza, mas que não apresentam entre si características distintivas suficientes que justifiquem considerá-los autónomos, sujeitando-se assim, também, a um regime unitário.

Resultam estas doutrinas não necessariamente da negação da coexistência de direitos ou poderes de diferente natureza no âmbito de uma mesma situação jurídica, mas de uma visão conceptual em que esses poderes se combinam e fundem num modelo estrutural unitário em que: ou os diferentes aspectos integrantes são absorvidos por um deles, considerado predominante, e ao regime próprio do qual se sujeita toda a situação jurídica; ou da conjugação dos poderes integrados nessa situação jurídica resulta a criação de um direito *sui generis*, de características e natureza diferentes das que são próprias dos poderes integrantes, se isoladamente considerados, sendo toda a situação jurídica regulada por um regime também unitário e *sui generis*.

Se o(s) direito(s) de autor nasce(m) de um facto jurídico único, a criação intelectual exteriorizada na obra literária ou artística; se desse facto nasce uma situação jurídica que se reconhece integrada por poderes de índole diferente, mas que se entende sujeita a um regime jurídico unitário: encontramo-nos, então, perante uma *concepção monista* da estrutura do direito de autor.

Vejamos que incidência tem tido este entendimento na natureza atribuída a este direito.

104.1. O direito de autor como um direito de propriedade

A concepção do direito de autor como direito de propriedade, uma propriedade especial, mas, todavia, propriedade assim mesmo, radica nos primórdios da individualização deste direito e da atribuição da sua titularidade ao criador intelectual.

104.1.1. Concepção de Garrett

Pelo seu carácter inovador entre nós, avulta a posição de ALMEIDA GARRETT[702], que formula esta teoria como reacção à ideia, até aí dominante, de "privilégio régio" atribuído aos editores, à qual contrapõe o conceito de direito individual do autor.

Propriedade não perpétua, porém – ao contrário do que pretendia ALEXANDRE HERCULANO – pois que, no entender de Garrett: "[...] dos três grandes caracteres jurídicos da propriedade comum, a perpetuidade, a inviolabilidade e a transmissibilidade, o primeiro não pode ser mantido nesta. [...] O espírito cria o pensamento, cria-o ele só, é só seu. Mas para que esta criação invisível se fecunde, tome corpo, seja vista, sentida, que se comunique, é preciso que outros homens concorram: tinha a existência intelectual, faltava-lhe a existência física, a existência que dá a palavra e o escrito, mas que é nula e como se não fora, sem os olhos e ouvidos e a percepção daqueles a quem se comunica [...]".

E conclui Almeida Garrett: "Logo, não basta a criação mental para existir a propriedade literária, é precisa a concorrência da sociedade, [...]. A sociedade exige pois concessões pela sua cooperação, assim como o autor as exige dela, e

[702] Expressa na apresentação do Projecto de lei sobre Propriedade literária e artística à Câmara dos Deputados em sessão de 18 de Maio de 1839, *in* "Obras de Almeida Garrett", cit., vol. I, pp. 1210 e ss.. Iniciativa legislativa que mereceu aprovação, mas cuja promulgação foi interrompida pelo consulado de Costa Cabral e só retomada em 1851, sendo promulgado o respectivo Decreto em 8 de Julho desse ano.

por igual motivo. Seja inviolável, seja transmissível a propriedade literária, mas dentro de um prazo determinado, findo o qual o direito de autor cesse, e o da sociedade comece".

De uma carta à Rainha, datada de 29 de Junho de 1851[703], se vê manter A. Garrett o mesmo entendimento: um direito de autor, encarado como direito individual do criador intelectual, com a natureza de uma propriedade especial temporária, como defesa dos autores contra "a fraude, o roubo, o falso" de que beneficiariam certos comerciantes livreiros, com esbulho dos verdadeiros proprietários, os autores.

104.1.2. Concepção de Cunha Gonçalves

Ainda entre nós, numa visão que enformou o Decreto nº 13725, de 3 de Junho de 1927, regista-se a posição de Cunha Gonçalves[704], que refuta a concepção do que chama "direito duplo" (direito moral, direito pecuniário), defendendo a perpetuidade do direito de autor no conjunto das suas prerrogativas: "a perpetuidade do chamado direito moral, que melhor se diria direito de criação ou paternidade literária, deve ter como lógica consequência a perpetuidade do direito de fruição económica".

Do passo seguinte, sustenta a classificação do direito de autor como direito de propriedade, que abrangeria "[...] modernamente, toda a espécie de coisas, valores e direitos independente do requisito da perpetuidade, como se verifica nas concessões do Estado", sendo regida e considerada como qualquer outra propriedade mobiliária.

Segundo Cunha Gonçalves, a propriedade da obra – "inexactamente designada por direito moral" – pertence ao autor, desdobrando-se em: "direito de paternidade do criador, também chamado direito moral; direito de publicação ou edição; direito de reprodução ou reedição; direito de tradução; direito de representação, que só existe nas obras dramáticas; direito ao nome literário ou artístico; direito de defesa contra as contrafacções ou usurpações".

Embora negando o carácter essencial do "direito moral", a que chama "direito de criação ou paternidade literária", Cunha Gonçalves não consegue iludir algumas derrogações ao pretenso carácter unitário que a sua concepção como uma propriedade especial implicaria.

É, assim, forçado a admitir a intransmissibilidade daquele direito pessoal, explicando: "[...] se o chamado direito moral é intransmissível, é porque nenhuma obra humana, nem o próprio homem, pode ter dois autores sucessivos; [...]".

[703] *In* "Obras de Almeida Garrett", cit., vol. 1, pp. 1224 e ss.

[704] "Tratado de Direito Civil", cit., vol. IV, pp. 27 e ss.

Não obstante esta intransmissibilidade, mantém este tratadista a sua posição primitiva, argumentando, sem escapar a alguma contradição, que: "o direito moral é, pois, um elemento necessário do direito pecuniário [...], e, por isso, quem adquire o direito de explorar obra alheia adquire, simultaneamente, o direito, que é também um dever, de conservar ligado à obra o nome do seu autor, [...]". Convenhamos que é um pouco forçado.

Pela sua importância e novo significado atribuído ao conceito de "propriedade", quando aplicado a obras intelectuais, merecem ser salientadas duas outras teses.

104.1.3. Concepção de Recht

Em primeiro lugar, a de P. RECHT[705], que refere a existência de duas propriedades paralelas relativas à obra: uma, a propriedade ordinária sobre o suporte material da obra; outra, a propriedade sobre um bem imaterial, a obra literária ou artística.

Reconhecendo no direito de autor as características de um direito absoluto (oponível *erga omnes*) e de um direito exclusivo (do autor, seu único titular) – caracteres essenciais da propriedade, como afirma –, considera, de seguida, que, pela "apropriação" ou "apossamento" (equivalentes à *occupatio* primitiva) da obra pelo seu criador, se vê este investido na titularidade de um direito subjectivo de espécie correspondente à daquele que é detido pelo verdadeiro proprietário.

RECHT contesta, finalmente, que, mesmo no Direito Romano – "em que a propriedade literária existia, embora desapercebida e não garantida, porque não se fizera ainda sentir a necessidade de proteger os autores" –, alguma vez o conceito de *res* tenha sido reservado às coisas corpóreas. Reitera, pois, a natureza real do direito de autor, formulando também críticas às concepções dualistas extremas, segundo as quais a patrimonialização da obra só se daria pela sua publicação, e não desde a consumação e exteriorização da criação intelectual.

A partir destas considerações, constrói RECHT a sua concepção do direito de autor, como uma "propriedade-criação" – por oposição à "propriedade-posse".

Como formas de "propriedade-criação", enuncia todas aquelas em que o objecto nasce da criação intelectual do que adquire o direito pela referida apropriação ou empossamento, ou seja, todas as modalidades da chamada propriedade industrial e do direito de autor: "é uma propriedade que incide sobre o conteúdo artístico da obra, que não constitui uma contrapartida salarial do autor, cujo objecto (a criação exteriorizada) é, pelas razões expostas,

705 "Le Droit d'Auteur, une nouvelle forme de propriété", cit. (*maxime* pp. 207 e ss.).

apropriável e que confere um privilégio de exploração nascido de uma criação" – conclui P. Recht.

É evidente que, segundo esta concepção monista, é negada qualquer autonomia ou relevância aos direitos ditos pessoais ou morais do autor: "as criações intelectuais que adquiriram uma forma material são uma *res*, objecto de direito, um "bem", cuja existência não depende de um acto de vontade puramente potestativo do sujeito do direito" – postula, ainda, Recht.

104.1.4. Concepção de Hubmann

Merece ainda referência uma outra concepção monista do direito de autor.

Trata-se da que perfilha Hubmann[706], que configura o direito de autor como uma "propriedade intelectual ou espiritual".

Esta teoria, de cariz fortemente personalista, baseia-se no entendimento de que: "ao lado do direito pecuniário existe o 'Urheberpersonlichkeitsrecht', inerente à pessoa do autor, o qual é mesmo o suporte e fundamento do direito pecuniário".

Concebe este autor "um direito do Homem ao que lhe pertence por natureza, sobre aquilo que dele emana". [...] "Este direito é a sua propriedade (intelectual), à qual se justapõe um direito de personalidade, formando em conjunto um direito unitário."

E, sobre o conteúdo e características desta "propriedade especial", acrescenta: "[...] o direito de assimilar o conteúdo da obra [...] não decorre apenas da propriedade (do seu suporte material) mas também da autorização de utilização dada pelo autor que a põe em circulação. O proprietário só tem o direito de utilizar o bem intelectual dentro dos limites dessa autorização [...]".

104.2. O direito de autor como um direito de monopólio ou de exclusivo. Os direitos *sui generis*

104.2.1. Concepção de Oliveira Ascensão

Embora a sua concepção sobre a estrutura dos direitos de autor não seja aparentemente monista em termos puros – ele próprio a afirma pluralista, embora enunciada em termos específicos –, conclui Oliveira Ascensão terem estes direitos a natureza de "um exclusivo temporário de exploração económica da obra."[707]

[706] H. Hubmann. "Das recht des Schopferischen Geistes", 1954, pp. 84 e ss. (citado por P. Recht, 2ª ed. 1966 § 1 e § 4 VII (*apud* Oliveira Ascensão, "Direito Autoral", cit., pp. 317 e 327). Para garantir a maior fidelidade possível na comunicação do pensamento deste autor usaremos apenas transcrições feitas pelos autores citados.

[707] Ver "Direito Autoral", cit., pp. 320 e ss. e 334 e ss.

Convirá, assim, que se explique porque tratamos esta doutrina, que corresponde a uma forma aperfeiçoada e mais precisa de teoria dos "direitos de clientela" de Roubier[708], a par das concepções monistas.

Em primeiro lugar, deve esclarecer-se que tal teoria é formulada por Oliveira Ascensão a propósito da lei brasileira então vigente (Lei nº 5988, de 14-12-73) sobre Direito de Autor. Esta apresentava diferenças sensíveis em relação ao regime vigente entre nós, entre as quais merece realce a consagração de "direitos personalíssimos" do autor, distintos dos "direitos pessoais" que seguiriam no essencial o regime dos direitos patrimoniais.

Nestes termos e baseado na lei brasileira, Oliveira Ascensão autonomizava na estrutura dos direitos de autor: "o direito de autor (em sentido estrito) – direito patrimonial, mas que absorve as faculdades pessoais necessárias ao aproveitamento da obra; o direito personalíssimo (núcleo pessoal de faculdades, insensível às vicissitudes do que chama direito de autor); e o direito de sequência (que, apesar de patrimonial, apresenta características mistas dos dois outros direitos enunciados).

Apoiando-se nesta análise estrutural, acaba por apontar ao direito de autor um objecto distinto dos que são próprios quer dos direitos de personalidade, quer dos direitos reais, concluindo pela sua definição como um direito *sui generis*: o referido direito de exclusivo. Neste, "certas actividades relativas à obra são reservadas por lei ao autor", sendo que, não obstante "certos laivos pessoais" ou mesmo "faculdades de carácter pessoal que o integram [...], é nele primário o aspecto patrimonial e secundário ou instrumental o aspecto pessoal"; a consagração dos próprios "direitos personalíssimos" confirmaria essa natureza de exclusivo de exploração económica da obra, comum a todos os direitos do autor.

Ora, se bem que por esta formulação se reconheça que certas prerrogativas integradas no direito (geral) de autor apresentam especificidades que não permitem que aqui se fale de um regime unitário, próprio das teorias monistas, também é certo que tais desvios se têm por não afectar a natureza de todo o direito de autor como um direito de exclusivo.

Aliás, a própria definição de um direito como *sui generis*, praticamente implica que se conceba a sua estrutura como unitária: se todo o complexo de poderes ou faculdades integradas em dado direito deixa de se reger segundo

[708] Roubier, "Droits Intellectuels ou droits de clientèle", cit., inspirado em E. Picard, "Le Droit Pur", cit., o qual, evoluindo das expressões "direito de invenção", "direito de monopólio", "direito de exclusivo ou de exclusividade", acaba por se fixar no conceito do que designa por "direitos intelectuais" (dos autores e inventores) – um direito *sui generis* que, na expressão de Picard: "representa o ponto-de-encontro de uma multiplicidade de direitos que nascem da actividade da inteligência e se caracterizam por uma exclusividade ou monopólio, no qual se fazem absorver as prerrogativas pessoais do criador.

o regime característico de cada um deles, considerado isoladamente, passando toda a situação jurídica que integram a regular-se por regras próprias distintas daquelas e que a individualizam, então estamos perante um novo direito, de natureza *sui generis* e – necessariamente – com estrutura unitária.

Oliveira Ascensão afirma, hoje, que o direito de autor é "um exclusivo temporário de exploração económica da obra."[709]

104.3. O direito de autor como direito unitário pela predominância do seu carácter pessoal

Para além das doutrinas expostas, outras existem que, não fugindo à concepção monista, salientam o aspecto pessoal do direito de autor.

104.3.1. Concepção de Almeida Santos

Entre elas podemos salientar a posição de Almeida Santos[710] que, embora sublinhando as diferenças características das faculdades de natureza pessoal e patrimonial que aponta coexistirem no direito de autor, marca também claramente a distinção entre os referidos poderes pessoais do autor (a que chama "direitos ou faculdades morais") e os direitos de personalidade cuja natureza recusa àqueles.

Almeida Santos reconhece àqueles características comuns aos direitos de personalidade e considera que, à luz de uma concepção unitária do direito de autor, as dúvidas se desvanecem pela aproximação verificável nas características de prerrogativas ditas pessoais e patrimoniais que, em certos casos, não permitem, inclusivamente, que se destrince a respectiva natureza. E cita dois exemplos: a perpetuidade, como característica comum a direitos pessoais e patrimoniais, no regime dos direitos de autor instituído pelo Decreto nº 13725, de 1927 – que toma por referência –, esbatendo-se assim um dos principais argumentos que, na sua opinião, apoiaram as doutrinas dualistas; e a existência de faculdades de natureza híbrida, como o que chama "direito de publicação, através do qual o autor, a um tempo, empenha a personalidade e oferece e reclama o seu produto", segundo afirma.

Concluindo, assim, pelas vantagens de uma concepção unitária do direito de autor, que considera um "direito misto", suscita então a questão da eventual predominância de alguma das faculdades que integram esse direito.

Na linha, por exemplo, de C. Aussy que cita[711], defende Almeida Santos a clara prevalência do direito moral, apoiado na regulação positiva que favorece

[709] Oliveira Ascensão, "Direito Civil – Direito de Autor e Direitos Conexos", cit., nº 472, p. 686.

[710] "Ensaio sobre o Direito de Autor" cit., pp. 64 e ss..

[711] "Du Droit Moral de l'Auteur", cit., pp. 7 e 15, que, aliás, considera o direito de autor como um direito *sui generis* – direito sobre um bem imaterial (a obra), "direito abstracto", distinto do direito

os interesses de natureza pessoal sobre os interesses pecuniários em todos os casos de conflito. Isto seria demonstrado: pelas características de "inalienabilidade, inexpropriabilidade e impenhorabilidade do direito moral", bem como pelas "concretas faculdades positivas que o integram, tal como a de retirar a obra do comércio, *etc.*"; e também pelo fundamento da consagração do direito de autor, que revelaria "maior sensibilidade pelos interesses morais do autor, a quem é necessário proteger contra si mesmo e contra os desmandos da sua ganância".

104.3.2. O direito de autor como direito de personalidade (uma improvável concepção unitária)

Na análise das principais doutrinas monistas sobre a estrutura do direito de autor, partimos de concepções estritamente "patrimonialistas" deste direito, passando para outras que mais acentuam o seu fundamento e natureza "personalista". Das diferentes configurações desse direito como unitário, que envolvem a identificação de todas as prerrogativas que integram o seu conteúdo com um tipo único (direito de propriedade, por exemplo), ou que criam um tipo inovador também único (caso dos direitos *sui generis*), chegou-se às que reconhecem a individualidade característica das diversas faculdades integradas, mas que lhe negam a independência e autonomia, concebendo um direito unitário em que predominam os caracteres próprios de uma daquelas, cuja natureza se comunica a toda a situação jurídica.[712]

Poderia, teoricamente, conceber-se o direito de autor – todo o direito de autor – como um direito de personalidade[713]. Pensamos, porém, difícil configurar uma teoria monista nestes termos.

de propriedade – em que o direito moral prevalece "pois busca o seu fundamento no respeito pela personalidade humana preexistindo à lei e assentando no direito natural, ao contrário do elemento pecuniário, que visa assegurar um exclusivo (prerrogativa económica) de reprodução da obra e que é uma construção [...] do direito positivo".

[712] Neste sentido, propomos um entendimento diferente, nomeadamente do de OLIVEIRA ASCENSÃO "Direito Autoral", cit., pp. 316 e 317), que aparentemente considera substancialmente idênticas, mas de sinal oposto, as teorias de P. RECHT e de ALMEIDA SANTOS, quando, na verdade, o primeiro nega qualquer autonomia ou individualidade ao que chama "pretensos direitos morais", enquanto o segundo, embora admitindo a predominância destes – pressuposto necessário à sua concepção unitária –, não nega a individualidade dos direitos patrimoniais. São ambas doutrinas monistas, sem dúvida, mas de base conceptual diferente.

[713] Parece ser esta o entendimento de OLIVEIRA ASCENSÃO quando afirma ("Direito Autoral", cit., pp. 327 e ss.) "a teoria do direito de personalidade supõe um entendimento monista do direito de autor para poder representar uma explicação global. Doutra maneira, se se distingue um direito pessoal de um direito patrimonial, por exemplo, impossível será englobar também o direito patrimonial no direito de personalidade". Afirmação na linha da que postula na p. 315 da mesma obra,

Ao contrário das doutrinas (também monistas) que entendem o direito de autor como uma propriedade especial, já é dificilmente configurável que unitariamente se considere o direito de autor regido pelas regras próprias do Direito de Personalidade. É que as "especialidades" de regime que adviriam a tal direito de personalidade do facto de revelar integrado um conjunto de faculdades obviamente ligadas à utilização económica da obra não permitiriam escamotear uma sua índole também patrimonial.

Tendo a componente patrimonial que o direito de autor revela reconhecimento indesmentível – à luz de qualquer ordenamento jurídico que consagre os direitos de autor tal como os conhecemos –, a única conciliação possível entre estes direitos e os direitos de personalidade teria de assentar numa concepção dualista, ou, pelo menos, não monista. O que importaria, então, seria determinar qual o bem que é objecto do direito de autor: se a personalidade do autor, se um bem exterior a esta (a obra).

Os resultados deste exercício poderão, de resto, levar a conclusões insuspeitadas à partida: se se reconhece aos direitos pessoais a natureza de verdadeiros direitos de personalidade, então, sendo os interesses que a sua consagração visa tutelar manifestamente distintos dos que se protegem com o reconhecimento do direito (patrimonial) de exploração económica da obra, teriam aqueles de ser excluídos da categoria de verdadeiros direitos de autor, retomando estes últimos uma estrutura unitária, pela sua natureza, afinal, exclusivamente patrimonial[714]. Por outras palavras, se se considerar que os direitos pessoais de autor são direitos de personalidade, então a existência insofismável de um exclusivo ligado à exploração económica da obra levaria à recusa do reconhecimento dos direitos pessoais como verdadeiros direitos de autor.

105. Teorias dualistas

As doutrinas sobre a estrutura dos direitos de autor, chamadas dualistas, podem revestir diversas formas. Formulam-se todas em torno de um maior ou menor predomínio dado ora às prerrogativas pessoais ora às patrimoniais.

onde conclui: "[...] Ao dualismo terão de chegar quase todos os que encontram neste sector um direito de personalidade, pois terão de o contrapor ao aspecto patrimonial, que dificilmente se integra nos quadros do direito de personalidade."

[714] Adriano de Cupis, "Direitos de Personalidade", cit., pp. 309 a 314, defende que o objecto dos "direitos morais" é o bem pessoal da paternidade intelectual, diverso do objecto dos direitos patrimoniais (a obra do engenho), apontando assim "vida autónoma" e a natureza de verdadeiros direitos de personalidade aos primeiros. Desta autonomia conclui pela refutação das teorias monistas que "pretendem a existência de um único direito de autor de natureza mista, pessoal e patrimonial, *i.e.*, *sui generis*".

105.1. Concepção de Kohler

Todas as concepções dualistas têm um fundo doutrinário comum, em KOHLER[715], com a sua concepção do "Doppelrecht", que afirma o paralelismo de duas categorias complementares de direitos diferentes: os que correspondem a prerrogativas de natureza pecuniária, que seriam características de um direito real sobre um bem imaterial ou de um direito *sui generis*; e os que correspondem a prerrogativas morais próprias de direitos pessoais. E afirma: "o autor de uma produção intelectual e o de um produto material [...] têm um mesmo direito, o direito de exigir o absoluto respeito pela sua personalidade criadora" [...]. [...] "deste facto resulta que qualquer coisa que não é direito de autor se lhe junta exteriormente, o direito de personalidade, o direito do produtor à inviolabilidade da pessoa, que incide aqui e confere, quanto à produção intelectual, direitos que não podem fundir-se no direito de autor".

105.2. Concepção de Desbois

Entre os defensores da concepção dualista, avulta H. DESBOIS[716], que, face à lei francesa sobre o direito de autor de então (lei nº 57298, de 11-03-1957), afirma a coexistência de direitos morais e patrimoniais, a qual não significaria necessariamente independência, pois que reconhece a predominância dos primeiros.

É, aliás, nesta coexistência com predominância dos direitos morais que Desbois assenta a sua teoria, comprovando-a pelo conteúdo destes últimos – de que salienta nomeadamente "os poderes conferidos ao autor de se arrepender de uma decisão (de divulgar) que veio a lamentar, alterando ou recusando o cumprimento de um contrato já concluído, ou mesmo retirando a obra já em circulação, mediante o pagamento de indemnização (direito de retirada) – e assim sobrestando à força obrigatória dos contratos e também aos direitos de propriedade, virtualmente adquiridos por terceiro sobre o suporte material da obra".

105.3. Concepção de L. F. Rebello

Já numa linha que pretende realçar o equilíbrio ou equivalência entre os aspectos morais e intelectuais do direito de autor, registamos, entre nós, a posição do LUIZ FRANCISCO REBELLO[717], que reconhece existirem em todo o Código do

[715] Ver, por todos, "Urheberrecht an Schriftwerken und Verlagsrecht", 1907, *apud* P. RECHT, "Le droit d'auteur une nouvelle forme de propriété", cit., pp. 75 e ss.. Para maior fidelidade possível, usar-se-ão apenas transcrições do texto daquele feitas por RECHT.

[716] "Droit d'Auteur en France", cit., pp. 233 e ss..

[717] "Visita guiada ao Mundo do Direito de Autor", cit. pp. 44 e segs; ver, também, do mesmo Autor, "Natureza Jurídica dos Direitos de Autor", cit..

Direito de Autor Português (de 1966, aprovado pelo Decreto-Lei nº 46980, de 27-4-1966) vários sinais de independência e complementaridade entre direitos morais e patrimoniais, dados pelas características de uns e outros: "transmissíveis os primeiros, inalienáveis os segundos; sujeitos a caducidade os direitos patrimoniais, imprescritíveis os direitos pessoais; conservando-se os direitos morais na titularidade do autor – refere o caso do direito à paternidade –, mesmo quando é livre a utilização económica da obra".

Acrescenta, porém, L.F. Rebello que, não obstante um preceito do Código considerar "a garantia das vantagens pecuniárias resultantes da exploração [...] como objecto fundamental da protecção legal que dimana do direito de autor" (art. 61º/2), os aspectos patrimoniais e pessoais se equilibram neste direito, convergindo para uma mesma finalidade, que define como: "o respeito dos direitos dos criadores intelectuais, por um lado, e a propagação da cultura, por outro".

Embora se possa reconhecer a justeza desta conclusão, não transparecem de forma muito evidente os referidos "equilíbrio e complementaridade" dos poderes pessoais e patrimoniais do autor, em resultado do seu mero enunciado.

De facto, não se pode determinar a predominância de um dos aspectos simplesmente a partir da afirmação dessa superioridade através de um artigo legal. Menos ainda se tal afirmação assentar em preceito (art. 5º do Código do Direito de Autor de 1966, inserido no Título do referido Código relativo à "Utilização económica de obras intelectuais") que coloca a par as faculdades pessoais e patrimoniais, e não no Capítulo I da Secção I ("Objecto, conteúdo e caracteres do direito de autor").

No entanto, além da saliente dicotomia de características entre direitos pessoais e patrimoniais, que ressalta de várias normas daquele Código (desde logo, no nº 2 do mencionado art. 5º), que ainda poderia demonstrar a sua autonomia e a estrutura não unitária do direito de autor, já não se vê como a sua equivalência poderá decorrer da sua complementaridade.

105.4. Concepção de De Sanctis

Fazendo apelo a outro tipo de fundamentação, também Valerio de Sanctis[718] reconhece, respectivamente, nos direitos patrimoniais e pessoais de autor e se bem que reportados ambos à obra de engenho, regras próprias da categoria a que pertencem, acrescentando que não resulta da sua combinação no conteúdo do direito de autor a criação de um novo direito misto pessoal-patrimonial.

Acrescenta também de Sanctis que, a configurar-se um tal direito misto unitário, tendo como termo de referência simultaneamente uma coisa (a obra)

[718] "Autore (diritto di)", *in* Enciclopedia del Diritto – IV cit. Pp. 397 e ss. e "Contratto di Edizione", *in* Trattato di Diritto Civile e Commerciale, XXXI, T. 1, cit., pp.10 e ss.

e a pessoa (do autor), se levantariam delicados problemas de interpretação e ponderação dos interesses tutelados.

Afirma, assim, que sendo dual a estrutura do direito de autor, nele se conjugam: direitos pessoais, que traduzem a tutela específica da personalidade do autor manifestada na obra do engenho (e que não se reconduzem, assim, aos que asseguram a protecção geral da personalidade); e direitos patrimoniais, destinados a garantir a realização de interesses pecuniários ligados à utilização económica da obra.

Define, então, o direito de autor – usando os termos de uma decisão judicial italiana – como aquele pelo qual o seu titular é investido de um "privilégio exclusivo e temporário de exploração comercial", integrado por poderes de natureza moral, pessoal e patrimonial, que conservam as suas características próprias, e que têm por objecto a obra de engenho, bem jurídico no qual se reflectem interesses patrimoniais e pessoais do autor.

106. Teorias pluralistas

As concepções pluralistas sobre a estrutura do direito de autor encontram neste não apenas um direito pessoal ou moral e um direito patrimonial com características que os conservam autónomos, como defendem os dualistas, mas um feixe de direitos pessoais e patrimoniais que se revelariam independentes e com características de comportamento distintas perante as várias vicissitudes sofridas pela situação jurídica a que respeita o direito de autor.

Assim, por exemplo, alguns direitos pessoais seriam transmissíveis e, ou, renunciáveis e outros não, o mesmo se passando em relação aos direitos patrimoniais.

Pela sua maleabilidade, uma teoria como esta apresentar-se-ia atraente já que não obriga o estudioso do Direito de Autor a tortuosas explicações, como algumas das que descrevemos, na tentativa de demonstrar a uniformidade de características dos diversos poderes que integram a situação jurídica nascida da criação intelectual de uma obra. Basta que se pense num direito como o "de sequência" (art. 54º CDADC), que a lei expressamente estatui como irrenunciável, inalienável e imprescritível e em que ninguém reconhece os traços próprios de um direito pessoal, ou que se verifiquem certas limitações, aparentes ou não, ao carácter absoluto e perpétuo que alguns apontam a certos direitos que pretendem com a natureza pessoal, para que nos apercebamos de quão tentadora é uma visão pluralista do direito de autor.

Não serve de apoio a uma concepção pluralista o facto de a lei designar as diversas prerrogativas do autor por "direitos pessoais ou patrimoniais" e não por "direito". O próprio Código do Direito de Autor português vigente usa indiferenciadamente as duas expressões para se referir à mesma realidade (comparar, por exemplo, a letra dos arts. 9º e 56º/2).

Do que se trata, nestes casos, é de sacrificar o maior rigor terminológico à utilização da expressão "direito/direitos" em casos em que se pretendem designar os poderes, faculdades ou prerrogativas que integram o seu conteúdo.

Capítulo II
A estrutura do direito de autor no ordenamento jurídico português – conclusão

107. Princípios estruturantes do direito de autor

I. Conclui-se, sobre a estrutura do direito de autor no ordenamento jurídico português:

A) O direito de autor constitui-se pelo simples facto da exteriorização ou materialização, na obra, da criação intelectual do autor – segundo a interpretação defendida para vários preceitos, entre os quais avulta o do art. 1º/3 CDADC.

B) Pela constituição do direito de autor, o criador intelectual adquire, em regra (ver C), simultaneamente poderes de natureza patrimonial e pessoal.
Prova-o o facto de se admitir que o autor contrate a utilização da obra por terceiro, podendo recusar posteriormente a entrega da obra, mesmo completa, sem com isso se sujeitar a execução específica do contrato.

C) A atribuição, no âmbito de contrato para criação de obra intelectual, do direito de autor a entidade diversa do criador intelectual não implica renúncia deste aos direitos pessoais relativos à obra. Entender diferentemente, seria admitir que, nomeadamente por efeito de contrato de trabalho ou de prestação de serviços que o vinculasse à criação, o autor alienaria, a eles renunciando previamente, direitos que a lei expressamente declara indisponíveis em quaisquer outras circunstâncias. Deve entender-se que o criador intelectual conserva a titularidade dos direitos pessoais, alienando apenas a titularidade do conteúdo patrimonial do direito de autor.

D) A titularidade e exercício de direitos patrimoniais relativos à obra pressupõe a titularidade e exercício de direitos pessoais pelo autor.
Mesmo que, por contrato de trabalho ou de prestação de serviço, o autor atribua ao comitente o conteúdo patrimonial do direito de autor, tal não exclui que continue a exercer os direitos pessoais em relação a cada obra que crie no âmbito desse contrato[719].

E) No conteúdo do direito de autor, integra-se um conjunto de direitos do criador intelectual que são inalienáveis, irrenunciáveis, imprescritíveis e vitalícios.
Por morte do autor, não são estes direitos objecto de sucessão, adquirindo os seus sucessores *ex novo* um conjunto de prerrogativas pessoais de conteúdo diferente do dos direitos (pessoais) do autor, destinadas a garantir, após a morte deste, a genuinidade e integridade da obra.

F) As vicissitudes objectivas e subjectivas sofridas pela generalidade dos direitos de conteúdo patrimonial e, ou, pelo direito real sobre o suporte material da obra não implicam que o conteúdo pessoal do direito sofra idênticas variações, apresentando, pois, características diferentes os poderes que integram um e outro núcleo de faculdades.

G) Conclui-se, então, pela coexistência de pelo menos dois complexos de faculdades, de características diferentes entre si, que evidenciam obedecer a regras próprias, também diversas.

II. Perante o comportamento autónomo de um e outro núcleo de direitos, conclui-se pela existência, no âmbito do ordenamento jurídico português vigente, de mais do que um tipo de direito relativo à obra intelectual.

Emergem, assim, da criação intelectual exteriorizada na obra, não uma, mas pelo menos duas situações jurídicas complexas, integradas por direitos de conteúdo, características e, certamente, natureza distintos.

Afasta-se, nestes termos, uma concepção monista do direito de autor no Direito português, sendo necessário determinar ainda se nos encontramos perante apenas dois núcleos de faculdades, inteiramente homogéneas nas suas características e face às vicissitudes sofridas pelo direito que integram, ou se deve antes adoptar-se uma visão pluralista.

Antes de formularmos conclusão, examina-se sumariamente uma figura de características peculiares, dada a natureza que aparenta: o direito de sequência.

[719] Como também dissemos, não renunciando aqui o criador à titularidade dos direitos pessoais de autor, nada impede por exemplo que, concluída a obra convencionada, ele recuse a sua entrega por optar pela sua não divulgação; responderá, então, eventualmente, nos termos gerais da responsabilidade civil contratual (cfr., *supra*, nº 74.1).

108. O direito de sequência

Tendo como fonte convencional internacional o art. 14º-*ter* CB, o direito de sequência aparece consagrado no art. 54º CDADC, integrado no respectivo Capítulo V ("Da transmissão e oneração do conteúdo patrimonial do direito de autor").

Se a figura do direito de sequência é, já de si e pelas suas características, ímpar, o regime que a lei portuguesa para ele consagra mais peculiar é.

Como vimos (cfr., *supra*, nº 66.4), a lei portuguesa consagra expressamente um direito de participação percentual sobre o preço de cada alienação do suporte material da obra subsequente à que o criador realiza.

Não há dúvida que se trata de um direito patrimonial, na medida em que reflecte a tutela de interesses patrimoniais do seu titular. Mas será um direito patrimonial *de autor*?

Apresenta o direito de sequência diversas singularidades em relação aos restantes direitos de autor.

Em primeiro lugar, os direitos patrimoniais de autor têm em comum conferirem ao seu titular poderes ligados à exploração económica da obra – entendida como a exteriorização da criação intelectual e não como suporte material dessa criação, o qual é objecto de direitos reais de regime totalmente autónomo do dos direitos de autor (cfr. nº 30 e art. 10º CDADC). Ora, o direito de sequência consiste numa participação sobre o valor da alienação do suporte material da obra de arte, alienação essa que em nada respeita aos direitos de autor (cfr., *supra*, nº 66.4).

Por outro lado, o direito de sequência é expressamente consagrado como inalienável e irrenunciável (art. 54º/3 CDADC), características estas incompatíveis com as dos restantes direitos patrimoniais o que, designadamente, implica que a transmissão total destes não resulte na transmissão daquele, a exemplo do que ocorre com os direitos pessoais.

Ainda por ser um direito cuja consagração nitidamente visa proteger interesses patrimoniais do criador intelectual, não vemos que possa ser atribuído, em caso de criação de obra por contrato de trabalho ou de prestação de serviços, a entidade diferente deste, mesmo que tal aconteça (ver art. 14º CDADC) com o remanescente dos direitos (patrimoniais) de autor.

Nestes termos e apesar da sua atribuição *intuitu personae* ao criador intelectual, não pode negar-se-lhe o conteúdo patrimonial. Não visando a tutela de quaisquer interesses de ordem pessoal, não obstante as suas características se aproximarem das dos direitos pessoais do autor e, sobretudo, dado o objecto sobre que incide (actos de transmissão de direitos reais sobre o suporte material da obra), julgamos poder afirmar que o direito de sequência representa um *tertium genus* em relação às demais prerrogativas pessoais ou patrimoniais do autor.

É um direito patrimonial. É um direito do criador intelectual, atribuído *intuitu personae*, mas visando especificamente a protecção sob o ponto de vista patrimonial do autor nessa qualidade. Não parece, contudo, que as diferenças que evidencia bastem para afastar a sua classificação como direito de autor. É, tão-só, um direito de autor de tipo diferente, um direito *sui generis*, que não se enquadra em qualquer das categorias que se identificaram.

Não será a natureza do direito de sequência, talvez, suficiente para que se defenda uma concepção pluralista "perfeita", em que todas as faculdades pessoais, por um lado e as patrimoniais, por outro, apresentam entre si características heterogéneas. Bastará, contudo, para que se reconheça que pelo menos um, de entre os direitos de autor, escapa à dicotomia que uma tese dualista "pura" conceberia.

109. Natureza dos direitos integrados no direito de autor

109.1. Objecto do direito de autor – conclusão

Viu-se que o objecto do direito de autor é a obra intelectual (cfr. nº 29).

Nos termos do art. 1302º do C. Civil, "só podem ser objecto do direito de propriedade (...) as coisas corpóreas".

Ora, segundo a definição de MENEZES CORDEIRO[720], são "corpóreas as coisas que, tendo existência física, são perceptíveis pelos sentidos", são incorpóreas aquelas (entre as quais se contam os bens intelectuais) que, "abrangendo as categorias economicamente significativas, provêm do labor intelectual nos campos literário, artístico, científico e técnico".

Observou-se que conceber a obra intelectual como coisa (corpórea) objecto de direito de propriedade, ou de qualquer outro direito real, é confundi-la com o seu suporte material, o "*corpus mechanicum*" que evidencia a sua existência física[721].

Viu-se, também, que, entre os interesses do criador intelectual que a lei protege pela atribuição do direito de autor, se devem contar os de índole patrimonial, conferindo-lhe um poder exclusivo de exploração económica da obra[722].

720 "Direitos Reais – I", cit., pp. 264 e ss..

721 A própria insusceptibilidade de o direito de autor – mesmo o de natureza patrimonial – poder ser adquirido por usucapião (art. 55º CDADC) demonstra não poder configurar-se este como direito real (cfr. art. 1287º do C.Civil).

722 Considera a doutrina ser este direito aparentado com os chamados "direitos de monopólio" ou "de clientela". Não é essencial, face ao recorte dos poderes que integram este exclusivo de exploração económica", aprofundar mais o conceito.

Parece claro que a obra intelectual se pode configurar como objecto deste direito patrimonial (cfr., *supra*, nº 29, em desenvolvimento desta ideia).[723]

Mas será ela, nos termos do conceito enunciado, igualmente apta a satisfazer os interesses de índole não patrimonial que determinam a atribuição ao autor dos que se designam por poderes pessoais?[724]

109.2. Natureza do direito de autor

Viu-se ser impossível configurar uma tese monista sobre a estrutura do direito de autor que lhe atribuísse a natureza de um direito de personalidade, dada a evidência do seu conteúdo patrimonial.

Disse-se, também, que, paradoxalmente, o reconhecimento de uma tal natureza a este direito acabaria por indirectamente conduzir a que se entendesse que, afinal, só uma concepção monista poderia explicar o direito de autor.

Como se justifica esta aparente contradição?

Muito simplesmente, porque reconhecer que um conjunto de prerrogativas na titularidade do autor visa a protecção do bem jurídico personalidade numa das suas manifestações, não explicando o conjunto de poderes que integra o direito de autor, equivale a considerar que os interesses que esse bem jurídico satisfaz não são inerentes àquela qualidade específica, mas à de... pessoa humana.

Logo, se os interesses que justificam a atribuição daqueles poderes pessoais se satisfazem pela protecção de um bem jurídico – a personalidade – que é partilhado por criadores intelectuais e por todos os demais sujeitos, então talvez estejamos perante direitos pessoais, mas não estamos perante direitos de autor.

E, no entanto, encontram-se alguns indícios na análise do conteúdo e características dos poderes pessoais do autor que levariam a que assim se pensasse.

Veja-se que se tratam, em sede de regime jurídico do Direito de Autor, faculdades como o direito ao nome literário, que logo reconhecemos reflectirem

[723] Luís Menezes Leitão, "Direito de Autor", cit., Capítulo III, 9, define mesmo o direito de autor como "uma permissão normativa de aproveitamento de uma obra intelectual".

[724] Responde negativamente o Acórdão da Relação de Coimbra, de 29 de Outubro de 1985, publicado na Colectânea de Jurisprudência (Ano X – Tomo IV – 1985), fazendo aplicação do Código de 1966: "[...] O direito moral (no qual se dizem conter poderes relacionados com a utilização económica da obra) não tem, assim, como objecto a "obra de engenho", dado que esta representa um bem patrimonial, mas um bem pessoal de paternidade intelectual. É um genuíno direito de personalidade. Toda a tutela do direito moral se dirige, por conseguinte, à protecção da personalidade do autor e não, pelo menos directamente, do seu património". Para acrescentar de seguida o mesmo Acórdão: "No que respeita ao direito patrimonial de autor, afirma-se existir um direito real, neste sentido se falando de propriedade literária ou artística (...) tudo se centra no poder de publicar (em sentido amplo) ou não publicar a obra".

Os pressupostos desta decisão demonstram a pouca clareza de ideias de então sobre esta matéria.

a tutela geral do *direito de personalidade* ao nome. Recorde-se também a proximidade entre os conceitos de direito (privativo e pessoal) "de divulgação" e de direito fundamental, constitucionalmente garantido a todos os cidadãos, "à liberdade de criação intelectual". Lembre-se que o exercício de direitos pessoais, como o de defesa da integridade da obra ou de retirada, se condicionava, respectivamente, à verificação de "ofensa à honra ou reputação do autor" e à verificação de "razões morais atendíveis". Não serão todos estes valores reconduzíveis à tutela geral da personalidade do autor na sua qualidade de pessoa, como qualquer outro sujeito? Pensamos que não.

Não é verdade que as características que assinalámos aos ditos direitos pessoais sejam comuns aos restantes direitos de personalidade. Nem se diga que o direito de autor se distingue por não ser inato, porque o direito ao nome, por exemplo, também o não é.

Não será precisamente a recondução destas prerrogativas pessoais ao domínio do Direito de Personalidade – a que alguns doutrinadores expressamente procedem, na impossibilidade de poder negar a sua existência – que leva a que se defenda a maior parte das teses monistas que enunciámos, atribuindo ao direito de autor uma índole predominantemente (quase exclusivamente) patrimonial? Talvez assim seja, mas optamos por um entendimento diferente.

109.3. Conclusão. Uma definição de direito de autor

Em primeiro lugar, qual o fundamento da atribuição de direitos privativos pessoais de autor? Por que não se valorizam, antes, outros tipos de interesses, de índole cultural ou educacional, por exemplo, que, com salvaguarda do direito fundamental à liberdade de criação intelectual dos cidadãos, limitasse os criadores intelectuais a uma retribuição proporcionada ao esforço despendido e ao valor (objectivado) da obra, em função do interesse colectivo? Ou, porquê distinguir o criador intelectual do alfaiate que expõe o seu fato – como advoga P. Recht[725] –, ou do trabalhador rural que cultiva e extrai da terra o produto que nela se cria?

Não é, certamente, por razões de carácter político-social, ou político-cultural, ou mesmo político-económico.

A razão que, na nossa opinião, constitui também fundamento da consagração de direitos privativos pessoais do autor reside no facto de a actividade de criação intelectual, antes de exteriorizada na obra, se confundir com a própria pessoa que cria, sendo pois única e irrepetível, ao contrário de qualquer outra.

Mas, então, sendo tão íntima a ligação dessa actividade à própria pessoa do criador intelectual, o que impede a sua identificação com os restantes bens de

[725] Última ob. cit., Capítulo III, Secção 1.

personalidade e justifica a atribuição de direitos pessoais, ditos de autor? Numa palavra: a própria exteriorização dessa actividade, isto é, a obra intelectual que, uma vez criada, se separa do seu autor, adquirindo existência e utilidade próprias, designadamente no plano patrimonial.

Distinto dos direitos de personalidade, autónomo dos direitos patrimoniais de autor, com os quais partilha a génese e o objecto, pode também falar-se de um direito pessoal de autor, ligado à preservação, pelo criador intelectual, da genuinidade e integridade da sua obra.

Sem desconsiderar outras prerrogativas jusautorais, como o direito de sequência, cuja consagração impede a afirmação de uma concepção dualista "pura" sobre a estrutura do direito de autor, sempre pode concluir-se que este é um (direito) exclusivo de aproveitamento das vantagens patrimoniais proporcionadas pela exploração económica de uma obra intelectual, com respeito pelo reconhecimento da sua paternidade e pela preservação da sua integridade em termos conformes à soberana vontade do autor. **O direito de autor é, pois, um exclusivo para a preservação e exploração económica de uma obra intelectual.**

Título VII

Direitos Conexos

Secção I
Em geral

110. Noção e conceito de direitos conexos

110.1. Elenco de direitos conexos

I. São direitos conexos, vizinhos[726] ou afins[727] dos direitos de autor os direitos dos artistas – sejam estes intérpretes ou executantes[728] –, os dos produtores de fonogramas e de videogramas, e os dos organismos de radiodifusão. Também na vizinhança do direito de autor, encontramos os direitos dos editores, nomeadamente os editores de publicações de imprensa e o do organizador de certos espectáculos, de que trataremos também adiante.

II. Diferentemente dos direitos de autor, em que, como vimos, o objecto de protecção é uma obra intelectual[729], os direitos conexos têm por objecto "prestações" (cfr. art. 176º/1 CDADC):

a) as dos artistas intérpretes ou artistas executantes[730], que interpretem, por exemplo, obras dramáticas ou cinematográficas, representando-as, ou obras musicais, executando-as;
b) as dos produtores de fono/videogramas, que fixem/registem sons ou imagens ou sons e imagens em suportes materiais ou que executem cópias de obras audiovisuais;

[726] Denominação por que são conhecidos, por exemplo, nos países anglo-saxónicos e em França.

[727] Denominação do direito espanhol.

[728] Conceptualmente, a lei distingue os artistas que interpretam obras, como, por exemplo, os que declamam uma poesia ou representam uma cena dramática num teatro ou num filme, dos que executam obras, referindo-se, por exemplo, aos que executam num piano uma obra musical.

[729] Cfr., *supra*, nº 29.

[730] Actores, cantores, músicos, bailarinos, que cantem, recitem, declamem (art. 176º/2).

c) as dos organismos de radiodifusão, entidades que efectuam emissões de radiodifusão sonora ou visual (de sons ou imagens) por fios ou sem fios (por ondas hertzianas, fibras ópticas, cabo ou satélite), destinadas à recepção pelo público;
d) as dos editores de obras literárias ou artísticas, incluindo as obras musicais e as publicações de imprensa;
e) as dos que organizam espectáculos, ou, pelo menos, certos espectáculos;
f) as dos produtores ("fabricantes") das bases de dados[731].

III. Os direitos conexos protegem estas prestações pelo reconhecimento aos titulares já não de um mero *poder de impedir* utilizações de interpretações ou execuções suas (no caso dos artistas) – como acontecia em sede de CDADC português até à revisão pela Lei nº 50/2004, de 24-8, influenciado pelo art. 7º da CRoma[732] –, mas podendo *autorizá-las ou proibi-las.*

110.2. Direitos conexos – conceito

Os direitos conexos, vizinhos ou afins dos direitos de autor são exclusivos de utilização de prestações dos seus titulares: prestações artísticas dos artistas intérpretes ou executantes; prestações empresariais dos produtores de fono/videogramas ou dos organismos de radiodifusão, dos editores e dos empresários de espectáculos.

Dizem-se conexos porque, em princípio, existem na vizinhança dos direitos de autor: a prestação artística só é protegida se o artista interpretar ou executar uma obra protegida pelo direito de autor (art. 176º/2 CDADC). Mas nem todos os direitos conexos existem na vizinhança de direitos de autor. Por exemplo, a fixação de sons ou imagens num fono/videograma, que outorga um direito conexo ao produtor deste, é protegida ainda que não se fixem sons ou imagens protegidos por direito de autor (art. 176º/3 CDADC). Na sequência da transposição da DMUD em 2023, também a lei portuguesa vem outorgar um direito conexo ao editor de publicação de imprensa. Consideramos, também, que deve consagrar-se exclusivos jusautorais dos organizadores de eventos desportivos, e os eventos desportivos não figuram quaisquer obras ou, sequer, prestações artísticas em sentido técnico.[733]

[731] Sobre a noção de produtor – dito por lei "fabricante" – de base de dados e o conteúdo do direito *sui generis* deste, pode cfr., *supra*, nº 33.

[732] Oliveira Ascensão, "Direito de Autor e Direitos Conexos...", cit., nº 384, discorria sobre o sentido desta disposição convencional internacional e a correspondente norma portuguesa, considerando que, visto que o autor só podia impedir as utilizações para as quais não tivesse dado consentimento, tal poder de impedir tinha implícito o de autorizar.

[733] Cfr., *infra*, nº 114.2.

110.3. Têm os direitos conexos aspectos comuns? Uma noção compreensiva de direitos conexos

Como dissemos, os direitos conexos existem, em princípio, na vizinhança de direitos de autor, mas o que verdadeiramente têm em comum os direitos conexos adventícios, com excepção dos que protegem prestações artísticas, sejam os dos produtores de fono/videogramas, os dos organismos de radiodifusão, os do empresário do espectáculo[734], o próprio direito *sui generis* do produtor de base de dados[735] e os direitos conexos do editor é que tutelam prestações empresariais relevantes para a cultura, entretenimento e formação/informação das pessoas.

Podemos, então, tentar uma definição compreensiva de **direito conexo: o poder exclusivo conferido a um artista de autorizar ou proibir a exploração económica de toda a fixação formal da sua prestação artística, ou o poder outorgado a um empresário de autorizar ou proibir a exploração económica dos produtos da sua actividade empresarial que sejam relevantes para a cultura, entretenimento e formação/informação das pessoas.**

[734] Sobre o direito conexo do empresário relativo aos espectáculos que organiza e dirige, pode cfr. também o nosso "Filmagem de espectáculos desportivos e «direito de arena»", JURISMAT – Revista Jurídica, nº 1 (2012), pp. 175-199.

[735] Sobre o direito *sui generis* do produtor ("fabricante") da base de dados, pode cfr. também o nosso "Tutela jurídica das bases de dados (a transposição da directriz 96/9/CE)", cit., pp. 111-161.

Secção II
Artistas intérpretes ou executantes

111. Direitos dos artistas

111.1. Âmbito do conceito de artista

Os artistas que interpretam ou executam obras não criam bens intelectuais na acepção que interessa ao direito de autor e que demos ao termo "criar" ligado à exteriorização de uma obra intelectual.[736] Os artistas interpretam ou executam obras, normalmente alheias, dos autores. A prestação do artista pode ser criativa, mas não cria uma obra literária ou artística (interpreta-a ou executa-a), e só a esta diz respeito o direito de autor.

Por esta razão, nada havia a proteger nesta sede até ao advento das técnicas de fixação/gravação audiovisuais: uma interpretação artística de uma obra intelectual não fixada/gravada inexiste como objecto autónomo de protecção – excepto na memória de quem a presenciou –, não sendo repetível, plagiável, utilizável *a posteriori*. A "maneira de interpretar" uma obra – na expressão de Cunha Gonçalves[737] – não é protegível, é livremente imitável, até porque nunca é repetível por ser idiossincrática de quem a desempenha: só a prestação artística fixada está protegida por direito exclusivo, ou, pelo menos, assim era até ao advento das modernas técnicas de radiodifusão e colocação em rede na Internet[738].

Mas porquê chamar-lhes "direitos *conexos*"? Porque os direitos dos artistas relativos às suas prestações fixadas só existem se interpretarem ou executarem

[736] Cfr., *supra*, em 7.

[737] Ver Cunha Gonçalves, "Tratado de Direito Civil", cit., t. IV, nº 453.

[738] Sobre a colocação em rede electrónica digital de prestações artísticas e a protecção inerente, cfr., *infra*, nº 119.1.3.

obras intelectuais[739]. Um toureiro, um artista de circo ou um futebolista, por muito "artística" que se considere a sua *performance*, não interpretam qualquer obra intelectual e, por isso, não beneficiam da tutela que o Direito outorga aos que o façam, sem prejuízo, evidentemente, da tutela dos seus direitos gerais de personalidade, como o direito à imagem, e da tutela do direito privativo ao espectáculo.[740]

111.2. Requisitos de protecção. Interpretações "de improviso"

I. São requisitos da protecção dos direitos dos artistas:

a) que a sua prestação consista na interpretação ou execução de uma obra intelectual (cfr. art. 176º/2);
b) que tal prestação revista carácter artístico, excluindo-se da tutela por direito conexo a prestação acessória de uma interpretação artística que não seja criativa, mas mecânica, simplesmente técnica, como a de um electricista de palco ou de um operador de câmara televisiva, cinematográfica ou videográfica.[741/742]

Como dissemos, imitar uma interpretação de um artista não viola o direito conexo deste, já o viola a reprodução ou o lançamento na Internet de imagens ou sons da mesma.

II. Sobre as prestações artísticas realizadas *de improviso*, sem "guião" protegido prévio, deve dizer-se que, ainda assim, há interpretação protegida, desde que haja obra interpretada ou executada. O improviso faz parte da liberdade criativa do intérprete: quando o intérprete improvisa, a sua interpretação é protegida por direito conexo, como artista, mas o seu contributo é também criação de obra, protegida pelo direito de autor. Se, ao improvisar no decurso de uma interpretação, o artista criar obra (literária, artística ou musical), além de titular de direito conexo quanto à sua interpretação, será também titular de direito de autor relativo à obra que cria de improviso.

[739] Ainda que estas não sejam (já) protegidas, por exemplo por terem caído no domínio público: a interpretação de uma sonata de Beethoven é tão protegida como a de uma peça musical contemporânea.

[740] Cfr., *infra*, 114.

[741] Trata-se de colaboradores técnicos, não de artistas, cuja prestação não é criativa, não sendo protegida nesta sede à semelhança do que expressamente consagra o CDADC (art. 26º), a propósito dos "colaboradores técnicos" dos autores. O mesmo artigo ressalva os direitos conexos dos colaboradores técnicos dos autores, mas referindo-se aos que tenham prestação artística.

[742] Neste sentido, Oliveira Ascensão, última ob. cit., nº 380, p. 553.

III. Não devem confundir-se estes improvisos com as *obras de arte aleatórias* (art. 16º/2 CDADC), em que o autor deixou parte da criação à contribuição do(s) intérprete(s). Neste caso, apesar de não haver qualquer "colaboração" criativa, há uma interpretação artística acompanhada de criação de obra pelo próprio intérprete. E a protecção do artista, enquanto artista, não prejudica a protecção da mesma pessoa enquanto autor (art. 177º CDADC).

111.3. A fixação da prestação do artista como requisito da protecção jusautoral conexa?

A fixação prévia da prestação artística não é requisito de tutela.

Tal poderia resultar da ideia, que também nós veiculámos antes, de que a protecção jusautoral conexa nasceu com a susceptibilidade de fixação das prestações, o que é verdade: a prestação que não podia ser fixada não podia ser usurpada.

Porém, a técnica e a tecnologia permitem hoje a difusão de obras e prestações *em directo e ao vivo.* É assim pela radiodifusão ou pela colocação à disposição do público em rede na Internet. E o art. 178º/1 reflecte este facto, ao incluir, na sua alínea a), a radiodifusão e (outra) comunicação ao público da prestação artística e a fixação da prestação não antes fixada entre as faculdades reservadas ao titular do direito conexo. É tão protegida com exclusivo jusautoral conexo a prestação artística gravada em suporte, como a que é radiodifundida ou transmitida na *net* ao vivo.

111.4. Uma licença legal ou uma cessão presumida?

O art. 178º/2 CDADC consagra uma cessão presumida dos direitos conexos pelos artistas a favor do produtor cinematográfico/audiovisual ou do organismo de radiodifusão, a quem autorizem a fixação da sua prestação para fins de radiodifusão.

O paralelismo com o que vimos ser consagrado na produção audiovisual (cfr., *supra*, nº 87.3 e art. 127º CDADC) é irresistível. Neste caso, o artista conserva o direito a uma remuneração equitativa sob gestão colectiva forçada (cfr., *infra*, 121.2.1).

Não nos parece que se consagre aqui uma licença legal de utilização, pois estas são restrições ao direito autoral (cfr., *supra*, nº 64), e aqui o que deparamos é um caso de livre disposição de direitos.[743]

[743] Em sentido diferente, MENEZES LEITÃO, "Direito de Autor", cit., Capítulo XII, 5, que considera estarmos aqui perante uma licença legal.

111.5. Prestações artísticas realizadas em execução de contrato de trabalho ou de prestação de serviços. Outras utilizações livres

I. O art. 189º/2 CDADC considera "não abrangidas" pela tutela dos direitos conexos as prestações dos artistas realizadas no exercício de dever funcional ou em cumprimento de contrato de trabalho.

Oliveira Ascensão[744] aproveita este preceito para considerar que tais prestações não são, na realidade, protegidas. Não concordamos.

Considerada a epígrafe do artigo legal onde se insere esta norma ("Utilizações livres"), temos que não faz sentido falar de "utilização livre" senão do que é protegido. Se o não for, nada há (de reservado) a libertar para a utilização.

Comecemos por eliminar o que nos parece inadequado.

Como Oliveira Ascensão reconhece (*ibidem*, nº 383-III), tal norma nunca poderia significar que o direito conexo caberia ao comitente ou ao empregador. Para consagrar regime semelhante para os autores, a lei de autor portuguesa estabelece que a transferência do direito de autor para o empregador ou comitente depende de convenção entre este e o autor (cfr., *supra*, nº 71.1 e art. 14º/2 CDADC).

Também não tem razão Luiz Francisco Rebello[745], ao considerar que a protecção jusautoral conexa está excluída nestes casos, "salvo convenção em contrário" do autor com o empregador. Nunca poderia ser uma convenção a constituir ou banir um direito absoluto como o direito conexo.

II. A actividade criativa em execução de um contrato de trabalho ou de uma prestação de serviços outorga sempre direitos exclusivos aos que a realizem.

É assim com os autores, nos termos do art. 14º CDADC[746]. É assim, até, com os bens de propriedade industrial, nos termos do art. 58º CPIndustr. (cfr., *supra*, nº 76). Nenhuma razão atendível há para excepcionar os artistas, o que, aliás, inutilizaria na prática quase toda esta protecção jusautoral conexa, visto que a maior parte das prestações artísticas é realizada sob contrato.

III. A epígrafe do art. 189º ("Utilizações livres") pode, afinal, ser adequada.

Na verdade, o nº 1 trata sucessivamente: a) do "uso privado", que é genericamente livre quando não tiver carácter comercial, também em sede de direitos de autor (cfr., *supra*, nº 62); b) da utilização de excertos de prestações de fono//videogramas ou de emissões de radiodifusão com propósitos de crítica ou citação, também livres nos termos gerais de direito de autor (cfr., *supra*, nº 63.6 e

[744] Última ob. cit., nº 383.

[745] "Código do Direito de Autor Anotado", cit., nota 2 *sub* art. 189º.

[746] Segundo regime que analisámos *supra*, nº 72.

art. 75º/2-h) CDADC); c) das utilizações para fins científicos ou pedagógicos ou para documentação ou arquivo, também livres em sede de direito de autor (cfr., *supra* nº 63.9). E em todos estes casos a expressão infeliz que o legislador usa (como no nº 2, em análise, sobre as prestações artísticas realizadas em execução de contrato) é "a protecção concedida neste título [dos direitos conexos] não abrange..." – expressão que, normalmente, refere a bens não protegidos.[747] Mas não é o caso.

IV. O que o art. 189º consagra, quer no nº 1 quer no nº 2, são verdadeiras utilizações livres, aquelas a que o titular do direito conexo (o artista, neste caso) não se pode opor.

Aplicado às prestações artísticas realizadas em execução de contrato de trabalho ou dever funcional (art. 189º/2), tal significa, a nosso ver, que se lhes aplica o regime jusautoral geral das criações intelectuais para outrem (art. 14º CDADC), ou seja, que a titularidade do direito conexo é deferida de acordo com a convenção e, na falta desta, pertence ao titular originário (o artista). Isto, com a particularidade, no que aos direitos conexos dos artistas respeita, de a utilização das suas prestações criativas subordinadas ser *livre no âmbito do contrato* (certamente remunerado).

É o próprio art. 189º/1 CDADC, na sua alínea f), que, através de remissão genérica, liberta a utilização da obra em *todos* "os demais casos protegidos pelo direito de autor". E, bem assim, também o art. 189º/3 estabelece aplicação genérica aos direitos conexos de *todos* "os limites e excepções ao direito de autor".

Ao estabelecer como expressamente não incluída na protecção por direitos conexos as prestações "decorrentes do exercício de dever funcional ou de contrato de trabalho" (art. 189º/2), numa norma que trata apenas de utilizações livres de prestações artísticas, do que se trata é de libertar as prestações artísticas para utilização *pelo empregador ou pelo comitente* que a encomende. Isto, já o faz também o art. 15º CDADC, sobre os limites à utilização *de obras intelectuais* criadas em execução de contrato.

O mesmo se passa quanto às prestações artísticas realizadas no âmbito de dever funcional ou de contrato de trabalho: o comitente, beneficiário da prestação de serviços ou empregador do artista pode *utilizá-las livremente* no âmbito e para os fins do contrato (art. 189º/2 CDADC); fora deste âmbito, a utilização pelo comitente deve ser remunerada.

A utilização por terceiros não mencionados no art. 189º não é livre, pois não existe norma que o estabeleça e o princípio, em matéria de direitos de autor e direitos conexos, é o do exclusivo de utilização pelo titular do direito.

[747] Como diz Oliveira Ascensão, última ob. cit., nº 383-II.

Em suma, **a prestação artística do artista contratado (trabalhador ou prestador de serviços) pode ser livremente utilizada por aquele que o contrata no âmbito e para os fins do contrato celebrado. Fora desse estrito âmbito, toda a utilização dessa prestação do artista contratado depende da autorização deste.**

111.6. Direitos pessoais dos artistas

I. O CDADC consagra três direitos pessoais dos artistas: à *menção da denominação* (nome ou pseudónimo) que o identifique (art. 180º/1 CDADC)[748]; à *integridade da prestação*; e à *paternidade*.

II. Sobre o *direito à menção da designação identificadora* do artista, há a dizer que, não sendo renunciável, admite limitação convencional. Ou seja, pode convencionar-se a omissão da menção ou esta decorrer do próprio modo de utilização: é, por exemplo, o caso quando se usa uma canção (música executada e acompanhada de canto) como banda sonora de um *spot* publicitário, em que a menção simultânea quer dos autores quer dos intérpretes resultaria descabida.[749]

III. Quanto ao *direito à integridade*, mantém-se a perplexidade que revelámos a propósito de direito de idêntico conteúdo dos autores (cfr., *supra*, nº 46.1.2).

Na verdade, o art. 182º proscreve a "deformação, mutilação e desfiguração" das prestações artísticas como se tratasse de coisas corpóreas. Ora, as prestações artísticas não são "deformáveis ou mutiláveis".[750] Podem ser parodiadas, ridicularizadas ou destruídos os suportes em que se fixem, mas não são manuseáveis.

O que a lei, de facto, afasta, como ilícitos, são os actos que corrompam ou trunquem uma dada interpretação ou execução artísticas, por exemplo adulterando o som ou a imagem associados. O art. 198º-b) CDADC confirma este entendimento.

IV. O *direito à paternidade* está indirectamente consagrado a propósito da tutela penal.

Na verdade, é punido com prisão até 3 anos e multa quem se arrogar consciente e fraudulentamente a paternidade de prestação artística alheia (cfr. art. 198º-a) CDADC).

[748] Esta regra é acompanhada (art. 180º/3) da presunção da "paternidade" da prestação artística em benefício daquele cujo nome for anunciado como tal no decurso de utilização lícita de "cópia autorizada da prestação".

[749] Cfr. também arts. 180º/2 e 154º.

[750] O legislador volta aqui a usar uma referência à "honra e reputação" do artista com referencial ético, para significar que o exercício deste direito "moral" não é arbitrário. Ver também, *supra*, em 46.1.

Secção III
Produtor de fono/videogramas

112. A fixação fonográfica e videográfica

Aquele que "fixa pela primeira vez em suporte fono/videográfico sons, imagens ou imagens e sons" – dito "produtor de (fono)/videogramas"[751] – não empreende necessariamente, assim, a utilização de uma obra: se os sons ou imagens fixados não consubstanciarem qualquer obra intelectual (por exemplo, ruídos naturais), nem por isso deixa de constituir-se o referido direito conexo, já que, nos termos da lei portuguesa, essa pessoa "[...] fixa pela primeira vez os sons provenientes de uma execução [de obra] *ou quaisquer outros*, ou as imagens *de qualquer proveniência*, acompanhadas ou não de sons" (art. 176º/3 CDADC).

Nota-se, porém, que o art. 141º CDADC consagra o princípio da reserva de fixação/gravação de obras em suporte material como exclusivo do autor destas. Já o art. 68º/2-d) CDADC dispõe que "[...] fixação é a incorporação de sons ou imagens [...] num suporte material suficientemente estável e duradouro que permita a sua percepção, reprodução ou comunicação de qualquer modo".

O direito conexo do produtor de fono/videograma é, pois, um exclusivo para o aproveitamento económico da coisa corpórea (fono/videograma), pelo qual este pode autorizar ou não a sua utilização (art. 184º CDADC), mas não outorga qualquer direito à exploração económica imediata da obra que esse fono/videograma eventualmente fixe.[752]

[751] Cfr. art. 3-c) CRoma, art. 7º/1 Directiva da União Europeia (UE) nº 92/100/CEE, art. 2-d) WPPT e art. 176º/3 CDADC.

[752] A autorização para os actos de comunicação ao público de obras incorporadas em fonogramas ou videogramas editados comercialmente, previstos nos nºs 3 e 4 do artigo 205º, pode ser objeto de gestão colectiva, com efeitos alargados, pelas entidades de gestão colectiva representativas dos produtores de fonogramas e de videogramas (novo art. 184º/4 CDADC).

112.1. Fonte dos direitos do produtor fono/videográfico

As fontes da situação jusautoral (conexa) ligada à produção de fono/videogramas são, assim:

a) uma actividade própria de cariz industrial: a "primeira fixação em suporte material" de sons, imagens ou de sons e imagens (sejam ou não criativos);
b) também o contrato de fixação fono/videográfica, quando se promova a fixação de obra intelectual.

112.2. Objecto do direito do produtor fono/videográfico

O direito do produtor de um fono/videograma não tem por objecto nem uma obra nem a sua interpretação ou execução artísticas[753]: os direitos dos autores e os dos artistas intérpretes ou executantes sobre as obras ou prestações artísticas fixadas no fono/videograma, apesar de poderem ser concedidos pelos autores ou artistas ao produtor do suporte para os fins da fixação/gravação por mero efeito do contrato de fixação, constituem-se originariamente na titularidade daqueles.

Por outro lado, não há aqui também o aproveitamento típico reservado ao proprietário de uma coisa: o que adquire a propriedade do suporte de um fono/videograma (por exemplo um DVD ou um CD) não fica investido de poderes que consintam a sua reprodução lícita ou quaisquer outras faculdades ligadas à exploração da obra fixada, nos termos expressos do art. 141º/4 CDADC. O direito (conexo ao direito de autor) do produtor é um direito totalmente independente do direito (real) que incida sobre a coisa corpórea, o suporte (cada exemplar do fonograma ou do videograma), que pertence a quem o adquirir (proprietário); este, por sua vez, não adquire qualquer direito de utilizar as obras ou prestações fixadas para fins de execução, comunicação ao público, reprodução, venda ou aluguer comerciais (art. 141º/4 CDADC).

No entanto, a lei reserva, como privativas dos empresários que promovam a fixação de sons e imagens num suporte, faculdades que são típicas da criação de obras. Isto não se dá porque o produtor de fono/videograma crie qualquer obra intelectual, mas porque ele investe numa actividade técnica industrial e comercial: precisamente a produção do fono/videograma. Além do direito conexo instituído, que garante ao produtor o exclusivo de exploração económica do seu fono/videograma, e que é originário na esfera jurídica deste, pode também dar-se o caso – e tal acontece frequentemente – de o autor ou artista

[753] Para Oliveira Ascensão ("Direito Civil – Direito de Autor e Direitos Conexos", cit., nº 389-I, p. 568): "O objecto do direito [do produtor de fono/videogramas] é [...] a própria coisa corpórea, muito embora este direito nada tenha que ver com a propriedade da coisa corpórea".

atribuir faculdades de utilização da obra fixada no fono/videograma ao produtor deste como efeito do contrato para fixação fono/videográfica.[754]

112.3. Conteúdo do direito do produtor fono/videográfico

O art. 184º/1 e /2 CDADC faz depender de autorização do produtor do fonograma ou videograma a reprodução ou distribuição ao público (de cópias) dos mesmos e a sua comunicação ao público por qualquer forma (que a lei designa com alguma imprecisão, respectivamente, "difusão por qualquer meio" e "execução pública"[755]).

Por outro lado, a lei faz depender de autorização do autor "a fixação da obra, entendendo-se por fixação a incorporação de sons ou de imagens, separada ou cumulativamente, num suporte material suficientemente estável e duradouro que permita a sua percepção, reprodução ou comunicação por qualquer modo". Esta autorização deve ser outorgada por escrito e é atribuída como efeito do que a lei denomina "*contrato de fixação fonográfica ou videográfica*" que investe o beneficiário (o dito "produtor do suporte") dos poderes de "fixar a obra no suporte, e depois a reproduzir, pôr em circulação e comunicar ao público" - cfr. art. 141º/2 e /3 CDADC[756].

Verifica-se, então, que aquele que pretenda a exploração económica de um fono/videograma que fixe uma obra interfere simultaneamente com o exclusivo (jusautoral conexo) do produtor do fono/videograma que a fixe e com o

[754] A posição jurídica do produtor de suportes de obras não permite confusão com a do que produz obras cinematográficas/audiovisuais, pois não representa qualquer participação no processo de exteriorização (criação e produção) das obras fixadas sob a autorização concedida, como a deste.

[755] São pouco rigorosas conceptualmente as expressões legais citadas ("difusão" e "execução pública"). Sobre estas, Oliveira Ascensão, "Direito Civil - Direito de Autor e Direitos Conexos", cit., nº 390-III, p. 570, bem salienta que: "A execução pública é uma das modalidades da difusão por qualquer meio. Mas também "qualquer forma de comunicação pública" (nº 3) [do citado art. 184º CDADC] equivale a "difusão por qualquer meio". Com diferente terminologia, os dois números abrangem afinal a mesma realidade de utilização, a "unkörperliche Wiedergabe" [a "comunicação (pública) incorpórea]."

[756] Oliveira Ascensão, "Direito Civil - Direito de Autor e Direitos Conexos", cit., nº 157-II, pp. 232/233, afirma que "melhor se falaria de um contrato de edição fonográfica ou videográfica". Pela nossa parte, pensamos que se divisa no sinalagma do contrato de edição *proprio sensu* o dever correspectivo do "editor" de promover a reprodução, distribuição e venda dos exemplares da obra editada, que aqui não se regista consagrado. Por outro lado, a própria lei (cfr. art. 147º/1 CDADC), que torna aqui subsidiário o regime do contrato de edição, sugere também a aplicação parcial, "com adaptações", do regime da recitação e execução à regulação do "espectáculo consistente na comunicação pública de obra fonográfica ou videográfica". Em todo o caso, a ideia de licença para fixar e reproduzir em exemplares, subjacente à edição, não deixa de fazer sentido quando aplicada à produção de fono/videogramas.

exclusivo do autor da obra que se contém nesse produto.[757] Se pretender também a utilização da obra fixada no fono/videograma, deverá contar com o exclusivo atribuído pelo autor ou artista ao produtor do fono/videograma pelo chamado contrato de fixação fono/videográfica.[758]

O direito do produtor de fono/videogramas não é nem direito real nem direito de autor: é direito conexo que tem por fonte uma acção própria (o investimento empresarial na primeira fixação dos sons ou imagens, incluído os de obras ou prestações artísticas em suporte) e também, quando promova a fixação de obras intelectuais, o contrato para fixação fono/videográfica, pelo qual o autor autoriza a fixação e com isto atribui faculdades de utilização da obra fixada.

[757] Cfr. o nosso "Filmagem de espectáculos desportivos ...", cit., 2.3.1., p. 52.

[758] Confronte-se trecho de Acórdão do Supremo Tribunal de Justiça, de 21-5-1996, in Col. Jur., t. II-S.T.J. (1996), pp. 78 ss. (*maxime* p. 79), de que é Relator Herculano Lima: "[...], a entidade a quem é concedida autorização para a fixação da obra, a qual pressupõe a autorização do respectivo autor (artigo 3º nº 1, do Decreto-lei nº 227/89, de 8 de Junho ["Importação, fabrico, produção, edição, distribuição e exportação de fonogramas"]) fica com o direito de reproduzir e vender os exemplares reproduzidos, nos termos do nº 2 do artigo 141º [CDADC]. Mais, pertencendo ao produtor do fonograma o direito de proceder à sua distribuição, óbvio é que a distribuição por terceiro está apenas dependente da sua autorização."
Com acerto, quanto a nós, vai também Acórdão da Relação de Lisboa, de 3-11-94, in Col.Jur., t. V (1994), pp. 87 ss. (*maxime* p. 89), de que é Relator Carvalho Pinheiro (em comentário a normas – sucessivamente fixadas nos arts. 4º, 61º/1, 137º-1, 138º e 141º do Código de Direito de Autor português de 1966 e dos arts. 1º-a) e –b) e 2º-a) da Lei nº 41/80, de 12-8 – que considera consagrarem princípios que o CDADC vigente acolhe também): "[...] a Apelante, necessitava para editar fonograficamente uma obra já lançada no estrangeiro, de obter dois tipos de autorização do produtor originário, proprietário do "master" (matriz) em que a obra está fixada, mas também a autorização do respectivo autor, criador da obra, ou dos seus representantes."

Secção IV
Organismos de radiodifusão

113. Direitos dos organismos de radiodifusão

I. Protegem-se, nesta sede, as *emissões dos organismos de radiodifusão*, que são a "difusão dos sons ou imagens, ou a representação destes" por qualquer meio (cabo, satélite, onda hertziana) (art. 176º/9 CDADC).

Não é requisito da protecção que se difundam obras ou prestações artísticas: é aqui, assim, também tutelada a emissão de um jogo de futebol ou o relato do mesmo, em si mesmas não protegidas por direito autoral. Isto retira significado à expressão direito *conexo* neste caso, já que o objectivo é proteger uma acção empresarial das entidades de radiodifusão. Justifica a consagração do direito conexo, neste caso, o facto de esta prestação empresarial estar associada à cultura e ao entretenimento, que vimos serem característico de *todos* os direitos conexos (cfr., *supra*, nº 110.3).

Também não é requisito que a emissão esteja fixada, estando protegidas também as emissões de "programas" ao vivo e em directo. Em suma, o que se tutela é uma prestação empresarial que tem por objecto um conjunto de factos/eventos, fixados ou não em suporte, susceptíveis de radiodifusão.[759]

II. Os organismos de radiodifusão podem autorizar ou proibir (art. 187º/1):

a) a retransmissão das suas emissões por nova radiodifusão;
b) a fixação e a reprodução das fixações em suporte das suas emissões;
c) a colocação à disposição do público em rede pela Internet das emissões[760];

[759] Oliveira Ascensão, última ob. cit., nº 397-IV, chama-lhes "programa".

[760] Tratámos, com autonomia, as questões emergentes da difusão em rede (na Internet) de emissões de programas radiodifundidos (cfr., *supra*, nº 55.2.4).

d) a comunicação ao público, em lugar público e com as entradas pagas, de emissões.[761]

III. Excepcionam-se da reserva jusautoral:

a) a retransmissão, pelo distribuidor por cabo, das emissões dos organismos de radiodifusão (art. 187º/2);
b) a fixação efémera, feita por organismos de radiodifusão, de uma emissão de outro organismo congénere (por exemplo, a gravação lícita e efémera por uma estação de rádio de um concerto radiodifundido por outra estação para ulterior radiodifusão pela primeira) (art. 189º/1-d)).

IV. **A *mera recepção* de emissões radiodifundidas, sem retransmissão ou potenciação ou multiplicação do sinal recebido, é livre**, como sublinhámos antes (cfr., *supra*, nº 55.4)[762].

[761] Sobre o problema, relacionado, da recepção em público de programas radiodifundidos, pode cfr., *supra*, nº 55.4.

[762] A este propósito, pode confrontar-se excelente Acórdão do Tribunal da Relação de Lisboa («Propriedade intelectual, direitos de autor. Sociedade de gestão colectiva. Comunicação ao público.» – Procº 123/20.0YHLSB.L1-PICRS (10-2-2022) (Relatora Ana Pessoa), acedido em dgsj.pt.

Secção V
Espectáculo

114. Direito ao espectáculo

114.1. Consagração legal e jurisprudencial

I. Um hipotético "direito ao espectáculo" só aparece reflectido na lei portuguesa a espaços e de maneira não sistematizada.[763]

A sua consagração aparece timidamente aqui e ali, como acontece no caso da Lei 5/2007[764], que, no seu art. 49º/2, retira aos titulares do "direito de livre trânsito" a faculdade de ingresso livre em recintos desportivos em que decorram *espectáculos desportivos* com entradas pagas, salvo se estiverem "em efectivo exercício de funções e tal acesso for indispensável". Sem nomear um direito ao espectáculo – ou sequer referir um seu hipotético titular –, é insofismável que esta disposição tem implícito um direito de quem organiza o "espectáculo desportivo" em cujo conteúdo cabe precisamente esta faculdade de negar o acesso ao mesmo.

Mas será que tal não passa da normal reserva que o titular da *propriedade do recinto* detém e administra e lhe permite um exclusivo, afinal só real?

II. É mais explícita a Lei da Televisão[765], que, no seu art. 33º, refere expressamente aos "responsáveis pela organização de espectáculos, bem como os titulares de direitos exclusivos que sobre eles incidam", para lhes atribuir

[763] Ao contrário da lei alemã que, no § 81 UrhG alemã, consagra os direitos de fixação, de reprodução, de distribuição e comunicação ao público do espectáculo na titularidade do "dono da empresa que organiza a prestação".

[764] Lei nº 5/2007, de 16-1 (Lei de Bases da Actividade Física e do Desporto), alterada pela Lei nº 74/2013, de 6-9.

[765] Lei nº 27/2007, de 30-7, sucessivamente alterada até à Lei nº 74/2020, de 19-11.

direitos específicos, como o de se opor à transmissão (radiodifusão e colocação à disposição do público) de extractos não "breves" (*sic* no texto da lei) dos mesmos (nºs 1 e 5) – direito este sujeito a limitações (nºs 2 e 3).

III. Sem consagrar qualquer exclusivo, também o CDADC se refere ao "empresário de espectáculo" da representação cénica de obra dramática, dramático-musical, coreográfica, pantomímica ou de género análogo (cfr., *supra*, em 52.1 e arts. 115º a 117º).

Trata-se tão-só de:

a) obrigar o empresário que contrate a representação cénica a *fazer representar* a obra dentro de prazo certo e a fazer ensaios indispensáveis à representação;
b) obrigar o empresário a *manter sigilo* da obra a representar, salvo para efeitos publicitários;
c) deferir ao empresário o direito – que partilha com os autores e artistas cénicos – de *autorizar a emissão radiodifundida* da obra representada.

IV. Em 1993, a Procuradoria-Geral da República (PGR) emitiu Parecer[766] em que faz assentar a compatibilização do direito à informação com o direito ao espectáculo nos seguintes termos:

a) por um lado, todos os operadores televisivos devem respeitar os direitos exclusivos de transmissão, aceitando as restrições estritamente necessárias à garantia desse exclusivo;
b) por outro, incumbe ao operador primário a obrigação de colocar à disposição dos operadores secundários, nisso interessados, mediante contrapartida correspondente, breves sínteses informativas dos correlativos eventos desportivos".

114.2. Direitos exclusivos dos organizadores de eventos desportivos (uma disposição Unionista falhada)

I. O texto da proposta de DMUD que chegou a ser aprovado pelo Parlamento Europeu (art. 12-A) previa que os Estados-membros deveriam conceder aos organizadores de eventos desportivos os direitos exclusivos de reprodução e de colocação à disposição do público (na Internet). Não estavam incluídas as outras modalidades de comunicação ao público, por fio ou sem fio, nomeadamente por radiodifusão, já que a proposta de Directiva era expressa na

[766] Parecer da PGR de 17-6-1993 (Relator Garcia Marques), *apud* Luís Menezes Leitão, "Direito de Autor", cit., Capítulo XII, 5.5.

remissão apenas para o nº 2 do art. 3º da Directiva 2001/29/CE (Dir.Soc.Inf.), afastando a referência ao nº 1, onde aquelas estão consagradas.

II. Esta inovadora previsão dava, finalmente, foro de cidadania jusautoral aos organizadores de espectáculos desportivos, empresários a quem reconhecemos um direito conexo.

Já que os agentes que participam em eventos desportivos (atletas, treinadores, árbitros) não são titulares de qualquer direito conexo sobre as suas prestações, posto que não interpretam quaisquer obras intelectuais, temos de admitir que deparávamos com um direito empresarial não relacionado com qualquer outro direito intelectual (seja direito de autor ou direito conexo).

Isto significa que o organizador do evento, um empresário, ainda que tenha natureza associativa ou pública, passaria a beneficiar de um direito exclusivo de explorar economicamente um espectáculo de entretenimento e celebração desportiva não associado a qualquer criação ou prestação literária ou artística (com o sentido que "artístico" tem em direito intelectual).[767] Este aspecto tem tanto maior importância quanto é verificável que este direito tem conteúdo e denominação idênticos aos dos verdadeiros direitos de autor.

Teríamos, pois, mais um direito empresarial com o regime dos direitos intelectuais. A disposição em causa desapareceu, contudo, do texto final da DMUD.

114.3. Pressupostos, estrutura e natureza de um direito privativo sobre o espectáculo

I. O direito do que organiza espectáculos – *direito de arena*, para usar a expressiva denominação da, revogada, lei brasileira de 1973 – deve demarcar-se de outros direitos.

O direito exclusivo do empresário organizador relativo ao espectáculo que organiza deve distinguir-se do *direito de propriedade* do titular do recinto onde este decorra. Por um lado, o proprietário do recinto pode não ser o que organiza o espectáculo (pense-se no "sambódromo" do Rio de Janeiro ou nos recintos dos desfiles de Carnaval em Portugal, todos de propriedade municipal, ou nos jogos de futebol das várias "ligas" portuguesas, organizados por estrutura estranha aos donos dos estádios). Por outro lado, o conteúdo apontado para o direito do que organiza o espectáculo é o de um exclusivo quanto à fixação/gravação, reprodução em suportes e colocação à disposição do público na Internet, não o

[767] Mesmo o direito *sui generis* do fabricante da base de dados (cfr., *supra*, nº 33) tem associado, embora não necessariamente, algo que é classificado como obra intelectual, a obra-base de dados.

conteúdo típico de um direito de propriedade sobre o recinto em que o espectáculo decorra, que o mais que pode restringir é o acesso físico ao mesmo.

O direito ao espectáculo também não se confunde com o *direito de personalidade à imagem*, que protegeria a *imagem* dos que *figuram no evento-espectáculo* (toureiros, desportistas, os que actuam no circo[768]). É que este direito, dado o carácter *público* do desempenho destes intervenientes, estaria limitado neste caso (cfr. art. 79º/2 C.Civil). E, em qualquer caso, beneficiaria os *figurantes*, não o organizador do espectáculo.[769]

Consideramos, também, que o aproveitamento *noticioso* do espectáculo, nos limites do exercício do *direito de informar, se informar e ser informado*, não contende um exclusivo de exploração do espectáculo que possa caber ao seu *organizador*. É que os limites dos direitos noticiosos, fixados nas normas que condicionam o direito de acesso à informação, excluem já o aproveitamento económico *do espectáculo*, excepto para *fins estritamente noticiosos*. O mais que seria permitido, no âmbito do direito à informação, seria a *notícia* do espectáculo, não a sua reprodução, radiodifusão e disponibilização na *net*.

Por outro lado, as regras que reprimem a *concorrência desleal*[770] supõem actos susceptíveis de prejudicar o exercício de uma actividade empresarial concorrente, pelo que a sua aplicação a práticas ilícitas neste domínio se circunscreve a tipos de ilícitos que, passíveis de ocorrer em detrimento das empresas de espectáculos, não justificam, por si só, o reconhecimento de qualquer *novo exclusivo* de aproveitamento de um bem jurídico.

II. O "*espectáculo*" é, em si mesmo, um facto ou sequência de factos susceptíveis de serem presenciados. Este enunciado, em vez de confirmar algo susceptível de "apropriação", parece revelar a insusceptibilidade de sobre ele se constituírem exclusivos de aproveitamento económico. Mas o evento desencadeado não ocorre natural e espontaneamente, pressupõe uma iniciativa, um planeamento, uma produção, uma realização: uma organização com tudo o que implica.

Se desse enquadramento e realização sob égide empresarial resultar uma obra, é provável que, dadas as características que um espectáculo normalmente reveste, se configure uma produção (de obra) audiovisual. No entanto, como a organização de um espectáculo não consubstancia necessariamente criação de

[768] Oliveira Ascensão, "Direito Autoral", cit., menciona ter ocorrido já a manifestação da pretensão da outorga do direito de arena também, por exemplo, a *árbitros de futebol*.

[769] Em desenvolvimento deste tema, pode confrontar-se o nosso "Filmagem de espectáculos desportivos e «direito de arena»", cit., *passim*.

[770] Veja-se o art. 311º CPIndustr..

obra intelectual (como, por exemplo, no caso dos espectáculos desportivos ou touradas radiodifundidos ao vivo, praticamente sem edição), o problema não encontra, aqui também, solução que o resolva satisfatoriamente.

III. Na origem do espectáculo, está necessariamente uma *prestação empresarial*, e esta há-de ser tanto o seu fundamento como o *pressuposto* de uma eventual outorga de um direito privativo.

A ser outorgado, o exclusivo não será por certo reclamado sobre o suporte que eventualmente possa registar (fixar/gravar) os "eventos espectaculares". Isto seria tão inútil como desnecessário: por um lado, a produção de suportes que fixem sons ou imagens já é tutelada por direitos conexos do produtor (cfr., *supra*, nº 112); por outro, tais direitos só pertencerão ao que "organiza" se este for também o que produz (realiza a fixação em) tal suporte. Os direitos de um e outro podem coexistir, mas não se confundem.

Sobram, então, os direitos de *fixar/gravar*, *reproduzir* e *comunicar publicamente a ambiente diferente* por *colocação à disposição do público em rede (na Internet)* o conteúdo imaterial chamado "*espectáculo*". E, estes sim, são exclusivos jusautorais.

IV. Não sendo o espectáculo necessariamente a representação (em sentido amplo) de uma obra, não cabiam, até à DMUD referenciada *supra*, ao seu organizador, *ex lege auctoris*, quaisquer direitos que lhe permitissem reservar o exclusivo da autorização para o exercício daquelas faculdades. E tal exclusivo deveria manifestamente pertencer àquele que organiza o espectáculo.

Nem poderia ser de outro modo. O direito não cabe aos atletas desportistas, aos toureiros, nem a outros não artistas intérpretes ou executantes. Os direitos de participação pecuniária, que o brasileiro "direito de arena" lhes reconhecia[771], não eram contrapartida da sua prestação individual. Estes figurantes desses espectáculos dão a sua colaboração técnica ("artística" em sentido impróprio, como demonstrámos *supra*) ao evento e, nesta medida, poderá encontrar-se explicação que justifique que beneficiem de participação remuneratória nos proventos da exploração do espectáculo.

Mas no espectáculo organizado está presente também uma mais-valia económica que só pode encontrar justificação na prestação empresarial do organizador: é ao que realiza a prestação empresarial, ao que "faz acontecer" o espectáculo que é única e exclusivamente imputável a sua concretização. Devem pertencer-lhe, sob pena até de enriquecimento sem causa de terceiros beneficiários, todas as vantagens patrimoniais que proporcione o bem que resulta da sua acção – e estas não se resumem hoje, vistas as modernas tecnologias de

[771] No âmbito da, hoje revogada, Lei de autor brasileira 5.998, de 14-12-1973 (art. 100º).

telecomunicação planetária e a Internet, ao valor dos bilhetes de ingresso dos espectadores que o presenciem.

V. Seja a sua fonte o *costume*, como lhe tem sido apontado[772], ou reconheça-se-lhe a consagração *legal* – explícita e tipificada ou apenas nomeada em diplomas que regulam a *"organização desportiva"* por todo o mundo –, deparamos com o imperativo do reconhecimento de um novo direito sobre um bem imaterial, o *espectáculo* como resultado de uma *prestação empresarial*. Este direito, na *titularidade* da pessoa que o organiza e promove, tem por *conteúdo* o poder exclusivo sobre a gravação/fixação, a reprodução e a telecomunicação ao público, nomeadamente pela Internet, daquele. Aponte-se-lhe natureza jurídica intelectual conexa ou, passe a largueza do conceito, simplesmente cultural, afinal comum a todos os direitos conexos, como dissemos.

[772] Por todos, veja-se Oliveira Ascensão, "Direitos de Autor e Direitos Conexos...", cit., nº 408-III.

Secção VI
Editor

115. Direitos do editor

115.1. Introdução

O direito do editor, conexo ao direito de autor, está já consagrado na lei portuguesa. Merece tratamento especial o direito dos editores de publicações de imprensa.

A DMUD normalizou na UE um direito conexo dos editores de publicações de imprensa para todas as utilizações *on-line* das suas publicações. A par deste, foi também proposta a consagração nacional de um direito conexo de todos os editores (não apenas os de publicações de imprensa) a reclamar uma parte da compensação, já devida aos autores, pelas utilizações livres (que não dependem de autorização) das obras destes.

Examinemos primeiro o regime jusautoral actual do estatuto do editor, para depois observarmos aquele que resulta consagrado após a transposição da DMUD.

115.2. O editor – regime jusautoral actual

115.2.1. Conceito de edição

Deduz-se do art. 83º do CDADC, que tipifica o contrato de edição, que esta é "a actividade de produzir por conta própria um número determinado de exemplares de uma obra ou conjunto de obras, com a obrigação de os distribuir e vender".

A regulação legal tem em vista, principalmente, a reprodução gráfica de obras literárias (a lei refere mesmo a "revisão de provas"), mas aplica-se subsidiariamente à edição fonográfica (contrato de fixação fonográfica – arts. 141º, 148º e 147º/1 CDADC) ou à edição/reprodução de obras de artes plásticas (art. 159º/3).

Certo é que o art. 85º CDADC (objecto do contrato de edição) refere "obras" sem distinção do seu género. Determinámos já, *supra* (cfr. nº 77), de que conceito de edição tem tratado a lei de autor ao tutelar a actividade editorial.

115.2.2. Direito pessoal do editor à menção da sua designação identificativa

O art. 76º/1-a) CDADC obriga o utilizador de uma obra a indicar também o nome do editor, em caso de utilização *livre* daquela.

Curiosamente, esta exigência não surge na lei se a utilização da obra for feita pelo próprio autor ou consentida por este. Tal deve-se, provavelmente, ao facto de a edição de obra pelo seu autor, ou por este consentida, se realizar, em regra, no âmbito de contrato (de edição) que normalmente prevê a obrigatoriedade de menção de referência ao editor.

Aliás, a lei já exige que o autor que contrata a edição assegure ao editor o exercício, contra terceiros, dos direitos emergentes do contrato (art. 89º/4 CDADC)[773]. Ora, a edição é uma actividade que resulta de autorização/licença do titular do direito de autor. Não custa admitir que, convencionado ou não com o autor, o editor tenha o direito a ver o seu nome ou designação mencionados em todos os casos de utilização lícita da obra, incluindo aquela realizada pelo seu autor.

115.2.3. Direito do editor a remuneração equitativa

Nos termos da lei (art. 76º/1-b) CDADC), é livre a reprodução analógica para fins exclusivamente privados, por fotografia ou processo análogo (art. 75º/2-a)). É devida "remuneração equitativa" ao editor pelo que efectue a reprodução.

É também devida remuneração equitativa ao editor pela reprodução analógica (também livre – *ex* art. 75º/2-e)) realizada por biblioteca, museu ou arquivo públicos para satisfação das necessidades próprias desses estabelecimentos[774].

Também a inclusão (livre – *ex* art. 75º/2-i)) de curtos fragmentos de obras alheias em obras próprias destinadas ao ensino confere ao editor o direito a uma remuneração equitativa.

Em todos estes casos, é manifesto que o legislador considerou que o editor pode resultar prejudicado, tal como o autor com quem partilha esta remuneração, por actos que, apesar de livres (independentes de consentimento para a sua prática), implicam o abandono ou desinteresse pelos exemplares impressos.

[773] Cfr. também *supra*, nº 50.1.5.

[774] Sobre as utilizações livres de obras intelectuais por museus, arquivos e bibliotecas públicos, pode cfr., *supra*, nº 63.3 e, mais desenvolvidamente, o nosso "Direito exclusivo do autor e excepções a favor de bibliotecas, museus e arquivos – nos direitos português, brasileiro e espanhol", Revista Fórum de Direito Civil, ano 6 – nº 14, Belo Horizonte, Brasil, 2017, pp. 187 ss..

Curiosamente, a lei deixa de fora as reproduções digitais de obras (quer para uso privado, quer por museus e bibliotecas), talvez por ser dificilmente controlável. Acautela-o, porém, com a compensação por cópia privada, que trataremos de seguida. A UE preveniu-o também no caso da reprodução ou outra utilização digital de publicações de imprensa, como veremos depois.[775]

115.2.4. Direito a compensação por cópia privada. Participação na AGECOP

É precisamente em sede de edição (art. 82º CDADC) que a lei prevê que se inclua, no preço de aparelhos e suportes que permitam a fixação e reprodução de obras (incluindo a reprodução electrónica digital), uma quantia destinada também aos editores.

A lei declara que esta se trata de uma "compensação equitativa", que se destina a "compensar os beneficiários pelos danos patrimoniais sofridos com a cópia privada".[776] Tratámos já este tema (cfr. nº 66.5, *supra*).

Para assegurar a cobrança daquela receita, cobrada a título de compensação equitativa, a lei garante a representação dos editores na AGECOP (Associação para a Gestão da Cópia Privada), entidade destinada à cobrança, gestão e distribuição de tal compensação (cfr. art. 6º/1 da Lei 62/98).

115.2.5. Edição de obras e publicações críticas e científicas de obras caídas no domínio público

Ao atribuir "ao que publicar ou divulgar" obra ou publicação científica de obra caída no domínio público uma "protecção equivalente à outorgada pelo direito patrimonial de autor" (art. 39º CDADC), a lei portuguesa tutela inequivocamente também os editores que organizem e divulguem essas obras, que são precisamente os que principalmente as publicam.[777/778]

115.2.6. Edição de manuscritos existentes em bibliotecas ou arquivos públicos

A lei não confere exclusivo de exploração económica ao que "publique manuscritos existentes em bibliotecas ou arquivos públicos" ou privados, caídos no

[775] Cfr., *infra*, nº 115.4.1 e o art. 15º DMUD.

[776] Art. 3º da Lei 62/98, sucessivamente alterada até à Lei nº 2/2020, de 31-3.

[777] Consideramos que não se trata de um "renascimento" de um direito de autor já caducado sobre essas publicações críticas e científicas, mas de um direito conexo atribuído ao que publique, normalmente um editor. Em desenvolvimento deste tema, pode cfr., *supra*, nº 81.

[778] Sobre o direito do editor de obra inédita caída no domínio público, cfr., *supra*, nº 101.1-II e 101.11.

domínio público, excepto se essa publicação for reprodução de "publicação (lição[779]) anterior" (art. 78º/1 CDADC).

Este é, claramente, um exemplo de tutela também dos editores, outorgado ao que organiza a edição ("publicação inovadora de lição").

Assim, aquele, normalmente um editor, que fixar/gravar em suporte analógico ou digital manuscrito existente em biblioteca ou arquivo, que não tenha antes sido fixado com a mesma forma, pode opor-se à reprodução da sua publicação, "salvo se este for reprodução de lição anterior".

115.2.7. Utilização em linha de publicações de imprensa por agregadores de notícias ou serviços de monitorização de *media*. O *clipping*

I. A UE, na DMUD, considera importante a sobrevivência de uma imprensa livre e pluralista, que hoje enfrenta a emergência de novos serviços em linha (em rede, na Internet), como os agregadores de notícias e os serviços de monitorização de meios de comunicação social, que disponibilizam essas publicações e os seus conteúdos, com isso os reutilizando e obtendo importantes receitas. Do passo seguinte, reconhece aos editores dessas publicações um direito conexo que lhes permite, como titulares, conceder licenças relativas à utilização em linha dessas publicações (*Considerandos* 54 a 59 e art. 15º).

Este novo direito conexo, que compreende os exclusivos de reprodução e de colocação à disposição do público na titularidade dos editores de publicações de imprensa, abrange os prestadores de serviços, como agências noticiosas e os editores de notícias em geral. Diz respeito apenas a publicações jornalísticas, seja qual for o suporte (incluindo em papel), compreendendo jornais, revistas e sítios de notícias na Internet. Não se restringe apenas à edição noticiosa de obras literárias, mas também à de fotografias e de vídeos; as revistas científicas estão excluídas (*Considerando* 56). O acesso através de hiperligações está excluído (*Considerando* 57 e art. 15º/1 §3).

II. Na sequência da transposição da DMUD em 2023, o novo art. 176º/11 CDADC define "publicação de imprensa" como uma fixação, por parte de editores ou agências noticiosas, de uma colecção de obras literárias de carácter jornalístico, que pode igualmente incluir outras obras ou materiais (dados informativos, por exemplo). Esta colecção deve constituir uma parte autónoma

[779] A expressão "lição" deve ser aqui entendida em sentido literário: é a variante textual apresentada por um testemunho, manuscrito ou impresso; entenda-se uma nova versão de uma variante de um texto manuscrito, neste caso existente em biblioteca ou arquivo. Se alguém publicar nova versão de um texto, manuscrito ou impresso, depositado em biblioteca ou arquivo, pode opor-se a que essa publicação seja reproduzida.

da publicação periódica e ser fixada/publicada sob um único título, tal como um jornal ou uma revista de interesse geral ou específico, "com o objetivo de fornecer informações relacionadas com notícias ou outros temas e publicada em todos os suportes no âmbito da iniciativa, sob responsabilidade editorial e controlo de um prestador de serviços" (art. 2º/4 DMUD e art. 176º/11-a)-ii) CDADC). Ou seja, a *publicação de imprensa*, a que refere a lei, é apenas a publicação jornalística de obras literárias de carácter jornalístico, realizada por um prestador de serviços da sociedade da informação ("provider"), actualizada regularmente em todos os suportes, para fins de informação ou entretenimento, que seja independente da editada pela empresa jornalística titular dessa publicação, que normalmente a edita em papel. Em poucas palavras, trata-se aqui da *disponibilização na* net *de conteúdos jornalísticos previamente editados pelos meios tradicionais*.

Estas publicações *on-line*, da responsabilidade de um prestador desses serviços, incluem edições em papel ou sítios na *web* de notícias (mesmo art. 2º/4, *in fine*, da DMUD), mas não compreende revistas científicas (art. 176º/11-a)-iv) CDADC), nem as hiperconexões para as páginas ou sítios na Internet electrónicos pertencentes ou disponibilizados, a título profissional, pelos editores de imprensa (art. 188º-A/2-b) CDADC) que a União Europeia não considera comunicações autónomas ao público[780]; não abrange também as *informações factuais* comunicadas em artigos jornalísticos incluídos em publicações de imprensa.

As utilizações privadas (uso privado[781]) estão excluídas deste exclusivo, desde que sejam realizadas por pessoas singulares, no exercício do direito de ser informado, mediante acesso lícito e desde que estas não façam uso comercial, directo ou indirecto, dos excertos usados (art. 188º-A/2-a) CDADC).

III. A lei (novo art. 188º-A CDADC) consagra dois importantes direitos (conexos) dos editores de publicações de imprensa: o direito de reprodução digital e o direito de colocação à disposição do público em rede. Os editores de publicações de imprensa estão, assim, consagrados como titulares do exclusivo de reprodução digital das suas publicações (podem autorizá-las ou proibi-las) e de disponibilização das mesmas na Internet, obrigando os prestadores de serviços em linha a requererem autorização para (e a remunerarem) a disponibilização que façam dessas publicações na *net*.

IV. De modo desnecessário e que favorece as confusões conceptuais, consagra-se, com a alteração de 2023 ao CDADC, um direito conexo dos editores

[780] Sobre as hiperconexões e a sua natureza jusautoral, cfr., *supra*, nº 55.2.3.

[781] Ver "uso privado", supra, nº 62.

de publicações de imprensa onde já existe um direito de autor dos titulares das mesmas. "Editor de imprensa" é a "pessoa singular ou colectiva sob cuja iniciativa e responsabilidade é feita a publicação, incluindo empresas jornalísticas e prestadores de serviços de edição noticiosa e agências noticiosas" (novo art. 176º/11-b) CDADC)[782]. "Publicação de imprensa" é uma colecção principalmente de obras literárias de carácter jornalístico (novo art. 176º/11-a)); excluem-se, expressamente, as publicações com fins científicos e académicos. O art. 188º-A/3 salvaguarda os direitos sobre obras ou outros conteúdos protegidos que integrem a publicação de imprensa, não lhes sendo oponíveis os novos direitos conexos.

Ora, os arts. 19º e 16º CDADC atribuem à entidade singular ou colectiva que tiver organizado e dirigido a criação e em nome de quem tiver sido divulgada ou publicada a obra colectiva o direito *de autor* sobre essa obra colectiva. "Obra colectiva" é a que for criada por uma pluralidade de pessoas e divulgada ou publicada em nome de entidade singular ou colectiva (art. 16º/1-a) CDADC). Os "jornais e outras publicações periódicas presumem-se obras colectivas, pertencendo às respectivas empresas o direito de autor sobre as mesmas" (art. 19º/3 CDADC).

Coincidem o sujeito e o objecto do direito de autor na obra colectiva jornalística e os do adventício direito conexo do editor de imprensa.

V. O novel direito conexo caduca dois anos após a primeira edição da publicação de imprensa (novo art. 183º/6 CDADC). O direito de autor nas obras colectivas caduca setenta anos após a primeira publicação ou divulgação lícitas.

O direito conexo compreende os poderes de autorizar ou proibir os prestadores de serviços da sociedade da informação de realizar toda e qualquer reprodução, comunicação ao público, incluindo a colocação à disposição do público na Internet, das suas publicações de imprensa. O direito de autor na obra colectiva já compreende estes poderes ao consagrar o exclusivo jusautoral.

O direito conexo é consagrado sem prejuízo dos direitos conferidos a autores ou outros titulares de direitos relativamente a obras ou outros conteúdos protegidos que integrem a publicação de imprensa. O direito de autor na obra colectiva como um todo não prejudica o exercício individual dos direitos relativos às contribuições pessoais discrimináveis.

[782] A autorização de reprodução, comunicação ao público ou colocação à disposição do público das publicações de imprensa em linha dos *editores de imprensa de âmbito regional*, de forma a torná-las acessíveis ao público na Internet deve ser concedida mediante as novas licenças colectivas de efeitos alargados (art. 12º/1 Decreto-lei nº 47/2023, de 19-6 e novos arts. 36º-A e 36º-B LGC) (cfr, *infra*, nº 122.2).

Coincide o sujeito, coincide o objecto, o conteúdo do novel direito conexo é mais pobre e, em parte, coincidente com o do direito de autor na obra colectiva jornalística. O prazo de protecção do direito conexo é mais curto.

VI. Como vimos, a tutela do novo direito conexo salvaguarda como livre o uso privado por pessoas singulares, desde que façam uso não comercial dessas publicações de imprensa. Hoje, na lei de autor portuguesa, o uso privado e não comercial é livre.

Preserva-se como livre o redireccionamento por hiperligação para sítios na Internet pertencentes ou disponibilizados, a título profissional, pelos editores de imprensa. Compreende-se, já que são os próprios titulares do direito que facultam o acesso a esses sítios.

Exceptua-se como livre a utilização de excertos curtos dessas publicações que não prejudiquem o interesse pelo todo. Isto já é excepção ao direito de autor.

VII. Cremos ter demonstrado que esta duplicação de estatuto perde sentido no ordenamento jurídico português. Talvez tenha significado em ordenamentos, como o alemão, que não consagram o direito de autor de pessoas colectivas.

O que se contém de mais inovador nesta estatuição é uma regulação (regulamentação?) específica deste direito e, principalmente, a consagração inovadora de que os autores de obras que sejam integradas numa publicação de imprensa devem receber uma parte equitativa das receitas que os editores de imprensa arrecadem (novo art. 188º-B/6 CDADC).

De resto, a duplicação é tão óbvia que passa a constar da lei portuguesa um preceito (art. 188º-B/8) que estabelece que o *novel direito conexo não prejudica outras disposições legais relativas à titularidade de direitos sobre publicações de imprensa e obras nela incluídas ou resultantes de contrato de trabalho.*

VIII. Fiel à técnica, antes assinalada, de autonomizar a consagração de um direito conexo dos editores de publicações de imprensa onde já existe um direito de autor dos titulares de direitos sobre obras colectivas jornalísticas, a lei em transposição da Directiva faz compreender nos tipos da usurpação (art. 195º) e da contrafacção (art. 196º) a violação do novel direito conexo.

IX. É, assim, verificável que a DMUD, neste domínio, apenas especificou o que a lei portuguesa já consagrava: os editores jornalísticos gozam de direitos exclusivos de exploração económica das suas publicações. É necessário que se determine a natureza desses direitos.

A DMUD e a lei portuguesa que a transpõe caracterizam-nos expressamente como direitos *conexos*. Vimos que estes têm normalmente por fundamento uma prestação empresarial, o que se coaduna com este caso.

A lei portuguesa (CDADC) consagra-os, também expressamente, como direitos *de autor*, o direito de autor dos titulares de empresas jornalísticas sobre as *suas* obras colectivas.[783]

Pensamos que ambas as caracterizações são compatíveis, desde logo porque não cabe à lei (portuguesa ou Unionista) a definição da natureza das situações jurídicas que consagra. Sejam direitos de autor ou direitos conexos, deve reconhecer-se que estes comungam do fundamento empresarial de todos os direitos conexos: outorgam aos titulares – empresas jornalísticas – um exclusivo de exploração económica das suas publicações que compreende todas as utilizações que das mesmas se façam, no domínio analógico ou digital. Considerar os jornais e outras publicações periódicas como *obras*, apenas releva o carácter criativo do objecto, sem excluir a componente organizacional (*empresarial*) na sua génese.

X. A DMUD e a lei portuguesa que a transpõe salvaguardam expressamente o *direito de exploração independente*, fora do âmbito da exploração da obra jornalística como um todo, das obras ou materiais (por ex., bases de dados) nesta incluídos (art. 188º-A/4 CDADC). São titulares deste direito os autores ou os titulares dos direitos *sui generis* nas bases de dados, respectivamente. Os direitos conexos dos editores não prejudicam, também, os direitos de autores e outros titulares de direitos de exploração das obras e outro material protegido integrado na publicação de imprensa (art. 188º-A/3 CDADC). Admitem-se, no entanto, acordos contratuais limitativos do exercício destas faculdades pelos autores, a celebrar entre estes e os editores (art. 15º/2, *in fine*, DMUD e art. 188º-A/6 CDADC).

Também aqui a DMUD não é inovadora em relação à lei portuguesa. Esta contém um conjunto de disposições (arts. 173º/1 e 174º/2 CDADC) que investe o autor de obra publicada em jornal ou outra publicação periódica do direito exclusivo de fazer ou autorizar "a [sua] reprodução em separado ou em publicação congénere", salvo convenção em contrário. Este direito está, contudo, limitado pelo não prejuízo da exploração da obra colectiva no seu todo: ainda que seja titular do direito de autor respectivo, o autor do contributo criativo individual incluído na obra colectiva só pode publicar em separado o trabalho que naquela tenha inserido três meses depois de posto em circulação o jornal ou outra publicação. Não há razão para não crer que estes direitos do autor português não se estendam às utilizações digitais destas obras ("trabalhos jornalísticos").[784]

[783] Sobre a caracterização dos direitos de autor sobre obras colectivas como verdadeiros direitos de autoria, pode cfr., *supra*, nº 21.

[784] Note-se que, em relação aos "trabalhos jornalísticos" inseridos pelos autores em publicações periódicas que não sejam assinados, o direito de autor pertence à empresa (editora) jornalística, mesmo quanto a utilizações em separado (art. 174º/4 CDADC).

XI. Mas talvez a Directiva vá um pouco mais longe.

O *Considerando* 58 da DMUD prevê que este exclusivo compreenda não só a utilização *on-line* de publicações ou artigos completos, como também de "partes" dessas publicações. Ora, as "partes" de publicações de imprensa são, além das simples notícias, as crónicas, as fotografias, os vídeos, os artigos de opinião – e estes são autonomamente protegidos, na lei portuguesa, como "trabalhos jornalísticos" (arts. 173º e 174º CDADC). O direito de autor sobre estes pertence ao respectivo autor, só ele podendo autorizar a reprodução em separado ou em outra publicação congénere, salvo convenção em contrário (art. 173º/1 CDADC).[785] O proprietário ou editor da publicação que contenha os "trabalhos" pode reproduzir os números que os contenham.

Como vimos, o novo art. 188º-A/4 CDADC, resultante da transposição da DMUD, salvaguarda expressamente os direitos dos autores e outros titulares de direitos quanto à exploração económica das obras e outro material protegido de forma independente da publicação de imprensa em que estão integrados.

Na sequência da transposição da DMUD em 2023, o novo art. 188º-A/5 CDADC trata, ainda, os casos em que uma obra é integrada numa publicação de imprensa com base numa licença não exclusiva. Nestas circunstâncias, posto que a licença é não exclusiva, ficam salvaguardadas outras utilizações da mesma obra fora do contexto daquela publicação de imprensa por outros utilizadores licenciados.

XII. Na sequência da transposição da DMUD em 2023, o art. 188º-B CDADC inova, também, na fixação de critérios mínimos a ter como referência na utilização de publicações de imprensa para divulgação na Internet por prestadores de serviços da sociedade da informação. Deve, pelo menos, ter-se em conta: a) os investimentos de todo o tipo realizados pelo editor de imprensa na criação, produção, distribuição e colocação à disposição do público da publicação de imprensa em questão; b) o benefício económico obtido pelo prestador de serviços da sociedade da informação com a utilização da publicação de imprensa cujo acesso disponibiliza na *net*.

Concluímos que a articulação entre a norma Unionista e o já consagrado na lei portuguesa pouco mais impunha, em termos de transposição daquela para o direito português, do que a explicitação de que o fornecimento *on-line* de conteúdos jornalísticos (obras literárias, fotografias, vídeos), não meramente

[785] Se o trabalho jornalístico for "produzido em cumprimento de um contrato de trabalho", o direito de autor pertinente pertence ao autor ou à empresa jornalística, conforme esteja ou não assinado (art. 174º/1 e /4 CDADC) (cfr., *supra*, nº 72-I e -II).

noticiosos e descritivos, previamente editados por empresários (editores[786]) jornalísticos, depende de autorização destes. Consagrar, a este propósito, um direito conexo do editor afigura-se desnecessário, visto que lhe pertence já o direito de autor sobre a obra colectiva no seu todo, aliás expressamente ressalvado pelo art. 188º/B/8 CDADC.

XIII. O "*clipping*", jargão que designa o processo de seleccionar notícias em jornais, revistas, *sites* e outros meios de comunicação, geralmente impressos, para resultar num apanhado de recortes sobre assuntos de interesse de quem os colecciona, inspira sentença judicial portuguesa[787] que define o *clipping* como a selecção de artigos publicados de acordo com critérios e temas pré-definidos segundo os interesses dos seus clientes, com reprodução destes com recurso a meios tecnológicos (como o *scanner*) e sua disponibilização aos clientes (em formato digital PDF ou em formato de texto; também se disponibiliza o armazenamento de conteúdos, podendo o cliente aceder com *password* aos dados armazenados em *cloud* ou servidor).

É bom de ver que esta re-colecção de artigos e outras peças jornalísticas pode ser feita por prestadores de serviços de partilha de conteúdos em linha que disponibilizem o acesso às colecções de recortes "*clipped*" aos que acedam aos seus serviços na *net*. Neste caso, o exclusivo do editor da publicação de imprensa, a que vimos de aludir, pode impor-se e restringir o acesso e divulgação não autorizados, excepto se os excertos "forem muito curtos" (*Considerando* 58 DMUD).

A lei portuguesa (art. 75º/2-c) CDADC) estabelece que são lícitas, sem consentimento do autor (utilização livre), a selecção regular de artigos de imprensa periódica, sob a forma de *revista de imprensa*[788], bem como a reprodução e colocação à disposição do público de artigos de actualidade. Tendo, porventura, em vista a prevenção do *clipping* ilícito, com a alteração de 2023 ao CDADC esclarece-se que a *utilização livre de conteúdos de imprensa* não abrange aquelas que tenham por objectivo a obtenção de vantagens económicas ou

[786] Consideramos absolutamente de descartar que – não obstante os anglicismos reinantes na língua portuguesa hodierna – se entenda que a referência a "editor" seja, como na língua inglesa ("editor"), menção do director da publicação periódica. Todo o sentido da norma Unionista é o de referir ao empresário proprietário da publicação, não ao seu director, normalmente vinculado por contrato de trabalho àquele e já titular de direitos de autor nessa condição.

[787] Processo nº 74/13.4YHLSB, de 2019, do Tribunal da Propriedade Intelectual.

[788] Por revista de imprensa, deve entender-se a selecção de artigos publicados em jornais e revistas, pela sua citação (por exemplo, dos títulos), mas não a sua transcrição integral para além de tal citação de títulos, ou a citação das declarações de um entrevistado ou dos artigos mencionados nas capas dos jornais ou revistas: assim, a revista de imprensa é um resumo, mais ou menos curto, daquilo que a imprensa publicou num determinado período.

comerciais (mesmo art. 75º/2-c)), o que proíbe expressamente o *clipping* irrestrito. Consideramos que esta estatuição apenas esclarece o que já resultava da lei actual, posto que o *clipping* constitui reprodução parcial de conteúdos de imprensa integrados em obras protegidas: a obra colectiva jornalística e as contribuições para esta nela incluídas (trabalhos jornalísticos escritos, fotografias jornalísticas, desenhos e caricaturas, *etc.*).

Ora, a disponibilização de um artigo de jornal ou revista, mediante *clipping*, é reprodução integral dessa peça (uma obra intelectual) e reprodução parcial de uma obra colectiva (o jornal ou revista) para fins comerciais. A mesma faz perder o interesse na revista ou jornal, pois o cliente já tem a reprodução do artigo que lhe interessa. Afecta, também, a exploração normal da obra colectiva, causando prejuízo à empresa jornalística titular do direito de autor naquela. Logo, o *clipping* constitui manifestamente uma violação do direito *do autor* da obra colectiva sobre esta (a empresa jornalística proprietária do jornal ou revista), mesmo antes da consagração, por transposição da DMUD, de um direito *conexo* do editor da publicação de imprensa, que assim se afigura desnecessária por redundância. Em suma, o *clipping* não autorizado viola direitos de autor.

XIV. Sobre os direitos dos autores e outros titulares de direitos relativos a conteúdos criativos integrados nas publicações de imprensa, o sentido da norma Unionista (*Considerando* 59) é o de preservar a tutela dos autores de obras integradas nas publicações de imprensa, especialmente quanto à utilização em separado dessas obras, em termos, aliás, semelhantes aos dos já analisados arts. 173º e 174º CDADC.

Originais são, talvez, os moldes em que a Directiva (art. 15º/5 DMUD) e a lei portuguesa que a transpõe (art. 188º-B/6 CDADC) impõem que os autores aufiram sempre de quota-parte das compensações recolhidas pelos editores de imprensa com a concessão de licenças de exploração *on-line* das publicações de imprensa.

115.2.8. Partilha da remuneração por reprografia e cópia privada entre autores e editores

No pressuposto de que os editores (também) investem tendo em vista a exploração das obras contidas nas suas publicações de imprensa, e que são privados de receitas quando essas obras são objecto de utilizações livres, nomeadamente pela cópia privada ou comodato público de obras, a DMUD (*Considerando* 60 e art. 16º) admite que os Estados-membros *podem* prever que, quando um autor tiver transmitido o direito de autor ou tiver concedido uma licença de exploração de uma obra a um editor, essa transferência ou licença constitua fundamento legal bastante para o editor ter direito a uma quota-parte da compensação pela utilização da obra no âmbito de uma excepção ou limitação ao direito de autor.

O CDADC já prevê esta partilha (art. 76º/1), pelo que faltará apenas generalizar este direito à partilha, entre autor e editor, da compensação por cópia a *todas* as situações de utilização livre de obras em que o autor receba já essa compensação. A AGECOP poderá ser a instituição adequada à cobrança e repartição dessa quantia.

Sendo uma disposição de transposição não obrigatória, subsiste a questão da oportunidade da sua inclusão na lei portuguesa. Esta, hoje, já prevê a compensação aos editores por cópia privada (art. 82º CDADC) e por inclusão de fragmentos de obras alheias em obras próprias destinadas ao ensino. A oportunidade da previsão de uma repartição da compensação, já hoje devida aos autores pelas utilizações livres consagradas nas alíneas a) a e) do art. 75º/2 CDADC – que seja agora alargada às reproduções e outras utilizações livres *fora do âmbito analógico*[789] (ou seja, as realizadas no âmbito digital, que são de longe as mais relevantes economicamente nos dias que correm) –, é questão que merece debate. Julgamos que a nova redacção dada, em 2023, ao art. 76º CDADC pela lei em transposição da DMUD acolhe esta solução.

[789] No âmbito analógico, o editor tem já direito a esta comparticipação (cfr. art. 76º/1-b) CDADC).

Secção VII
Produtor audiovisual

116. Direitos do produtor audiovisual

I. Quase ignorado pela doutrina e jurisprudência, afigura-se consagrado na lei de autor portuguesa um direito conexo do produtor audiovisual (cinematográfico e audiovisual).

Tratámos desenvolvidamente a figura do produtor audiovisual – que distinguimos do produtor de fono/videogramas[790] – a propósito do contrato de realização e produção audiovisual (cfr., *supra*, nº 86).

Salientamos que se trata de um empresário que *nada cria*, no que ao direito de autor respeita. No âmbito da produção cinematográfica e audiovisual em geral, o produtor limita-se (e não é pouco) a proporcionar ao realizador e demais colaboradores da criação da obra audiovisual os *meios* (humanos, materiais, financeiros) para que estes criem. O produtor audiovisual é, na própria definição da lei (art. 126º/1 CDADC), o "empresário do filme".

No entanto, consideramos a acção do produtor (do) audiovisual essencial à própria *exteriorização* da obra audiovisual. Como expusemos (cfr. nº 84.1-III), a obra audiovisual não produzida é mero conceito, ideia do filme; faltando-lhe a produção, não existe como obra.

II. Da autorização para produzir, que é efeito essencial do contrato para realização e produção audiovisual, advém ao produtor a autorização para produzir o negativo, positivo e cópias e registos magnéticos e digitais do filme, ou a autorização para distribuir e exibir o filme em salas públicas (art. 127º/1 e /2 CDADC).

[790] Cfr., *supra*, em 86.3.

Já o art. 183º/1-b) CDADC prevê a caducidade de um direito conexo "após a primeira fixação, *pelo produtor*, do videograma *ou filme*". Logo depois, o nº 5 do mesmo artigo legal define "filme" como "obra cinematográfica ou audiovisual e toda e qualquer sequência de imagens em movimento, acompanhadas ou não de som", ou seja, a obra audiovisual a que dedicámos, *supra*, o nº 82.

Qual será, então, o direito que – previsto em norma que trata apenas da caducidade de *todos* os restantes direitos conexos – assim se extingue? Só pode ser um *direito conexo do produtor cinematográfico* (e audiovisual, em geral).

A lei omite o seu conteúdo, mas não podemos deixar de alvitrar que compreenderá poderes sobre a utilização da obra cinematográfica produzida. Produção essa, que, como dissemos, é, condição da própria exteriorização da obra audiovisual: afinal, *a obra audiovisual não produzida não existe*.

Secção VIII
Duração dos direitos conexos

117. Duração dos direitos conexos

I. Os direitos conexos duram por 50 anos após a primeira representação ou execução pelo artista. Se a fixação da prestação artística for objecto de comunicação ao público lícita ainda no decurso dos referidos 50 anos, o prazo de caducidade é de 70 anos após a primeira publicação ou comunicação ao público (art. 183º/1-a) e /3) CDADC).

Os direitos do produtor fono/videográfico ou do filme vigoram por 50 anos após a primeira fixação destes. Se, após a primeira fixação pelo produtor fono/ /videográfico ou do filme, estes forem objecto de publicação ou comunicação ao público no decurso dos referidos 50 anos, o prazo é dilatado por 50 anos após a data da primeira publicação ou comunicação ao público lícitas (art. 183º/1-b) e /2).

O direito do (titular do) organismo de radiodifusão dura por 50 anos após a primeira emissão, por qualquer meio, do programa radiodifundido (art. 183º/ /1-c)).

Se a prestação artística, o fonograma ou a emissão radiodifundida forem estrangeiros (origem e autor de país fora da UE), aplica-se o prazo em vigor nesse país, se não for superior ao que resultaria da aplicação da lei portuguesa (art. 183º/5).

II. Coloca-se a questão de saber como se conta o prazo de protecção – se a partir da representação artística, a partir da fixação do fonograma, ou a partir da emissão radiodifundida (art. 183º) –, quando tais factos tiverem ocorrido antes da entrada em vigor do Código.

A lei (art. 194º CDADC) fornece a solução. Aplica-se a regra do art. 183º, que analisámos antes: o prazo, de 50 anos, conta-se da data da verificação daqueles factos, ainda que anteriores ao Código, não há um "repor do contador a zero"; se a lei anterior ao Código tiver fixado um prazo de protecção superior (mais de 50 anos), aplica-se este (art. 194º/2).

III. Como vimos, a DMUD e a lei que a transpôs em Portugal consagram dois importantes direitos (conexos) dos editores de publicações de imprensa: o direito de reprodução digital e o direito de colocação à disposição do público em rede das suas publicações (art. 15º/1, 1ª parte, DMUD e novo art. 188º-A/1 CDADC). Caducam 2 anos após a publicação do jornal ou outra publicação de imprensa (art. 15º/4 DMUD e novo art. 183º/6 CDADC).

Secção IX
Violação dos direitos conexos

118. Violação dos direitos conexos

Aplica-se *mutatis mutandis* aos direitos conexos o que expusemos sobre a violação, com ilícito penal, dos direitos de autor (cfr., *supra*, nºs 48 e 67).

Os tipos penais são os seguintes:

a) *usurpação*, com pena de prisão até 3 anos e multa, pela utilização não autorizada, pelo autor ou do artista, pelo produtor de fonograma e videograma, pelo organismo de radiodifusão ou pelo editor de publicação de imprensa, de obra ou prestação alheias (arts. 195º/1 e 197º/1 CDADC);

b) *contrafacção*, com as mesmas penas, pela "apropriação" (reclamação falsa de paternidade) fraudulenta, total ou parcial, da paternidade de prestação artística, fono/videograma, publicação de imprensa ou emissão radiodifundida alheias (arts. 196º e 197º).[791]

[791] A penalização da contrafacção pode ser indício da consagração de um direito (pessoal) à paternidade nesta sede, como referimos *supra*, nº 111.6.

Título VIII
A colocação em rede electrónica digital (*www*) de obras intelectuais e de outros conteúdos protegidos alheios

119. A Internet como veículo de utilização de obras e outros conteúdos protegidos

É sabido que a Internet permite, mediante prévia digitalização, a transmissão de todo o tipo de conteúdos imateriais, desde as obras intelectuais e prestações artísticas, às bases de dados informativas (nomeadamente as noticiosas).

Defrontaram-se – e defrontam-se ainda – duas correntes sobre o grau de juridificação desejável para a Internet: as que defendem a Internet como espaço de livre circulação de conteúdos, onde, supostamente em fidelidade à ideia inicial, transitam sem peia todas as ideias de todos os tipos, sem censura e gratuitamente; e as que sustentam a juridificação da *net* (*www*) pela aplicação das regras já existentes para a utilização *off-line* dos bens intelectuais e outros conteúdos imateriais protegidos, que foram instituídas já na previsão da superveniência de "novos meios de exploração" (cfr. art. 68º/1 CDADC). A Directiva 2001/29/CE (Dir.Soc.Inf.), que pretendeu regular os direitos de autor na sociedade da informação, confirmou a opção, já antes desenhada, pela segunda corrente. Vejamos em que termos.

119.1. Os bens protegidos na Internet

Vários bens juridicamente protegidos podem ser veiculados na Internet. Essa transmissão, dita *on-line* e que é verdadeiramente em rede[792], mobiliza

[792] Como dissemos acima (cfr *supra*, nº 55.2.1), a telecomunicação (dita "transmissão on-line") na rede www não se faz "em linha", mas em rede, como é sabido. Em explicação e desenvolvimento

todas as faculdades de direito de autor e de direitos conexos, bem como o direito *sui generis* do fabricante das bases de dados.

119.1.1. As obras literárias, artísticas e audiovisuais. Os *multimedia*

I. As obras literárias (escritos), artísticas (pinturas, gravuras, esculturas) ou audiovisuais (cinematográficas, televisivas, videográficas) são passíveis de transmissão em rede digital global (*www*).

Na verdade, a divulgação de uma obra inédita na rede sem autorização do seu criador representa violação do direito *pessoal* de divulgação. A colocação de uma obra já antes divulgada à disposição dos usuários da rede, sem autorização do titular do direito de autor, é violação do exclusivo *patrimonial* do autor de comunicação ao público das suas obras (cfr. art. 68º/2-j) CDADC). O facto de a quebra do ineditismo (violação do direito pessoal) ou de a transmissão *on-line* se dar na *net* não prejudica menos os interesses do autor, que assim vê desvendada sem (ou contra) a sua vontade a sua criação, ou usurpado por terceiros (cfr. art. 195º/1 CDADC) o seu exclusivo de exploração económica, por qualquer meio, da sua obra.

II. Os *multimedia* – que uns designam meros produtos, mas que podem combinar criativamente também obras intelectuais (textos, imagens animadas ou não, gráficos, programas de computador, como nos videojogos) e assim qualificar-se como verdadeiras obras intelectuais[793] – também são passíveis de utilização *on-line*.

119.1.2. As bases de dados

As bases de dados – colectâneas de obras ou outros elementos (informações, por exemplo) dispostos de modo metódico, individualmente acessíveis – são objecto de protecção por direito de autor (como obras-base de dados, desde que a organização ou escolha dos elementos seja criativa) e por direito *sui generis* do fabricante/produtor (desde que tenha havido investimento substancial na sua produção).[794]

As bases de dados electrónicas, acessíveis *on-line*, também reservam aos respectivos titulares a autorização para "acesso individual por meios electrónicos"

desta ideia, pode cfr. o nosso "A telecomunicação electrónica em rede de obras intelectuais na 'sociedade da informação' – a Directriz 2001/29/CE e a sua transposição em Portugal pela Lei nº 50/2204", cit..

[793] Sobre este tema, pode cfr. o nosso "Os multimedia – regime jurídico", cit..

[794] Em desenvolvimento deste tema, pode cfr., *supra*, nº 33, e o nosso "Tutela jurídica das bases de dados (a transposição da directriz 96/9/CE)", cit..

(art. 1º/2 do Decreto-lei 122/2000, de Portugal), obviamente incluindo o acesso em rede pela Internet.

119.1.3. As prestações artísticas

Os artistas, intérpretes ou executantes (actores, cantores, músicos, bailarinos) têm o poder exclusivo de autorizar ou impedir a radiodifusão e comunicação ao público em geral, a fixação, a reprodução e, principalmente, a colocação à disposição do público (na rede) das suas prestações artísticas, por quaisquer meios (art. 178º CDADC), incluindo naturalmente pela Internet.

119.1.4. Os fonogramas e os videogramas

O produtor de fono/videogramas (registo que fixa em suporte material sons ou imagens, ainda que não protegidos) tem o direito (conexo ao direito de autor) exclusivo de autorizar a distribuição de cópias, a difusão (incluindo a radiodifusão), a execução pública ou a colocação à disposição do público na *www* destes objectos, por qualquer meio, incluindo pela Internet (art. 184º CDADC).

119.1.5. Os programas televisivos e radiofónicos radiodifundidos. O *streaming*

Os titulares dos organismos de radiodifusão (televisões, rádios) gozam do direito (conexo ao direito de autor) de autorizar ou proibir a retransmissão ou colocação à disposição do público em rede-*www* das suas emissões (art. 187º CDADC). Está incluída neste exclusivo, evidentemente, a transmissão *on-line* dos programas televisivos ou radiofónicos (*streaming*). O *streaming* é uma forma de distribuição digital de conteúdos *multimedia* na Internet. Estes conteúdos não são, por este meio, armazenados pelo usuário no seu próprio computador. O *live streaming* permite o visionamento ao vivo, através da *net*, de programas que são transmitidos por radiodifusão, cabo ou satélite. Serviços como o *Netflix* e o *Spotify*, que não obrigam ao *upload* de dados, transmitem estes conteúdos.

Embora o *streaming* não implique o descarregamento e armazenamento dos conteúdos no computador dos usuários, considera-se maioritariamente que o *streaming* de obras ou de outros conteúdos protegidos requer autorização e justifica remuneração ao autor.[795]

[795] Por todos, cfr. aresto do Superior Tribunal de Justiça do Brasil – 2ª Sec. REsp. 1559264/RJ, Relator Min. Ricardo Villas Bôas Cuevo, julgado em 8/2/2017.

119.1.6. Os espectáculos

Como se viu, advogamos ser reservado ao empresário o direito exclusivo de autorizar ou proibir a exploração económica, incluindo a transmissão *on-line*, dos espectáculos que organiza e promove empresarialmente.[796]

A transmissão *on-line* "ao vivo" ou o *download* desses espectáculos, quando sejam colocados em rede sons ou imagens dos mesmos, viola o direito daquele.

119.1.7. As "obras geradas por computador"

Como vimos (cfr., *supra*, nº 10), a lei do Reino Unido, por exemplo, consagra o "copyright" relativamente às "obras geradas por computador sem intervenção humana" (art. 178(b) UKCDPA). O titular do mesmo é a pessoa que faz os "arrangements" necessários à criação da obra em questão.

Defendemos que os computadores não são "autores" de quaisquer obras[797], mas a subsistência deste "copyright" investe o seu titular no direito exclusivo *também* de colocação à disposição do público (em rede) destas "obras".

119.1.8. Os bens informáticos

Os próprios programas de computador (além das já assinaladas bases de dados electrónicas) são objecto de direito de autor, análogo ao das obras literárias (art. 3º/2 do Decreto-lei nº 252/94).

Como verdadeiras obras intelectuais, os programas de computador são objecto de exclusivo de exploração económica. A utilização *on-line* destes é também proibida sem autorização do titular do direito exclusivo, apesar de a mesma não obrigar a revelar o código-fonte do programa.

119.2. As faculdades de direito de autor e os direitos conexos mobilizados

A colocação à disposição do público em rede electrónica digital global (*www*) de obras intelectuais e de outros conteúdos protegidos alheios pode bulir com quase todas as faculdades jusautorais exclusivas. Vejamos em que termos.

119.2.1. Faculdade (ou direito) de reprodução

I. A colocação de uma obra à disposição do público na *net* não implica, por si só, a sua reprodução, que é a multiplicação da obra em exemplares tangíveis, ainda

[796] Sobre a natureza e conteúdo deste direito ao espectáculo, cfr., *supra*, nº 114, e o nosso "Filmagem de espectáculos desportivos e «direito de arena»", in "Creaciones Audiovisuales y Propiedad Intelectual" (coligação de obras coordenada pelo Professor Doutor Carlos Rogel Vide, Catedrático jubilado da Universidad Complutense de Madrid), Madrid, 2001.

[797] Em desenvolvimento desta ideia, pode cfr., *supra*, nº 10. Sustentámos, também, a existência de produtos de sistemas de inteligência artificial que merecem ser reconhecidos como obras literárias ou artísticas (em desenvolvimento desta ideia, cfr., *supra*, nº 10.1).

que digitais. No entanto, aquela colocação à disposição do público é, muitas vezes, acto preparatório (ou, pelo menos, antecedente necessário) desta reprodução, visto que podem "descarregar-se" (*downloading*) permanentemente os ficheiros transmitidos *on-line*, incluindo os que contenham obras ou outros conteúdos protegidos, e já que a reprodução "por qualquer meio" de obras (art. 68º/2-i) CDADC) ou de prestações artísticas (art. 178º/1-c) CDADC) é reservada. O "carregamento" (*uploading*) de conteúdos protegidos é também acto de reprodução e, como tal, reservado se o conteúdo carregado for uma obra ou uma prestação artística; também a colocação à disposição do público desses conteúdos pelos prestadores de serviços de partilha de conteúdos em linha ("providers") responsabiliza hoje estes.[798]

Também a digitalização de obra ou outro conteúdo protegido, passo prévio necessário à transmissão *on-line*, está reservada: o art. 68º/2-d) CDADC atribui em exclusivo ao autor o direito de "fixação em qualquer aparelho destinado à transmissão" de obras na *net*, o que obviamente inclui o computador em cujo disco se gravem.

Mas não são só as obras e as prestações artísticas que não podem reproduzir-se. O direito *sui generis* do fabricante das bases de dados implica que a informação contida nessa base não possa ser "extraída" (o seu conteúdo transferido para outro suporte) sem o consentimento do titular (art. 12º/2-a) do Decreto-lei 122/2000). De igual modo, a obra-base de dados, que vimos ser objecto de direito de autor, só pode ser reproduzida com autorização do seu autor (art. 7º/1-a) do mesmo Decreto-lei).

II. Durante algum tempo, pretendeu-se que a fixação temporária e transitória de obras e outros conteúdos protegidos na memória RAM dos computadores, passo necessário às transmissões *on-line* e à sua mera visualização em ecrã de computadores, constituiria acto autónomo de reprodução reservada, obrigando a autorização e remuneração ao titular do direito. Não é assim.[799]

A Dir.Soc.Inf. (art. 5º/1) – transposta em Portugal pela Lei nº 50/2004 (art. 75º/1 CDADC) – exceptua expressamente do exclusivo jusautoral as "reproduções temporárias que sejam transitórias, episódicas ou acessórias, que constituam parte de um processo tecnológico e cujo único objectivo seja permitir uma transmissão numa rede [...], incluindo os actos que permitam a navegação em rede e a armazenagem temporária"; o art. 75º/1 CDADC consagra esta regra (a este propósito, cfr., *supra*, nº 55.2).

[798] Cfr., *supra*, nº 55.3.

[799] Sobre este tema, cfr. o nosso "A telecomunicação electrónica em rede de obras intelectuais na 'sociedade da informação' – a Directriz 2001/29/CE e a sua transposição em Portugal pela lei nº 50/2204", cit..

119.2.2. Faculdade (ou direito) de comunicação ao público, incluindo a colocação à disposição do público em rede de obra ou outro conteúdo protegido

I. Esta faculdade, acrescentada expressamente ao elenco jusautoral pela Dir. Soc.Inf., é a própria essência da transmissão e acesso a conteúdos protegidos na Internet. Como vimos (*supra*, nº 55.2), distingue-a da comunicação ao público em geral o facto de, nesta, as obras serem feitas acessíveis ao público num momento só, escolhido pelo que as comunica, por exemplo pela radiodifusão; ao passo que, naquela (colocação à disposição do público), a obra ou a prestação artística são tornadas acessíveis em rede no local e momento escolhidos pela pessoa que lhes acede (art. 68º/2-j) e 178º/1-d) CDADC).

II. Pretender que a mera visualização em ecrã de obras ou outros conteúdos, licitamente transmitidos *on-line* e acessíveis em rede, constitui uma reprodução da obra e, como tal, um acto dependente de autorização do autor ou outro titular de direito autoral exclusivo é o mesmo que admitir que cada leitura/consulta de um livro licitamente adquirido justificaria o consentimento do autor. Trata-se de mera recepção de conteúdo transmitido que, desde que a colocação à disposição do público seja lícita, não justifica/requer uma autorização autónoma. A situação é diferente se ocorrer o descarregamento dos conteúdos acedidos ou o carregamento dos mesmos por esses usuários (cfr. nº 119.2.1).

119.2.3. Dos hipernexos (hiperligações) (*remissão*)

Tratámos já (cfr., *supra*, nº 55.2.3) a matéria relacionada com este tema, que é aqui também pertinente.

119.3. As medidas tecnológicas de protecção

I. O art. 6/3 da Dir.Soc.Inf. refere a sistemas técnicos de identificação e protecção de obras intelectuais – as chamadas medidas tecnológicas: "quaisquer tecnologias, dispositivos ou componentes que [...] se destinem a impedir ou restringir actos [...] que não sejam autorizados pelo titular do direito de autor ou direitos conexos ou do direito *sui generis*".

Estas designadas "medidas tecnológicas" compreendem[800]:

a) medidas que controlam o acesso aos conteúdos designados protegidos;
b) medidas que controlam apenas algumas utilizações desses conteúdos (reprodução, distribuição, comunicação ao público, incluindo a colocação à disposição do público);

[800] Segundo a classificação de KOELMAN, Kamiel e HELBERGER, Natali, *apud* CLÁUDIA TRABUCO, "Direito de autor, intimidade privada e ambiente digital: reflexões sobre a cópia privada de obras intelectuais", cit., VI.

c) tecnologias que protegem a integridade das obras (por ex.: PDF);
d) medidas que possibilitam a eficaz gestão dos direitos na rede, através de mecanismos de medição do acesso ou da utilização das obras e prestações (por ex.: os *Electronic Copyright Management Systems* ou *Digital Rights Management*).

A estas, devem juntar-se medidas tecnológicas de identificação e de seguimento do percurso das obras e prestações (art. 217º/2 CDADC), que facilitam a exploração económica das obras, possibilitando[801/802]:

a) a contratação em linha, facilitando a identificação das obras e sua autenticação, mediante sistemas de identificação de objectos digitais;
b) a garantia da integridade das obras e a sua autenticação, através de assinaturas digitais;
c) o controlo de acesso, mediante a utilização de palavras-chave;
d) o rastreio das utilizações das obras e prestações nas redes digitais;
e) o registo e cobrança de compensações pelas utilizações, através de sistemas de processamento de pagamentos electrónicos.

II. A aplicação destas medidas suscita, contudo, vários problemas, sobretudo ligados à relação entre a protecção conferida e o respeito pelos limites que a própria lei e Directivas impõem aos direitos exclusivos dos titulares pela consagração de *utilizações livres* das obras e outros conteúdos protegidos – o art. 6º/4 da Dir.Soc.Inf. e o art. 221º/1 CDADC prevêem-no. Se a utilização de uma obra é *livre*, *i.e.*, não depende de autorização do titular do direito de autor, não faz sentido restringir o acesso à mesma por via das ditas medidas tecnológicas.

O principal problema que a aplicação destas medidas tecnológicas suscita é que as mesmas são "cegas": limitam tanto, legitimamente, o acesso a conteúdos protegidos como actos que o não são (como certos conteúdos meramente noticiosos), ou que, sendo protegidos, são também livremente utilizáveis para certos fins e sob determinadas condições nos termos da lei ou de contrato. A nova redacção dada ao nº 1 do art. 221º CDADC pela lei de 2023 que transpõe a DMUD revela bem a ambivalência que impera neste domínio: por um lado, estatui-se que as medidas eficazes de carácter tecnológico não podem constituir um obstáculo ao exercício normal pelos beneficiários das *utilizações livres* e permitidas das obras; por outro, admite que tais medidas podem,

[801] Ainda segundo C. Trabuco, *ibidem*.

[802] Entende-se por 'medidas de caráter tecnológico' toda a técnica, dispositivo ou componente que, no decurso do seu funcionamento normal, se destinem a impedir ou restringir actos relativos a obras, prestações e produções protegidas, que não sejam utilizações livres.

mesmo quando estão em causa utilizações livres de obras, ser utilizadas para limitar o número de cópias a efectuar pelo utilizador (usuário), a partir de um exemplar legitimamente adquirido. Ora, com que critérios se limitam as cópias?

Deve, assim, respeitar-se utilizações livres consentidas na lei de autor (consagradas principalmente no art. 75º CDADC) e o uso privado (art. 81º-b) CDADC). A DMUD (art. 17º/7) vem, de resto, impor que a cooperação entre os prestadores de serviços em linha ("providers") e os titulares de direitos – para evitar o carregamento na *net* e ulterior disponibilização de conteúdos protegidos, a que aludimos já (*supra*, nº 55.2.4) – não impeça a disponibilização de obras e outro material protegido que não violem direitos de autor (obras não protegidas, utilizações livres). Por outro lado, estas medidas não se aplicam a obras que tenham sido disponibilizadas em rede em cumprimento de acordos entre os titulares e os utilizadores (art. 222º CDADC).

Em reacção a comportamentos que desvirtuem estas medidas tecnológicas, a lei assegura: a) tutela penal; b) a apreensão de equipamentos e dispositivos que anulem as medidas de protecção; c) a responsabilidade civil.

Título IX
Gestão Colectiva de Direitos de Autor e Direitos Conexos

120. O objecto e fins das entidades de gestão colectiva de direitos de autor e direitos conexos

I. O art. 72º CDADC prevê que os poderes relativos à "gestão do direito de autor" possam ser exercidos pelo seu titular *ou* "por intermédio de representante devidamente habilitado".

O art. 73º/1 do mesmo Código estabelece que "as associações e organismos nacionais e estrangeiros constituídos para a gestão do direito de autor desempenham essa função como representantes dos respectivos titulares". Tal representação resulta da simples qualidade de sócio ou aderente ou da inscrição como beneficiário dos respectivos serviços.

A lei não esclarece o que seja "*gestão* do direito de autor", nem que componentes do direito de autor são susceptíveis de ser geridos por outrem, nem mesmo o âmbito da representação por estas "associações e organismos" constituídos para o efeito. Tentemos fazê-lo.

II. A questão do que constitua "*gestão*" e "*representação*" dos direitos autorais (direitos de autor e direitos conexos), neste âmbito, tem suscitado alguma controvérsia.

Autores há que questionam os verdadeiros interesses que assim se agenciam. Na perspectiva destes, perder-se-ia, porventura, de vista o interesse dos criadores, cedendo-se às motivações egoístas dos representantes e à cobiça dos utilizadores das obras e prestações artísticas.[803] Não pensamos assim.

[803] Oliveira Ascensão, "Representatividade e legitimidade das entidades de gestão colectiva de direitos autorais", cit., nº 3, considera que, como representantes dos titulares dos direitos que

A criação de entidades de gestão colectiva do direito de autor e dos direitos conexos (*egc*) é da livre iniciativa dos titulares dos referidos direitos (art. 5º/1 da lei enquadradora destas entidades em Portugal – LGC). Ainda nos termos da mesma lei (art. 5º/2), estas entidades *só* podem constituir-se como *associações* ou *cooperativas* com *fins não lucrativos*. Parece-nos um bom princípio quanto ao seu carácter desinteressado, não egoísta.

Por outro lado, o que constitui *objecto* destas entidades é tão-só (art. 3º LGC): a) a gestão dos direitos patrimoniais confiados; b) as actividades de natureza social e cultural que beneficiem colectivamente os titulares dos direitos representados; c) a defesa, promoção e divulgação do direito de autor e dos direitos conexos; d) o exercício e defesa dos direitos pessoais (dito "morais") de autor, estes apenas quando solicitados pelos representados.

Ora, com excepção da gestão dos direitos patrimoniais – de que trataremos com pormenor adiante e que constitui o *core business* e razão principal da existência destas entidades –, não vemos que qualquer destas missões implique ou consinta favorecimento próprio de quem a exerce.

O art. 11º/4 da Directiva 2014/26/UE impõe que uma *egc* não deve ser autorizada a utilizar receitas de direitos ou quaisquer rendimentos resultantes de rendimentos dessas receitas para outros fins que não a distribuição aos titulares de direitos. As excepções aí consagradas não incluem expressamente a prossecução de fins sociais ou culturais pelas *egc* com fundos provenientes da cobrança de direitos de utilização de obras, prestações e fonogramas. Será que está proscrita a prossecução destes fins? Parece-nos que não.

É a própria Directiva 2014/26 que, no seu art. 8º/5-b) e -e), prevê que uma *egc* possa utilizar "montantes não-distribuíveis". Não se vê que a prossecução de fins assistenciais dos membros ou a promoção cultural deva estar, por natureza, excluída.

Após a referida alteração de 2017, a LGC reconhece aos titulares de direitos não filiados nas *egc* a possibilidade de aceder a muitas das acções daquelas de carácter social e assistencial, de promoção das suas obras, de prevenção de lesões aos direitos de autor, ou de investigação e promoção dos direitos de autor, a que as *egc* devem afectar pelo menos 5% das suas receitas (art. 29º/3 LGC).

III. Dizer que a "função cultural" da entidade de gestão colectiva (prevista no art. 13º da Lei 83/2001, hoje revogada, mas que a nova LGC continua a prever) "está completamente deslocada", porque estas são "entidades de arrecadação

não são necessariamente criadores intelectuais (podem ser meros transmissários do direito), "o substrato pessoal do ente de gestão pode exprimir interesses muito diferentes dos dos criadores intelectuais".

de receitas e de distribuição subsequente pelas entidades de gestão colectiva suas associadas"[804], não parece colher completamente, já que a afectação de receitas a fins culturais não pode ser encarada como um mal em si mesma e tal escopo não desvirtua, pelo contrário, as *egc* que o prossigam.[805/806]

Por maioria de razão, a "defesa, promoção e divulgação do direito de autor e dos direitos conexos" (arts. 3º/1-b) LGC), se bem que constitua um enunciado vago para ser consagrado como *objecto* das *egc*, não é de maneira nenhuma um fim censurável ou que, em si, promova o apoucamento dos direitos dos autores e dos artistas.

Consideramos, assim, vista a liberdade de constituição das *egc* pelos titulares dos direitos representados, o facto de estas entidades deverem necessariamente adoptar a forma associativa ou cooperativa, não lucrativas, o respectivo objecto de desenvolvimento de actividades sociais e culturais, e os seus fins de defesa, promoção e divulgação do direito de autor e dos direitos conexos, que nada há de especialmente censurável, do ponto de vista dos titulares dos direitos, no estatuto legal hodierno das *egc*.[807]

121. Legitimidade das entidades de gestão colectiva

As entidades de gestão colectiva de direitos de autor e direitos conexos (*egc*) estão legitimadas para *exercer* os direitos confiados à sua gestão que lhes sejam atribuídos pelos respectivos titulares. Podem retirar-se daqui várias ilações.

121.1. Âmbito do mandato para gestão colectiva; em particular, os direitos pessoais de autor

I. Qualquer *titular* de direito de autor ou direito conexo pode confiar a gestão dos respectivos direitos a uma *egc*.

804 OLIVEIRA ASCENSÃO, última ob. cit., nº 4, refere-se à AGECOP, entidade a quem cabe a cobrança e distribuição das receitas da cópia privada (hoje no art. 6º da Lei nº 62/98, de 1-9, com a redacção dada pela Lei nº 48/2015, de 5-6).

805 A LGC (art. 29º) determina mesmo que uma percentagem não inferior a 5% das receitas das *egc* seja afectada a actividades sociais e de assistência aos seus associados ou cooperadores, bem como a actividades de incentivo à criação cultural e artística, entre outras. O mesmo preceito estabelece princípios de acesso dos associados e não associados das *egc* aos referidos fundos sociais e culturais. Assim também em Espanha (art. 155 LPI esp.).

Pode defender-se que estas deveriam ser missões do Estado apenas, mas a nossa concepção da missão do associativismo livre não o incompatibiliza com atribuições como aquelas.

806 ADELAIDE MENEZES LEITÃO, "A Diretiva 2014/26/UE relativa à gestão colectiva de direitos de autor e direitos conexos", cit., p. 206, replica a preocupação de outros Autores (*maxime* OLIVEIRA ASCENSÃO) sobre uma eventual (crescente?) supremacia dos interesses das *egc* sobre os da Cultura e até dos destas entidades sobre os dos autores e outros beneficiários.

807 Sobre este ponto na Directiva 2014/26/UE, ver, *infra*, nº 121.3.

Significa isto que não são apenas os criadores intelectuais e os artistas, assim como outros titulares originários de direitos, que podem confiar a gestão dos mesmos às *egc*. Qualquer titular, ainda que derivado, de faculdades jusautorais exclusivas pode fazê-lo. É natural.

Considerando que as faculdades patrimoniais de autor podem ser objecto de transmissão, mal se compreenderia que os transmissários das mesmas (ou os sucessores *mortis causa* dos autores) não pudessem, ao contrário dos criadores, entregá-las à gestão de uma *egc*.

Por outro lado, deve ficar também claro que não são apenas os *titulares* (originários ou derivados) de direitos de autor e direitos conexos que podem atribuir a uma *egc* a sua gestão. As meras *licenças de utilização*, ainda que exclusivas como a de edição, não transferem a titularidade de direitos autorais. No entanto, os simples licenciados estão compreendidos na noção de "titular de direitos" operante para efeito de representação por *egc* (cfr. art. 2º-n), *in fine*, LGC). Compreende-se, visto que o que está aqui em causa é a gestão de direitos de exploração económica de obras e prestações artísticas, ou seja, a administração de receitas dessa exploração a quem esta pertença, independentemente da titularidade do direito de autor.

II. Significativa é, ainda, a situação dos *direitos pessoais*. É certo que estes não são susceptíveis de qualquer tipo de alienação (art. 56º/2 CDADC), mas não é este o problema. Poderão as *egc* agenciar direitos pessoais (ditos "morais") de autor?

Foi defendido que não, considerada "uma evidente personalização do exercício" destes direitos.[808] A LGC vigente não acolhe este entendimento: as *egc* podem "exercer e defender os direitos morais dos seus representados, desde que estes o solicitem" (art. 3º/2 LGC).

Na verdade, a gestão de faculdades pessoais, incluindo o seu exercício, não pressupõe qualquer tipo de alienação das mesmas. Pode tratar-se, como vimos ser também objecto das *egc*, de defender, promover ou divulgar direitos (art. 3º/1-b) LGC).

Ora, nada há na característica dos direitos pessoais de autor que iniba a sua defesa ou promoção por quem não é titular, em nome deste: desde que tal seja requerido pelo autor titular do direito pessoal, uma *egc* pode perfeitamente, por exemplo, defender a integridade da obra daquele, o que constitui *exercício* de direito pessoal de autor.[809]

[808] Oliveira Ascensão, última ob. cit., nº 8-I.

[809] Sobre a natureza, características e conteúdo dos direitos pessoais de autor, pode cfr., *supra*, nºs 38 e ss., e os nossos: "O direito pessoal de autor no ordenamento jurídico português", cit.; "O direito pessoal de autor – uma perspectiva Lusófona", cit..

121.2. Legitimação das entidades de gestão colectiva. O contrato de gestão e representação

I. O art. 9º LGC estabelece que as *egc* "*exercem* os direitos confiados à sua gestão e que podem exigir o seu cumprimento por terceiros, inclusive perante a administração e em juízo". É uma norma esclarecedora.

Revela que, ao confiar a gestão dos seus direitos às *egc*, o respectivo titular não transfere direitos, limita-se a mandatar o exercício e defesa dos mesmos. A caracterização desta figura não é, porém, isenta de controvérsia.

II. No direito espanhol, considera-se que o contrato pelo qual a gestão dos direitos é encomendada a uma *egc* é um *contrato de mandato* (arts. 1709 a 1739 do Código Civil de Espanha), não importando transmissão de tais direitos, já que por este contrato não se faculta à *egc* a faculdade de explorar as obras ou as prestações artísticas fixadas ou os fono/videogramas produzidos, mas tão-só a prerrogativa de conceder a terceiros utilizadores autorizações/licenças não exclusivas.[810]

III. Em Portugal, no domínio da revogada Lei 83/2001, foi defendido que "não se vê interesse em pôr em causa a qualificação legal, ou em discutir que neste caso haja um mandato com representação". Sustenta-se que não há em Portugal (ou no Brasil) regime idêntico ao que se verifica em países do centro e norte da Europa; nestes, aconteceria a qualificada como "*gestão fiduciária*", em que a titularidade dos direitos agenciados passa verdadeiramente para a *egc*, devendo essa entidade tipicamente exercer o direito no sentido da boa administração no interesse do titular.[811]

A LGC (art. 32º) prevê que a *gestão* dos direitos de autor possa ser atribuída pelos seus titulares a favor de uma *egc*, mediante um contrato de gestão e representação.

Este contrato, com duração que não pode exceder os cinco anos renováveis (máximo de três anos em Espanha, depois da Ley 21/2014), compreenderia, a fazer fé na previsão legal, que as *egc* "*dispusessem* dos direitos, benefícios ou faculdades legalmente atribuídos aos representados" (art. 32º/4 LGC).

A ideia de verdadeira "disposição" de direitos pelas *egc* é desmentida pelo art. 27º/1-g) da LGC, ao consagrar, entre os "deveres gerais" de tais entidades, o de contratar com terceiros interessados tão-só *autorizações/licenças não exclusivas*, em norma semelhante à espanhola.

[810] Assim, por todos, JUAN JOSÉ MARÍN LÓPEZ, "Las entidades de gestión", *in* Manual de Propiedad Intelectual, coorden. RODRIGO BERCOVITZ RODRÍGUEZ-CANO, cit., p. 316.

[811] OLIVEIRA ASCENSÃO, última ob. cit., nº 2.

Assim, fica claro que as *egc nem são transmissárias* de direitos de autor ou de direitos conexos *nem dispõem*, mesmo em nome dos representados, de quaisquer direitos autorais, limitando-se a conceder licenças de exploração de obras e prestações artísticas em nome dos titulares de direitos.

121.2.1. A gestão colectiva "forçada"

I. Aproveitamos a expressão de Oliveira Ascensão[812] para distinguir os casos em que é *conveniente* ao autor ou artista encomendar a gestão dos seus direitos a uma *egc*, porque esta é eventualmente a melhor (a única?) maneira de obter rendimentos da utilização patrimonial das suas obras ou prestações fixadas – designada "gestão forçosa" e que é, na verdade, uma gestão (mais) vantajosa do que a que pudesse ser efectuada individualmente pelo próprio titular do direito[813] –, daqueles em que a lei faz *obrigatória* a gestão colectiva. Nestes últimos casos, falar-se-ia de gestão "*forçada*".

II. A lei portuguesa não é muito pródiga na previsão de situações deste último tipo.

Fá-lo no caso do licenciamento da *retransmissão por cabo*, em que o art. 7º/1 do Decreto-lei nº 333/97, de 27-1, reserva o *exercício* do direito de a autorizar ou proibir às entidades de gestão colectiva.

Acontece também a imposição da intermediação por uma *egc* quanto à "cobrança, gestão e distribuição da compensação equitativa por *cópia privada*", conforme previsto no art. 6º da Lei nº 62/98, de 1-9.[814] Neste caso, a *egc* é uma "super-entidade", a AGECOP – Associação para a Gestão da Cópia Privada, entidade sem fins lucrativos que agrega as *egc* de autores, artistas intérpretes ou executantes, produtores de fono/videogramas e de editores.

Verifica-se ainda um caso de gestão colectiva forçada consagrado no art. 178º/2, 2ª parte, onde se impõe a gestão colectiva da remuneração equitativa única, a que o artista, que autorize a fixação da sua prestação para fins de radiodifusão a um produtor audiovisual, tem direito em contrapartida da transmissão, presumida *juris et de jure*, dos seus direitos de radiodifusão e comunicação ao público.

III. Na lei de autor de Espanha (LPI esp.), existem inúmeros casos de gestão colectiva obrigatória: para a autorização da retransmissão por cabo (art. 20/4-b));

[812] Oliveira Ascensão, última ob. cit., nº 1.

[813] Aconteceria gestão "forçosa", por exemplo, no caso das obras e prestações musicais, cuja utilização disseminada aconselha (força?) a gestão colectiva como única forma de controlar a utilização das obras e prestações artísticas e de obter rendimento significativo da exploração destas obras e prestações.

[814] Sucessivamente alterada até à Lei nº 2/2020, de 31-3.

para a remuneração da cópia privada (art. 25/3); para a cobrança de remuneração equitativa devida ao artista por aluguer de um fonograma que fixe uma prestação artística sua (art. 109º/3, 2º); para a cobrança de remuneração equitativa devida aos produtores de fonogramas pela comunicação ao público de fono/videogramas (arts. 116/3 e 122/3), entre outros.

A estas previsões, JUAN JOSÉ MARÍN LÓPEZ[815] acrescenta a necessidade de assegurar agora a utilização lícita de obras e prestações protegidas na Internet, para a qual se requereria o recurso a formas expeditas de controlo de utilizações nesse *medium*. Em resposta a este repto, salienta-se a previsão, pela Directiva 2014/26/UE, de regras sobre a concessão de licenças multiterritoriais de direitos sobre obras musicais para utilização em linha no mercado interno; tratamos este tema *infra*, nº 125.5.

121.2.2. O caso da colocação à disposição do público de prestações artísticas fixadas

Sobrava, em Portugal, um caso de aparente gestão colectiva forçada que merece exame autónomo.

Tratava-se da previsão, no art. 178º/4 CDADC, do exercício por *egc* do poder – conexo ao direito de autor – de os artistas intérpretes ou executantes autorizarem ou proibirem a colocação à disposição do público, por fio ou sem fio, das suas prestações. Estava, pois, em causa a gestão colectiva da colocação em rede (Internet) das prestações artísticas fixadas.

Alguma doutrina portuguesa salientava este como um caso de gestão colectiva "forçada" muito criticável, aventando-se mesmo que "provoca dúvidas sobre a sua admissibilidade e validade", podendo mesmo "contender com normativos internacionais como a Convenção de Berna e as Directivas Europeias sobre Direitos de Autor e Direitos Conexos ou, mesmo, ir contra princípios constitucionais"[816]. Esta é uma avaliação que já não se justifica, sobretudo tendo em consideração a nova redacção do preceito em análise.

Em primeiro lugar, não é hoje defensável que a *letra* do art. 178º/4 CDADC consagre uma modalidade de gestão colectiva obrigatória (dita "forçada"). Prevê a gestão colectiva neste caso, é certo, mas não resulta da letra do preceito que esta seja a *única* forma de gestão destes direitos que admite.[817]

[815] JUAN JOSÉ MARÍN LÓPEZ, última ob. cit., nº 2.4., p. 318.

[816] DUARTE VASCONCELOS, "Da necessidade e dos limites à gestão colectiva forçada de direitos de autor e direitos conexos", cit., 3.1., pp. 47/48.

[817] «Artigo 178º CDADC (...)

1 – Assiste ao artista intérprete ou executante o direito exclusivo de fazer ou autorizar, por si ou pelos seus representantes:

[...]

Por outro lado, é factual que a gestão dos direitos conexos em causa – os dos artistas quanto à colocação em rede (Internet) das prestações fixadas – afigura-se tudo menos facilmente exequível se realizada individualmente. A exploração massificada das obras e prestações artísticas fixadas, colocadas à disposição do público em rede, que a Internet proporciona, é dificilmente compatível com um controlo individual das utilizações sem recurso a meios tecnológicos sofisticados.

Argumentar que a suposta consagração da gestão colectiva "forçada" neste caso seria ainda incompatível com o disposto no art. 183º-A CDADC[818] – onde se consagra o direito dos artistas a obter uma remuneração suplementar anual do produtor de fonogramas após o 50º ano subsequente à publicação lícita do fonograma ou à sua lícita colocação à disposição do público (nº 4), e a obrigatoriedade de o direito à obtenção de uma remuneração anual ser administrado por *egc* representativas dos artistas (nº 7) – parece-nos deslocado.

O que a lei consagra é, de um lado, a conveniência/vantagem (admitamos que até a necessidade) de os artistas intérpretes ou executantes confiarem a uma *egc* a administração dos seus direitos por colocação à disposição do público de prestações suas fixadas (art. 178º CDADC). E, do outro, a obrigatoriedade de gestão colectiva dos direitos de remuneração suplementar, devidos aos artistas pelo prolongamento, após certo prazo, da exploração económica de fonogramas que fixem as suas prestações. Não há conflito.

A lei estabelece que: a) decorridos 50 anos sobre a publicação e comunicação ao público de um fonograma que fixe uma prestação artística, tendo o artista direito a uma remuneração especial como contrapartida da cessão de direitos de exploração ao produtor desse fonograma, deve o artista entregar a uma *egc* a administração de tal direito (art. 183º-A CDADC); e b) que *pode* (*sic* no texto da lei) ser exercido por uma *egc* o direito à colocação à disposição do público da prestação de um artista (art. 178º/4)[819]. Não são faculdades de conteúdo incompatível.

d) A colocação à disposição do público, da sua prestação, por fio ou sem fio, por forma que seja acessível a qualquer pessoa, a partir do local e no momento por ela escolhido.
[...]
4 – O direito previsto na alínea d) do nº 1 pode ser exercido por uma entidade de gestão coletiva de direitos dos artistas, assegurando-se que, sempre que estes direitos forem geridos por mais que uma entidade de gestão, o titular possa decidir junto de qual dessas entidades deve reclamar os seus direitos.» – realce nosso.
Esta redacção resulta da alteração ao CDADC pela Lei nº 32/2015, de 24-2. Até então, o preceito rezava, no que a esta parte diz respeito: «Art. 178º/4 (anterior redacção): [...] o direito previsto na alínea d) do nº 1 ***só pode*** *ser exercido por uma entidade de gestão colectiva de direitos dos artistas* [...]» – realce nosso.

[818] Duarte Vasconcelos, ob. cit., nº 3.2.

[819] Duarte Vasconcelos, ob. cit., p. 54, adiantava, no domínio da anterior redacção do art. 178º/4, ainda uma (outra) possível explicação: que as obras fixadas em fono/videogramas terão

121.2.3. Requisitos e âmbito da representação pelas entidades de gestão colectiva

I. Paralelamente ao disposto no art. 9º LGC, o art. 150 LPI esp. consagra a regra da legitimidade das *egc* – desde que autorizadas pelos organismos competentes dos respectivos Ministérios da Cultura – art. 74º CDADC e 11º LGC, art. 147 LPI esp. – para exercerem os direitos confiados à sua gestão e fazê-los valer contra terceiros, inclusive perante a administração e em juízo.

Levanta-se a questão de saber o âmbito desta representação, quando, por exemplo, se trate de exigir a terceiros usurpadores de direitos de autor ou de direitos conexos o pagamento de quantias pela utilização não autorizada de obras ou prestações artísticas protegidas.

II. O art. 73º CDADC estabelece a regra geral: as *egc* representam presumidamente os seus associados, resultando o título de representação "da simples qualidade de sócio ou aderente ou da inscrição como beneficiário dos respectivos serviços". A capacidade judiciária (em juízo civil ou criminal) das *egc* não prejudica o direito de cada associado constituir e fazer prevalecer a representação por mandatário por si expressamente constituído.

III. No direito espanhol, o art. 152 LPI esp. estabelece que, para acreditar a sua legitimação, a *egc* apenas tem de juntar os estatutos e comprovar a sua autorização administrativa para actuar. Já os fundamentos admissíveis de oposição à representação de determinado sujeito (autor, artista, produtor) por uma *egc* são: a) a falta de (poderes de) representação da *egc* autora em juízo; b) a autorização do direito exclusivo, que negaria a causa de pedir do pleito; c) o pagamento da remuneração correspondente, que inutilizaria a acção. A doutrina e jurisprudência espanholas questionam pelo menos a aplicação literal desta norma.[820]

Juan J. Marín López[821] considera que este preceito: a) não tem paralelo no ordenamento jurídico espanhol; b) consagra um privilégio injustificável;

a sua exploração e gestão de direitos atribuídos por contrato aos respectivos produtores fono/ /videográficos, enquanto a exploração económica pela colocação à disposição do público das mesmas peças não fixadas teria a sua gestão colectiva "forçada". É uma perspectiva interessante, mas não escamoteia que a colocação à disposição do público de obras ou prestações artísticas fixadas pode (não tem de) ser entregue a uma *egc* (art. 178º/4 CDADC).

820 Trata-se do que Carlos Rogel Vide/Eduardo Serrano Gómez, "Manual de Derecho de Autor", cit., nº 18.3., p. 178, classificam como uma "legitimación *ad causam*, não por substituição, de tal maneira que, para reconhecê-la, basta [à *egc*] apresentar cópia dos seus estatutos e o comprovativo da autorização administrativa do Ministério da Cultura, exigível para a sua válida constituição".

821 Juan J. Marín López, ob. cit., 2.3., p. 315.

c) desconhece o baixo índice de filiação de algumas *egc*; d) e se afasta do princípio da livre produção de prova ("p. disponibilidad probatoria") estabelecido pelo Tribunal Constitucional espanhol.

O mesmo Autor (*ibidem*) salienta que os Tribunais superiores de Espanha se inclinaram no apoio à tese da legitimidade universal das *egc*, considerando-as habilitadas para representar em juízo todos os titulares pertencentes à classe de direitos cuja administração a entidade assumiu estatutariamente, independentemente de estes lhes haverem ou não confiado a gestão dos seus direitos. As sentenças mais recentes acabaram por reconhecer a estas entidades uma legitimidade própria para a defesa dos direitos cuja administração assumem estatutariamente.

IV. A Directiva 2004/48/CE[822] prevê, no seu art. 4º/1-c), que os organismos de gestão dos direitos colectivos de propriedade intelectual regularmente reconhecidos (como as *egc*) têm o direito de representar os titulares dos direitos de propriedade intelectual, na medida e nos termos permitidos pela legislação aplicável.

A Directiva 2014/26/UE consagra (art. 5º/7) que, no caso de autorizar uma *egc* a gerir os seus direitos autorais, o titular dos mesmos "deve dar consentimento *expresso – e documental – para cada direito ou categoria de direitos ou tipo de obras ou prestações*" cuja administração pela *egc* agencie.

Entendemos que isto significa o reiterar da proibição de autorizações genéricas para a representação/gestão do conjunto de direitos e obras ou prestações artísticas, presentes ou futuras, de um dado sujeito, que o art. 31º/1-a), 2ª parte, LGC e o art. 153 LPI esp. já consagram. Isto, entenda-se, sem prejuízo da representação presumida dos direitos dos associados confiados à sua gestão (ver *supra*, neste ponto).

122. Direitos dos titulares confiados à gestão colectiva (incluindo quanto a utilizações não comerciais de obras e prestações)

Os titulares de direitos representados pelas *egc* podem escolher entre exercer pessoal e individualmente os mesmos ou fazê-lo por intermédio de *egc* devidamente habilitada (art. 72º CDADC).

O mandato a uma *egc* para gerir direitos de autor e direitos conexos é, pois, de outorga livre – com excepção dos casos de gestão colectiva "forçada" / obrigatória acima assinalados –, não podendo compreender mandato para a gestão de todas as modalidades de utilização de obras ou de todo o repertório. Não é,

[822] Directiva 2004/48/CE, do Parlamento Europeu e do Conselho, de 29-4-2004, relativa ao respeito dos direitos de propriedade intelectual.

assim, admissível instituir a obrigatoriedade de constituir mandatos para uma gestão colectiva indiscriminada quanto às autorizações a conceder, nem ao universo de obras e prestações a abranger, excluindo-se liminarmente que possa incidir sobre a totalidade (indiscriminada) do repertório de um autor ou artista associados (art. 31º/1-a) LGC). Esta norma reserva ao titular a gestão (individual) de certos direitos, retirados à gestão colectiva, bem como a proibição da imposição da gestão colectiva de toda a obra ou produção futura.

É parte desta liberdade associativa a possibilidade de, também livremente, o titular dos direitos autorais revogar os mandatos outorgados (art. 31º/1-b) LGC), e de o consentimento que presta dever ser cuidadosa e criteriosamente informado (art. 31º/1-c)).

Mas a mais importante das regras neste domínio – verdadeiro espelho do espírito de liberdade associativa na base desta representação e agenciamento colectivos – está, a par da imposição da regra da *unidade* da gestão colectiva (cada titular só pode fazer-se representar por uma *egc*), na admissão de que, a par da gestão colectiva, o titular dos direitos possa continuar a exercer individualmente esses mesmos direitos, designadamente os referentes a *utilizações que não prossigam fins comerciais* (art. 31º/6 LGC). É uma regra muito importante.

Oliveira Ascensão[823] salienta que a *egc*, ao contrário do titular dos direitos, *não tem* em relação à obra ou prestação todos os poderes de utilização que cabem no direito de autor e nos direitos conexos. A *egc*, ao contrário do titular, não poderia, por exemplo, admitir a utilização *gratuita* da obra ou prestação por terceiros. Isto colocaria tal tipo de utilização num impasse: a *egc* não poderia autorizá-la devido ao seu estatuto (já que é suposto que agencie os direitos autorais da forma *mais proveitosa* para os titulares), o titular também não, já que atribuíra àquela a plenitude dos poderes de agenciamento quanto a todas as formas de utilização dos respectivos bens intelectuais. O regime legal vigente ultrapassa o impedimento.

Nos termos do referido art. 31º/6 LGC, ainda que tenham outorgado plenos poderes de representação à *egc*, os titulares dos direitos assim agenciados não ficam inibidos de os exercer individualmente de forma não concorrente, desde que de tal notifiquem previamente a entidade em questão.

122.1. Acordos colectivos de licenciamento conjunto da exploração de obras e prestações artísticas fixadas e liberdade contratual – os "balcões de licenciamento conjunto"

O art. 37º LGC, sob a intrigante epígrafe "balcões de licenciamento conjunto", estabelece que as *egc* representativas de diversas categorias de *titulares de direitos*,

[823] Oliveira Ascensão, última ob. cit., nº 8-IV.

em conjunto com entidades representativas de *utilizadores* interessados, devem disponibilizar aos utilizadores procedimentos de licenciamento de actos de execução pública de obras, prestações ou fono/videogramas protegidos: a estes procedimentos de licenciamento chama "balcões de licenciamento conjunto".

Estes licenciamentos conjuntos implicam, como se vê, acordos entre as *egc*, enquanto representantes dos titulares de direitos, e as associações de utilizadores (editores, donos de estabelecimentos comerciais de difusão de música ou imagens, incluindo as gravadas) para a execução pública de obras, prestações fixadas e fono/videogramas.[824] Visto que estes "balcões" consubstanciam acordos colectivos em matéria de gestão colectiva, será que farão perder de vista os direitos dos associados das *egc*, individualmente considerados? A lei portuguesa previne-o.

Nos termos do art. 37º/6 LGC, a existência destes acordos colectivos (*v.g.* "balcões de licenciamento conjunto") não impede as *egc* de promoverem licenciamentos autónomos e simultâneos e de exercerem separadamente os direitos entregues à sua gestão, mediante acordos *individuais* com os utilizadores que não estejam vinculados por licenciamentos conjuntos. Ora, como o licenciamento dos interessados é não apenas um poder como também um dever das *egc* (cfr. art. 27º/1-6) LGC), julga-se afastado o risco de violação das regras da liberdade contratual por estes "balcões de licenciamento".

122.2. Concessão de licenças colectivas com efeitos alargados

A DMUD admite que os Estados-membros prevejam que as *egc* celebrem acordos de concessão de licenças para a exploração de obras ou outro material protegido de aplicação alargada a titulares de direitos que não tenham autorizado essa *egc* a representá-los (*Considerandos* 45 a 50 e art. 12º).

A perplexidade sobre o sentido desta norma começa logo com as condições para estes acordos serem celebrados. O art. 12º/1-b) parece dispor que as *egc* envolvidas devem dispor de "mandato legal" ou "representação presumida" dos titulares de direitos. Já o *Considerando* 46 parece colocar em alternativa a concessão de licenças colectivas alargadas, os mandatos legais e as presunções de representação como mecanismos de concessão de licenças. A interpretação acertada parece dever ser que a legitimação das *egc* para outorgar estas licenças (voluntárias) pode advir de mandato legal, representação presumida ou licenças colectivas alargadas.

[824] Assim, por exemplo, uma ou mais *egc* podem coligar-se na celebração de um acordo colectivo com um organismo de radiodifusão (emissora de televisão ou rádio), pelo qual este último é, por exemplo, autorizado a usar as obras musicais de um dado compositor, interpretadas por certo artista executante.

Além de dar à transposição desta norma carácter facultativo, a DMUD estabelece que os titulares de direitos atingidos por estas licenças podem, em qualquer momento, excluir as suas obras ou outro material protegido do mecanismo de concessão de licenças, devendo ser informados previamente através de "medidas de publicidade adequadas". Os domínios de utilização das obras objecto destas licenças devem estar bem definidos e compreender apenas os casos em que "a obtenção de autorizações de titulares de direitos numa base individual seja geralmente tão onerosa e impraticável que torne pouco provável a operação necessária para obter uma licença" (*Considerando* 47).

Consideramos que a transposição desta norma em Portugal pode suscitar mais problemas do que aqueles que resolve. Envolver na concessão de licenças titulares de direitos que não tenham manifestado essa sua vontade, ainda que com a possibilidade de *opting out*, é sujeitá-los a um ónus excessivo e injustificado que uma publicidade prévia não personalizada da medida não soluciona. Assim não entendeu o legislador que, em 2023, transpôs para o direito interno a DMUD. A lei portuguesa (novo art. 36º-A LGC) prevê que as *egc* "suficientemente representativas" (art. 36-A/3) possam celebrar acordos de concessão de licenças de utilização de obras ou outro material protegido de efeitos alargados a outros titulares de direitos que não as tenham mandatado; a representação da *egc* em relação a estes presume-se. Os titulares de direitos sobre obras ou outros materiais protegidos que não tenham mandatado a *egc* que concede licenças podem, a todo o tempo, excluí-los da licença colectiva, mesmo após a concessão desta ou do início de utilização do bem protegido (art. 36º-A/5)[825].

122.3. Os "permission clearing centres" e as "clearing houses"

Além dos "balcões" acima referidos, que privilegiam as *egc*, outras possibilidades de incrementar a exploração digital autorizada e remunerada (lícita) de obras intelectuais podem consistir na instituição de entidades centralizadas (tradicionalmente denominadas "permission clearing centres") que, a pedido, transmitem aos interessados no uso de obras as condições das licenças de utilização e os nomes e endereços dos titulares dos direitos para que estes, contactados, possam contratar tais autorizações.

Em alternativa, pode recorrer-se às chamadas "clearing houses", organismos centrais a quem os titulares dos direitos de autor e conexos cederiam os seus direitos para utilizações *multimedia*, negociando aqueles as condições de utilização.[826]

[825] As *egc* devem publicar em sítio da Internet a relação de tais obras (art. 36º-A/8 LGC).

[826] Em desenvolvimento de ideias sobre estas figuras, pode confrontar-se o escrito de Alexandre Libório Dias Pereira, "Problemas actuais do Direito de Autor: Gestão individual e colectiva do direito de autor e dos direitos conexos na sociedade da informação", cit., *passim*.

123. Cobrança e repartição de quantias por gestão colectiva de direitos de autor e direitos conexos

I. Um dos problemas que a repartição das quantias cobradas pelas *egc* pela gestão de direitos autorais suscita é o dos critérios que à mesma presidem, considerados nem sempre equitativamente proporcionais e, em última análise, adequados e justos.[827]

O art. 2º da lei que, em Portugal, regula a "compensação pela reprodução ou cópia privada" (Lei da Cópia Privada – LCP) estabelece que será incluída uma quantia no preço de venda de aparelhos e suportes digitais. Designa-a "*compensação por cópia privada*".[828] Esta quantia tem a natureza de *compensação equitativa* e visa compensar os titulares de direitos dos danos sofridos com a prática da cópia privada (art. 3º/1 LCP).

O art. 6º/2-e) LCP, que impõe a obrigatoriedade de os estatutos da AGECOP regularem os critérios de repartição das compensações equitativas entre os membros, prevê a distribuição e pagamento aos beneficiários que não estejam inscritos nos organismos filiados nas *egc* representativas, "mas que se presume serem por estas representados". Significa isto que são os estatutos de uma (super) *egc* – precisamente a AGECOP, que agrega várias *egc* e os editores – que regulam a repartição de verbas cobradas pela cópia privada. Será isto compatível com as regras que, no art. 28º/2-f) LGC e nos arts. 8º/5-a) e 13º/1 da Directiva 2014/26/UE, impõem que as *egc* adoptem (e publicitem no respectivo sítio na Internet) regras sobre a distribuição dos montantes devidos aos titulares dos direitos? Pensamos que sim.

Não existe qualquer pressuposto ou pré-requisito legal ou Unionista sobre o *método* de definição dos critérios de repartição das quantias cobradas pelas *egc*. A sua previsão nos estatutos destas entidades é tão transparente como qualquer outro método.

II. Em Espanha (art. 151/10 LPI esp.), é exigido que as regras sobre repartição das colectas por cobrança de quantias por utilização de obras ou prestações artísticas (ou por cópia privada) constem dos estatutos das *egc*. Esta repartição deve ser *equitativa*, devendo estar estatutariamente excluída qualquer arbitrariedade (art. 154/1, 1ª parte, LPI esp.). O art. 154/2 LPI esclarece que a repartição das quantias cobradas deve ser *proporcional* à utilização feita das obras ou prestações, sendo os utilizadores obrigados a facultar informação que permita este cálculo.[829]

[827] Em crítica geral ao sistema, pode confrontar-se Oliveira Ascensão, última ob. cit., nº 6.

[828] Sobre esta temática, pode cfr., *supra*, nº 66.5.

[829] Esta obrigação dos utilizadores de obras e prestações reflecte o art. 17º da Directiva 2014/26/UE.

Este critério de proporcionalidade na repartição das quantias, imposto por lei e sindicável pelas entidades fiscalizadoras, visa pôr cobro a qualquer especulação sobre um critério justo na distribuição das verbas, há muito reclamado.

A lei portuguesa (art. 33º LGC) também acolhe estas regras:

a) impõe que os critérios de distribuição constem dos estatutos da *egc* e estejam de acordo com o aprovado em assembleia geral da *egc*[830] (nº 2);
b) impõe às *egc* a distribuição "regular, célere, diligente e rigorosa" das quantias cobradas (nº 1);
c) os critérios de distribuição de receitas devem ser objectivos e não arbitrários e assegurar o direito a uma *repartição proporcional à utilização das respectivas obras* (nº 3).

124. As regras sobre fixação de tarifários

Consideramos que os deveres dos utilizadores de obras e prestações artísticas, *vis-à-vis* as *egc*, são um bom barómetro da tutela dos direitos de autores, artistas e produtores de fonogramas: o seu conhecimento favorece a transparência de procedimentos.

Nesta linha, o art. 38º LGC impõe às *egc* a publicitação das tarifas[831] de licenciamento de direitos exclusivos e de direitos de remuneração ou compensação equitativa. Como critérios para a fixação destes tarifários, a lei (art. 38º/3 LGC) impõe que sejam tidos em conta o *valor económico do proveito* com a utilização, a *justeza da remuneração* em função e, "sempre que possível" (*sic*, no texto da lei), que seja ainda tido em conta o *volume real das utilizações* realizadas. Parece-nos insuficiente.

Consideradas as exigências contidas na Directiva 2014/26/UE, sobre: a) objectividade e não discriminação nos tarifários (art. 16º/2, 1ª parte); b) adequação da remuneração dos titulares de direitos, razoabilidade das tarifas em função do valor económico das utilizações realizadas e valor económico do serviço prestado pela *egc* (art. 16º/2, 2ª parte), julgamos que a exigência na fixação dos tarifários deve ter em especial conta o volume e tipo de obras e prestações cuja utilização se licencia e remunera, fugindo o mais que se possa à generalização e à indiscriminação dos tarifários.[832]

[830] A assembleia geral – como todos os demais órgãos das *egc*, com excepção do revisor oficial de contas – é obrigatoriamente composta por associados ou cooperadores da entidade (art. 19º/1 LGC).

[831] Nos termos do art. 2º-m) LGC, são "tarifários gerais" as tarifas praticadas pelas *egc* como contrapartida da emissão de uma licença geral. "Licenças gerais" são as licenças ou autorizações concedidas por *egc* para utilização genérica, não discriminada e não especificada do repertório (obras e prestações artísticas e fono/videogramas) entregue à sua gestão (art. 2º-h) LGC).

[832] Salientam-no bem Carlos Rogel Vide/Eduardo Serrano Gómez, "Manual de Derecho de Autor", cit., nº 18.4., p. 179.

125. A transposição da Directiva 2014/26/UE

O Decreto-lei nº 100/2017, de 23-8, transpôs em Portugal a Directiva 2014/26/UE (que aqui designaremos abreviadamente DGC).

125.1. As entidades de gestão independente

Na linha do consagrado na DGC (art. 3º-b)), a referida lei portuguesa prevê (novo art. 2º-e) da LGC) a existência de "*entidades de gestão independente*" (*egi*). As *egi* são as organizações autorizadas por lei ou por acto voluntário a gerir direitos de autor ou direitos conexos em nome de mais do que um titular de direitos, para benefício colectivo destes (art. 3º-b) DGC).

Estas *egi* têm fins lucrativos e prevê-se (*Considerando* 16 da Directiva) que sejam constituídas: a) por produtores audiovisuais, produtores de fono/videogramas e por organismos de radiodifusão – que concedem licenças sobre os seus próprios direitos, a par dos que lhes foram transmitidos, por exemplo, por artistas intérpretes ou executantes; b) por editores de livros, de música ou de jornais – agindo no seu próprio interesse e que concedem licenças sobre direitos que lhes foram transmitidos com base em acordos individuais.[833]

Parece previsível que estas *egi* venham a tornar-se agentes importantes da gestão de certos direitos autorais, em concorrência com as *egc*.

Manifesta-se, contudo, alguma perplexidade sobre a aplicabilidade de critérios, como os de transparência – tão recentemente conquistados –, a estas entidades de cariz marcadamente empresarial, julgando-se pertinente recomendar um especial cuidado na observância dos mesmos.

125.2. Os titulares de direitos não filiados nas entidades de gestão colectiva

O art. 7º da Directiva contém um preceito que reputamos importante. Trata-se de garantir aos titulares de direitos autorais não filiados em *egc*, mas que têm com esta uma relação jurídica directa emergente da lei, transmissão, licença ou outra disposição contratual:

a) que comuniquem com a *egc* por meios electrónicos (art. 6º/4 Directiva);
b) que a *egc* lhes preste, a pedido, informações sobre obras ou prestações que represente, direitos que gere e acordos de representação (ver, *infra*, nº 125.3) que celebre (art. 20º);
c) que a *egc*, quando mandate outra *egc* para conceder licenças multiterritoriais, informe sobre os principais termos do acordo (prazo de vigência, custos dos serviços prestados) (art. 29º/2 Directiva);

[833] Já os gestores ou agentes dos autores e dos artistas, na medida em que ajam como intermediários dos titulares de direitos nas relações com *egc*, não devem ser considerados *egi* (ver mesmo *Considerando* 16 da Directiva).

d) que a *egc* assegure procedimentos eficazes e oportunos para reclamações (art. 33º Directiva).

A aplicação destas regras (também) a não filiados em uma *egc* é um passo importante em prol da liberdade de associação, visto que esbate a discriminação dos não associados.

O novo art. 31º/8 da LGC parece salvaguardar estes direitos dos não associados.

125.3. Os acordos de representação

I. As *egc* cobram, gerem e distribuem as receitas provenientes da exploração dos direitos que lhes foram confiados pelos respectivos titulares. Estas receitas são devidas aos titulares de direitas autorais: a) que têm uma relação directa com a *egc* (são associados ou cooperadores); b) que estão filiados em entidade que seja membro da *egc* (como vimos acontecer em relação aos associados de *egc* que seja, por sua vez, filiada na AGECOP[834]); c) que a elas têm direito por *acordo de representação* (cfr. *Considerando* 26 da Directiva 2014/26/UE).

"Acordo de representação" é aquele pelo qual uma *egc* mandata outra para representá-la quanto à gestão de direitos do repertório da primeira (art. 2º-a) LGC). É o caso de uma *egc* de país estrangeiro que representa titulares de direitos autorais portugueses, enquanto a entidade portuguesa representa os desse país.[835]

II. A Directiva 2014/26/UE impõe (art. 14º) que não exista discriminação entre titulares de direitos cuja gestão é assegurada ao abrigo de um acordo de representação, em especial quanto a tarifas, comissões de gestão e condições de cobrança e de distribuição das quantias. As *egc* que cobrem quantias ao abrigo de acordos de representação também não podem efectuar deduções, para além das respeitantes às comissões de gestão, às receitas provenientes de direitos autorais, salvo se a outra *egc* que é parte no acordo de representação as autorizar expressamente (ar. 15º).

Em nome da perfeita *transparência* e *reciprocidade* que os acordos de representação devem garantir, a Directiva exige a cada *egc* que seja parte de um

[834] Ver *supra*, nº 123.1.

[835] Oliveira Ascensão, última ob. cit., nº 6, distingue dois tipos de acordos de representação: a) aqueles em que cada uma das entidades guarda para si as receitas correspondentes às autorizações dadas em representação dos titulares membros ou administrados pela outra entidade, que fará o mesmo (equivalência tendencial de valores); b) aqueles em que a *egc* nacional entrega as receitas correspondentes a utilizações de obras ou prestações de titulares do país estrangeiro à *egc* estrangeira com quem contratou.

desses acordos que disponibilize ampla *informação* em vários domínios (receitas, deduções, licenças concedidas, decisões das respectivas assembleias gerais) (art. 19º).

O art. 35º LGC reflecte antecipadamente estas directrizes Unionistas, consagrando a não discriminação de tarifas aplicáveis, de deduções, de comissões de gestão e de condições de cobrança de receitas entre os seus membros filiados e os titulares de direitos que representam ao abrigo de acordos de representação. A lei portuguesa satisfaz também as exigências Unionistas em matéria de informação (art. 35º/4 LGC).

125.3.1. Reciprocidade da representação transnacional

Outros problemas que a gestão colectiva de direitos de autor e de direitos conexos coloca são os que se relacionam com a eventual falta de reciprocidade dos titulares de direitos nacionais em território de país cuja ordem jurídica não consagre tutela dos direitos autorais equivalente à portuguesa.

Julgamos que a aplicação dos princípios Unionistas e de direito interno português é amplamente suficiente para prevenir a existência de "zonas brancas" de representação no Espaço Europeu.

Pode verificar-se uma de duas situações.

Na primeira, a entidade estrangeira, que celebrou acordo de representação com *egc* portuguesa, pretende ceder licenças de utilização do repertório gerido pela congénere nacional no país estrangeiro a que pertence. Neste caso, licenciará a utilização das obras e prestações representadas pela *egc* portuguesa que a autorizou a licenciar no estrangeiro sem qualquer problema de falta de legitimidade, desde que circunscreva o seu licenciamento a obras e prestações de titulares representados pela homóloga portuguesa.

Numa segunda hipótese, no caso de *egc* estrangeira que celebrou acordo de representação com *egc* portuguesa, não surgirá nenhum sobressalto por ilegitimidade, desde que a *egc* portuguesa, vinculada pelo dito acordo de representação, não se arrogue representar e licenciar mais do que a utilização de obras e prestações de titulares *efectivamente representados* pela congénere estrangeira.

É claro que, se a congénere estrangeira, contraparte no acordo de representação, nada representar, este se transforma num contrato unilateral, em que a *egc* portuguesa nada recebe. Mas isto é só a liberdade contratual a funcionar.

125.4. Os prestadores de serviços de partilha de conteúdos em linha (em rede)

I. Nos termos do *Considerando* 37 da Directiva 2014/26/UE, os prestadores de serviços de partilha de conteúdos em linha que veiculem obras musicais, acessíveis em rede aos usuários que podem descarregá-las nos seus equipamentos ou escutá-las em tempo real, deverão obter prévia licença de utilização das obras musicais assim veiculadas, obtendo-a quer directamente junto dos titulares de direitos de autor e direitos conexos envolvidos quer da *egc* que os represente. Os novos arts. 48º-A e 48º-B LGC pressupõem esta exigência.

II. Recorde-se que, nos termos da Directiva 2000/31/CE[836], estes prestadores de serviços em linha não têm obrigação de vigilância dos usuários, em caso de mero transporte e armazenagem temporária de obras e outros conteúdos protegidos ("caching") e de armazenagem em servidor ("hosting").

No entanto, no caso de terceiros violarem direitos de autor, direitos conexos ou outros direitos sobre conteúdos protegidos, podem os titulares solicitar injunção contra os intermediários que veiculem os serviços utilizados na violação. É claro que tal, na medida em que pode obrigar as empresas de conteúdos ou as *egc* a monitorizar os usuários em busca de violações, pode pôr em causa a privacidade destes. Já tratámos este tema.[837]

125.5. As licenças multiterritoriais para utilização em linha de obras musicais

I. A Directiva 2014/26/UE[838] respeita, entre outras matérias[839], às *licenças multiterritoriais de exploração em linha/em rede de obras musicais*. São "licenças multiterritoriais relativas a obras musicais" as que autorizam a utilização de obras e prestações artísticas musicais em rede e abrangem mais do que um Estado-membro da UE.

O que está aqui em causa é proporcionar a exploração económica multiterritorial (em mais do que um Estado da UE) de obras musicais disponibilizadas na Internet. Na verdade, os prestadores de serviços em linha ("providers") disponibilizam aos consumidores (usuários da *net*) o descarregamento ou a escuta em tempo real de músicas, bem como o acesso a filmes ou jogos com música; para tanto, têm de obter previamente o direito de utilizar (disponibilizar em rede) essas obras.

836 Directiva 2000/31/CE, do Parlamento Europeu e do Conselho, relativa a certos aspectos legais dos serviços da sociedade da informação, em especial do comércio electrónico, no mercado interno.

837 Sobre os problemas gerais que suscita a nova abordagem Unionista, que onera os prestadores de serviços de partilha de conteúdos em linha com o controlo do carregamento de conteúdos na net pelos usuários, pode cfr., *supra*, nº 55.3.

838 Cfr. o nosso "Principais aspectos e alguns problemas da gestão colectiva de direitos de autor e direitos conexos no ambiente digital – o regime em Portugal, em Espanha e no direito comunitário", cit..

839 *Ibidem* como na nota anterior.

Já que as licenças de exploração deverão ser obtidas junto dos titulares de direitos, individualmente considerados, ou das entidades de gestão colectiva de direitos de autor e direitos conexos (*egc*) que os representem, vem agora permitir-se que estas concedam licenças multiterritoriais para essa exploração.

II. As entidades de gestão colectiva (*egc*) devem ter capacidade para tratar electronicamente, de modo eficiente e transparente, os dados necessários à administração das licenças multiterritoriais que concedem (art. 24º da Directiva 2014/26).

Este tratamento deve compreender: a) a identificação do repertório; b) o acompanhamento da utilização; c) a facturação aos usuários; d) a cobrança de receitas; e) a distribuição de receitas aos titulares.

As *egc* que concedam licenças por meios electrónicos devem comunicar aos prestadores dos serviços de partilha de conteúdos em linha, aos titulares de direitos representados e às demais *egc* informações actualizadas que permitam identificar o repertório de música representado, bem como acompanhar a utilização de direitos pelos prestadores de serviços em linha/em rede que sejam titulares de licenças multiterritoriais.

Nos termos desta Directiva, cabe também às *egc* distribuir os montantes cobrados devidos aos titulares de direitos.

Título X
Registo de Obras Literárias e Artísticas

126. Enquadramento legal

I. Foi aprovado, pelo Decreto-lei nº 143/2014, de 26-9, o Regulamento do Registo de Obras Literárias e Artísticas (RROLA), revogando o velhinho Decreto nº 4114, de 17-4-1918.

O diploma que o RROLA regulamenta é o próprio Código do Direito de Autor e dos Direitos Conexos de Portugal (CDADC), que dedica ao registo o seu Título V, arts. 213º a 216º.

II. Significativamente, o CDADC (arts. 12º e 213º) estatui que "o direito de autor é reconhecido *independentemente de registo*, depósito ou qualquer outra formalidade", o que permite fixar a regra angular no nosso ordenamento jurídico neste domínio (*ex vi* art. 5/2, 1ª parte, CB): o direito de autor constitui-se pelo simples (f)acto da criação exteriorizada de um objecto (a obra intelectual) a que a lei reconhece expressão formal criativa[840]; o registo de obras literárias e artísticas não é condição de tutela das situações jurídicas inerentes pelo Direito de Autor.

127. Objecto do registo

127.1. Em geral

I. O art. 4º RROLA contém um enunciado dos objectos passíveis de registo. Fá-lo, transcrevendo com (tão pequenas como desaconselháveis) modificações

[840] Sobre a determinação do facto constitutivo do direito de autor, pode confrontar-se o nosso: "Contrato de Direito de Autor – a autonomia contratual na formação do direito de autor", cit., nº 1, pp. 27 e ss..

o elenco – exemplificativo – das obras protegidas por direito de autor constante do CDADC e legislação extravagante conexa. Esta técnica é, aliás, confirmada pela exclusão do registo de "elementos ou obras" não protegidos por direito de autor (art. 5º RROLA).[841]

II. Fica, de caminho, esclarecida questão que, no domínio do revogado Decreto 4114, suscitava dúvidas: são passíveis de registo também os direitos de autor sobre as obras *artísticas*.[842]

III. O RROLA faz também passíveis de registo – aliás constitutivo da tutela jusautoral, como se verá[843] – certos elementos na vizinhança da criação literária e artística, a saber: o título de obra não publicada, o título de jornal e de outras publicações periódicas e o nome literário ou artístico (art. 11º/2-a), -b) e -d) RROLA).

Além destes, são ainda passíveis de registo os factos constitutivos, modificativos ou extintivos do direito de autor. Referimos, como exemplos, o contrato de trabalho ou de prestação de serviço que atribua o direito de autor a pessoa diferente do criador intelectual[844], os actos de transmissão do direito de autor[845] ou a renúncia ao direito de autor.

127.2. Os direitos conexos.

O art. 1º RROLA estabelece "as regras e os procedimentos de registo de obras literárias e artísticas dos domínios literário, científico e artístico". Vimos já que deveria referir-se não às obras, mas aos direitos de autor a elas relativos.

[841] A este propósito, teria valido a pena, já que se dedicam nada menos do que duas disposições para fazer passíveis de registo as obras-base de dados (cfr. arts. 3º-a) e 4º/1-o)), que se exceptuassem expressamente do registo, por espúrios, os produtos-base de dados – cfr., *supra*, os nºs 33 e 34. Sobre a caracterização e diferença entre umas e outros, pode confrontar-se o nosso "Tutela jurídica das bases de dados (A transposição da Directriz 96/9/CE)", *in* "Direito da Sociedade de Informação", Vol. I, cit.

[842] Oliveira Ascensão, "Direito Civil – Direito de Autor e Direitos Conexos", cit., nº 268-III, p. 398, considerava, no domínio do Decreto 4114, o registo limitado à "propriedade literária".

[843] Sobre os efeitos deste registo, veja-se *infra*, nº 128.

[844] Sobre os contratos atributivos de direito de autor a pessoa diferente do criador intelectual, pode cfr., *supra*, nº 71, e o nosso "Contrato de Direito de Autor – a autonomia contratual na formação do direito de autor", cit., *maxime* nºs 56 e 57 e o nosso "Trabalho criativo subordinado – a criação de obras intelectuais em execução de contrato de trabalho (com estudo de Direito comparado)", *in* Revista Fórum de Direito Civil (RFDC), cit..

[845] Sobre as licenças voluntárias de utilização de obras intelectuais e a transmissão do direito de autor, pode confrontar-se o nosso "A eficácia das licenças (voluntárias) de utilização de obras intelectuais", *in* Estudos em homenagem ao Prof. José de Oliveira Ascensão, cit..

Contudo, fica implícito que este Regulamento exclui do seu âmbito de aplicação os *direitos conexos* dos artistas intérpretes ou executantes, dos produtores de fono/videogramas e dos organismos de radiodifusão, o que torna relativamente misteriosa a preocupação do RROLA, antes referida, em definir fonogramas e videogramas, já que os seus produtores são protegidos precisamente (só) por direitos conexos.[846/847]

Esta ideia pode ser contrariada pela mais inesperada das disposições do RROLA: depois de, nos arts. 1º e 4º, só se fazer menção a *obras* literárias e artísticas, o art. 10º (norma que trata apenas da legitimidade para requerer o registo) inclui entre os legitimados os titulares de direitos conexos. Quais, se estes e os respectivos objectos não estão incluídos no objecto do registo?

Embora pareça patente ter sido intenção do legislador de 2014 incluir os direitos conexos e os factos a estes relativos entre os que são objecto deste registo, a expressão legal deste intento é, no mínimo, intrigante.

127.3. Título de obra não publicada

O título de obra não divulgada ou não publicada pode ser um objecto autónomo de protecção jusautoral (art. 4º/3 CDADC).

A publicação da obra não é condição da sua protecção pelo direito de autor. Esta adquire-se pela mera criação exteriorizada segundo qualquer expressão formal; o título da obra é protegido como parte da obra, como extensão da protecção desta, desde que seja original e não confundível (art. 4º/1 CDADC).[848]

Em suma, o título de obra é protegido como parte da obra que titula; nestes casos, já que não constitui criação independente da obra, o título não pode ser registado autonomamente. Se a obra não estiver publicada, o título só é

[846] Assinale-se, porém, que os produtores de fono/videogramas, além de titulares de direitos conexos que encontram a sua razão-de-ser na actividade própria de cariz industrial do produtor, são também beneficiários de licença de utilização das obras intelectuais que os fono/videogramas eventualmente fixem. Sobre este assunto, pode cfr., *supra*, nºs 112.1 e 112.3.

[847] É certo que o art. 185º CDADC faz condição de protecção destes titulares de direitos conexos a menção, em todas as cópias e no respectivo invólucro, do símbolo "P", rodeado de uma circunferência. E leis especiais há que subordinam a utilização de fonogramas e de videogramas à aposição de etiquetas ou selos. Mas tal não implica que o RROLA consagre qualquer tipo de registo de direitos conexos dos produtores de fonogramas ou de videogramas.
Em desenvolvimento sobre as formalidades exigidas à utilização de fono/videogramas ou das obras neles eventualmente contidas, pode confrontar-se Oliveira Ascensão, última ob. cit., nºs 280 e 394.

[848] Dever-se-á, assim, considerar "não original" o título que se limite a descrever o conteúdo da obra que titula (por ex., Manual de História de Portugal). Já a "não confundibilidade" exige que o título, para ser protegido como extensão da obra, seja novo, *i.e.*, distinto de outros já antes protegidos segundo os mesmos critérios. Sobre este ponto, cfr., *supra*, nº 31.

protegido quando registado juntamente com a obra que titula (arts. 4º/3 CDADC, 11º/2-a) RROLA).

Sublinhe-se que a admissibilidade do registo de título de obra não publicada não significa que este registo – constitutivo de tutela jusautoral – crie uma nova categoria de obras: os títulos respectivos. O RROLA limita-se a conferir um exclusivo de utilização do título de obra não publicada que seja (também) registada. Assim, a obra titulada, apesar de não publicada, deve existir e ser registada juntamente com o título (art. 4º/3, *in fine*, CDADC).

127.4. Títulos de jornais e de outras publicações periódicas

Os títulos de jornais e de outras publicações periódicas são obrigatoriamente registados.[849/850] Nos termos do art. 1º/2 do referido Decreto Regulamentar 8/99, "o registo tem por finalidade comprovar a situação jurídica dos órgãos de comunicação social, (...) e assegurar a *protecção legal dos títulos de publicações periódicas*". O direito de usar o título presume-se pertencer àquele em cujo nome se encontra inscrito (mesmo diploma, art. 14º).

Oliveira Ascensão[851] considera o registo do título de jornal *constitutivo* (do direito), *não sanante* (de vícios do direito do requerente) e *não atributivo* do direito (por não se substituir à legalidade substantiva preexistente). Logo veremos, quando analisarmos os efeitos do registo sob o RROLA, se deve sustentar-se a terceira característica.

127.5. O nome literário e artístico

O nome literário e artístico também é passível de registo no âmbito do RROLA (arts. 215º/1-b) CDADC e 11º/2-d) RROLA). Escusado é referir-se que o nome literário ou artístico é objecto de tutela nos termos *gerais* de direito civil (cfr. art. 72º C.Civil), não como obra intelectual que não é.

O RROLA apenas empresta ao nome literário ou artístico ("*nom de plume*") registado uma tutela análoga à que o registo civil confere ao nome civil (e, já agora, ao pseudónimo – art. 74º C.Civil), sendo ambos constitutivos dessa tutela.

[849] Cfr. art. 5º/1 CDADC e arts. 17º/1-a) do Decreto-Regulamentar nº 8/99, 9-6, sucessivamente alterado e republicado com o Decreto Regulamentar nº 2/2009, de 27-1. Aliás, nos termos do mesmo Decreto 8/99 (art. 13º), as entidades proprietárias de publicações periódicas não podem iniciar a edição antes de efectuado o registo, que inclui o título entre os seus elementos.

[850] Sobre os requisitos gerais de protecção do título de jornais e outras publicações periódicas, cfr., *supra*, nº 31.1.

[851] Oliveira Ascensão, "Direito Civil – Direito de Autor e Direitos Conexos", cit., nº 276-III, pp. 410/411.

Saliente-se, de resto, que o registo do nome literário ou artístico depende de prévio registo de obra do autor que o utilize e tem como único efeito a *publicação do uso* sem qualquer outra relevância jusautoral (cfr. art. 216º/2 CDADC), nomeadamente a outorga de qualquer exclusivo quanto à sua utilização.

127.6. Mandato para gestão colectiva

A lei admite ainda o registo do *mandato outorgado às entidades de gestão colectiva de direito de autor* (art. 74º CDADC).

Os poderes de representação destas entidades decorrem da simples qualidade de sócio, aderente ou beneficiário dos serviços dessas entidades de gestão (art. 73º/1 CDADC), que têm especialmente por objecto a gestão dos direitos patrimoniais confiados (art. 3º/1-a) da Lei 26/2015, de 16-4).[852]

O registo a que referem o CDADC e o RROLA, junto da Inspeção-geral das Actividades Culturais (IGAC), não é o registo de uma concreta representação de um ou mais autores, mas o da qualidade de ente de gestão colectiva. Evidencia-o bem o art. 11º/1 da Lei 26/2015, que faz depender o exercício da gestão colectiva de "autorização, com pedido de efectivação do registo junto da IGAC".

127.7. Outros factos sujeitos a registo

Sobre o registo de factos jurídicos com relevância jusautoral, a lei consagra – art. 11º/1-c) RROLA – a sujeição a registo, com carácter constitutivo, dos que importem "a constituição, transmissão, oneração, alienação, modificação ou extinção do direito de autor".

Regista-se que se inscrevem os actos que provoquem vicissitudes na situação jurídica de direito de autor, sendo actos formais os que respeitem à transmissão total ou parcial ou à oneração do direito de autor[853]. Nota-se que falta, no RROLA, qualquer referência àqueles actos que simplesmente *licenciem/autorizem* a utilização das obras, sem constituir, modificar, transmitir ou onerar o direito de autor (art. 41º/1 CDADC). Percebe-se: nenhum acto de licenciamento da utilização de uma obra implica modificação do direito de autor. Fica, no entanto, a nota: a oponibilidade *erga omnes* que advogamos para as licenças exclusivas (como a de edição)[854] também não depende de registo.

852 Sobre este ponto, cfr., *supra*, nº 121.

853 Cfr. arts. 43º/2 e 44º CDADC.

854 Sobre este ponto em concreto, pode cfr., *supra*, nº 50.1.6, e o nosso "A eficácia das licenças (voluntárias) de utilização de obras intelectuais", cit..

128. Efeitos do registo

128.1. Presunção de autoria ou de titularidade do direito?

O art. 8º RROLA contém – na senda de outras disposições deste instrumento que, como se assinalou, se aventuram pela elaboração doutrinária – norma que institui uma "*presunção de titularidade*" ("presunção jurídica da titularidade dos direitos de propriedade intelectual" registados, acrescenta o art. 15º/1). Pensar-se-ia que se trataria de uma presunção de titularidade de direitos derivada do registo – como instituía o art. 58º do Decreto 4114 –, mas não é assim.

O que o citado art. 8º RROLA parece presumir é a própria autoria a partir: a) da indicação na obra de um nome"; ou b) de "anúncio ou comunicação ao público desse nome [como autor]".

Não se basta, pois, o RROLA com a presunção de paternidade da obra, contida no art. 27º/2 CDADC, a favor do indicado na obra como tal. Repete-a truncada e deixa o intérprete com a mesma dúvida que a norma substantiva cria[855]: é a *autoria* (qualidade do que cria a obra intelectual) ou a *titularidade do direito de autor* (como indica a epígrafe) que assim se estabelece? Para que se desse sentido útil à norma, deveria entender-se que o que se estatui é uma presunção de autoria a partir de manifestações externas da mesma (menção do nome na obra, anúncio público do nome).

Só que a norma equivoca, já que presume a autoria e liga a esta a titularidade do direito de autor. Ora, a titularidade do direito de autor ligada à autoria é a titularidade *originária*.

No entanto, como não podia deixar de ser, é o próprio RROLA que admite que têm legitimidade para requerer o registo – decerto que em nome próprio – também "os titulares sucessivos do direito de autor" (art. 10º-b)). Em relação a estes, a presunção que deriva do registo não é obviamente a de autoria (criação da obra, *ex vi* art. 8º/2, proémio, RROLA), mas a de titularidade do direito de autor.

Concluímos que, apesar da formulação deficiente, **o que o registo deixa presumir é a *titularidade do direito* (de autor) registado, não a autoria da obra.**

128.2. Registo e oponibilidade dos direitos de autor

I. O art. 63º do Decreto 4114 condicionava ao registo a produção de efeitos contra terceiros dos actos a ele sujeitos. O RROLA não contém disposição semelhante. Veremos que conclusões daqui retirar, quando se analisarem os efeitos do registo quanto a terceiros.

[855] Sobre este problema, pode cfr., *supra*, nº 9.

Mas há questões a examinar previamente. É o registo necessário à oponibilidade do direito de autor?

Os arts. 11º/1 e 15º/1 RROLA (este sobre o que a lei epigrafa "trato sucessivo") estabelecem que o registo constitui *presunção da titularidade* dos direitos registados – não apenas da titularidade originária (pertença do criador intelectual), mas também dos direitos de autor adquiridos, a título derivado, pelos que sucessivamente ("até à entrada [da obra] no domínio público") advenham à titularidade destes.

Quanto aos direitos de autor, a sua eficácia *erga omnes* resulta da sua própria natureza. Ao associar ao registo a presunção de titularidade destes direitos, a lei mais não faz do que ligar ao registo a oponibilidade que já pertencia *por natureza* aos direitos objecto desse registo. Testemo-lo em casos concretos.

II. Se A criar uma obra intelectual e não registar o seu direito como criador da mesma, a sua posição jurídica como titular originário do direito de autor referente pode ser ameaçada se outrem, B, registar a obra como sua. Mas o problema é simplesmente de prova: a presunção de titularidade do direito de autor a favor de B pode ser ilidida nos termos gerais, mediante prova de que a reivindicação de paternidade por B é fraudulenta.

E, neste caso, nenhum registo poderia vencer o direito pessoal de A à reivindicação da paternidade da obra.[856] Mais faltaria que a própria autoria/paternidade da obra pudesse ceder perante uma inscrição fraudulenta no registo![857]

O mesmo vale quanto aos direitos patrimoniais de autor: a titularidade do direito de autor é oponível *erga omnes* independentemente de registo, ou seja, também contra terceiros que tenham registado *antes* de o autor/titular originário (ou de outrem que adquira essa titularidade por contrato) ter registado o facto constitutivo – é o que impõe a regra dos arts. 12º e 213º CDADC, antes referida.[858]

III. Se C for titular de um direito de autor não registado sobre uma obra literária e D iniciar a edição não autorizada dessa obra, não pode D opor a C, para fazer prevalecer o seu direito, que ao direito de C falta o registo. O direito de autor de C existe com exclusivo e é oponível *independentemente de registo* (em aplicação das mesmíssimas regras dos arts. 12º e 213º CDADC).

[856] Sobre o conteúdo e eficácia do direito pessoal à reivindicação da paternidade, pode confrontar-se o nosso "O direito pessoal de autor no ordenamento jurídico português", cit., pp. 117 e ss. e *supra*, nº 45.

[857] Neste sentido, também Oliveira Ascensão, última ob. cit., nº 273-II, p. 406.

[858] Neste sentido, também Oliveira Ascensão, última ob. cit., nº 273-III.

IV. Se F, titular do direito de autor relativo à obra w, transmitir o seu direito de autor a G, sem que este acto ou o direito de G sejam registados e, ulteriormente, F transmitir o mesmo direito a H, que regista, H passa a beneficiar de uma presunção de titularidade do direito de autor sobre w. Ser-lhe-á oponível o direito de G, cuja existência e inerente eficácia *erga omnes* não depende do registo?

Antes de respondermos à questão, examinemos primeiro os efeitos substantivos do registo de obras literárias e artísticas, para depois nos determos nos problemas inerentes à sua eficácia contra terceiros quando o registo publicite uma realidade não consentânea com a verdade substantiva.

128.3. Efeitos substantivos do registo

Como antes se assinalou, o RROLA não contém norma como a do art. 63º do Decreto 4114, que instituía que "nenhum acto sujeito a registo produz efeito contra terceiros senão depois da data do registo respectivo".

Limita-se o RROLA a consagrar – a par da expressa estatuição do carácter facultativo do registo (art. 11º/1) – a já referida presunção da titularidade do direito de autor registado, a favor de quem o registe. Vejamos quais as implicações deste regime em termos de efeitos substantivos do registo.

128.3.1. (Suposto) efeito constitutivo do registo

Como expusemos, a norma que, no RROLA, atribui efeito constitutivo ao registo de certos factos e elementos (art. 11º/2) não refere a quaisquer obras literárias ou artísticas. Por conseguinte, os direitos que assim se "constituem" não são direitos de autor.

Outorga-se o *exclusivo da utilização* do título de obra não publicada e dos títulos de jornais e de outras publicações periódicas. Publicita-se o *uso* de nome literário ou artístico em benefício do criador de obra anteriormente registada (art. 216º CDADC). Registam-se os actos que importem vicissitudes no direito de autor, da constituição à extinção, neste caso para assegurar o trato sucessivo registal (cfr. art. 15º/2 RROLA). Em nenhum dos casos se trata de registo de direitos de autor.

O efeito constitutivo que se atribuísse ao registo contrariaria, de resto, as normas legais (cfr. arts 12º e 213º CDADC), bem com as convenções internacionais ratificadas (cfr. art. 5/2, 1ª parte, CB), que precisamente estabelecem que a tutela jusautoral é independente de registo, publicação ou outra qualquer formalidade.[859]

[859] Mesmo o registo predial só excepcionalmente é constitutivo (caso da hipoteca, *ex vi* art. 687º C.Civil e 4º/2 CRPredial).

128.3.2. Efeito presuntivo do registo

Como também examinámos, o único efeito que o RROLA expressamente liga ao registo de obras é o da presunção da titularidade dos direitos que se registam a favor de quem os inscreva em seu nome. Vimos já que esta presunção serve o estabelecimento da titularidade – originária ou derivada – do direito de autor. Mas é uma presunção ilidível.

A presunção de titularidade do direito de autor em benefício de quem tenha a seu favor um registo pode ser afastada por prova da desconformidade entre a aparência registal e a realidade substancial.

Imagine-se que A transmite o direito de autor relativo à obra x a B, que regista. Se a transmissão entre A e B for posteriormente declarada nula, o registo a favor de B (antes válido à data em que foi realizado) pode ser cancelado.

Tal não impede B, antes do cancelamento do registo, de se fazer prevalecer da titularidade presumida do direito e praticar acto de disposição do mesmo. Este último acto, não sendo B disponente titular do direito, estará viciado por falta de legitimidade daquele, o que redunda na sua nulidade.[860]

É, porém, possível que a nulidade do acto de disposição de B, nestas circunstâncias, lese direito de terceiro, C, a quem B tivesse transmitido o seu direito aparente. C teria adquirido porventura iludido pela aparência de legitimidade dada pela inscrição no registo do direito a favor de B.

Sem prejuízo de ulterior exame (cfr., *infra*, nº 128.3.3), diga-se desde já que, a ser protegido, o direito de C o seria não em obediência a qualquer princípio geral de protecção de terceiros afectados pela aparência dada pelo registo, que não existe: "o princípio continua a ser o da prevalência da ordem substantiva, independentemente da boa fé de terceiros".[861]

Ora, é precisamente a tutela da boa fé de terceiro que adquira direito de autor confiado na aparência dada pelo registo que suscita o exame de um outro efeito que, por exemplo, o registo predial produz e o registo de direito de autor (pelo menos) já teve: o *efeito atributivo*. Examinemos o regime actual.

128.3.3. Efeito atributivo (a aquisição tabular por terceiro)

I. O efeito atributivo do registo daria supostamente ao beneficiário uma tutela dos direitos adquiridos com base na aparência registal.

Oliveira Ascensão (*apud* José Alberto Vieira, "Direitos Reais", Coimbra, 2020, nº 61) sustenta mesmo que o registo da hipoteca seria meramente "condicionante da sua eficácia absoluta".
Já José Alberto Vieira, última ob. cit., considera que, nesse caso, o registo representa "a parte final do processo de constituição do direito real hipoteca, não uma mera condição de oponibilidade, tendo verdadeiro efeito constitutivo".

860 Neste sentido, a propósito de idêntica regra quanto ao registo predial, José Alberto Vieira, última ob. cit., nº 67, p. 308.

861 José Alberto Vieira, ob. cit., nº 67, p. 309.

É entendimento dominante, quanto ao *efeito atributivo do registo dos direitos reais*, que, não obstante a tutela da aquisição de direitos por terceiro de boa fé a partir de quem tenha a seu favor um registo válido, "não pode arvorar-se a existência de qualquer princípio geral de protecção de terceiro, que sempre cederia perante aquele outro da prevalência da ordem substantiva, independentemente da boa fé de terceiro."[862] Quando ocorra, a aquisição tabular tem por fundamento não a boa fé (do terceiro), mas sim a fé pública (registal): "não se protege terceiro de boa fé em atenção à confiança suscitada pela situação registal, visa-se antes salvaguardar a credibilidade da instituição registal".[863]

Mas haverá, actualmente, aquisição tabular de direitos de autor por terceiro em consequência do efeito atributivo do registo de obras literárias e artísticas? Respondamos em exame de um caso concreto.

II. Imaginemos que A, titular do direito de autor sobre a obra artística x, transmite (transmissão total) esse seu direito a B, sem que o acto transmissivo ou a aquisição do direito por B tenham sido registados.

Se ulteriormente A transmitir a totalidade do seu direito de autor a C, que regista com sucesso o seu direito, abre-se a possibilidade de C, confiado na aquisição válida e eficaz do direito e dispondo de um registo a seu favor, o transmitir posteriormente a D. Este adquiri-lo-ia confiado na aparência de titularidade do transmitente, C, dada pelo registo.

Poderá B fazer prevalecer o seu direito?

III. No domínio do hoje revogado Decreto 4114, vigente até à entrada em vigor do RROLA, Oliveira Ascensão[864] sustentava que o direito de D prevaleceria, desde que C tivesse adquirido o direito de boa fé; baseava-se, para tanto, no disposto nos arts. 63º (acima transcrito) e 65º ("as nulidades do registo ou do seu cancelamento somente desde a data do registo da competente acção de nulidade prejudicam a terceiros, que ao tempo desse registo não se achavam ainda inscritos") do referido Decreto 4114.

Estabelece-se aqui "um efeito especial [do registo], os terceiros terão uma garantia superior à que se verifica nos casos normais. Essa garantia só pode residir assim na inatacabilidade da sua situação, desde que eles próprios tenham registado antes do primeiro adquirente. A isto se chamaria "*efeito atributivo* do

[862] José Alberto Vieira, última ob. cit., nº 67, p. 309.

[863] Oliveira Ascensão, "Direito Civil – Reais", 5ª ed., Coimbra, 2000, p. 376, *apud* José Alberto Vieira, ob. cit., *ibidem.*

[864] Oliveira Ascensão, "Direito Civil – Direito de Autor e Direitos Conexos", cit., nº 272-I e –II, pp. 404/405.

direito para o pseudo-adquirente [neste caso C, que depois transmite a D] e um efeito resolutivo do direito do primeiro adquirente, que não registou".[865]

IV. No registo *predial*, José Alberto Vieira[866] esclarece: "a protecção registal contra o titular do direito real na ordem substantiva denomina-se *aquisição tabular* ou, sob o prisma dos efeitos jurídicos, *efeito atributivo* do registo predial. Essa protecção tem por fundamento a fé pública registal". Esta regra busca a sua fundamentação no art. 5º/1 CRPredial.

V. E no domínio do actual regime do registo de obras literárias e artísticas?

O RROLA não contém disposição semelhante àquelas que fazem que se considere consagrada a aquisição tabular de direitos em consequência de um suposto efeito atributivo do registo. Não existe nenhuma razão para defender a sua subsistência hoje.

A presunção de titularidade do direito de autor registado que o registo estabelece a favor de quem registe em seu nome é, como vimos, ilidível.

A norma jurídica, que atribuísse protecção a terceiro – ainda que terceiro de boa fé[867] – contra a realidade substantiva, sempre seria excepcional e espúria ao sistema. Na ausência de norma expressa no RROLA que a estatua, nada há que justifique que se sustente a consagração da aquisição tabular de direitos de autor, do efeito atributivo do registo de obras literárias ou artísticas neste domínio.[868]

Na hipótese delineada *supra*, o direito de B poderia ser feito prevalecer contra a presunção registal que favorece C e D.

129. Da (des) necessidade de um registo de obras literárias e artísticas

Vimos que o novo regime do registo de obras literárias e artísticas, com sede legal no RROLA, não é explícito quanto ao objecto do registo (cfr., *supra*, nº 127), neste incluindo muitos bens jurídicos apenas na vizinhança do Direito de Autor, em relação aos quais é, aliás, excepcionalmente constitutivo.

[865] Oliveira Ascensão, *ibidem*.

[866] José Alberto Vieira, última ob. cit., nº 62, p. 289.

[867] Os terceiros de má fé nunca beneficiariam da aquisição tabular. Como Oliveira Ascensão escreve (*ibidem*), o adquirente lesado pela aquisição tabular sempre poderia invocar contra o terceiro de má fé um princípio jurídico de validade universal: *fraus omnia corrumpit*.

[868] No RROLA, parece, assim, ter sido seguida uma das sugestões de Oliveira Ascensão (última ob. cit., nº 274-I, p. 407), quanto à reformulação legislativa, por si advogada em 1992, no domínio do Decreto 4114: uma que possa suprir a consagração do efeito atributivo, pela limitação da eficácia do registo a uma mera presunção de titularidade, eliminando o efeito atributivo do registo no domínio do direito de autor.

Além de uma presunção legal (ilidível) de titularidade dos direitos inscritos no registo a favor de quem registe, que pode até propiciar a fraude por dificultar aos que dela não beneficiem a prova da verdade substantiva das situações jurídicas que lhes respeitem, a este registo sobraria, se fosse o caso, a utilidade de consagrar a aquisição tabular de direitos de autor.

Simplesmente, dado o carácter excepcional e espúrio desta regra, não é hoje sustentável – vista a omissão no RROLA de norma semelhante à consagrada no Decreto 4114, de 1918, hoje revogado – que o registo de obras literárias e artísticas conserve o efeito atributivo de direitos de autor apenas baseado na aparência registal.

Tudo isto é razão para que se pergunte se, ausente noutros países europeus, se justifica ainda a existência de um registo de obras literárias e artísticas em Portugal.

Título XI
Arbitragem em Matéria de Direito de Autor e Direitos Conexos

130. Centro de arbitragem competente em matéria de direito de autor e direitos conexos

Na sequência da transposição da DMUD, a lei (art. 8º do Decreto-lei nº 47/2023) introduziu no ordenamento jurídico português a previsão de que a resolução de litígios em matéria de direito de autor e direitos conexos fique a cargo de *centros de mediação e arbitragem institucionalizada* especializados na matéria. O Ministro da Justiça autoriza a criação de novos centros, nos termos da lei, ou alarga a competência do centro de arbitragem já existente.

O Centro de Arbitragem garantirá o recurso aos procedimentos de mediação e arbitragem de, nomeadamente:

a) criadores intelectuais, no que respeita a determinação da remuneração especial em caso de desempenho excepcional ou utilização extraordinária de obra criada em execução de contrato de trabalho ou por encomenda (art. 14º/4 CDADC – cfr., *supra*, nºs 66.3-II e 70-IV);
b) dos autores e tradutores, no que respeita à remuneração equitativa consagrada, respectivamente, no novo art. 144º/2 e no novo art. 170º CDADC – cfr., *supra*, nº 66.3);
c) dos usuários de serviços em rede, no que respeita aos conflitos entre prestadores de serviços de partilha de conteúdos em linha e usuários em caso de remoção da rede de conteúdos por estes carregados (novo art. 175º-G CDADC – cfr., *supra*, nº 55.3.1-V).

O recurso a centro de mediação e arbitragem especializado é facultativo, salvo previsão legal (casos de arbitragem necessária).

Das decisões dos centros de mediação e arbitragem cabe recurso para tribunal da Relação.

ÍNDICE ANALÍTICO

D

BIBLIOGRAFIA GERAL

ABRANTES, José João Nunes – Os Direitos dos Trabalhadores na Constituição, *in* "Direito do Trabalho – Ensaios", Lisboa, 1995 – Do Direito Civil ao Direito do Trabalho. Do Liberalismo aos Nossos Dias, *in* "Direito do Trabalho – Ensaios", Lisboa, 1995

— Contrato de Trabalho a Termo, *in* "Estudos do Instituto de Direito do Trabalho", vol. III, Coimbra, 2002

— Direito do Trabalho, Coimbra, 2003

— Direito do Trabalho II – Direito da Greve, Coimbra, 2014

— Estudos de Direito do Trabalho, Lisboa, 2018

ABREU, Jorge M. Coutinho de – Da Empresarialidade (As Empresas no Direito), Coimbra, 1996 (reimpressão 1999)

— Curso de Direito Comercial, vol. I, 3ª ed., Coimbra, 2002 (13ª ed., 2022); vol. II (Das sociedades), Coimbra, 2002 (7ª ed., 2021, reimp. 2022)

ACADEMIA DAS CIÊNCIAS DE LISBOA (Vários) – Centenário da Convenção de Berna, (sessão comemorativa), Lisboa, 1987

AKESTER, Patrícia – Direito de Autor em Portugal, nos PALOP e nos Tratados Internacionais, Coimbra, 2013

— Código do Direito de autor e Direitos Conexos (Anotado), 2ª ed., Coimbra, 2019

ALBALADEJO, Manuel – Compendio de Derecho Civil, 4ª ed., Barcelona, 1981

— Derecho Civil, II – Derecho de Obligaciones – vol. 1º (La obligación y el contrato en general), 10ª ed., Barcelona, 1997

— Derecho Civil, II – Derecho de Obligaciones – vol. 2º (Los contratos en particular y las obligaciones no contratuales), 10ª ed., Barcelona, 1997

— Derecho Civil, III – Derecho de Bienes – vol. 1º (Parte general y derecho de propiedad), 8ª ed., Barcelona, 1994

ALMEIDA, Carlos Ferreira de – Conceito de publicidade, *in* "Boletim do Ministério da Justiça" (BMJ), nº 349, Lisboa, Out. 1985

— Contratos de Publicidade, *in* "Scientia Ivridica", t. XLIII, nºs 250-252, 1994

— Relevância Contratual das Mensagens Publicitárias, *in* "Revista portuguesa de Direito do Consumo", nº 6, Coimbra, Jun. 1996

— Introdução ao Direito Comparado, 2ª ed., Coimbra, 1998

ALMEIDA, Carlos Ferreira; GONÇALVES, Luís Couto; TRABUCO, Cláudia – Contratos de Direito de Autor e de Direito Industrial, Coimbra, 2011

ALMEIDA, Geraldo da Cruz – O Direito Pessoal de Autor no Código de Direito de Autor e dos Direitos Conexos, *in* "Estudos em Homenagem ao Professor Doutor Manuel Gomes da Silva", Coimbra, 2001

ALPA, Guido – Princípios Gerais e Direito dos Contratos – Um Inventário de Dicta e de Questões, *in* "Contratos: Actualidade e Evolução", Porto, 1997

ALVAREZ ROMERO, Carlos – La Propiedad Intelectual, 2ª ed., Madrid, 1979

AMARAL, Diogo Freitas do – Curso de Direito Administrativo, vol. II, 4ª ed. 2018 (reimp. 2021), com a colaboração de PEDRO MACHETE E LINO TORGAL) (3ª ed., 2016)

AMMENDOLA, Maurizio; UBERTAZZI, Luigi Carlo – Il Diritto d'Autore (ver UBERTAZZI, L. C.)

ANDRADE, José C. Vieira de – Os Direitos Fundamentais na Constituição Portuguesa de 1976, Coimbra, 1983

ANDRADE, Manuel A. Domingues de – Teoria Geral da Relação Jurídica, Coimbra, vol. I (Sujeitos e Objecto); vol. II (Facto Jurídico, em especial Negócio Jurídico), (4ª reimp., 1974, da), Coimbra, 1960

ANELLI, Jorge H. – Derechos de autores dramaticos. Autonomia privada, *in* "Num Novo Mundo do Direito de Autor?", t. I, Lisboa, 1994

ANTEQUERA PARILLI, Ricardo – Las obras creadas por encargo y bajo relación de trabajo, *in* "Num Novo Mundo do Direito de Autor?", t. I, Lisboa, 1994

ASCARELLI, Tulio – Teoría della Concurrenza e dei Beni Immateriali, Milão, 1956

— Teoría de la Concurrencia y de los Bienes Inmateriales (tradução da 3ª ed. de 1960, por E. VERDERA e L. SUAREZ-LLANOS), Madrid

ASCENSÃO, José de Oliveira – As Relações Jurídicas Reais, Lisboa, 1962

— A Tipicidade dos Direitos Reais, Lisboa, 1968

— Atribuição originária do direito de autor à entidade que custeia ou publica uma obra (separata de "Autores", Boletim da Sociedade de Escritores e Compositores Teatrais Portugueses), Lisboa, 1970

— Direito de tradução e direitos do tradutor na lei portuguesa, *in* BMJ, nº 275 (separata), Lisboa, 1978

— Uma inovação na lei brasileira: o direito de arena (separata da Revista Direito e Justiça – vol. I), Lisboa, 1980

— O regime do contrato de tradução, *in* "Revista da Faculdade de Direito da Universidade de Lisboa", Ano XXVI (separata), 1985

— A teoria finalista e o ilícito civil, *in* "Revista da Faculdade de Direito da Universidade de Lisboa", Lisboa, 1987

— A protecção jurídica dos programas de computador, *in* "ROA", Ano 50 – I, Abr. 1990

— Direito Civil – Direito de Autor e Direitos Conexos, Coimbra, 1992

— Direito Comercial, Lisboa, vol. I (Institutos Gerais), 1998/99; vol. II (Direito Industrial), 1994; vol. III (Títulos de Crédito), 1992; vol. IV (Sociedades Comerciais), 2000

— Direito Penal de Autor, Lisboa, 1993
— Direito Autoral, 2ª ed., Rio de Janeiro, 1997
— O projecto de Código da Propriedade Industrial - Patentes, modelos de utilidade e modelos e desenhos industriais, *in* "Revista da Faculdade de Direito da Universidade de Lisboa", vol. XXXVIII, nº 1, Coimbra, 1997
— O princípio da prestação: um novo fundamento para a concorrência desleal?, *in* "Concorrência Desleal" (obra colectiva sob coordenação do mesmo Autor), Coimbra, 1997
— Direito de autor e direitos fundamentais, *in* "Perspectivas Constitucionais (nos 20 anos da Constituição de 1976)" (obra colectiva organizada por Jorge Miranda), vol. II, Coimbra, 1997
— Novas tecnologias e transformação do Direito de Autor, *in* "Nuevas Tecnologías y Propiedad Intelectual" (obra colectiva sob coordenação de Carlos Rogel Vide), Madrid, 1999
— Sociedade da informação, *in* "Direito da Sociedade da Informação" - vol. I, Coimbra, 1999
— A recente lei brasileira dos direitos autorais, comparada com os novos Tratados da OMPI, *in* "Revista da Faculdade de Direito da Universidade de Lisboa", vol. XL, nºs 1 e 2, Coimbra, 1999
— Direito Civil - Reais, 5ª ed. (reimp.), Coimbra, 2000
— O Direito - Introdução e Teoria Geral (Uma perspectiva Luso-Brasileira), 13ª ed., Lisboa, 2005, reimp. 2019
— Direitos de autor e conexos inerentes à colocação de mensagens em rede informática à disposição do público, *in* "Estudos sobre Direito da Internet e da Sociedade da Informação", Coimbra, 2001 (já antes publicado em: "ROA", Ano 58–III, Dez. 1998; "Estudos Jurídicos e Económicos em homenagem ao Prof. Doutor João Lumbrales", Coimbra, 2000)
— E agora? Pesquisa do futuro próximo, *in* "Estudos sobre Direito da Internet e da Sociedade da Informação", Coimbra, 2001 (já antes publicado em "Sociedade da Informação - Estudos Jurídicos", Coimbra, 1999)
— Direitos do utilizador de Bens Informáticos, *in* "Estudos sobre Direito da Internet e da Sociedade da Informação", Coimbra, 2001
— Os direitos de autor no domínio das telecomunicações, *in* "Estudos sobre Direito da Internet e da Sociedade da Informação", Coimbra, 2001
— As novas tecnologias e os direitos de exploração das obras intelectuais, *in* "Estudos sobre Direito da Internet e da Sociedade da Informação", Coimbra, 2001 (já antes publicado em "Rev. da Associação Brasileira de Propriedade Intelectual", nº 47, São Paulo, Jul.-Ago. 2000)
— Obra audiovisual. Convergência de tecnologias. Aquisição originária do direito de autor, *in* "Estudos sobre Direito da Internet e da Sociedade da Informação", Coimbra, 2001
— O Direito de Autor no Ciberespaço, *in* "Estudos sobre Direito da Internet e da Sociedade da Informação", Coimbra, 2001 (já antes publicado em "Portugal-Brasil Ano 2000", Coimbra 2000)

— Concorrência desleal, Coimbra, 2002

— Direito Civil - Teoria Geral, - vol. I (Introdução. As pessoas. Os bens), 2ª ed., 2000; vol. II (Acções e Factos Jurídicos), 2ª ed. 2003; vol. III (Relações e Situações jurídicas), 2002, Coimbra

— Representatividade e legitimidade das entidades de gestão colectiva de direitos autorais, *in* "Estudos em homenagem ao Prof. Doutor José Lebre de Freitas", Coimbra, 2013

— Anotação do Decreto-lei nº 143/2014, de 26 de Setembro, que aprovou o Regulamento de Obras Literárias e Artísticas, *in* "Revista de Direito Intelectual (RDI)", Coimbra, Nº 2 - 2014

Atiyah, P. S. - An Introduction to the Law of Contract, 5ª ed., Oxford, 1995

Auletta, Giuseppe G. - Del Marchio del Diritto d'Autore sulle Opere dell'Ingegno Letterarie e Artistiche, *in* "Commentario del Codice Civile", Livro V, 2ª ed. (a cargo de Mangini, Vito), Bolonha/Roma, 1977

Aussy, Charles - Du Droit Moral de l'Auteur, Auxerre, 1911

Bainbridge, David I. - Intellectual Property, Londres, 1992, (reimp. 1993)

— Software and Copyright Law - Databases, 3ª ed., Londres, 1997

Bappert, Walter; Maunz, Theodor; Schricker, Gerhard - Verlagsrecht - Kommentar, 2ª ed., Munique, 1984 (ver Schricker, G. - Verlagsrecht - Kommentar, 2ª e 3ª ed.)

Barrelet, Denis; Egloff, Willi - Le Nouveau Droit d'Auteur (Commentaire de la loi fédérale sur le droit d'auteur et les droits voisins), Berna, 1994

Barros, Manuel J. B. de Oliveira - Tradução e Direito de Autor, *in* "Colectânea de Jurisprudência", t. V-1994

Barry, Donald (e outros) - Contemporary Soviet Law, Haia, 1974

Baudel, Jules-Marc - La Législation des États-Unis sur le Droit d'Auteur (étude du statut des oeuvres littéraires et artistiques, musicales et audiovisuelles, des logiciels informatiques et de leur protection par le copyright), Bruxelas - Paris, 1990

Bayo, J. G.; Bustamante, Lino - Autor (Derecho de), *in* "Nueva Enciclopedia Juridica", Tomo III, Barcelona, 1931

Beier, Friedrich-Karl - The Principle of "Exhaustion" *in* National Patent and Copyright Law of some European Countries, *in* "Revista da Faculdade de Direito de Lisboa", Lisboa, 1991

Bellefonds, Xavier L. de - A Informática e o Direito (tradução de "L'Informatique et le Droit", por Isabel M. Brito St. Au Byn), Lisboa, 2000

Bently, Lionel; Sherman, Brad - Intellectual Property Law, 3ª ed., Oxford, 2009 (6ª ed., 2022)

Bercovitz Rodríguez-Cano, Rodrigo - Derecho de Autor y Destruction de la Obra Plastica, *in* "Anuario de Derecho Civil", t. XXXIX, 1986

— La protección jurídica de las bases de datos, *in* "pe.i. - Revista de Propiedad Intelectual", Madrid, nº 1, Jan.-Abr. 1999

— La excepción de copia privada en España después de la ley 21/2014 de modificación de la ley de propiedad intelectual (Boletín Oficial del estado de 5 de noviembre de

2014), *in* "Estudos de Direito Intelectual em homenagem ao Prof. Doutor José de Oliveira Ascensão", Coimbra, 2015

BERCOVITZ RODRÍGUEZ-CANO, Rodrigo (coordenador) – Comentarios a la Ley de Propiedad Intelectual, 4ª ed., Tecnos, Madrid, 2017

— Volumen complementario – 2019

BERCOVITZ RODRÍGUEZ-CANO, Rodrigo (coordenador) – Manual de Propiedad Intelectual, 9ª ed., Valência, 2019

BERTRAND, André R. – Le Droit d'Auteur et les Droits Voisins, Paris/Milão/Barcelona//Bona, 1991

— Le Droit d'Auteur et les Droits Voisins, 2ª ed., Paris, 1999

BESSA, Tiago – Direito Contratual de Autor e Licenças (Voluntárias) de Exploração da Obra, *in* "ROA"

BETTI, Emílio – Teoria Geral do Negócio Jurídico – t. I, II e III (tradução portuguesa, por FERNANDO DE MIRANDA, da 3ª reimp. da 2ª edição italiana "Teoria General del Negozio Giuridico", Turim), Coimbra, 1969

BIANCA, C. Massimo – Diritto Civile – vol. III (Il Contratto) (reimp. da 1ª ed. de1984, actualizada), Milão, 1998; vol. VI (La proprietà), Milão, 1999

BITTAR, Carlos Alberto – Direito de Autor na Obra Feita sob Encomenda, São Paulo, 1977

— Interpretação no direito de autor, *in* "Revista Forense", São Paulo, Abr./Jun., 1979

— A Tributação do Direito de Autor, *in* "Boletim da Faculdade de Direito da Universidade de Coimbra", vol. LVII, Coimbra, 1981 (separata)

— A Lei de Direitos Autorais na Jurisprudência, São Paulo, 1988

— Os Direitos de Personalidade, 8ª ed. (revista, atualizada e ampliada por Eduardo C.B. Bittar), 2015

— Direito de autor, 8ª ed. (revista, atualizada e ampliada por Eduardo C.B. Bittar), 2022

BONDÍA ROMÁN, Fernando – Propiedad Intelectual: su significado en la sociedad de la información, Madrid, 1988

— Comentarios a la Ley de Propiedad Intelectual (ver TAPÍA, J. M. Rodriguez)

— Ley de Propiedad Intelectual, 3ª ed., Barcelona, 2017

BOYTHA, György – The Development of Legislative Provisions on Author's Contracts, *in* "Columbia – VLA Journal of Law & the Arts", vol. 12, nº 2, 1988

— National Legislation on Author's Contracts *in* Countries Following European Legal Traditions, *in* "Copyright", Out. 1991

BRACAMONTE, Ortiz – Derechos de los artistas y autonomia privada, *in* "Num Novo Mundo do Direito de Autor?", t. I, Lisboa, 1994

CAETANO, Marcello – Manual de Direito Administrativo, vol. II, 10ª ed. (4º reimp., Coimbra, 1991) (revista e actualizada pelo Prof. Doutor DIOGO FREITAS DO AMARAL)

— Princípios fundamentais do Direito Administrativo (reimp. da edição Brasileira de 1977/2ª reimp. Portuguesa), Coimbra, 2003

CAMPOS, Diogo Leite de – A Subsidiariedade da Obrigação de Restituir o Enriquecimento, Coimbra, 1974

CANARIS, Claus-Wilhelm – Grundrechte und Privatrecht, Berlim/Nova Iorque, 1999

CANOTILHO, J. Gomes; MOREIRA, Vital – Constituição da República Portuguesa Anotada, vol. I, 4ª ed. (revista), Coimbra, 2007; vol. II, 4ª ed. (revista), Coimbra, 2010

CARNAXIDE, Visconde de – Tratado da Propriedade Literária e Artística, Porto, 1918

CAROSONE, Oscar – Sul Sistema del Diritto di Autore nell'Ordinamento Italiano, *in* "Rivista di Diritto del Lavoro", Ano XX, Milão, 1968

CARRANCHO HERRERO, MARIA TERESA – El concepto de obra plástica y la impresión 3D, in "Propiedad intelectual en el siglo XXI: Nuevos continentes y su incidencia en el Derecho de Autor", Madrid, 2014

CARREAU, Caroline – Propriété intellectuelle et abus de droit, *in* "Propriétés Intellectuelles (mélanges en l'honneur de André Françon)", Paris, 1995

CARVALHO, António Nunes de – Ainda sobre a Crise do Direito do Trabalho, *in* "II Congresso Nacional de Direito do Trabalho – Memórias", Coimbra 1999

CARVALHO, Maria Miguel – A marca enganosa, Coimbra, 2010

— A tutela da propriedade intelectual na Carta dos Direitos Fundamentais da União Europeia, *in* "JURISMAT – Revista jurídica", Nº 16, Portimão, 2022

CARVALHO, Orlando de – Os direitos de personalidade do autor, *in* "Num Novo Mundo do Direito de Autor?", t. II, Lisboa, 1994

— Negócio jurídico indirecto, *in* "Escritos – páginas de Direito" – I, Coimbra, 1998

CARVALHO, António Nunes de; PINTO, Mário; MARTINS, Pedro Furtado – Comentário às Leis do Trabalho (ver MÁRIO PINTO e outros)

CASTÁN PÉREZ-GÓMEZ, Antonio – El plagio y otros estudios sobre Derecho de autor – El plagio de la obra cinematográfica, Madrid, 2009

CASTAN TOBEÑAS, Jose – Derecho Civil Español, Comun y Foral, t. 2 – Derecho de Cosas, vol. 1º (Los derechos reales en general. El dominio. La posesión), 14ª ed. (revista e actualizada por CANTERO, G. Garcia), Madrid, 1992

— Derecho Civil Español, Comun y Foral, t. 3 – Derecho de Obligaciones (La Obligacion y el Contrato en general), 16ª ed. (revista e actualizada por CANTERO, G. Garcia), Madrid, 1992

CASTRO Y BRAVO, Federico de – El Negocio Juridico, (reimp. da ed. 1971), Madrid, 1985

CATALDO, Vincenzo Di – Banche-dati e diritto *sui generis*: la fattispecie costitutiva, *in* "Annali italiani del diritto d'autore, della cultura e dello spettacolo ("AIDA")" – VI, Milão, 1997

CAUPERS, João – Situação jurídica comparada dos trabalhadores da Administração Pública e dos trabalhadores abrangidos pela legislação reguladora do contrato individual de trabalho, *in* "Revista de Direito e de Estudos Sociais (RDES)", Lisboa, Ano XXXI, nºs 1 e 2, Jan.-Jun. 1989

CENNI, Daniela – La formazione del contratto tra realità e consensualità, Pádua, 1998

CENTRO DE ESTUDOS JUDICIÁRIOS/SOCIEDADE PORTUGUESA DE AUTORES (Vários) – Direito de Autor: Gestão e Prática Judiciária, SPA, Lisboa, 1989

CHAVES, Antônio – Direito de Autor, vol. I – Princípios Fundamentais, Rio de Janeiro, 1987
CHIMIENTI, Laura – Lineamenti del Nuovo Diritto d'Autore (Directive Comunitarie e Normative Interna), Milão, 1997
CIAN, Giorgio; TRABUCCHI, Alberto – Commentario Breve al Codice Civile, 5ª ed., Pádua, 1997 (nova edição 2018)
CLAVERÍA GOSÁLBEZ, Luis Humberto – La Causa del Contrato, Bolonha, 1998
COLOMBET, Claude – Grands Principes du Droit d'Auteur et des Droits Voisins dans le Monde (Approche de droit comparé), Paris, 1990
— Propriété Littéraire et Artistique et Droits Voisins, 8ª ed., Paris, 1997 (5ª ed., 2000)
COPINGER/SKONE JAMES (coordenadores: SKONE JAMES, E.P.; MUMMERY, J.; RAYNER JAMES, J.E.; GARNETT, K.M.; NIMMER, D.) – Copinger and Skone James on the Law of Copyright, 13ª ed., Londres, 1991 (veja-se "Nota" à 14ª ed.)
COPINGER, W.; SKONE JAMES (coordenadores principais: GARNETT, K.; RAYNER JAMES, J.; DAVIES, G.) – Copinger and Skone James on the Law of Copyright, 14ª ed., Londres, 1999 (18ª ed., 1 suplem., 2021)[869]
CORDEIRO, António Menezes – Direitos Reais, vols. I e II, Lisboa, 1979
— Direito das Obrigações, Lisboa, 2 vols., 1980
— Da natureza do direito do locatário, *in* "ROA", Ano 40 – I, II, Lisboa, 1980
— Da boa fé no Direito Civil – 2 vols., Lisboa, 1984
— Da Responsabilidade Civil dos Administradores das Sociedades Comerciais, Lisboa, 1997
— Cláusulas Contratuais Gerais (ver COSTA, Mário Júlio de Almeida)
— O Levantamento da Personalidade colectiva no Direito Civil e Comercial, Coimbra, 2000
— Manual de Direito Comercial, vol. I, Coimbra, 2001
— Direito Comercial, 4ª ed., 2016
— Tratado de Direito Civil III (Parte Geral – Coisas), 4ª ed., Coimbra, 2019, reimp. 2020; (Direitos Reais, 2ª parte), Coimbra, 2022
— Direito do Trabalho I (Direito Europeu, Dogmática geral, Direito Coletivo), Coimbra, 2018
CORDEIRO, António Menezes (coordenador) – Direito das Obrigações, 3º vol. (Contratos em especial), 2ª ed., Lisboa, 1991 (contributos de: ALBUQUERQUE, P.; CARNEIRO DA FRADA, M. A.; MENEZES LEITÃO, L.; REDINHA, J.; ROMANO MARTINEZ, P.)

[869] Como se explica no "Prefácio", pag. ix, desta 14ª edição, esta é uma obra que foi objecto de sucessivas edições durante 130 anos, mais precisamente desde a 1ª edição, em 1870, em que foi publicada "The Law of Copyright", esta sim então coordenda por WALTER COPINGER; os novos coordenadores principais optaram, "não obstante o aditamento de não menos do que 11 diferentes direitos ao 'copyright' original", por manter o título original da obra, que referenciam completo como "Copinger and Skone James on the Law of Copyright"; pela justificada enorme divulgação que a obra merece com esta referência, citá-la-emos sempre no texto principal da nossa obra como "COPINGER/SKONE JAMES, '(On) Copyright'".

Cordeiro, Pedro – A Lei nº 114/91, de 3 de Setembro – Comentário às Alterações ao Código do Direito de Autor e dos Direitos Conexos, Lisboa, 1992

— Direito de Autor e Radiodifusão – Um estudo sobre o Direito de Radiodifusão desde os primórdios até à tecnologia digital, Coimbra, 2004

Cordeiro, Pedro; Rocha, Manuel Lopes – Protecção jurídica do "software", Lisboa, 1995

Cornish, William Rodolph – Auteurs et new equities en droit anglais, *in* "Propriétés Intellectuelles (mélanges en l'honneur de André Françon)", Paris, 1995

— Cases and Materials on Intellectual Property, 2ª ed., Londres, 1996

— Intellectual Property: Patents, Copyright, Trade Marks and Allied Rights, 7ª ed., Londres, 2010 (9ª ed., 2018)

Correia, António A. Ferrer – Erro e Interpretação na Teoria do Negócio Jurídico, Coimbra, 2ª ed., 1985

Correia, António A. Ferrer; Mesquita, Manuel Henrique – Anotação (de Acórdão do STJ) – A obra intelectual como objecto possível do contrato de empreitada; direito de o dono da obra desistir do contrato e efeitos da desistência, *in* "ROA", Ano 45, Lisboa, Abr. 1985

Correia, José Manuel Sérvulo – Legalidade e autonomia contratual nos contratos administrativos, Coimbra, 1987

Costa, Mário Júlio de Almeida – História do Direito Português, 5ª ed. (revista), Coimbra, 2012, reimp. 2022

— Cláusulas de inalienabilidade, *in* "Contratos: Actualidade e Evolução", Porto, 1997

— Nótula sobre o Regime das Cláusulas Contratuais Gerais (após a revisão do diploma que instituiu a sua disciplina), Lisboa, 1997

— Direito das Obrigações, 12ª ed. (revista e actualizada), Coimbra, 2018, reimp. 2022

— Noções Fundamentais de Direito Civil, 6ª ed., Coimbra, 2013

Costa, Mário Júlio de Almeida; Cordeiro, António Menezes – Cláusulas Contratuais Gerais. Anotação ao regime do Decreto-lei nº 446/89, de 25 de Outubro, Coimbra, 1986

Criscuoli, Giovanni – Il Contratto (itinerari normativi e riscontri giurisprudenziali), Pádua, 1992

Cupis, Adriano de – Os Direitos da Personalidade (tradução portuguesa do italiano por A. Vera Jardim e A. M. Caeiro), Lisboa, 1961

— Il Diritto del Editore, *in* "Studi e Questioni di Diritto Civile", Milão, 1974

Davies, G.; Garnett, K.; Rayner James, J. – Copinger and Skone James on the Law of Copyright (ver Copinger, W.; Skone James)

Delgado, Antonio – La obra colectiva: un hallazgo o un pretexto?, *in* "Num Novo Mundo do Direito de Autor?", t. I, Lisboa, 1994

Delp, Ludwig – Der Verlagsvertrag, Munique, 1994

Derieux, Emmanuel – Journalisme et droit d'auteur, *in* "Propriétés Intellectuelles (mélanges en l'honneur de André Françon)", Paris, 1995

— Droit de la Communication, 3ª ed., Paris, 1999

Desantes, José Maria – La Relación Contractual entre Autor y Editor, Pamplona, 1970

Desbois, Henri – Le Droit d'Auteur en France, 2ª ed., Paris, 1966 (mise à jour, 1973)

Desbois, Henri; Françon, André; Kéréver, André – Les Conventions Internationales du Droit d'Auteur et des Droits Voisins, Paris, 1976

Dietz, Adolf – Das Droit Moral des Urhebers im neuen französischen und deutschen Urheberrecht, Munique, 1968

— Le Droit d'Auteur dans la Communauté Européene, Bruxelas, 1978

— The Possible Harmonization of Copyright Law within the European Community, *in* "International Property and Copyright Law (IIC)", vol. 10, nº 4, Munique, 1979

— Letter from the Federal Republic of Germany – Report on the development of Copyright between 1972 and 1979, (First Part), *in* "Copyright", Fev. 1980

— Letter from the Federal Republic of Germany – Report on the development of Copyright between 1972 and 1979, (Second Part), *in* "Copyright", Mar. 1980

— United States and Soviet Copyright Systems: an Essay *in* Comparison, *in* "IIC", vol. 12, nº 2/1981

— Le Droit Primaire des Contrats d'Auteur dans les États Membres de la Communauté Européenne (situation législative e suggestions de réforme), Munique, 1981 (edição policopiada de "Das primäre Urhebervertragsrecht *in* den Mitgliedstaaten der Europäischen Gemeinschaft", disponíbilizada pela OMPI – SG-CULTURE/4/81-FR)

— Letter from the Federal Republic of Germany – The Development of Copyright between 1979 and the beginning of 1984 (First Part), *in* "Copyright", Nov. 1984

— Letter from the Federal Republic of Germany – the development of Copyright between 1979 and the beginning of 1984, (Second Part), *in* "Copyright", Dez. 1984

— La protección de los derechos morales y la Convención Universal sobre Derecho de Autor, *in* "Boletin de derecho de Autor" (UNESCO), vol. 21-nº3, 1987

— El Derecho de Autor en España y Portugal (versão espanhola de Rámon Eugénio López Sáez, revista pelo Autor de "Das Urheberrecht in Spanien und Portugal", 1989), Madrid, 1992

— L'evoluzione dell diritto d'autore nella Repubblica Federale Tedesca, 1989 – 93, *in* "AIDA" – II, 1993

— Moral rights and technological challenge, *in* "Num Novo Mundo do Direito de Autor?", t. II, Lisboa, 1994

— Le probléme de la durée de la protection adéquate du droit d'auteur sous l'aspect de la réglementation des contrats d'auteur, *in* "Propriétés Intellectuelles (mélanges en l'honneur de André Françon)", Paris, 1995

— Copyright *in* the Modern Technological world: mere industrial property right?, *in* "Journal, Copyright Society of the USA", vol. 39 – nº 2, 1991

— Tendances de l'Évolution du Droit d'Auteur dans les Pays d'Europe Centrale et Orientale, *in* "Revue Internationale du Droit d'Auteur ("RIDA")", nº155, 1993

— Chronique d'Allemagne – L'évolution du Droit d'Auteur en Allemagne de 1993 jusqu'au millieu de 1997 (Première partie), *in* «RIDA», nº 175, Jan. 1998

— Urheberrecht – Kommentar (coordenado por Schricker, G.), 2ª ed. – ver Schricker, Gerhard

DÍEZ-PICAZO, Luis – Fundamentos del Derecho Civil Patrimonial: vol. I – Introducción. Teoria del Contrato, 4ª ed., 1993; vol. II – Las Relaciones Obligatorias, 4ª ed., 1993

— Sistema de Derecho Civil, vol. I – Introducción. Derecho de la Persona. Autonomia Privada. Persona Juridica, 8ª ed. (2ª reimp.), Madrid, 1994

— Fundamentos del Derecho Civil Patrimonial, vol. I (Introduccion – Teoria del Contrato), Madrid, 5ª ed., 1996

DÍEZ-PICAZO, Luis; GULLÓN, Antonio – Sistema de Derecho Civil, vol. II – (El Contrato en general. La relación obligatoria. Contratos en especial. Cuasi contratos. Enriquecimientos sin causa. Responsabilidad extracontractual), 7ª ed., Madrid, 1995

DOCK, Marie-Claude – La Convention Universelle sur le Droit de l'Auteur – revisée à Paris le 24 juillet 1971, *in* "Hommage à Henri Desbois", Paris, 1974

DREIER, Thomas – Urheberrecht und digitale Werkverwertung (Die aktuelle Lage des Urheberrechts im Zeitalter von Internet und Multimedia) – (Gutachten), Bona, 1997

— Adjustment of Copyright Law to the Requirements of the Information Society, *in* "IIC", vol. 29, nº 6/Set.1998

DRUMMOND, Victor Gameiro – Gestão colectiva e transparência no ordenamento jurídico brasileiro: novos elementos decorrentes da Lei 12.853/13, *in* "Anuario de Propiedad Intelectual 2014", Madrid, 2015

EDELMAN, B. – Le Droit Moral dans les Oeuvres Artistiques, *in* "Recueil Dalloz Sirey de Doctrine, de Jurisp. et de Legislation", Paris, 1962

EIRANOVA ENCINAS, Emilio – Código Civil Alemán – Comentado (BGB) (Introducción: Prof. DR. Dr. h. c. mult. HEIN KÖTZ), Madrid/Barcelona, 1998

ENCABO VERA, Miguel A. – Las Obras Multimedia, *in* "Nuevas Tecnologías y Propiedad Intelectual" (obra colectiva sob coordenação de Carlos ROGEL VIDE – ver ROGEL VIDE, C.), Madrid, 1999

— Las obligaciones del editor musical, Madrid, 2002

— Reflexiones en torno a la obra publicitaria a la luz de la propiedad intelectual, *in* "Anuario de Propiedad Intelectual 2014", Madrid, 2015

— O costume e os usos como fonte de direito de autor em Portugal, *in* "Estudos de Direito Intelectual em homenagem ao Prof. Doutor José de Oliveira Ascensão", Coimbra, 2015

ENCABO VERA, Miguel A. (coord.) – Periodismo y Derecho de Autor, Madrid, 2013

ENNECCERUS, Ludwig; KIPP, Theodor; WOLFF, Martin – Tratado de Derecho Civil – Tomo I – Parte General II – vol. 1 e 2, por ENNECCERUS, L.; NIPPERDEY, Hans C. (tradução espanhola da 39ª ed. alemã – "Lehrbuch des Bürgerlichen Rechts" –, por GONZÁLEZ, Blas P.; ALGUER, J.), 3ª ed., Barcelona, 1981

— Tratado de Derecho Civil – Tomo II – Derecho de Obligaciones I, por ENNECCERUS, L; LEHMANN, Heinrich (tradução espanhola da 35ª ed. alemã, por GONZÁLEZ, Blas P.; ALGUER, José), 2ª ed., Barcelona, 1954

ESCARRA, Jean; RAULT, Jean; HEPP, François – La Doctrine Française du Droit d'Auteur, Paris, 1937

ESPÍN ALBA, Isabel – Contrato de Edición Literaria, Granada, 1994

Espín Cánovas, Diego – Las facultades del derecho moral de los autores y artistas, Madrid, 1991
— Los derechos del autor de obras de arte, Madrid, 1996
Fabiani, Mario – Rapporto tra proprietario ed editore – Cessazione del rapporto, etc (comenário de Acórdão), *in* "Il Diritto di Autore", ano LVIII, 1987
— Diritto di Autore e Autonomia Contratualle, *in* "Il Diritto di Autore", ano LXIII, 1992
— La présentation de l'oeuvre au public et le droit moral de l'auteur, *in* "Propriétés Intellectuelles (mélanges en l'honneur de André Françon)", Paris, 1995
— I contratti di utilizzazione delle opere dell'ingegno (Arti figurative, cinema, editoria, informatica, musica, radio e televisione, teatro), *in* "Raccolta Sistematica di Giurisprudenza Commentata", 8 (coordenada por Giulio Levi), 2ª ed. (completamente revista e actualizada), Milão, 2001
Fabiani, Mario; Sanctis, Vittorio M. de – I Contratti di Diritto di Autore, *in* "Trattato di Diritto Civile e Commerciale" (coordenado por Cicu, A.; Messineo, F.; Mengoni, L.), vol. XXXI, t. 1, Milão, 2000
Fernandes, António Monteiro – Direito do Trabalho, 21ª ed., Coimbra, 2022
Fernandes, Francisco Liberal – Autonomia colectiva dos trabalhadores da Administração Pública. Crise do modelo de emprego público, Coimbra, 1995
Fernandes, Luís A. Carvalho – Teoria Geral do Direito Civil – II – (Fontes, Conteúdo e Garantia da Relação Jurídica), 3ª ed. (revista e actualizada), Lisboa, 2001 (5ª ed., 2010)
FERNÁNDEZ CARBALLO-CALERO, Pablo – La Propiedad de las Obras Creadas por Inteligencia Artificial, Navarra, 2021
— 25 Things You Should Know about Artificial Intelligence and Copyright, Navarra, 2022
Ferrara, Francesco – Teoria de las Personas Jurídicas (tradução espanhola da 2ª ed. italiana por Eduardo Orejero y Maury), Madrid, 1929
Ferri, Giuseppe – Creazioni Intellettuali e Beni Immateriali, *in* "Studi *in* Memoria di Tullio Ascarelli" – II, Milão, 1969
— Concorrenza Sleale e Diritto d'Autore, *in* "Il Diritto di Autore – Volume Celebrativo del Cinquantenario della Rivista – Racolta di Studi *in* Omaggio a Valerio de Sanctis", Milão, 1979
Ferri, Luigi – L'Autonomia Privata, Milão, 1959
— Autonomia Privata, Libera Iniziativa Economica e Programmazione, *in* "Studi *in* Onore di Gioachino Scaduto – Diritto Civile" – I, Pádua, 1970
Ficsor, Mihály – Copyright for the digital era: the Wipo Internet treaties, 1997
Fischer, Hermann Josef; Reich, Steven A. – Urhebervertragsrecht, Munique, 1994
Fontaine, Marcel; Ghestin, Jacques – Les éffets du Contrat à L'Égard des Tiers (comparaisons franco-belges), Paris, 1992
Frada, Manuel Carneiro da – "Vinho Novo Em Odres Velhos"? A responsabilidade civil das "operadoras de Internet" e a doutrina comum da imputação de danos, *in* "ROA", Ano 59 – II, Lisboa, Abr. 1999

FRANCESCHELLI, Remo – Posizioni soggettive rilevanti nell'ambito dell'opera cinematografica, *in* "Rivista Dir. Ind." – I, 1960

— Trattato di Diritto Industriale – Parte Generale, vol. I, Milão, 1960

FRANÇON, André – La Propriété Littéraire et Artistique, Paris, 1970

— Le contrat de production audiovisuelle, *in* "RIDA", nº 127, 1986

FRANÇON, André; DESBOIS, Henri; KÉRÉVER, André – Les Conventions internationales du Droit d'Auteur et des Droits Voisins (ver DESBOIS, H.)

FRANZONI, Massimo – La responsabilità del Provider, *in* "AIDA", VI-1997

FRASSI, Paola A. E. – Creazioni Utili e Diritto d'Autore, Milão, 1997

FRIGNANI, A. – I Contratti di Licenza nel Diritto Italiano, *in* "Il Diritto di Autore – Volume Celebrativo del Cinquantenario della Rivista – Racolta di Studi in Omaggio a Valerio de Sanctis", Milão, 1979

FROMM, Friedrich K.; NORDEMANN, Wilhelm (FROMM/NORDEMANN) – Urheberrecht: Kommentar zum Urheberrechtsgesetz und zum Urheberrechtswarnehmungsgesetz; mit den Texten der Urbeherrechtsgesetze Österreichs und der Schweiz, 9ª ed. (ver Nordemann, W. – FROMM/NORDEMANN) (12ª ed., 2018)

GALGANO, Francesco – Diritto Civile Commerciale, vol. II – Le Obligazioni e I Contratti, t. 1, 2ª ed., Pádua, 1993

— Il negozio giuridico, 2ª ed., Milão, 2002

GALVÃO, Sofia; SOUSA, Marcelo Rebelo de – Introdução ao Estudo do Direito (ver MARCELO REBELO DE SOUSA)

GARCIA-AMIGO, Manuel – La Cesión de Contratos en el Derecho Español, Madrid, 1964

GARNETT, K.; RAYNER JAMES, J.; DAVIES, G. – Copinger and Skone James on the Law of Copyright (ver COPINGER, W.; SKONE JAMES)

GARRETT, Almeida – Obras de Almeida Garrett, vol. II, Lisboa / Rio de Janeiro, 1854

GAUDENZI, Andrea Sirotti – Il Nuovo Diritto d'Autore (La Tutela della Proprietà Intelletuale nella Società dell'Informazione,), 8ª ed. Luglio, 2014

GAUTIER, Pierre-Yves – Le mandat en droit d'auteur, *in* "Propriétés Intellectuelles (mélanges en l'honneur de André Françon)", Paris, 1995

— Propriété Littéraire et Artistique, 2ª ed., Paris, 1996 (11ª ed., 2019)

GEESTERANUS, H. G. J. Maas – Le Droit Moral de l'Auteur dans la legislation moderne, *in* "Bulletin de la Société de Legislation Comparé", t. 61, Paris, 1932

GENDREAU, Ysolde – Le Droit de Reproduction et l'Internet, *in* "RIDA", nº 178, Out./1998

GIANNINI, Amadeo – Il Diritto d'Autore, Florença

— La Convenzione di Berna sulla Proprietà Letteraria, Roma, 1933

— Note sul Diritto d'Autore, *in* "Rivista del Diritto Commerciale", Milão, Ano 50

GOMES, Júlio Manuel Vieira – O conceito de enriquecimento forçado e os vários paradigmas do enriquecimento sem causa, Porto, 1998

— Deve o trabalhador subordinado obediência a ordens ilegais?, *in* "Trabalho e Relações Laborais – Cadernos Sociedade e Trabalho", nº 1, Lisboa, 2001

— Algumas observações sobre o contrato de trabalho por tempo indeterminado para cedência temporária, *in* "Questões Laborais", Ano VIII, nº 17, Coimbra 2001

Gómez Segade, José Antonio – Propuesta de Directiva sobre Determinados Aspectos de los Derechos de Autor y los Derechos Afines en la Sociedad de la Información, *in* "Nuevas Tecnologías y Propiedad Intelectual", Madrid, 1999

— El derecho de autor en el entorno digital, *in* "Revista General de Legislación y Jurisprudencia", (III Época) ano CXLVI, nº 3, Madrid, Mai./Jun. 1999

Gómez Segade, José Antonio; Bouza, Miguel Ángel – Videojuegos: algunos problemas de derecho de autor, *in* "Creaciones Audiovisuales y Propiedad Intelectual (cuestiones puntuales)", Madrid, 2001

Gonçalves, Luís Couto – Manual de Direito Industrial, 9ª ed., Coimbra, 2022

Gonçalves, Luís Couto (coord.) – Código da Propriedade Industrial Anotado, Coimbra, 2021

Gonçalves, Luiz da Cunha – Tratado de Direito Civil – vol. IV, Coimbra, 1931

González de Alaiza Cardona, José Javier – La propuesta de Directiva relativa a la Armonización de Determinados Aspectos de los Derechos de Autor y Derechos Afines en la Sociedad de la Información: Nuevas Perspectivas para el Derecho de Autor, *in* "pe.i. – Revista de Propiedad Intelectual", Madrid, nº 2, Mai.-Ago. 1999

Goutal, Jean-Louis – Présomption de Titularité des Droits d'Exploitation au Profit des Personnes Morales: la Cour de Cassation maintient sa jurisprudence, *in* "RIDA", nº 175, 1998

Greco, Paolo – I Diritti sui Benni Immateriali, Turim, 1948

Greco, Paolo; Vercellone, Paolo – I Diritti sulle Opere dell'Ingegno, *in* "Trattato di Diritto Civile Italiano", vol. 11º, t.3, Turim, 1974

Guerra, Ana Isabel S.M. – Da obra audiovisual: Questões de qualificação e de protecção, Porto, 2020

Gullón, Antonio – Sistema de Derecho Civil – I e II (ver Díez-Picazo, Luís)

Gutierrez – Solar Bragado, Eduardo – Consideraciones Juridicas sobre el Derecho Moral de los Autores de Peliculas y la Publicidad emitida durante su teledifusion, *in* "La Ley", 3, Madrid, 1991

— Transmisión de los Derechos de Explotación de la Obra del Creador Asalariado, *in* "Revista General de Legislacion y Jurisprudencia", ano CXLIX, nº 1, Madrid, Ja.-Mar. 2002

Haas, Lothar – Das neue Urhebervertragsrecht, Munique, 2002

Herculano, Alexandre – Opúsculos – t. 1 – Questões públicas: Política; t. 2 – Questões públicas: Sociedade, Economia, Direito, (ed. em 2 vols.), Lisboa, 1983/84

Hertin, Paul W.; Nordemann, Wilhelm; Vinck, Kai – Droit d'Auteur International et Droits Voisins (ver Nordemann, W.)

Hörster, Heinrich E. – A Parte Geral do Código Civil Português (Teoria Geral do Direito Civil), Coimbra, 1992 (reimp.)

Hubmann, Heinrich – Urhebervertragsrecht und Urheberschutz, *in* UFITA (Archiv fuer Urheber- Film- Funk und Theaterrecht), nº 74, 1995

JEANNOT, Claude – La notion d'intérêts personnels et l'écrivain, essai de définition, Lausana, 1960

JEHORAM, Hehman Cohen – Freedom of expression *in* copyright law, *in* "European Intellectual Property Review", vol. 6, 1984

— La place de l'auteur dans la société et les rapports juridiques entre les auteurs et les entreprises de divulgation, *in* "Le Droit d'Auteur", Nov. 1978

— Licenses in Intellectual Property – A Review of Dutch Law, *in* "European Intellectual Property Review", Jan. 1980, vol. 2

— Urheber und Werke: zwei Kernbegriffe des niederländischen Urheberrechts, *in* "Gewerblicher Rechtsschutz und Urheberrecht – Internationaler Teil (GRUR – International)", Jan. 1/1991

— Hybrids on the borderline between copyright and industrial property law, *in* "RIDA", nº 153, Jul. 1992

JOÃO PAULO II – Centesimus Annus (Carta Encíclica do Sumo Pontífice, S. S. João Paulo II, no centenário da Rerum Novarum), Secretariado Geral do Episcopado, Lisboa, 1991

JORGE, Fernando Pessoa – O mandato sem representação, Lisboa, 1961 (reimp., Coimbra 2001)

— Ensaio sobre os Pressupostos da Responsabilidade Civil, Lisboa, 1972 (reedição)

— Lições de Direito das Obrigações, Lisboa, 1975-76

JOSSELIN-GALL, Muriel – La notion de contrat d'exploitation du droit d'auteur. Approche de droit comparé, *in* "Bulletin du droit d'auteur", vol. XXVI, nº 4, 1992

— Les contrats d'exploitation du droit de propriété littéraire et artistique – étude de droit comparé et de droit international privé, Paris, 1995

KASER, Max – Direito Privado Romano (em tradução da edição alemã – Römisches Privatrecht –, Munique, 1992, por SAMUEL RODRIGUES/FERDINAND HÄMMERLE), Lisboa 1999

KATZENBERGER, Paul – General Principles of the Berne and the Universal Copyright Conventions – GATT or WIPO? New Ways *in* the International Protection of Intellectual Property (Symposium at the Ringberg Castle, Jul. 13-16, 1988), *in* "IIC Studies (Studies *in* Industrial Property and Copyright Law)", vol. 18, Munique, 1989

— TRIPs and Copytight Law, *in* "IIC Studies (Studies *in* Industrial Property and Copyright Law) – From Gatt to TRIPs", Munique, 1996

— Urheberrecht – Kommentar (coordenado por Schricker, G.), 2ª ed. – ver SCHRICKER, Gerhard

KATZENBERGER, Paul; KUR, Annette – TRIPs and Intellectual Property, *in* "IIC Studies (Studies *in* Industrial Property and Copyright Law) – From Gatt to TRIPs", Munique, 1996

KÉRÉVER, André – Le Droit d'Auteur en Europe Occidentale, *in* "Hommage à Henri Desbois", Paris, 1974

— La determinazione dell'autore dell'opera, *in* "Il Diritto di Autore", ano LXIII, 1992

— La Directive du Conseil européen du 11 mars 1996 concernant les bases de données (la protection juridique) – European Association for the Advancement of Teaching and Research *in* "Intellectual Property" (relatório de reunião anual do ATRIP), Casablanca, Set. 1996

— Les nouveaux traités de l'OMPI: Traité de l'OMPI sur le droit d'auteur et Traité de l'OMPI sur les interprétations et exécutions, et les phonogrames, *in* "Bulletin du droit d'auteur", vol. XXXII, nº 2, Unesco, Abr.Jun./1998

Kéréver, André; Desbois, Henri; Françon, André – Les Conventions Internationales du Droit d'Auteur et des Droits Voisins (ver Desbois, H.)

Koumantos, Georges – Règles générales sur les contrats de droit d'auteur dans la nouvelle loi hélénique, *in* "Propriétés Intellectuelles (mélanges en l'honneur de André Françon)", Paris, 1995

— Les bases de données dans la directive communautaire, *in* "RIDA", nº 171, Jan.1997

Kur, Annette; Katzenberger, Paul – TRIPs and Intellectual Property (ver Katzenberger, P.)

Labra, Victor Blanco – Contratos cinematográficos, *in* "Num Novo Mundo do Direito de Autor?", t. I, Lisboa, 1994

Lacruz Berdejo, Jose L. (com Rebullida, F. Sancho; Serrano, A. Luna; Echverria, J. Delgado; Hernandez, F. Rivero; e Albesa, J. Rams) – Elementos de Derecho Civil III – Derechos Reales – vol. 2º (Derechos Reales Limitados – Situaciones de Cotitularidad), 2ª ed., Barcelona, 1991

Lacruz Berdejo, Jose L. (com Rebullida, F. Sancho; Serrano, A. Luna; Echverria, Jesus Delgado; Hernandez, F. Rivero; Albesa, J. Rams; Olivan, V. Mendoza) – Elementos de Derecho Civil II – Derecho de Obligaciones – vol. 2º (Contratos y Cuasicontratos – Delito y Cuasidelito), 3ª ed. (redigida, a partir de reimp. em 1990 da 2ª ed. de 1985 – 87, por Francisco A. S. Rebullida, Jesús Delgado Echeverria, Joaquim Rams Albesa, Francisco Rivero Hernandéz), 3ª ed., Barcelona, 1995

Lacruz Berdejo, Jose L. (com Rebullida, F. Sancho; Serrano, Agustin Luna, Echeverria, Jesus Delgado; Hernandez, F. Rivero; Albesa, J. Rams) – Elementos de Derecho Civil II – Derecho de Obligaciones – vol. 1º (Parte general. Teoria General del Contrato) – (redigida, a partir de reimp. em 1990 da 2ª ed. de 1985 – 87, por Francisco A. S. Rebullida, Jesús Delgado Echeverria, Joaquim Rams Albesa, Francisco Rivero Hernandéz), 3ª ed., Barcelona, 1994

Lacruz Berdejo, Jose L. (com Serrano, A. Luna, Echverria, J. Delgado e Olivan, V. Mendonza) – Elementos de Derecho Civil III – Derechos Reales – vol. 1º (Posesion y Propiedad), 3ª ed., 1990 (reimp. revista, Barcelona, 1991) (nova edição 2008)

Lacruz Mantecón, Miguel L. – Las obras huérfanas encuentram madrasta, *in* "Anuario de Propiedad Intelectual 2013", Madrid, 2014

— Robots y Personas: Una Aproximación Juridica a la Subjetividad Cibernétrica, Madrid, 2020

— Inteligencia Artificial y Derecho de Autor, Madrid, 2021

— La inteligencia artificial y los nuevos entes cibernéticos, *in* "JURISMAT – Revista jurídica", Nº 17, Portimão, Maio 2023

Laddie, Hugh; Prescott, Peter; Vitoria, Mary – The Modern Law of Copyright and Designs, vol. 1, 2ª ed., Londres/Dublin/Edimburgo (5ª ed., 2018)

LALIGANT, Olivier – La Divulgation des Oeuvres Artistiques, Littéraires et Musicales en droit positif français, Paris, 1983

LE TARNEC, Alain – Manuel de la Propriété littéraire et artistique, Paris, 1966

LEE, Karen D.; LEWINSKI, Silke von – The Settlement of International Disputes *in* the Field of Intellectual Property (ver LEWINSKI, S. von)

LEHMANN, Heinrich – Allgemeiner Teil des Bürgerlichen Gesetzbuches, 9ª ed., Berlim, 1955

LEITÃO, Adelaide Menezes – Responsabilidade civil por violação do direito de autor, *in* "JURISMAT – Revista jurídica", nº 5, Portimão, 2014

— As entidades de gestão colectiva do direito de autor e dos direitos conexos, *in* "Estudos de Direito Intelectual em homenagem ao Prof. Doutor José de Oliveira Ascensão", Coimbra, 2015

— A Diretiva 2014/26/UE relativa à gestão colectiva de direitos de autor e direitos conexos, *in* "Revista de Direito Intelectual (RDI)", Coimbra, nº 1-2015

LEITÃO, Luís Teles de Menezes – O enriquecimento sem causa no Direito Civil, Lisboa, 1996

— A responsabilidade civil na Internet, *in* "ROA", Ano 61 – I, Lisboa, Jan. 2001

— Direito das Obrigações – vol. I (Introdução. Da constituição das obrigações), 3ª ed., Coimbra, 2003 (15ª ed., 2018); vol. II (Transmissão e extinção das obrigações. Não cumprimento e garantias do crédito), 2ª ed., Coimbra, 2003 (12ª ed., 2018)

— Direito de Autor, 4ª ed., Coimbra, 2021

LEWINSKI, Silke von – Il diritto di autore fra GATT/WTO e WIPO (tradução por Rosaria ROMANO), *in* "AIDA" – VI, 1997

LEWINSKI, Silke von; LEE, Karen D. – The Settlement of International Disputes *in* the Field of Intellectual Property, *in* "IIC Studies (Studies *in* Industrial Property and Copyright Law) – From Gatt to TRIPs", Munique, 1996

LIMA, Pires de; VARELA, João M. – Código Civil Anotado (ver VARELA, João de Matos Antunes)

LINDON, Raymond – Le Droits de la Personalité (Droit Moral), *in* "Dictionnaire Juridique", Dalloz, Paris, 1983

LLOBET AGUADO, Josep I – El Deber de Información en la Formación de los Contratos, Madrid, 1996

LOEWENHEIM, Ulrich – Copyright *in* Civil Law and Common Law Countries: a Narrowing Gap, *in* "AIDA" – III, 1994

— Urheberrecht – Kommentar (coordenado por Schricker, G.), 2ª ed. – ver SCHRICKER, Gerhard

LOPES, Fernando Ribeiro – Trabalho subordinado ou trabalho autónomo: um problema de qualificação, *in* "Revista de Direito e de Estudos Sociais (RDES)", Lisboa, nº 1, 1987

LORITZ, Karl-Georg; ZÖLLNER, Wolfgang – Arbeitsrecht (ein Studienbuch) (ver ZÖLLNER, Wolfgang)

LUCAS, André – Le droit de l'informatique, Paris, 1987

— Propriété Littéraire & Artistique (précis), Paris, 1994

— Droit d'auteur et multimédia, *in* "Propriétés Intellectuelles (mélanges en l'honneur de André Françon)", Paris, 1995
— Droit d'auteur et numérique, Paris, 1998
LUCAS, André (coordenador) – Code Civil (Annoté), Paris, 1998-99 (com actualização em 1999)
LUCAS, André; LUCAS, Henri-Jacques; LUCAS-SCHLOETTER, Agnès – Traité de la Propriété Littéraire et Artistique, Paris, 4ª ed., 2012 (5ª ed., 2017)
MAGALHÃES, Barbosa de – Propriedade Literária, *in* "Seara Nova" – nº 1000 – 1007, 1946
MANSANARES SAMANIEGO, José Luis – La ley alemana sobre el derecho de autor y otros derechos analogos protegidos, *in* "Poder Judicial", 2ª época, nº 26, Jun./1992
MANSO, Eduardo Vieira – Direito Autoral, São Paulo, 1980
MARCHETTI, Piergaetano – Commentario Breve al Diritto della Concorrenza (ver Ubertazzi, L. C.)
MARCO MOLINA, Juana de – La Propiedad Intelectual en la Legislacion Española, Madrid, 1995
MARQUES, J. A. Garcia; MARTINS, A. G. Lourenço – Direito da Informática, Coimbra, 2000
MARQUES, José Dias – Noções Elementares de Direito Civil, Lisboa, 7ª ed., 1992
MARTINEZ, Pedro Romano – Cumprimento defeituoso, em especial na compra e venda e na empreitada, Coimbra, 2001 (reedição com reformulação gráfica de obra publicada em 1994)
— Os grandes tipos de contratos de direito de autor, *in* "Num Novo Mundo do Direito de Autor?", t. I, Lisboa, 1994
— Relações Empregador Empregado, *in* "Direito da Sociedade da Informação" – vol. I, Coimbra, 1999
— Direito das Obrigações (Parte Especial) – Contratos (Compra e venda, Locação, Empreitada), 2ª ed., Coimbra, 2001
— Trabalho subordinado e trabalho autónomo, *in* "Estudos do Instituto de Direito do Trabalho", vol. I, Coimbra, 2001
— Tutela da actividade criativa do trabalhador, *in* "Trabalho e Relações Laborais – Cadernos Sociedade e Trabalho", nº 1, Lisboa, 2001
— Direito do Trabalho, 10ª ed., Coimbra, 2022
MARTINS, A. G. Lourenço; MARQUES, J. A. Garcia – Direito da Informática (ver MARQUES, J. A. Garcia)
MARTINS, Pedro Furtado – A Crise do Contrato de Trabalho, *in* "Revista de Direito e de Estudos Sociais", Ano XXXIX, nº 4 – Out.-Dez. – 1997
— Cessação do contrato de trabalho, 3ª ed. (revista e actualizada), Coimbra, 2012
MARTINS, Pedro Furtado; PINTO, Mário; CARVALHO, António Nunes de – Comentário às Leis do Trabalho (ver MÁRIO PINTO e outros)
MAZEAUD, Henri et Léon; MAZEAUD, Jean – Leçons de Droit Civil, t. 2, 2º vol. (Biens), 5ª ed., Paris, 1976

MEDICUS, Dieter – Schuldrecht I – Allgemeiner Teil, 11ª ed., Munique, 1999; Schuldrecht II – Besonderer Teil, 9ª ed., Munique, 1999

MELLO, Alberto de Sá e – Modelos de Utilidade, Modelos e Desenhos Industriais – sua relação com o direito de autor – Relatório na disciplina de Direito Comercial/Propriedade Industrial, no Mestrado em Ciências Jurídicas da FDL (não publicado, disponível no acervo da Biblioteca da Faculdade de Direito da Universidade de Lisboa), Lisboa, 1987

— O direito pessoal de autor no ordenamento jurídico português, Lisboa, 1990

— Tutela Jurídica das Bases de Dados, *in* "Revista de la Facultad de Derecho de la Universidad Complutense de Madrid", nº 90, 1998-99

— Bases de Dados. A Tutela Jurídica Europeia, *in* "Nuevas Tecnologías y Propiedad Intelectual", Madrid, 1999

— Tutela Jurídica das Bases de Dados (A transposição da Directriz 96/9/CE), *in* "Direito da Sociedade da Informação" – vol. I, Coimbra, 1999

— Os *multimedia* – regime jurídico (Enquadramento, estrutura e natureza dos direitos nos objectos ditos "*multimedia*"), *in* "Direito da Sociedade da Informação" – vol. II, Coimbra, 2001

— Situação jurídica laboral – Notas para a definição de um paradigma, *in* "Trabalho e Relações Laborais – Cadernos Sociedade e Trabalho", nº 1, Lisboa, 2001

— A telecomunicação electrónica em rede de obras intelectuais na sociedade da informação – a Directriz 2001/29/CE e a sua transposição em Portugal pela Lei nº 50/2004, *in* "Direito da Sociedade da Informação" (coligação de obras coordenada pelo Professor Doutor José de Oliveira Ascensão), vol. VII, Coimbra, 2008

— Contrato de direito de autor – a autonomia contratual na formação do direito de autor (dissertação de doutoramento), Coimbra, 2008

— A causa do negócio jurídico, *in "De Legibus"*, Revista jurídica da Faculdade de Direito da Universidade Lusófona, nº I, 2013

— Filmagem de espectáculos desportivos e "direito de arena" (revisto e actualizado), *in* "JURISMAT – Revista Jurídica" (revista jurídica do Instituto Superior Manuel Teixeira Gomes), nº 1, Portimão, Outubro de 2012

— Situação jurídica laboral – notas para a definição de um paradigma (revisto), *in* "International Business and Economics Review", n. 3, Lisboa, 2012

— Manual de Direito de Autor, 1ª ed., Coimbra, 2014

— O direito pessoal de autor – uma perspectiva Lusófona, *in* "Revista Fórum de Direito Civil", ano 3 n. 5, Belo Horizonte, Brasil, 2015

— Trabalho criativo subordinado: a criação de obras intelectuais em execução de contrato de trabalho (com estudo de Direito comparado), *in* "Revista Fórum de Direito Civil (RFDC)", ano 4 – n. 10, Belo Horizonte, Brasil, 2015

— A eficácia das autorizações (licenças) contratuais de utilização patrimonial de obra intelectual literária ou artística, *in* "Estudos de Direito Intelectual em homenagem ao Prof. Doutor José de Oliveira Ascensão", Coimbra, 2015

— O Registo de Obras Literárias e artísticas – o novo regime em 2015, *in* "Revista de Direito Intelectual", Coimbra, Nº 2 – 2015

— Principais aspectos e alguns problemas da gestão colectiva de direitos de autor e de direitos conexos em Portugal e em Espanha, *in* "Anuario de Propiedad Intelectual 2015", Madrid, 2016
— Principais aspectos e alguns problemas da gestão colectiva de direitos de autor e direitos conexos no ambiente digital – o regime em Portugal, em Espanha e no direito comunitário, *in* "ROA", Ano 76, Lisboa, Jan. / Dez. 2016
— Derecho personal (dicho "moral") de autor – en Derecho portugués y español, *in* "Anuario de Propiedad Intelectual 2016", Madrid, 2017
— Direito exclusivo do autor e excepções a favor de bibliotecas, museus e arquivos – nos direitos português, brasileiro e espanhol, *in* "Revista Fórum de Direito Civil", ano 6 – nº 14, Belo Horizonte, Brasil, 2017
— O direito pessoal ("moral") de autor nas obras criadas em execução de contrato de trabalho ou de prestação de serviços em portugal e no brasil, *in* "Danos Extrapatrimoniais no Direito do Trabalho" (coordenadora: Flaviana Rampazzo Sorares), São Paulo, Brasil, Maio, 2018
— Le contrat de realisation et de production audiovisuelle en droit portugais et en droit marocain, *in* "Revista JEMED – Journal d'Economie, de Management, d'Environnement et de Droit" (ISSN 2605-6461), vol. 1, nº 1, Julho 2018, Marrocos, 2018
— Propuesta de nueva redacción del artículo 37.1 trlpi [lei de propriedade intelectual]. límite al derecho de reproducción, *in* "Propiedad Intelectual y Bibliotecas: una revisión crítica", Madrid, 2018
— As invenções e outros bens industriais criados em execução de contrato – regime em direito comparado lusófono, *in* "Revista Vida Judiciária", nº 210, Nov.-Dez. 2018
— Direitos conexos do editor. Desenvolvimentos recentes, *in* "Revista de Direito Intelectual", Coimbra, nº 1 – 2018
— A colocação em rede electrónica digital (*www*) de obras intelectuais e de outros conteúdos protegidos alheios, *in* "Revista Fórum de Direito Civil", ano 7 – nº 17, Belo Horizonte, Brasil, 2018
— A Directiva (UE) 2019/790, relativa aos direitos de autor e direitos conexos no mercado único digital e os termos para a sua transposição em Portugal, *in* "Revista de Direito Intelectual", nº 2 – 2019
— Direito de Autor e Arquitectura, *in* "Revista De Legibus", nº VI-2018, publicada em Outubro de 2019
— O regime dos bens industriais criados em execução de contrato de trabalho ou de prestação de serviços no novo código da propriedade industrial de portugal e nos ordenamentos jurídicos de países e territórios lusófonos, *in* "Estudos de Direito Lusófono Comparado", coordenado por Jorge Miranda, Outubro de 2019
— Manual de Direito de Autor e Direitos Conexos, 3ª edição reformulada, actualizada e ampliada, Editora Almedina, Coimbra, 2019
— Plágio e Direito de Autor, *in* "Revista de Direito Intelectual", nº 1-2020
— Plágio e Direito de Autor (Brasil), *in* "Revista Fórum de Direito Civil" (Belo Horizonte – Brasil), nº 29 – 2020

— Plagio y Derecho de Autor, *in* "Anuario de Propiedad Intelectual 2019", Madrid, 2020
— Manual de Direito de Autor e Direitos Conexo, 4ª ed., Coimbra, 2020
— Derechos de Autor y Libertad de Expresión, de Religión y de Culto, *in* "Anuario de Propiedad Intelectual 2021", Madrid, 2022
— Desenhos e Modelos Industriais – Relações do Direito de Autor com o Direito de Propriedade Industrial – Anotação ao artigo 194º do Código da Propriedade Industrial e ao artigo 2º/1-i) do Código do Direito de Autor e dos Direitos Conexos", *in* "Propriedade Intelectual, Contratação e Sociedade da Informação – Estudos jurídicos em Homenagem a Manuel Oehen Mendes" (Colecção de Estudos de Direito Intelectual – Tomo VI), coordenado por Dário Moura Vicente e Nuno Sousa e Silva, Coimbra, 2022
— Inteligência artificial e Direito de Autor, *in* "Revista de Direito Intelectual", nº 1-2023 (no prelo)
Melón Infante, Carlos – Tratado de Derecho Civil – Apéndice – Código Civil Aleman (BGB) (em tradução directa do alemão com notas e indicação das alterações até 1950), Barcelona, 1994
Mendes, João de Castro – Direito Comparado, Lisboa, 1982-1983 (lições policopiadas com a colaboração de Armindo Ribeiro Mendes e de Maria Fernanda Rodrigues)
— Introdução ao Estudo do Direito, Lisboa, 1994 (edição revista pelo Professor Doutor Miguel Teixeira de Sousa)
— Teoria Geral do Direito Civil (de harmonia com as lições dadas ao ano jurídico de 1978-1979), vols. I e II, Lisboa, 1995
Mesquita, José de Andrade – Direitos Pessoais de Gozo, Coimbra, 1999
Mesquita, Manuel Henrique – Obrigações reais e ónus reais, Coimbra, 1990 (2ª reimp., Coimbra, 2000)
Mesquita, Manuel Henrique; Correia, A. Ferrer – Anotação (de Acórdão do STJ) – A obra intelectual como objecto possível do contrato de empreitada; direito de o dono da obra desistir do contrato e efeitos da desistência (ver Correia, A. Ferrer)
Metaxas-Maranghidis, George – Intellectual Property Laws of Europe (obra colectiva), Bruxelas, 1995
Miranda, Jorge – A Constituição de 1976, Lisboa, 1978
— Direito Constitucional – Direitos Fundamentais (lições policopiadas, ao 2º ano da FDL), Lisboa, 1984
— Protecção Internacional dos Direitos do Homem – Direitos Fundamentais em Especial (lições, policopiadas, ao 5º ano da FDL), Lisboa, 1987
— A Constituição e os direitos de autor, *in* "Direito e Justiça", VII-I, 1994
— Manual de Direito Constitucional, t. IV (Direitos Fundamentais), 9ª ed., Coimbra, 2012
— Direitos fundamentais culturais e direitos de autor – breve nota, *in* "Estudos de Direito Intelectual em homenagem ao Prof. Doutor José de Oliveira Ascensão", Coimbra, 2015

MONNET, Pierre – Dictionnaire Pratique de Propriété Littéraire, Paris, 1962

MONTEIRO, António Pinto – Erro e vinculação negocial (a propósito da aplicação do bem a fim diferente do declarado), Coimbra, 2002

— Cláusulas limitativas do conteúdo contratual, *in* "Estudos de Direito da Comunicação", Coimbra, 2002

— Cláusulas limitativas e de exclusão da responsabilidade civil, Coimbra, 2003 (reimpressão de obra publicada em 1985)

MONTEIRO, António Pinto (coordenador) – As Telecomunicações e o Direito na Sociedade da Informação (Actas do Colóquio organizado pelo Instituto Jurídico da Comunicação da Faculdade de Direito da Universidade de Coimbra – IJC) (obra colectiva), Coimbra, 1999

— Estudos de Direito da Comunicação (IJC) (coligação de obras), Coimbra, 2002

MOREIRA, Vital; CANOTILHO, J. Gomes – Constituição da República Portuguesa Anotada (ver CANOTILHO, J. Gomes)

MOSCOSO DEL PRADO, Xavier – Derechos de alquiller y préstamo. Sistemas de recaudación, *in* "Num Novo Mundo do Direito de Autor?", t. I, Lisboa, 1994

NIMMER, Melville B.; NIMMER, David – Nimmer On Copyright (A Treatise on the Law of Literary, Musical and Artisitic Property, and the Protection of Ideas) – vol. 1, Los Angeles, 1995; vol. 3, Los Angeles, 1995[870]

NORDEMANN, Wilhelm (coordenador) (FROMM/NORDEMANN) – Urheberrecht: Kommentar zum Urheberrechtsgesetz und zum Urheberrechtswarnehmungsgesetz; mit den Texten der Urbeherrechtsgesetze der früheren DDR, Österreichs und der Schweiz (continuado por Wilhelm NORDEMANN, Kai VINCK, Paul W. HERTIN; iniciado por Friedrich Karl FROMM e Wilhelm NORDEMANN), 8ª ed., Estugarda/Berlim/Colónia, 1994 (12ª ed., 2018)

— Urheberrecht: Kommentar zum Urheberrechtsgesetz und zum Urheberrechtswarnehmungsgesetz; mit den Texten der Urbeherrechtsgesetze Österreichs und der Schweiz (continuado por Wilhelm NORDEMANN, Kai VINCK, Paul W. HERTIN; iniciado por Friedrich Karl FROMM e Wilhelm NORDEMANN), 9ª ed., Estugarda/Berlim/Colónia, 1998

NORDEMANN, Wilhelm; VINCK, Kai; HERTIN, Paul W. – Droit d'Auteur International et Droit Voisis, dans les pays de Langue allemande et les États membres de la Communauté Européene – Commentaire (tradução da edição alemã – "Internationales Urheberrecht und Leistungsschutzrecht der deutschsprachigen Länder unter Berücksichtigung auch der Staaten der Europäischen Gemeinschaft – Kommentar", Düsseldorf, 1977 – por J. TOURNIER), Bruxelas, 1983

NORONHA, Fernando – O Direito dos Contratos e seus Princípios Fundamentais (autonomia privada, boa-fé, justiça contratual), São Paulo, 1994

OMPI – Guia da Convenção de Berna, 1980

[870] Esta obra é editada em fascículos que são objecto de actualização tendencialmente anual; a última a que acedemos – ao vol. 3, cap. 8D "Moral Rights" – contém actualizações em 2000, referenciadas: Rel. 51-5/00 Pub. 465.

Olavo, Carlos – Concorrência desleal e Direito Industrial, *in* "Concorrência Desleal", Coimbra, 1997
— Contrato de Licença de Exploração de Marca, *in* "ROA", Ano 59 – I, Lisboa, Jan. 1999
Oppo, Giorgio – Diritto dell'Impresa (Scritti Giuridici – I), Pádua, 1992
Orduña Moreno, Francisco – Contratos concluidos mediante condiciones generales de la contratación, *in* "Contratación y Consumo", Valencia, 1998
Otero, Paulo – Conceito e Fundamentos da Hierarquia Administrativa, Coimbra, 1992
Padilla, C. Baretic de – Le Droit d'Auteur et l'utilisation des banques de données dans l'enseignement et la recherche en Amérique Latine (relatório de reunião anual do ATRIP – European Association for the Advancement of Teaching and Research *in* "Intellectual Property", Casablanca, Set. 1996
Palomar Maldonado, Evaristo – Preliminares para un replanteamiento del estudio de la naturaleza juridica del Derecho de Propiedad Intelectual, *in* "Revista General de Legislacion y Jurisprudencia", ano CXXXVII, nº 4, Madrid, Abr. 1988
Pereira, Alexandre Dias – Informática, Direito de Autor e Propriedade Tecnodigital, Coimbra, 2001
— Patentes de software – sobre a patenteabilidade dos programas de computador, *in* "Direito Industrial", vol. I, Coimbra, 2001
— Problemas actuais do Direito de Autor: Gestão individual e colectiva do direito de autor e dos direitos conexos na sociedade da informação, *in* "Estudos em Homenagem ao Prof. Doutor Jorge Ribeiro de Faria", Coimbra, 2003
— Direito de Autor e Liberdade de Informação, Coimbra, 2008
— Direitos de remuneração equitativa pela comunicação ao público de obras e prestações, *in* "Estudos de Direito Intelectual em homenagem ao Prof. Doutor José de Oliveira Ascensão", Coimbra, 2015
— O novo regime das obras órfãs, *in* "Revista de Direito Intelectual", Coimbra, Nº 1-2016
— Direito da Propriedade Intelectual & Novas Tecnologias, Estudos vol. I, Coimbra, 2019
— Direito da Propriedade Intelectual & Novas Tecnologias, Estudos vol. II, Coimbra, 2021
Pereira, António Maria – Títulos das Publicações Periódicas – (separata da "ROA"), Lisboa, 1951
— O Direito de Autor e a sua Duração – (separata da "ROA"), Lisboa, 1953
— Propriedade Literária e Artística, *in* "ROA", Ano 40, Agosto de 1980
Pereira, Joel T. Ramos – Direito da Internet e Comércio Electrónico, Lisboa, 2001
Pereira, Mário Alves – Código do Trabalho Intelectual – (Anotado), 1951
Pérez de Castro, Nazareth – A Propósito del Coloreado de Peliculas, *in* "Actualidad Civil", nº XXXVIII, 1990-3
— Las Obras Audiovisuales y las Nuevas Tecnologías, *in* "Nuevas Tecnologías y Propiedad Intelectual" (ver Rogel Vide, C.), Madrid, 1999

— Las Obras Publicitarias em el Ámbito de la Propiedad Intelectual. Su Específica Referencia en el Artículo 90, *in* "pe.i. - Revista de Propiedad Intelectual", Madrid, nº 2, Mai.-Ago. 1999

— "Remakes" de películas y autores de la versión original, *in* "Creaciones Audiovisuales y Propiedad Intelectual (cuestiones puntuales)", Madrid, 2001

— Legislación sobre Propiedad Intelectual, 5ª ed., Madrid, 2001 (sob direcção de BERCOVITZ RODRÍGUEZ-CANO, RODRIGO)

PEREZ ONTIVERO, Carmen - Derecho de Autor: La facultad de decidir la divulgacion, Madrid, 1993

PEREZ SERRANO, Nicolas - El Derecho Moral de los Autores, *in* "Anuário de Derecho Civil" - Tomo, I fasc. I, Madrid, 1949

PERULLI, Adalberto - Il Lavoro Autonomo - Contratto d'Opera e Professioni Intellettuali, *in* "Trattato di Diritto Civile e Commerciale", vol. XXVII t. 1 (coordenado por CICU, A.; MESSINEO, F.; MENGONI, L.), Milão, 1996

PICARD, E. - Le Droit Pur, Paris, 1899

PINTO, Carlos Alberto Mota - Cessão da Posição Contratual, Coimbra, 1982 (reimpressão)

— Teoria Geral do Direito Civil, 3ª ed., Coimbra, 1985 (12ª reimpressão)

PINTO, Mário - Direito do Trabalho, Lisboa, 1996

PINTO, Mário; MARTINS, Pedro Furtado; CARVALHO, António Nunes de - Comentário às Leis do Trabalho, vol. I, Lisboa, 1994

PIOLA-CASELLI (e outros) - Diritti d'Autore, *in* "Novissimo Digesto Italiano" - vol. V, Turim

— Trattato del Diritto di Autore, Turim, 1927

PITTA, Pedro - O Domínio Público, Lisboa, 1932

PLAISANT, Robert - Les Conventions relatives au Droit Moral de l'Auteur, *in* "Hommage à Henri Desbois", Paris, 1974

— Le Droit des Auteurs et des Exécutants, Paris 1970

POUILLET, Eugéne - Traité de Propriété Littéraire et Artistique, 3ª ed., Paris, 1908

PRESCOTT, Peter; LADDIE, H.; VITORIA, M. - The Modern Law of Copyright and Designs (ver LADDIE, H.)

PROENÇA, José C. Brandão - A Resolução do Contrato no Direito Civil (do enquadramento e do regime), Coimbra, 1982

RAGEL SÁNCHEZ, Luis Felipe - Manual de Derecho Civil - Derecho de Obligaciones y Contratos, Cáceres, 1997 - (Actualización), Cáceres, 1999

— Estudio Legislativo y Jurisprudencial de Derecho Civil: Obligaciones y Contratos, Madrid, 2000

— Compositores, intérpretes y ejecutantes de la música en el cine, *in* "Creaciones Audiovisuales y Propiedad Intelectual (cuestiones puntuales)", Madrid, 2001

RAMALHO, Maria do Rosário Palma - Da Autonomia Dogmática do Direito do Trabalho, Coimbra, 2000

— Relação de Trabalho e Relação de Emprego, *in* "Estudos em Homenagem ao Professor Doutor Inocêncio Galvão Telles", vol. I (Direito Privado e Vária) (Estudos or-

ganizados pelos Professores Doutores António Menezes Cordeiro, Luís Menezes Leitão e Januário da Costa Gomes), Coimbra, 2002
— Tratado de Direito do Trabalho: Parte I (Dogmática geral), 5ª ed.., Coimbra, 2020; Parte II (Situações jurídicas laborais individuais), 4ª ed., Coimbra, 2012 (9ª ed., 2023)
Rams Albesa, Joaquim – Comentarios al Código Civil y Compiliaciones Forales, t. V, vol. 4-A, Madrid, 1994
Rayner James, J.; Davies, G.; Garnett, K. – Copinger and Skone James on the Law of Copyright (ver Copinger, W.; Skone James)
Rebello, Luiz Francisco – Natureza Jurídica dos Direitos de Autor, *in* "Jornal do Foro", nº 88, 1949
— Visita Guiada ao Mundo do Direito de Autor (separata da "ROA"), Lisboa, 1974
— Observações sobre o Projecto do novo Código do Direito de Autor, *in* "Memórias da Academia das Ciências de Lisboa – Classe de Letras)" – t. XVII, Lisboa, 1976
— Protecção Jurídica dos Programas de Computador, *in* "Memórias da Academia das Ciências de Lisboa (Classe de Letras)" – t. XXIII, Lisboa, 1983
— Introdução ao Direito de Autor, vol. I, Lisboa, 1994
— Telecomunicações e direito de autor, *in* "As Telecomunicações e o Direito na Sociedade da Informação" (coordenador desta, que integra obras coligadas de vários Autores: António Pinto Monteiro), Coimbra, 1999
— Código do Direito de Autor e dos Direitos Conexos (Anotado), 3ª ed., Lisboa, 2002
Rebello, Luiz Francisco (coordenador) – Comunicação Pública de Emissões de Rádio e Televisão (colectânea de obras e outros escritos), Lisboa, 1993
Recht, Pierre – Le Droit d'Auteur, une nouvelle forme de propriété, Bruxelas, 1969
Rehbinder, Manfred – Das Urheberrecht im Arbeitsverhältnis, Berna, 1983
— Urheberrecht: ein Studienbuch, 12ª ed. (iniciada e editada até à 6ª edição por Heinrich Hubmann, "Urheber- und Verlagsrecht"), Munique, 2002
— Urheberrecht und verwandte Schutzrechte – Ein Studienbuch", 18ª ed., 2018
Reich, Steven A.; Fischer, Hermann Josef – Urhebervertragsrecht (ver Fischer, Hermann J.)
Reinbothe, Martin-Pratt; Lewinski, S. von – The new WIPO treaties: a first resumé, *in* "European Intellectual Property Review", vol. 19 – nº 4, 1997
Reis, Miguel – O Direito de Autor no Jornalismo, Lisboa, 1999
Reischl, G. – La Protection de la Propriété Industrielle et Commercialle et le Droit d'Auteur dans le Marché Comun, *in* "Cahiers de Droit Européen", 18e. année, 1982
Renault, Charles-Édouard – Le Droit de l'édition est-il applicable à Internet?, *in* "LÉGIPRESSE – Revue Mensuelle du Droit de la Communication", Paris, nº 155 – Out.1998
Rendas, Tito; Silva, Nuno Sousa e – Direito de Autor nos Tribunais, Lisboa, 2015
Ribeiro, Joaquim de Sousa – O Problema do Contrato (as cláusulas contratuais gerais e o princípio da liberdade contratual), Coimbra, 1999
Rocha, Manuel Lopes – Contratos de licença de utilização e contratos de encomenda de "software", *in* "Num Novo Mundo do Direito de Autor?", t. II, Lisboa, 1994
— Inteligência artificial & Direito, Coimbra, 2020

ROCHA, Manuel Lopes; PEREIRA, Rui Soares (coordenadores) – Inteligência Artificial & Direito, Coimbra, 2022
ROCHA, Manuel Lopes; CORDEIRO, Pedro – Protecção jurídica do "software" (ver CORDEIRO, Pedro)
ROCHA, Margarida de Almeida – Novas Tecnologias de Comunicação e Direito de Autor, SPA, Lisboa, 1986
RODRÍGUEZ TAPÍA, José Miguel – La Cesión en Exclusiva de Derechos de Autor, Madrid, 1992
RODRÍGUEZ TAPÍA, José Miguel; BONDÍA ROMÁN, Fernando – Comentarios a la Ley de Propiedad Intelectual, Madrid, 1997
ROGEL VIDE, Carlos – Autores, Coautores y Propiedad Intelectual, Madrid, 1984
— El Derecho de Distribuicion de las Obras del Espiritu y su Extincion en el Derecho Comunitario y en el Español, *in* "Revista de Derecho Privado", Out. 1992
— Contratos de derecho de autor. Figuras especificas o Derecho común? La cuestion en relación con el contrato de edición en Derecho Español, *in* "Num Novo Mundo do Direito de Autor?", t. I, Lisboa, 1994
— Derecho de Obligaciones y Contratos, Barcelona, 1997
— Nuevos Estudios sobre Propiedad Intelectual (coligação de obras deste Autor), Barcelona, 1998
— Obras "Multimedia" en Soporte Material y Propiedad Intelectual, *in* "Sociedade da Informação – Estudos Jurídicos", Coimbra, 1999
— Internet y derecho de autor, *in* "Derecho sobre Internet – 11.", ed. electrónica (www.derechosobreinternet.com – ISBN: 84-95628-11-2), Madrid, 2000
— Derechos de autor y programación televisiva, *in* "Revista General de Legislación y Jurisprudencia", (III Época) ano CXLVIII, nº 3, Madrid, Jul./Set. 2001
— Derecho de Autor, Barcelona, 2002
— Las obras divulgadas bajo seudónimo, *in* "JURISMAT – Revista jurídica", nº 6, Portimão, 2015
ROGEL VIDE, Carlos; SERRANO GÓMEZ, Eduardo; LACRUZ MANTECÓN, Miguel L. – Manual de Derecho de Autor, 2ª ed., Madrid, 2021
ROGEL VIDE, Carlos (coordenador) – Nuevas Tecnologías y Propiedad Intelectual, Madrid, 1999
(contributos de: CASTRO CASTRO, C.; GÓMEZ SEGADE, J.A.; OLIVEIRA ASCENSÃO, J. DE; ENCABO VERA, M.A.; VATTIER FUENZALIDA, C.; PÉREZ DE CASTRO, N.; CASTÁN PÉREZ GOMEZ, A.; MARTÍN VILLAREJO, A.; VEGA VEGA, A.; SÁ E MELO, A. DE)
— Creaciones Audiovisuales y Propiedad Intelectual, Madrid, 2001
ROJAHN, Sabine – Urheberrecht – Kommentar, (coordenado por Schricker, G.) 2ª ed. – ver SCHRICKER, Gerhard
ROPPO, Enzo – O Contrato (tradução de Il Contratto, 1977, por Ana COIMBRA e Manuel JANUÁRIO GOMES), Lisboa, 1988
ROSATI, Eleanora – Copyright in the Digital Single Market, Oxford, 2021
ROUBIER, Paul – Droits Intellectuels ou Droits de Clientèle?, *in* "Revue Trim. de Droit Civil", XXXIV

SÁ, José Almeno de – Liberdade no Direito de Autor: a caminho das condições gerais do contrato, *in* "Num Novo Mundo do Direito de Autor?", t. I, Lisboa, 1994

— Cláusulas Contratuais Gerais e Directiva sobre Cláusulas Abusivas, Coimbra, 1999

SAAVEDRA, Rui – A protecção jurídica do software e a Internet, Lisboa, 1998

SACCO, Rodolfo; NOVA, Giorgi de – Il Contratto, Turim, 1996

SALOKANNEL, Marjut – Ownership of rights *in* "Audiovisual Productions (A comparative study)", Haia, Londres, Boston, 1997

SANCTIS, Lorenzo de – Opera dell'ingegno su commissione – Diritti del committente (comentário de Acórdão), *in* "Il Diritto di Autore", ano LVIII – 1987

SANCTIS, Valerio de – Tentativi di Estensioni del Diritto di Autore: I Cosidetti "Droits Voisins", *in* "Rivista del Diritto Commerciale", Milão, ano 53, 1955

— En Matière de Transmission du Droit d'Auteur, *in* "Études sur la Propriété Industrielle, Littéraire, Artistique (mélanges Marcel Plaisant)", Paris, 1960

— La cour constitutionnelle italienne et le droit d'auteur, *in* "Hommage à Henri Desbois – Études de propriété intellectuelle", Paris, 1974

— Contratto di Edizione – Contratti di Rappresentazione e di esecuzione (nuova edizione reveduta ed aggiornnata dall'Autore in collaborazione con il Prof. MARIO FABIANI) – *in* "Trattato di Diritto Civile e Commerciale" (coordenado por CICU, A.; MESSINEO, F.; MENGONI, L.), vol. XXXI, t. 1, Milão, 1984

— Autore (diritto de), *in* "Enciclopedia del Diritto" – vol. IV, Milão

SANCTIS, Vittorio M. de – Manuale del Nuovo Diritto d'Autore, 2ª ed., Nápoles, 2012

SANCTIS, Vittorio M. de; FABIANI, Mario – I Contratti di Diritto di Autore (ver FABIANI, M.)

SANTOS, António de Almeida – Ensaio sobre o Direito de Autor (separata do vol. XI ao suplemento do Boletim da Faculdade de Direito de Coimbra), Coimbra, 1955

SAVATIER, René – Le Droit de l'Art et des Lettres, Paris, 1953

SCHACK, Haimo – Urheber- und Urhebervertragsrecht, 2ª ed. (neubearbeitete), Tübingen, 2001

SCHRICKER, Gerhard – Legal Relations Between Authors, Editors and Publishers of Periodicals Under German Law, *in* "IIC", vol. 16, nº 4/1985

SCHRICKER, Gerhard (coordenador e co-autor) – Urheberrecht – Kommentar, Munique, 1987 (contributos de: DIETZ, Adolf; GERSTENBERG, Ekkehard; HAb, Gerhard; KATZENBERGER, Paul; KRÜGER, Christof; LOEWENHEIM, Ulrich; MELICHAR, Ferdinand; REINBOTHE, Jörg; ROJAHN, Sabine; SCHRICKER, Gerhard; V. UNGERN-STERNBERG, Joachim; VOGEL, Martin; WILD, Gisela) (5ª ed., 2017)

— Urheberrecht – Kommentar, 2ª ed. (neubearbeitete), Munique, 1999 (contributos de: DIETZ, Adolf; GERSTENBERG, Ekkehard †; GÖTTING, Horst-Peter; HAb, Gerhard; KATZENBERGER, Paul; KRÜGER, Christof; LOEWENHEIM, Ulrich; MELICHAR, FERDINAND; REINBOTHE, Jörg; ROJAHN, Sabine; SCHRICKER, Gerhard; UNGERN-STERNBERG, Joachim V.; VOGEL, Martin; WILD, Gisela)

SCHRICKER, Gerhard; BAPPERT, Walter; MAUNZ, Theodor – Verlagsrecht – Kommentar, 2ª ed. (ver BAPPERT, W.; MAUNZ, T.)

Schricker, Gerhard; Bappert, Walter; Maunz, Theodor – Verlagsrecht – Kommentar (zum Gesetz über das Verlagsrech vom 19.6.1901), 3ª ed. (neubearbeitete), Munique 2001

Schulze, Erich – Urhebervertragsrecht, Berlim, 2ª ed., 1982

— Alcune considerazioni a proposito della Carta del Diritto di Autore, *in* "Il Diritto di Autore – Volume Celebrativo del Cinquantenario della Rivista – Racolta di Studi in Omaggio a Valerio de Sanctis", Milão, 1979

— The Exploitation of Mechanical Reproduction Rights in the Single European Market, *in* "Copyright World", nº 46, 1994/1995

Schulze, Marcel – Materialen zum Urheberrechtsgesetz (Texte-Begriffe-Begründungen), Weinheim/Nova Iorque/Basileia/Cambridge/Tóquio, 1993

Schuster, Santiago – Transmisión y sucesión, *in* "Num Novo Mundo do Direito de Autor?", t. I, Lisboa, 1994

Sciboz, Georges; Gilliéron, Pierre-Robert – Code Civil Suisse et Code des Obligations (Annotés), 5ª ed., Lausana, 1993 (3ª reimp., 1996)

Serra, Adriano Paes Vaz – A Revisão Geral do Código Civil, *in* "BMJ", nº 2, Lisboa, Set. 1947

— Cessão da Posição Contratual, *in* "BMJ", nº 49, Lisboa, Jul. 1955

— Cessão de Créditos e de Outros Direitos, *in* "BMJ", número especial, Lisboa, 1955

— Novação, *in* "BMJ", nº 72, Lisboa, Jan. 1958

— Expromissão, *in* "BMJ", nº 72, Lisboa, Jan. 1958

— Promessa de liberação e contrato a favor do credor, *in* "BMJ", nº 72, Lisboa, Jan. 1958

— Assunção de dívida, *in* "BMJ", nº 72, Lisboa, Jan. 1958

Serrano Fernández, Maria – Los Derechos de explotación de las obras huérfanas en el entorno digital: las dificultades de transposición de la Directiva 2012/28/UE al ordenamiento español, *in* "Anuario de Propiedad Intelectual 2013", Madrid, 2014

Serrano Gómez, Eduardo; Rogel Vide, Carlos – Manual de Derecho de Autor (ver Rogel Vide)

Sherman, Brad; Bently, Lionel – Intellectual Property Law (ver Bently, L.)

Silva, João Calvão da – Anotação (de Acórdão do STJ) – Direitos de Autor, Sanção pecuniária compulsória e cláusula penal, *in* "ROA", Ano 47-I, Abr. 1987

— Cumprimento e sanção pecuniária compulsória, 4ª ed., Coimbra, 2002

— Sinal e contrato-promessa, 9ª ed. (revista e aumentada), Coimbra, 2002

— Concessão Comercial e Direito da Concorrência (Parecer), *in* "Estudos Jurídicos (Pareceres)" (coligação de obras deste Autor), Coimbra, 2001

Silva, Manuel Gomes da – O Dever de Prestar e o Dever de Indemnizar, vol. I, Lisboa, 1944

Silva, Mário Moreira da Silva – Código do Direito de autor e dos Direitos Vizinhos (Legislação anotada), Coimbra, 1965

— Código do Direito de Autor (Anotado), 1966

Silva, Nuno Sousa e – Uma Introdução ao Direito de Autor Europeu, *in* "ROA", ano 73-IV, Out./Dez. 2013

— O que muda nos contratos de Direito de Autor com a transposição da Diretiva 2019/790?, *in* "JURISMAT – Revista jurídica", nº 17 (Maio 2023)

Silva, Pedro Sousa e – Direito Industrial, 2ª ed., Coimbra, 2019, reimp. 2020,
Silz, Édouard – La Nature Juridique du Droit Moral de l'Auteur – son fondament, ses limites, *in* "Revue Trimestrielle de Droit Civil", XXXII, Paris, 1933
Skone James; Copinger – Law of Copyright (ver Copinger)
Soares, F. Luso – A Questão da Legitimidade Processual em matéria de Direitos de Autor, SPA, Lisboa, 1989
Sociedade Portuguesa de Autores – Protecção do Título de Jornal (colectânea de Pareceres de: Correia, A. Ferrer; Serens, M. Nogueira; Ascensão, José de Oliveira; Pereira, António Maria; Rebello, Luíz Francisco), Lisboa, 1989
Société des Auteurs et Compositeurs Dramatiques – Dossier Colorisation, (colectânea), Paris, 1986-88
Solé Resina, Judith – Los Contratos de Servicios y de Ejecución de Obras (Delimitación jurisprudencial y conceptual de su objeto), Madrid, 1997
Sousa, Luísa Lopes – Do Contrato de Publicidade, Lisboa, 2000
Sousa, Marcelo Rebelo de; Galvão, Sofia – Introdução ao Estudo do Direito, 5ª ed., Lisboa, 2000
Sousa, Rabindranath V. A. Capelo de – O Direito Geral da Personalidade, Coimbra, 1995
Spada, Paolo – Banche di dati e diritto d'autore (il "genere" del dititto d'autore sulle banche di datti), *in* "AIDA" – VI, 1997
Stolfi, Giuseppe – Teoria del Negocio Jurídico (traducción y notas del Derecho Español por Jaime Santos Briz), Madrid, 1959
Stolfi, Nicola – Il Diritto di Autore, Milão, 1932
Strömholm, Stig – Le droit moral de l'auteur (en droit Allemand, Français et Scandinave; Estocolmo – vol. I, 1967; vol. II – 1, 1967; vol. II – 2, 1973
— Le Refus par l'Auteur de Livrer une Oeuvre de l'Esprit, *in* "Hommage à Henri Desbois", Paris, 1974
Strowell, Alain – Droit d'Auteur et Copyright (Divergences et convergences – Étude de droit comparé), Bruxelas – Paris, 1993
Telles, Inocêncio Galvão – Aspectos comuns aos vários contratos, *in* "BMJ", nº 23, Lisboa, Mar. 1951
— Contratos Civis (Projecto completo de um título do futuro Código Civil português e respectiva Exposição de Motivos), *in* "BMJ", nº 83, Lisboa, Fev. 1959
— Algumas considerações sobre o conceito jurídico de sucessão, *in* "Revista da Faculdade de Direito da Universidade de Lisboa", Ano XIX, 1965
— Direito das Obrigações, 7ª ed. (revista e actualizada), Coimbra, 1997
— Manual dos Contratos em Geral (refundido e actualizado), Coimbra, 4ª ed., 2002
— Erro sobre a base do negócio jurídico, *in* "Estudos em Homenagem ao Prof. Doutor Raúl Ventura", vol. II (Direito Comercial, Direito do Trabalho e Vária) (Estudos organizados pelos Professores Doutores José de Oliveira Ascensão, Ruy de Albuquerque, Martim de Albuquerque, e Pedro Romano Martinez), Lisboa, 2003
Temiño Ceniceros, Ignacio – El plagio en el Derecho de Autor, Pamplona, 2015

Thompson, Eduard – La Protection Internationale du Travail des Droits des Artistes Interpétes ou Exécutants: Quelques problémes actuels, *in* "Revue Internationale du Travail", vol. 107, Genebra, 1973

Trabucchi, Alberto – Instituzioni di Diritto Civile, 40ª ed., Pádua, 2001

Trabucchi, Alberto; Cian, Giorgio – Commentario Breve al Codice Civile (ver Cian, G.)

Trabuco, Cláudia – Direito de autor, intimidade privada e ambiente digital: reflexões sobre a cópia privada de obras intelectuais, *in* "Revista Iberoamericana de Filosofia, Política y Humanidades", Ano 9, nº 18, 2007

Trebilcock, Michael J. – The Limits of Freedom of Contract, Cambridge/Massachusets/Londres, 1993

Troller, Alois – Der Verlagsvertrag (Kommentar zum Schweizerischen Zivilgesetzbuch)- tomo V (Das Obligationenrecht), 3ª ed. do Cap. V 3a, art. 380/393 (separata), Zurique, 1976

— Précis du Droit de la Propriété Immatérielle (tradução francesa de Troller, Kamen; Vesely, Vladimir J.), Basileia/Estugarda, 1978

— Immaterialgüterrecht- t. I, 3ª ed., 1983; t. II, 3ª ed., Basileia/Frankfurt am Main, 1985

Troller, Kamen – Manuel du droit suisse des biens immatériels – t. I, II, 2ª ed., Basileia/Frankfurt-am-Main, 1996

Tuhr, Andreas von – Derecho Civil – vol. I 1 – (Los derechos subjetivos y el patrimonio) (tradução espanhola directa da edição alemã "Der allgemeine Teil des deutschen bürgerlichen Rechts", 1946), Madrid/Barcelona, 1998

— Derecho Civil – vol. I 2 – (Las personas) (tradução espanhola directa da edição alemã "Der allgemeine Teil des deutschen bürgerlichen Rechts", 1946), Madrid/Barcelona, 1999

— Tratado de las Obligaciones – t. I e II, (traduzido do alemão – sem indicação de data da edição ou de título original – por Roces, W.), (reimp. da 1ª ed.), Madrid, 1999

Ubertazzi, Luigi Carlo – Raccolte electtroniche di dati e diritto d'autore: prime reflessione, *in* "Foro italiano" – IV, 1984

— Copyright Protection of Computer Data Bases in Italy, *in* "IIC", vol. 16, nºs 1-6/1985

— Alle origini piemontesi del diritto italiano d'autore, *in* "Aida" – I, 1992

— Il Diritto d'Autore, Turim, 1993 (7ª reimp. 1998)

— Diritto d'autore, cinematografia ed emittenti televisive, *in* "Aida" – VI, 1997

— Numerus clausus dei diritti esclusivi di proprietà intellettuale?, *in* "Jurismat – Revista jurídica", nº 4, Portimão, 2014

— Diritto d'autore, 4ª ed., 2007

— Linee di evoluzione pregressa della proprietà intellettuale, *in* "Jurismat – Revista jurídica", nº 4, Portimão, 2014

Ubertazzi, Luigi Carlo; Marchetti, Piergaetano – Commentario Breve al Diritto della Concorrenza (Antitrust, Concorrenza, Sleale, Publicità, Manchi, Brevetti, Diritto d'Autore), Pádua, 1997 (6ª ed., 2016)

Ulmer, Eugen – Sur la cinématographie et le droit d'auteur (rapport compl.), *in* "Le Droit d'Auteur", Ano 64, 1954

— L'œuvre cinématographique et ses auteurs, *in* "Études sur la Propriété Industrielle, Litéraire, Artistique (mélanges Marcel Plaisant)", Paris, 1960
— La notion d'œuvre em matiére de droit d'auteur et l'art moderne, *in* "Le Droit d'Auteur", Abr. 1969
— Problèmes de droit d'auteur découlant de la mémorisation dans l'ordinateur et de la récupération d'œuvres, *in* "Le Droit d'Auteur", Fev. 1972
— La protection par le droit d'auteur des oeuvres scientifiques en général et des programmes d'ordinateur en particulier, *in* "RIDA", Out. 1972
— Le Droit de Suite et sa Réglementation dans la Convention de Berne, *in* "Hommage à Henri Desbois", Paris, 1974
— Die Immaterialgüterrechte im internationalen Privatrech, Munique, 1975
— Some Thoughts on the Law of Copyright Contracts, *in* "IIC", vol. 7, nº 2/1976
— La Notion d'Oeuvre, en Matière de Droit d'Auteur et l'Art Moderne, *in* "Le Droit d'Auteur", 82, nº 4, nº 79, Abr. 1969
— Problèmes découlant de l'utilisation d'ordinateurs et d'appareils analogues pour la mise en mémoire, et la récupération d'œuvres protégées par le droit d'auteur, *in* "Le Droit d'Auteur", Jul./Ago. 1979
— Urheber- und Verlagsrecht, Berlim/Heidelberg/Nova Iorque, 3ª ed. (neubearbeitete), 1980

UNESCO – ABC do Direito de Autor, UNESCO, 1981, Lisboa, 1984 (tradução de "The ABC of Copyright", UNESCO, 1981, por Wanda RAMOS)

UNGERN-STERNBERG, Joachim V. – Urheberrecht – Kommentar (coordenado por Schricker, G.), 2ª ed. – ver SCHRICKER, Gerhard

VALANCOGNE, François – Le Titre de Roman, de Journal, de Film – sa protection, Paris, 1963

VARELA, João de Matos Antunes – Ensaio sobre o conceito do modo, Coimbra, 1955
— Alterações legislativas do direito ao nome, *in* "Revista de Legislação e Jurisprudência", nºs 3688 e ss., (anos 114 a 116), Coimbra, 1963
— Parecer sobre a prestação de obra intelectual (em consulta sobre Acórdão do STJ relativo à qualificação jurídica do contrato celebrado entre a FILFORM e a RTP), *in* "ROA", Ano 45-I, Abr. 1985
— Sobre o contrato-promessa, 2ª ed., Coimbra, 1989
— Das Obrigações em geral, Coimbra – vol. I, 10ª ed., Coimbra, 2000; vol. II, 7ª ed., 1999

VARELA, João de Matos Antunes; LIMA, António Pires de – Código Civil Anotado, Coimbra, vol. I – 4ª ed., 1987; vol. II – 4ª ed., 1997; vol. III – 2ª ed. (reimp.), 1987; vol. IV – 2ª ed., 1992; vol. V – 1995; vol. VI – 1998 (vols. I e III com a colaboração de MESQUITA, Manuel Henrique)

VASCONCELOS, Duarte – Da necessidade e dos limites à gestão colectiva forçada de direitos de autor e direitos conexos, *in* "Revista de Direito Intelectual", Coimbra, Nº 1 – 2015

VASCONCELOS, Pedro Pais de – Contratos Atípicos, Lisboa, 1994
— Teoria Geral do Direito Civil, 7ª ed., Coimbra, 2012

VATTIER FUENZALIDA, Carlos – Notas sobre los Contratos electrónicos, *in* "Nuevas Tecnologías y Propiedad Intelectual" (ver ROGEL VIDE, C.), Madrid, 1999

VAUNOIS, Louis – L'Évolution du Droit Moral, *in* "Études sur la Propriété Industrielle, Littéraire, Artistique – (mélanges Marcel Plaisant)", Paris, 1960

VEIGA, António Jorge da Motta – Lições de Direito do Trabalho, 8ª ed. (revista e actualizada), Lisboa, 2000

VENTURA, Raúl – Convenção de Arbitragem e Cláusulas Contratuais Gerais, *in* "ROA", Ano 46 – I, Lisboa, 1986

VENTURA, Victor Hugo – Contrato de Trabalho do Jornalista, Coimbra, 2022

VERCELLONE, Paolo; GRECO, Paolo – I Diritti sulle Opere dell'Ingegno (ver GRECO, P.)

VICENT CHULIÁ, Francisco – Contratos de Transmisión de Derechos sobre Bienes Immateriales, *in* "Compendio Crítico de Derecho Mercantil", t. II, Barcelona, 1990

VICENTE, Dário Moura – Lei aplicável à responsabilidade pela utilização ilícita de obras disponíveis em redes digitais, *in* "Direito da Sociedade da Informação" – vol. III, Coimbra, 2002

— Direito Internacional de Autor, *in* "Estudos em Homenagem à Professora Doutora Isabel de Magalhães Collaço" – vol. I, Coimbra, 2002 (separata)

— Cópia privada e sociedade da informação, *in* "Estudos Jurídicos e Económicos em Homenagem ao Prof. Doutor António de Sousa Franco", I, Lisboa, 2006

— O tribunal competente no contexto digital: desenvolvimentos recentes, *in* "Revista de Direito Intelectual", Coimbra, Nº 1-2016

— O equilíbrio de interesses no Direito de autor, *in* "Propriedade Intelectual – Estudos vários", Lisboa, 2018

— Cópia privada e compensação equitativa, *in* "Propriedade Intelectual – Estudos vários", Lisboa, 2018

— Direito de autor e medidas tecnológicas de protecção, *in* "Propriedade Intelectual – Estudos vários", Lisboa, 2018

— A tutela internacional da Propriedade Intelectual, 2ª ed. revista e atualizada, Coimbra, 2019

VICENTE, Dário Moura (com ASCENSÃO, José de Oliveira) – Legislação sobre Direito de Autor e Sociedade da Informação, 3ª ed., Lisboa, 2020

VIEIRA, José Alberto Coelho – A estrutura do direito de autor no ordenamento jurídico português, Lisboa, 1992

— Notas gerais sobre a protecção de programas de computador, *in* "Direito da Sociedade da Informação" – vol. I, Coimbra, 1999

— Obras geradas por computador e direito de autor, *in* "Direito da Sociedade da Informação" – vol. II, Coimbra, 2001

— A protecção dos Programas de Computador pelo Direito de Autor, Lisboa, 2005

— Direitos Reais, Coimbra, 2009 (2ª ed., 2018)

— Direito de sequência, *in* "Revista de Direito Intelectual", Coimbra, Nº 1 – 2015

— Gestão colectiva: Reflexões dispersas de política legislativa, *in* "Estudos de Direito Intelectual em homenagem ao Prof. Doutor José de Oliveira Ascensão", Coimbra, 2015

— A cópia privada e o seu regime de compensação, *in* "Revista de Direito Intelectual", Coimbra, Nº 1-2016
— Direito de Autor (Dogmática básica), Coimbra, 2020
— Inteligência artificial e Direito de Autor, *in* "Inteligência Artificial & Direito", obra colectiva coord. Manuel Lopes Rocha / Rui Soares Pereira, Coimbra, 2022
VINCK, Kai; NORDEMANN, Wilhelm; HERTIN, Paul – Droit d'Auteur International et Droits Voisins (ver NORDEMANN, W.)
VITORINO, António – Recommendations resulting from the mediation on private copying and reprography levies, Bruxelas, 2013
VITORINO, António de Macedo – Esboço de uma concepção sobre a natureza jurídica do direito de autor, *in* "Revista da Faculdade de Direito da Universidade de Lisboa", Lisboa, 1992
— As licenças: uma análise de direito português e de direito comparado, *in* "Num Novo Mundo do Direito de Autor?", t. I, Lisboa, 1994
— A Eficácia dos Contratos de Direito de Autor, Coimbra, 1995
VIVANT, Michel – Code de la Propriété Intellectuelle (Annoté), Paris, 1996
VOGEL, Martin – Urheberrecht – Kommentar (coordenado por Schricker, G.), 2ª ed. (ver SCHRICKER, Gerhard)
XAVIER, Bernardo da Gama Lobo – O despedimento colectivo no dimensionamento da empresa, Lisboa/São Paulo, 2000
— Manual de Direito do Trabalho, 2ª ed., Lisboa, 2014 (3ª ed., 2018)
WACHOWICZ, Marcos – Noções fundamentais sobre o plágio acadêmico, *in* "Estudos de Direito Intelectual em homenagem ao Prof. Doutor José de Oliveira Ascensão", Coimbra, 2015
ZÖLLNER, Wolfgang; LORITZ, Karl-Georg – Arbeitsrecht (ein Studienbuch), 5ª ed. (reformulada), Munique, 1998

BIBLIOGRAFIA DO AUTOR

- **Capítulo de livro** sob o tema **"O IMPACTO DA IMPRESSÃO 3D NO DIREITO DO CONSUMO"**, *in* "Estudos de Direito do Consumo" – Vol. III, coordenado por Rui Paulo Mascarenhas Ataíde, Francisco Rodrigues Rocha, Vítor Palmela Fidalgo, Coimbra, 2023
- **DIREITO DO TRABALHO PARA EMPRESAS**, 5ª ed., Almedina, Coimbra, 2023
- **Artigo** sob o tema **"INTELIGÊNCIA ARTIFICIAL E DIREITO DE AUTOR"** *in* "Revista de Direito Intelectual", nº 1-2023, Coimbra, 2023
- **Capítulo de livro** sob o tema **"DIREITOS DE AUTOR – A SITUAÇÃO DA REGULAÇÃO LEGAL DO DIREITO DE AUTOR EM PORTUGAL E AS EXIGÊNCIAS DA SUA ADAPTAÇÃO À DIRECTIVA 2019/790"**, *in* "Economia colaborativa", coordenado por Maria Miguel Carvalho & Anabela Susana de Sousa Gonçalves, patrocinado pela Escola de Direito da Universidade do Minho e pelo Centro de Investigação em Justiça e Governação, Coimbra, 2023 (DOI: https://doi.org/10.21814/uminho.ed.100.24)
- **Artigo** sob o tema **"ASPECTOS CONSTITUCIONAIS DO REGIME DO CASAMENTO EM DIREITO PORTUGUÊS"**, *in* "JURISMAT – Revista jurídica", nº 16, Novembro 2022
- **CRÓNICA DE ACTUALIDAD LATINOAMERICANA (PORTUGAL)** *in* "Anuario de Propiedad Intelectual 2021", Madrid, 2022
- **Recensão** de obra **"MANUAL DE DERECHO DE AUTOR"**, de Carlos Rogel Vide, Eduardo Serrano Gómez e Luis Mantecón, 2ª ed., Madrid, 2021, *in* "Revista de Direito Intelectual", nº 1/2022
- **Capítulo de livro** sob o tema **"DESENHOS E MODELOS INDUSTRIAIS – RELAÇÕES DO DIREITO DE AUTOR COM O DIREITO DE PROPRIEDADE INDUSTRIAL – ANOTAÇÃO AO ARTIGO 194º DO CÓDIGO DA PROPRIEDADE INDUSTRIAL E AO ARTIGO 2º/1-i) DO CÓDIGO DO DIREITO DE AUTOR E DOS DIREITOS CONEXOS"**, *in* "Propriedade Intelectual, Contratação e Sociedade da Informação – Estudos jurídicos em Homenagem a Manuel Oehen Mendes"

(Colecção de Estudos de Direito Intelectual – Tomo VI), coordenado por Dário Moura Vicente e Nuno Sousa e Silva, Coimbra, 2022

- **DIREITO DO TRABALHO PARA EMPRESAS**, 4ª ed., Almedina, Coimbra, 2022
- **Artigo** sob o tema **"DERECHOS DE AUTOR Y LIBERTAD DE EXPRESIÓN, DE RELIGIÓN Y DE CULTO"**, *in* "Anuario de Propiedad Intelectual 2021", Madrid, 2022
- **CRÓNICA DE ACTUALIDAD LATINOAMERICANA (PORTUGAL)**, *in* "Anuario de Propiedad Intelectual 2020", Madrid, 2021
- **Obra colectiva "ESTUDOS DE DIREITO LUSÓFONO COMPARADO – Vol. II"**, coordenador, Novembro de 2021
- **Capítulo de livro** sob o tema **"O DIREITO PESSOAL DE AUTOR – UMA PERSPECTIVA LUSÓFONA"**, *in* "Estudos de Direito Lusófono Comparado" – Vol. II, coordenado por Alberto de Sá e Melo, Novembro de 2021
- **Artigo** sob o tema **"**A **TRANSPOSIÇÃO EM PORTUGAL DA DIRECTIVA 2019/790 (UE), RELATIVA AOS DIREITOS DE AUTOR E DIREITOS CONEXOS NO MERCADO ÚNICO DIGITAL – SUBSÍDIOS EM NOVA REFLEXÃO SOBRE O TEMA",** *in* "Revista de Direito Intelectual", nº 2/2021
- **Artigo** sob o tema **"O DIREITO EXCLUSIVO DOS AUTORES E AS EXCEPÇÕES A FAVOR DE BIBLIOTECAS, MUSEUS, ARQUIVOS E DEMAIS INSTITUIÇÕES CULTURAIS – ESTUDO DE DIREITO COMPARADO DOS REGIMES PORTUGUÊS E ESPANHOL – UMA PROPOSTA PARA A TRANSPOSIÇÃO DOS ARTIGOS 6º A 8º DA DIRECTIVA 2019/790 (UE)"**, *in* "Anuario de Propiedad Intelectual 2020", Madrid, 2021
- **Artigo** sob o tema **"RESPONSABILIDADE DO PRODUTOR E DO VENDEDOR POR PRODUTOS DEFEITUOSOS NO DIREITO PORTUGUÊS. CO-RESPONSABILIZAÇÃO DO CONSUMIDOR"**, *in* v. 4 n. 3 (2021): Revista IBERC (**DOI:** https://doi.org/10.37963/iberc.v4i3.182)
- **Artigo** sob o tema **"DE LOS ANIMALES EN EL DERECHO PORTUGUÉS"**, *in* "Revista General de Legislación y Jurisprudencia", 2-2021, Madrid, 2021
- **Artigo** sob o tema **"O DIREITO EXCLUSIVO DOS AUTORES E AS EXCEPÇÕES A FAVOR DE BIBLIOTECAS, MUSEUS, ARQUIVOS E DEMAIS INSTITUIÇÕES CULTURAIS – ESTUDO DE DIREITO COMPARADO DOS REGIMES PORTUGUÊS E ESPANHOL – UMA PROPOSTA PARA A TRANSPOSIÇÃO DOS ARTIGOS 6º A 8º DA DIRECTIVA 2019/790 (UE)"**, *in* "JURISMAT – Revista jurídica", nº 13, Maio 2021
- **Artigo** sob o tema **"DIREITO DE AUTOR E IMPRESSÃO 3D"**, *in* "Revista de Direito Intelectual", nº 2 – 2020

- **MANUAL DE DIREITO DE AUTOR E DIREITOS CONEXOS**, 4ª edição reformulada, actualizada e ampliada, Almedina, Coimbra, 2020
- **Artigo** sob o tema **"PLAGIO Y DERECHO DE AUTOR"**, *in* "Anuario de Propiedad Intelectual 2019", Madrid, 2020
- **Artigo** sob o tema **"PLÁGIO E DIREITO DE AUTOR (BRASIL)"**, *in* "Revista Fórum de Direito Civil" (Belo Horizonte – Brasil), nº 29 – 2020
- **Artigo** sob o tema **"MODIFICAÇÃO E RESOLUÇÃO DOS CONTRATOS POR ALTERAÇÃO DAS CIRCUNSTÂNCIAS, NO CONTEXTO DA PANDEMIA COVID-19 (breve anotação ao regime da lei civil)"**, *in* "JURISMAT – Revista jurídica", nº 12, Novembro de 2020
- **Artigo** sob o tema **"PLÁGIO E DIREITO DE AUTOR"**, *in* "Revista de Direito Intelectual", nº 1 – 2020
- **Capítulo** sob o tema **"LA DIRECTIVA SOBRE LOS DERECHOS DE AUTOR EN EL MERCADO ÚNICO DIGITAL Y SU TRANSPOSICIÓN AL DERECHO PORTUGUÉS. ALGUNOS EJEMPLOS DE PERSPECTIVAS"**, *in* "Bases para una Reforma de la Ley de Propiedad Intelectual", Madrid, 2019
- **Artigo** sob o tema **"A DIRECTIVA (UE) 2019/790, RELATIVA AOS DIREITOS DE AUTOR E DIREITOS CONEXOS NO MERCADO ÚNICO DIGITAL E OS TERMOS PARA A SUA TRANSPOSIÇÃO EM PORTUGAL"**, *in* "Revista de Direito Intelectual", nº 2 – 2019
- **MANUAL PARA A RENOVAÇÃO DA CONTRATAÇÃO COLECTIVA NO COMÉRCIO E SERVIÇOS – ORIENTAÇÕES PARA A CONTRATAÇÃO COLECTIVA DE TRABALHO**, 3ª edição, Editora CCP, Lisboa, 2019
- **Artigo** sob o tema **"DIREITO DE AUTOR E ARQUITECTURA"**, *in* "Revista *De Legibus*", nº VI-2018, publicada em Outubro de 2019
- **Capítulo** sob o tema **"APADRINHAMENTO CIVIL – UMA PERSPECTIVA LUSO-BRASILEIRA"**, *in* "Estudos de Direito Lusófono Comparado", coordenado por Jorge Miranda (em co-autoria com Teresa Luso Soares) Outubro de 2019
- **Capítulo** sob o tema **"O REGIME DOS BENS INDUSTRIAIS CRIADOS EM EXECUÇÃO DE CONTRATO DE TRABALHO OU DE PRESTAÇÃO DE SERVIÇOS NO NOVO CÓDIGO DA PROPRIEDADE INDUSTRIAL DE PORTUGAL E NOS ORDENAMENTOS JURÍDICOS DE PAÍSES E TERRITÓRIOS LUSÓFONOS"**, *in* "Estudos de Direito Lusófono Comparado", coordenado por Jorge Miranda, Outubro de 2019
- **Artigo** sob o tema **"O REGIME DOS BENS INDUSTRIAIS CRIADOS EM EXECUÇÃO DE CONTRATO DE TRABALHO OU DE PRESTAÇÃO DE SERVIÇOS NO NOVO CÓDIGO DA PROPRIEDADE INDUSTRIAL DE PORTUGAL E**

NOS ORDENAMENTOS JURÍDICOS DE ESPANHA E DOS PAÍSES E TERRITÓRIOS LUSÓFONOS", *in* "Anuario de Propiedad Intelectual 2018", Madrid, 2019

- **CRÓNICA DE ACTUALIDAD LATINOAMERICANA (PORTUGAL)**, *in* "Anuario de Propiedad Intelectual 2018", Madrid, 2019
- **DIREITO DO TRABALHO PARA EMPRESAS**, 3ª ed., Almedina, Coimbra, 2019
- **MANUAL DE DIREITO DE AUTOR E DIREITOS CONEXOS**, 3ª edição reformulada, actualizada e ampliada, Almedina, Coimbra, 2019
- **Colectânea "CASOS PRÁTICOS – DIREITO DAS SUCESSÕES"** (em co-autoria com Vanessa Mamedes), Almedina, Coimbra, 2019
- **DIREITO DO TRABALHO PARA EMPRESAS**, 2ª ed., Almedina, Coimbra, 2019
- **Artigo** sob o tema **"A COLOCAÇÃO EM REDE ELCTRÓNICA DIGITAL (WWW) DE OBRAS INTELECTUAIS E DE OUTROS CONTEÚDOS ALHEIOS PROTEGIDOS"**, *in* "Revista Galileu – Revista de Direito e Economia", vol. XIX, Jul.-Dez. 2018
- **Artigo** sob o tema "**AS INVENÇÕES E OUTROS BENS INDUSTRIAIS CRIADOS EM EXECUÇÃO DE CONTRATO – REGIME EM DIREITO COMPARADO LUSÓFONO"**, *in* "Revista Vida Judiciária", nº 210, Novembro-Dezembro 2018
- **Capítulo** em livro sob o tema **"PROPUESTA DE NUEVA REDACCIÓN DEL ARTÍCULO 37.1 TRLPI** [LEI DE Propriedade Intelectual]. **LÍMITE AL DERECHO DE REPRODUCCIÓN"**, *in* "Propiedad Intelectual y Bibliotecas: una revisión crítica", Madrid, 2018
- **CRÓNICA DE ACTUALIDAD LATINOAMERICANA (PORTUGAL)** *in* "Anuario de Propiedad Intelectual 2017", Madrid, 2018
- **Artigo** sob o tema **"O PRINCÍPIO DA RESERVA DE CONVENÇÃO COLECTIVA E A CONSTITUIÇÃO DA REPÚBLICA PORTUGUESA"**, *in* "Revista de Direito e de Estudos Sociais", Ano LIX (XXXII da 2ª Série), Nº 1-4, Janeiro-Dezembro de 2018
- **Artigo** sob o tema **"LE CONTRAT DE REALISATION ET DE PRODUCTION AUDIOVISUELLE EN DROIT PORTUGAIS ET EN DROIT MAROCAIN**, *in* "Revista JEMED – Journal d'Economie, de Management, d'Environnement et de Droit» (ISSN 2605-6461), vol. 1, nº 1, Julho 2018, Marrocos, 2018
- **Artigo** sob o tema **"OS LIMITES DA LIBERDADE DE EXPRESSÃO E CRIAÇÃO CULTURAL: A PROTECÇÃO DA VIDA PRIVADA"**, *in* "Revista de Direito Intelectual", nº 2 – 2018
- **Colectânea "CASOS PRÁTICOS – DIREITO DAS OBRIGAÇÕES"** (em co-autoria com Vanessa Mamedes), Almedina, Coimbra, 2018
- **Artigo** sob o tema **"DIREITOS CONEXOS DO EDITOR. DESENVOLVIMENTOS RECENTES"**, *in* "Revista de Direito Intelectual", Lisboa, nº 1 – 2018

- **Artigo** sob o tema **"OS ANIMAIS NO ORDENAMENTO JURÍDICO PORTUGUÊS – ALGUMAS NOTAS"**, *in* "Revista da Ordem dos Advogados", ano 77, Jan./Jun.2017, Lisboa, 2018
- **Artigo** sob o tema **"A COLOCAÇÃO EM REDE ELECTRÓNICA DIGITAL (*www*) DE OBRAS INTELECTUAIS E DE OUTROS CONTEÚDOS PROTEGIDOS ALHEIOS"**, *in* "Revista Fórum de Direito Civil", ano 7 – nº 17, Belo Horizonte, Brasil, 2018
- **O DIREITO EM PORTUGAL** (como coordenador e co-autor), Editorial Reus, Madrid, 2017
- **Capítulo** em livro sob o tema **"O DIREITO PESSOAL ("MORAL") DE AUTOR NAS OBRAS CRIADAS EM EXECUÇÃO DE CONTRATO DE TRABALHO OU DE PRESTAÇÃO DE SERVIÇOS EM PORTUGAL E NO BRASIL"**, *in* "Danos Extrapatrimoniais no Direito do Trabalho" (coordenadora: Flaviana Rampazzo Sorares), São Paulo, Brasil, Maio, 2017
- **Artigo** sob o tema **"DERECHO PERSONAL (DICHO "MORAL") DE AUTOR – EN DERECHO PORTUGUÉS Y ESPAÑOL"**, *in* "Anuario de Propiedad Intelectual 2016", Madrid, 2017
- **Artigo** sob o tema **"DIREITO EXCLUSIVO DO AUTOR E EXCEPÇÕES A FAVOR DE BIBLIOTECAS, MUSEUS E ARQUIVOS – NOS DIREITOS PORTUGUÊS, BRASILEIRO E ESPANHOL"**, *in* "Revista Fórum de Direito Civil", ano 6 – nº 14, Belo Horizonte, Brasil, 2017
- **Artigo** sob o tema **"O DIREITO PESSOAL (DITO «MORAL») DE AUTOR – NOS ORDENAMENTOS JURÍDICOS PORTUGUÊS E ESPANHOL"**, *in* "Revista de Direito Intelectual", Lisboa, nº 1 – 2017
- **Capítulo** em Livro sob o tema **"EL EXCLUSIVO JUSAUTORAL Y LAS EXCEPCIONES A FAVOR DE LAS BIBLIOTECAS Y ARCHIVOS – LOS REGÍMENES PORTUGUÉS, ESPAÑOL Y COMUNITARIO COMPARADOS"**, *in* "Estudio de los límites a los derechos de autor desde una perspectiva de derecho comparado", Madrid, 2017
- **MANUAL DE DIREITO DE AUTOR E DIREITOS CONEXOS**, 2ª edição actualizada e ampliada, Editora Almedina, Coimbra, 2016
- **Artigo** sob o tema **"CONTRATOS RELATIVOS A BENS INDUSTRIAIS – ALGUMAS NOTAS"**, *in* "Revista de Direito Intelectual", nº 2 – 2016
- **Artigo** sob o tema **"PRINCIPAIS ASPECTOS E ALGUNS PROBLEMAS DA GESTÃO COLECTIVA DE DIREITOS DE AUTOR E DIREITOS CONEXOS NO AMBIENTE DIGITAL – O REGIME EM PORTUGAL, E EM ESPANHA E NO DIREITO COMUNITÁRIO"**, *in* "Revista da Ordem dos Advogados", Ano 76, Lisboa, Jan./Dez. 2016 *(também existe separata)*

- **Artigo** sob o tema **"UMA PERSPECTIVA LUSÓFONA SOBRE O DIREITO PESSOAL DE AUTOR"**, *in* "Direito na Lusofonia – Cultura, direitos humanos e globalização (actas do 1º Congresso Internacional de Direito na Lusofonia", em Fevereiro de 2014), Braga, 2016
- **Artigo** sob o tema **"PRINCIPAIS ASPECTOS E ALGUNS PROBLEMAS DA GESTÃO COLECTIVA DE DIREITOS DE AUTOR E DIREITOS CONEXOS EM PORTUGAL E EM ESPANHA"**, *in* "Anuario de Propiedad Intelectual 2015", Editorial Reus, Madrid, 2016
- **DIREITO DO TRABALHO PARA EMPRESAS**, Editora Almedina, Janeiro de 2016 (reimpressão ainda em 2016)
- **Artigo** sob o tema **"TRABALHO CRIATIVO SUBORDINADO – A CRIAÇÃO DE OBRAS INTELECTUAIS EM EXECUÇÃO DE CONTRATO DE TRABALHO (com um estudo de Direito comparado)"**, *in* "JURISMAT – Revista jurídica", nº 7, Portimão, Novembro de 2015
- **Artigo** sob o tema **"O REGISTO DE OBRAS LITERÁRIAS E ARTÍSTICAS – O NOVO REGIME EM 2015"**, *in* "Revista de Direito Intelectual", nº 2 – 2015
- **Artigo** sob o tema **"TRABALHO CRIATIVO SUBORDINADO – A CRIAÇÃO DE OBRAS INTELECTUAIS EM EXECUÇÃO DE CONTRATO DE TRABALHO (com um estudo de Direito comparado)"**, *in* "Revista Fórum de Direito Civil", ano 4 – nº 10, Belo Horizonte, Brasil, 2015
- **Capítulo em livro** sob o tema **"A EFICÁCIA DAS AUTORIZAÇÕES (LICENÇAS) CONTRATUAIS DE UTILIZAÇÃO PATRIMONIAL DE OBRA INTELECTUAL LITERÁRIA OU ARTÍSTICA"**, *in* "Estudos de Direito Intelectual em Homenagem ao Prof. Doutor José de Oliveira Ascensão", Coimbra, 2015
- **Artigo** sob o tema **"TRABALHO CRIATIVO SUBORDINADO – A CRIAÇÃO DE OBRAS INTELECTUAIS EM EXECUÇÃO DE CONTRATO DE TRABALHO"**, *in* "Anuario de Propiedad Intelectual 2014", Editorial Reus, Madrid, 2015
- **CRÓNICA DE ACTUALIDAD LATINOAMERICANA (PORTUGAL)**, *in* "Anuario de Propiedad Intelectual 2014", Madrid, 2015
- **MANUAL PARA A RENOVAÇÃO DA CONTRATAÇÃO COLECTIVA NO COMÉRCIO E SERVIÇOS – ORIENTAÇÕES PARA A CONTRATAÇÃO COLECTIVA DE TRABALHO**, Editora CCP, Lisboa, 2015
- **Capítulo em livro** sob o tema **"TRABALHO CRIATIVO SUBORDINADO – A CRIAÇÃO DE OBRAS INTELECTUAIS EM EXECUÇÃO DE CONTRATO DE TRABALHO"**, *in* "Estudos dedicados ao Prof. Doutor Bernardo da Gama Lobo Xavier", Lisboa, 2015
- **MANUAL DE DIREITO DE AUTOR**, Almedina, Coimbra, 2014

- **CRÓNICA DE ACTUALIDAD LATINOAMERICANA (PORTUGAL)** *in* "Anuario de Propiedad Intelectual 2013", Madrid, 2014
- **Artigo** sob o tema **"O DIREITO PESSOAL DE AUTOR – UMA PERSPECTIVA LUSÓFONA"**, *in* "Revista Fórum de Direito Civil" (Brasil) (RFDC), Ano 3 – nº 5 – Belo Horizonte – Brasil – (Janeiro/Abril 2014)
- **Artigo** sob o tema "**O DIREITO DAS SUCESSÕES EM PORTUGAL**", *in* "JURISMAT – Revista jurídica, Número Especial, Portimão, Maio de 2014
- **Artigo** sob o tema **"A CAUSA DO NEGÓCIO JURÍDICO"**, *in* "*De Legibus*, Revista jurídica da Faculdade de Direito da Universidade Lusófona", nº I, 2013
- **Artigo** sob o tema **"FILMAGEM DE ESPECTÁCULOS DESPORTIVOS E «DIREITO DE ARENA»" (revisto e actualizado)**, *in* "JURISMAT – Revista Jurídica" (revista jurídica do Instituto Superior Manuel Teixeira Gomes), nº 1, Portimão, Outubro de 2012
- **"CRÓNICA DE IBEROAMÉRICA – PORTUGAL"**, como **colaborador regular da "Revista General de Legislación y Jurisprudencia"**, Madrid, Espanha, em que publica, com periodicidade bimestral, o contributo relativo a Portugal na referida ***"Crónica de Iberamérica"*** (secção coordenada pelo Professor Doutor Carlos Vattier Fuenzalida, Catedrático de Derecho Civil da Facultad de Derecho de Burgos), desde Janeiro de 2000 até 2009
- **Artigo** sob o tema **"SITUAÇÃO JURÍDICA LABORAL – NOTAS PARA A DEFINIÇÃO DE UM PARADIGMA"** (revisto), *in* "International Business and Economics Review, n. 3, Lisboa, 2012
- **Obra colectiva** (de que é coordenador e co-autor) **"CÓDIGO DO TRABALHO E RENOVAÇÃO DA CONTRATAÇÃO COLECTIVA DE TRABALHO – ORIENTAÇÕES PARA A CONTRATAÇÃO COLECTIVA DE TRABALHO NO COMÉRCIO E SERVIÇOS"**, Lisboa, 2011
- **Artigo** sob o tema "**A TELECOMUNICAÇÃO ELECTRÓNICA EM REDE DE OBRAS INTELECTUAIS NA "SOCIEDADE DA INFORMAÇÃO" – *A DIRECTRIZ 2001/29/CE E A SUA TRANSPOSIÇÃO EM PORTUGAL PELA LEI Nº 50/2204***", *in* "Direito da Sociedade da Informação" (coligação de obras coordenada pelo Professor Doutor José de Oliveira Ascensão) – Vol. VII, Coimbra, 2008 *(também existe separata)*
- **Dissertação de Doutoramento "CONTRATO DE DIREITO DE AUTOR – A AUTONOMIA CONTRATUAL NA FORMAÇÃO DO DIREITO DE AUTOR"**, Coimbra, Edições Almedina, 2008
- **Manual** de **"ELEMENTOS DE DIREITO DO TRABALHO PARA EMPRESAS – DIREITO INDIVIDUAL"**, Coimbra, 2006
- **Artigo** sob o tema "**A TELECOMUNICAÇÃO ELECTRÓNICA EM REDE DE OBRAS INTELECTUAIS NA "SOCIEDADE DA INFORMAÇÃO" – *A DIREC-***

TRIZ 2001/29/CE E A SUA TRANSPOSIÇÃO EM PORTUGAL PELA LEI Nº 50/2204", em Espanha, *in* "Anuario de Propiedad Intelectual 2004", Madrid, 2005

- **Obra colectiva** (de que foi *coordenador e co-autor*): **"CÓDIGO DO TRABALHO E RENOVAÇÃO DA CONTRATAÇÃO COLECTIVA DE TRABALHO** – ***ORIENTAÇÕES PARA A CONTRATAÇÃO COLECTIVA DO TRABALHO NO SECTOR DO COMÉRCIO E SERVIÇOS*"**, Lisboa, 2004
- **Trabalhos preparatórios** de uma **"NOVA LEI GERAL DO TRABALHO"**, no âmbito da comissão de Análise e Sistematização da Legislação Laboral, nomeada pelo ministro do Trabalho do XIV Governo Constitucional, cuja Parte I (Relações individuais de **Trabalho**) foi publicada como **obra colectiva**: **"Revisão da Legislação laboral"**, editada pelo Ministério do Trabalho e da Solidariedade, em Março de 2002
- **Artigo** sob o tema "**COBRANÇA DE QUOTIZAÇÕES SINDICAIS PELO EMPREGADOR – UMA INCONSTITUCIONALIDADE PROVÁVEL**" (*em publicação*)
- **Artigo** sob o tema "**SITUAÇÃO JURÍDICA LABORAL – NOTAS PARA A DEFINIÇÃO DE UM PARADIGMA**", *in* "Trabalho e Relações Laborais – Cadernos Sociedade e Trabalho", nº 1, Lisboa, 2001
- **Capítulo em livro** sob o tema "**FILMAGEM DE ESPECTÁCULOS DESPORTIVOS E «DIREITO DE ARENA»**", *in* "Creaciones Audiovisuales y Propiedad Intelectual" (coligação de obras coordenada pelo Professor Doutor Carlos Rogel Vide, Catedrático da Universidad Complutense de Madird), Madrid, 2001
- **Capítulo em livro** sob o tema "**NOVOS MODELOS DE ORGANIZAÇÃO DO TEMPO DE TRABALHO – ENQUADRAMENTO JURÍDICO**", *in* "Estudos do Instituto de Direito do Trabalho (da Faculdade de Direito da Universidade de Lisboa" (coligação de obras coordenada pelo Professor Doutor Pedro Romano Martinez), Coimbra, 2001 *(também existe separata)*
- **Capítulo em livro** sob o tema "**OS MULTIMEDIA – REGIME JURÍDICO**", *in* "Direito da Sociedade da Informação" (coligação de obras coordenada pelo Professor Doutor José de Oliveira Ascensão) – Vol. II, Coimbra, 2001 *(também existe separata)*
- **Artigo** sob o tema "**O COSTUME COMO FONTE DE DIREITO EM PORTUGAL E ESPANHA – APONTAMENTOS PARA UMA CONFERÊNCIA**", *in* "O costume, o Direito Consuetudinário, e as Tradições Populares na Extremadura e no Alentejo" (coligação de obras coordenada pelo Professor Doutor Luís Felipe Ragel Sánchez, por Eloy Martos Nuñez e Miguel Encabo Vera), Mérida/Badajoz, Março 2000
- **Capítulo em livro** sob o tema "**TUTELA JURÍDICA DAS BASES DE DADOS (A TRANSPOSIÇÃO DA DIRECTRIZ 96/9/CE)**", *in* "Direito da Sociedade da Informação" (coligação de obras coordenada pelo Professor Doutor José de Oliveira Ascensão) – Vol. I, Coimbra, 1999 *(também existe separata)*
- **Capítulos** sob os temas "**TEMPO DE TRABALHO – PERÍODO DE TRABALHO**" E "**TRABALHO A TEMPO PARCIAL**", *in* "Manual prático do Processamento

Laboral" (coligação de obras coordenada pelo Professor Doutor Pedro Romano Martinez), Lisboa, 1999

- **Capítulo em livro** sob o tema "**BASES DE DADOS. A TUTELA JURÍDICA EUROPEIA**", *in* "Nuevas Tecnologías y Propiedad Intelectual" (coligação de obras coordenada pelo Professor Doutor Carlos Rogel Vide), Madrid, 1999 *(também existe separata)*
- **Parecer** sobre os projectos de lei de autorização legislativa e de decreto-lei em "**TRANSPOSIÇÃO DA DIRECTIVA DA UNIÃO EUROPEIA (96/9/CE, DE 11.3) SOBRE BASES DE DADOS**", a solicitação da Associação Portuguesa De Direito Intelectual – APDI, em Jan.1999
- **Artigo** sob o tema "**TUTELA JURÍDICA DAS BASES DE DADOS**", *in* "Revista de la Facultad de Derecho de la Universidad Complutense de Madrid", nº 90, Madrid, 1998-99 *(também existe separata)*
- **Capítulo em livro** "**EXTINÇÃO DE CONTRATOS DE TRABALHO POR DISSOLUÇÃO DA PESSOA COLECTIVA EMPREGADORA**", *in* "Revista de Direito e de Estudos Sociais" (dirigida pelo Professor Doutor Bernardo da Gama Lobo Xavier), ano XXXIX, nº 4 – Out.-Dez. 1997 *(também existe separata)*
- **Parecer** sobre "**UTILIZAÇÃO DE OBRA LITERÁRIA, DE AUDIOGRAMAS E VIDEOGRAMAS**", 1992, a solicitação do Ministério da Educação
- **Parecer** sobre "**RECEPÇÃO DE PROGRAMAS RADIODIFUNDIDOS E DIREITO DE AUTOR**", citado e merecendo concordância em **Parecer da Procuradoria-Geral da República** (D.R. – IIª Série, de 16-3-1992 (págs. 2840(12) – nota 3 e pág. 2840(14) – nota 14)
- **Manual** de "**PRINCÍPIOS FUNDAMENTAIS DE DIREITO DO TRABALHO PARA PME**", Lisboa, 1998
- **Dissertação de Mestrado**, sob o tema: "**O DIREITO PESSOAL DE AUTOR NO ORDENAMENTO JURÍDICO PORTUGUÊS**", publicado em colecção própria da Sociedade Portuguesa de Autores, Lisboa, 1990
- **Artigo** sob o tema "**CRITÉRIOS DE APRECIAÇÃO DA CULPA NA RESPONSABILIDADE CIVIL**" – *in* "Revista da Ordem dos Advogados", ano 49 – II, Setembro de 1989, pags. 519 segs. *(também existe separata)*
- **Artigo** sob o tema: "**O OBJECTO DO PROCESSO PENAL – SUA DETERMINAÇÃO**", *in* "Revista da Ordem dos Advogados", ano 42 – II, Maio, Agosto de 1982, pags. 391 e segs. *(também existe separata)*
- **Relatório**, no Curso de Mestrado 1986/87, sob o tema "**MODELOS DE UTILIDADE, MODELOS E DESENHOS INDUSTRIAIS – RELAÇÃO COM O DIREITO DE AUTOR**" *(não editado, disponível no acervo da Biblioteca da Faculdade de Direito de Lisboa)*

- **Relatório**, no Curso de Mestrado, sob o tema "**A CAUSA DOS NEGÓCIOS JURÍDICOS**", 1984 *(não editado, disponível no acervo da Biblioteca da Faculdade de Direito de Lisboa)*
- **"CASOS PRÁTICOS DE DIREITO DAS OBRIGAÇÕES"** (obra em colaboração com Manuel Januário C. Gomes, Carlos Lacerda Barata, Maria Paula Gouveia Andrade e Luís Mello), AAFDL, Lisboa, 2ª ed., 1989/90
- **"CASOS PRÁTICOS DE DIREITO DAS OBRIGAÇÕES"** (obra em colaboração com Manuel Januário C. Gomes, Carlos Lacerda Barata, Maria Paula Gouveia Andrade e Luís Mello), AAFDL, Lisboa, 1989
- **"COLECTÂNEA DE CASOS PRÁTICOS DE DIREITO DE AUTOR"** (obra em colaboração com o Professor Doutor Oliveira Ascensão e a Dra. Maria de Fátima Duarte), AAFDL, Lisboa, 1ª ed. 1991, 2ª ed. 1993
- **Artigo** sob o tema: **"A RELAÇÃO JURÍDICA DE EMPREGO PÚBLICO NO ANTEPROJECTO DE LEI DE BASES: ESTATUTO DA FUNÇÃO PÚBLICA"**, *in* "Revista Jurídica AAFDL", nº 1, Lisboa, Dez.1978-Mai.1979